国家社科基金
后期资助项目

审美与生存——
孔子美学思想的双重建构

Confucius's Ideology of Aesthetics:
An Analysis of Its Aesthetic and Survival

张　明　著

中华书局
ZHONGHUA BOOK COMPANY

图书在版编目(CIP)数据

审美与生存:孔子美学思想的双重建构/张明著. —北京:中华书局,2022.9

(国家社科基金后期资助项目)

ISBN 978-7-101-15592-1

Ⅰ.审… Ⅱ.张… Ⅲ.孔丘(前551~前479)-美学思想-思想评论 Ⅳ.①B222.25②B83

中国版本图书馆 CIP 数据核字(2022)第 006585 号

书　　名	审美与生存——孔子美学思想的双重建构
著　　者	张　明
丛 书 名	国家社科基金后期资助项目
责任编辑	吴爱兰
责任印制	陈丽娜
出版发行	中华书局
	(北京市丰台区太平桥西里38号　100073)
	http://www.zhbc.com.cn
	E-mail:zhbc@zhbc.com.cn
印　　刷	三河市宏盛印务有限公司
版　　次	2022 年 9 月第 1 版
	2022 年 9 月第 1 次印刷
规　　格	开本/710×1000 毫米　1/16
	印张 29　插页 2　字数 440 千字
国际书号	ISBN 978-7-101-15592-1
定　　价	138.00 元

国家社科基金后期资助项目出版说明

后期资助项目是国家社科基金设立的一类重要项目，旨在鼓励广大社科研究者潜心治学，支持基础研究多出优秀成果。它是经过严格评审，从接近完成的科研成果中遴选立项的。为扩大后期资助项目的影响，更好地推动学术发展，促进成果转化，全国哲学社会科学工作办公室按照"统一设计、统一标识、统一版式、形成系列"的总体要求，组织出版国家社科基金后期资助项目成果。

全国哲学社会科学工作办公室

目　录

序……………………………………………………………………袁济喜1

绪　论……………………………………………………………………1

上编　孔子美学思想的哲学基础

第一章　孔子仁学的提出……………………………………17
　第一节　"吾从周"——孔子思想产生的诠释学处境……………17
　第二节　西周礼乐文化及孔子对它的继承与超越……………22
第二章　孔子仁学的再解读……………………………………33
　第一节　"仁"的字源学考察……………………………………33
　第二节　孔子仁学的深度诠释……………………………………45
　小　结……………………………………………………………71

中编　孔子美学思想的多维透视

第三章　"美"的字源学考察与孔子美学基调的奠定……………89
　第一节　"美"的字源学考察……………………………………89
　第二节　"吉善为美"与孔子"尽善尽美"美学基调的奠定……96
第四章　知识的探求与审美的生成
　　　　——柏拉图与孔子美学思想之比较……………………99
　第一节　美之理念与仁之境域——柏拉图与孔子美学思想哲学
　　　　　根基之比较……………………………………………100
　第二节　本体的领悟与审美的还原——柏拉图与孔子美学
　　　　　思想价值维度之比较……………………………………106
　第三节　回归宗教世界与走向诗意存在——柏拉图与孔子
　　　　　美学思想终极追求之比较………………………………112
　小　结……………………………………………………………118

第五章　孔子的德性美论 ················· 120
　第一节　关于"德"与"德性"的阐释 ················· 121
　第二节　孔子的人格美思想 ················· 125
　第三节　孔子的人伦美思想 ················· 133

第六章　孔子的艺术美论 ················· 145
　第一节　孔子的诗歌、绘画美学思想 ················· 145
　第二节　孔子"中和为美"的音乐美学思想 ················· 173

第七章　孔子的自然美论 ················· 192
　第一节　"比德"之美——人格的意象化 ················· 192
　第二节　"大化"之美——生命的诗意化 ················· 203
　第三节　孔子自然美思想的生态意蕴 ················· 218

第八章　孔子的生活美论 ················· 229
　第一节　关于孔子生活审美观的辨析 ················· 229
　第二节　礼仪美：生活的文雅化——孔子生活审美观之一 ················· 231
　第三节　衣食美：生活的精致化——孔子生活审美观之二 ················· 240
　第四节　休闲美：生活的诗意化——孔子生活审美观之三 ················· 249

第九章　"诗化生存"——孔子美学思想的终极建构 ················· 258
　第一节　"孔颜之乐"："乐"之体验与诗性升华 ················· 259
　第二节　"吾与点"：人生与审美的汇通 ················· 268
　第三节　"成于乐"：孔子"仁境"的诗性呈现 ················· 277

下编　孔子美学思想的后世影响

第十章　孔子美学思想对中国古代美学的影响 ················· 299
　第一节　孔子"比德"审美观对中国诗、画审美范型的影响 ················· 299
　第二节　孔子"文质彬彬"审美观对后世"文质观"的影响 ················· 345
　第三节　孔子"中和为美"的音乐艺术精神对中国音乐美学的影响 ················· 352
　第四节　孔子"中和"审美观对中国书法美学的影响 ················· 358
　余论：关于孔子美学思想局限性的一点反思 ················· 377

第十一章　孔子仁学、美学与现代社会 ················· 383
　第一节　孔子儒学与马克思主义关系的文学思考
　　　　　——以"五四"前后的郭沫若为例 ················· 383

第二节　孔子仁学视域下的"抗疫"精神初探 …………………… 396

第三节　孔子美学精神与当代影视文化…………………………… 403

结　语………………………………………………………………… 419

参考文献……………………………………………………………… 423

后　记………………………………………………………………… 448

序

袁济喜

本书是迄今为止对孔子美学思想作出较为系统阐释的一本专著,具有厚重而前沿的学术价值。

审美与生存是人类学的基本问题,也是古今中外学术的难题,这个历史与人类之迷凝聚在审美领域,具体说来,就是人类无限自由的本质与具体的社会情境存在着无法调和的矛盾,而这种矛盾与难题,只能在审美情境中获得解决,所以审美是人性的解放,促成了美学问题的提出与建构。

在中国古代,很早就开始进行对于这一问题的探索。孔子向往的"浴沂舞雩"与"吾道穷矣"之间的矛盾、庄子哀叹"人为物役"与"逍遥游"境界的牴牾,这些人类学的难题构成了美学的根本问题。即使是圣人孔子,也面临着理想与现实的冲突,从某种意义上来说,孔子可谓一辈子人在囧途。近代学者章太炎在《诸子学略说》中早已谈到这一点。《史记·孔子世家》记载孔子及其弟子困于陈蔡时,颜回曾慨叹老师的理想至大,无法与世道相容。嵇康在《答难养生论》中也批评孔子及其弟子为复周礼殚精竭虑,有悖于养生之道:"又勤诲善诱,聚徒三千,口倦谈议,身疲磬折,形若救孺子,视若营四海,神驰于利害之端,心骛于荣辱之途,俯仰之间,已再抚宇宙之外者。"①嵇康受老庄与玄学的影响,从自由精神出发对于孔子的指摘,也触及生存与审美问题的深层原因在于人生的两难,即理想与现实的矛盾。

但孔子知其不可而为之,越是在困厄之时,越是发愤著书。司马迁在《史记·孔子世家》中感叹:"三百五篇孔子皆弦歌之,以求合韶武雅

---

① [三国魏] 嵇康著,戴明扬校注:《嵇康集校注》卷四,中华书局,2014 年,第 300 页。

颂之音。礼乐自此可得而述,以备王道,成六艺。"① "孔子布衣,传十余世,学者宗之。自天子王侯,中国言六艺者折中于夫子,可谓至圣矣!"② 这些话道出了孔子对中华文明所作的巨大贡献。中华美学思想集成于孔子,有着历史的原因。孔子之所以成为中国美学思想的奠基者,泽被后世,光耀中华,就在于他站在时代的前沿,以其思想的深刻、眼界的深邃、中庸的智慧,契合了中国人的民族心理与乐天知命而不忧的世俗习性,成为谛造中华美学精神智慧的先贤。《文心雕龙》说:"至夫子继圣,独秀前哲,熔钧六经,必金声而玉振;雕琢情性,组织辞令,木铎起而千里应,席珍流而万世响,写天地之辉光,晓生民之耳目矣。"③ 撇去其中的神化因素,我们可以看到孔子思想之所以伟大的原因。

　　因此,本书从审美与生存的角度出发,将其作为孔子美学思想的双重建构来研究,可谓切中肯綮,抓住了问题的要害。李泽厚先生曾多次提到中华文化是一种乐感文化,这也启发我们,生存与审美,一直是中国美学的深层结构,西方从古希腊时期形成的形而上学与逻格斯主义,可以用来观照与研究中国美学,但不能取代中华美学,更不能以西代中、全盘西化,而应当采用中西互鉴、兼收并蓄的立场与方法。张明此书贯穿其中的正是这种方法,他充分汲取了西方黑格尔到海德格尔的哲学,用来观照孔子美学,黑格尔对于孔子存在偏见,他在《哲学史讲演录》中批评孔子的哲学缺少思辨性,注重日常道德经验的感受,不如老子与《周易》富有哲学价值,等等。殊不知,孔子的哲学与美学恰恰存在于日常生活的审美经验之中,生存与审美的互动,构成孔子美学思想的关键词,后来明代人强调百姓日用即为道,包括禅宗强调担水砍柴,即是禅悟,无不与孔子思想的基本特性相联系。现代文学家与学者林语堂在谈到孔子的智慧时说:"孔子品格的动人处,就在玩弄他的和蔼温逊,由他对弟子的语气腔调就可清清楚楚看得出。《论语》里记载的孔子对弟子的谈话,只可以看做一个风趣的教师与弟子之间的漫谈,其中偶尔点缀着几处隽永的警语。以这样的态度去读《论语》,孔子在最为漫不经心时说出一言

---

① [汉]司马迁撰,[宋]裴骃集解,[唐]司马贞索隐,[唐]张守节正义:《史记》卷四十七,中华书局,1999年,第1559页。
② [汉]司马迁撰,[宋]裴骃集解,[唐]司马贞索隐,[唐]张守节正义:《史记》卷四十七,中华书局,1999年,第1566页。
③ [南朝梁]刘勰著,范文澜注:《文心雕龙注》卷一,人民文学出版社,1962年,第2页。

半语,那才是妙不可言呢。"① 此论指明了孔子的人格魅力与当下人生感悟,由此引出审美感悟,孔子论诗乐,往往是在与学生对话中迸发的。本书引入海德格尔的境域概念,用境域指称日常生活的当下性,而审美即是境域的升华。因此,本书开放包容的学术立场与眼光,彰显出孔子美学思想的特点与价值,《诗经》云"他山之石,可以攻玉",可以用来说明本书的成功。

循此之处,本书对于孔子美学思想的方方面面,进行了多维透视,由孔子美学思想的核心范畴仁学出发,演绎到孔子的德性美论、艺术美论、自然美论、生活美论,再归纳到"诗化生存",也是孔子美学思想的最高境界。这样结构清晰、论述严谨的全书框架,有助于读者掌握孔子美学思想的全貌。

本书汲取了传统治学义理、考据与辞章三位一体的方法,引入了最新的出土文献与西方学术理论,用来增饰全书的内容与形式,阅读之后,可以受到许多启发,增加对于孔子美学思想的认识。

当然,正如《礼记·中庸》所说:"仲尼祖述尧舜,宪章文武;上律天时,下袭水土。辟如天地之无不持载,无不覆帱,辟如四时之错行,如日月之代明。万物并育而不相害,道并行而不相悖,小德川流,大德敦化,此天地之所以为大也。"② 孔子美学思想的博大精深,不在于它的唯我独尊,而在于它的包容与通变,中国美学发展到秦汉之后,也是在不断地吸收道家、玄学与佛学等思想因素的过程中发展的,《文心雕龙》的"体大思精"与它善于融会老庄、玄学与佛学因素是有直接关系的。《沧浪诗话》以禅喻诗也证明了这一点。中华美学思想以儒学为主体,兼收并蓄,是儒道玄佛诸种思想的有机融合,近代以来又化入了外国美学思想的因素,是一种多元融合的审美文化体系。孔子美学思想在今天看来,是否存在需要反思的地方,也是我们今天需要认真思考的。鲁迅先生在辛亥革命前夜写作的《摩罗诗力说》就批评孔子的"思无邪"说:"如中国之诗,舜云言志;而后贤立说,乃云持人性情,三百之旨,无邪所蔽。夫既言志矣,何持之云?强以无邪,即非人志。许自繇于鞭策羁縻之下,殆此事

---

① 林语堂:《中国哲人的智慧》卷一,中国广播电视出版社,1991 年,第 16 页。
② [汉]郑玄注,[唐]孔颖达疏:《礼记正义》卷五十三,[清]阮元校刻:《十三经注疏》(附校勘记),中华书局,1982 年影印本,第 1634 页。

乎? 然厥后文章,乃果辗转不逾此界。其颂祝主人,悦媚豪右之作,可无俟言。"[1]五四时期先贤对于孔子思想的批评,也是我们不容忽视的,如若我们不能在"五四"思想启蒙的基础之上继续出发,对于孔子思想在今天的承续与通变,则无法达到。本书若能在这方面多进行研判,庶几会进一步增添本书的学术价值。张明出身于孔子故里曲阜,毕业于人大文学院,是我指导的博士生,他笃志好学,为人敦厚,积十余年之功,撰成这本专著,予读后写了这些感想。

是为序。

2022 年 2 月末于北京南郊

---

[1]鲁迅:《坟》,人民文学出版社,2006 年,第 68 页。

绪　论

正如西方的莎士比亚和康德是说不尽的一样,关于孔子的话题也是永远说不尽的。之所以如此,原因就在于对孔子学说的任何一种研究都是与特定的时代精神和文化背景相关联的。时代精神和文化背景的不同,也就决定了我们向孔子提问的方式和内容总是会有所不同的。随着时代的发展、新问题的不断出现,对孔子的研究也必然是处于一种动态的发展过程中,这便使得我们对孔子的研究在任何时候都充满了创新的可能性。基于此种理解,著者尝试着对孔子的仁学与美学思想进行一次新的思考和探讨,以期在该研究领域有新的发现和收获。

一、研究缘起及基本立场

进入 21 世纪之后,随着文化多元化的发展,特别是人类所面临的生存困境与精神危机的加剧,人们开始意识到文化建树的重要性,以孔子儒学为核心的中国优秀传统文化面临着新的阐释与认识。故而,对于作为孔子思想核心范畴的"仁学"来讲,非常有必要从学术史的角度做进一步深入的研究与诠解。这一点不仅关系到孔子仁学思想的再评价,而且也关系到如何重新理解孔子的美学思想。

2014 年 10 月 15 日,习近平同志主持召开文艺工作座谈会并发表重要讲话,他指出:"我们要结合新的时代条件传承和弘扬中华优秀传统文化,传承和弘扬中华美学精神。"[①] 习总书记的这番话为中国传统美学的研究指明了方向。事实上,近年来在美学研究领域,系统总结中国传统美学的人文智慧,进而发掘其现代意义,并尝试以此来回应新的人生问题以及当代社会的生存困境,成为不少研究者的共识。因而,对于作为儒家乃至中国美学活水源头的孔子美学来讲,如何从当前的文化精神以及文化建设要求出发,去重新阐释其独特内涵并彰显其时代意义,也

[①] 习近平:《在文艺工作座谈会上的讲话》,2015 年 10 月 15 日《人民日报》。

就成了迫切需要解决的时代课题。故著者认为,将孔子儒学核心范畴的"仁学"进行从原始蕴涵到哲学、美学的诠解,是孔子思想研究的重要环节,也是本书写作的重要出发点。

纵观一个世纪以来中国学者对孔子仁学、美学的研究,尽管方法不同、观念各异,但大多是在西方"学"的框架和规范下展开的[①]。这虽有利于将孔子的学说逻辑化、体系化,但同时也将其给概念化、固定化甚至教条化了,这导致了我们长期以来始终无法穿透西方形而上学的迷雾,而总是把孔子的美学思想当作其政治学说或者道德学说的附庸物和点缀品来看待,这样就势必会造成我们对孔子美学思想的某些盲视,从而在一定程度上遮蔽了孔子美学思想的本来面目。鉴于此,本书尝试着从时代精神的根本要求出发,从"境域论""显现论""生存论"的角度切入,去解读孔子独特的美学思想及其现实意义。我们希望通过此种研究,能够探索出一条新的道路,拓宽当代孔子美学研究的视野,弥补传统观念在这一领域的不足,从而更为全面、更为立体地揭示出孔子美学思想的真义来。

二、研究思路及研究现状

孔子是中华文化的忠实传人与缔造者,他的仁学从日常生活向审美化人生升华,形成境界之美,这是中华民族心理世界关注人与自然、人与社会和谐这一根本价值观的集中体现,是中华民族以这种仁境之美淡化宗教情结、消解彼岸情境的重要文化心态。从这个意义上说,"仁"是沟通现实与理想、"此在"与"形而上"的津梁,同时也是"美"和"艺术"生成的核心范畴。因此,我们对孔子美学思想的理解直接源于对其"仁境"的理解。

从《论语》的记载来看,孔子每一次对"仁"的表述,都会根据不同的发问者、语境以及问题等情态,而表现出极大的对话性以及当下构成性,

---

① 张法在《美学导论》中指出,"美"要成为"学"的前提就是:一、对事物的本质追求;二、对心理知、情、意的明晰划分;三、对各艺术门类的统一定义。而这三个方面,中国古代无一具备,因此也就不可能形成所谓的"美学"学科,同时也意味着我们不能在西方"学"的知识论思维方式下来探究中国古代美学观念。具体论述详见张法:《美学导论》,中国人民大学出版社,2004年,第5—9页。

这使得"仁"在具体的生存语境中充满了生活的丰富和活泼。就此而言,孔子的"仁"当是一种"境域性"的存在,而非过去人们通常所理解的某种被固定化和僵化的道德规范与原则。

所谓"境"是指境界,它所强调的是对生命意义的体验与领悟,是指引人走向生命终极意义的根本导向;"域"是指疆域、边界,它所强调的是生命意义所从之出的源泉与归宿,因而是生命意义开启与进入的根本标志。显然,"仁"作为一种"境域性"的存在,其核心就是呈现与揭示人类生命意义之所在。而这种生命意义的呈现与揭示,在孔子那里又归结为人类中最本真、最可贵也是最伟大的情感——"爱"。这种"爱"包含了四个层面的内容:其一是仁者自爱,它是仁爱精神的情感性奠基;其二是亲情之爱,它是仁爱精神的情感性生发;其三是人类之爱,它是亲情之爱的进一步扩展,是仁爱精神的情感性升华;其四是对自然的热爱,它是对整个人类自我情感的突破和超越,体现了一种普遍的生命关怀精神。

如果从这样一种整体的观点去领会"仁"的话,我们或许可以说,"仁"是人的一切生命活动的原点和归宿,只有在通往"仁境"的途中,才能充分肯定人的生命价值和意义,这一点又恰好构成了艺术与美的本质。因此,对孔子而言,"仁"就是艺术与美生成的源域,艺术(美)只有存在于这种境域之中才能呈现为艺术(美)。

由此,我们关于孔子"美"与"仁"关系的立场也就趋于明朗了:艺术与美从根本上说,不是对"仁"进行外在表现与反映的产物,而是"仁境"之中生命意义的生成与呈显。质言之,孔子的"美"与"仁"不是一种符合关系,而是一种显现关系。

"符合"与"显现"这两个术语是我们从海德格尔(Heidergger)那里化用而来的。海德格尔在分析真理问题时指出,"符合的真理观"在本质上是一种主客体的肖似关系,是西方形而上学形成的观念基础,表现在艺术观上,就是艺术所反映的和表现的内容与被反映的客观存在物呈现出一种符合关系;表现在美学观上就是指当一种观念直接和它的外在现象为统一体时,这种观念就不仅是真的,而且也是美的。海德格尔不赞同这种"符合的真理观",他认为这种真理观是对"存在"的遗忘。他指出,所谓的"真理"只是对存在者自身存在的一种揭示而已(即存在者自身如其所是的显现自身,也可以说是自身的无蔽状态),根本不存在一个隐身于存在物背后需要它去模仿的"绝对存在",因此也就没有什么符合不符合的问题①。海氏的这一思想极富启发意义,他把我们习以为常的"真理"还原到了此在的生存之中,并把"真理"视为此在的一种本真的生存方式,这不仅把我们对"真理"的认识引向深入,而且也为我们对建立在"符合真理观"基础之上的现代文明(包括现代美学观和艺术观)进行反思提供了可能。因而,在这里我们尝试着借鉴这种独特的研究视角来重新诠释孔子关于"仁"与"美"的思考,希望以此能启发对孔子仁境之美的研究。

先说"显现"。黑格尔(Hegel)在他著名的美学命题"美就是理念的感性显现"②中也提到了"显现"这一术语,但黑格尔的"显现"指的是某种抽象概念(绝对理念)的对象化,它所强调的是一种结果,一种本质对现象、内容对形式、主体对客体克服与否定的结果。显然,这是一种典型地沿着认识论的思想路线构建起来的"符合论"美学观。我们这里所说的"显现"完全不同于黑格尔在认识论意义上所谈的"显现"。这里的"显现"是基于孔子的日常践履行为和具体的生存体验而言的,它所强调的不是显现的结果,而是一种不断生成的动态过程。也就是说,当我们从"生成"的意义上来说孔子谈论的"美"在于生命意义的"显现"时,实际上已经意味着我们对孔子审美之思的提问方式发生了根本性的转化,也即由追问"美是什么"转向了追问"美如何存在"。

事实上,孔子对"美"的谈论也正是在后一种提问方式的框架下展开的。孔子并没有像西方经典美学家的美学研究那样,从一开始就追问"美是什么""艺术是什么",而是走了一条与之迥然不同的审美反思之路,即没有把"美"视为一种审美主客体相符合而产生的结果,而是把"美"视为了在"仁境"之中的一种显现。换言之,在孔子那里,"美"并不是一个脱离生存境域的某种认知对象,它就是我们的生活世界本身而不是另外一个外在的世界。故而关于"美",孔子绝不可能像西方美学研究那样把它作为一个本体论问题去追问"它是什么",而只能是通过自己的言与行去启悟我们"它是如何显现的"。

①[德]海德格尔著,陈嘉映、王庆节译:《存在与时间》(修订译本),生活·读书·新知三联书店,2000年,第246—260页。

②[德]黑格尔著,朱光潜译:《美学》第一卷,商务印书馆,1996年,第142页。

　　然而,这样说可能还有些过于简单,因为我们势必会进一步追问,究竟何为"显现"? 在"仁境"之中"显现"为什么就"美"呢? 对此,著者认为"仁境"之中的"显现",说到底其实就是人自身生命意义的澄明。所谓"澄明"也就是一种生命意义的照亮与敞开,或者说是生命意义的无蔽展现。这种生命意义的澄明并不意味着要把鲜活的生命存在隔离起来,斩断生命和其他存在者的联系,进而从它所处的世界中提取出来,使之成为一种超然于物外的抽象本质;恰恰相反,它要求进入到世界的整体关联之中,并以其自身所是的样子、以它自身的状态和价值呈现在我们面前。以一种最本然的状态显示自身而不为外物所役,不正是一种最具现实意义的人的自由和解放吗? 这一点使得"美"在"仁"之境域中的生成与显现成为可能。实际上,孔子"里仁为美"(栖居在"仁境"之中即为"美")这一命题所要表达的真实意思,正是对"仁"与"美"显现关系的一种深刻揭示。

　　再说"符合"。所谓"符合"是指观念上的判断内容对判断所及的东西即实在之物的满足与适应。这是一种西方式的主客二分、二元对立的形而上学思维方式。用这种思维方式来理解孔子的"仁"与"美",势必会把孔子的"仁"和"美"给固定化、概念化,并视之为一种现成性的存在物。而这正是国内大多数孔子美学研究者所持的态度。

　　李泽厚、刘纲纪在《中国美学史:先秦两汉编》中就指出,孔子的美学思想实际上是"从他的仁学出发去观察和解决审美和文艺问题所得出的结论"①。在分析"尽善尽美"和"文质彬彬"命题时,作者更为明确地提出,"'仁'是'乐'的美的内容,'乐'的美则是'仁'的表现形式";"美是善与其表现形式两者的完满统一"等②。叶朗也认为:"'仁'就是一种天赋的道德属性";"在孔子看来,艺术必须符合道德要求,必须包含道德内容,才能引起美感";"'美'与'善'的统一,在一种意义上,也就是形式与内容的统一。'美'是形式,'善'是内容。"③邓承奇在其所著的国内第一部探讨孔子与中国美学关系的专著《孔子与中国美学》中,则更为自觉地从本质论的角度来审视仁学与美学的关系。他认为,"美的本质是人

①李泽厚、刘纲纪:《中国美学史:先秦两汉编》,安徽文艺出版社,1999年,第107页。
②李泽厚、刘纲纪:《中国美学史:先秦两汉编》,安徽文艺出版社,1999年,第132—133页。
③叶朗:《中国美学史大纲》,上海人民出版社,1999年,第43—46页。

的某些本质的感性显现","要研究美学,首先必须研究人的本质,舍此无法进行。而孔子的'仁'学,恰恰正是对人的发现、重视和研究"①。这样一来,孔子的美学和他的仁学就由"人"这一共同因素联结起来,孔子的美学就成为他仁学的延伸和发展②。上述观点虽表述不尽相同,但并无实质性差异,可以说代表了国内学者所著的各种中国古典美学著作的主流观点。由于此类著作数量众多,在此不再一一列举③。

在著者看来,不管是从内容与形式二分的角度去理解"仁"与"美"的关系,还是从本质论的角度去理解二者关系,都无一例外地是在以西方形而上学的致思方式,去直接或间接地回答关于"孔子所说的美是什么"的问题,这些显然都是一种"符合论"的美学观。在这种观点中,当我们要回答"美是什么"的问题的时候,实际上就已经先验地预设了一个作为对象性实体而存在的"美"。也就是说,这种提问方式和回答本身是把孔子的"美"视为一种现成的存在、一种结果、一种静止不动的等待去发掘的东西,从而使"美"成为一种主体可以进行观照的客观对象。毫无疑问,这样一种致思方式把"美"给概念化、实体化了,很容易就把人引入到"本质主义"(即我们所说的"符合论")的理论误区。

对此,学界已有不少学者进行了深刻地揭示和反思。早在 2001 年,陶东风就针对当前文学"本质主义"观进行了尖锐批评,认为"非历史的本质主义思维方式",严重束缚了文艺学研究的反思与创新能力④。为此,他提出了要"以当代西方的知识社会学为基本武器"重新建构"文艺学知识的社会历史语境",认为"文学的'本质'是受到社会历史条件制约的文化与语言建构",不能仅将文学看作"一个自主的实体"而无视其"制约语境"⑤。对于陶东风的这种观点,我们认为,能否或者在多大程度上用西方的知识社会学去重新阐释文学及其相关问题,仍然是可以商榷的。但在对待文学问题上,他所采取的"反本质主义"的"建构主义"的

①邓承奇:《孔子与中国美学》,齐鲁书社,1995 年,第 57 页。

②邓承奇:《孔子与中国美学》,齐鲁书社,1995 年,第 79 页。

③参见敏泽:《中国美学思想史》,中国社会科学出版社,2007 年;陈望衡:《中国古典美学史》,武汉大学出版社,2007 年;祁志祥:《中国美学通史》,人民出版社,2008 年;叶朗主编:《中国美学通史》(先秦卷),江苏人民出版社,2014 年。

④陶东风:《大学文艺学的学科反思》,《文学评论》2001 年第 5 期。

⑤陶东风:《文学理论:建构主义还是本质主义?——兼答支宇、吴炫、张旭春先生》,《文艺争鸣》2009 年第 7 期。

思路①,对于我们具体地、历史地理解"文学""审美"等问题的确是有极大启发的。

　　自从陶东风提出"非本质主义"的文论观之后,国内文论界就该命题展开了广泛的理论争鸣。李春青、南帆、吴炫、陈太胜等学者纷纷加入到其中,提出了各自的见解,积极地推动了当代文艺学的学科建设和发展②。此后,"非本质主义"的思维方式也影响到了美学界对"美的本质"问题的探讨。

　　朱立元认为,对美进行一种本质主义式的追问,实际上就是要"把美从人与现实的审美关系中截取下来,没有看到美本身是一个'过程'"。在他看来,"美的存在,美的意义,美的发生与创造,无不处在人的生存世界之中;只有在这个生存世界中,美之为美才得以绽露、显现出来"③。

　　杨春时认为,"存在论"意义上的"本质主义"解构的是"作为形而上学的实体论的艺术本质",而非"作为自由的生存方式的艺术本质"。他主张将艺术与审美放在"生存——超越"的存在论美学视域中加以考察,认为艺术的本质"是超越性的审美本质","不是形而上学的实体性本质"④,而审美"就是从现实生存到自由生存、从现实体验到自由的体验的超越",它"不是现实,也不是现实的变形,而是超越现实,回归存在"⑤。如此一来,艺术、审美就超越了所谓的"本质"问题,而进入到生存境域之中。

　　李建盛在《20世纪中后期中国美学中的本质论》一文中也一针见

①需要指出的是,陶东风的"反本质主义"观点否定的只是"对于本质的形而上学的、非历史的理解",而不是"否定本质的存在",因此它与"那种根本否定事物具有任何本质的极端反本质主义"并不相同。参见陶东风主编:《文学理论基本问题》,北京大学出版社,2005年,第19页。
②李春青:《对文学理论学科性的反思》,《文艺争鸣》2001年第3期;陈太胜:《走向后现代的文艺学——兼谈当代西方的几本文艺学教材》,《福建论坛》(人文社会科学版)2002年第1期;徐润拓:《对"文学本质论"研究的反思》,《广东社会科学》2002年第1期,《文学的文化研究和文化研究中的文学——有关文学理论与批评的定位与方向的思考》,《文艺理论研究》2003年第4期;阎景娟:《从日常生活的文艺化到文化研究——论文艺学的"划界"、"扩界"与"越界"》,《文艺争鸣》2003年第6期;南帆:《文学研究:本质主义,抑或关系主义》,《文艺研究》2007年第8期;吴炫:《论文学的"中国式现代理解"——穿越本质和反本质主义》,《文艺争鸣》2009年第3期,等等。
③朱立元:《对中国美学发展之途的一种思考》,《陕西师范大学学报》(哲学社会科学版)2004第2期。
④杨春时:《作为第一哲学的美学——存在、现象与审美》,人民出版社,2015年,第492—493页。
⑤杨春时:《作为第一哲学的美学——存在、现象与审美》,人民出版社,2015年,第103页。

血地指出，本质论"是中国当代美学的核心问题和压倒其他美学问题的主导性课题"。在他看来，20世纪50、60年代的唯物认识论美学以及80年代的历史实践论美学自不用说，即便是20世纪90年代以后出现的，自称是对"实践美学"进行超越的所谓"后实践美学"和"生命美学"，也同样是一种变向的审美本质论。因为在他们那里，作为理论基础的关键词"生存"和"自由"都是一种类似于黑格尔式的概念思辨和逻辑推衍的产物，这也就从根本上决定了这样一种理论主张必然会成为另一种形式的审美本质论①。在对中国美学中的本质论进行深刻反思之后，时隔十年，该学者在《20世纪中后期西方反本质主义美学及其问题》一文中，又通过梳理20世纪中后期西方反本质主义美学思想，得出重要启示，那就是20世纪中后期西方"反本质主义"美学观"提出了一种语境主义地看待问题和理解问题的方式"，它提醒美学家在面对审美和艺术现象时，"应该重视具体的艺术语境和美学语境问题"②。

此外，像李志宏、黄怀璞、杜安等研究者也分别对该问题作了深入的探讨，兹不赘述③。

上述这些言论虽不是直接针对孔子美学研究来谈的，但由于当前的孔子美学研究是在"本质论"的总体性框架和思路下展开的，所以学者们对美学"本质主义"弊端的深刻揭示和批判，也同样适用于孔子美学研究的情况。

在"仁"与"美"的关系问题上，除了上述国内具有广泛影响的观点之外，新儒家的相关论述也值得参考和重视。比如，在关于孔子仁学境界的阐述上，新儒家的学者几乎无一例外地把审美境界作为最高的一种人生境界（即"仁"的境界）。熊十力在谈到孔子"乐而不淫，哀而不伤""兴于诗，立于礼，成于乐"等命题时，明确指出最高的人生境界便是

---

① 李建盛：《20世纪中后期中国美学中的本质论》，《深圳大学学报》（人文社会科学版）2004年第2期。

② 李建盛：《20世纪中后期西方反本质主义美学及其问题》，《山东师范大学学报》（人文社会科学版）2014年第3期。

③ 李志宏、赵耀：《"美本质论"还要坚守多久？——答新实践美学对认知美学的批驳》，《黑龙江社会科学》2015年第5期、《美本质研究将怎样终结——再论"美是什么"是伪命题》，《吉林大学社会科学学报》2005年第1期；黄怀璞：《美学之存在或审美与人的自由价值——兼论生命美学的失误》，《西北师范大学大学学报》（社会科学版）2004年第3期；杜安：《对抗？对话？——实践美学与生命美学本体论之争辨析》，《贵州师范大学学报》（社会科学版）2002年第5期。

一种审美自觉的境界[①]；冯友兰的四境界中最高的"天地境界"也具有审美化的特征[②]，这一点早已为学界所普遍认同；唐君毅的"三向九境说"认为人生最高的境界就是一种"求仁"的境界，这是一种自然与伦理、既内在又超越的境界，而它在很大程度上也是一种审美的境界[③]，另外像牟宗三、钱穆、徐复观等都有类似的观点。这说明，新儒家都是非常关注"仁"与"美"的相互转化、相互渗透的问题的，他们一致认为"仁"与"美"在境界的终极处是会通的，这一论断现在看来仍是极具参考价值的。

　　再如，在艺术和人生的关系上，不少新儒家的学者都依据孔子的仁学去发掘二者的内在关联。最有代表性的是钱穆，他曾明确提出文学要人生化、人生要文学化的主张，并且还多次以《论语》中孔子"闻韶乐"和"孔颜之乐"等命题为例对此观点作详细阐述[④]；徐复观在分析孔子的音乐观时认为，在孔子那里，音乐不仅会使人获得一种感官上的愉悦和享受，而且也会因为人格善的融入而具有一种美的力量。这表明，在徐复观那里艺术是具有人生化倾向的。徐氏又认为孔子"发愤忘食，乐以忘忧""乐在其中"乃是一种"无声之乐"的境界，而这本身就是一种艺术化的人生境界，徐氏认为这是孔子艺术精神的真谛所在[⑤]。方东美结合儒家的生生哲学，从生命化的角度来探讨艺术和美的问题。他认为中国古典艺术是典型的生命艺术，因此所谓的艺术与美最终是与生命本体相融通的，这实际上同样是一种人生艺术化的观念[⑥]。可见，新儒家在这一问题上是不谋而合的，他们的结论也是能够令人信服的。

　　综上，新儒家关于"仁"与"美"发表的一系列论述，见解独到，匠心独运，自成一家，这无疑对于我们深刻领会孔子的艺术精神和人生精神都是极富启发意义的。如果不抱偏见，应该承认，新儒家的美学是在新

---

① 熊十力：《原儒》，中国人民大学出版社，2006 年，第 66—68、247—249 页。
② 冯友兰：《三松堂全集·新原人》第四卷，河南人民出版社，2001 年，第 565—569 页。
③ 唐君毅著，霍韬晦编选、导读：《生命存在与心灵境界》，中国社会科学出版社，2006 年，第518—519 页。
④ 钱穆：《现代中国学术论衡》，生活·读书·新知三联书店，2001 年，第 260—266 页；钱穆：《论语新解》，生活·读书·新知三联书店，2002 年，第 176—177 页；钱穆：《湖上闲思录》，生活·读书·新知三联书店，2000 年，第 82—85 页。
⑤ 徐复观：《中国艺术精神》，华东师范大学出版社，2002 年，第 8—20 页。
⑥ 蒋国保、周亚洲编：《生命理想与文化类型》，中国广播电视出版社，1992 年，第 60—63、368—388 页。

的历史条件下,援西入儒,返本开新,对儒家传统美学所作的颇有价值的尝试,他们在某种意义上实现了儒家传统美学的现代转化。但是,由于时代的原因以及思想体系的局限性,新儒家美学也存在着明显的不足。这种不足大致体现在以下两个方面:

其一,西方形而上学的痕迹仍然很重,导致了对孔子"仁"与"美"的理解的概念化和实体化。这在熊十力、冯友兰、唐君毅、牟宗三的学说当中表现尤为明显。比如,冯友兰所讲的人生最高境界——"天地境界"虽然带有审美化的特征,但是这种"美"不是源自人生命意义的现实彰显之中,而是来自于对一种超越时空、不生不灭的永恒实体——"大全"(理)的一种觉解和把握[1],这显然是一种典型的柏拉图式"理念美"的范式;再如,唐君毅的心灵九境说,非常类似于黑格尔的思辨哲学体系,这就使得"境界"这个中国美学的核心范畴,在唐君毅那里就变成了一种纯粹的主客体逻辑结构了[2],这不正表明了其美学观点的形而上学倾向吗?此外,新儒家的许多学者虽然也在讲超越,但是这种超越是要超出实际的生存境域而进入超时空、非现实的理念世界中。因此,这种超越同样具有抽象思辨的色彩,与我们所说的现实的生存超越有很大的不同。

由此可见,冯友兰、唐君毅等人的研究将"仁境"抽象化了,脱离了生命存在的具体情境,也就使之成为一种概念演绎。从学术研究的角度来说,势必无从生发孔子仁学的勃勃生气以及蕴涵的创造性转化的可能性。本书将尽量避免这种思路,努力从综合性的研究与开放性的思路中去诠释。

其二,道德理想主义的倾向。现代新儒家不论是熊十力的道德本体、牟宗三的道德的形而上学、唐君毅的道德理性,还是徐复观的心性道德之学,都不同程度地夸大了道德意识在审美活动中的意义。在新儒家那里,道德不仅是美产生的必须条件,甚至还是一种强制性的前提。如唐君毅思想学说的理论基点就是道德理性为体、文化意识为用。他认为,求美之活动成为可能,复待之以人的"道德意识"与"道德价值"的表现[3]。徐复观虽然不像唐君毅那样走极端,但他同样也非常强调道德(仁)对美的决

---

①冯友兰:《三松堂全集·新原人》第四卷,河南人民出版社,2001年,第561—571页。
②唐君毅著,霍韬晦编选、导读:《生命存在与心灵境界》,中国社会科学出版社,2006年,第267—270页。
③唐君毅著,霍韬晦编选、导读:《文化意识与道德理性》,中国社会科学出版社,2005年,第227页。

定性作用,这从他对孔子"尽善尽美"等命题的分析中可看出一二来①。

　　新儒家们把孔子的"仁"理解为某种抽象的道德观念,这势必会脱离特定的社会历史与现实情境,使"仁"在不知不觉中走向"神"境。这样一来,"仁"的内涵与意义也就会在无形之中被抽空,从而成为一种毫无生机与活力的抽象概念。显然,这在纷繁复杂、变动不居的现实社会中,是缺少说服力与生命力的。倘若再由此出发来规范、解说"美",不仅使"美"的内涵单一化、固定化乃至僵化,而且也使"美"丧失了自身,失去了独立性,从而再一次成为道德的附庸。这种观念所产生的负面效应,对于国内学者来讲是有深刻体会和感受的,因此要避免此类观念所产生的消极影响,我们就必须对道德理想主义的倾向进行全面的清理和反思,不能完全以道德的眼光来审视、界定孔子的学说。否则的话,对孔子学说的阐释最终仍然会落入道德决定论的窠臼,其当代生成的意义与可能性,自然也就无从谈起。

　　本书在探讨孔子的思想时,力图从其自身的思维方式出发,对"仁"进行重新理解。而以"境域性的存在"来阐释"仁",正是我们寻求摆脱道德决定论的理论窠臼,突破新儒家道德理想主义视界的一种切实努力。希望通过此种努力,能够从更为本源的意义上去解说孔子的仁学与美学,并进一步阐明二者的内在关系。

　　总之,对于上述国内外孔子美学研究的成果以及新儒家的美学研究成果,一方面我们要看到其理论贡献,积极地吸收其合理的成分,使之能为我所用,丰富自己的研究思路;另一方面又要竭力克服它们所存在的问题,以一种更加宽广的学术视野去重新审视孔子的思想学说。在这方面,国内有些学者的研究可以说已经取得了一定的突破。如北京大学的张祥龙教授就明确提出要以现象学的"构成"识度来重新诠释孔子的思想,这在方法论上是一种全新的引入,在很大程度上突破了传统的道德论模式,并得出了一些颇令人信服的结论。比如他指出,对孔子而言,"仁"并非一种"道德品质",而是一种"根本的思想方式或对待终极实在的态度"②;孔子思想的最大特点就是"不可固定化",这也就决定了其思

①徐复观:《中国艺术精神》,华东师范大学出版社,2002年,第8—17页。
②张祥龙:《海德格尔思想与中国天道:终极视域的开启与交融》,生活·读书·新知三联书店,1997年,第248页。

想必然要"化入时间(历史)境域、语言('文')境域和艺术境域的原发意义构成之中",也即"要活化为人生的境域式生存"①。这些论断都是发前人所未发,颇有创见,对于我们理解孔子的美学精神是很有启发意义的。国内另外一些学者如毛宣国、杜卫等在其著作中也尝试着从"生存论"的角度对以儒家为代表的中国传统美学思想进行解读,在一定程度上也脱出了对本质问题形而上学的实体把握,而把研究重心放在了对其价值论、意义论内涵的发掘上。毛宣国指出,中国美学不会像西方那样去追问"美是什么",不会把"美"实体化,而是将其视为"人生意义和价值的实现""人与宇宙的交融",并以此为基础着重去"表现宇宙人生的体验和超越"②;而杜卫则直截了当地指出:"在中国美学中,审美根本上是一个生存范畴。"中国美学的"核心命题"不是"美为何物",而是"审美对人生有何意义","是人的生存如何实现艺术化、审美化","是人如何借助艺术和自然景观来达到生命的完满和精神的自由"。同时,他认为孔子"把审美放在人生境界的框架中来理解","是与现代美学相通的"③。上述这些观点同样是很有见地的,有助于我们重新认识孔子的仁学与美学④。

---

① 张祥龙:《从现象学到孔夫子》,商务印书馆,2001年,第242页。

② 毛宣国:《美学新探》,岳麓书社,2002年,第42页。

③ 杜卫:《美育论》,教育科学出版社,2014年,第16—17页。

④ 除了上述研究成果之外,国内外还有一些相关成果值得重视。比如张毅的《儒家文艺美学》(南开大学出版社,2004年)、聂振斌的《儒学与艺术教育》(南京出版社,2006年)、祈海文的《儒家乐教论》(河南人民出版社,2004年)、陈昭瑛的《儒家美学与经典诠释》(华东师范大学出版社,2008年)等,这类关于儒家美学、艺术学的专题性著作大都着眼于孔子的诗教、乐教等审美教化问题,并且是将孔子的美学、文艺思想放置在礼乐文化这一语境中来探讨。在谈到某些美学问题时,也做了比较深入的探讨,如张毅对"温柔敦厚的诗教"、聂振斌对孔子"诗教思想"、祈海文对孔子"乐教"思想、陈昭瑛对孔子"情理相得"的诗乐美学等方面的论述,此类观点可资借鉴。还有一类是关于孔子文学、诗学思想的专门性著作,如陈桐生的《〈孔子诗论〉研究》(中华书局,2004年)、萧兵的《孔子诗论的文化推绎》(湖北人民出版社,2006年)、蔡先金的《孔子诗学研究》(齐鲁书社,2006年)、文幸福的《孔子诗学研究》(台湾学生书局,2007年)、郑玉姗的《〈上博(一)·孔子诗论〉研究》(花木兰文化出版社,2008年)、赵玉敏的《孔子文学思想研究》(北京大学出版社,2010年)、余群的《孔子诗乐思想研究》(浙江大学出版社,2021年)等。这类著作虽没有系统探讨孔子的美学思想,但在涉及孔子的诗学思想时,其观点也是值得关注的。国外虽然也没有出现专门针对孔子美学思想而展开的研究,但与之相关的成果同样不可忽视。比如,日本学者今道友信的《东方的美学》(生活·读书·新知三联书店,1991年)、江文也的《孔子的乐论》(华东师范大学出版社,2008年);美国学者宇文所安的《中国文论:英译与评论》(上海社会科学院出版社,2003年)、《中国文学思想读本》(生活·读书·新知三联书店,2019年)等。上述研究不乏经典之作,其研究视角比较独特,论述富有新意,并能及时吸收一些新的学术方法,观点与结论是颇有启发的。但总体上这些著述仍是以西方的思维方式来反观中国的艺术与美学问题,因而需要辩证地看待。

　　对于上述在孔子研究领域所取得的最新成果,我们将努力作进一步地消化、吸收,并适当地充实到自己的研究之中,以寻求在孔子美学研究上的突破和创新。

三、学术创新及理论价值

　　对于所谓的创新,著者并不认为仅仅是要提出一个新问题,更重要的还是要以一种独特的视角去尝试着解决问题(无论"新"或"旧")。事实上,我们从"境域论""显现论""生存论"的角度对孔子美学思想的解读,正是着眼于对上述国内外孔子美学研究所存在问题和不足的一种克服与弥补,由此切入而形成的研究思路和视角,恰恰形成了一条能够使我们区别于上述研究的分水岭,这一点使得我们的研究具有了一种可能的学术特色和独立性。这种可能的创新与特色表现在以下几个方面:

　　(一)在研究思路上,创新性地将孔子美学问题置于作为本源的境域性存在而非固定化道德观念的"仁境"之中加以考察,以一种生命化、生成性的构成识度凸显出孔子美学思想中审美与生存的双重建构性。

　　(二)在研究内容上,首次全面地从哲学基础、字源学考证,到思想诠释、命题解读,再到后世影响、局限性反思及现代意义等层面,对孔子美学相关问题进行全方位、全覆盖的研究,努力揭示出其独特内涵。

　　(三)在研究方法上,第一次尝试采用宏观与微观(哲学基础—美学思想—现代意义的整体构架与重要美学命题的具体解读)、点与面(个案分析与学术史梳理)、史与论(历时性描述与共时性阐发)、理论与实践(观念论述与意义分析)等相结合的论证方式,并结合中国诗歌、绘画、音乐等多个艺术门类,综合运用哲学、美学、文艺学、艺术学、训诂学、考据学等多学科的研究方法,来实现对孔子美学思想的系统解读。

　　(四)在文献使用上,大胆使用"纸上之材料"与"地下之新材料"相结合的"二重证据法",以更加丰富、翔实的材料对相关问题进行细致、严谨的研究,并通过字源学考证的方式对孔子仁学、美学思想追根溯源,以此来夯实孔子美学研究的文化根基。

　　通过这样一种方式来解读孔子的"仁"与"美",或许我们可以对以下三个方面的价值与意义产生期待:

其一,从"境域论""显现论"以及"生存论"的研究视角切入,不仅是按照孔子自身思维方式去研究他本人思想的一条最为切近的路径,而且也可以由此来寻求突破传统认识论、道德论固定思维模式的新思路,打破长期以来二者垄断乃至禁锢孔子美学研究的僵化局面,从而对孔子美学思想作出一个全新的论断。

其二,通过系统梳理孔子美学思想,重新诠释相关美学命题,全面评价孔子美学对中国艺术及美学发展的贡献,能够为当前建设具有中国特色的美学学科提供重要的理论支撑和思想资源。

其三,从时代精神与当代文化建设的根本要求出发,深入挖掘孔子美学思想中独特的民族文化特质,充分展示其深刻的影响力和持久的生命力,有助于涵养社会主义核心价值观、弘扬中华美学精神与中华优秀传统文化。

总之,本著作虽是就孔子美学思想进行的专门性研究,但并未停留在以古释古的层面,而是本着古今对话、中西交流的态度,根据当前时代精神与文化建设的总体要求,对孔子美学及其意义进行重新阐释,进而从深层次实现古今文化的融合。据此,本著作的研究宗旨就是立足于传统,服务于当下,着眼于未来;既追求美学研究应有的学理性,同时又彰显出其巨大的现实影响力。

上编　孔子美学思想的哲学基础

孔子所处的时代虽然没有"美学"这个学科，但是这并不意味着他没有关于美学问题的思考和探讨，相反，孔子美学思想还是非常丰富、深刻的。这里我们要特别注意区分两个概念："美学"与"美学思想"。"美学"作为一种科学形态是指有意识地对审美现象作整体性、系统性思考所建构起来的理论体系；"美学思想"虽然对艺术与美的问题进行了比较自觉地理论思考，但它还没有进行整体性、独立性地表述，在表现方式上主要以哲学、艺术评论、鉴赏或者创作思想的形式存在。在孔子那里，占最重要位置的恰恰就是美学思想，它不仅有而且非常丰富。

仁学是孔子美学思想的哲学基础，本编将着重探讨仁学产生的文化语境、历史必然性以及对西周礼乐文化的继承与发展问题，进而由字源学考察的角度入手追溯"仁"字的古义，并在此基础上系统阐述孔子仁学所包含的四个层面：自我之爱、亲亲之爱、境界之爱、自然之爱。这四个层面环环相扣、逐级提升，虽有亲疏远近之分，却并无等级高下之别，这就是所谓的"一视而同仁"。

第一章　孔子仁学的提出

马克思在《路易·波拿巴的雾月十八日》一文中曾说："人们自己创造自己的历史，但是他们并不是随心所欲地创造，并不是在他们自己选定的条件下创造，而是在直接碰到的、既定的、从过去承继下来的条件下创造。"[①]孔子仁学思想的提出，当然也不例外。孔子的出生地鲁国陬邑（今山东曲阜）是周代礼乐文化保存最为集中和最为深厚的地方，故周代礼乐文化是孔子仁学思想产生的发端，同时也是其无法逃避的"诠释学处境"。从这个意义上讲，孔子的"吾从周"只是积极地肯定了这一客观事实，指出了继承周代礼乐文化的必要性与必然性，并非主张复古，重新回到周代的社会制度中去。这一点，可以很明确地从孔子"以仁释礼""即礼求仁"以及他对西周礼乐文化的继承与超越中看出来。

第一节　"吾从周"——孔子思想产生的诠释学处境

在《论语》中，曾记载孔子的弟子们要将孔子称为"圣人"，而孔子却对此称号加以婉言拒绝的事情。孔子之所以要谢绝这种称号，就是因为他始终清醒地意识到自己只是一个学者，并非什么"圣人"，他说："若圣与仁，则吾岂敢？""我非生而知之者，好古，敏以求之者也。"（《论语·述而》）在《子罕》篇中，孔子自己也十分明确地提出了一套具体看待问题的思想方法："子绝四——毋意，毋必，毋固，毋我。"将这一段话翻译成现代学术话语就是说，在认识事物的过程中，必须要抛弃主观的、偏执的、固定化的和目的论式的思维方式，使得心意状态始终处于一种待发的勃然状态也即"澄明"状态，只有这样才能揭示出事物的本然面目。孔子的这种思维方式实际上为我们重新理解他本人的学说指出了

---

①中共中央马克思恩格斯列宁斯大林著作编译局编译：《马克思恩格斯选集》第一卷，人民出版社，2012年，第669页。

一个明确的方向，即要从具体的生存境域出发去体验他，而非采取先验预设的态度去解析他。

因此，在当前语境下，对孔子学说的阐释，著者认为最好不要接着后儒们的说法继续讲，而是应该从头开始讲，也即要对孔子及其学说进行历史还原，从其现实的生存语境出发。惟有如此才能正本清源，去除各种蔽障，从而触摸到一个鲜活的孔子。在著者看来，这种历史还原的第一步就是回到"原点"（孔子所处的生存语境）和"元典"（《论语》《孔子诗论》等传世文献与出土文献的文本解读）；再把加在孔子头上的"圣人形象"悬搁起来；最后将在孔子思想影响下发展出来的汉儒、宋儒及当代新儒家统统都加上括号，存而不论。经过这样一种还原，我们发现，历史上的孔子只不过是一位由师而官又由官而师，为自己的人生信念奋斗一生的文化传承者而已，他所有的思想学说、人生旨趣、价值追求无不由此境域生发出来，因此我们的理解起点便也理应由此开始。

在《论语》中，孔子曾多次表达对西周社会的向往之情："吾从周"（《论语·八佾》），"久矣吾不复梦见周公"，甚至还说要"述而不作，信而好古"（《论语·述而》）。因此很多人认为孔子的社会理想是重建西周的奴隶制，是复古的、倒退的甚至是反动的，这其实是对孔子的很大误解。众所周知，孔子思想是西周末年中国文化由神本走向人本过程中诞生的，因此在神权日益受到普遍怀疑和人的主体力量日益凸显的文化背景下，孔子只能在自己身处的文化传统即周代的礼乐文化中去开掘和确立新的价值根据。从这个意义上讲，孔子的"吾从周"思想与其说是一种复古的表现，倒不如说是后人理解孔子的一种"诠释学处境"。

"诠释学处境"这一概念来自于德国哲学家海德格尔的《存在与时间》。在这本著作中，海氏指出："一切解释都有其先行具有，先行视见和先行掌握。"而这种前提的整体性就被称为"诠释学处境"[①]。对于这一概念，我们可以从两个层面理解：其一，就诠释者而言，他需要从先行把握的"前理解"出发来理解存在者的意义，这是一切解释能够成立的根本源泉；其二，就被诠释者而言，它需要以一种业已完成的完整形态进入到解释活动中，只有这样，被解释者的意义才能彰显出来，这构成了诠释的

---

①[德]海德格尔著，陈嘉映、王庆节译：《存在与时间》（修订译本），生活·读书·新知三联书店，2000年，第267页。

前提。"诠释学处境"的观点虽然来自于海德格尔,但这种思路对于我们研究和理解孔子的"吾从周"思想却不乏借鉴意义。

首先,按照上面对"诠释学处境"第一个层次的理解,不难发现任何一种思想的产生都必然建立在它所能继承的传统之上。也就是说,在我们能理解历史传统之前,其实早已被"抛入"到传统之中了,正如加达默尔(Gadamer)所言:"其实历史并不隶属于我们,而是我们隶属于历史。"①这正是人类历史文化无法改变的宿命,孔子当然也不例外。

鲁国是周公之子伯禽的封地,在他带去周朝丰富的文化典章的同时,还用周朝的礼乐制度对这块商奄旧地进行了比较彻底的改造,从而使礼乐文化在鲁深深扎根。春秋时期,虽然鲁国也毫不例外地发生了礼崩乐坏的现象,但是由于礼乐文化传统深厚,其礼乐制度还是被比较完整地保存下来了,这在很多文献中都有明确记载:鲁舞乐之醇美,令来访的吴公子季札叹为观止②;鲁典籍之完备,令来访的晋韩宣子由衷地发出"周礼尽在鲁矣"③的赞叹。这些相对可靠的文献记载都足以证明当时鲁国礼乐制度的完备程度。正因为孔子从小就生活在这样一个文化传统深厚、礼乐氛围浓郁的环境当中,所以他不仅在孩童时期就受到了礼乐文化的熏陶,"孔子为儿嬉戏,常陈俎豆,设礼容"④。而且成年之后,更加勤奋好学,非常喜欢钻研礼乐文化。据说,他曾向郯子学习过古代官职制度⑤,适周曾问礼于老子⑥;为学习祭祀之礼,他"入太庙,每事问"(《论语·八佾》);为研习音乐,他曾向鲁国乐官师襄子学琴⑦;此外,他还亲自去周都洛邑,跟着周大夫苌弘学习古乐舞,并"历郊社之所,考明

①[德]加达默尔著,洪汉鼎译:《真理与方法》(上卷),上海译文出版社,1999年,第355页。
②[周]左丘明传,[晋]杜预注,[唐]孔颖达疏:《春秋左传正义》卷三十九,[清]阮元校刻:《十三经注疏》(附校勘记),中华书局,1982年影印本,第2006—2008页。
③[周]左丘明传,[晋]杜预注,[唐]孔颖达疏:《春秋左传正义》卷四十二,[清]阮元校刻:《十三经注疏》(附校勘记),中华书局,1982年影印本,第2029页。
④[汉]司马迁撰,[宋]裴骃集解,[唐]司马贞索隐,[唐]张守节正义:《史记》卷四十七,中华书局,1999年,第1538页。
⑤[周]左丘明传,[晋]杜预注,[唐]孔颖达疏:《春秋左传正义》卷四十八,[清]阮元校刻:《十三经注疏》(附校勘记),中华书局,1982年影印本,第2084页。
⑥[汉]司马迁撰,[宋]裴骃集解,[唐]司马贞索隐,[唐]张守节正义:《史记》卷四十七,中华书局,1999年,第1540页。
⑦[汉]司马迁撰,[宋]裴骃集解,[唐]司马贞索隐,[唐]张守节正义:《史记》卷四十七,中华书局,1999年,第1551页。

堂之则,察庙朝之度"①。孔子在收徒授教的过程中,更是不遗余力地把传播礼乐文化作为其毕生的使命。这一切,使他很早就因知礼、懂礼而闻名于鲁国,以至于当时鲁国"三桓"之一的贵族孟僖子临终前立下遗嘱,要求自己的两个儿子孟懿子和南宫敬叔在他死后拜孔子为师;后来夹谷之会,孔子也被鲁定公任命为相仪,并利用当时各诸侯国都非常重视的"礼",成功化解了一场外交危机,提高了鲁国在诸侯国中的地位。因此,长期的礼乐文化熏陶以及对礼乐文化内在精神的深刻领会,使得孔子成为了当时礼乐知识最为广博的大儒。

其次,再从"诠释学处境"的第二个层面来看,处于"被解释者"地位的礼乐文化,其本身就是宗法社会的产物,它的兴衰也必然随宗法制度的兴衰而转移。当周朝初建,周公"制礼作乐"确立宗法制度时,此时的礼乐文化顺应了时代发展的要求,因而可以达到鼎盛时期;而当春秋末期"礼乐征伐自诸侯出""自大夫出"(《论语·季氏》)、"周之子孙,日失其序"②,并出现了严重的权力下移现象时,礼乐文化也必然会随之崩坏。在春秋以前,当礼乐尚未崩坏时,礼乐的精神实质深深地隐藏在礼乐的具体规定之中,人们无法看清它,也无须看清它,只需按规范行事就够了;而当春秋时期礼崩乐坏的时候,礼乐文化这座大厦的根底就被暴露无遗了,这就为人们更全面地认识它、把握它创造了条件。尽管礼崩乐坏并不是孔子所希望看到的,但是残酷的现实又使他不得不回过头来,去认真反思礼乐文化的精神所在,以图挽救即将崩溃的文化传统。

综上所述,可以看到周代礼乐文化不仅是孔子思想生成的基础和前提,而且也是其无法逃避的"诠释学处境",因此"吾从周"思想的提出具有必然性,是对其所处历史状况的真实反映。明确了这一点之后,我们便可以沿着这种思路,进一步探讨孔子"吾从周"思想的实质。

事实上,孔子渴望回到"郁郁乎文哉"(《论语·八佾》)的周代,并非单纯的历史追忆,而是带有深刻的忧患意识和现实情怀。换句话说,孔子的"吾从周"并不是要生吞活剥地去机械复制周代礼乐文化,而是希望以此为范本,重新开创出西周礼乐文化繁荣的景象,这种情况颇类

①[清]陈士珂辑:《孔子家语疏证》卷三,中华书局,1985年,第71页。
②[周]左丘明传,[晋]杜预注,[唐]孔颖达疏:《春秋左传正义》卷四,[清]阮元校刻:《十三经注疏》(附校勘记),中华书局,1982年影印本,第1736页。

似于欧洲文艺复兴时期的人文知识分子。人文知识分子们所要复兴的也不是古希腊的社会制度,而是那种在古希腊人身上体现出来的蕴涵深厚的人文精神。同样,在孔子那里,"周虽旧邦,其命维新"[1]。周代文化不再是一种僵死的制度符号,而是作为其生命存在的"前理解",直接进入到对现实社会发展的筹划之中。

《论语·述而》篇中,孔子曾说:"述而不作,信而好古。"其所"述"的内容固然是周代的典章制度,但其所"述"的目的却是希望以一种对话的姿态面对前代文化,通过敞开的诠释方式,揭示出与存在融为一体的本有的文化精神,并通过这种方式批判地继承既有的思想资源,从而确定未来发展的方向,引导人们返回到文化的原初。由此可以说,孔子与周代文化(传统)的关系不再是一种"我——它"的对象化关系,而是一种"我——你"[2]的对话性关系。所以,孔子"述而不作,信而好古"的思想不应该被视为文化的复古或历史的倒退,而是应该理解为一种悬置概念、直面传统文化与价值本体的存在方式,其意义就在于通过语言这一媒介,以古今对话的方式将传统和现实这两个"文化主体"有机地关联在一起,以此来筹划未来、引导现实,从而为文化的传承与创新开辟广阔的空间。

这样,如果再联系孔子的"述而不作,信而好古"来反观其"吾从周"思想的话,一方面可以说,孔子突出强调了对文化传统的传承与认同,这一点在"保障文化的生命力方面是不可缺少的,它使记忆连贯,告诉人们先人们是如何处理同样的生存困境的"[3];另一方面,这种对待传统的态度也会使当下进入到传统中并改变着这种传统,从而使传统在时间的延展中获得超越性和永恒性。可见,周代文化作为一种传统其实是孔子批判现实、展望未来的理论基点而非归宿,他所"从"的"周"也决非简单

---

[1] [汉]毛亨传,[汉]郑玄笺,[唐]孔颖达疏:《毛诗正义》卷十六,[清]阮元校刻:《十三经注疏》(附校勘记),中华书局,1982年影印本,第503页。

[2] "我——它"与"我——你"是人对待世界的两种不同态度:前者将世界视为与"我"相对立的对象、客体;后者将世界视为与"我""相遇",并进行"对话"的主体。具体论述可参见[德]马丁·布伯(Martin Buber)著,陈维纲译:《我与你》,生活·读书·新知三联书店,2002年,第1—30页。

[3] [美]丹尼尔·贝尔(Daniel Bell)著,赵一凡、蒲隆、任晓晋译:《资本主义文化矛盾》,生活·读书·新知三联书店,1992年,第24页。

地重复周代的礼乐制度,而是要通过周代文化这一存在物来追寻使其成其所是的那个"存在"。这种"存在"只有在时间性中才"在",此在只有领会到时间性,才真正领会到了存在,而这正是孔子一再强调要"从周"的原因所在。

总之,孔子的"吾从周"思想并不是一种简单的复古思想,而是在把握了文化继承与发展的一般规律、领会了礼乐文化精神内涵的基础之上,对周代文化精神的一种传承与超越。也可以说,他的"吾从周"思想具有一种时间的生成性特征,不仅接续了传统(曾在),保证了中国文化的连续性,而且还站在现实的立场上(现在)不断地筹划着传统,并最终将自己的价值理想直指未来(将在)。

第二节　西周礼乐文化及孔子对它的继承与超越

礼乐文化最早源于原始氏族社会的生活习俗,这种社会习俗到西周经过周公"制礼作乐",成为一种政治制度和伦理规范。从《史记·五帝本纪》的记载中,我们不难发现唐虞时代礼乐形式已基本形成,如尧命舜"修五礼"[①];舜命伯夷"典三礼"、命夔典乐[②],等等。《礼记·表记》曰:"夏道尊命""殷人尊神""周人尊礼"[③]。据此,范文澜认为夏文化为"尊命文化",商文化为"尊神文化",周文化为"尊礼文化"[④]。可见,礼乐文化最初仅仅是服务于宗教活动的祭祀文化,经过相当漫长的发展过程之后,最终在西周时期才得以系统化、理论化和政治化,并发展为为伦理政治服务的制度文化。这种由社会习俗逐步上升为理论形态的知识系统和文化系统,成为后世儒学产生的文化土壤,儒家学说的基本价值观念正是从礼乐文化系统中继承和发展起来的。

---

①[汉]司马迁撰,[宋]裴骃集解,[唐]司马贞索隐,[唐]张守节正义:《史记》卷一,中华书局,1999年,第18页。
②[汉]司马迁撰,[宋]裴骃集解,[唐]司马贞索隐,[唐]张守节正义:《史记》卷一,中华书局,1999年,第29页。
③[汉]郑玄注,[唐]孔颖达疏:《礼记正义》卷五十四,[清]阮元校刻:《十三经注疏》(附校勘记),中华书局,1982年影印本,第1641—1642页。
④范文澜:《中国通史》第一册,人民出版社,1994年,第147—148页。

一、作为宗教仪式的原始礼乐文化

从目前的史料和文献来看,礼乐文化最早与原始时期的祭祀活动、巫术仪式、图腾崇拜有着极为密切的关联。这种礼乐文化形态虽然充斥着浓厚的宗教色彩,但却是周代礼乐文化制度得以形成的前提和基础。

（一）"礼"文化的起源

"礼"最初与祭神祀祖的宗教活动密切相关,目的就是表达对天神、地祇、祖先的崇敬,祈福消灾。《尚书·尧典》云:"帝曰:'咨,四岳,有能典朕三礼?'"马融注曰:"三礼,天神、地祇、人鬼之礼。"郑玄注曰:"天事、地事、人事之礼也。"①关于"礼",《说文解字》释为:"礼,履也。所以事神致福也。从示从豊。"徐灏笺云:"礼之言履,谓履而行之也。礼之名起于事神,引申为凡礼仪之称。"②关于"豊",甲骨文的写法是"𧯮"（三期 合 27137）③,像豆形的盛器中装满一串串玉环。《说文解字》的解释是:"豊,行礼之器也。从豆,象形。"④但据王国维考证,"豊"并非"从豆",而是"象二玉在器之形",其义应为用器皿装着二玉来奉神。由此,王国维推断说:"盛玉以奉神人之器谓之𧯮若豊,推之而奉神人之酒醴亦谓之醴,又推之而奉神人之事通谓之礼。"⑤可见,礼之本义与祭祀行为直接相关,后来才引申为人类的各种礼仪活动。郭沫若也推断说:"礼是后来的字","从字的结构上来说,是在一个器皿里面盛两串玉具以奉事于神,《盘庚篇》里面所说的'具乃贝玉',就是这个意思"。"大概礼之起于祀神……其后扩展而为对人,更其后扩展而为吉、凶、军、宾、嘉的各种仪制"⑥。

礼起源于祀神,这在古代文献中也留下了不少证据,如《礼记·礼运》说:"夫礼之初,始诸饮食。其燔黍捭豚,污尊而抔饮……犹若可以致其敬于鬼神。""后圣有作,然后修火之利,范金,合土,以为台榭、宫

①[清]孙星衍撰,陈抗、盛冬铃点校:《尚书今古文注疏》（附索引）卷一,中华书局,1986年,第68页。

②丁福保编纂:《说文解字诂林·附索引》第二册,中华书局,2014年,第1034页。

③高明、涂白奎编著:《古文字类编》（增订本）（下）,上海古籍出版社,2014年,第1160页。

④[清]段玉裁:《说文解字注》,中华书局,2013年,第210页。

⑤[清]王国维:《观堂集林·释礼》第一册,中华书局,1961年,第291页。

⑥郭沫若著作编辑出版委员会编:《郭沫若全集·历史编》第二卷,人民出版社,1982年,第96页。

室、牖户，以炮，以燔……治其麻丝，以为布帛，以养生送死，以事鬼神上帝，皆从其朔。"①礼的"始诸饮食"，即是始于原始宗教的献祭仪式，献黍、献豚、献玉、献牲，直到献祭活人。而献祭时又有音乐歌舞以媚神，《周易·豫》说："先王以作乐崇德，殷荐之上帝，以配祖考。"②《礼记·乐记》说："乐者敦和，率神而从天；礼者别宜，居鬼而从地。"③这些都能够很清楚地表明礼乐与原始宗教仪式的渊源关系。

　　儒家礼乐文化不但与古代宗教有着这种渊源关系，而且在两千多年的发展演变中，也始终保持着古代宗教崇拜及其仪式的传统。在吉、凶、军、宾、嘉五礼中，郊庙礼乐属吉礼，居于五礼之首，由此可见古代宗教传统在儒家礼乐文化中的重要地位。梁启超曾据此加以发挥说："礼也者，人类一切行为之规范也。有人所以成人之礼，若冠礼是……有人与神与天相接之礼，则祭礼是。故曰，礼所以承天之道以治人之情也，诸礼之中，惟祭尤重。盖礼之所以能范围群伦，实植本于宗教思想，故祭礼又为诸礼总持焉。"④

　　综上，礼最初很可能就起源于祭祀，礼字的初文是礼成型的初始意义，因此，礼在当时的作用就是事鬼神以祈福消灾。

（二）"乐"文化的起源

　　原始人由于生产力低下，认识自然、改造自然的能力极为有限，故对于自然界中各种变化莫测的现象会产生某种神秘感和敬畏感，于是便将这些自然现象人格化，并试图通过一定的巫术仪式对其施加影响，以达到趋利避害的目的，"乐"文化就是在这种巫术仪式、图腾崇拜行为中开始萌芽的。

　　"乐"（yuè）字，甲骨文写作"𣲘"（四期 后上 10·5）⑤，是"𣲘"

---

①[汉]郑玄注，[唐]孔颖达疏：《礼记正义》卷二十一，[清]阮元校刻：《十三经注疏》（附校勘记），中华书局，1982 年影印本，第 1415—1416 页。

②[三国魏]王弼注，[晋]韩康伯注，[唐]孔颖达疏：《周易正义》卷二，[清]阮元校刻：《十三经注疏》（附校勘记），中华书局，1982 年影印本，第 31 页。

③[汉]郑玄注，[唐]孔颖达疏：《礼记正义》卷三十七，[清]阮元校刻：《十三经注疏》（附校勘记），中华书局，1982 年影印本，第 1531 页。

④[清]梁启超：《志三代宗教礼学》，载[清]梁启超：《饮冰室合集·饮冰室专集之四十九》，中华书局，1989 年，第 9 页。

⑤高明、涂白奎编著：《古文字类编》（增订本）（上），上海古籍出版社，2014 年，第 591 页。

与"🌾"的结合,字形像木枕上系着丝弦的琴具。金文"🎋"(乐鼎)[1]承续甲骨文字形。有的金文"🎋"(召乐父匜)[2]加"🔔"(一期 甲3939)[3],强调弹琴伴奏歌唱。《说文解字》曰:"乐,五声八音总名。象鼓鞞。木,虡也。"[4]在原始时期,先民试图通过一系列巫术效应来改造自然,而原始巫术仪式的主持者往往是掌握部落命运、具有至高无上权威的巫师或酋长。他们通过特定的巫术行为如祷词、音乐、舞蹈等来沟通人、神,这一行为极大地推动了音乐艺术的发展。传说伏羲始作"琴瑟",神农作"琴",女娲作"笙簧",伶伦发明了"律吕"。这些传说中的乐器发明者或音乐创始人,其身份还有可能就是原始巫术仪式的主持者。《尚书·舜典》更具体记载了舜时宗教礼乐的情况:"帝曰:'夔,命汝典乐……诗言志,歌永言,声依永,律和声。八音克谐,无相夺伦,神人以和。'夔曰:'于予击石拊石,百兽率舞。'"[5]夔为乐官,所典之乐即舜部落祀神的宗教礼乐。《周礼·春官·大司乐》又载有包括黄帝、尧、舜、禹等在内的"六代之乐"[6],他们所作之乐皆人类社会早期用于祭祀天神、地祇的宗教之乐。

总之,早期的原始音乐是伴随着巫术活动的产生而发展、完善的。正是因为不少原始乐舞如神农之《下谋》、黄帝之《大卷》、唐尧之《大章》等的艺术形式已相当成熟,所以到了周代,统治者将之作为礼乐文化的典范,这种影响甚至延续到孔子生活的春秋末期。再加之西周时期出现了一系列新的社会现象,如阶层的分化、阶级的出现、国家权力的形成等,使得此时礼乐的政治色彩也逐渐加强,其主导权被统治阶级掌握和利用,中国开始进入到宗法社会中。与这一社会发展的总趋势相适应,礼乐文化最终由原始的巫觋文化变为了一种政治伦理化的宗法制度。

---

①高明、涂白奎编著:《古文字类编》(增订本)(上),上海古籍出版社,2014 年,第 591 页。

②高明、涂白奎编著:《古文字类编》(增订本)(上),上海古籍出版社,2014 年,第 591 页。

③高明、涂白奎编著:《古文字类编》(增订本)(上),上海古籍出版社,2014 年,第 552 页。

④[清]段玉裁:《说文解字注》,中华书局,2013 年,第 267 页。

⑤[清]孙星衍撰,陈抗、盛冬铃点校:《尚书今古文注疏》卷一,中华书局,1986 年,第 69—71 页。

⑥[汉]郑玄注,[唐]贾公彦疏:《周礼注疏》卷二十二,[清]阮元校刻:《十三经注疏》(附校勘记),中华书局,1982 年影印本,第 787 页。

二、作为宗法制度的西周礼乐文化

如上所述,西周将古代宗教礼乐文化加以扩展,推广到人事领域中,使之成为具有政治意义的典章制度,这些典章制度(即广义的礼仪)则是西周宗法政治的仪式化,"以礼治国"正是西周政治的一大特点,也是儒家政治思想的一条基本原则。显然,西周所谓的礼乐文化,已不仅仅只是祀祖祭神的宗教仪式,它被注入了政治内容,因而转化为大一统王朝的政治性的礼仪制度。我们将这一转化称为古代宗教礼乐的政治化,而在礼乐文化的整个嬗变中,周公无疑是一个重要的人物。

周公名旦,文王之子,武王之弟。他辅翼武王伐纣,功勋卓著,所以在周立国之后,武王"遍封功臣同姓戚者"①,即封周公于鲁。"礼""乐"等文化形态到了周公那里,才真正开始了从宗教性向人文性的转换和过渡。史传周公"制礼作乐",其实质就是把礼从一种原始的宗教祭祀仪制,改造和推广为早期人类社会的一整套具有鲜明社会政治伦理属性的典章制度,即成为《左传·隐公十一年》中所说的"经国家,定社稷,序民人,利后嗣"②之礼。对此,王国维曾非常准确地指出,周代制度不同于商代的地方一个是"立子立嫡之制",一个是"庙数之制",还有一个就是"同姓不婚之制";并认为"此数者,皆周之所以纲纪天下,其旨则在纳上下于道德,而合天子、诸侯、卿、大夫、士、庶民以成一道德之团体","周公制作之本意,实在于此"③。西周"所以纲纪天下"的制度就是以嫡长子继承制为核心的血缘宗法等级性的奴隶制统治体制,而"封建子弟之制"则是以周天子为"宗主"封土建疆,将宗法制推及、贯彻于周王朝的统治体系,并将天子、诸侯、卿大夫、士、庶民这一政治结构纳入宗法等级体系之中。王国维又指出:"由是制度乃生典礼,则'经礼三百,曲礼三千'是也。"④周公"制礼作乐"所包含的具体礼仪之制定和乐舞诗歌之制作是

①[汉]司马迁撰,[宋]裴骃集解,[唐]司马贞索隐,[唐]张守节正义:《史记·孔子世家》卷三十三,中华书局,1999年,第1269页。
②[周]左丘明传,[晋]杜预注,[唐]孔颖达疏:《春秋左传正义》卷四,[清]阮元校刻:《十三经注疏》(附校勘记),中华书局,1982年影印本,第1736页。
③王国维:《殷周制度论》,载傅杰编校:《王国维论学集》,中国社会科学出版社,1997年,第2页。
④王国维:《殷周制度论》,载傅杰编校:《王国维论学集》,中国社会科学出版社,1997年,第12页。

在上述广义上的制度文化之建构的前提下进行的。西周对殷商以来以宗教为中心的礼仪进行过一番规范化、体系化，并使之与血缘宗法等级制度相结合，由此又形成了一整套的礼乐制度。可见，这种礼乐制度与前代礼乐形态相比的话，最根本的区别就在于它"将事神之礼仪式化，等级化"，并使之成为宗法等级关系的最重要表现形式，由此凸显了"祭祀仪式对人的示范教化意义"①。至此，中国早期的礼乐文化形态开始发生根本性的变化，这种变化体现在西周礼乐制度的政治化、伦理化、人文化倾向。

首先，由于礼乐制度与血缘宗法制度相适应，因而成为等级鲜明的奴隶制统治体系的仪式化象征。它由贵贱有序、尊卑有别的礼节、礼物、礼意及诗歌乐舞等构成。"礼"的本质就是区别等级、确定身份，使不同层次的人各安其位，并体现出尊卑、贵贱、长幼的社会秩序，即《礼记·哀公问》篇所言："非礼无以节事天地之神也，非礼无以辨君臣、上下、长幼之位也，非礼无以别男女、父子、兄弟之亲，昏姻疏数之交也，君子以此之为尊敬然。"故"民之所由生，礼为大"②。

其次，周公摄政当国，代行天子之政后，为稳定政治统治，先后取得了一系列的军事胜利③；此后，周公又继续大封同姓与异姓诸侯，以"藩屏"周室④。然而，怎样才能管理好这种大一统王朝呢？于是，便有"立子以贵不以长""立适以长不以贤"的新的王位继承法的创设，并将此制推及诸侯以下，"皆任天而不参以人，所以求定而息争也"，"是故由嫡庶之制，而宗法与服术二者生焉"⑤。因而，周代礼乐文化具有浓厚的伦理意味，诚如王国维所言："周之制度典礼，乃道德之器械，而尊尊、亲亲、贤

①廖群：《中国审美文化史·先秦卷》，山东画报出版社，2000年，第178页。
②[汉]郑玄注，[唐]孔颖达疏：《礼记正义》卷五十，[清]阮元校刻：《十三经注疏》（附校勘记），中华书局，1982年影印本，第1611页。
③据司马迁《史记》载，周公首先削平了以武庚为首的殷遗民及旧属的叛乱，杀武庚、管叔，流放蔡叔，后又举兵远征，"东伐淮夷，残奄"，压服了以奄为首的东夷诸部落，将周的势力扩张到黄河下游，南及淮河流域。参见[汉]司马迁撰，[宋]裴骃集解，[唐]司马贞索隐，[唐]张守节正义：《史记·周本纪》卷四，中华书局，1999年，第96—97页。
④[周]左丘明传，[晋]杜预注，[唐]孔颖达疏：《春秋左传正义》卷五十四，[清]阮元校刻：《十三经注疏》（附校勘记），中华书局，1982年影印本，第2134—2135页。
⑤王国维：《殷周制度论》，载傅杰编校：《王国维论学集》，中国社会科学出版社，1997年，第4页。

贤、男女有别四者之结体也。"①侯外庐也指出："周人'以天为宗,以德为本',在宗教观念上的敬天,在伦理观念上就延长而为敬德。同样地,在宗教的观念上的尊祖,在伦理观念上也就延长为宗孝,也可以说'以祖为宗,以孝为本'"。②

再次,由于天命观念的理性化,原来以"奉神人之事"为主要功能的祭祀礼乐也从"事神"向"事人"转换。这主要表现在:其一,西周统治者在灭商的过程中,看到了民众的力量,因此提出"皇天无亲,惟德是辅"③、"保惠于庶民"、"怀保小民"④的主张。这样,考察天命的最终依据就落脚在"民""德"之中,只要能"敬德保民"就能"以德配天",因而就无须再去求助于宗教祭祀以事神致福。其二,西周统治者虽也保留了"祀神"仪式,但更多的却是"祀人",具体而言这里的"人"指的就是祖先。《尚书·洛诰》称:"周公曰:王肇称殷礼,祀于新邑,咸秩无文……今王即命曰:'记功,宗以功,作元祀。'"⑤这就是《孔子家语·庙制》所说的"祖有功,而宗有德"⑥。这种祖先祭祀,有很强的目的性,就是要通过追怀祖先功德,使后人能"思文后稷,克配彼天"⑦。其三,据王国维考证,殷人祭祀完全出于宗教祈福的意义,而西周祭祖则"以尊尊之义经亲亲之义而立嫡庶之制","又以亲亲之义经尊尊之义而立庙制"⑧。徐复观认为,周初的祭祖仪式"已由宗教之意义,转化为道德之意义",而这"为尔后儒家以祭祀为道德实践之重要方式之所本"⑨。这也就意味着,到了西周时期人伦礼仪已一跃成为礼乐文化中的主导形式,而宗教礼仪则退居

①王国维:《殷周制度论》,载傅杰编校:《王国维论学集》,中国社会科学出版社,1997年,第13页。
②侯外庐、赵纪彬、杜国庠:《中国思想通史》第一卷,人民出版社,1980年,第94页。
③[汉]孔安国传,[唐]孔颖达疏:《尚书正义》卷十七,[清]阮元校刻:《十三经注疏》(附校勘记),中华书局,1982年影印本,第227页。
④[汉]孔安国传,[唐]孔颖达疏:《尚书正义》卷十六,[清]阮元校刻:《十三经注疏》(附校勘记),中华书局,1982年影印本,第221—222页。
⑤[汉]孔安国传,[唐]孔颖达疏:《尚书正义》卷十五,[清]阮元校刻:《十三经注疏》(附校勘记),中华书局,1982年影印本,第214页。
⑥[清]陈士珂辑:《孔子家语疏证》卷八,中华书局,1985年,第202页。
⑦[汉]毛亨传,[汉]郑玄笺,[唐]孔颖达疏:《毛诗正义》卷十九,[清]阮元校刻:《十三经注疏》(附校勘记),中华书局,1982年影印本,第590页。
⑧王国维:《殷周制度论》,载傅杰编校:《王国维论学集》,中国社会科学出版社,1997年,第9页。
⑨徐复观:《中国人性论史·先秦篇》,上海三联书店,2002年,第26页。

其次。事实也的确如此，《周礼》中记载的"吉、凶、军、宾、嘉"五礼，已完全超越了宗教仪式的范围，延伸到人伦世界。

三、孔子对西周礼乐文化的继承与超越

西周礼乐文化中的礼和乐，一个是刚性、同一性、等级性的，一个是柔性、差异性、人性的；一个通过对人的外在行为的规范，一个通过内在灵魂的陶冶，二者在巩固宗法秩序、增强社会凝聚力、建构和谐人际关系的过程中相辅相成，相得益彰，成为周代统治者稳定统治的两件制胜法宝和推进社会发展的两个轮轴。郭沫若曾专门撰文指出：

> 乐须得礼以为之节制，礼也须得乐以为之调和。礼是秩序，乐是和谐。礼是差别，乐是平等。礼是阿波罗（Apollo 太阳神）精神，乐是狄奥尼索司（Dionysos 酒神）精神。两者看来是相反的东西，但两相调剂则可恰到好处。[①]

郭先生从中西比较文化的视域认为礼是阿波罗精神、乐是狄俄尼索司精神，有一定的道理。《荀子·乐论》说："乐者，圣人之所乐也，而可以善民心，其感人深，其移风易俗，故先王导之以礼乐而民和睦。"[②] 从这一点来看，"'礼'与'乐'具有同一性"，礼的"别异"与乐的"合同"实际上是一个问题的两个方面，因为"'合同'是为了更好地'别异'，而'别异'也是达到'合同'"[③]，二者最终都是在维护、巩固群体既定秩序的和谐稳定。因而，要实现政治的稳定、社会的和谐，礼和乐都是不可或缺的，正所谓"礼非乐不行，乐非礼不举"[④]。礼和乐之间具有很强的互补性，它们共同使整个社会处于一种既等级分明又温情脉脉的和谐统一状态之中。从这个意义上说，西周礼乐文化的出现在中国五千年的文化发展史上，具有继往开来的里程碑意义。它不仅形成了富于民族特色的完备的礼乐文化形态，而且深入到国民的灵魂深处，塑造了中华民族特有的精神品格，奠定了此后两千多年中国礼乐文化的基本模式。

---

① 郭沫若著作编辑出版委员会编：《郭沫若全集·历史编》第一卷，人民出版社，1982年，第500页。
② [清] 王先谦撰，沈啸寰、王星贤点校：《荀子集解》卷十四，中华书局，1988年，第381页。
③ 袁济喜：《和：审美理想之维》，百花洲文艺出版社，2001年，第202—203页。
④ [宋] 郑樵撰，王树民点校：《通志二十略·乐略第一》，中华书局，1995年，第883页。

　　然而,西周礼乐文化中的礼与乐毕竟存在着很大的差异,礼诉诸于人的外在行为,是对人外在行为的约束和规范,在这个意义上,礼与法的社会功能非常接近。在古代文化典籍中礼、法并称的现象随处可见,而且礼和法都具有强制性,只不过礼的强制程度不及法,二者的区别就在于:礼是从伦理道德层面对人的行为进行约束和规范,而法是在刑律层面对人的行为进行限制。乐则诉诸于人的心灵,通过对人的内在心灵的净化和陶冶,提高人的德性,使人养就"浩然之气",通过"修己"达到"敬""安人""安百姓"的目的。更为重要的是,在周代礼乐制度中,礼(壁垒森严的等级观念)和乐(温情脉脉的审美文化)虽经常相提并论,但实际上二者的地位是极不平衡的。其中,礼(强调等级)是最高目的,而乐(强调和谐)则只是礼的一种辅助手段,因为乐的和融上下的特殊功能只能在礼的规范下才得以实现。这样一来,周代礼乐文化最终的落脚点仍然是一种外在于人的强制性的规定和制度,这极易导致个体情感与社会规范之间的脱节和对峙,甚至会因此而导致整个制度走向瓦解。

　　事实的确如此,西周礼乐制度正是依赖王权强有力的外部支撑才得以有效运行的,春秋以来之所以会出现"礼崩乐坏"的情况,其主要原因就是周王朝权利的下移与丧失。而权利的衰落意味着礼乐制度由此变成了一座毫无根基的空中楼阁,伴随着礼乐文化的内容被慢慢抽空,它的崩坏也就不可避免。如此一来,西周降至春秋,周公等周初统治者所制定的一整套礼乐制度已逐渐形式化、工具化而完全失去了它应有的社会意义,由此形成了各诸侯对礼乐制度肆无忌惮地僭越。这种诸侯"僭礼"的事件不绝于书,如鲁国大夫季氏"八佾舞于庭""三家者以《雍》彻""季氏旅于泰山"(《论语·八佾》);秦襄公"作西畤,用事上帝,僭端见矣"[1],等等。《诗经》中有《商颂》五篇,据《史记·宋微子世家》说:"襄公之时,修行仁义,欲为盟主。其大夫正考父美之,故追道契、汤、高宗,殷所以兴,作《商颂》。"[2]魏源曾列举十三证,王先谦又补七证,以证《商颂》为宗庙之乐[3],因为该篇中就有"天命多辟""天命降监""昔有

---

[1][明]董说:《七国考》卷九,中华书局,1956年,第274页。

[2][汉]司马迁撰,[宋]裴骃集解,[唐]司马贞索隐,[唐]张守节正义:《史记》卷三十八,中华书局,1999年,第1350页。

[3]参见[清]王先谦撰,吴格点校:《诗三家义集疏》卷二十八,中华书局,1987年,第1090—1096页。

成汤,自彼氏羌,莫敢不来享,莫敢不来王,曰商是常"①之语,以此追怀先王,实欲与周比德,这与僭用天子礼乐的目的是一样的。

面对这样一种社会状况,孔子显然从情感上是无法接受的,因而才会表现出极度的无奈和忧虑;但另一方面,这恰恰又为孔子能够从西周礼乐文化中跳出来,并站在它之外,以一种更为理性的姿态对其进行深刻的反思提供了契机。如何克服礼的形式化危机,为礼乐文化寻找到一个更加稳固的根基和支撑点,成了摆在孔子面前最为重要的时代课题,而孔子的一切学说也正是为解决这一课题而逐步展开的。

在孔子看来,任何一个时代的礼都是相对的,周礼本身就是由夏礼、殷礼因革损益而来,同样它也会因革损益而去。《论语·为政》中"子张问:'十世可知也?'子曰:'殷因于夏礼,所损益,可知也;周因于殷礼,所损益,可知也。其或继周者,虽百世,可知也。'"孔子的深刻之处就在于,他并没有因为周代礼文化的优越性而将之视为一种永恒不可变更的绝对存在,而是认为周礼也同样在一个损益的发展过程中。因此,孔子尽管一再表示对周礼的向往("周监于二代,郁郁乎文哉,吾从周""梦见周公"等),并将自己视为西周文化的继承者(《论语·子罕》:"文王既没,文不在兹乎?""天之未丧斯文也,匡人其如予何?"),但他并非简单地因袭礼乐文化的制度形态,而是力图从礼乐文化中确立一种可以为当下生存提供价值依据的精神信念。从西周礼乐文化的实质来看,一方面要维护人们之间的等级差别,另一方面又要和合君臣、父子、上下、贵贱的关系。一言以蔽之,就是要维护人与人之间有差别的和谐。因而在孔子心目中,礼乐文化的真正精神内核应该是"和"(《论语·学而》中说"礼之用,和为贵")而非一种壁垒森严的等级统治制度。故此,要达到整个社会和谐发展的目的,周代那种以外在强制性力量(周天子的权利)来维护统治秩序、颠倒礼之本末的观念和做法显然是不可取的,所以必须要加以变革。

孔子对周代礼乐文化的变革包括了两个方面:继承与突破。所谓继承,指的就是一种文化精神的传承,即对礼乐文化中"和"之精神的继承与整合。礼乐文化中乐与礼虽然在基本目的上是一致的,但是与礼外在

---

① [汉]毛亨传,[汉]郑玄笺,[唐]孔颖达疏:《毛诗正义》卷二十,[清]阮元校刻:《十三经注疏》(附校勘记),中华书局,1982年影印本,第627—628页。

地制约人们的行为规范、作用于理智不同,作为诗、乐、舞三位一体的艺术形式,乐能够以它独特的表现形式,通过人的感性意识而渗入到人的内心深处,通过感化去消融由等级制度带来的怨愤,从而使"君君,臣臣,父父,子子"这种封建宗法秩序长久平和地延续下去。所以,孔子所继承的就是礼乐文化中"乐"所代表的和谐精神。后来荀子和班固所强调的"乐"的调和作用,均是通过宗族、亲属等血亲关系而达到的①。而所谓突破,指的是剔除了礼乐文化中最高目的——等级统治(礼制)而代之以"和"的理念,并从"和"的理念出发,赋予了礼乐文化新的价值依据。这种新的价值依据不是来自于外在的强制力量——周天子至高无上的权力,而是来自于人性中最深厚、最普遍且最稳固的自然情感——"亲亲之爱"。作为一切人伦基础的血缘亲情,是最为真实、最为自然、最为纯正、没有丝毫虚伪做作和外在功利性的,他把这种奠定在血亲之爱基础上的情感化的存在称之为"仁"②。

经过孔子仁学重新诠释的礼乐文化,已不再是作为一种政治制度而存在,而是成为了一种纯粹的文化形态。这一点也就决定了我们今天在看待孔子的学说时,不能再简单地以政治眼光来审视它,而应从文化的视角来解读它,这也是我们理解孔子仁学思想的一个基本原则。

---

①《荀子·乐论》:"乐在宗庙之中,君臣上下同听之,则莫不和敬;闺门之内,父子兄弟同听之,则莫不和亲;乡里族长之中,长少同听之,则莫不和顺。"([清]王先谦撰,沈啸寰、王星贤点校:《荀子集解》卷十四,中华书局,1988年,第379页)班固《白虎通·礼乐》:"故乐者,所以崇和顺,比物饰节……所以和合父子君臣,附亲万民也。"([清]陈立撰,吴则虞点校:《白虎通疏证》卷三,中华书局,1994年,第94页)

②在孔子那里,"乐"的精神实质就是"和",实际上他也正是以"乐"的精神来阐释"礼"的,这显然与周代用"礼"来规范"乐"的观念迥然不同。正是这种文化重心的转移,才使得孔子对"礼"和"仁"都有了全新的理解。

第二章　孔子仁学的再解读

"仁"作为孔子思想中的核心范畴,对其原始意义的发掘是我们解读仁学的第一步。通过对古"仁"字的考察,可以大体看出中国早期社会中存在两条并行不悖的发展线索,即以"㝵"与"仁"为代表的北方系统和以"㤅"与"忎"("㤅")为代表的南方系统①。北方系统反映"人"与"我"的外部关系且重社会伦理情感表达;而南方系统反映的是自我内部的"心"与"身"的内在关系且重个体情感表达,两条系统相得益彰、相互补充,彰显了孔子仁学的丰富内涵。

根据这一考察结论,并结合《论语》中孔子对"仁"的谈论以及新近出土文献中关于"仁"的材料,我们认为孔子仁学中始终贯穿了一种"仁爱精神"。这种"爱"以自我之爱为根基,以血亲之爱为发端,沿着推己及人的"忠恕之道",向外做无限扩展,最终形成了四个层面的内容,它们分别是:"仁者自爱"——孔子仁学的情感性奠基;"孝弟,为仁之本"——孔子仁学的情感性生发;"仁者爱人"——孔子仁学的情感性升华;"天人合一"——孔子仁学的情感性超越。这四个层面层层推进,逐级提升,共同构成了孔子仁学的完整内涵。

第一节　"仁"的字源学考察

"仁"字在《论语》中一共出现了 109 次,是孔子思想中当之无愧的核心范畴,对其进行字源学考察是把握孔子仁学思想的重要一步。从目前的出土和传世文献来看,"仁"字的出现可能比较晚。罗振玉《殷墟书契前编》中收录了一个很像"仁"字的"㇀="②,但不少学者均认为此字并

---

① 这一观点参考了白奚:《"仁"字古文考辨》(《中国哲学史》2000 年第 3 期)一文中的相关论述及结论,特此说明。
② 罗振玉、罗福颐类次:《殷虚书契五种》(上册),中华书局,2015 年,第 151 页。

不是"仁"，容谷对此进行的解释较具说服力。他认为，"🐑"可能是甲骨文"🐑"（一期 甲 3338）① 即"羌"字的残形，而下边的"✙"有可能只是一个序号数字"二"。如果从这样一个角度理解的话，那么上下文的语意就是一致的："🐑✙"即"羌二"，它与下面的"🐑一"是可以呼应的；但若将"🐑✙"理解为"仁"字，那么这条卜辞就颇令人费解了②。郭沫若与侯外庐均认为"仁"字是后起之字，不存于甲骨文和金文③，徐中舒《甲骨文字典》和容庚《金文编》也均未收"仁"字。现在来看，说甲骨文中没有"仁"字，其证据或许还比较充分；但说金文中没有"仁"字，可能就不符合事实了。容庚 1935 年完成的《金文续编》中就重新补录了"仁"字（"🐑✙"④），而 1974 年在河北出土的"中山王鼎"则证明了金文中"仁"字（"🐑"⑤）存在的事实。

　　在传世文献中，《尚书·金縢》最早出现了"仁"字（"予仁若考"）⑥；《诗经》中也出现了两处"仁"字——《国风·郑风·叔于田》中的"洵美且仁"⑦ 和《国风·齐风·卢令》中的"其人美且仁"⑧。但这两处"仁"字与我们现在"仁德"的用法不同，皆是指男子狩猎时的英姿与魄力。而到了《国语》《左传》等文献中，"仁"字的含义完全被道德化了，其内涵已经非常接近于孔子的仁学思想，比如《国语·周语下》中的"爱人能仁"⑨；

----

① 徐中舒主编：《甲骨文字典》，四川辞书出版社，2014 年，第 416 页。
② 容谷：《卜辞中"仁"字质疑》，《复旦学报》（社会科学版）1980 年第 4 期。
③ 侯外庐认为："'仁'字在可靠的古书中，不但不见于西周，而且不见于孔子以前的书中（"诗""国风"洵美且仁之句，颇似后人所记，且为孤证）……更据地下材料，仁字不但不见于殷代甲骨文，更不见于周代吉金，其为后起之字，实无问题。"（侯外庐：《中国思想通史》第五卷，人民出版社，1980 年，第 612—613 页）郭沫若在《十批判书》中也指出："'仁'字是春秋时代的新名词，我们在春秋以前的真正古书里面找不出这个字，在金文和甲骨文里也找不出这个字。"（郭沫若著作编辑出版委员会编：《郭沫若全集·历史编》第二卷，人民出版社，1982 年，第 87 页）
④ 容庚：《金文续编》，上海书店出版社，2000 年，第 190 页。
⑤ 高明、涂白奎编著：《古文字类编》（增订本）（上），上海古籍出版社，2014 年，第 12 页。
⑥ [汉]孔安国传，[唐]孔颖达疏：《尚书正义》卷十三，[清]阮元校刻：《十三经注疏》（附校勘记），中华书局，1982 年影印本，第 196 页。
⑦ [汉]毛亨传，[汉]郑玄笺，[唐]孔颖达疏：《毛诗正义》卷四，[清]阮元校刻：《十三经注疏》（附校勘记），中华书局，1982 年影印本，第 337 页。
⑧ [汉]毛亨传，[汉]郑玄笺，[唐]孔颖达疏：《毛诗正义》卷五，[清]阮元校刻：《十三经注疏》（附校勘记），中华书局，1982 年影印本，第 353 页。
⑨ 徐元诰撰，王树民、沈长云点校：《国语集解》，中华书局，2002 年，第 89 页。

《左传·襄公三十一年》中的"人谓子产不仁,吾不信也"[①];《左传·僖公八年》中的"目夷长且仁,君其立之""能以国让,仁孰大焉"[②]以及《左传·隐公六年》中的"亲仁善邻,国之宝也"[③],等等。甚至有些说法直接被孔子所引用,如《论语·颜渊》中孔子说的"出门如见大宾,使民如承大祭",明显是本于《左传·僖公三十三年》中臼季的话:"臣闻之,出门如宾,承事如祭,仁之则也。"[④]总之,"仁"到了春秋时期就已经广泛流行,同时它作为一种普遍的修己待人的道德准则,直接影响并开启了后来孔子的仁学思想。

东汉许慎的《说文解字》这样释"仁":"仁,亲也,从人二。忎,古文仁,从千心作。𡰥,古文仁,或从尸。"[⑤]在许慎的释义中,我们至少可以发现"仁"的三种字形构成:"仁""忎""𡰥"。但随着近年来新出土文献的发掘,"仁"的字形构成又变得更为复杂起来,比如1993年在湖北省荆门市出土的郭店楚墓竹简中,"仁"字共出现65次,字形分别为"息""忈""忎",但没有一处为通行的"仁"字。其中"息"出现次数最多,共52处;其次是"忈",出现10处;最后是"忎",出现了3处[⑥]。2001年以来陆续出版的《上海博物馆藏战国楚竹书》中也出现了郭店竹简中的"息"与"忎"字形,如上博简《从政》(乙篇)第4简"息之宗也"[⑦]、上博简《君子为礼》第1简"君子为礼,以依于息"[⑧]等出现了"息"字形;上博简《性情论》第25简、第33简出现了"忎"字形[⑨],等等。在楚简中新发现的"息""忈""忎"三个字形,除"忎"《说文解字》提到过外,其他两种均未提及,而《说文解字》中所涉及的"仁""𡰥"两种字形在楚简中也

①[周]左丘明传,[晋]杜预注,[唐]孔颖达疏:《春秋左传正义》卷四十,[清]阮元校刻:《十三经注疏》(附校勘记),中华书局,1982年影印本,第2016页。

②[周]左丘明传,[晋]杜预注,[唐]孔颖达疏:《春秋左传正义》卷十三,[清]阮元校刻:《十三经注疏》(附校勘记),中华书局,1982年影印本,第1799页。

③[周]左丘明传,[晋]杜预注,[唐]孔颖达疏:《春秋左传正义》卷四,[清]阮元校刻:《十三经注疏》(附校勘记),中华书局,1982年影印本,第1731页。

④[周]左丘明传,[晋]杜预注,[唐]孔颖达疏:《春秋左传正义》卷十七,[清]阮元校刻:《十三经注疏》(附校勘记),中华书局,1982年影印本,第1833页。

⑤[清]段玉裁:《说文解字注》,中华书局,2013年,第369页。

⑥张守中、张小沧、郝建文撰集:《郭店楚简文字编》,文物出版社,2000年,第117—118页。

⑦马承源主编:《上海博物馆藏战国楚竹书》(二),上海古籍出版社,2002年,第236页。

⑧马承源主编:《上海博物馆藏战国楚竹书》(五),上海古籍出版社,2005年,第254页。

⑨马承源主编:《上海博物馆藏战国楚竹书》(一),上海古籍出版社,2001年,第95、103页。

并未看到。这种差异说明什么问题呢？

第一，区域文化的差异。

从目前能够见到的传世文献与出土文献来看，似乎找不到《说文解字》中"仁""忎""𠃌"与楚简中"𠎤""忎""忎"之间的演变规律。但如果按《说文》与楚简之间的差异来划分的话，那么我们可以据此推断，"仁"字在先秦时期可能存在着南北两个文字系统，且二者并行不悖地同时发展。南方的"仁"字以战国时期郭店楚简的"𠎤"为代表，其后又省变为"忎"，而"忎"则可能由"忎"讹变或由"𠎤"简化而来；北方的"仁"字则以战国晋地中山王鼎（今河北省平山县）的"𧰼"（"𠃌"）①为代表，晋国遗址出土的《侯马盟书》"𧰼"字出现了 2 次②，而湖北荆门包山楚简、上博简《鬼神之明》第 3 简中出现的"𧰼"③除"尸"（即受祭的活人）腿部动作稍有变化外，与中山王鼎的"𧰼"并无二致。在此基础上，中山王鼎的"𧰼"经过变形，又形成了后世《说文》中的"𠃌"字。先秦时期，除了流行于晋国的"𧰼"（"𠃌"）之外，还有流行于秦国的"仁"字，而这也正是我们现在最通行的"仁"字字形。1975 年出土于湖北省云梦县的战国晚期的《睡虎地秦墓竹简》中，出现了 3 处"仁"字，分别是"不仁其主"（《秦律十八种》第 95 简）、"不仁邑里"（《法律答问》第 63 简）、"仁，能忍"（《为吏之道》第 36 简）④。今人汤余惠主编的《战国文字编》收录了秦国"仁"字玺 2 例⑤，何琳仪编写的《战国古文字典——战国文字声系》则收录了秦国"仁"字玺 6 例⑥。据有关专家推定，中山国墓葬时间（约公元前 310 年）⑦与包山楚简（公元前 316 年）⑧、郭店楚墓竹简（不晚于公元前 300 年）⑨年代大致相同。这也就意味着，以"𠃌"与"仁"为代表的北方系统与以"𠎤"与"忎"（"忎"）为代表的南方系统，实际上是在

---

① 张守中撰集：《中山王𰀠器文字编》，中华书局，1981 年，第 13 页。
② 山西省文物工作委员会编：《侯马盟书》，文物出版社，1976 年，第 302 页。
③ 张守中撰集：《包山楚简文字编》，文物出版社，1996 年，第 133 页；马承源主编：《上海博物馆藏战国楚竹书》（五），上海古籍出版社，2005 年，第 316 页。
④ 睡虎地秦墓竹简整理小组：《睡虎地秦墓竹简》，文物出版社，1990 年，第 22、54、83 页。
⑤ 汤余惠主编：《战国文字编》，福建人民出版社，2005 年，第 550 页。
⑥ 何琳仪：《战国古文字典——战国文字声系》（下册），中华书局，2004 年，第 1134—1135 页。
⑦ 张守中、郑名桢、刘来成：《河北省平山县战国时期中山国墓葬发掘简报》，《文物》1979 年第 1 期。
⑧ 湖北省荆沙铁路考古队：《包山楚简·序言》，文物出版社，1991 年。
⑨ 丁四新：《郭店楚墓竹简思想研究·引言》，东方出版社，2000 年。

不同区域并行不悖地使用和传播的。只不过,秦统一天下六国后,文字也统一于秦篆。"秦国'仁'字遂作为国家规范的正体字推通",代表北方的"𡰥"字和代表南方的"忎"字,就成了许慎所说的"古文","而时代更早、字形更完整、在楚简中出现频率更高的'悬'字,则在后来的传世文献中永远消失、无影无踪了"[①]。

第二,思想内涵的差异。

关于北方的"仁"字系统,许慎提到了三种字形:"仁""忎""𡰥",对这三种字形的解释历来存有争议。但著者认为,许慎把"仁"训为"亲"是基本准确的,我们可从对许慎所收录的三个不同的"仁"的分析中加以证实。但因"忎"字也存在于南方系统,故在此我们仅对"仁"与"𡰥"这两个字进行分析,"忎"字则放在后面南方系统中加以分析。

首先,关于"仁",郑玄的解释是:"人也,读如相人偶之'人',以人意相存问之言。"[②]"偶"的意思是交偶、交往,人偶是说以人之道相交接。清人马瑞辰考证说:"汉时以相敬、相亲皆为人偶。"[③]段玉裁注《说文》"仁"字说:"人耦,犹言尔我亲密之词。""独则无耦,耦则相亲,故其字从人二。"[④]由此说明"仁"的基本要求便是相亲相爱,以人之道来对待人。康有为对孔学的这方面颇为重视,他在《论语注·子罕》篇中说:"人不能离群独处,无在不与人交,无处不与人偶。与人交偶,相亲相爱,则人道成;相恶相杀,则人道息。故仁者,人道交偶之极则也。"[⑤]人道就是把人当成人而相亲相爱之道,简言之就是"仁道"。可见,"相人偶"体现出了一种朴素的人道主义观念,那就是要求在人与人交往当中,要以人应有之道也即相亲、相爱、相敬的情感态度,来表达对他人的尊重和亲密之情。《礼记·中庸》云:"仁者,人也,亲亲为大。"[⑥]在儒家那里,"人"与"仁"是相互规定的,它包含了一种最普遍的人伦情感

①刘宝俊:《论战国古文"仁"字》,《中南民族大学学报》(人文社会科学版)2013年第3期。
②[汉]郑玄注,[唐]孔颖达疏:《礼记正义》卷五十二,[清]阮元校刻:《十三经注疏》(附校勘记),中华书局,1982年影印本,第1629页。
③[清]马瑞辰撰,陈金生点校:《毛诗传笺通释》卷十四,中华书局,1989年,第431页。
④[清]段玉裁:《说文解字注》,中华书局,2013年,第369页。
⑤[清]康有为撰,楼宇烈整理:《论语注》卷九,中华书局,1984年,第123页。
⑥[汉]郑玄注,[唐]孔颖达疏:《礼记正义》卷五十二,[清]阮元校刻:《十三经注疏》(附校勘记),中华书局,1982年影印本,第1629页。

和道德原则,孔子提出的"仁者爱人",正是基于这样一种基本情感和原则。

其次,《说文》中又提出了"古文仁,或从尸"①之说。字形为"𡰥"或"𡰥"。那么,什么是"尸"呢?"尸"与"人"同源。"尸"的甲骨文写法为"𠂆"(三期 粹287)②,像一个坐着的人。古代的祭悼传统,让活人坐在祭位上,以代表死者,接受人们的吊唁,故其造字本义当为坐在祭位上、代替死者接受祭拜的死者亲属,金文"𠂆"(大盂鼎)③承续甲骨文字形。而到了《说文解字》收录的篆文"尸"则严重变形,手的形状消失。许慎释曰:"尸,陈也,象卧之形。"④意思就是"尸"字乃陈放之义,像人僵卧的样子。实际上,我国的"尸祭"传统起源很早,一直可追溯到蚩尤时代的原始祭祖仪式。夏、商、周三代延续了这一"尸祭"传统,并且达到鼎盛时期。我国最早的诗歌集《诗经》中有七篇也提到了"尸祭"现象,其中包括《国风·召南·采蘋》《小雅·祈父》《小雅·楚茨》《小雅·信南山》《大雅·既醉》《大雅·凫鹥》《大雅·板》。而到了战国时期,这一传统可能就已经衰落了,或如唐代李华《卜论》所言:"夫祭有尸,自虞夏商周不变。战国荡古法,祭无尸。"⑤

夏、商、周三代虽然都很重视"尸祭"活动,但每个时期的特点各不相同,其中之一就体现在受祭之"尸"的姿态不尽相同。据《礼记·礼器》记载,夏朝是"立尸",即站立着接受众人祭拜;殷朝是"坐尸",即坐着接受众人祭拜;而周朝则是"旅酬六尸",说明周代"尸"数目较多,而且这"六尸"还要有依次互相劝酒的仪式。难怪曾子调侃说:"周礼其犹醵与!"⑥意思就是说,周代的尸祭很热闹,就好像众人凑钱喝酒一样。这种"尸祭"的礼俗也被一些考古发现所证实。兹举两例加以说明,其一是1984年出土于江苏省镇江市大港镇北山顶部春秋晚期吴王余昧墓

---

① [清]段玉裁:《说文解字注》,中华书局,2013年,第369页。
② 高明、涂白奎编著:《古文字类编》(增订本)(上),上海古籍出版社,2014年,第192页。
③ 高明、涂白奎编著:《古文字类编》(增订本)(上),上海古籍出版社,2014年,第192页。
④ [清]段玉裁:《说文解字注》,中华书局,2013年,第403页。
⑤ 汉语大字典编辑委员会编纂:《汉语大字典》,崇文书局、四川辞书出版社,2010年,第1034页。
⑥ [汉]郑玄注,[唐]孔颖达疏:《礼记正义》卷二十四,[清]阮元校刻:《十三经注疏》(附校勘记),中华书局,1982年影印本,第1439页。

中的尸祭缶。此缶中间为漩涡文,周边有铭文3圈31字(其中重文2),其中内圈文字为:"馥君之孙利之元子次尸祭"。中圈文字为:"羉其吉金自乍卯(盥)缶眉寿无冡子孙。"外圈文字为:"永保用之。"[①] 其二是云南晋宁石寨山12号墓出土的祭祀人物雕像贮贝器。上面铸有129人的祭祀场面,其中有"尸祭"场景:祭坛中的"尸",双手扶膝端坐在圆几之上接受众人的礼拜[②]。

　　如此看来,"尸"实际上并不是我们现在理解的死人,而是代先人受祭的活人,一般都由公卿大夫或其孙辈来承担。汉代何休在注《春秋公羊传》时明确谈到:"祭必有尸者,节神也。礼,天子以卿为尸,诸侯以大夫为尸,卿大夫以下以孙为尸。"[③]《礼记·曲礼上》载:"君子抱孙不抱子","此言孙可以为王父尸,子不可以为父尸"[④]。《礼记·祭统》说:"夫祭之道,孙为王父尸。所使为尸者,于祭者子行也。父北面而事之,所以明子事父之道也,此父子之伦也。"[⑤]《礼记·曾子问》亦载孔子的话:"祭成丧者必有尸,尸必以孙,孙幼则使人抱之,无孙则取于同姓可也。"陈澔注云:"尸必以孙,以昭穆之位同也。取于同姓,亦谓孙之等列也。"[⑥] 郑玄在注《仪礼·士虞礼》时曰:"尸,主也。孝子之祭,不见亲之形象,心无所系,立尸而主意焉。"[⑦] 可见,古人之所以要"尸祭",其实就是希望通过树立一个被祭者"尸"的形象,把自己对先人的感恩、敬重、追念等内心真诚的情感倾注到这个形象身上,从而使自己的心灵得到某种寄托和慰藉。所以,《礼记·郊特性》说:"尸,神象也。"[⑧] 这表明,"尸"在祭祀者那里是神圣不可亵渎的,他是先人神灵的象征。这种对先人的敬爱

---

① 江苏省丹徒考古队:《江苏丹徒北山顶春秋墓发掘报告》,《东南文化》1988年第1期(增刊)。

② 易学钟:《晋宁石寨山12号墓贮贝器上人物雕像考释》,《考古学报》1987年第4期。

③ [汉]公羊寿传,[汉]何休解诂,[唐]徐彦疏:《春秋公羊传注疏》卷十五,[清]阮元校刻:《十三经注疏》(附校勘记),中华书局,1982年影印本,第2280页。

④ [汉]郑玄注,[唐]孔颖达疏:《礼记正义》卷三,[清]阮元校刻:《十三经注疏》(附校勘记),中华书局,1982年影印本,第1248页。

⑤ [汉]郑玄注,[唐]孔颖达疏:《礼记正义》卷四十九,[清]阮元校刻:《十三经注疏》(附校勘记),中华书局,1982年影印本,第1605页。

⑥ [宋]陈澔:《礼记集说》卷四,世界书局,1936年,第110页。

⑦ [汉]郑玄注,[唐]贾公彦疏:《仪礼注疏》卷四十二,[清]阮元校刻:《十三经注疏》(附校勘记),中华书局,1982年影印本,第1168页。

⑧ [汉]郑玄注,[唐]孔颖达疏:《礼记正义》卷二十六,[清]阮元校刻:《十三经注疏》(附校勘记),中华书局,1982年影印本,第1457页。

之情，实际上就是血亲之爱——"孝"的集中体现。《论语·为政》中孔子曰："生，事之以礼；死，葬之以礼，祭之以礼。"《礼记·杂记下》引孔子的话说："敬为上，哀次之，瘠为下。"①《礼记·祭统》曰："是故孝子之事亲也，有三道焉：生则养，没则丧，丧毕则祭。"②《论语·学而》中曾子说："慎终，追远，民德归厚矣。"其实，孔子及其门人所讲这些话也是要民众明白"孝弟"乃"为仁之本"这一根本的做人道理。所以，"孝"不仅要敬养生者，而且也要对逝者尽哀尽敬。《礼记·中庸》曰："敬其所尊，爱其所亲，事死如事生，事亡如事存，孝之至也。"③《大戴礼记·曾子本孝》亦曰："故孝之于亲也，生则有义以辅之，死则哀以莅焉，祭祀则莅之，以敬如此，而成于孝子也。"④ 由此可见，《郭店楚简·语丛一》第98简所言"丧，仁之端也"⑤以及《语丛三》第35简所言"丧，仁也"⑥是非常准确的。

至于"𡰥"中的"二"，很多学者认为并无实意，只是一种装饰或简省符号。何琳仪在《战国文字通论》一书中提到，"="这一字形除用作合文或重文符号外，也常用作省形符号、对称符号或装饰符号⑦。庞朴在《"仁"字臆断》一文中指出，甲骨文和金文中的"尸"字"只是简单的人形，而没有'二'划可见"。后来出现的"二"划"很大可能只是一种装饰性的符号"，即"古文字学上所谓的羡划或饰笔"，"并无'二人'或'相人偶'的大义"⑧。廖名春则认为，"二"是"'心'字的简省符号"⑨。刘宝俊对此做了更为详细的考证和说明，并得出结论说："'心'符先简省为'='，后讹变为'二'，后人不明其来历，遂依讹体而认作表数的'二'，并曲解

①[汉]郑玄注，[唐]孔颖达疏：《礼记正义》卷四十二，[清]阮元校刻：《十三经注疏》（附校勘记），中华书局，1982年影印本，第1561页。

②[汉]郑玄注，[唐]孔颖达疏：《礼记正义》卷四十九，[清]阮元校刻：《十三经注疏》（附校勘记），中华书局，1982年影印本，第1603页。

③[汉]郑玄注，[唐]孔颖达疏：《礼记正义》卷五十二，[清]阮元校刻：《十三经注疏》（附校勘记），中华书局，1982年影印本，第1629页。

④[清]王聘珍撰，王文锦点校：《大戴礼记解诂》卷七，中华书局，1983年，第80页。

⑤荆门市博物馆编：《郭店楚墓竹简》，文物出版社，1998年，第198页。

⑥荆门市博物馆编：《郭店楚墓竹简》，文物出版社，1998年，第211页。

⑦何琳仪：《战国文字通论》（订补），江苏教育出版社，2003年，第252—254页。

⑧庞朴：《"仁"字臆断》，《寻根》2001年第1期。

⑨廖名春：《"仁"字探原》，载刘东主编：《中国学术》第八辑，商务印书馆，2001年，第131页。

为'相人偶'。"① 以上观点均具有较高的可信度,故可作为我们立论的重要依据,予以采纳。

总之,"启"("㠯")字中"尸"是关键的构字部件,其原义就是具有血缘亲情关系的"人";而"亻="("仁")字中的"人",其意义和"尸"完全相同,二者的区别只不过在于人的形态有所差异:一个是坐着的"人",一个是站着的"人"。但它们传递出来的都是"亲"的意思,这其中体现出的是"仁"字所包含的人与人交往之间理应秉持的最基本的道德情感。

关于南方的"仁"字系统,存在着"㤈、忈、忎"三种不同字形。那么,三者之间有何区别?又有何关联?意味着什么?这些问题的解答将直接关乎我们对"仁"的另一层面的理解。

在楚简中的三个"仁"字中,惟有"忎"字出现在《说文解字》中。那么,"忎"和其他两个字"㤈""忈"究竟是何种关系?对此,历来有不同看法,没有定论。大致说来,有两种思路:一种是将"忎"和"忈"联系起来考察;而另一种则是将"忎"和"㤈"联系起来考察。在第一种思路中,又有三种不同观点:其一,因循许慎《说文解字》中对"仁"字"从人从二"会意解释的思路,认为"忎"亦为会意字,而"千"表数量之众、之博,"千"与"心"结合起来即为南唐徐锴所说:"古文千、心为'仁',唯仁者能服众心也。"② 或如清代徐灏所说:"千、心为仁,即取博爱之意。"③ 其二,认为"千"充当声符,不表示意义。段玉裁《说文解字注》曰:"从心,千声也。"④ 其三,认为后人将"亻="中的"亻"字旁"误之而为'千'矣",故"忈"为"忎"之本字,"从千无所取义"⑤,"'千'乃'人'之讹误"⑥。这一

---

① 刘宝俊以《古玺文编》中所收的"悊"("折"字简省为"=")、郭店楚简中"强"字("虫"字简省为"=")、马王堆帛书"者"字("日"字简省为"=")等为例,说明"="常用作简省符号。此外,他又特别提到几个"心"简省为"="的例子,比如说郭店楚简中"𦒈"(《老子甲》第27简)字下半部分的"=",可能就是"誙"(《五行》第16简)字下半部分"心"的省文;《碧落文》中的两个"思"字下面的"心"均写成"="以及古玺文中"中身="右边的"="极有可能是"心"的省文等等。参见刘宝俊:《郭店楚简"仁"字三形的构形理据》,《中南民族大学学报》(人文社会科学版)2005年第5期。
② [南唐] 徐锴:《说文解字系传》卷三十三,中华书局,1987年,第307页。
③ 丁福保编纂:《说文解字诂林》(附索引)第九册,中华书局,2014年,第7918页。
④ [清] 段玉裁:《说文解字注》,中华书局,2013年,第369页。
⑤ 商承祚:《说文中之古文考》,上海古籍出版社,1983年,第75页。
⑥ 何九盈:《汉字文化学》,辽宁人民出版社,2001年,第216页。

观点源于清代文字学家王筠,他明确指出,"忎"字当"从人、心"。并且,他进一步以钟鼎文"年"字为例,说明其字"从'人'者多",而"从'千'者少"①,以此来证明"千"即"人"字的论断。这三种解释都各有其道理,很难判断哪一种是标准答案。但随着湖北郭店楚墓竹简的出土,第三种解释似乎更具合理性,只不过这中间还需要借助于另一个关键字形"𢡱"的转换与过渡。

"仁"作"𢡱",而"𢡱"字不见于其他任何文献记载,乃"楚系特有"②,在郭店楚墓竹简出土之后,越来越多的学者将"忎"和"𢡱"联系起来考察。比如,梁涛认为:"郭店竹简出土后,人们意识到,所谓'忎'其实即是'𢡱'字的变形,'仁'的古文应做'𢡱'。"③《郭店楚墓竹简·老子(丙)》第3简的注释说,《说文解字》误将"忎"视为"仁"之古文,实际上"𢡱"才是"仁"之古文。因而,古文"仁"字中的"从'千'乃从'身'之误"④。这种观点颇富启发性。其实,"𢡱"的字形出现很早且已经被隶定出来,如罗福颐主编的《古玺汇编》就收录带有该字形的战国玺印共计6处,分别是:姓名私玺九八2706("中𢡱")⑤;姓名私玺一二四3344("氏𢡱")、3345("𢡱䊺")⑥;吉语玺二二4653、4654("中𢡱")⑦;单字玺一九5381、5382("𢡱")⑧,但未被识读。近代古文字学家丁佛言虽然提出"𢡱"即为《说文》"仁"之古文"忎",但又误将"𢡱"上半部的"身"字识读为"刃之反文"⑨。准确识读"𢡱"字的是郭沫若,他在《金文丛考》中说:"古玺'𢡱'字乃'仁'字之异","'仁'古或作'忎',从'心''千'声。'𢡱'则从'心''身'声,字例相同,可为互证"⑩。此论富有灼见,然不少学者对此曾有过质疑,认为玺印中多有"忠𢡱""𢡱士"的用词,故"𢡱"字应为"从言从身"的"躳"(或"訊"),而此字乃"信"之

①[清]王筠:《说文解字句读》卷十五,中华书局,1988年,第292页。
②李零:《郭店楚简校读记》(增订本),中国人民大学出版社,2007年,第249页。
③梁涛:《郭店竹简"𢡱"字与孔子仁学》,《哲学研究》2005年第5期。
④荆门市博物馆编:《郭店楚墓竹简》,文物出版社,1998年,第121页。
⑤罗福颐主编:《古玺汇编》,文物出版社,1994年,第259页。
⑥罗福颐主编:《古玺汇编》,文物出版社,1994年,第312页。
⑦罗福颐主编:《古玺汇编》,文物出版社,1994年,第423页。
⑧罗福颐主编:《古玺汇编》,文物出版社,1994年,第486页。
⑨丁佛言辑:《说文古籀补补》,中华书局,1988年,第37页。
⑩郭沫若:《金文丛考》,人民出版社,1954年,第228页。

异文①。目前来看,这种观点已被郭店楚墓竹简证实是有误的。因为,郭店竹简中的"信"字一律写成从"言"从"千",并非从"言"从"身";而"仁"字的大多数字形却都写成了"㕧",且经常与"孝""义"等字并用,如《老子丙》第 3 简曰:"故大道废,安有仁义。"②《唐虞之道》第 10 简曰:"孝,仁之冕也。"③《性自命出》第 41 简曰:"唯恶不仁为近义。"④《语丛一》第 98 简曰:"丧,仁之端也。"⑤ 等等。通过上述所举辞例以及文意可知,"㕧"即"仁"之异体字,当为定谳之论。为此,庞朴曾非常肯定地说过,"㕧"字虽然很早就被著录过,但过去多将其与"从言从身的訒即信字相混","此次郭店简的出现,因有上下文本为据,亥豕得以一清,㕧字当读仁义之'仁',已是铁定无疑"。同时,认为这些凡是写作上身下心的"㕧"字"一概解作仁爱之'仁',全无例外"⑥。刘翔也指出:"从心从身的'㕧',从心从千的'忎',及'㠯'诸形,实皆仁字。这是古文字里同字异构的典型实例。"⑦

厘清"㕧"字的归属后,我们再回过头来看看楚简中的另外两个字形"忎"与"㥁"。上面庞先生得出的"㕧"读为"仁"且解作仁爱之"仁"的结论,应是准确无误的。但庞先生还谈到,郭店楚简中所有"仁"字"一律写作上身下心的'㕧'",对此我们不敢苟同。因为在楚简中,除了"㕧"("")这个字形外,还存在着"忎"("""")与"㥁"("")的字形。那么,三者之间什么关系呢?

首先看"㕧"和"忎"的关系。庞朴认为,《说文》中提到的所谓古文"忎",其实正是郭店楚简中的"㕧"字。只是"因为'身'符有时被简化,有点像是'千'字,于是从身心便会被误会成从'千心'了"⑧。刘翔也认为,"㕧"字要比"忎"字出现得早,后者是前者讹变的结果,最后又省

①何琳仪:《战国古文字典——战国文字声系》(下册),中华书局,2004 年,第 1139 页。
②荆门市博物馆编:《郭店楚墓竹简》,文物出版社,1998 年,第 121 页。
③荆门市博物馆编:《郭店楚墓竹简》,文物出版社,1998 年,第 157 页。
④荆门市博物馆编:《郭店楚墓竹简》,文物出版社,1998 年,第 180 页。
⑤荆门市博物馆编:《郭店楚墓竹简》,文物出版社,1998 年,第 198 页。
⑥庞朴:《郭燕书说——郭店楚简中山三器心旁文字试说》,载武汉大学中国文化研究院编:《郭店楚简国际学术研讨会论文集》,湖北人民出版社,2000 年,第 40 页。
⑦刘翔:《中国传统价值观诠释学》,上海三联书店,1996 年,第 159 页。
⑧庞朴:《"仁"字臆断》,《寻根》2001 年第 1 期。

变为"仁"①。白奚看法大体相同，认为"忎"当由"𠐻"演化而来，但与上面两位学者观点稍有差异的地方就在于："忎"不是"𠐻"讹变的结果而是省变的结果②。不管是哪种说法，有一点比较确定，那就是"𠐻"字早于"忎"，而"忎"字很可能是由"𠐻"讹变或省变而来。再来看"忎"和"仁"的关系。"千"与"人"就字音而言，其上古音均是真部字，声母亦相通。就字形而言，"千"的甲骨文写法为"𠂤"（四期 粹 1586），金文为"𠂤"（散盘）③；而"人"的甲骨文为"𠂉"（三期 甲 854），金文为"𠂉"（石鼓吴人）④，二者字形极为接近。综合这两点来看，我们认为"仁"极有可能是"忎"字讹误或简省的产物。

　　通过上述梳理，我们可以得出一个初步结论，那就是"𠐻""忎""仁"三者之间存在着一种逐级讹误或简省的关系，即"忎"由"𠐻"讹误或简省而来，"仁"则由"忎"讹误或简省而来。虞万里曾指出："身之字形，战国时各地写法极多，楚系字形多如郭店所书，然其稍一简化即近似千，再简之则似人。"⑤这一论断是符合事实的，并且可以在郭店楚墓竹简中"仁"的字形变化中得到证实，如下图所示：𢖶（《老子丙》）→𢖶（《缁衣》）→𢘸（《忠信之道》）→𢖻（《性自命出》）→𢖻（《唐虞之道》）→𢖻（《唐虞之道》）⑥。

　　由此可见，"𠐻""忎""仁"实乃"仁"之同构异体字，它们之间是一体三面的关系，而在这三者之中又以"𠐻"字为本。"𠐻"作为楚简中出现的众多"心"符字中最具代表性的文字，其"从身从心"的字形表明，"仁"与人类善良、温和、富有同情心的本性息息相关，其"所表述的人本理念，成为儒家伦理道德观念的最高范畴"⑦。这正是孟子所讲的"恻

---

①刘翔：《中国传统价值观诠释学》，上海三联书店，1996 年，第 159 页。

②白奚：《"仁"字古文考辨》，《中国哲学史》2000 年第 3 期。

③高明、涂白奎编著：《古文字类编》（增订本）（上），上海古籍出版社，2014 年，第 32 页。

④高明、涂白奎编著：《古文字类编》（增订本）（上），上海古籍出版社，2014 年，第 9 页。

⑤虞万里：《上博简、郭店简〈缁衣〉与传本合校拾遗》，载上海大学古代文明研究中心、清华大学思想文化研究所编：《上博馆藏战国楚竹书研究》，上海书店出版社，2002 年，第 435 页。

⑥本处所提及的"仁"之字形具体可参见张守中、张小沧、郝建文撰集：《郭店楚简文字编》，文物出版社，2000 年，第 117—118 页。

⑦刘翔：《中国传统价值观诠释学》，上海三联书店，1996 年，第 143 页。

隐之心,仁之端也"①、"仁,人心也"②。可见,楚简中"悬"字已然体现出了思孟学派心性之学的思想特征。战国时期,子思一派以内省求仁,力求从人情、人性中寻找仁学之根基,从而建立起富有形上意味的"新仁学"。而这种"新仁学"曾在楚国盛极一时,"悬"的出现就是这种新观念在文字上的反映。如此一来,与心性之学的密切关联,使得"悬"的内涵与"仁"和"臣"的内涵有了很大差异③。正如廖名春先生所言:"'身'是指己身,'人'是指他人。"④ 由此可以推断,"悬"强调的是对"己身"的爱,而不是对他人的爱。"悬"的这种内涵不仅反映出"心"与"身"的内在关系,而且反映出其带有注重个体自我情感表达的特点。这与北方系统中"仁"和"臣"反映"人"与"我"外部关系且注重社会伦理情感表达的特点,形成了一种既区分又互补的关系,共同构成了"仁学"的完整内涵。

第二节　孔子仁学的深度诠释

根据上述对"仁"字进行的字源学考察结论以及《论语》中孔子对"仁"的谈论,不难发现孔子仁学中"一以贯之"之道乃是一种仁爱精神。这种"爱"以自我之爱、亲亲之爱为根基,沿着推己及人的"忠恕之道",向外做无限扩展,推及他人,推及社会,推及天地万物,使万物和合于爱,最终达到人的身与心、人与他人、人与社会、人与自然的和谐统一。下面,我们将依次对孔子仁学的这四个层次展开论述。

---

① [汉]赵岐注,[宋]孙奭疏:《孟子注疏》卷三下,[清]阮元校刻:《十三经注疏》(附校勘记),中华书局,1982年影印本,第2691页。

② [汉]赵岐注,[宋]孙奭疏:《孟子注疏》卷十一下,[清]阮元校刻:《十三经注疏》(附校勘记),中华书局,1982年影印本,第2752页。

③《尔雅·释诂下》曰:"卬、吾、台、予、朕、身、甫、余、言,我也。"〔[晋]郭璞注,[宋]邢昺疏:《尔雅注疏》卷二,[清]阮元校刻:《十三经注疏》(附校勘记),中华书局,1982年影印本,第2573页〕这表明,"悬"之意义指向的不是泛化的"人",而是具体的"己"。在《论语》中,这一区分是很明显的,比如《论语·学而》引曾子的话说:"吾日三省吾身。"《论语·子路》云:"不能正其身,如正人何?"孔子还说过:"古之学者为己,今之学者为人。"(《论语·宪问》)"君子求诸己,小人求诸人。"(《论语·卫灵公》)

④ 廖名春:《"仁"字探原》,载刘东主编:《中国学术》第八辑,商务印书馆,2001年,第134页。

一、"仁者自爱"——"仁"作为自我之爱的情感性奠基

《荀子·子道》篇曾记载说,孔子问子贡"仁者若何",子贡对曰"仁者爱人",孔子评曰"可谓士君子矣"。随后,孔子又问颜回"仁者若何",颜回对曰"仁者自爱",而孔子则深表认同并赞曰"可谓明君子矣"①。这段话很清楚地表明,在孔子看来,如果一个人连自我都不懂得去关爱的话,就不可能懂得爱他人,他也不可能达到"明君子"的境界。故而,在仁学思想中,不仅存在着自我之爱的要求,而且这样一种爱还是其他一切仁爱情感产生的基础。这种"自爱"的观念突出地体现在郭店楚简的"㥑"字及相关思想之中。

如上所述,从身从心之"㥑",表达的是自我之爱,"表示心中想着自己、思考着自己"②。它与"仁"虽同属于仁学思想,但一个从群体进入,一个从个体进入,意义显然是不同的,代表了两种不同的生命意识。学界认为孔子仁学重视人的社会性、群体性并不错,比如父慈子孝、君惠臣忠等,对这种温情脉脉伦理关系的践行与欣赏,也是完全可以"使人伦、人格的审美有可能从群体伦理得以升华"的,因为"伦理的完美是一种善","其实这已经是群体人格从求善走向了审美"③。然而,这种观点却因忽视了个体生命这一维度而导致对孔子仁学、美学思想的遮蔽。

"㥑"字的出现,充分证明了孔子仁学中对个体生命价值的肯定。《论语·颜渊》篇载孔子的话说:"一日克己复礼,天下归仁焉。"这里虽言"克己",其实既是"为己",同时也是"为人";《论语·子罕》篇中子曰:"三军可夺帅也,匹夫不可夺志也。"《论语·述而》篇孔子亦云:"仁远乎哉?我欲仁,斯仁至矣。"显然,这些都是对个体人格与自我价值的充分肯定,与"㥑"之本义是完全吻合的。这体现了孔子仁学所追求的一种理想人格,即在不脱离社会人伦关系的条件下去彰显个体价值,进而在此基础上实现个体性与社会性的统一。

不仅如此,郭店楚简与上博简将"仁"字写作"㥑",其构形之语义"当是心中想着人之身体(身、人义类相属,古音同在真部)"④,这便体现

①[清]王先谦撰,沈啸寰、王星贤点校:《荀子集解》卷二十,中华书局,1988年,第533页。
②梁涛:《郭店竹简"㥑"字与孔子仁学》,《哲学研究》2005年第5期。
③王振复:《中国美学史教程》,复旦大学出版社,2004年,第67页。
④刘翔:《中国传统价值观诠释学》,上海三联书店,1996年,第159页。

了孔子追求的个体身心和谐的人格理想。《孝经·开宗明义》篇就有言：“身体发肤，受之父母，不敢毁伤，孝之始也。”[1]这表明儒家是极为重视个体生命形体存在的。《论语·季氏》篇中，孔子又明确谈到君子要有“三戒”，即“戒色”“戒斗”“戒得”。这“三戒”实际上都是为了保存“血气”，而保存“血气”也就是要保存人的生命存在的健康形态。在《论语·子路》篇中，子曰：“其身正，不令而行；其身不正，虽令不从。”“不能正其身，如正人何？”孔子这里强调君子的道德行为要端正而不偏，但他又是以“身”为发端说起的，这就证明孔子的道德观念中是不抛弃肉体存在的。然“身”若想达到“正”之境界，又必须进行长期、艰苦的磨练、修养过程。《孟子·告子下》中谈到，要想成为像“舜”“孙叔敖”“百里奚”那样的人，就必须首先“苦其心志，劳其筋骨，饿其体肤，空乏其身”[2]。这种对人身体的考验，表面看是“主体对自我肉身的敌视与宣战”，但实际却是“主体对肉体生命的充分自信”，其中“包含着从悲剧性的生命之痛苦走向喜剧性的生命之欢愉的人格审美内容”[3]。当然，孔子肯定人的生命存在，并不意味着对“好死不如赖活着”活命哲学的认同，因为他也曾慷慨激昂地立下如此誓言：“朝闻道，夕死可矣。”（《论语·里仁》）“志士仁人，无求生以害仁，有杀身以成仁。”（《论语·卫灵公》）也就是说，在他坚守和维护的“仁”与“道”面前，即使是失去生命也在所不惜、义无反顾，这不是不热爱生命、不尊重生命，恰恰是在最大限度上体现了生命的尊严与个体人格境界的升华。这种精神实际上已经超越了“息”中“身”的范围而构成了“心”[4]之内涵。从这种“身心合一”的追求中，我们可以看到孔子仁学的精神旨趣和价值取向。

综上，“息”不仅体现了“身”与“心”的统一，而且体现了“心”对“身”的超越。“生命个体之身心的和谐以及个体在群体社会组织中人伦

①［唐］李隆基注，［宋］邢昺疏：《孝经注疏》卷一，［清］阮元校刻：《十三经注疏》（附校勘记），中华书局，1982年影印本，第2545页。
②［汉］赵岐注，［宋］孙奭疏：《孟子注疏》卷十二下，［清］阮元校刻：《十三经注疏》（附校勘记），中华书局，1982年影印本，第2762页。
③王振复：《中国美学史教程》，复旦大学出版社，2004年，第68页。
④《说文解字》曰：“心，人心，土臧也，在身之中象形。”（［清］段玉裁：《说文解字注》，中华书局，2013年，第506页）《荀子·解蔽》曰：“心者，形之君也，而神明之主也，出令而无所受令。”（［清］王先谦撰，沈啸寰、王星贤点校：《荀子集解》卷十五，中华书局，1988年，第397页）

和爱之秩序的确立"①，正是孔子仁学所追求的臻美境界。而此种境界的达成，前提就是首先要肯定个体的生命价值与自我人格。刘翔认为，"恖"字"造文从心从身"，与"'爱'字造文语义，实属同源"，故"仁字与爱字义近"。孔子仁学的基本原则就是要"爱人""爱惜人的生命"，但要做到这一点，必须首先懂得"珍惜自己生命"，"这是仁爱的出发点"②。王中江也认为，儒家对他人的同情心、怜悯之心和慈爱之心，正是来自于"对自我、自身的感受和关心"，而这是儒家"身心之仁"最本质的特征③。所以，只有首先做到"仁者自爱"，才能做到"亲亲之爱"，进而做到"爱人"（《论语·颜渊》）、"泛爱众，而亲仁"（《论语·学而》）。由此可见，郭店竹简的中的"恖"字，直接表达的是对自己身体、身心的关心，而在此基础上产生的同情心以及由此引申出的爱人之心，"既意味深长而又和谐美妙"④。

二、"孝弟，为仁之本" —— "仁"作为亲亲之爱的情感性生发

孔子之仁的生发处是从父母与子女之间的亲情关系开始的，正如《论语·学而》篇所说："孝弟也者，其为仁之本与！"关于"孝"和"弟"（即"悌"），朱熹《论语集注》中解释说："善事父母为孝"，"善事兄长为弟"⑤。"孝"和"弟"一个反映的是晚辈对长辈的亲情，一个反映的是同辈之间的亲情，二者皆"为仁之本"。而"为仁之本"就是"为人之本"，因为"仁者，人也"⑥。那么"孝弟"何以"为仁之本"？梁漱溟指出："凡仁之爱亲、敬兄，与夫父母之爱子，都怀有一种柔嫩而真挚之情。"⑦这也就是说，子女对父母的"孝"、弟弟对兄长的"弟"，这一类情感都是人之为人最易

①王振复：《中国美学史教程》，复旦大学出版社，2004年，第69页。

②刘翔：《中国传统价值观诠释学》，上海三联书店，1996年，第159—160页。

③王中江：《"身心合一"之"仁"与儒家德性伦理——郭店竹简"恖"字及儒家仁爱的构成》，《中国哲学史》2006年第1期。

④王中江：《"身心合一"之"仁"与儒家德性伦理——郭店竹简"恖"字及儒家仁爱的构成》，《中国哲学史》2006年第1期。

⑤[宋]朱熹：《四书章句集注》，中华书局，2010年，第48页。

⑥[汉]郑玄注，[唐]孔颖达疏：《礼记正义》卷五十二，[清]阮元校刻：《十三经注疏》（附校勘记），中华书局，1982年影印本，第1629页。另见《孟子·尽心下》："仁也者，人也，合而言之道也。"〔[汉]赵岐注，[宋]孙奭疏：《孟子注疏》卷十四上，[清]阮元校刻：《十三经注疏》（附校勘记），中华书局，1982年影印本，第2774页〕

⑦李渊庭整理：《梁漱溟谈孔孟》（四），《文史知识》2000年第10期。

感受的自然天性,往往不讲条件,甚至不论是非,由中而出,不加伪饰,属于不学而知的范畴,也是人类最本真的情感样式。孔子称之为"直"(《论语·子路》),孟子称之为"良知"①,王弼称之为"自然亲爱"②。

在"孝"和"弟"的自然亲情中,又以"孝"最具代表性。"孝"作为一种自然情感,不仅仅表现在用生活资料来赡养父母,更重要的是要表现出对父母的"敬"之情感,否则的话就与犬、马等动物没有任何区别了。在《论语·为政》篇中,孔子说:"今之孝者,是谓能养。至于犬马,皆能有养;不敬,何以别乎?"在孔子看来,人与动物最根本的区别就在于人不仅能够回报父母的养育之恩,而且能够充分地尊重父母的人生经历、奉献精神、人格力量,乃至生活习惯。这其中所包含的恐怕就不单是生物学意义上的血缘关系,而更多的是体现了一种精神的传承,这便是人之为人的根本属性和标志。

明白了这一点,我们或许也就不难理解孔子为什么说"父母唯其疾之忧"(《论语·为政》)、"父母之年,不可不知也。一则以喜,一则以惧""父母在,不远游,游必有方"(《论语·里仁》)。这其中蕴含着子女对父母的一种深挚的敬爱之情。更能说明这个问题的是《论语·阳货》中孔子与他的学生宰我关于"三年之丧"的辩论③。在这场辩论中,孔子不过是想借"三年之丧礼"的话题来说明人内心的真情实感对于行礼的重要性,至于丧期是"三年"或"一年"其实并不是最重要的,因为丧期是"三年"或是"一年",只有对那些有孝心的人来说才是有意义的。倘若抽掉了"礼"中的情感因素而来空谈"礼",那么就必然会失去"礼"的根本精神。这一点对于我们当代人来讲具有重要的启发意义。在当代社会,尽管人们的生活方式、生活观念都与孔子的时代有着巨大的差异,不可能再像那个时代的人那样再为父母守孝三年,然而尽孝的外在形式可以改变,但孝心、仁心却不可以改变。

值得注意的是,从表面上看,和孔子的"保守"比较起来,宰我试图顺应时代的要求,建立一种新的社会规范,以打破传统"礼制"的权威和

---

① [汉]赵岐注,[宋]孙奭疏:《孟子注疏》卷十三上,[清]阮元校刻:《十三经注疏》(附校勘记),中华书局,1982年影印本,第2765页。
② [三国魏]何晏集解,[南朝梁]皇侃义疏:《论语集解义疏》卷一,中华书局,1985年,第4页。
③ 具体内容可参见杨伯峻:《论语译注》,中华书局,2006年,第212页。

主导,这似乎给人感觉他的思想观念中存在着某种平等精神和创新意识。然而从深层次的分析来看,宰我的做法不仅无法实现"礼制"的革新与发展,反而会进一步将"礼制"推向形式化,甚至最终否定掉其存在的合法性。这是因为宰我在理解礼的问题时,在很大程度上将属于礼的内在情感性因素与其外在的形式因素硬性地剥离开来,致使在礼的表达中掺入了较多的功利性色彩,因而大大降低了礼中的精神性因素,并最终使礼降格为一种纯粹仪式、一种制度和规范。当宰我说"君子三年不为礼,礼必坏"的时候,其实就非常明确地传达出了这层信息。

按照孔子的说法,为父母服丧三年本身就是在"为礼"即"孝",根本谈不上什么"三年不为礼,礼必坏"的情况。在他看来,"礼"的精神实质并不在于三年的形式,而在于其真实情感的表达——"孝"。孔子认为,父慈子孝是父子相互之间的天然义务,是一种不会掺杂任何功利诉求的自然情感的流露,这种情感是非常纯洁高尚的,决不应从功利的角度去理解它,否则的话,所谓的"三年之丧"就必然会沦落为一种虚伪做作的仪式表演。所以,"三年之丧礼"正是子女怀念父母、表达"孝心"的一种情感方式,"尽孝"与"为礼"是一个问题的两个方面,而绝不像宰我所理解的那样似乎在"孝"之外还单独存在着什么"三年之丧礼"。从这个层面上讲,"三年之丧礼"的真正内涵即是"孝",而"孝"的真正意义就在于其所蕴涵的人类至纯至真的情感内容,它构成了人之为人的精神基础。当然,真正的"孝"也不是唯父母是从、服从父母的权威。父母有过,也要规劝,但不要伤父母之心,正所谓"事父母几谏,见志不从,又敬不违,劳而不怨"(《论语·里仁》),这也是人之常情。

或许正是由于孔子将血亲之爱置于了"仁之本"的高度,故而不少学者指责孔子的仁爱学说过于自私和狭隘,其论证的主要依据就是《论语·子路》中孔子和叶公关于"直"的一次论辩。叶公认为"直"就是"其父攘羊,而子证之";而孔子的看法相反,他说:"父为子隐,子为父隐——直在其中矣。"无论从道德还是从法律的角度来说,"其父攘羊,而子证之"这种行为都是值得称道的,但孔子却搁置了其中的道德判断,直接面对父子亲情这种伦理现象,指出这不是"直"的真实体现,而真正的"直"则是"父为子隐,子为父隐"。孔子的这种说法很容易被人误解,认为其仁学思想过于狭隘自私。其实不然,我们必须注意到:孔子只是想描述一下关于何为"直"的事实,他并无意于对"其父攘羊,而子证之"或"父为子隐,子为父隐"的是非曲直进行价值判断。

在孔子看来,所谓"直"指的就是父子间那种相亲相爱而非相恶相杀的天性良知。这种天性良知是出自本心、无所伪饰的。孔子当然是非常珍视"直"所透露出来的这种真实情感的,因为这种真实情感乃是"仁之本"。失去了这点天性,什么孝敬,什么礼义,统统失去了意义。这点天性乃是善的种子,可贵无比。但是,孔子并不会不加区分地完全以"直"为是,比如他在《论语》不少篇章中都曾表达过,"直"如果没有"礼"的约束的话就会变得尖酸刻薄:"直而无礼则绞"(《论语·泰伯》),"好直不好学,其蔽也绞"(《论语·阳货》)。可见,在孔子那里,"直"的事实与"直"的价值并不是一回事。以孔子本人的知识修养、精神境界来论的话,他还不至于在"其父攘羊"的情况下,仍然赞同"子为父隐"。在这里,孔子的意思可能是在提醒人们,应该认真体会"父为子隐,子为父隐"中蕴含的那种父子天性,并教育人们能够将心比心,把自己体会到的"亲亲之爱"逐步扩展,由自我推及整个社会。如此一来的话,人与人之间自然就会充满仁爱之心,这便是《论语·泰伯》篇中孔子所言"君子笃于亲,则民兴于仁"的真正内涵之所在。

因此,孔子讲"直",讲"笃于亲",并非教人不问是非、自私狭隘地去爱自己的亲人。他只是从人性的视角确认了"自然亲爱"这一事实,并以此为基础引导人们能"老吾老以及人之老,幼吾幼以及人之幼"[①]。因此,这样一种自然亲情便会成为"仁之本",同时也是"人之本"。一个人只有学会敬爱亲人,懂得"老吾老""幼吾幼",才能够沿着推己及人的"忠恕之道"去爱别人,去"及人之老""及人之幼",这就必然和"仁"联系起来了。所以,孔子之"仁"首先是建立在血缘亲情基础之上的"亲亲之爱",这种爱是一种真情实感的自然流露;但"亲亲之爱"并不仅仅局限于血亲之爱,而是孔子"仁者爱人"的心理基础和必要条件。

---

① [汉]赵岐注,[宋]孙奭疏:《孟子注疏》卷一下,[清]阮元校刻:《十三经注疏》(附校勘记),中华书局,1982年影印本,第2670页。

三、"仁者爱人"——"仁"作为他人之爱的情感性升华

仁者之所以能够"爱人",其重要的前提便是要学会"克己"、内省,其达成的方式便是坚持一以贯之的"忠恕之道",只有如此,才能谈得上"己欲立而立人,己欲达而达人"(《论语·雍也》)、"己所不欲,勿施于人"(《论语·卫灵公》)。这既是对自己负责任,更是对他人的尊重和爱护。所以,孔子所提出的"克己复礼""忠恕之道""仁者爱人"这三个命题密切相联、息息相关,只有将三者结合起来才能真正地理解和领会"仁者爱人"的全部内涵。

(一)"克己复礼":"仁者爱人"之前提

《论语·颜渊》篇中,孔子在回答颜回"何为仁"这个问题的时候,提出了"克己复礼"的命题:"克己复礼为仁,一日克己复礼,天下归仁焉。"在这一段话中,我们可以看出达到"仁"需要两个条件,一个是"克己",另一个是"复礼"。但近代以来,学术界对此命题的理解一直存在着很深的误解,即"克己"变成了程朱理学的"存天理,灭人欲",孔子的学说也随即演变成了令人切齿的"吃人的礼教",像陈独秀、吴虞、鲁迅等学者便持这种观点;"复礼"则被简单解读为恢复"周礼"或者重回西周奴隶社会,孔子本人也因此被说成妄图复辟奴隶制度的思想家,任继愈、蔡尚思、匡亚明等学者即是这样理解的。在相当长的一段时间内,这些观点几乎成为一种无可置疑并普遍流行的定论。然而现在看来,这种理解由于脱离了孔子的整体思想特别是其仁学思想,所以存在着明显的误读和偏差[1]。鉴于此,我们将进一步结合孔子的仁学思想来对"克己复礼"命题作出全新的解读,以期揭示出其真正的理论内涵。

1. 释"克己"

首先看"克己"。关于"克己"的解释,历来是众说纷纭,难有定论。总结起来,大概有五种观点:

第一种以马融为代表,释"克己"为"约身",后儒多主此说。皇侃疏:"问孔子为仁之道也。克,犹约也。"[2] 邢昺疏:"子曰:克己复礼为仁

---

①关于这一点,赵书妍、李振宏:《"克己复礼"的百年误读与思想真谛》(《河北学刊》2005 年第 2 期)一文已有详细阐述,在此不赘。

②[三国魏]何晏集解,[南朝梁]皇侃义疏:《论语集解义疏》卷六,中华书局,1985 年,第 162 页。

者,克,约也。己,身也。"① 毛奇龄在《四书改错》中亦力证此说:"马融以'约身'为克己,从来说如此。"他以《左传·昭公十二年》载"楚灵王闻《祈招》之诗,不能自克,以及于难"为例,认为"不能'自克',作'克己'对解",释"克"为"约也,抑也",释"己"为"自也"②。而刘宝楠则进一步解释说:"'约'如'约束'之约,'约身'犹言'修身'也。"并举《后汉书·安帝纪》"夙夜克己,忧心京京"、《邓皇后纪》"接抚同列,常克己以下之"、《祭遵传》"克己奉公"等为例,说明"凡言'克己',皆如约身之训"③。

第二种以孔安国为代表,释"克"为"能",曰"为仁"即"身能反礼"④。俞樾认同此说,认为"克己复礼"四字应读为"克""己复礼",意思就是"己复礼者,身复礼也","能身复礼,即为仁矣,故曰克己复礼为仁"⑤。

第三种以范宁为代表,释"克"为"责"。皇侃引范宁语:"非仁者则不能责己复礼,故能自责己复礼则为仁矣。"⑥李贤注《后汉书·臧洪传》"去者克己"时云:"自责,不责人也。"⑦黄式三《论语后案》谓"'克己',犹言深自克责也"⑧。

第四种以江声为代表,释"克"为"任"。在《论语竢质》中,江声试图整合《说文解字》对"克"的解释——"肩也"与毛传、郑笺对《诗经》"佛时仔肩"中"仔肩"的解释——"克也"(毛)、"任也"(郑),认为"肩""儋荷重任",故"克"可训为"肩",亦可训为"任"矣,所谓"克己复礼",意思就是"以己身肩任礼也"⑨。赵纪彬力主此说,认为"'克'字乃竭

①[三国魏]何晏注,[宋]邢昺疏:《论语注疏》卷十二,[清]阮元校刻:《十三经注疏》(附校勘记),中华书局,1982年影印本,第2502页。
②[清]毛奇龄著,胡春丽点校:《四书改错》卷十八,华东师范大学出版社,2015年,第414—415页。
③[清]刘宝楠撰,高流水点校:《论语正义》卷十五,中华书局,1990年,第484页。
④[三国魏]何晏集解,[南朝梁]皇侃义疏:《论语集解义疏》卷六,中华书局,1985年,第161页。
⑤[清]俞樾:《春在堂全书》第一册,凤凰出版社,2010年,第504页。
⑥[三国魏]何晏集解,[南朝梁]皇侃义疏:《论语集解义疏》卷六,中华书局,1985年,第162页。
⑦[南朝宋]范晔撰,[唐]李贤等注:《后汉书》卷五十八,中华书局,1973年,第1888页。
⑧[清]黄式三撰,张涅、韩岚点校:《论语后案》,凤凰出版社,2008年,第327页。
⑨[清]江声:《论语竢质》(附校讹及续校)卷中,商务印书馆,1937年,第31页。

尽肩力,堪胜重任之义"①,强调孔子要肩负起恢复奴隶制度的重任。

第五种以朱熹为代表,认为"克,胜也。己,谓身之私欲也"②。此说本于扬雄《法言》:"胜己之私之谓克。"③此后,刘炫又训"克"为"胜",训"己"为"身",后来邢昺又援以解《论语》,释曰:"使礼义胜其嗜欲,身得归复于礼,如是乃为仁也。"④到了程颐,则更为明确地提出:"非礼处便是私意","须是克尽己私,皆归于礼,方始是仁"⑤。朱注明显承袭自程说。

以上五种观点各有优长,但如果联系本章后面的"四勿"之语,则不难看出,"克己"应从一己之行为当合乎礼之规范这一角度来理解。以此观之,马融之说更为准确。但细察之,"约身"之说尚嫌笼统,为何要"约身",为何要做到"四勿",马注并未言明,而朱注对此却恰好能够弥补这种不足。朱熹《四书章句集注》曰:"仁者,本心之全德。克,胜也。己,谓身之私欲也……故为仁者必有以胜私欲而复于礼……"⑥此说历来备受诟病,主要集中在两方面:其一,以"理"解经乃为先入之见。程树德认为,朱子之失"盖欲伸其天理人欲之说,而不知孔氏言礼不言理",此为先入之见也。比如此章,"孔子明言复礼,并未言理。止言克己,并未言私欲。今硬将天理人欲四字塞入其内,便失圣人立言之旨……解经须按古人时代立言,孔子一生言礼不言理,全部《论语》并无一个理字","其病总在先有成见,此端一开,后来解经者莫不挟其私见,假托圣言,以伸其说"⑦。其二,以"私"解"己"造成上下文的矛盾。阮元《揅经室集·论语论仁论》云:"颜子'克己','己'字即'自己'之'己',与下'为仁由己'相同,言能克己复礼,即可并人为仁。""若以'克己'字解为私欲,则下文'为仁由己'之'己',断不能再解为私,而由己不由人反诘辞气与上文不相属矣。"⑧程树德赞成阮说,认为"同一'己'字而解释不

①赵纪彬:《论语新探》(中部),人民出版社,1976年,第291页。
②[宋]朱熹:《四书章句集注》,中华书局,2010年,第131页。
③汪荣宝撰,陈仲夫点校:《法言义疏》卷八,中华书局,1987年,第171页。
④[三国魏]何晏注,[宋]邢昺疏:《论语注疏》卷十二,[清]阮元校刻:《十三经注疏》(附校勘记),中华书局,1982年影印本,第2502页。
⑤[宋]朱熹:《四书章句集注》,中华书局,2010年,第132页。
⑥[宋]朱熹:《四书章句集注》,中华书局,2010年,第131—132页。
⑦[清]程树德撰,程俊英、蒋见元点校:《论语集释》卷二十四,中华书局,1990年,第818—819页。
⑧[清]阮元撰,邓经元点校:《揅经室集·一集》,中华书局,1993年,第181页。

同"，"终觉于义未安"①。

对于这两方面质疑，著者认为应辩证分析，客观评价。就前者而言，程氏只说对了一半。朱熹用"天理"之说解释"克己复礼"乃典型的"六经注我"，属"过度诠释"。因此程氏说"孔子明言复礼，并未言理"，这是对的；但接下来他说孔子"止言克己，并未言私欲"，就未必准确了。通观《论语》全文，实际上孔子在很多地方都谈到了对"私欲"的克制，陈澧《东塾读书记》指出："胜私欲之说，《论语》二十篇中，固多有之。"②戴震也针对"克己复礼"命题强调："凡事皆有于欲，无欲则无为矣；有欲而后有为……圣人务在有欲有为之咸得理。是故君子亦无私而已矣，不贵无欲。"③其实，不仅是《论语》，即便是程树德引述毛奇龄用来反驳朱熹观点的楚灵王的例子，也未必不能用克制私欲来加以阐释。关于楚灵王，《左传·昭公十二年》记载他生活上穷奢极欲："楚子狩于州来……雨雪，王皮冠，秦复陶，翠被，豹舄，执鞭以出。"政治上野心勃勃："今吾使人于周，求鼎以为分，王其与我乎？""昔我皇祖伯父昆吾，旧许是宅。今郑人贪赖其田，而不我与。我若求之，其与我乎？""昔诸侯远我而畏晋，今我大城陈、蔡、不羹，赋皆千乘……诸侯其畏我乎？"④由上可知，楚灵王是一个个人欲望极强的人。因此在这里，"无论将克己解释为战胜私欲还是自我约束，在意思上都可以说得通。而且，说楚灵王因为不懂得自我约束从而招致祸患，和说楚灵王因为未能战胜私欲从而招致祸患，在意思上并无太大区别"⑤。

就后一种质疑而言，其观点看似有理有据，但实际上是站不住脚的。原因有二：首先，按照阮元等人的逻辑，前后两个"己"不能作两种理解，那么在本章出现的两个"为仁"也应该理解为同一个意思。但事实却并非如此，两处"为仁"内涵完全不同。其中，"克己复礼为仁"中的"为仁"当作"谓仁""是仁"义，是一个典型的判断句，《左传·昭公十二

---

① [清]程树德撰，程俊英、蒋见元点校：《论语集释》卷二十四，中华书局，1990年，第818页。
② [清]陈澧著，钟旭元、魏达纯校点：《东塾读书记》卷二，上海古籍出版社，2012年，第26页。关于这一点，我们后文将详述之，在此不赘。
③ [清]戴震著，何文光整理：《孟子字义疏证》卷下，中华书局，1982年，第58页。
④ [周]左丘明传，[晋]杜预注，[唐]孔颖达疏：《春秋左传正义》卷四十五，[清]阮元校刻：《十三经注疏》（附校勘记），中华书局，1982年影印本，第2063—2064页。
⑤ 方旭东：《诠释过度与诠释不足：重审中国经典解释学中的汉宋之争》，《哲学研究》2005年第2期。

年》"克己复礼,仁也"[1] 即是如此,其他注家基本上沿用此意;而"为仁由己"中的"为仁"当作"事仁""行仁"义,是一个典型的动宾句。这表明,"即使是同一本文中,同形的词出现两次,也不能立即就断定它们的意义相同,是同一个词"[2]。刘宝楠《论语正义》将前后两"为"均理解为"事也","为仁"皆理解为"用力于仁也"[3],是不符合文意的,明显有误。所以,如果同一句中"为仁"可作两种解释的话,那么同一句中的"己"也一样可作两种解释。其次,我们必须注意到,"克己"命题中虽未言明"克"之主体为谁,但推绎之,不难发现,如果将"克己"补充完整的话,应为"己克己"而非"人克己"。换言之,"克己"的主体是"己",客体也是"己",这两个"己"虽然都指向"自己",但却是"自己"的不同方面:作为主体的"己"是积极的一方面,代表理性、意志等;而作为客体的"己"则是消极的一方面,代表感性、欲望等。难怪钱钟书讲:"孔子言'克己复礼,天下归仁',而又言'为仁由己';仁所由为之己,与夫克以使天下归仁之己,分明有二己矣。"[4] 因此,所谓的"克己复礼",实际上就是以理性之"己"克服、控制感性之"己",使之符合"礼"之规范。这里的"己"显然是指客体之"己",这个"己"是消极的,是与"礼"相违背的,因而是不能任其发展,需要"克"的。而后面提到的"为仁由己"中的"己"则是指主体之"己",这个"己"是积极的,是符合"礼"之要求的,因而是要大力发扬,需要"由"的。两个"己"虽能指完全一样,但所指却大相径庭。阮元、程树德等人没有对主体之"己"与客体之"己"进行有效区分,仅一味强调能指层面的"己",那么就无法回答"己""为何要克己"这一根本问题。而在这方面,朱熹将"克己"中的"己"理解成"身之私欲",使其内涵进一步具体化和细化,无疑是深刻的。

　　总之,《论语·颜渊》篇中所言"克己",我们可以具体理解为"克服自己的私欲",只有做到这一点,一个人才能归"仁"。《荀子·礼论》篇中就指出:"礼起于何也? 曰:人生而有欲,欲而不得,则不能无求,求

①[周]左丘明传,[晋]杜预注,[唐]孔颖达疏:《春秋左传正义》卷四十五,[清]阮元校刻:《十三经注疏》(附校勘记),中华书局,1982 年影印本,第 2064 页。

②方旭东:《诠释过度与诠释不足:重审中国经典解释学中的汉宋之争》,《哲学研究》2005 年第 2 期。

③[清]刘宝楠撰,高流水点校:《论语正义》卷十五,中华书局,1990 年,第 483 页。

④钱钟书:《谈艺录》(补订重排本),生活·读书·新知三联书店,2001 年,第 797 页。

而无度量分界，则不能不争；争则乱，乱则穷。先王恶其乱也，故制礼义以分之……"① 董仲舒《春秋繁露·天道施》篇云："夫礼，体情而防乱者也。民之情，不能制其欲，使之度礼。"② 这清楚地表明，为了实现天下归"仁"的理想，就必须"克己"，必须"复礼"。但是，孔子讲"克己"并不意味着要否定人为满足自己的基本生存需要而产生的各种欲求，如孔子认为为实现自己的生活理想而追求财富是正当合理的，故曰："富与贵，是人之所欲也；不以其道得之，不处也。贫与贱，是人之所恶也；不以其道得之，不去也。"（《论语·里仁》）他还说："富而可求也，虽执鞭之士，吾亦为之。"（《论语·述而》）这表明，孔子并不是不要利，而是应符合"礼义"的要求："见利思义"（《论语·宪问》）、"见得思义"（《论语·子张》）。质言之，就是说君子爱财，取之有道。此外，《礼记·礼运》引孔子的话云："饮食男女，人之大欲存焉。"③《礼记·表记》也引孔子云："事君大言入则望大利，小言入则望小利。故君子不以小言受大禄，不以大言受小禄。"④ 以上言论充分说明，孔子从来没有弃绝过"人欲"，也从来没有像宋儒那样否定"人欲"而"存天理"，只不过他要求人在追求欲望的过程中不要违反基本的道德规范——礼义，要把握好其中的"度"。陈澧《东塾读书记》曾对此做过很精辟的解释，他说：

> "富与贵，是人之所欲也，不以其道得之，不处也。"不处者，胜之也。原宪问"克、伐、怨、欲不行焉"，不行者，胜之也。"枨也欲，焉得刚？"欲者，多嗜欲，刚者，能胜之也。又有不明言欲者。"君子有三戒"，戒色、戒得。色与得者，欲也；戒者，胜之也。"乐骄乐，乐佚游，乐宴乐"，皆欲也；明其为损，则当胜之也。⑤

由此可知，当一个人的欲望超出了它应有的限度而妨碍他人的自由和社会利益时，就必须要"胜之"，要以礼来约束它、克服它。这里的礼并

①[清]王先谦撰，沈啸寰、王星贤点校：《荀子集解》卷十三，中华书局，1988 年，第 346 页。
②[清]苏舆撰，钟哲点校：《春秋繁露义证》卷十七，中华书局，1992 年，第 469—470 页。
③[汉]郑玄注，[唐]孔颖达疏：《礼记正义》卷二十二，[清]阮元校刻：《十三经注疏》（附校勘记），中华书局，1982 年影印本，第 1422 页。
④[汉]郑玄注，[唐]孔颖达疏：《礼记正义》卷五十四，[清]阮元校刻：《十三经注疏》（附校勘记），中华书局，1982 年影印本，第 1642 页。
⑤[清]陈澧著，钟旭元、魏达纯校点：《东塾读书记》卷二，上海古籍出版社，2012 年，第 26—27 页。

不是专指周代的礼制,而是指适应社会要求,用来协调、约束人们行为的普遍性规范准则。正是这些普遍性规范准则的存在,人才会成为社会性的个体,才会成为文明的人,体现良好的道德秩序与社会风气。人只有首先在礼的规范下尽到自己的生命责任和道德义务,才能在这个基础上享受到生存权利和个性自由。因此,礼协调了人的权利与义务、自由与责任,体现出了人的一种生命关怀精神,以礼相待不仅使个体的生命价值得以实现,而且也促进了整个社会的和谐发展,正如郭沫若所指出的那样,礼"是一个时代里所由以维持社会生活的各种规范","各个人要在这些规范之下,不放纵自己去侵犯众人,更进宁是牺牲自己以增进众人的幸福。要这样社会才能够保持安宁而且进展"[1]。由此可见,"克己"的目的其实并不是要"灭人欲",而是要"增进众人的幸福""保持社会的安宁和进展",这从根本上来说就是"爱人"的表现。

从另外一个角度讲,"克己"就意味着人们必须要"反求诸己",进行深刻的自我反省。范宁训为"责",即为检讨自省之谓。《论语·颜渊》中,子曰:"内省不疚,夫何忧何惧?"《孔子诗论》中孔子对《伐木》一诗的评价为"实咎于其也"。"其",黄怀信、廖名春、于茀等诸学者均释为"己"。马承源认为,"《伐木》为朋友欢宴,孔子独重责己之句"[2]。可见,孔子从《伐木》一诗中解读出的正是其中所蕴含的自省精神。那么孔子究竟要内省什么呢?《论语·里仁》中的一句话或许可视为对该问题的解答:"见贤思齐焉,见不贤而内自省也。"见到贤德之人,就应该学习他;见到无德之人,就应该深刻地自我反省有没有犯同样的错误。而《论语·学而》中曾子的话则进一步将"自省"内容具体化,他说:"吾日三省吾身——为人谋而不忠乎?与朋友交而不信乎?传不习乎?"无论是与人谋,与朋友交,还是传习,都是将"己"放在与"人"的关系中来省察。这样来看的话,所谓的"克己"实际上正是立足于时时提撕自我、"反求诸己"的角度提出来的,为的是让"己"更为主动地回复到"己——人"的这种共在性中。所以"'克己'不是杀我,也不是无我,而是让自我回复到'己'与人共在状态中,从而懂得他人的'在',理解和爱惜他人,正所

---

①郭沫若著作编辑出版委员会编:《郭沫若全集·历史编》第二卷,人民出版社,1982年,第89页。
②马承源主编:《上海博物馆藏战国楚竹书》(一),上海古籍出版社,2001年,第138页。

谓'仁者爱人'"①。可见,"克己"既是要"成己"(即钱穆所云"克己正所以成己"②),更是"爱人"的一个重要前提。

2. 释"复礼"

有研究者指出,孔子"克己复礼"命题之所以会长期被误读和歪曲,其原因之一便是人们对"复"字意义的理解上存在着较大的偏差。因为"按照通常的理解,复就是返回、恢复",而在孔子之前已然存在的就是"周礼",如此一来"'克己复礼'就顺理成章地被理解成了恢复周礼"③。这一推论看似合乎逻辑,但仅依据"复"字的一层意思就得出这个结论,恐怕是有失偏颇的。这是因为,孔子提出"克己复礼"时是将它与"仁"联系在一起的,结合仁学思想来谈"克己"与"复礼"问题是孔子学说的应有之义。所以,要正确把握"克己复礼"的内涵,其关键还不仅仅在于弄清楚"复"④的意思,更为重要的是要从孔子思想的整体性关联中弄清楚其"复"(返回)之"礼"究竟指什么? 它与"仁"又有何种联系? 我们也将以此为切入点来展开对该问题的探讨。关于"克己"与"仁"的问题,上文已详细论及,兹不重复。下面我们主要是就孔子之"礼"的内涵及其与"仁"的关系作一全面阐述。

如前所述,在孔子看来,"礼"不是僵化不变的,而是与时俱进、不断更新的。《论语·为政》篇载孔子的话说:"殷因于夏礼,所损益,可知也;周因于殷礼,所损益,可知也。"从这段话来看,我们没有理由认为如此开明的孔子,会抱残守缺去一味地固守"周礼";同时,通观《论语》,我们几乎很少看到孔子引用、谈论"周礼"的具体内容,这个现象本身就很能说明问题。所以,孔子所言之"礼"并不是作为一种社会强制性质的固定条文的"周礼",而是建立在人类共通情感基础之上的、大家认可并自觉践行的道德实践的社会规范形式。这种"礼"是孔子所重视的,他认为对一般人来说,"不学礼,无以立"(《论语·季氏》);对统治者来说,

---

①吴忠伟:《〈论语〉中的自我观念探讨》,《学海》1999年第1期。

②钱穆:《论语新解》,生活·读书·新知三联书店,2002年,第304页。

③赵书妍、李振宏:《"克己复礼"的百年误读与思想真谛》,《河北学刊》2005年第2期。

④历来注家皆解"复","反也",对此基本无疑义。孔安国:"复,反也。"皇侃:"复,犹反也。"(〔三国魏〕何晏集解,〔南朝梁〕皇侃义疏:《论语集解义疏》卷六,中华书局,1985年,第162页)邢昺:"复,反也。"〔三国魏〕何晏注,〔宋〕邢昺疏:《论语注疏》卷十二,〔清〕阮元校刻:《十三经注疏》(附校勘记),中华书局,1982年影印本,第2502页)朱熹:"复,反也。"(〔宋〕朱熹:《四书章句集注》,中华书局,2010年,第131页)此外,毛奇龄、刘宝楠、程树德均主此说。

"上好礼,则民莫敢不敬"(《论语·子路》)、"上好礼,则民易使也"(《论语·宪问》)。但是通过长期对礼乐文化的体验玩味和丰富的礼乐知识积累,孔子逐渐认识到在礼乐的具体规范、节文仪式背后,蕴含着更为重要的东西,正如他在《论语·阳货》篇中所强调的那样:"礼云礼云,玉帛云乎哉?乐云乐云,钟鼓云乎哉?"孔子的意思是说,礼与乐最重要的并不是一种供人观看的揖让周旋之仪式,而是隐藏在其背后的那种东西。这种发问方式实际上表明了孔子已经把礼乐制度和礼乐精神作了严格的划分,前者是形而下的(即"有""在场"),而后者是形而上的(即"无""不在场")。在孔子看来,只有这不可见的形上之道才是周公制礼作乐的灵魂所在,我们要做的就是通过"有"来揭示"无",通过超越"在场"来探寻那个"不在场"的东西。应该说,这种对"无"的追问是一种比对"有"的追问更为本源的追问,因为那个不在场的"无"恰恰就是"有"之为"有"的根基所在。

那么,这个不在场的"无"或者说礼之所以礼的根本又是什么呢?

《论语·八佾》载鲁人林放向孔子请教"礼之本"为何,对此,孔子作了如下答复:"子曰:大哉问!礼,与其奢也,宁俭;丧,与其易也,宁戚。"

《礼记·檀弓上》载子路引孔子语:"丧礼,与其哀不足而礼有余也,不若礼不足而哀有余也。祭礼,与其敬不足而礼有余也,不若礼不足而敬有余也。"[1]

朱熹《论语集注》引范宁曰:"礼失之奢,丧失之易,皆不能反本,而随其末故也。礼奢而备,不若俭而不备之愈也;丧易而文,不若戚而不文之愈也。俭者物之质,戚者心之诚,故为礼之本。"[2]

刘宝楠《论语正义》引《隋书·高祖纪下》:"丧与其易也,宁在于戚,则礼之本也。礼有其余,未若于哀,则情之实也。"[3]

从上述引言可以看出,孔子所谓的"礼之本",实质就是发自人内心

①[汉]郑玄注,[唐]孔颖达疏:《礼记正义》卷七,[清]阮元校刻:《十三经注疏》(附校勘记),中华书局,1982年影印本,第1285页。
②[宋]朱熹:《四书章句集注》,中华书局,2010年,第62页。
③[清]刘宝楠撰,高流水点校:《论语正义》卷三,中华书局,1990年,第83页。

的"哀""戚""敬"等情感,而这些真实情感在丧祭礼仪中又具有根本性的地位,这是孔子论"仁"的一贯思想,突出了真情实感在"仁"的实现过程中所起到的重要作用。正如冯友兰所说:"盖人必有真性情,然后可以行礼……否则礼为虚伪形式,非惟不足贵,且亦甚可贱矣。"①冯先生用"真性情"来释"礼",是非常准确的。

《论语·阳货》中,宰我列举了许多理由反对"三年之丧",认为一年即可。孔子反问他这样做"于女安乎",宰我回答说"安"。这一回答,可以看出宰我"为礼之本"尽失!一般而言,子女三岁才能免于父母的怀抱,而在父母过世之后,"三年之丧"礼恰恰就是子女回报父母的最为恰当的方式,它并不像宰我理解的那样是一种毫无意义的节文仪式。倘若一个人对父母充满了敬爱、怀念与追思之情,那么他就会非常自觉地遵守这一礼制,否则便难以心安。这种"诚于中而形于外"的真挚情感与行为,便是"仁"。所以,孔子说:"人而不仁,如礼何?人而不仁,如乐何?"(《论语·八佾》)由此可见,存在于"礼"背后的那个东西不是别的,正是"仁"。

综上,在孔子那里,仁和礼不是两个截然不同的东西,而是"同一事情的两个方面"②。一方面,"仁"是"礼"的内在情感和价值依据,另一方面,"礼"则是"仁"的外在诉求和表现形式。这样,"仁"的完成最后必须落脚于"礼"才可以,否则就会失之于茫荡无着。从这个意义上讲,"复礼"即"复仁",它是实现"成仁""归仁"的必经之境。

3. "克己复礼"与孔子"仁学"之关联

弄清了上述问题,也就不难理解"克己复礼"与孔子"仁"之间的内在关联了。首先,"克己"与"复礼"的最终目标都是在践行一种仁爱精神。"克己"不是单纯地压抑自己的欲求,不是要"存天理,灭人欲",而是通过深刻的自我反思,全面了解自我与他人、与社会的关系,让自我更加主动地回复到"己"与"人"共在的状态中,从而懂得他人的"存在"价值,更加理解和爱惜他人,正所谓"仁者爱人"。而"礼"的情感和价值基础在于"仁",它和"仁"的关系乃是一种形于中而发于外的一体两面的

①冯友兰:《中国哲学史》,中华书局,1961年,第93页。
②[美]赫伯特·芬格莱特(Herbert Fingarette)著,彭国翔、张华译:《孔子:即凡而圣》,江苏人民出版社,2002年,第42页。

关系。这样一来，"复礼"本身就是在践仁，不存在"礼"之外的"仁"，也不存在"仁"之外的礼。换句话说，"复礼"也就是在人与人的社会交往中践履着仁爱精神并传达着爱人的情感。

其次，"克己"与"复礼"就表现形式来说虽有内外之分，但二者就实践精神来讲并不是截然分开的两个阶段性工夫。如前所述，"仁"实际上是建立在血亲之爱基础上的一种人类情感之爱。当人将这种情感推己及人，沿着"忠恕之道"向外作无限扩展的时候，他其实就是在践仁。因此，仁的实践就是礼，不可能有不合乎仁的礼之行为，而且所谓的礼也只有在仁的实践中才有意义。"克己"固为内在之自我反省，但就实践而言，便是自觉何者当为与何者不当为。如果说"克己"是"未发"的话，那么"复礼"就是"发而皆中节"，已发与未发皆为"仁"之体现。因此，在孔子那里，"克己"也就是"复礼"，不必是内在自我修养去私后，再返回到外在的礼并循礼而行；而"复礼"作为"仁"直接呈现的唯一途径，实际上是自身精神境界不断得以提升的过程，精神境界的提升必然伴随着"克己"的修养工夫。这样看来，"克己"与"复礼"虽有内外之分，但这只是就践仁的表现形式而言的，不是说它们是践仁的前后两个阶段的工夫。"克己"与"复礼"是浑然一体的，"克己"就要"复礼"，而"复礼"也需要"克己"，二者最终构成了一体之"仁"。

总之，"克己复礼"命题在孔子那里，原本是具有非常浓厚的人情味的，只是后儒或"以礼释仁"或"以理释仁"，致使礼教与理学大行其道，人情味越来越淡，最后竟至于被压抑桎梏而死。失去了"仁"之一翼，那么"礼就会沦为无灵魂的外在的表现形式"，这种形式一旦"获取绝对和至高无上的权威"，"就会沦为束制人性的工具"[①]。如此一来，"克己复礼"也就变成了"存天理，灭人欲"，孔子的学说也随即演变成了令人切齿的"吃人的礼教"，这恐怕是孔孟所始料不及的。所以，站在今天的立场来看孔子的学说，可以说体现在其仁学中的那种浓浓的人情味，应是儒学永恒魅力之所在。

（二）"忠恕之道"："仁者爱人"之方式

血亲之爱是内在于每个人内心深处的一种天然情感，人人都具备此

---

① 颜炳罡：《论孔子的仁礼合一说》，《山东大学学报》（哲学社会科学版）2001年第2期。

心并体会得到，孔子将此作为"仁之本"，便会使普通人明白"仁"并非遥不可及，它就在每个人心中。然而，尽管每个人都具备了爱人的可能性，但并非所有的人都能做到这一点，原因何在？这是因为亲子之爱还只是一种无须思考而直接呈现的自然情感，倘若要对和自己没有亲缘关系的人处处保有仁爱之心，还需要靠推己及人的"忠恕之道"和时时提撕的内省功夫来实现。

在《论语·里仁》篇中，孔子说："吾道一以贯之。"而弟子曾参对夫子"一以贯之"之道释曰："忠恕而已矣。""忠"的金文字形为"㐀"（中山王鼎）①，它是"中"（即"中"）与"心"（即"心"）组合而成，其造字本义为内心公正，不偏私情。许慎《说文解字》云："忠，敬也，尽心曰忠。"②"恕"，许慎《说文解字》中篆文写法为"恕"，释为："恕，仁也。"③由"如"（即"如"，女子顺从意）与"心"（即"心"），组合而成，强调女性柔顺、大度，宽谅他人所犯的严重错误或对自己的冒犯。

关于"忠恕"之义，历来注解颇多，但大同小异。《周礼·地官·大司徒》郑玄注曰："忠，言以中心。"④《左传·昭公六年》孔颖达正义曰："如心为恕，谓如其己心也。"⑤贾谊《新书·道术》曰："以己量人谓之恕，反恕为荒。"⑥《大戴礼记·小辨》云："知忠必知中，知中必知恕。"又曰："内思毕心曰知中，中以应实曰知恕。"⑦皇侃疏曰："忠，谓尽中心也；恕，谓忖我以度于人也。"其引王弼的话说："忠者，情之尽也；恕者，反情以同物者也。"⑧朱熹《论语集注》曰："尽己之谓忠，推己之谓恕。"其引程子曰："以己及物，仁也；推己及物，恕也。"⑨

总结上述说法，所谓"忠"实际上就是孔子在《论语·雍也》篇讲的"己欲立而立人，己欲达而达人"。要想自己站得住，也要帮助人家一同

---

①高明、涂白奎编著：《古文字类编》（增订本）（上），上海古籍出版社，2014年，第469页。
②[清]段玉裁：《说文解字注》，中华书局，2013年，第507页。
③[清]段玉裁：《说文解字注》，中华书局，2013年，第508页。
④[汉]郑玄注，[唐]贾公彦疏：《周礼注疏》卷十，[清]阮元校刻：《十三经注疏》（附校勘记），中华书局，1982年影印本，第707页。
⑤[周]左丘明传，[晋]杜预注，[唐]孔颖达疏：《春秋左传正义》卷四十三，[清]阮元校刻：《十三经注疏》（附校勘记），中华书局，1982年影印本，第2043页。
⑥[汉]贾谊撰，阎振益、钟夏校注：《新书校注》卷八，中华书局，2000年，第303页。
⑦[清]王聘珍撰，王文锦点校：《大戴礼记解诂》卷十一，中华书局，1983年，第208页。
⑧[三国魏]何晏集解，[南朝梁]皇侃义疏：《论语集解义疏》卷二，中华书局，1985年，第50页。
⑨[宋]朱熹：《四书章句集注》，中华书局，2010年，第72页。

站得住；要想自己过得好，也要帮助人家一同过得好；所谓"恕"，也就是《论语·颜渊》篇讲的"己所不欲，勿施于人"。自己不愿意要的，也不要强加于别人。"忠"与"恕"结合起来考察，意思就是说成就自己与成就他人是统一的。遇事不只考虑自己，应设身处地先为他人考虑。这就是仁者的性格，是"爱人"的具体表现，也是"克己复礼"的目标。

"忠"和"恕"虽然一个立足于积极的方面，一个立足于消极的方面，但二者之间又是相通的，其沟通的契合点为"诚"，而这种"诚"又共同指向"仁"。故刘宝楠《论语正义》云：

> 盖忠恕理本相通，忠之为言中也。中之所存，皆是诚实。《大学》："所谓诚意，毋自欺也。"即是忠也。《中庸》云："诚者非自成己而已也，所以成物也。"《中庸》之"诚"，即《大学》之"诚意"。诚者，实也；忠者，亦实也。君子忠恕，故能尽己之性；尽己之性，故能尽人之性。非忠则无由恕，非恕亦奚称为忠也？

> 《说文》训"恕"为"仁"，此因恕可求仁，故恕即为仁，引申之义也。是故仁者，"己欲立而立人，己欲达而达人"。己立己达，忠也；立人达人，恕也。二者相因，无偏用之势。①

此论中肯，深刻地揭示了"忠恕之道"的内在关联。

总之，"忠恕之道"是推爱己之心以爱人，人能爱人而后才能利人，己所欲施于人的"忠"，就是成人之美、助人为乐，就是爱人的积极表现；人能爱人而后才能不害人，己所不欲勿施于人的"恕"，就是不成人之恶、不损人利己，就是爱人的消极体现。孔子把仁爱由周时的"爱亲"扩展为"爱人"，由"家族之爱"推广为"天下之爱"，不仅体现了仁爱由亲而疏的量的变化，而且包含了质的升华，展示了孔子的仁爱精神和博大胸怀。毫无疑问，这里的"忠恕之道"是在孝弟情感基础上的进一步发展和深化，已经超越了狭隘的宗法血缘观念，指向了更高一层的精神境界。因而靠这种修养功夫而达到的对他人的爱也就成了一种境界之爱（无私之大爱），它比亲子之爱有了一个很大的提升，从一个侧面揭示了仁者爱人的深刻内涵。

---

①[清]刘宝楠撰，高流水点校：《论语正义》卷五，中华书局，1990年，第153页。

　　着眼于仁者之爱乃是一种无私之大爱而非一己之小爱这一点,我们或许也就不难理解孔子为什么不许管仲以"礼"却可以许之以"仁"了 ①。之所以不许管仲以"礼",是因为管仲无视礼法,"僭越"了"礼";但是从管仲"一匡天下",使天下生民避免遭受战争涂炭这一角度出发,孔子又许之以"仁"。这表明,孔子追求的"仁"并非"小礼小节",而是"天下之仁"。这种"天下之仁"也是"天下之大爱",其出发点就是要维护天下百姓的福祉,因而它是"仁爱精神"的最集中体现,因此孔子毫不犹豫地许管仲以"仁"。对管仲的评价肯定大于否定,说明对孔子而言"造福于民的功业大德高于某些行为细节和个人小德",这就与"宋明理学以来品评人物偏重个人私德的标准尺度" ② 相区别开来了。

（三）"泛爱众而亲仁":"仁者爱人"之内涵

　　在《论语·颜渊》中,樊迟问仁,孔子曰:"爱人。"在《论语·学而》篇中,孔子又说:"泛爱众,而亲仁。"董仲舒《春秋繁露·仁义法》篇也谈到:"仁之法在爱人,不在爱我。""仁者,爱人之名也。" ③ 显然,孔子与董仲舒说的"爱人""爱众",其侧重点不在"爱己",而在于对他人的"爱"。可以说,这种"爱"的对象已超越某一特定的阶层而成为一种广泛的人类之爱了。

　　《吕氏春秋·孟春纪·贵公》篇的一段记载可以为证:"荆人有遗弓者而不肯索,曰:'荆人遗之,荆人得之,又何索焉?'孔子闻之曰:'去其荆而可矣。'" ④ 从这段话来看,孔子理解的"人"已经超越宗法性(家族或国家),而达到了对人的"类"的自觉。《论语·乡党》篇中的另一段记载,则更为清楚地表明了孔子"仁爱"对象的普遍性。"厩焚。子退朝,

①在《论语·八佾》中,孔子批评管仲不知"礼":"管仲之器小哉!"或曰:"管仲俭乎?"曰:"管氏有三归,官事不摄,焉得俭?""然则,管仲知礼乎?"曰:"邦君树塞门,管氏亦树塞门。邦君为两君之好,有反坫,管氏亦有反坫。管氏而知礼,孰不知礼?"而在《论语·宪问》中,孔子又许之"仁":"桓公九合诸侯,不以兵车,管仲之力也。如其仁,如其仁。""管仲相桓公,霸诸侯,一匡天下,民到于今受其赐。微管仲,吾其被发左衽矣。"参见杨伯峻:《论语译注》,中华书局,2006年,第33、170页。
②李泽厚:《论语今读》,安徽文艺出版社,1998年,第97页。
③[清]苏舆撰,钟哲点校:《春秋繁露义证》卷八,中华书局,1992年,第250—251页。
④许维遹撰,梁运华整理:《吕氏春秋集释》卷一,中华书局,2010年,第25页。

曰:'伤人乎?'不问马",这里提到的"人"首先应指"圉"即养马人①,孔子连这种地位卑微之人都非常关心,何况他人!不仅如此,孔子连对以人形为模子制作出来的"人俑"都是痛恨不已的,甚至说出了"始作俑者,其无后乎"这种近乎于诅咒的话,究其原因,是因为"其象人而用之也"②。

"爱人"的另一表达是"泛爱众"。"众"的甲骨文写法为"𦏰"(一期甲 2858)③,表示相随、同行的一群人。有的甲骨文"𤯌"(四期 粹 224)④在"𦏰"字上方加"日",表示阳光下田野里辛苦劳作的人群。据郭沫若的考证,"众"的身份就是"可以任意转移物主的什物",即"奴隶"⑤,"泛爱众"也就意味着孔子把奴隶也看作同类而怀有仁爱之情。

其次,就孔子所言之"爱"的性质来讲,它是由父子兄弟间这样一种最基本的血缘亲情关系推衍而来的对他人的关爱、尊敬之情,其精神实质在于它是一种发自内心的真情实感而非矫揉造作的虚情假意。倘若一个人没有真性情的话,那么他就根本不可能做到爱人,即使表面上去做了,也是虚伪的或者带有某种功利目的的,不是真正的爱人。

《论语·先进》篇记载"颜渊死,子哭之恸",当其随行人员提醒他说"子恸矣"时,孔子却说:"有恸乎?非夫人之为恸而谁为?"这充分表明,孔子是一个诚实直率的性情中人。也正因为此,他对那些巧言令色、口是心非之徒,是极为反感和厌恶的。"巧言令色,鲜矣仁"这句话在《论语·学而》篇和《论语·阳货》篇出现过两次,这恐怕并非偶然或者记录者的疏漏,而恰恰说明孔子对真情实感的格外重视和肯定。关于这句话,朱熹注曰:"好其言,善其色,致饰于外,务以悦人,则人欲肆而本

---

① 《左传·昭公七年》载曰:"天有十日,人有十等,下所以事上,上所以共神也。故王臣公,公臣大夫,大夫臣士,士臣皂,皂臣舆,舆臣隶,隶臣僚,僚臣仆,仆臣台。马有圉,牛有牧,以待百事。"〔[周]左丘明传,[晋]杜预注,[唐]孔颖达疏《春秋左传正义》卷四十四,[清]阮元校刻:《十三经注疏》(附校勘记),中华书局,1982 年影印本,第 2048 页〕可见,"圉"在当时地位极低,列在"十等"之外。
② [汉]赵岐注,[宋]孙奭疏:《孟子注疏》卷一上,[清]阮元校刻:《十三经注疏》(附校勘记),中华书局,1982 年影印本,第 2667 页。
③ 高明、涂白奎编著:《古文字类编》(增订本)(上),上海古籍出版社,2014 年,第 45 页。
④ 高明、涂白奎编著:《古文字类编》(增订本)(上),上海古籍出版社,2014 年,第 45 页。
⑤ 郭沫若著作编辑出版委员会编:《郭沫若全集·历史编》第二卷,人民出版社,1982 年,第 18 页。

心之德亡矣。"①也就是说，如果追求"致饰于外，务以悦人"，那么便会使人失去仁德之心。《论语·子罕》记载了《诗经》中的几句逸诗："唐棣之华，偏其反而。岂不尔思？室是远而。"诗中男子的表白受到孔子尖锐的批评，"未之思也，夫何远之有？"原因就在于这位男子的表白看似有情其实无情，完全是虚伪的。在孔子看来是真情未至；否则的话，"我欲仁，斯仁至矣"（《论语·述而》），真正想为之付出情感的，又怎会在乎路途之遥远呢？从这个意义上讲，朱熹说夫子是"借其言而反之，盖前篇'仁远乎哉'之意"②是很有道理的。

在《论语·公冶长》篇中，孔子再一次重申："巧言、令色、足恭，左丘明耻之，丘亦耻之。匿怨而友其人，左丘明耻之，丘亦耻之。"在孔子看来，那种花言巧语、极尽谄媚之能事地去讨好别人，不是真性情的流露，而是别有用心、十分伪善的，所以很少有"仁"的成分；然而，"刚毅木讷"之人由于能做得表里如一、真实自然，却接近于"仁"的，这就与巧言令色形成了鲜明对比。对此，梁漱溟曾形象地描绘说："仁是一种很真挚敦厚充实的样子"，"如谓聪明有智慧样子的人，似乎可说为滑头，而那种刚毅木讷的人，见面即觉脸红，其心则很充满平实"③。这说明，质朴、纯真是仁的基础，而情感真挚则是仁必不可少的内容。

通过上述对巧言令色与刚毅木讷的比较，我们不难发现，孔子的确是"注重人之有真性情，恶虚伪，尚质直"④的，而孔子的这一根本性的态度也就决定了他所倡导的"仁爱"精神虽具有普遍性，但绝对不是没有原则、不加区别地去爱一切人。相反，对那种毫无是非观念、要讨好一切人的"乡愿"，孔子是极为痛恶的，他把这一类人称为"德之贼"。

孔子说："唯仁者能好人，能恶人。"（《论语·里仁》）这句话虽然浅显易懂，但却意味深长。好人恶人乃人之常情，为何孔子却说只有仁者才能好人、恶人呢？钱穆解释说："好人恶人，人孰不能？但不仁之人，心多私欲，因多谋求顾虑，遂使心之所好，不能真好。心之所恶，亦不能真恶。"⑤朱熹也曾引游氏之言曰："人每失其正者，心有所系而不能自克

①［宋］朱熹：《四书章句集注》，中华书局，2010年，第48页。
②［宋］朱熹：《四书章句集注》，中华书局，2010年，第116页。
③李渊庭整理：《梁漱溟谈孔孟》（四），《文史知识》2000年第10期。
④冯友兰：《中国哲学史》，中华书局，1961年，第94页。
⑤钱穆：《论语新解》，生活·读书·新知三联书店，2002年，第85页。

也。"故"惟仁者无私心,所以能好恶也。"① 因此,一个真正的"仁者"恰恰应该是能够抛开"私心"、爱憎分明、敢爱敢恨的人,而不是"心所喜,不能好;心所厌,不能恶"②、见风使舵、阳奉阴违的圆滑虚伪之人。

可见,"爱人"虽是"仁"的基本要求,但爱人也绝不应当排除对某些人的"恶"。《论语·阳货》载:"子贡曰:'君子亦有恶乎?'子曰:'有恶:恶称人之恶者,恶居下流而讪上者,恶勇而无礼者,恶果敢而窒者。'"在孔子看来,"好人"抑或"恶人",都只有具备仁者情怀的人才能做到。他讲"恶人"也必须要把握好一个"度",尤其反对"恶之欲其死"(《论语·颜渊》)的极端态度。因此,在孔子那里,"恶人"还是以"爱人"为前提的;爱该爱之人,恨该恨之人,才是一个仁者的本色所在,那种不讲原则、不讲是非、盲目的爱并非真正的"仁"。

对于孔子提出的这种仁爱原则,后世多有继承和阐发,逐渐形成了一种重要的思想传统。《礼记·曲礼上》载:"爱而知其恶,憎而知其善。"③ 意谓只有真正的"爱"和"憎"才能真正懂得"善"和"恶"。《礼记·檀公上》载:"君子之爱人也以德,细人之爱人也以姑息。"④ 也就是说,君子与小人之爱的区别就在于有无"仁德"。贾谊《新书·礼》谓:"失爱不仁,过爱不义。"⑤ 指不去爱人是不仁,过分的爱也就失去了标准。所谓过分的爱,就是无原则地爱那些不该爱的人。无原则的爱不是真正的爱,司马光《资治通鉴·晋纪十八》云:"爱之不以道,适所以害之也。"⑥ 在司马光看来,不讲道义、不讲原则,爱人也有可能招来祸害。所以对于好恶问题,人人皆要反躬自问,"我之于人,果能有真好真恶否?我心所好恶之表现在外者,果能一如我心内在之所真好真恶否?此事一经反省,各可自悟,而人道之安乐光昌,必由此始"⑦。

总之,一个人不管是"好"也罢,"恶"也罢,都必须是发自内心的真

①[宋]朱熹:《四书章句集注》,中华书局,2010年,第69页。
②钱穆:《论语新解》,生活·读书·新知三联书店,2002年,第86页。
③[汉]郑玄注,[唐]孔颖达疏:《礼记正义》卷一,[清]阮元校刻:《十三经注疏》(附校勘记),中华书局,1982年影印本,第1230页。
④[汉]郑玄注,[唐]孔颖达疏:《礼记正义》卷六,[清]阮元校刻:《十三经注疏》(附校勘记),中华书局,1982年影印本,第1277页。
⑤[汉]贾谊撰,阎振益、钟夏校注:《新书校注》卷六,中华书局,2000年,第214页。
⑥[宋]司马光编著,[元]胡三省音注:《资治通鉴》卷九十六,中华书局,1976年,第3040页。
⑦钱穆:《论语新解》,生活·读书·新知三联书店,2002年,第85—86页。

情实感,而不能存在任何情感上的偏见和利害的计较。"恶人"只不过是"爱人"的另一种表达,它与"爱人"相辅相成。"爱"与"恶"的这种深刻统一,显示了孔子"仁"学的宽厚和完整。倘若一个人口口声声喊着要不加区别地去爱一切人的话,那么这种"爱"反而失去了真实性,给人以虚假、伪善的感觉。从这个意义上讲,孔子的仁爱精神由近及远、推己及人,以自己为起点而逐渐扩大,恰恰比墨子所提倡的无差别地爱一切人的"兼爱"以及西方近代思想家所提倡的"博爱"都来得更自然、更真诚。

所谓"兼爱",也就是对天下之人不分亲疏远近,兼而爱之,"为彼犹为己也"①,"视人之国若视其国,视人之家若视其家,视人之身若视其身"②;这种"爱"的理想境界是"天下之人皆相爱,强不执弱,众不劫寡,富不侮贫,贵不敖贱,诈不欺愚"③;"老而无妻子者,有所侍养以终其寿;幼弱孤童之无父母者,有所放依以长其身"④。

对于墨子给我们描绘出的这样一种没有剥削、没有压迫、没有掠夺的,劳作者们相互帮助、友爱、互利的社会理想,首先我们认为,这在当时是根本不可能实现的,只能是一种脱离实际的乌托邦空想;其次,墨子"兼爱"作为一种道德理想,又并不像孔子那样把"仁"建立在一种现实可行且坚实稳固的情感基础即血缘亲情之上,而是把这种无差别的、普遍的"爱"建立在现实功利基础之上,《墨子·兼爱中》云:"夫爱人者,人必从而爱之;利人者,人必从而利之。"⑤如此一来,"兼爱"变成了手段,"利己"反而成了目的。难怪《庄子·天道》的批评会一针见血:"夫兼爱,不亦迂乎!无私焉,乃私也。"⑥所以,与孔子的"仁爱"相比,墨子的"兼爱"固然在理论表述上有一定的优胜之处,但爱的真诚性却难以得到保证。孔子有等差的"仁爱"无论是在心理基础还是在爱的质量上,都要比墨子无等差的"兼爱"更为真实和自然,因而也就更具合理性和可操作性。

---

① 吴毓江撰,孙启治点校:《墨子校注》卷四,中华书局,2006年,第172页。
② 吴毓江撰,孙启治点校:《墨子校注》卷四,中华书局,2006年,第156页。
③ 吴毓江撰,孙启治点校:《墨子校注》卷四,中华书局,2006年,第156页。
④ 吴毓江撰,孙启治点校:《墨子校注》卷四,中华书局,2006年,第173页。
⑤ 吴毓江撰,孙启治点校:《墨子校注》卷四,中华书局,2006年,第156页。
⑥ [清]郭庆藩撰,王孝鱼点校:《庄子集释》卷五中,中华书局,2016年,第486页。

西方近代的"博爱"思想产生于欧洲从中世纪封建社会向近代资本主义转变时期,它被认为适用于一切时代、一切民族、一切阶级,因而具有永恒的意义。不可否认,"自由""平等""博爱"等观念在历史上的确发挥过非常重要的作用,但是,由于它的经济基础是建立在资本主义制度之上的,这也就决定了这种"爱"是有条件的和具有明显功利目的的。在西方人的"博爱"思想中,爱他人的首要前提就是,被爱的对象必须能够满足自己各方面的欲望。因此,"爱他"只是一种手段,"自爱"才是真正的目的。伏尔泰(Voltaire)在《哲学通信》中有鲜明的体现:"正是对我们自己的爱,助长了对他人的爱","相互需要乃是一切商业的基础,乃是人与人之间永恒的联系"①。西方资产阶级所倡导的普遍的"人类之爱"便是建立在这种商品化的人际关系之上的,"这些字眼固然很好听,但在历史和政治问题上却什么也证明不了"②。

综上可知,尽管墨子"兼爱"与西方"博爱"的具体主张不尽相同,但由于它们都是以某种现实的功利诉求为出发点,并以满足自身的利益需要为根本目的的,因此这种所谓的普遍的、无差别的"人类之爱"在很大程度上具有虚幻性和空想性,很难在现实生活中得到真正的落实;即便是有所实施,但由于它不是基于人与人情感的平等交流而是某种利益的交换,因而在严酷的现实生活面前就难免会显得过于苍白、乏力。久而久之,这种不加区别地"去爱一切人"的承诺也就成了一句空洞的口号,变得日趋虚伪。

而反观孔子的"仁爱",则不然。从表面上看,孔子强调爱的差等、爱的亲疏远近似乎使"仁爱"在爱的范围上要比墨子的"兼爱"和西方的"博爱"显得狭隘一些,然而这种看似狭隘的差等之爱,却能从根本上保证"爱人"的现实可行。原因即在于"亲亲之爱"("孝弟"等血缘亲情)作为一种人人都能体会到的自然之爱,它真诚无妄、不学而知,易为个体所接受和实行。个体倘能以此为起点,将心比心,就一定能体验到"老吾老以及人之老,幼吾幼以及人之幼"③所带来的"泛爱众"的快乐;但反过

①[法]伏尔泰著,高达观等译:《哲学通信》,上海人民出版社,2005年,第146页。
②[德]马克思、[德]恩格斯著,中共中央马克思恩格斯列宁斯大林著作编译局编译:《马克思恩格斯全集》第六卷,人民出版社,2016年,第325页。
③[汉]赵岐注,[宋]孙奭疏:《孟子注疏》卷一下,[清]阮元校刻:《十三经注疏》(附校勘记),中华书局,1982年影印本,第2670页。

来讲,如果是因利益而产生的"爱"的话,那么无论如何都是不可能实现所谓"兼爱"或"博爱"的。因此,问题的关键首先并不在于是否要去爱一切人,而在于该如何切实地去实现"爱人"。在著者看来,"爱人"先从爱自己的亲人做起,这远比从一开始就盲目地宣称要去爱一切人来得更为现实。强调"爱亲"的优先性,其真实的意旨也并不是要以狭隘的血缘亲情来限制仁爱精神,而是要凸显"仁爱"的自然情感基础。

总之,与墨家"兼爱"、西方的"博爱"相比,我们认为孔子的"仁爱"学说既不自私,也不狭隘。其"亲亲"和"差等"之义,由于体贴人心、顺遂人情,有深厚的情感和心理基础,因此令人感到平实亲切,入情入理,并且也令一般人易晓易行。"亲亲"是人人都能体会到的感情,以"亲亲"为仁,使人明白仁并非遥不可及,它就在每个人的心中;对别人难以爱如其亲,这也是人人都不能否认的,而孔子讲"忠恕之道"则使人明白做一个"爱人"的仁者并非登天难事,不过是将心比心、推己及人而已。因此,孔子的"仁爱"能够突破狭隘的血亲关系,实现从"爱亲"到"爱人"的跃升,所凭借的正是这样一种推己及人的深刻情感认同。而这种基于血亲之爱的情感认同,使得孔子的"仁爱"比建立在利益交换基础之上的"兼爱"和"博爱"更合情合理,同时也更具现实可操作性。

小　结

通过对"克己复礼""忠恕之道""仁者爱人"等命题的分析,不难看出,孔子所谓的"仁爱"就其实质来讲,乃是一种普遍的人类同情、人间关怀之情,一种人类之爱,即"泛爱众""爱人"。而这种普遍的同情心和爱心,首先始于孝弟亲情,即"孝弟也者,其为仁之本与!"这里的"本"不是西方哲学所说的本体,而是指发端处。"孝弟"之所以能成为"仁之本",是因为这种血缘亲情是仁爱之情的最初表达,它是一种最真实、最自然的人类情感,而不是某种规范化的原则。因此,孔子强调孝弟为仁之本,其真义并不是仅仅指出或陈述一个父慈子爱的伦理事实,而是从价值的层面肯定了孝弟亲情所呈现出来的真情实感对人的生命存在所具有的根本性意义。这种根本性的意义主要表现在它为仁的发展奠定了总体性的精神基调和情感基础。

关于这一点，王阳明曾有一个相当形象的比喻，他说：

> 仁是造化生生不息之理，虽弥漫周遍，无处不是，然其流行发生，亦只有个渐，所以生生不息……惟其渐，所以便有个发端处；惟其有个发端处，所以生；惟其生，所以不息。譬之木，其始抽芽，便是木之生意发端处；抽芽然后发干，发干然后生枝生叶，然后是生生不息。若无芽，何以有干有枝叶？能抽芽，必是下面有个根在，有根方生，无根便死。无根何从抽芽？父子兄弟之爱，便是人心生意发端处，如木之抽芽。自此而仁民，而爱物，便是发干生枝生叶。①

仁就如树木一样是一个生长、发育、成长的过程（即所谓"渐"），因此它就必然有一个"发端处"。这个"发端处"只能存在于人类最初的自然情感中，不可能存在于他处。而人类最初的自然情感就是父母兄弟间的亲情之爱、真诚侧坦之心，这便是人类普遍的同情心与爱心即人类之爱的"根"。孔子所说的"仁爱"便是在此根基上，经过"抽芽"（爱民）"发干""生枝生叶"（爱物、爱自然），最后成长为一棵"参天大树"（生命之爱）的。因此，从"爱亲"到"爱人"再到"爱物""爱整个大自然"，"仁爱"的实施虽具有差等性，但却体现了人类情感发展的必然过程，并没有什么不合情理之处。

就此而言，王阳明批评墨子的"兼爱"学说，虽标榜无差等的爱，但这种爱却缺乏生长点、发端处，因而是一种"无根"之论，是很有道理的。他说："墨氏兼爱无差等，将自家父子兄弟与途人一般看，便自没了发端处；不抽芽便知得他无根，便不是生生不息，安得谓之仁？"②这一论断可谓一针见血，触及到了问题的要害。此外，"仁爱"学说所坚持的"爱有差等"的原则，也并不像当代一些人所批评的那样是造成中国两千多年以来等级观念的罪魁祸首。因为"爱有等差"强调的只是对他人情感的远近关系，而非高低贵贱社会地位的区分。孔子的仁爱思想，其具体内容虽然会随历史的变化而变化，但它所开启的对生命发自内心的尊重、关爱之情这一基本精神，却具有超越历史的永恒价值。

---

① [明]王守仁撰，吴光等编校：《王阳明全集》卷一，上海古籍出版社，2011 年，第 29—30 页。
② [明]王守仁撰，吴光等编校：《王阳明全集》卷一，上海古籍出版社，2011 年，第 30 页。

也正是基于对这种生命关怀精神的深刻认同,孔子仁学就不会仅止于"爱亲"的层面,它必然要以此为根基继续展开,最终不仅会实现对人类("爱人"),而且会实现对自然界万事万物的生命关怀("爱物")。这也就决定了孔子在重视人自身生命价值的同时,也会重视自然万物的生命价值,人与自然在孔子那里正是通过生命情感这根线联系在一起的,二者从生命深处是息息相通的。这种"通"源于"上""下"两个方面在生命情感方面的对接与沟通。所谓"上"也就是"形而上"的层面,即人对"天"(自然)之创生与运化所体现出来的一种生命意识和宇宙关怀精神的领悟。比如在孔子所说的"四时行焉,百物生焉,天何言哉"(《论语·阳货》)以及"逝者如斯夫! 不舍昼夜"(《论语·子罕》)之类的话语中,就十分明确地透露出了这层意思(关于这一点,我们将在下一节中作专门论述,在此不再详细展开);而所谓"下"也即"形而下"的层面,正是人将"爱亲"体现出来的那种生命关爱之情、真诚坦恻之心向外"推"的行为,"推"的范围并不局限于人间,而是无限宽广的,直至推及宇宙万物。在这个意义上,孔子的"仁爱"从"爱亲"到"爱人"再到"爱物"的延伸,是人类情感发展的必然结果,也是孔子尊重生命价值的必然体现。人一旦把这种爱的情感施之于自然万物时,他与自然也就融合成为了一个生命整体,由此也就真正进入到了一种"与天合一"的境界,并从中体验到了"天地万物一体之仁"带给人的莫大乐趣。这是一种富有诗意的生存方式,而其诗意正来自于人与"天"(即自然)相合所产生的超越性的情感体验,即所谓的"境界之爱"。

四、"天人合一"——"仁"作为境界之爱的情感性超越

孔子仁学从亲子之爱的血缘亲情开始发端,其后沿着推己及人、由近及远的"忠恕之道",向外作无限的扩展和延伸,最终突破了狭隘的一己之爱,走向了更加宽广无私的社会之爱。这说明,孔子是十分重视人的存在价值的,他的仁学究其实质就是用仁爱情感为人的现实生命确定一种价值依据和人生依托。从这个意义上,我们不妨说仁学就是"人学"。然而,孔子仁学更为深刻的地方还在于他言爱并未局囿于人世间的世俗之爱,而是在此基础上作了一个质的提升,即为这种形下之爱找到了一个终极

依据——"天道",由此他的仁学思想便具有了深刻的形上内涵。

（一）人文主义思潮的兴起与孔子"天"之观念的产生

早在西周初期,周朝统治者为维护政治稳定,使国家长治久安,便顺应民情,提出了"敬德保民""惟德是辅"的人文思想;后来到了春秋时期,这一人文思想直接颠覆了西周早期的"天命观",发展成为一种影响深远的人文主义思潮。最能说明这一问题的就是《诗经》中的《大雅》《小雅》出现了大量的怨天、恨天、诅天的言论,而这些言论表达的都是对"天"之神性的否定。比如《大雅》中的《桑柔》《抑》《云汉》;《小雅》中的《小旻》《节南山》《雨无正》等等。这充分表明,这一时期"神"虽依旧存在,但"人"却成了主导因素,子产所言"天道远,人道迩"①表达的就是这一全新的"神—人"关系。由此可见,重天道不如重人道,事天不如修德,这充分体现了当时从天之神性的崇拜回归到个体人性追求的人文主义思潮。这一思潮也是孔子思想兴起的文化背景,其仁学思想正是对周代这种人文精神的直接继承。

当然,孔子仁学在继承周代思想观念的同时,也对其作了很大的改造和发展,主要是通过重新阐释周人的"天"之观念,即把周人的"天"从一个宗教范畴改造成了一个极富哲学意味的价值观念,将周代原本已分裂的"天""德"观念创造性地整合在了仁学之中,使得"仁"既具有坚实的现实基础("德"),又具有深刻的形上内涵("天"),从而最终为个体的生命成长提供了可靠的价值依托,成为了个体人生追求中的精神支柱和终极信仰。一方面,这使得孔子具有很深厚的人文情结和忧患意识,另一方面,也使得他能够超越现实的成败得失而进入到"知其不可而为之"的崇高境界,这不能不说是孔子仁学的高深和独特之处。从这个意义上说,理解"天"是理解孔子仁学的关捩所在,因为正是"天"赋予了"仁"以形上内涵,并为其提供了终极依托;抽去了"天"的内容,仁学必然会像大多数西方人所理解的那样是一种"善良的、老练的、道德的教训""常识道德"和一种没有任何"特殊的东西"②的实用伦理了。

---

① [周]左丘明传,[晋]杜预注,[唐]孔颖达疏:《春秋左传正义》卷四十八,[清]阮元校刻:《十三经注疏》(附校勘记),中华书局,1982年影印本,第2085页。

② [德]黑格尔著,贺麟、王太庆译:《哲学史讲演录》第一卷,商务印书馆,2009年,第130页。

（二）"天人合一"：孔子仁爱精神的终极呈现

或许有人会认为孔子的"天"实际上和周人的"天"没什么两样，都是指的一种有意志的人格神，理由就是孔子在不少地方似乎都把"天"当成有知、有情、有意的神，比如《论语·雍也》云："予所否者，天厌之！天厌之！"《论语·子罕》云："吾谁欺，欺天乎！"《论语·宪问》云："知我者其天乎！"等等。从孔子的上述言论来看，孔子谈"天"的时候的确保留了一些原始神学的痕迹。然而，我们也必须注意到，孔子说这些话时大都是"在弟子们对他的为人、个人行为提出疑问甚至发生怀疑时谈到的"[①]，也就是当孔子被误解或不能被理解时才说出口的。因此，孔子说这些话并不意味着他真的相信有这么一个无所不能的人格神和主宰者存在，而是说这只是他急于找到一个见证者的情感性表达而已。这些话所起的作用仅仅是加强语气，就像我们今天一直沿用的一些语言一样，虽然"天"作为人格神的意义已经不存在了，但此含义却依然还保留在我们的言说习惯中，如我们经常说的"天生""天晓得""老天啊""对天发誓"等即是如此。基于此，我们认为，从学术研究的角度来讲，不能把这类话语当作孔子学说的核心来理解，否则的话就会误入歧途，完全偏离孔子思想的原义，并将其思想给简单化和肤浅化。

那么，究竟该如何来理解孔子所言之"天"呢？在他那里，"天"究竟有没有一些令人深思的特殊含义？在《论语·阳货》中，孔子谈到："天何言哉？四时行焉，百物生焉，天何言哉？"这段话可以说是我们理解孔子"天"之意义的一个根本点。在孔子看来，天并不是一种人格神或有意志的主宰者——上帝，而就是"四时行"与"百物生"的自然过程，它的内在价值和根本意义就在于创造生生不息的生命。天以生生不息的运行作为其功能并显现其存在，这说明天本身就是富有生命力的有机整体，我们在看待它时，就应以一种生命意识来与之对话和交流，而不是把它当作一个毫无生命关联的机械体与人割裂、对立开来。

天的这种创生意义对于孔子的仁学产生了全面而深刻的影响。首先，就仁的现实基础来讲，其发端处——"孝弟"本身就是人类与生俱来的一种自然情感，同时也是人类与其他动物的天然区别，这正是孔子所

[①]蒙培元：《情感与理性》，中国社会科学出版社，2002年，第372—373页。

谓"性相近"的含义。从这个意义上讲,孔子仁学的情感基础首先就来源于天对人生命的孕育和创生;其次,就仁的终极追求来讲,天实际上是春秋时期孔子在人的价值失落、信仰丧失的背景下,为人重新寻找到的人得以安身立命的价值依据,其核心内容乃是一种崇高伟大、纯正无私的生命关怀精神,而这种精神正是孔子仁学的价值来源。所以,人应该效法天,对一切生命乃至宇宙万物都充满爱心和关怀精神。

可见,在孔子那里,天既不是"神",也不是"上帝",而是宇宙自然运行与创生的过程。这种创生具有内在的目的性,此即所谓"天德"。天以"生"为德,《周易·系辞下》所言"天地之大德曰生"[①],是符合孔子仁学思想的。但孔子所说的"天德",是在天人关系中存在的,不是作为人之外的"他者"而存在的。换言之,它不仅是自然的内在价值,而且与人的生命价值息息相关,是它赋予了人以德性,所以孔子说"天生德于予"(《论语·述而》)。这一方面表明,人的德性是由天德(生生之德)所赋予的,因此人天然地就有去实现这种生生之德的职责和义务;另一方面也表明,天在孔子那里并不是某种像老子的"道"或是柏拉图的"理念"那样高悬于人身之外的异己力量,而是已经内化为了人自身的一种价值根据。宋代朱熹的一段话较好地说明了这个问题:"天即人,人即天。人之始生,得于天也;既生此人,则天又在人矣。凡语言动作视听,皆天也。"[②]此前程颢也曾说过:"天人本无二,不必言合。"[③]徐复观同样认为,孔子之所以会感到性与天道是上下贯通的,乃是因为"天进入于他的生命之中"[④]。因此,在孔子那里,天和人是统一的,天是内在于人的。与此同时,既然天已进入到人的生命中,那么人的心灵中就自然内含着天道原则;当人按照天道的要求来行仁、践仁时,不仅实现了自身的内在价值,而且也会上达天德,实现天的内在价值。故而可以说,人是天道的承担者和实现者,在仁道的践履中便可以真正实现天、人二道的完全贯通。从这个意义上讲,孔子的"仁道"不仅是人道,而且也是天道,是天人贯

---

①[三国魏]王弼注,[晋]韩康伯注,[唐]孔颖达疏:《周易正义》卷八,[清]阮元校刻:《十三经注疏》(附校勘记),中华书局,1982年影印本,第86页。
②[宋]黎靖德辑:《朱子语类》卷十七,朱杰人、严佐之、刘永翔主编:《朱子全书》第十四册,上海古籍出版社、安徽教育出版社,2002年,第590页。
③[宋]程颢、程颐著,王孝鱼点校:《二程集》,中华书局,1981年,第81页。
④徐复观:《中国人性论史·先秦篇》,上海三联书店,2002年,第88页。

通之道。"人能弘道,非道弘人"(《论语·卫灵公》)所传达出来的就是这个意思:天道即在于人道之中,它只有靠人道才能够被弘扬出来;而人道也必须上达天道,与天道贯通为一,才能真正谈得上所谓的"弘道",宋儒张载所讲的"为天地立志,为生民立道"①即是此意。

1."为己之学":孔子仁学的形上体现

仁道乃是天人贯通之道,在其境域中,天不是与人相对立的客体对象,而是内化成了人的价值依据和根源。孔子仁学的这一特质说明,人生存的价值依据在自身,而非他者,故这种价值的实现也只能靠"己",不能靠"人"。换言之,"仁"之境界的达成不是一个能不能的问题,而是一个为不为的问题,亦如孔子及其学生曾子所言"为仁由己,而由人乎哉?"(《论语·颜渊》)、"仁以为己任"(《论语·泰伯》)。从这个意义上说,孔子仁学乃"为己"之学,而非"为人"(《论语·宪问》)之学。

所谓的"为己""不是'独善其身'的自私",不是我们通常所理解的利己主义,而是指立足自我对自己的思想、行为进行深刻地反省,进而求取自我"在人伦秩序与宇宙秩序中的和谐"②。因此,"为己之学"以自我为依据,以达到仁境为指归;而"为人之学"则以迎合他人、以获得外在的赞赏为目的,正如朱熹引程氏之言:"为己,欲得之于己也。为人,欲见知于人也。"③孔子之所以肯定自我的内在价值,强调"为己"的优先性与根本性,其原因即在于仁学由"一己之心"来寻求"天人合一"的形上特质。儒家相信"价值之源内在于一己之心"而"外通于他人及天地万物",故非常重视"反求诸己"之类的"自省"功夫④。

也正是因为有了与天地合德的强大精神信念作为支撑,自我价值才表现得如此坚定和决绝。特别是当别人不理解、误解甚至是讽刺、嘲笑时,这种自我信念表现得尤为鲜明。《论语·学而》开篇就说,学而习之,朋友聚之,是人人都可能有的感受,而"人不知而不愠"却是一般人做不到的,它所要求的是一种不为外界得失而动心的精神境界,这样的修养也只有"知天命"的君子才可能具备。所以,孔子说:"人不知,而不愠,

①[宋]张载撰,章锡琛点校:《张载集》,中华书局,1985年,第320页。
②余英时:《中国思想传统的现代诠释》,江苏人民出版社,2003年,第25页。
③[宋]朱熹:《四书章句集注》,中华书局,2010年,第155页。
④余英时:《中国思想传统的现代诠释》,江苏人民出版社,2003年,第25页。

不亦君子乎？"（《论语·学而》）还说："不患人之不己知，患不知人也。"（《论语·学而》）"不患人之不己知，患其不能也。"（《论语·宪问》）"君子病无能焉，不病人之不己知也。"（《论语·卫灵公》）前面"人不知而不愠"是说不应该如何，这里几段都是说应该如何。

可见，在孔子那里，一个人能够做的和应该做的是一致的，那就需要尽可能去了解别人，尽可能提高自己；重视自己应该如何，而不是去强调别人应该如何。有了这样一种信念，孔子自己便做到了"不怨天，不尤人"（《论语·宪问》）；在面对他人如石门守者、荷蓧者、长沮、桀溺、隐者等的挖苦、讥讽时，孔子却更加坚定地表明了自己的心迹："鸟兽不可与同群，吾非斯人之徒与而谁与？天下有道，丘不与易也。"（《论语·微子》）即使在自己的生命受到威胁时，孔子也没有放弃自己的理想，而是依然执着于自己的追求，这份坚定的信念就来源于他对天道的深刻体认。卫人因孔子貌似阳货而将他围困几天，他却说："天之未丧斯文也，匡人其如予何？"（《论语·子罕》）在宋国，司马桓魋要在习礼树下杀掉孔子，但他却坚信："天生德于予，桓魋其如予何？"（《论语·述而》）这种为实现天赋人责，"知其不可而为之"、百折不回的现实关怀精神，正是孔子的人格魅力所在，它所散发出的巨大能量成为塑造民族灵魂的精神之源。

2. "下学上达"：在悟与行中达致"天道"

学做人是孔子仁学的主要内容，"仁者，人也"①。孔子之"学"虽包括知识的学习与获取，但更重要的是如何使自己的德性人格达到至臻至善的境地。从这个意义上讲，学做一个"仁人"，"不仅是首要关切的问题，而且是终极关切和全面关切的问题"②。那么，人该如何"学"才能达到"仁"的境界呢？

在《论语》中，有一个非常有意思的现象，那就是孔子重视学习，关于学习的讲述也非常得多，但是在孔子关于学习的众多讲述中，我们却

①［汉］郑玄注，［唐］孔颖达疏：《礼记正义》卷五十二，［清］阮元校刻：《十三经注疏》（附校勘记），中华书局，1982年影印本，第1629页。另，孟子也曾说过："仁也者，人也。"［汉］赵岐注，［宋］孙奭疏：《孟子注疏》卷十四上，［清］阮元校刻：《十三经注疏》（附校勘记），中华书局，1982年影印本，第2774页。

②［美］杜维明著，曹幼华、单丁译，周文彰等校：《儒家思想新论——创造性转换的自我》，江苏人民出版社，1996年，第50页。

无论如何也找不出"学仁"的内容来。这究竟是一种巧合，还是另有寓意？这个问题在著者看来实际上正是理解孔子仁学的一个突破口。朱熹《读论语孟子法》曾引程颐的话说：

> 凡看语孟，且须熟读玩味。须将圣人言语切己，不可只作一场话说。
>
> 《论》《孟》只剩读着，便自意足。学者须是玩味。若以语言解着，意便不足。
>
> 读《论语》《孟子》而不知"道"，所谓"虽多，亦奚以为？"[①]

从这一段话来看，读《论语》、学《论语》重心在于"玩味"而不是"以语言解"；并且仅仅体会、玩味还不够，还应该将玩味到的东西身体力行，落实到实践中去，这样的话才能真正懂得什么是"道"。由此，我们或许也就可以明白《论语·公冶长》篇说"夫子之言性与天道，不可得而闻也"的缘由了。但也正是因为这句话，很多人认为孔子思想中没有"性与天道"等形上内容。事实上，孔子之所以罕言"性与天道"，并不是说他缺乏形而上的关怀，而是他认为天道并不是一种能够"以语言解"的对象，它只有在人的生命实践中才能体认到，也即"下学而上达，知我者其天乎！"（《论语·宪问》）这表明，人不能靠语言的思辨去追问超验的对象，而只能联系人的日用常行、人的存在来澄明世界的意义。同时，这也说明孔子理解的人不是抽象的个体，而是一个有血有肉、真实生动的、具有经验性的生存论意义上的人。

所以综合来看，我们对孔子的以上表述似应作如下解释："性与天道""不是一个语言的问题，而是一个生命体验的问题"，因而它需要在生存实践中去体认，也即"下学而上达"。这里的"下学"是指"日常生活经验中的学习，"上达"是指"经验学习基础上的自我超越"。"这种自我超越就是'上达天德'，是人性与天道的真正合一"[②]。这也就意味着，仁境虽为形上层面的终极指向，但孔子并没有把它置于虚无缥缈的空中楼阁之上，而是赋予它更多的实践意义，将最终的价值依据落实到自身的努力（"下学"）上，并确认通过这种"为"，个体是可以"上达"至仁境

---

①［宋］朱熹：《四书章句集注》，中华书局，2010 年，第 44—45 页。
②蒙培元：《人文与自然——孔子智慧的再阐释》，《寻根》2003 年第 6 期。

的。故这里的"下学"指的是在日用常行中去体验和领会形上之道;"上达"指的是对生活经验的自我超越,而这种超越就是上达天道,并以此实现人性与天道的贯通。由此可见,在孔子那里,形上追求与形下践履是对接的,这便是孔子"下学上达"思想的精义所在。

《论语》中有不少地方都是来描述孔子视听言动、饮食起居、洒扫应对等人伦日用行为的,比如《乡党》篇中用了很多形容词像"侃侃如也""訚訚如也""怡怡如也"等,不厌其烦地来描述孔子的一些日常生活,对此许多人认为这些章节没有什么重要意义,可有可无。但现在看来,这些内容被写进《论语》中并非随意为之,而是确有深意,只不过这需要我们结合孔子的整体思想来细细地体味。《论语·子张》篇中,子游认为:"子夏之门人小子,洒扫应对进退,则可矣,抑末也。本之则无,如之何?"子夏听说了这件事情之后,回应说:"君子之道,孰先传焉?孰后倦焉?譬如草木,区以别矣。君子之道,焉可诬也?有始有卒者,其惟圣人乎!"子夏的回应无疑是深刻的。孔子说:"君子上达,小人下达。"(《论语·宪问》)"与天合一"的"君子之道"虽是孔子为学的终极指向,固然高远,但这种终极境界的达成必须而且也只有在人伦日用之中去躬行践履(即"下学")才能够实现,这便是所谓的"极高明而道中庸"①。

对此,晋代的学者王坦之、宋代的理学家杨时、谢良佐以及现代新儒学大师钱穆都曾进行过颇有说服力的解释。王坦之说:"孔父非不体远,以体远故用近。"②此论颇为中肯。朱熹引大理学家杨时的话说:"圣人之所谓道者,不离乎日用之间也。故夫子之平日,一动一静,门人皆审视而详记之。"③谢良佐说:"夫圣人之道,无微显,无内外,由洒扫、应对、进退而上达。夫道,一以贯之。一部《论语》,只恁地看。"④好一个"只恁地看",这说明以谢良佐为代表的理学家们的确把握住了孔子仁学的精髓。钱穆也认为,孔子作为"万世师表"的"圣人",其"道""虽极高深","若

---

① [汉]郑玄注,[唐]孔颖达疏:《礼记正义》卷五十三,[清]阮元校刻:《十三经注疏》(附校勘记),中华书局,1982 年影印本,第 1633 页。

② [清]严可均辑:《全上古三代秦汉三国六朝文·全晋文》(三),上海古籍出版社,2009 年影印本,第 203 页。

③ [宋]朱熹:《四书章句集注》,中华书局,2010 年,第 116 页。

④ [明]黄宗羲:《宋元学案三》卷二十四,吴光主编:《黄宗羲全集》第五册,浙江古籍出版社,2012 年,第 1050 页。

为不可几及",但细读《论语》,夫子之道不过尽在"人性情之间,动容之际,饮食起居交接应酬之务,君臣父子夫妇兄弟之常……礼乐文章之讲贯"中矣! 故"学者熟读《论语》,可见孔子之道……在此平易近人之中,而自有其高深不可及处"①。此处,钱先生所阐释的孔子之道是十分透彻的,值得回味。

总之,在孔子那里,通往仁境的道路既不像后世程朱理学那样过于繁琐,也不像陆王心学那样神秘,而是一条平实易行的实践之路。这不仅表明"下学上达"是完全可行的,而且也表明只要认真地去感受、去践行也即认真地去"下学",那么人就可以"上达"天道。这是因为,在孔子看来,人性与天道在根源处原本就是同一的,在现实的生命实践中就能获得超越,在"尽性"中就可体现"天道"。在这个意义上,"下学而上达"的境界即是现实生命与宇宙生命统一的整体境界,而此整体境界亦即"无内无外""无物无我"、人类生命与宇宙生命浑然一体的"仁"之实然境界。由此可见,孔子的仁学思想并非黑格尔所讽刺的那样,只是一些"善良的、老练的、道德的教训"与"常识道德"②,而是表现为一种由形下显形上、由中庸致高明、由凡俗达神圣的思想内容,其中当然包含着极为深刻的形而上的哲学意味。

3."未知生,焉知死":超越生死与意义澄明

孔子的形上思想表现在日常生活的诸多方面,但最能够直接凸显出这种形上精神的就在于对生死问题的看法上。这是因为"生"与"死"乃个体生命之大限,对这个问题的理解,从根本上决定了一个人生命活动的价值取向以及达到自由之境的方式。因此,透过生死问题的探讨,我们或许能够更为清晰地看到孔子仁学的形上思想。

孔子关于生死关系的阐述最直接的就是:"未知生,焉知死?"(《论语·先进》)仅从字面意义上来看的话,孔子确实是把表达的重心放在了"生"上而没有强调"死"。因此,有不少研究者就认为孔子只知"生"不知"死",缺乏形上的终极关怀,是一种务实主义、实用理性和活命哲学。然而,联系孔子一生的经历,特别是当他及其弟子在面临死亡威胁时的言行举止,如《论语·述而》"天生德于予,桓魋其如予何"、《论语·子

①钱穆:《论语新解》,生活·读书·新知三联书店,2002年,第231—232页。
②[德]黑格尔著,贺麟、王太庆译:《哲学史讲演录》第一卷,商务印书馆,2009年,第130页。

罕》"天之未丧斯文也,匡人其如予何"、《论语·卫灵公》"君子固穷,小人穷斯滥矣"等等,就不难发现这种说法是站不住脚的。这种观点最大的失误就在于对孔子的这句话作了"顾名思义"式的解读,只是根据字面意义的理解得出了一种语言学层面的结论,而其隐含的价值层面的内涵则完全给忽略掉了,这是造成对孔子这句话误读的根本原因。

在孔子讲的"未知生,焉知死"这句话中,首先引起我们兴趣的是,"知生"与"知死"到底是一种什么关系? 孔子为什么会把"知生"的问题放在前面,而把"知死"的问题放在后面? 从不同的角度去解释这些问题,得出的结论自然也就有所不同。从认识论的角度解答这个问题,是目前最通行也是最易被采纳的一种思路。在这样一种思路中,"知"通常会被理解成"认知"的意思。如果这样来理解,那么在孔子的这句话中,"未知生"与"焉知死"便成了因果关系,也就是说"因为不知生,所以不知死"。但这种解释又是经常与事实不一致的,因为一个人懂得了生,也不一定会懂得死;反之,一个人不懂得生,也不一定就不懂得死。所以,"未知生"与"焉知死"之间并不必然地构成一种因果逻辑关系。由此判断,孔子这句话所要表达的意思恐怕并非认识论意义上的"生"与"死",而是另有其他含义。其次,还有一点颇令人费解的是,孔子明明知道自己正在经历着"生",却说"未知生";明明也知道只要是生命都不可避免地会走向死亡,人的生命本来就是一个有始有终的过程,其终点便是死亡这样一个道理,却发出"焉知死"的疑问,这又是从日常逻辑的角度所无法解释清楚的。

这样看来,对于孔子提出的"未知生,焉知死"的命题,从认识论抑或日常经验的角度均无法得到合理的解答。既然排除了从这两条途径去解释的可能性,那么还有没有第三条道路可走? 我们的回答是肯定的。"未知生,焉知死"中的"知",不是认识论意义上的"知";"生"与"死",也不是生物学意义上的"生"与"死",它真正想要表达的意思实际上是,"不把握住'生'的意义,又如何能领会'死'的意义呢?"或者说得再直白一点,就是"要让自己的死亡充满意义,就必须首先懂得如何去有意义地生存"。据此我们认为,孔子这句话中的"生"与"死"应属于价值论和生存论视域中的"生"与"死"。

按照一般的理解,"生"与"死"是两个截然分开的世界,它们彼此对立,相互隔绝,界限分明。但从价值论和生存论的角度来看,"生"与"死"之间其实并没有绝对的界限,"生"要靠"死"来解释,而"死"也同样要靠"生"来证明。"生"与"死"之间具有一种互属的关系,但并非逻辑学意义上的互属,而是一种存在论意义上的相互属于。一方面,"死"不是等待在"生"之彼岸,现成地摆放在那里的必然结果,而是一种每时每刻如影随形般地界定着人生存的可能性。在这个意义上,"死"即"生",死亡的存在方式正是"生";另一方面,"生"的历时性展开也就意味着"生"的逐渐退场和"死"的到场与呈现,而且只有当"死"已经在场时,生存才能呈现自身,并且是其所是地占有自身,进入自身。一言以蔽之,正是"死"从深处撑托起"生"并使其绽放出意义的存在维度。在这个意义上,"生"即"死",因为它始终是"向死存在"[1]的。这样来解说"生"与"死"的关系,并不是一种无聊的循环论证,而是基于价值论的理解来呈现"生"与"死"之间的一种应答关系:"死"作为一种最本己的生存的可能性,呼唤着"生"的到场和敞开;而"生"则以人的现实生存意义的展现来对此作出回应。显然,这样一种视角的切入有助于我们对孔子的生死观进行全新的理解。

事实上,如果我们能认真体会孔子"未知生,焉知死"这句话的话,并不难发现这话的言外之意。未知生,焉知死? 一切意义尽蛰伏在"焉"字之中。"知生"是一种应然,但它真正道出的却是能够依此来"知死",前者的全部意义便在于首肯或担保后者。"生"为什么要担保"死"? 原因就在于孔子意识到了"死"对于"生"的重要意义。"生"之意义究竟从何而来? 在孔子看来,它不是来自于生命存在本身,而恰恰来自于"死",如"逝者如斯夫! 不舍昼夜"(《论语·子罕》)、"日月逝矣,岁不我与"(《论语·阳货》)等给人所带来的紧张感、迫切感以及人对"死"的焦虑感和恐惧感。对"死"的焦虑和恐惧困扰着孔子,但这也同时促使着他不断地通过情感关注品味着短暂易逝的人生,并在对"死"的感受和沉思中,来探求生命存在的终极意义,追寻着生命的永恒与超越。

作为生命存在来讲,人总是有限而短暂的,但人却有一种超越有限和短暂而达致无限和永恒的要求,这是人性所固有的。而在儒家看来,

---

[1] [德]海德格尔著,陈嘉映、王庆节译:《存在与时间》(修订译本),生活·读书·新知三联书店,2000年,第298—306页。

所谓的永恒和不朽不在彼岸世界中，不在灵魂不灭中，而就在现世的人事努力和积极有为的践履活动中。《左传·襄公二十四年》有云："太上有立德，其次有立功，其次有立言。""虽久不废，此之谓不朽。"[①]因此，人最终都免不了一死，但是一个人如果能尽心尽性，忠实履行自己的生命职责，不管成败如何，都可以做到上达天道，"与天地合德"。到那时，便可以说是上无愧于天，下不怍于地，他的身体虽然死了，但他的精神却融入了天地"生生之德"而成为永恒，因此也就死而无憾了。故而，一旦获得了生命的终极意义，那么"生"或"死"又有何妨？即便是"死"，也是死得其所的。孔子之所以会说杀身成仁、朝闻夕死，其原因或许就根源于此。

追求永恒和不朽是人生命存在的根本动力，而永恒和不朽又是"死"对"生"的终极承诺，正是对"死"的强烈感受，引导了对"生"之意义的热切期待和渴求。故在孔子那里，"死"具有终极表征的意义，它不仅意味着生命的结束，更象征着生命终极价值和意义的来临。然而，"死"虽是终极意义的表征，但我们却无法从它那儿将其意义得到最终的落实，因为它本身是"虚无"的，我们只能体验它、领悟它而永远无法去经验它。从这个意义上来说，"死"就是伴随"生"之"存在"的"无"；而"生"就是向"死"而在的"有"。所以，"向死而生"并不是要人消极地去"等死"，而恰恰是要人去直面死亡积极地"生存"。就此而言，死亡的意义固然重大，但生存的意义却更不可忽视。因为死亡的意义并不是由死亡本身所给定的，而恰恰是在生存的意义中揭示和彰显出来的。换言之，一个人"生"之价值的揭示和展示同时也就决定了他人对其"死"之价值的评价和认识。据此推断，孔子不直接谈"死"的问题，而是说"未知生，焉知死"，并不是因为他对死亡的无知与麻木，也不是在逃避死亡，而恰恰是因为他对"死"这一问题有着深刻的体认和透彻的领悟。

总之，在"生"与"死"两者之间，只有"生"才是能够被我们所经验和把握的东西，而"死"所表征的终极意义只有而且也只能在生命展现的过程中才能最终得以呈现和确认。正如有学者所言，"死的意义只能由生的意义去解释，生有意义，死才有意义，生没有意义，何能谈得上死

---

①[周]左丘明传，[晋]杜预注，[唐]孔颖达疏：《春秋左传正义》卷三十五，[清]阮元校刻：《十三经注疏》（附校勘记），中华书局，1982年影印本，第1979页。

的意义？"①孔子之所以对"死"的问题保持缄默，避而不谈，正是因为他深刻地意识到，"死"的意义必须要在对"生"的意义的追问中去加以揭示和呈现，撇开"生"来谈"死"，来谈对"死"的超越，都是不切实际、虚妄的空谈，这也是孔子为什么重"生"轻"死"的根本原因。换句话说，孔子对"死"的超越实际上是以一种对"生"的关注方式来完成的。这种超越方式非常独特，因为它的实现不在天堂，不在来世，而就在"背负过去、指向未来的人事奋斗中"②。这种立足于现世所实现的不朽与超越才是一种本真性的超越，也即"在世"中的超越。因为它不仅使人之生命意义无蔽地灿然绽出，而且也完成了对终极意义——"仁"的体认。也正因为此，孔子才不会变成一个明哲保身的务实主义者，才能跳出"生"本身的局囿而从"死"这一终极意义的立场来全面审视"生"，从而使自己对"生"的领悟提升到一个新的境界。

孔子的"未知生，焉知死"，尽管短短六个字，但却极富阐释学的张力，这其中所透露出来的正是孔子独特而深刻的生死智慧与形上思想。

---

①宁新昌：《境界形而上学及其限制——由先秦儒学谈起》，齐鲁书社，2004 年，第 86 页。
②李泽厚：《美学三书·华夏美学》，安徽文艺出版社，1999 年，第 269 页。

中编　孔子美学思想的多维透视

　　和西方知识论美学倾向不同,中国美学从一开始就充满了强烈的生存意识和生命关怀精神。这一点在"美"字的原始意义中,无论是"羊人为美""舞人为美",抑或是"羊大为美""吉善为美",都已经显露无疑了。更为重要的是,"美"字的这四种原初意义体现了中国美学由宗教神秘性到世俗享受性再到精神超越性的发展规律,而孔子"尽善尽美"的美学追求就是这种发展规律的延续。这是本编第一部分内容着重阐述的内容。

　　本编第二部分内容则分别从哲学根基、价值维度、终极追求三个方面对孔子与柏拉图的美学思想进行了比较研究,并以此来凸显孔子美学的独特性:对孔子而言,"美的世界"与"生活世界"是完全同一的,最高的美不存在于对美的本质问题的知识性探求中,而是存在于"求仁"并"乐仁"的道德修养与生存实践中。这样,孔子就把"美"还原到人的感性生活世界中,让其在人类生存实践活动中得以生成,这使得孔子美学具有了浓厚的生存论意味。

　　建立在上述研究基础之上,本编紧接着又着重结合目前较新的美学研究方法和观点,从德性美、艺术美、自然美、生活美、"诗化生存"理想的建构五个方面对孔子美学思想进行全方位、多角度的系统考察。继而,又从正、反两方面对孔子美学的后世影响与局限性进行了具体分析,力求以此来全面、客观地反映孔子美学的真实面貌。

第三章 "美"的字源学考察与孔子美学基调的奠定

孔子的美学思想虽然无法简单地用一个"美"字来涵盖,但通过"美"的字源学意义的考察,又确乎可以帮助我们厘清孔子美学思想产生的心理基础和文化渊源。这种思路在西方当代美学家海德格尔、伽达默尔以及福柯那里都曾有过很成功的运用,我们在此也将尝试使用这种方式追根溯源,以此来探讨一下中国古代早期的审美意识及其生存论基调的奠定。

第一节 "美"的字源学考察

关于"美"字的阐释,历来是众说纷纭、莫衷一是,目前较有代表性的说法大致有三种:"羊人为美""舞人为美""羊大为美"。后一种又衍生出"吉善为美"的说法。这四种说法虽然侧重点、内涵有明显的差异,但它们之间也存在着一种隐而不显的内在关联性,即体现了由巫术的愉悦性(宗教性)→感官的愉悦性(世俗性)→精神的愉悦性(超越性)的发展趋势,而后者直接奠定了孔子"尽善尽美"审美追求的总基调。

一、"羊人为美"与"舞人为美"

"美"这个字在汉字中起源很早,商代甲骨文中就已经能够见到了。"美"字的其中一种写法是"𦍋"(一期 合 22044)[1],它是由"𦍌"与"𠆢"组合而成。从这样一种字形,我们可以有多种解释。首先,从象形的角度看,上半部分"𦍌"就如羊头或"羖䍽之形"的羊角;下半部分则像一个张开双臂正面站立的人的形象,但它不是"人"字(甲骨文中的"人"

---

①高明、涂白奎编著:《古文字类编》(增订本)(下),上海古籍出版社,2014年,第887页。

字是"竹"（一期 菁 6.1）[①]而是一个"大"字。这其实并不矛盾,因为"大"的甲骨文写法是"个"或"大"（四期 粹 112）[②],其字的最初含义就是张开双臂双腿、顶天立地的成年人。许慎《说文解字》的解释也说:"天大,地大,人亦大焉,象人形。"[③]所以,"竹"与"个"组合起来就可以理解为戴着羊头或羊角的"大人"。这个"大人"在原始社会里往往是掌握部落命运、具有至高无上权威的巫师或酋长。他们沟通天地,通过把羊头或羊角戴在头上这样一种神秘的巫术仪式,向神灵祈福祝吉于人间。这类人由于可以给部落带来希望和精神满足,故其在原始人那里很神圣、很崇高,这或许就是为什么今人会将"美"解释为"羊人为美"[④]的根本原因。

按照这样一种思路继续追究下去,我们还可以发掘出"美"的第二层意思,那就是"舞人为美"[⑤]。上面谈到"竹",从形象上看就是戴着羊头或羊角的巫师,而"巫"的本义,《说文解字》释曰:"巫,祝也。女能事无形,以舞降神者也。象人两褒舞形。"[⑥]也就是说,巫师操作巫术仪式是靠一系列的肢体动作来完成的,"竹"也就可以理解为巫师戴着羊头或羊角在跳舞的形态,故"美"就是这种图腾舞蹈、图腾巫术在文字上的表现[⑦]。

上述两种观点均是从图腾巫术的角度来阐述的,联系"美"的甲骨

---

① 高明、涂白奎编著:《古文字类编》（增订本）（上）,上海古籍出版社,2014 年,第 9 页。
② 高明、涂白奎编著:《古文字类编》（增订本）（上）,上海古籍出版社,2014 年,第 146 页。
③ [清]段玉裁:《说文解字注》,中华书局,2013 年,第 496 页。
④ "羊人为美"说是由萧兵提出,他认为"美"的原来含义是冠戴羊角或羊头装饰的"大人"。内容详见萧兵:《从"羊人为美"到"羊大为美"——为美学讨论提供一些古文字学资料》,《北方论丛》1980 年第 2 期。李泽厚、刘纲纪主编的《中国美学史》赞成此说。
⑤ "舞人为美"说由朱良志与詹绪佐提出,认为"美"字是戴羊头面具跳舞的人形,是一种艺术造型。内容详见朱良志、詹绪佐:《中国美学研究的独特视境——汉字》,《安徽师范大学学报》（哲学社会科学版）1988 年第 3 期。
⑥ [清]段玉裁:《说文解字注》,中华书局,2013 年,第 203 页。
⑦ 与此观点相类似的还有文字学家康殷和台湾学者李孝定。康殷在《文字源流浅说》中将"美"释为"象头上戴羽毛装饰物如雉尾之类的舞人之形",并认为"饰羽有美观意"〔康殷释辑:《文字源流浅说》（增订本）,国际文化出版公司,1992 年,第 111 页〕。李孝定则理解为:"上不从羊,像头人首插羽为饰,故有美义,以形近羊,故为从羊耳。"（李孝定编述:《甲骨文字集释》第四卷,"中央"研究院历史语言研究所,1970 年,第 1323 页）这便使得"美"的内涵更加纯粹、独立了,但似乎缺乏充分的文献支持。诚然,甲骨文与金文相比,美字上部笔划确实更为细长,有些看起来像羽毛,但如上面提到的,这有可能是技术上的原因。羊角本身,有些看起来就像头上戴着羽饰。以羊为构件的字不少,羊形都是类似的。比如"羔"字,《说文》释为"羊子也"（[清]段玉裁:《说文解字注》,中华书局,2013 年,第 147 页）。"羔"是个会意字,甲骨文从羊,从火,作羊放在火上烧烤之形,因小羊嫩而味美,会羊羔之意。如果"美"字上面不是羊,而是羽毛,那如何解释羊字部的其他字呢?难道"羔"是烧烤羽毛吗?

文字形,著者认为是可以成立的。从这个意义上来看,"美"与"巫"以及"舞"最早应为同源关系,因此可以说"人戴着羊头跳舞才是'美'字的起源",这也充分表明"'美'与原始的巫术礼仪活动有关"①。然而,我们也必须注意到,在生产力极为低下的原始社会,图腾崇拜、巫术活动大多表现为"狩猎舞""祈雨舞""丰收舞"等舞蹈形式,而这些又都是与人类的生产、生活密切相关的一种行为。因此,这些巫术活动归根结底也只是人类获得物质资料的手段,其最终目的还是要生存下去。因此,从"羊人为美"过渡到"羊大为美"就有它的内在必然性了②。

二、"羊大为美"与感官审美的萌芽

"羊大为美"是目前"美"字最通行的一种解释,由东汉的许慎提出。他在《说文解字》中释"美"曰:"甘也,从羊大。"③后来,徐铉又进一步明确说:"羊大则美,故从大。"④这是将"美"当成个会意字,其上部是羊形,下部是个大字,本义为"甘"。"甘"的甲骨文写法是"ᗜ"(一期 后上12·4)⑤,在"口"中加一短横指事符号"▬",表示用口、舌品尝美味。所以,《说文解字》释"甘"为"美也,从口含一"⑥。这样看来,"甘"与"美"同义,均指味道好吃。此后,"凡是给人带来味觉满足与享受的对象,古人均以'美'指称之释之"⑦。许多训为"美"的字如旨、甜、好等⑧,的确也

---

① 李泽厚:《美学三书·美学四讲》,安徽文艺出版社,1999 年,第 469 页。
② 李泽厚、刘纲纪主编的《中国美学史》也有种说法,认为"原始社会变成了阶级社会,'羊人为美'的图腾扮演仪式也不大举行了,大字也从名词'大人'变成了形容词'巨大''硕大''伟大'之类,美字的古义含糊了,泯灭了。于是人们把它当做纯会意字"(李泽厚、刘纲纪:《中国美学史·先秦两汉编》,安徽文艺出版社,1999 年,第 76 页)。宋朝的徐铉注《说文》时就说:"羊大则美,故从大。"这个解释比较牵强,仅从"大"字含义的演变而脱离了历史文化因素来说明"羊人为美"过渡到"羊大为美",不具说服力。至于为什么不是"牛人为美"而是"羊人为美",不是"猪大则美"而是"羊大则美"呢?人类学家萧兵列举了许多各文明古国关于羊的神话传说来支持他的观点,具体参见萧兵:《从"羊人为美"到"羊大为美"——为美学讨论提供一些古文字学资料》,《北方论丛》1980 年第 2 期。在此不赘。
③ [清]段玉裁:《说文解字注》,中华书局,2013 年,第 148 页。
④ [汉]许慎撰,[宋]徐铉校定:《说文解字(附检字)》,中华书局,1998 年影印本,第 78 页。
⑤ 高明、涂白奎编著:《古文字类编》(增订本)(上),上海古籍出版社,2014 年,第 793 页。
⑥ [清]段玉裁:《说文解字注》,中华书局,2013 年,第 204 页。
⑦ 祁志祥:《中国美学原理》,山西教育出版社,2003 年,第 5 页。
⑧《说文解字》:"旨,美也。从甘匕声,凡旨之属皆从旨。""甜,美也。从甘舌,舌知甘者。""好,媄也。从女子。"以上引文分别出自[清]段玉裁:《说文解字注》,中华书局,2013 年,第 204、204、624 页。

都是从这个角度来界定的。

（一）"美"与"甘"

但为何羊大就味甘呢？清代文字学家段玉裁认为，"甘"字本来是作为五味(甘、辛、酸、苦、咸)中的一味，表示口中有"甜"的味道。然而在这里并不是这个意思，它与"甘""辛"等具体味道无关，主要是指可以满足人们的生理需求，产生生理快感。所以，"五味之美皆曰甘"，"羊大则肥美"①。所谓"羊大"，是指"肥胖的羊"的羊肉味是"甘"的。换言之，"美"字从"羊"从"大"，就是指肥羊的肉对人们来说是"甘"的，是表达"甘"这样的味觉美感受。另一位清朝文字学家王筠也说"羊大则肥美"，并补充说："是羊为膳主，故字不从牛犬等字而从羊也。"②这也是说，肥大的羊味道鲜美，远古中国人将其作为主要膳食③，根据肥羊带给人的这种令人愉悦的味觉感受，创造了"美"字。

（二）"美"与"味"

这样看来，"美"字的最早含义是指食物含在口中，引起口舌的快感，也即味觉所产生的美的感受。所以，在中国远古时期，"美"是"同味觉的快感联系在一起的"，甚至于"两汉以后中国的文艺理论批评著作，如钟嵘和司空图关于诗歌的著作，还常常将'味'同艺术的鉴赏相连"④。这表明，"味"与"美"之间能产生如此密切的关系，当有其存在的历史必然性⑤。之后，"美"从表达肥羊肉"甘"这种原初意义中解放出来，而用于更普遍更广泛的范围，即只要某种饮食的味"甘"，不管这种饮食的种类、性质如何，它的"甘"味都可以用"美"字来表达。比如《吕氏春秋·孝行览·本味》中提到了"肉之美""鱼之美""菜之美""饭之美""果之美"等多个方面⑥。再后来，"美"的意义又进一步扩大，由

---

① [清]段玉裁：《说文解字注》，中华书局，2013年，第148页。

② [清]王筠：《说文解字句读》卷七，中华书局，1988年，第127页。

③ 《左传·昭公二十五年》引子产的话云："为六畜、五牲、三牺，以奉五味。""六畜"指的是"马、牛、羊、鸡、犬、豕"，其中就包含了"羊"在内。参见[周]左丘明传，[晋]杜预注，[唐]孔颖达疏：《春秋左传正义》卷五十一，[清]阮元校刻：《十三经注疏》(附校勘记)，中华书局，1982年影印本，第2107页。

④ 李泽厚、刘纲纪：《中国美学史：先秦两汉编》，安徽文艺出版社，1999年，第76页。

⑤ 在中国古代，"美"源于味觉的悦乐感，其实西方亦是如此。比如，法语中的goût(味觉)和goûté(尝试、愉悦)，英语中的taste(味道)和tasty(美味)，德语中的geschmack(口味、审美)和geschmackssinn(味觉、审美感觉)，均可看出"以味为美"的审美特征来。

⑥ 许维遹撰，梁运华整理：《吕氏春秋集释》卷十四，中华书局，2010年，第315—320页。

口（味觉）通过鼻而扩展为嗅觉的愉悦感，芬芳的香味给人们的感受，也被称为"美"了。例如，《韩非子·扬权》云："夫香美脆味，厚酒肥肉，甘口而病形。"[①]《荀子·王霸》云："故人之情，口好味而臭味莫美焉。"[②]古时"臭"（"嗅"）与"香"同义，故这里的所谓"臭味"，就是"香味"之意，这些均是对于嗅觉而言的。由此可知，"中国古代的人们把味觉和嗅觉的悦乐感，即把味觉和嗅觉的感受，同样都看作是'美'的东西"[③]。实际上，这种味觉和嗅觉、美味和芳香密不可分的现象，不惟中国才具有，英国、法国亦是如此。比如，英语"savory"和法语"savoureux"是同语源，意为"美味""芳香"；英语"savor"（玩味）和"taste"（品味）、"flavor"（香味）也是同义词，等等。

（三）"美"与"色"

不仅如此，后来"美"也用来表达由"色"引起的视觉感受。"食""色"，古来并称，是人生最重要的欲望之一。《孟子·告子上》中，"告子曰：'食、色，性也。'"[④]《礼记·礼运》："饮食男女，人之大欲存焉。"[⑤]那么，"色"的原初意思是什么呢？"色"字的甲骨文写法是"𢆉"（三期 粹 393）[⑥]，其字形像两人一前一后，表示两性亲密接触；而战国信阳楚简文"𢆉"[⑦]字则将甲骨文的左右结构调整成上下结构，并在一个俯卧的人"𠂤"上面加两只手"𠬝"，更加凸显了两性活动的意义，进一步明确性活动的主题。由此，"色"字的原初意思就是"男女交媾"或"性欲"。现代著名文字学家马叙伦解释说："色当为男女交媾义。孟子：'食色，性也。'从人在人上。"[⑧]当代文字学家汤余惠的理解基本相同，认为"色字本形从人在卩（跪人）后，正前后相次之形"，应是"就两性关系言之"[⑨]的。但后来，"色"字的意义由性活动变成了对光艳诱人容貌的指

①［清］王先慎撰，钟哲点校：《韩非子集解》卷二，中华书局，2003年，第43页。
②［清］王先谦撰，沈啸寰、王星贤点校：《荀子集解》卷七，中华书局，1988年，第217页。
③［日］笠原仲二著，魏常海译：《古代中国人的美意识》，北京大学出版社，1987年，第7页。
④［汉］赵岐注，［宋］孙奭疏：《孟子注疏》卷十一，［清］阮元校刻：《十三经注疏》（附校勘记），中华书局，1982年影印本，第2748页。
⑤［汉］郑玄注，［唐］孔颖达疏：《礼记正义》卷二十二，［清］阮元校刻：《十三经注疏》（附校勘记），中华书局，1982年影印本，第1422页。
⑥徐中舒主编：《甲骨文字典》，四川辞书出版社，2014年，第1012页。
⑦高明、涂白奎编著：《古文字类编》（增订本）（上），上海古籍出版社，2014年，第59页。
⑧马叙伦：《说文解字六书疏证》（五）卷十七，上海书店，1985年，第57页。
⑨汤余惠：《包山楚简读后记》，《考古与文物》1993年第2期。

称,如《诗经·鲁颂·泮水》:"载色载笑,匪怒伊教。"①《左传·桓公元年》:"宋华父督见孔父之妻于路,目逆而送之,曰:'美而艳。'"杜注:"色美曰艳。"孔疏云:"美者,言其形艳美;艳者,言其颜色好,故曰'美而艳'。"②《孟子·告子上》:"目之于色也,有同美焉。"③这里的"色",应该就是《说文解字》所解释的"颜气"④之意。当然,在以男权为主导的中国古代社会,这个"色"主要是针对女性而言的。当男性看到"美色"时,自然就会产生喜好的感受。《论语·子罕》:"子曰:'吾未见好德如好色者也。'"《孟子·梁惠王下》:"寡人有疾,寡人好色。"⑤《荀子·王霸》所谓"目好色而文章致繁,妇女莫众焉"⑥,《淮南子·说林训》所谓"佳人不同体,美人不同面,而皆说于目"⑦,都可以证明这一点。"好"字在《说文解字》里又训为"媄"。"媄"字解作"色好也"⑧,即女之颜形美。而"喜好"的"好"字古来又与"悦"(说)、"喜"通训,并且也和"美"通训。这样,上述所谓"好色",所谓佳人之体、美人之面"悦目",就是说见"色"而生"美",即由"色"引起美的感受,倾向于感受的对象。在这种场合,表达味觉感受性的"美"字,也用于表示对"色"的视觉感受性了⑨。

---

①[汉]毛亨传,[汉]郑玄笺,[唐]孔颖达疏:《毛诗正义》卷二十,[清]阮元校刻:《十三经注疏》(附校勘记),中华书局,1982年影印本,第611页。

②[周]左丘明传,[晋]杜预注,[唐]孔颖达疏:《春秋左传正义》卷五,[清]阮元校刻:《十三经注疏》(附校勘记),中华书局,1982年影印本,第1740页。

③[汉]赵岐注,[宋]孙奭疏:《孟子注疏》卷十一上,[清]阮元校刻:《十三经注疏》(附校勘记),中华书局,1982年影印本,第2749页。

④[清]段玉裁:《说文解字注》,中华书局,2013年,第436页。

⑤[汉]赵岐注,[宋]孙奭疏:《孟子注疏》卷二上,[清]阮元校刻:《十三经注疏》(附校勘记),中华书局,1982年影印本,第2676—2677页。

⑥[清]王先谦撰,沈啸寰、王星贤点校:《荀子集解》卷七,中华书局,1988年,第217页。

⑦[汉]刘安等编著,[汉]高诱注:《淮南子》卷十七,上海古籍出版社,1989年,第185页。

⑧[清]段玉裁:《说文解字注》,中华书局,2013年,第624页。

⑨现代学者马叙伦虽然也认可"美,从羊从大",但他认为"羊"只表音不表意,其读音是无鄙切。如果考虑到"美"字在《周礼》中作"媺",那么它本来应该是"从大,芈音"。或许是以为"芈"和"𦍌"(羊)形似,后伪而作"羊"。从这个角度上,马氏认为"美"是"媄"(《说文》:"媄,色好也。")的初文,又有"媚"的意思,故而中国原初的审美意识源于对女色的感受〔"美"字条参见马叙伦:《说文解字六书疏证》(二)卷七,上海书店,1985年,第119页;"媄"字条参见马叙伦:《说文解字六书疏证》(七)卷二十四,上海书店,1985年,第27页〕。马叙伦的这种解释虽然也认为"美"来自于对"色"的视觉感受性,但其推论有两点值得商榷:其一,"美"的甲骨文字形并未看到有"媄",该字从时间上当晚于"美"字,故用后出之字去解释"美"之初义,逻辑上显然是颠倒的;其二,在论证的过程中,将"芈"理解为"𦍌"(羊),缺乏文献支撑而主观臆测居多,故此说不足取。

当然,除了上述味觉、嗅觉、视觉会产生"美"的感受外,听觉也可以产生同样的效果。《国语·周语下》中单穆公的话明确地指出声、色能给人以美的享受:"夫乐不过以听耳,而美不过以观目。"①《国语·楚语上》中伍举也讲过"吾闻国君服宠以为美……不闻其以土木之崇高彤镂为美,而以金石匏竹之昌大嚣庶为乐"②的话。而《孟子·尽心下》与《列子·杨朱》所涉及的方面更为全面。《孟子·尽心下》曰:"口之于味也,目之于色也,耳之于声也,鼻之于臭也,四肢之于安佚也,性也。有命焉,君子不谓性也。"③《列子·杨朱》曰:"人之生也奚为哉?奚乐哉?为美厚尔,为声色尔。"④"夫耳之所欲闻者音声""目之所欲见者美色""鼻之所欲向者椒兰""体之所欲安者美厚"⑤。这里的所谓"美厚",即"美味";"声色""美色"之"色",即衣裳色彩之美和女性容貌之美;"音声"之"声",是指美妙动听的音乐、歌声;而所谓"椒兰"(香草),则是喻芳美郁香之意。这两段话几乎涵盖了中国早期美意识的全部内容。

通过上述梳理不难发现,中国早期审美意识集中体现在对"食""色"这种人性自然欲求的满足方面,它"直接从肉体感觉的对象中触发产生",其内容与人类生活,特别是"与他们的生命的保持、永续、体力、精力的充实增进,以及伴随着这些的丰富深切的快乐、愉悦,有极深的关系",而这是古人"真正深切感受到的生命的表现"。在人的感性存在中,他们体验到了生命的价值,获得了生存的愉悦感。同时这也预示着,从"官能的美的感受中去寻求生命的充实感,领悟人生的意义"⑥,将是中国古代审美意识发展的一条必然之路。这一点我们可以从"美"字与"善"字的关系中,看出某些端倪来。

①徐元诰撰,王树民、沈长云点校:《国语集解》,中华书局,2002年,第109页。
②徐元诰撰,王树民、沈长云点校:《国语集解》,中华书局,2002年,第493页。
③[汉]赵岐注,[宋]孙奭疏:《孟子注疏》卷十四上,[清]阮元校刻:《十三经注疏》(附校勘记),中华书局,1982年影印本,第2775页。
④[晋]张湛注,[唐]卢重玄解,[唐]殷敬顺、[宋]陈景元释文,陈明校点:《列子》,上海古籍出版社,2014年,第192页。
⑤[晋]张湛注,[唐]卢重玄解,[唐]殷敬顺、[宋]陈景元释文,陈明校点:《列子》,上海古籍出版社,2014年,第196页。
⑥[日]笠原仲二著,魏常海译:《古代中国人的美意识》,北京大学出版社,1987年,第16—17页。

第二节　"吉善为美"与孔子"尽善尽美"美学基调的奠定

上面已经讲到"美，从羊从大"，羊除了食用外，还有一个重要的功能就是祭祀。据考证，在中国远古时期，一次祭祀动辄成百上千头羊的情况很多，如殷墟卜辞《乙》9098 曰："五百牢。"① 一牢为一对羊，五百牢，即为一千只羊。"牢"和"牢"一样，都是为祭祀之用而准备的，只不过前者是为祭祀而专门饲养的羊，后者是为祭祀而专门饲养的牛。《周礼·地官司徒·充人》："充人掌系祭祀之牲牷。祀五帝，则系于牢刍之三月，享先王亦如之。凡散祭祀之牲，系于国门，使养之。"② 在古代，凡是重大的祭祀典礼必须用这种专门饲养的羊和牛，否则，"甚至宁愿取消祀典"③。故而，为突出羊和牛在祭祀中的特殊性和重要性，在卜辞中更多使用的是"牢"和"牢"，而非"羊"和"牛"。"牢"和"牢"又有大小之分，一般称为"大牢""小牢"。据姚孝遂、肖丁的统计，卜辞中涉及"大牢"的有 8 条，涉及"小牢"的有 26 条④；而据郭沫若的梳理，殷墟卜辞中涉及"牢"的有 109 处，涉及"牢"的有 51 处，涉及"羊"的有 32 处⑤。

由于羊是非常重要的祭品，所以，殷人用羊敬祖事天，是极其庄重、严肃的，其目的就是要祈求祖先和上天保佑他们的生产、生活能够风调雨顺、人畜两旺。这种祭祀从性质上来说，满足的就不再是生理官能的需要了，而是人们的精神需要，故《说文解字》释"羊"曰"祥也"⑥。羊和祥通，而祥、善都有"吉"的意义。所以，在中国古代，羊是与人们的幸福感密切相关的东西，其作为"祭祀的重要祭品，是吉祥之物，有重要的道德意义"，"可以满足人们的精神需要，引起心理的愉悦"⑦。因此，《说文》中将"美"释为从"羊"已经隐含了其突破官能快感的界限而上升到精

① 吴浩坤、潘悠：《中国甲骨学史》，武汉大学出版社，2018 年，第 233 页。
② [汉]郑玄注，[唐]贾公彦疏：《周礼注疏》卷十三，[清]阮元校刻：《十三经注疏》（附校勘记），中华书局，1982 年影印本，第 724 页。
③ 姚孝遂、肖丁：《小屯南地甲骨考释》，中华书局，1985 年，第 87 页。
④ 姚孝遂、肖丁：《小屯南地甲骨考释》，中华书局，1985 年，第 88 页。
⑤ 参见郭沫若：《殷契粹编》，科学出版社，1965 年，第 343—768 页。
⑥ [清]段玉裁：《说文解字注》，中华书局，2013 年，第 146 页。
⑦ 皮朝纲：《中国古代审美文化中的"羊大为美"思想》，《青海师范大学学报》（社会科学版）1991 年第 4 期。

神愉悦的可能性。

再从美与善的关系来看,二者关系历来密切。"善"字,甲骨文或写作"𝕐"(一期 乙 9074),或写作"𝕐"(一期 后下 30·7),或写作"𝕐"(一期 粹 47)[1],表示眼神安祥温和;金文写作"𝕐"(善夫克鼎)[2],表示言语祥和亲切。许慎在解释"善"时说:"善,吉也。从誩羊。此与义、美同意。"[3] 按照《说文》的解释,"美"和"善"的原初意义其实并不相同,"美"解作"甘",它是一种味觉感受,而"善"解作"吉",则强调一种精神感受。但为什么许慎在后面又特别指出"善"与"美"同义呢?这表明,人们已经认识到,审美的对象并不仅限于生理官能欲求得到满足而产生愉悦感的东西,那种在精神层面能给人以幸福感、满足感、充实感的东西同样可以作为审美对象。

所以,"美"从"甘"到"吉"意义的变化,意味着人们开始从官能美逐渐"发现精神的或理性美的要素","从而进一步得到美的感受,享受到新生命的充实感"[4]。这样,"美"这个概念的内涵也发生了变化,它不再是原初意义的"美",而是成了"善"的同义语。这时,人们逐渐认识到,只有在伦理道德方面意味着"善",超越了个人的利害得失,才可以说是"美"的。正如《国语·楚语上》所言:"夫美也者,上下、内外、大小、远近皆无害焉,故曰美。"[5] 因此,人们对于"美"的感受便具有了"伦理道德的效果"[6]。在这一阶段,"美"就"不是直接作用于肉体感觉而产生的官能的感受",它超越了人的感性需要和享受而变成了一种精神的、理性的愉悦。它"深深浸透在人们心灵内部","使人感情平和,情操高尚,尘俗之心得以净化,为正义、人道而尽心尽力"[7]。因而这样的"美",更多地指向了人的自得之乐,指向了人的内心所产生的幸福感、满足感,它比感性的对象所具有的"美",比官能的美的感受更能打动人们的心灵,具有更高的伦理价值。后来,《论语·述而》篇提到孔子在齐闻《韶》乐,"三月

---

[1]徐中舒主编:《甲骨文字典》,四川辞书出版社,2014 年,第 225—226 页。
[2]高明、涂白奎编著:《古文字类编》(增订本)(下),上海古籍出版社,2014 年,第 1095 页。
[3][清]段玉裁:《说文解字注》,中华书局,2013 年,第 102 页。
[4][日]笠原仲二著,魏常海译:《古代中国人的美意识》,北京大学出版社,1987 年,第 35 页。
[5]徐元诰撰,王树民、沈长云点校:《国语集解》,中华书局,2002 年,第 495 页。
[6][日]笠原仲二著,魏常海译:《古代中国人的美意识》,北京大学出版社,1987 年,第 35 页。
[7][日]笠原仲二著,魏常海译:《古代中国人的美意识》,北京大学出版社,1987 年,第 34 页。

不知肉味",并说"不图为乐之至于斯也",已明显表现出对早期审美意识重生理快感、感性享受的超越和向精神愉悦、心灵愉悦的升华。"三月"代表时间长,而"韶乐""肉味"则分别代表了声色与美味。孔子沉浸在美妙的音乐中,数月竟连味觉也忘掉了,这表明"精神已从形体的世界即肉体世界中解放出去了",达到了精神"超越式的沉醉"①。此外,像孔子在《论语·述而》篇中提到的"饭疏食,饮水,曲肱而枕之,乐亦在其中矣",以及在《雍也》篇中对颜回"居贫且乐"境界的赞赏"一箪食,一瓢饮,在陋巷,人不堪其忧,回也不改其乐",均可看出其超越肉体存在、物质存在而向"仁"境(善)提升的审美祈向②。

总之,通过对"美"的字源学考证,我们大体可以看出中国早期审美意识的两个方面的突出特征:一是"以味为美"所体现出来的鲜明的生存论倾向和强烈的生命意识;二是"以善为美"所体现出来的重视德性修养和精神境界的思想。这两个方面综合起来,表明中国美学从一开始就具有诉诸于感性存在但又能够超越感性存在的思想特征。而这样一种美学观念也为今后孔子美学的产生做好了充分的准备,同时也奠定了孔子"尽善尽美"美学思想的总体基调。

---

①张明:《"成于乐":孔子"仁"境的诗性呈现》,《中国文化研究》2009年夏之卷。
②这部分内容可详见第九章《"诗化生存":孔子美学思想的终极建构》,在此不赘。

第四章　知识的探求与审美的生成

——柏拉图与孔子美学思想之比较

　　孔子和柏拉图作为"轴心期"①的代表人物,他们的思想是中西方文化的源头,对两种不同的文化传统产生了根本性的影响,意义重大。孔子被视为中国文化之枢纽,并且起到了承上启下的作用,孔子之前的文化几乎都在孔子那里得到整理,而之后的文化又是从以孔子为起点的②。无独有偶,当代著名哲学家卡尔·波普尔(Karl Popper)也高度评价了柏拉图的思想,他认为西方的思想,要么"是柏拉图"的,要么是"反柏拉图"的,但绝不可能是"非柏拉图"③的。而在美学领域,孔子与柏拉图所具有的开创性地位同样不可忽视,他们分别奠定了中西方美学的思想基础,并对各自的美学发展产生了直接而深远的影响。特别是他们对一些重要美学问题的探讨,如美与善的关系、审美的伦理功能、艺术的教化作用、理想人格的培养等,成为后世美学持续关注的元问题。

　　当然,由于中西方哲学——文化传统存在着巨大的差异,这又决定了孔子与柏拉图的美学思想具有本质上的不同。具体来说,由于柏拉图思想中存在着"两个世界"(理念世界与感性世界)的对立,导致了其把美作为一种"理念"、一种客观知识来追求,即要从各种具体美的事物或现象中抽象出一种带有普遍性和必然性的"美本体",这成为西方知识论美学的源头;而与此相反,在孔子那里,由于只有"一个世界"(现实人生)的统一,没有"两个世界"的紧张与对立,故其对美的追求完全体现在"伦常日用"④之中。因此,孔子不会像柏拉图那样把美当作一种知识、真理去探究,不会去追究"美是什么"的问题,而主要关注了美是如

---

① [德]卡尔·雅斯贝斯(Karl Jaspers)著,李夏菲译:《历史的起源与目标》,漓江出版社,2019年,第8—10页。

② 参见梁漱溟:《东西方文化及其哲学》(修订版),商务印书馆,1999年,第150页。

③ 转引自范明生:《古希腊罗马美学》,蒋孔阳、朱立元主编:《西方美学史》第一卷,北京师范大学出版社,2013年,第194页。

④ 李泽厚:《论语今读》,安徽文艺出版社,1998年,第56页。

何显现的,强调了美在生活世界中的生成性、缘构性。从这个意义上说,孔子的美学思想具有生存论的意味。

第一节　美之理念与仁之境域——柏拉图
与孔子美学思想哲学根基之比较

众所周知,在西方,自古希腊以来一直有着强大的知识论传统,这种传统强调主客体的二元对立,要求主体把客体作为一种外在的对象加以分析和认识,并在此基础上找到客体事物所共有的普遍性本质,从而说出事物"是什么"。在这种哲学传统的深刻影响下,西方美学首先关注的就是美的本质即探讨"美是什么"的问题,柏拉图的美学思想就是建立在其"理念论"的哲学思想基础之上的。所谓"理念",指的就是独立于现象界的绝对实体,它是现象背后最本质、最高的存在,所有现象的东西都是由它派生出来的,所以它是世界的本体。柏拉图的美学思想就是要找到具体的美的事物背后的那个"美本身"即美的本质来,在柏拉图的多篇对话中,都明确提出并着重探讨了这个问题。

《大希庇亚篇》是西方最早讨论美的本质问题的文章,它第一次区分了"美的东西"和"美本身"。当苏格拉底向当时的智者希庇亚请教"美是什么"的问题时,希庇亚首先问答"美丽的少女就是美"。苏格拉底说,如果说"美丽的少女就是美",那么"一匹美丽的牝马""一把美丽的竖琴""一只美的陶罐"也都可以称为"美",但这些都只是具体的美的事物,而不是"美本身"。希庇亚接着又提出了几个答案,如"美无非就是黄金",因为用黄金装饰能够使一些不太美的事物变成美的、"对某个具体事物适宜的东西使该事物成为美的"、"有益、有用、能产生某种善的力量就是美的"、"有益的快乐"是美的,如此等等,但最后都被苏格拉底一一驳倒。经过一番讨论后,苏格拉底最后的结论是"所有美的东西都是困难的"①。这个对话虽然没有最终解决"美是什么"的问题,但是"美本身"即美的本质问题的提出,却拉开了西方美学史上关于美学本体论

①[古希腊]柏拉图(Plato)著,王晓朝译:《柏拉图全集》第四卷,人民出版社,2003年,第34—61页。

研究的大幕,因而具有里程碑的意义。

在另一篇对话《克拉底鲁篇》中,柏拉图则提出要"寻找真正的美":

苏格拉底 请告诉我,有没有一种绝对的美或善,有没有其他绝对的存在。

克拉底鲁 肯定有,苏格拉底,我是这样想的。

苏格拉底 那么就让我们来寻找真正的美,而不是去问有没有漂亮的脸,或诸如此类的问题,因为所有这些事情都好像处在流变之中,让我们问真正的美是否永远是美的。

克拉底鲁 当然是。①

上述对话表明,在柏拉图看来,具体的美的事物都是变动不居的,而人所应该追求和探寻的是永恒不变的真正的美。这种美不会"因人而异,因地而异,因时而异,它对一切美的崇拜者都相同","它自存自在,是永恒的一,而其他一切美好的事物都是对它的分有"②。在这里,柏拉图提出了关于美的本体论的问题,而美本身作为美的本体,只能存在于理念世界中;它是超时空的绝对永恒的实体,万事万物都是源自于这一世界。美的理念就是美的本身,它是一切事物之所以美的本源和根据。

据此,柏拉图认为美的事物与所谓的"美本身"并不是一回事,只有把"美"作为一种知识、一种客观对象来进行理性的分析和审视,那么才能够真正掌握"美"的真理,彻悟美之为美的本质。这种美学观念不仅成了西方美学发展的滥觞,而且贯穿了整个西方传统美学的发展历程,直至黑格尔构筑的庞大的思辨美学体系把它推向了巅峰。

如果说在柏拉图那里是两个世界(感性/理性、人间/天国)的话,那么在孔子那里只有一个世界(现世人生),新儒家代表人物钱穆认为,西方人的观念中常常存在着"天国"与"人世"两个世界的对立,而在中国人观念里,则只有一个世界③。新儒家的另一位代表人物徐复观认为:

①[古希腊]柏拉图著,王晓朝译:《柏拉图全集》第二卷,人民出版社,2003年,第132页。
②[古希腊]柏拉图著,王晓朝译:《柏拉图全集》第二卷,人民出版社,2003年,第254页。
③钱穆:《中国文化史导论》(修订本),商务印书馆,1996年,第18页。

"中国文化的主流,是人间的性格,是现世的性格。"①而孔子之"道"也是在现实的生活实践中得以显现的,这是孔子仁学"与一切宗教乃至形而上学,断然分途的大关键"②。李泽厚在比较了孔子与柏拉图的思想之后,也认为柏拉图是用"抽象的思辨的'理式'作为标准或准则来规范具体世界",而孔子追求的"道"则就存在于"伦常日用之中"③,他不会离开现世人生去寻求超越。这实际上就是孔门儒学"情本体"④而非"理性本体",是"'一个世界'而非'两个世界'之特征所在也"⑤。这"一个世界"主要是指"儒家为人们设计的一种理性与感性、道德与审美、个体与社会相统一的生活世界,是一个既现实又超越的世界。因此在儒家看来,人生的幸福就是在现实的人生境遇中如何实现人生的超越而达终极目的的问题(即'天人合一'问题)"⑥。这一点也就造成了孔门儒学重"如何是"(How)大于重"是什么"(What),重生成(Becoming)大于重存在(Being)的独特思维方式。而这种思维方式决定了孔子不可能像柏拉图那样去探求那种高高在上、永恒不变的"美本身",而是致力于揭示美是如何在现实的生存境域中生成的。换言之,在孔子那里,"美"的问题从一开始就不是以"学"的形态出现的,而是随着践仁的生命化过程逐步呈现出来的。

孔子关于"美"的最直接的一个说法就是"里仁为美"(《论语·里仁》)。对于这个说法,人们通常的理解是把"仁"理解为道德品质,而"美"则是这种良好道德品质的外在表现形式。这种理解不能说是错的,但它将"仁"给固定化为道德,却明显存在着片面性。因为这既不符合孔子一贯的思想方式,也不符合孔子论"仁"的实际情况。就思想方式而言,黑格尔曾不无嘲讽地说,在孔子那里,所讲的都是一些"常识道德"和"善良的、老练的、道德的教训","思辨的哲学是一点也没有的",因

---

①徐复观:《中国艺术精神·自叙》,华东师范大学出版社,2002年,第1页。

②徐复观:《中国人性论史·先秦篇》,上海三联书店,2002年,第100页。

③李泽厚:《论语今读》,安徽文艺出版社,1998年,第55—56页。

④所谓"情本体"指的就是"'本体'即在真实的情感和情感的真实之中。它以把握、体认、领悟当下的和艺术中的真情和'天人交会'为依归,而完全不再去组建、构造某种'超越'来统治人们。它所展望的只是普通平凡的人的身心健康、充分发展和由自己决定命运的可能性和必要性"(参见李泽厚:《论语今读》,安徽文艺出版社,1998年,第10页)。

⑤李泽厚:《论语今读》,安徽文艺出版社,1998年,第56页。

⑥邹其昌:《中国美学与艺术学探微》,崇文书局,2002年,第19页。

此,从他那里并"不能获得什么特殊的东西"①。但根据著者的理解,所谓"没有思辨的哲学"是指孔子的思想中没有任何硬性的、普遍的、固定化的概念,没有森严庄重的体系;而所谓"老练的教训"则是指孔子的言论从不离开具体的情况和问题来作出抽象的判断,而总是随缘而发,针对不同的时间、地点、人物来加以引导和暗示。这样看来,黑格尔所嘲讽的孔子这种"没有思辨的哲学"和"老练的教训",不仅不是孔子思想方式的缺陷,相反它却是孔子思想中最为闪光之处。

孔子把握事物总是会将其置入到生存境域之中,并让它们在现实生活的当下情境中自行生成。所以,孔子从来就不会从现成性与固定化的角度("勿意、勿必、勿固、勿我")来思考问题,他的一切出发点都是从人的现实生存与具体的生命体验来把握和感受的。因此,孔子的思想方式中带有鲜明的"生存论"特点,即始终从人自身的生存角度来思考形而上问题,并且总是把抽象的范畴还原到人的生存中去,让它们在生成中显现其意义。所以,"生成性""生命化"是孔子思想方式的总体特征,这一特征决定了我们在理解孔子仁学时,不能简单地将其理解为一种抽象的道德观念,而必须将其置放在特定的生存境域中并在境域的敞开状态下去领会。同样,这也是我们在理解孔子美学思想时应该坚持的一种态度。

"仁"字在《论语》中总共出现了109次,但孔子每一次对"仁"的表述,几乎都是不同的,他都会根据不同的发问者、语境以及问题等情态,而表现出极大的对话性以及当下构成性。也正是因为如此,许多学者都认为"仁"不是一个可以定义的抽象概念。如钱穆就说过:"仁是一种人心的境界与功能","儒家常喜用'孝弟'两字来做这一种心的境界和功能之示例"②。徐复观认为:"仁不是特定的一事物,而系贯彻于每一事物,因而赋予该事物以意义与价值的精神。"③张祥龙也认为,"仁"实际上"并未传达任何现成的'什么'",而只是"揭示出一个人与人相互对待、相互造就的构成原则,一种看待人生乃至世界的纯境域的(contextual,

---

① [德]黑格尔著,贺麟、王太庆译:《哲学史讲演录》第一卷,商务印书馆,2009 年,第 130 页。
② 钱穆:《中国文化史导论》(修订本),商务印书馆,1996 年,第 80—81 页。
③ 徐复观:《中国人性论史·先秦篇》,上海三联书店,2002 年,第 87 页。

situational)方式"①。所以,孔子关于"仁"的各种说法之间只有"家族相似性",不能理解为某种固定不变的定义。

　　这样看来,把"仁"理解为一种具体的道德内容虽不违背孔子思想的基本含义,但充其量只抓住了孔子仁学的"末"而忽略了它的"本"。综合孔子思想非现成性、非概念化的特征以及孔子论仁时表现出来的情感化、生命化特征(即前文所讲的仁是以血缘亲情为根基,对他人、社会乃至宇宙万物所表现出来的一种普遍的生命关怀精神),我们认为,孔子的"仁"是一种境域性的存在而非某种被固定化和僵化的道德规范与原则。诚如张祥龙所说,"孔子的仁学并不受制于任何现成的存在预设",它只能在"具体生动的对话情境中"来显示其"生成"的含义②。

　　也正是由于"仁"作为"纯境域的方式"具有体验性、生成性、生命化的特点,所以它才"绝不止是一个道德原则",而是"一个总能走出自我封闭的圈套而获得交构视域的'存在论解释学'的发生境界"③。这种境界的生成性特点便为人们具体实践仁提供了可能性。人与自然万物之间不是主客体的对立关系,而是物我一体的生命交流关系。因此,人只要能对世间万物有一种发自内心的道德责任和义务,并且这种责任和义务又不是出于功利目的,而是出于生命情感的需要,那么我们说这就是一种仁心仁德,实际上他已经处在通往"仁境"的途中了。朱熹曾讲,"一事之仁",是"仁";"仁及一家""仁及一国",也是"仁";而"仁及天下"④,更可以称为"仁",这种说法其实就很好地表达出了这层意思。当然,由于不同的人践仁的程度、深度有所不同,所以他们所达到的"仁"之境界就必然是有所差异的,正所谓"仁者如水",可以是"一杯水""一溪水""一江水",也可以是"大海水"⑤。但事实上,不用说"一杯水""一

---

①张祥龙:《从现象学到孔夫子》,商务印书馆,2001 年,第 193 页。

②张祥龙:《从现象学到孔夫子》,商务印书馆,2001 年,第 194 页。

③张祥龙:《海德格尔思想与中国天道:终极视域的开启与交融·引言》,生活·读书·新知三联书店,1997 年,第 11 页。

④[宋]黎靖德辑:《朱子语类》卷三十三,朱杰人、严佐之、刘永翔主编:《朱子全书》第十五册,上海古籍出版社、安徽教育出版社,2002 年,第 1191 页。

⑤[宋]黎靖德辑:《朱子语类》卷三十三,朱杰人、严佐之、刘永翔主编:《朱子全书》第十五册,上海古籍出版社、安徽教育出版社,2002 年,第 1192 页。

溪水""一江水"无法将"仁"完全涵括其中,即使是"大海水"的圣人恐怕也无法做到这一点。因为"仁"作为一种境域性的存在,它的呈现是一个永无完结的过程,诚如徐复观所言:"仁只有无限的展现,没有限界,因之也没有完成。以仁自居,即是有了限界,有了完成,仁便在这里隔断了。"[①]被后人尊为"圣人"的孔子自己就明确说过"若圣与仁,则吾岂敢?"(《论语·述而》)孔子不以"仁"自居,正是他对于"仁"的无限性的深切把握。可见,"仁"所指向的乃是一种不可穷尽、无限延展的人生境界,但这种无限延展性不仅不会挫伤人们践仁的积极性,反而会使人们在通向"仁"的境界上增加强大的心理动力,这其实正是孔子仁学的根本魅力所在。在这个意义上,"仁"就不仅是一种境域性的存在,它更是一种源域。

　　所谓"源域"指的就是作为本源的境域性存在。在这一境域中,一切都是活泼泼的,没有任何僵化的体系,也没有任何现成化、概念化的内容,万物浑然一体、相辅相成。这并不是对孔子"仁境"所作的夸张性描述,而恰恰就是孔子进入到人的本真生存状态的一种真实呈现。正是它的存在,所以一个人的人生历程才会有源源不断的动力;同时也正是在这种动力的驱使下,人才会不断地实现自我超越,一步步地逼近人生至境。这种源域是无法转化成认知对象的,它只能在直接的体验中被当场揭示出来,这是一种缘在展现的境界,是一种生存论的维度。就此而言,"仁"作为一种源域,它所要表达的真实意思其实就是"仁"是人的安身立命之所,是人的一切生命活动的原点和归宿,是人可以栖居于其中的精神家园。正是在通往"仁境"的途中并最终栖居于其中的时候,人才会全面地理解和领悟生命的价值与意义,从而充分实现对生命最高状态的探求和对生命价值的肯定,而从最高层次上对生命价值的肯定恰恰就构成了艺术与美的本质。正是在这个意义上,我们说"仁"是孔子艺术与美的源域,也即艺术只有存在于这种境域之中才能成为艺术,美只有存在于这种境域之中也才能呈现为美。

---

①徐复观:《中国人性论史·先秦篇》,上海三联书店,2002年,第88页。

第二节　本体的领悟与审美的还原——柏拉图
与孔子美学思想价值维度之比较

在柏拉图看来,世界分为三个层次:理念世界、现实世界和艺术世界。在这三者之间,理念世界是绝对的、永恒的,是万物的本体,是最高层次的存在;现实世界是对理念世界的模仿,它只能部分地反映真理,具有很大的片面性,它呈现出的美也只能是一种感性形式的美,层次比较低;而在三个层次中,最低的是艺术世界,由于它是对现实世界的模仿,所以是"模仿的模仿",与理念世界隔着三层,是不能给人以客观知识的。柏拉图以荷马史诗为例,来说明艺术的这种非真理性。荷马本人在他的诗作中虽然也涉及了政治、教育、军事等多方面的内容,但就其中一方面比如政治而言,没有哪一个城邦因为荷马而得到很好的治理;就教育而言,谁听说荷马创建过什么学校,或者创建一个学派;就军事而言,也没有谁听说过他曾经指挥了什么伟大的战争。所以,荷马并不是真的精通这些领域,他会的只不过是虚幻的模仿罢了。柏拉图由此认为,以荷马为代表的诗人们都是些低级的模仿者,他们"都只是美德或自己制造的其它东西的影像的模仿者,他们完全不知道事实"[1]。因此,"模仿者关于自己模仿得优还是劣,就既无知识也无正确意见了"[2]。这样,柏拉图就从本体论的角度否定了艺术的感性形式美及其真理性。

更为危险的是,在柏拉图看来,艺术不仅不能给人们正确的知识,而且它还会迎合并激发人性中低劣的部分。柏拉图认为,在人性的三个层次(理性、意志、激情)中,理性是最高的,通过它人才能真正地领悟到真理,并由此把握到美和善;而激情是最低的,它是非理性的、低劣的,甚至是邪恶的,"激情是一种有着邪恶倾向的东西……心中压抑着的积怨使他成为一头野兽,这就是他追求的激情回归给他带来的悲哀"[3]。如果灵魂中失去了理性的控制,那么非理性的激情就会不断滋长,而艺术如诗歌等恰恰就极大地激发了人性中欲望、激情之类低劣的部分。

所以,柏拉图指责悲剧会让人滋生出"感伤癖",遇到灾祸就会哭一

---

[1][古希腊]柏拉图著,郭斌和、张竹明译:《理想国》,商务印书馆,1986年,第396页。
[2][古希腊]柏拉图著,郭斌和、张竹明译:《理想国》,商务印书馆,1986年,第399页。
[3][古希腊]柏拉图著,王晓朝译:《柏拉图全集》第三卷,人民出版社,2003年,第701页。

场,哀诉一番。如果说"感伤癖"是对自己的,那么"哀怜癖"则是对别人的。自己有了"感伤癖",那么对别人的灾祸也就要表示哀怜、同情,而悲剧正是通过逢迎这种非理性的情感要求,助长了人的"感伤癖"和"哀怜癖"。如果城邦保卫者的这两种情感被浇灌起来,那么遇到灾祸时就不能自持,当敌人面临灾祸时也会同情,就无法担负起保卫城邦的重任。同样的理由,柏拉图也会指责喜剧投合人类本性中的诙谐欲念,对本应让人感到羞耻的事情,不仅没有嫌弃反而感到愉快,因此喜剧会使人们变得滑稽和粗俗,结果会在无意中染上小丑的习气[①]。所以,柏拉图认为应该在他的理想国中驱逐出诗人,"因为他会把灵魂的低劣成分激发、培育起来,而灵魂低劣成分的强化会导致理性部分的毁灭,就好比把一个城邦的权力交给坏人,就会颠覆城邦,危害城邦里的好人"[②]。

　　在否定艺术美的同时,柏拉图又充分肯定了"美本身"(即理念美)的真理性。在《会饮篇》中,柏拉图具体描述了对"美本身"认识的过程。第一步应从"爱上某个具体的美的身体"开始;第二步应爱"一切美的形体";第三步"应该学会把心灵美看得比形体美更为珍贵";第四步,要看到"心灵之美"与"法律和体制之美",并发现"各种美之间的联系与贯通";第五步,"他的注意力应当从体制被导向各种知识,使他看到各种知识之美";第六步,也就是最后真正走进了美的世界,见到了美的本体,这时他会用双眼凝神观照美,并在沉思中与之展开心灵对话,此时,"他就全然把握了这一类型的知识,我指的是关于美的知识"[③]。

　　在这里,柏拉图将对"美本身"认识的过程分成了六个步骤,并且是一步一步上升到最高的美的境界。此时,审美主体内心充满了无限的愉悦,但这种愉悦既非审美形式带来的愉悦感,亦非审美情感带来的愉悦感,而是理性认知带来的愉悦感。在这一过程中,经过形象与情感的双重否定之后,对"美本体"的观照成为了一种知识、一种学问,并且是人值得过的一种生活。所以,"爱美者"应该做的就是把对"美本身"的知识探求作为自己的最高境界。按照从形体美到体制美、再到知识美这样

①[古希腊]柏拉图著,王晓朝译:《柏拉图全集》第二卷,人民出版社,2003 年,第 629 页。
②[古希腊]柏拉图著,王晓朝译:《柏拉图全集》第二卷,人民出版社,2003 年,第 628 页。
③[古希腊]柏拉图著,王晓朝译:《柏拉图全集》第二卷,人民出版社,2003 年,第 253—254 页。

一种循序渐进的方式,逐级提升,最终达到对"美本身"的彻悟①。这里,柏拉图以理念论否定了感性形式美的真实性和可靠性,人们要获得美,不能经过感觉,只需对"美本身"的领悟。这也就意味着,"美"始终是与我们所处的生活世界相对立的外在认知对象,对"美"的追求变成了一个不断去生命化、去感性化的过程,最终完全将个体的审美愉悦消融在对美的理性分析、思辨中。此时,美成了一种客观的知识形态,知识与美在柏拉图理念论那里最终得到了完满的统一。

而与柏拉图不同,由于孔子仁学具有生成性与缘构性的特点,就决定了我们不能以理性分析的方式来把握孔子的美学,而是要首先回溯到这些思想所从之出的生命活动本身,"里仁为美"命题所要表达的意思其实正是对这层关系的揭示,即"美"必须存在于"仁"之境域中才能显现为"美",它决不可能脱离现世生活而停留在思辨之中或高悬于空中。换言之,孔子所谈论的"美"并不是一个脱离于生存境域之外的某种认知对象,毋宁说就是我们的生活世界本身而不是另外一个外在的世界。"暮春者,春服既成,冠者五六人,童子六七人,浴乎沂,风乎舞雩,咏而归"(《论语·先进》),这是美的生活境界;"子在齐闻《韶》,三月不知肉味,曰:'不图为乐之至于斯也。'"(《论语·述而》)这是美的生活状态;"兴于《诗》,立于礼,成于乐"(《论语·泰伯》),"志于道,据于德,依于仁,游于艺"(《论语·述而》),这是美的生活方式。也正因为孔子的"美"并不是关于"美本身"的知识探求,而是生活状态和生命境界的诗意彰显,所以他才不会像柏拉图那样否定感性事物美、轻视艺术中情感的作用,恰恰相反,他积极评价了二者的美学意义,并予以热情的赞扬。

首先,美作为一种既能给人以精神性慰藉又能给人带来感性愉悦的存在,在孔子之前就已为人所认识。到了孔子这里,他不仅非常重视,而且还把美与人的生活世界联系起来,充分肯定了感性事物自身所具有的审美价值。在《论语·八佾》中,孔子说:"周监于二代,郁郁乎文哉!吾从周。"这里的"文",是指作为历史成果而保存在周代物质文明和精神文明中的各种美的东西;在《论语·学而》中,他还说"先王之道,斯为美"。这里的"美"除了"善"的含义外,也包括了"先王之道"所带来的

---

①[古希腊]柏拉图著,王晓朝译:《柏拉图全集》第二卷,人民出版社,2003年,第254页。

社会的风俗以及文物典章之美；孔子对尧统治时的社会文明也赞美有加："焕乎其有文章！"（《论语·泰伯》）这里的"文章"与现在的内涵完全不同，它指的是感性物质的文饰或文采，这正是对物质文明走向繁盛的由衷赞颂；此外，在谈到禹的业绩的时候，孔子又赞美他能够"恶衣服而致美乎黻冕"（《论语·泰伯》），即赞美其讲究礼仪服饰之美。这些显然都是对人类在进入到文明社会时物质文化发展（包含美的创造在内）的高度肯定和热情赞扬。

在《论语·雍也》篇中，孔子说："质胜文则野，文胜质则史。文质彬彬，然后君子。"这表明，孔子在强调内容的决定性作用的同时，并未忽视语言文采的重要性。尽管他也曾讲过"辞达而已矣"（《论语·卫灵公》）之类的话，但这只是针对那种诘屈聱牙、故作高深的文风而谈的，他反对的只是"以富丽为工"[①] 而已，并非要倡导粗俗而反对文采[②]。《论语·宪问》篇具体记载了孔子对文辞之美的重视，"子曰：'为命，裨谌草创之，世叔讨论之，行人子羽修饰之，东里子产润色之。'"孔子认为，即使是写一个文书之类的东西，也要先让裨谌写个初稿，世叔提出修改意见，最后经子羽和子产修饰润色后定稿。其中，"修饰"和"润色"实际上就是语言文采美的体现。对于孔子的这种观念，刘勰曾给予高度评价，他说"夫子文章，可得而闻；则圣人之情，见乎文辞矣"，"志足而言文，情信而辞巧"，"精理为文，秀气成采"，称赞其文采乃"含章之玉牒，秉文之金科"[③]。

《论语·八佾》篇中，孔子和学生子夏在讨论《诗经·卫风·硕人》中卫庄公夫人庄姜的形象美时，子夏问孔子为什么说其"巧笑倩兮，美目盼兮，素以为绚兮"。孔子的回答是："绘事后素。"从对话中，不难看出孔子实际上是认可这样一个事实的，即女性有了美丽的容貌，如果再加以适当的修饰，就可达到锦上添花的效果。可见，孔子对于女性的形

---

① [宋] 朱熹：《四书章句集注》，中华书局，2010 年，第 169 页。
② 关于这一点，《礼记·表记》中所言"情欲信，辞欲巧"与《左传·襄公二十五年》所言"言之无文，行而不远"可以为证。参见 [汉] 郑玄注，[唐] 孔颖达疏：《礼记正义》卷五十四，[清] 阮元校刻：《十三经注疏》（附校勘记），中华书局，1982 年影印本，第 1644 页；[周] 左丘明传，[晋] 杜预注，[唐] 孔颖达疏：《春秋左传正义》卷三十六，[清] 阮元校刻：《十三经注疏》（附校勘记），中华书局，1982 年影印本，第 1985 页。
③ [南朝梁] 刘勰著，范文澜注：《文心雕龙注》卷一，人民文学出版社，1962 年，第 15—17 页。

体美也是不否定的。在《论语·泰伯》篇中,曾参强调君子应注重三个方面的礼仪,其中有一条就是"动容貌,斯远暴慢矣"。这话虽不是孔子说的,但可以代表他的观点。此外,《论语》中还以肯定的态度提到了居室、宗庙等建筑之美以及作为装饰品而佩戴的玉器之美,《子路》篇曰:"子谓卫公子荆,善居室……'富有,曰:'苟美矣。'"《子张》篇曰:"子贡曰:"譬之宫墙,赐之墙也及肩,窥见室家之好。夫子之墙数仞,不得其门而入,不见宗庙之美,百官之富。"《子罕》篇曰:"有美玉于斯,韫椟而藏诸?求善贾而沽诸?"孔子认为,以上所有这些感性事物的美都会带给人不同程度的精神愉快和享受,同时又符合人的生活追求,故应予以充分的肯定。

其次,孔子不像柏拉图那样贬低、否定自然情感,恰恰相反非常强调其在艺术中的本体性地位。《左传·襄公二十五年》记载:"仲尼曰:'志有之,言以足志,文以足言。'"①《礼记·孔子闲居》中,孔子也说:"志之所至,诗亦至焉。"②闻一多在《歌与诗》里认为,"志与诗原来是一个字",并认为"记忆""记录""怀抱"③这三个内涵代表了诗歌发展的三个阶段。朱自清《诗言志辨》认为,"到了'诗言志'和'诗以言志'这两句话,'志'已经指'怀抱'了"④。这里的"怀抱"实际上是以"志"泛指诗人内心蕴藏着的各种情意如情思、怀念、爱慕等心理状态。从这个意义上说,"言志"也就等同于"言情"。

《左传·昭公二十五年》云:"民有好、恶、喜、怒、哀、乐,生于六气。是故审则宜类,以制六志。"孔颖达《正义》说:"此六志,《礼记》谓之六情。在己为情,情动为志,情志一也,所从言之异耳。"⑤这表明,早在先秦时期"志"与"情"是不分家的,"志"中有"情"、"情"中有"志"。郭绍虞就曾明确指出:"唐孔颖达早已看出,'志'与'情'是一个东西,

①[周]左丘明传,[晋]杜预注,[唐]孔颖达疏:《春秋左传正义》卷三十六,[清]阮元校刻:《十三经注疏》(附校勘记),中华书局,1982年影印本,第1985页。

②[汉]郑玄注,[唐]孔颖达疏:《礼记正义》卷五十一,[清]阮元校刻:《十三经注疏》(附校勘记),中华书局,1982年影印本,第1616页。此句话另见[清]陈士珂辑:《孔子家语疏证》卷六,中华书局,1985年,第177页。

③孙党伯、袁謇正主编:《闻一多全集》第十册,湖北人民出版社,1994年,第8页。

④朱自清:《朱自清说诗》,上海古籍出版社,1999年,第7页。

⑤[周]左丘明传,[晋]杜预注,[唐]孔颖达疏:《春秋左传正义》卷五十一,[清]阮元校刻:《十三经注疏》(附校勘记),中华书局,1982年影印本,第2108页。

'言志'与'缘情'并无本质的区别。"① 同时,认为《毛诗序》中"序中所谓'诗者志之所之也'的志和'情动于中而形于言'的情,是二而一的东西"②。由此,再来反观孔子提出的"言志"命题,我们有理由相信孔子对"志"的重视实际上也是对"情"的重视,这一点也已被近年来新出土的文献所证实。

郭店楚简《性自命出》篇突出了"情"之重要作用,"凡人情为可悦也。苟以其情,虽过不恶;不以其情,虽难不贵。苟有其情,虽未之为,斯人信之矣。未言而信,有美情者也"③。在先秦哲学中有种逻辑推理是情生于性,而道、礼等则生于情。郭店楚简《语丛一》云:"礼因人之情而为之。"④《语丛二》云:"情生于性,礼生于情。"⑤《性自命出》篇亦云"诗、书、礼、乐,其始出皆生于人""道始于情""礼作于情"⑥。上博简《孔子诗论》中出现了大量以情论诗的语句,如第一简:"行此者其有不王乎?孔子曰:'诗无离志,乐无离情,文无离言。'"⑦ 第十简:"《关雎》之怡,《樛木》之时。《汉广》之智,《鹊巢》之归,《甘棠》之保,《绿衣》之思,《燕燕》之情,害曰童而皆贤于其初者也。"⑧ 第十一简:"情,爱也。"⑨ 第十六简:"邵公也。《绿衣》之忧,思古人也。《燕燕》之情,以其笃也。"⑩ 第十八简:"因《木瓜》之报,以喻其捐者也。《杕杜》,则情喜其至也。"⑪ 第二十二简:"《宛丘》曰:'洵有情,而亡望,吾善之。'"⑫

从以上引文中,不难发现《孔子诗论》对"情"并未作狭隘的道德化的理解,而是将"情"视为人的自然情感和正常生活的内容,充分肯定了其在诗作中不可替代的作用。除了上述直接以情论诗的语句外,《孔子诗论》中还出现了六十多次以具体情感如爱、悦、喜、敬、恶、怨、忧、悲等

①郭绍虞主编:《中国历代文论选》第一册,上海古籍出版社,2004 年,第 3 页。
②郭绍虞主编:《中国历代文论选》第一册,上海古籍出版社,2004 年,第 67 页。
③荆门市博物馆编:《郭店楚墓竹简》,文物出版社,1998 年,第 181 页。
④荆门市博物馆编:《郭店楚墓竹简》,文物出版社,1998 年,第 194 页。
⑤荆门市博物馆编:《郭店楚墓竹简》,文物出版社,1998 年,第 203 页。
⑥荆门市博物馆编:《郭店楚墓竹简》,文物出版社,1998 年,第 179 页。
⑦马承源主编:《上海博物馆藏战国楚竹书》(一),上海古籍出版社,2001 年,第 123 页。
⑧马承源主编:《上海博物馆藏战国楚竹书》(一),上海古籍出版社,2001 年,第 139 页。
⑨马承源主编:《上海博物馆藏战国楚竹书》(一),上海古籍出版社,2001 年,第 141 页。
⑩马承源主编:《上海博物馆藏战国楚竹书》(一),上海古籍出版社,2001 年,第 145 页。
⑪马承源主编:《上海博物馆藏战国楚竹书》(一),上海古籍出版社,2001 年,第 147 页。
⑫马承源主编:《上海博物馆藏战国楚竹书》(一),上海古籍出版社,2001 年,第 151 页。

来谈诗的文字。"情"以及相关情感词汇出现频率如此之高,是传统文献所罕见的。这种情况充分表明,孔子的诗学、美学思想已具有了鲜明的"言情"倾向。从这个意义上说,李泽厚用"情感本体"来强调"情"在先秦儒家美学思想中的重要地位,不是没有道理的。

第三节　回归宗教世界与走向诗意存在——柏拉图与孔子美学思想终极追求之比较

李泽厚在谈到中西美学的差异时曾说:"西方常常是由道德而走向宗教,以宗教境界为人生最高境界;中国则是由道德而走向审美,以审美境界为人生最高境界。"[①] 这种观点可谓精当。孔子重视艺术和审美的道德教化作用自不用说,柏拉图虽表面上对文艺持强烈的排斥态度,但实际上他也是非常重视文艺的社会功用的[②]。但由于二人的哲学根基不同,追求的审美价值相左,所以导致两种美学的终极目标也大相径庭:一个具有宗教神秘主义色彩,一个充满了"诗化人生"的浪漫情怀。

柏拉图在感性的现实世界之外,标举出一个永恒、绝对、超验的理念世界。这个理念世界是现实世界的来源,凡是现实世界中的每一类事物,在理念世界中都能找到其存在的依据。而美的理念就是美本身,它是一切事物之所以美的本源和根据,其他万事万物的美都是因为"分有"了这一美本身才会是美的。这种美不可能存在于现象世界中,只能存在于理念世界中,因为只有理念世界才是"永恒的,无始无终,不生不灭,不增不减"[③] 的。这个理念世界某种意义上也是神的世界,"诸天之外的境

---

①李泽厚、刘纲纪:《中国美学史:先秦两汉编》,安徽文艺出版社,1999年,第32页。

②朱光潜说:"柏拉图攻击诗,并非由于他不懂诗或是不爱诗,他对诗的深刻影响是有亲身体会的。"(朱光潜:《西方美学史》,人民文学出版社,2002年,第51页)他懂得审美教育具有其他教育方式所不具有的特殊力量,因此他不是不要诗,而是不要那种摹仿的诗,即所谓的与真理隔着三层、亵渎神明、摧残理性的诗。对于那种所谓来自神的灵感、培养人的理性的诗,他还是要的,而且十分重视。因此,柏拉图经过对文艺"审查""清洗"后,在《理想国》中保留了歌颂神和英雄的颂歌。他依照自己所设计的培养目标,确认只有这种颂歌才能培养出"保卫者"的"正义"品德。他要求颂歌诗人对神和英雄要绝对虔敬和服从,同时要选择几种简朴的固定形式,"万年不变"。

③[古希腊]柏拉图著,王晓朝译:《柏拉图全集》第二卷,人民出版社,2003年,第254页。

界是真正存在的居所"①。

古希腊人认为世间每种事物都有神,神是事物本质的理想化体现,而柏拉图提出的"理念",不仅不生不灭、不增不减、永恒不变,而且至真至善至美,达到了理想化的程度,因此也就被神化了。这样一来,柏拉图通过"高扬彼岸理式世界的永恒性、普遍性、真实性与理想性,强化现实世界的易逝性、相对性、虚幻性","激发人们强烈地向往、信仰、追求彼岸世界",从而"实现此岸世界的彼岸化,构成以神为中心的新的和谐格局"②。这种神学倾向后来在新柏拉图主义的领袖人物普洛丁以及中世纪神学美学家奥古斯丁那里得到了进一步的落实和呈现。

柏拉图美学的宗教倾向集中地体现在他的"神附灵感说""迷狂说"以及"灵魂回忆说"三个方面。"灵感说"虽非柏拉图的原创,但他却是最早运用"灵感说"来解释艺术与审美问题的一位美学家。在柏拉图看来,有两种完全不同的诗歌创作方式:一种是诗神凭附写出的诗歌,另一种是靠模仿写出的诗歌。前一种因诗人有诗神的凭附,其创作出来的诗歌与理念和真知最为接近;而相比来说,靠模仿写出的诗歌就要距离真理很远了。因此,柏拉图认为诗人的创作灵感来自于神授,而非个人的创造,那些优秀的诗歌"不是人写的",而是"神的作品"。正是因为"神依附在诗人身上",诗人才能创作出如此美好的作品来,所以诗人也"只是神的代言人"而已③。

柏拉图最早在《申辩篇》里提到了灵感,认为灵感和天才是一对孪生的姐妹。诗人写诗不是靠理智,而是靠灵感④。当诗人创作时,内心所奔涌出来的那些奇妙的词句,只能在灵感状态下产生。但是灵感又是从哪里来的呢?柏拉图认为是由缪斯——文艺之神凭附到诗人的心灵之中,"缪斯凭附于一颗温柔、贞洁的灵魂,激励它上升到眉飞色舞的境界"⑤。也正是因为诗神凭附而形成的迷狂,诗人才能产生创作的灵感。"若是没有这种缪斯的迷狂,无论谁去敲诗歌的大门,追求使他能成为一

①[古希腊]柏拉图著,王晓朝译:《柏拉图全集》第二卷,人民出版社,2003年,第161页。
②周来祥主编:《西方美学主潮》,广西师范大学出版社,1997年,第94页。
③[古希腊]柏拉图著,王晓朝译:《柏拉图全集》第一卷,人民出版社,2002年,第305页。
④[古希腊]柏拉图著,王晓朝译:《柏拉图全集》第一卷,人民出版社,2002年,第8页。
⑤[古希腊]柏拉图著,王晓朝译:《柏拉图全集》第二卷,人民出版社,2003年,第158页。

名好诗人的技艺,都是不可能的"①。

在《伊安篇》中,柏拉图借苏格拉底之口,通过苏格拉底与伊安的对话,也提到了这一点。伊安是一位诵诗人,擅长朗诵荷马的诗。柏拉图以苏格拉底的口吻将伊安赞美了一番后,提出了他为什么只会朗诵荷马的诗歌这样一个问题。伊安回答说:"对我来说,无论如何,我已经密切注意到了这门技艺的这个方面。"②于是苏格拉底就抓住"颂诗技艺"这一问题大做文章。他告诉伊安,"颂诗"并不是一门技艺,而是一种"神圣的力量",就像"磁石"一样。"缪斯也是这样。她首先使一些人产生灵感……""那些创作史诗的诗人都是非常杰出的,他们的才能决不是来自某一门技艺,而是来自灵感",而这种灵感又是因为"抒情诗人的神灵在起作用"③。这种神灵凭附在诗人身上的力量,就是"磁石"产生的根本动力。诗神凭附后的迷狂状态下,诗人所产生的能量在诗的传播和接受过程中形成了巨大的吸引力,并形成一个如"磁石"般的链条。柏拉图又进一步谈到,优秀的抒情诗人也一样,他们一旦被诗神所俘虏,就会失去自主,陷入迷狂;而诗人也认为自己所创作的诗歌是"他们飞到缪斯的幽谷和花园里,从流蜜的源泉中采来的"④。从上面的论述中可以看到,柏拉图对"灵感"问题的解释带有浓厚的宗教神秘主义色彩,虽然不够科学,但也真实地反映出了艺术与审美过程中出现的一种特殊心理状态。

在《斐德罗》篇中,柏拉图着重对"迷狂"现象进行了解释。他认为好的、神圣的迷狂,可以分成四种:一是预言的迷狂。它是那种预知未来的最体面的技艺,可以称之为"迷狂术"。预言由于有神力的参与,所以在完善程度和身份地位上都高于"占卜术";二是宗教仪式净化的迷狂。借助宗教赎罪的仪式进入迷狂状态,从而禳除前代的罪孽以及灾祸疫病之类的天谴;三是爱情的迷狂。它是由天神阿佛格狄忒和厄罗斯主宰的;四是诗神凭附的迷狂⑤。只有当诗神缪斯附身时,才出现作诗和诵诗的灵感,进入兴高采烈、眉飞色舞的境界。相反,当神智清醒进行创

①[古希腊]柏拉图著,王晓朝译:《柏拉图全集》第二卷,人民出版社,2003年,第158页。
②[古希腊]柏拉图著,王晓朝译:《柏拉图全集》第一卷,人民出版社,2002年,第299页。
③[古希腊]柏拉图著,王晓朝译:《柏拉图全集》第一卷,人民出版社,2002年,第304页。
④[古希腊]柏拉图著,王晓朝译:《柏拉图全集》第一卷,人民出版社,2002年,第304—305页。
⑤[古希腊]柏拉图著,王晓朝译:《柏拉图全集》第二卷,人民出版社,2003年,第157—164页。

作时,创作出来的作品就黯然无光,因此单凭作诗的技艺不成其为诗人。这种诗神凭附的迷狂,实际上就是灵感的表现方式和状态。

"灵魂回忆说"也是在《斐德罗》篇里提出来的。柏拉图在哲学认识论上否认人的感知能够认识事物的本质。在他看来,对现实世界的感知只能获得"意见",唯有对理念世界的思维才能获得知识。思维凭借概念进行,而这些概念不是从现实事物上面概括抽象出来的,而是先验地存在于人的心灵之中的,认识活动就是不朽灵魂对以往获得的理念的"回忆"。在柏拉图看来,"回忆"既是认识的形式,也是审美的形式,因为审美的真正对象不是具体事物的美而是美的理念,即美本身。具体事物的美通过感知便可把握,美的理念则必须凭借回忆才能"彻悟","回忆"就是恢复早已为灵魂所获得的知识。柏拉图认为,人的灵魂是不朽的,它在附着人体降临人世之前,就已获得了美的理念;但在降世之后,灵魂由于受到尘世罪恶的污染,便把美的理念这类知识丢掉了。审美就是灵魂在迷狂状态中凭借回忆恢复已丢掉的知识,"这样的人一见到尘世的美,就回忆起上界真正的美",从而进入"把下界一切置之度外"[①]的最高审美境界。

这种观点与柏拉图的"理念说"是完全一致的。柏拉图自己多次强调,对美本身的回忆,只有热爱真理、拥有理性的哲学家才能获得。而哲学家的灵魂在上天已经见到美本身,一旦它降落到人世间,就会回忆起灵魂所见到的永恒世界里的真正的美。由此可见,对美本身的把握和领悟不是产生"知识"的认识,而是哲学家灵魂的生前神秘"回忆"。

如果说柏拉图致力于追求的是一种高高在上、永恒不变的"美本体"的话,那么孔子则力求把"美"还原于现世的实际生活中,在感性的生命活动中去体悟"美"。这使得孔子的生活一开始便充满了诗意的审美意味,一开始便有"人生艺术化"的浪漫风情。所谓"人生艺术化",宗白华认为就是要"从艺术的观察上推察人生生活是什么,人生行为当怎样"[②]。那么,如何才能做到这一点?关键在于要抱着一种审美化的态度。所谓"审美化的态度",就是把人生的生活"当作一个高尚优美的艺术品似的

①[古希腊]柏拉图著,王晓朝译:《柏拉图全集》第二卷,人民出版社,2003年,第164页。
②宗白华:《美学与意境》,人民出版社,2009年,第29页。

创造,使他理想化,美化"①。这种"美的态度",在孔子那里首先就体现在"乐"的精神境界上。

在《论语·雍也》篇中,孔子谈到:"知之者不如好之者,好之者不如乐之者。"也就是说,仅仅知道某个道理,远不如对之发生兴趣爱好;对之有兴趣爱好,不如从中体验到真正的快乐。这是因为"好"只是出于主体爱憎好恶的选择,是易变的;而"乐"是出于内心自我情感的满足,一旦投入很难改变。所以皇侃引李充的话说:"好有盛衰,不如乐之者深也。"②从"知"到"好"到"乐"是循序而进的三种境界。"乐"不仅使人感到快乐,使人的各种情感欲求在生命实践活动中获得满足,而且它还使其自身作为最高的人生理想来追求。所以,孔子之"乐"不只是理性认识,不只是道德情感,更是美,是艺术。因此可以说,与柏拉图美学的宗教化倾向不同,孔子以世俗生活中的情感快乐作为存在的本体和人生的极致。

在《论语》中,孔子多次说到这种快乐:

> 学而时习之,不亦说乎? 有朋自远方来,不亦乐乎? (《学而》)
> 一箪食,一瓢饮,在陋巷,人不堪其忧,回也不改其乐。(《雍也》)
> 饭疏食,饮水,曲肱而枕之,乐亦在其中矣。(《述而》)
> 叶公问孔子于子路,子路不对。子曰:"女奚不曰,其为人也,发愤忘食,乐以忘忧,不知老之将至云尔。"(《述而》)

孔子讲的这种快乐,既是人的自然情感,同时又是一种超越性情感,它标志着人格的完成、心灵的实现和人生的自由。达到它,便可以"安贫乐道",可以蔑视权贵,可以自由做人。这是人生,同时也是审美的最高境界。从这个意义上,李泽厚说孔子仁学追求的最高境界不是别的,正是"孔子自论和夸赞颜回'不改其乐'的人生境界"③。

孔子审美化的人生态度还体现在超越性的精神追求上。在《论语·先进》篇中,孔子与众弟子坐在一起"言志",畅谈理想,在听完子

---

①宗白华:《美学与意境》,人民出版社,2009年,第30页。
②[三国魏]何晏集解,[南朝梁]皇侃义疏《论语集解义疏》卷三,中华书局,1985年,第78页。
③李泽厚、刘纲纪:《中国美学史:先秦两汉编》,安徽文艺出版社,1999年,第115页。

路、冉求、公西华的志趣理想之后，孔子并没有否定他们，但认为他们说的那些都不是人生的最高理想。而当曾皙在讲完自己的志向——"浴乎沂，风乎舞雩，咏而归"之后，夫子则对其志向表示深深地认同。曾皙的人生理想之所以要高于其他三人，就在于他的人生追求中体现出了一种超脱的出世精神。正因为有了这样一种超功利，甚至超生死的人生态度，才能使其在治国理政、礼乐教化实践的同时获得强大的精神支撑。更为重要的是，因为有了"与天地万物上下同流"①的心胸，那么人也就不会受制于任何外部因素，也不需要任何内在心理的狂热与激情，而是自自然然地"知其不可而为之"。这样一来，这种人既可以忧国忧民，同时也可以旷达超脱，以不执着任何世俗去面对世俗，这实际上已经达到了以天地胸怀来处理人间事物的"天地境界"，而这种"天地境界"也是人生的审美境界②。

最后，孔子审美化的人生态度也体现在"游"的精神中。"游于艺"的"游"包含了游息、观赏、娱乐的含义，它所指向的是一种自由感或自由愉悦感。孔子"游于艺"的前提就是"志于道""据于德""依于仁"，这也就意味着，孔子不仅是从思想上把握住"仁道"的精神，而且还要在各种生存实践活动中（射御之类的各种技艺）获得一种现实的自由感，这正是孔子所追求的"从心所欲不逾矩"。"游于艺"与"从心所欲不逾矩"虽然表面上一个侧重于客观的生存实践，一个侧重于主观的心理欲求，但从合规律性与合目的性相统一的角度来看，二者又是相辅相成、深刻地关联在一起的。只有现实地做到"游于艺"，才能谈得上"从心所欲不逾矩"。这里的"不逾矩"与"游"不再是对道德教条的固守，而是一种对生命活动实现的诗意超越。

总之，与柏拉图追求那个永恒不变、带有宗教神秘主义特征的美的"理念"不同，孔子从一开始就没有追求过超越现象世界的永恒。他始终执着于现世人生，拒绝抽象思辨，也没有狂热的宗教信仰，以直接服务于当下的生存为目标。对此，黑格尔曾嘲笑孔子的学说只是一些"常识道德"，缺乏对形上本体的反思和对世俗生活的超越。其实不然，孔子并不缺乏对形上精神的追求，只不过他并没有像柏拉图、黑格尔们那

①[宋]朱熹：《四书章句集注》，中华书局，2010年，第130页。
②李泽厚：《美学三书·华夏美学》，安徽文艺出版社，1999年，第301—302页。

样采用哲学思辨的方式，而是出之以诗意的审美。对孔子来说，柏拉图追求的那个永恒的"一"几乎是不可理解的，因为在他看来，一切都在大化流行中，即使有永恒的话，那么它也只能存在于这个"变"的现象世界之中。所以，在面对不断流动的河水时，孔子发出了深沉的慨叹："逝者如斯夫！不舍昼夜。"（《论语·子罕》）这种慨叹不是指向理念，不是指向上帝，而是指向人的情感世界，表达出了对生的执着、对存在的领悟和对生成的感受。因此，孔子的超越不在天堂，不在来世，不在那永恒的"一"，它就在这感性的现世人生当中；他所追求的"美"也"不是'在'（Being），而毋宁是'生成'（Becoming）"①。这种观念可以说开启了中国美学以审美代宗教、把超越建立在感性世界中的精神传统。

小　结

　　柏拉图从他的"理念论"出发，认为美的最高境界就存在于"以美本身为对象的那种学问"中，是对那绝对永恒、不生不灭、超越现实感性的"美本身"的"凝神观照"。而与此相应，柏拉图认为一个人最值得过的生活就是他的灵魂能够观照到"美本身"，一旦如此，那么"就绝不会再受黄金、衣服、俊男、美童的迷惑"②。为此，他要求坚决避免激情、欲望等人性中低劣的非理性部分的放纵与宣泄。这样一种用知识逻辑来要求审美逻辑的观念所带来的一个最直接的后果，就是对感性世界及审美情感的轻视、贬低，甚至否定，这也最终导致了柏拉图的"美的世界"与"生活世界"的渐行渐远，并在这二者之间产生严重的割裂与分化。柏拉图的美学把"美"作为一个独立于现实生活之外的认知对象来进行理性的观照和审视，因而体现出鲜明的知识论倾向。

　　与柏拉图把美作为一种客观知识探求的做法不同，孔子总是把审美体验——"兴""游""乐"（音"le"）置放于充满生活气息的生存境域——"诗""艺""乐"（音"yue"）中加以彰显，他追求的是善与美、道德与艺术的合一，是一种由道德而走向审美的人生境界。这也就意味

①李泽厚：《美学三书·华夏美学》，安徽文艺出版社，1999年，第266页。
②［古希腊］柏拉图著，王晓朝译：《柏拉图全集》第二卷，人民出版社，2003年，第254页。

着,在孔子那里,"美的世界"与"生活世界"是完全同一的,最高的美不存在于对美的本质问题的探求中,而是存在于人生的境界追求中。这样,孔子就把美同人的感性存在紧密结合在一起,切断了所有从神秘的彼岸世界去寻找美的道路的可能性。对于孔子来讲,审美一点也不神秘,它不过是对生活世界中存在着的一切美的体验而已。孔子的美学把"美"还原到人的感性生活世界中,让其在人类生存实践活动中得以生成,这使得孔子美学具有了浓厚的生存论意味。

综上所述,不难看到孔子的"美"不是在概念体系中思辨出来的,而是在人生境界的追求中自然呈现出来的。如果研究孔子美学,只抓住一个"美"字,就很难抓住其核心和要害。关于"美"的问题,孔子绝对不可能像柏拉图那样作为一个哲学问题去追问"它是什么",而只能是以自己的言与行去启悟我们"它是如何显现的"。这也就是说,"美"在孔子那里不是一个现成存在的东西,它只有在"仁"境开启的道路上才会现身;而且也只有当人栖居于这作为存在本源的"仁"境之中时,才会真正获得审美的情感体验。因此,对于孔子而言,美"不是外在于道德修养与人生实践的,它恰恰就是在'求仁'并'乐仁'的生存体验中呈现出来的,并且也只有在通往'仁'境的道路上并最终栖居于此境界的时候,他才会真正在审美体验中获得生命的自由至乐"[①]。这也就意味着,我们对孔子"美"的研究既不能仅着眼于艺术领域,也不能单纯地靠道德来加以解释,更不能用科学认知的态度对其进行抽象的界定。毋宁说,我们对这种"美"的讨论只能放在人与己、人与人、人与社会、人与自然万物等最原初的生存境域——"仁"境之中来进行。

---

① 张明:《"孔颜之乐"与"诗化生存"理想的建构》,《社会科学研究》2010 年第 3 期。

第五章　孔子的德性美论

　　孔子在评价《韶》乐和《武》乐时,提出了"尽善尽美"(《论语·八佾》)的最高审美理想。这里的"美"指的是能够带给人以审美的感性愉快和享受的形式美因素,如声音、节奏、曲调等;"善"指的就是具有仁学精神的思想内容,而"尽善",指的就是"融透到韶乐中间去"的"尧舜的仁的精神"①。在《八佾》篇,孔子还谈到"人而不仁,如礼何? 人而不仁,如乐何?"可见,仁学不仅是孔子美学的思想基础,而且也构成了其本体内涵,甚至可以说孔子关于美的一切观点都是"从他的仁学出发去观察和解决审美和文艺问题所得出的结论"②。从这个意义上说,孔子美学是仁学的自然延伸,其美学又可称为"仁学美学"。而仁学是建立在家庭伦理基础之上的,它"极大地突出了人的相互依存的社会性"③。也正是因为如此,孔子美学又被李泽厚界定为一种"心理学—伦理学的美学"。这种观点兼顾了审美的个体性与社会性,肯定了"个体的心理欲求同社会的伦理规范两者的交融统一"④,这对把握孔子美学的思想内涵具有重要意义。但这种观点也有明显不足,即不管是他提到的"心理学",还是"伦理学",实际上都偏重于强调孔子美学的社会性、实用性。前者突出了以亲子之爱为基础的"个体的社会性情感"等心理内容;后者突出了"社会伦理的道德规范"⑤。这无形中又忽视了孔子美学对个体自我意识的关注,与其思想的本来面目并不相符。因为在《论语》很多篇章中,都凸显了仁学作为"为己之学"所要求的个体人格的独立性与自主性,如《颜渊》篇说:"为仁由己,而由人乎哉?"《述而》篇说:"我欲仁,斯仁至矣。"《雍也》篇说:"夫仁者,己欲立而立人,己欲达而达人。"《宪问》篇提出了"修己以敬""修己以安""修己以安百姓"的思想,等等。从这个

---

①徐复观:《中国艺术精神》,华东师范大学出版社,2002年,第9页。
②李泽厚、刘纲纪:《中国美学史:先秦两汉编》,安徽文艺出版社,1999年,第107页。
③李泽厚、刘纲纪:《中国美学史:先秦两汉编》,安徽文艺出版社,1999年,第109页。
④李泽厚、刘纲纪:《中国美学史:先秦两汉编》,安徽文艺出版社,1999年,第110页。
⑤李泽厚、刘纲纪:《中国美学史:先秦两汉编》,安徽文艺出版社,1999年,第110页。

意义上说,李泽厚用"心理学—伦理学美学"来界定孔子美学恐怕又是有所偏颇的。

那么,如何才能更为准确地体现出孔子美学中致力于个体性与社会性统一这一整体性特征呢? 有学者认为,这种"以尽求人之善性善心为德行修炼目标,同时把成仁成德的根本途径放在'为仁由己'的内在主体化方向",是儒家思想的基本思路。进而言之,或可说"中国儒家伦理的主流精神",实际上是一种"美德伦理精神"。这种"鲜明而独特的美德伦理路向","蕴涵着中国乃至东方传统道德文化深厚的自觉、自主、自律之德性生活性格"[1]。这一观点可谓深切肯綮。循此思路,可以推断孔子美学首先应是建立在自我人格审美的基础之上的,其次才会推己及人,扩展到社会人伦层面的美。通过综合考量,著者认为用"德性美"[2]来概括孔子的仁学美学或许更为妥帖一些。

第一节　关于"德"与"德性"的阐释

"德性"一词最早见于《礼记·中庸》:"君子尊德性而道问学。"[3]这里的"德性"应该是"德"与"性"两个词的组合词,其组合偏重在"德"而非"性"。关于"性",郭店楚墓竹简《性自命出》云:"性自命出,命自天降。道始于情,情生于性。"[4]《礼记·中庸》也说:"天命之谓性,率性之谓道,修道之谓教。"朱熹解释说:"天命之谓性,言天之所以命乎人者,是则人之所以为性也。"[5]这表明,"性"来自于"天",是天道本来之性质。而"性"又有"天性""人性""物性"之分,《礼记·中庸》曰:"唯天

---

①万俊人:《寻求普世伦理》,商务印书馆,2001年,第149页。

②这里使用的是"德性"而不是"道德",是因为"道德规范往往外在于个体,而德性则为个体所内在的具有。作为个体自身的品质,德性内在地要求个体做或不做某种行为,而道德规范则是从外部规定个体的行为"。参见高恒天:《道德与人的幸福》,中国社会科学出版社,2004年,第90页。

③[汉]郑玄注,[唐]孔颖达疏:《礼记正义》卷五十三,[清]阮元校刻:《十三经注疏》(附校勘记),中华书局,1982年影印本,第1633页。

④荆门市博物馆编:《郭店楚墓竹简》,文物出版社,1998年,第179页。

⑤[宋]朱熹:《中庸或问》,朱杰人、严佐之、刘永翔主编:《朱子全书》第六册,上海古籍出版社、安徽教育出版社,2002年,第550页。

下至诚为能尽其性;能尽其性,则能尽人之性;能尽人之性,则能尽物之性……"①　在"性"之前加一"德"字,就是对"人性"与"物性"的有效区分。许慎在《说文解字》中对"性"的解释:"性,人之阳气,性善者也。"②实际上就反映了这层含义。《礼记·乐记》也有云:"德者,性之端也。"唐代经学大师孔颖达对此的解释是:"'德者,性之端也'者,言德行者,是性之端正也。"③　即是说"德"是对"性"的某种规定,这与《礼记·中庸》中所说的"性之德也,合外内之道也,故时措之宜也"④实际上是一个道理。后来的二程也表达过类似的观点:"'德性'者,言性之可贵,与言性善,其实一也。"⑤可见,儒家的"德性"乃是"有德之性",它的重心在"德"而不在"性",故"中国人言性必言德","亦可谓德即性之精微处,亦即性之高明处","成性即德,失德则性亦不存"⑥。

关于"德",《说文解字》释为:"升也。"段玉裁注曰:"升当作登。""登读言得","得来之者……作登来者。""得即德也,登德双声。"⑦桂馥也说:"古升、登、陟、得、德五字义皆同。"⑧《广雅·释诂》《释名·释言语》等文献,皆训"德"为"得"⑨。实际上,训"德"为"得"和训"德"为"升"、为"登"的性质一样,其立足点均是音训,它们同在职部,属于通假现象,并不能说明"德"之本义就是"升""登"或"得"。在金文中,尚未看到"德"与"得"互通的例子,故二者的通假互训,应属晚出情况。既然"德"之本义并非"升""登"或"得",那么其义该作何解?"德"字甲骨字形为"𢓊"(一期　甲2304)⑩,由行与直组合而成。有的甲骨文

①[汉]郑玄注,[唐]孔颖达疏:《礼记正义》卷五十三,[清]阮元校刻:《十三经注疏》(附校勘记),中华书局,1982年影印本,第1632页。
②[清]段玉裁:《说文解字注》,中华书局,2013年,第506页。
③[汉]郑玄注,[唐]孔颖达疏:《礼记正义》卷三十八,[清]阮元校刻:《十三经注疏》(附校勘记),中华书局,1982年影印本,第1536页。
④[汉]郑玄注,[唐]孔颖达疏:《礼记正义》卷五十三,[清]阮元校刻:《十三经注疏》(附校勘记),中华书局,1982年影印本,第1633页。
⑤[宋]程颢、程颐著,王孝鱼点校:《二程集》,中华书局,1981年,第125页。
⑥钱穆:《晚学盲言》,广西师范大学出版社,2004年,第636页。
⑦[清]段玉裁:《说文解字注》,中华书局,2013年,第76页。
⑧[清]桂馥:《说文解字义证》,上海古籍出版社,1987年,第162页。
⑨参见[清]王念孙著,钟宇讯点校:《广雅疏证(附索引)》卷三下,中华书局,2004年,第97页;[汉]刘熙撰,[清]毕沅疏证,[清]王先谦补,祝敏彻、孙玉文点校:《释名疏证补》卷四,中华书局,2008年,第109页。
⑩徐中舒主编:《甲骨文字典》,四川辞书出版社,2014年,第168页。

"德"（一期入 876）①将"艹"简化为"彳"即"彳"。有的金文"德"（盂鼎）②加"心"（即"心"）。因此，"德字照字面上看来是从值（古直字）从心，意思是把心思放端正，便是《大学》上所说的'欲修其身者先正其心'"③。从这个意义上说，"德"字古文为"惪"，其本义也是许慎在《说文解字》中解释"惪"字时道出的，"惪，外得于人，内得于己也"④。《左传·桓公二年》中孔颖达疏曰："德者，得也，谓内得于心，外得于物。在心为德，施之为行，德是行之未发者也。"⑤朱熹在《论语集注》中也说："德之为言得也，得于心而不失也。"⑥综合理解，不难发现"德"是兼人我的，它不仅要"内得于己"即"身心所自得也"，而且还要"外得于人"即"惠泽使人得之也"⑦。也就是说，以善存于内心，使身心互得其益，就是内得于己；以善性施于他人，使众人各得其益，就是外得于人。这样看来，所谓"德性"，实际上"就是让一个人高尚并使其实践活动完美的品质"，它不是客观化的规范原则，而是人的生命存在的内在本质及其理性自觉，"是实现人与自然、人与社会、人与自己相和谐的内在动力"⑧，孔子仁学充分体现出了这一点。

如前所述，"仁"作为一种境域性的存在，它不是一个抽象概念，而是一种活泼的精神，是一种爱的情感，这种"爱"从"自爱"开始，以血缘亲情为根基，沿着"忠恕之道"，向外做无限的扩展，推及他人，推及社会，推及天地万物，使万物和合于爱，最终达到人与己、人与人、人与社会、人与自然的和谐统一，因而"仁"又是一种无限的、不可穷尽、不可规定的直通天地的襟怀境界。在这里，"仁"虽不能理解为某种具体的德目如"恭""宽""信""敏""惠"等，但它却可以称为"全体之德"："仁者天地生物之心，得之最先，而兼统四者，所谓元者善之长也，故曰尊爵"，

①徐中舒主编：《甲骨文字典》，四川辞书出版社，2014 年，第 168 页。

②容庚编著，张振林、马国权摹补：《金文编》，中华书局，1985 年影印本，第 110 页。

③郭沫若著作编辑出版委员会编：《郭沫若全集·历史编》第一卷，人民出版社，1982 年，第 336 页。

④[清]段玉裁：《说文解字注》，中华书局，2013 年，第 507 页。

⑤[周]左丘明传，[晋]杜预注，[唐]孔颖达疏：《春秋左传正义》卷五，[清]阮元校刻：《十三经注疏》（附校勘记），中华书局，1982 年影印本，第 1741 页。

⑥[宋]朱熹：《四书章句集注》，中华书局，2010 年，第 53 页。

⑦[清]段玉裁：《说文解字注》，中华书局，2013 年，第 507 页。

⑧李兰芬、王国银：《德性伦理：人类的自我关怀》，《哲学动态》2005 年第 12 期。

"在人则为本心全体之德"①。"全体之德"便是德之本体,其价值追求就是善。孔子说:"苟志于仁矣,无恶也。"(《论语·里仁》)假如人能以此本体之善为目的,那么他终能存善去恶。由此可见,"仁"之德性虽然设定在"为己"的个体之维上,但它却不能止于个体自我,而是要将善的价值不断施之于他人、施之于社会,从而使其生命存在散发出德性的光辉。

　　既然孔子之"仁"作为"全体之德",如此崇高,如此神圣,那么它又是从何而来?实际上,"德"并非孔子首创,它在孔子之前就已经大量出现,如《尚书》《诗经》《左传》等,但那时的"德"主要是指某种外在的德行,还不具有德性的内涵。只有到了孔子那里,才通过化超越为内在的方式,使天德与仁德合一,从而开掘出作为人之德性的"仁"。孔子曾言:"天生德于予,桓魋其如予何?"(《论语·述而》),这不仅使天德与人德之间产生了必然的联系,而且还显示出孔子内心强烈的德性自觉意识和担当意识。所以在孔子那里,"仁"是天赋予己的一种内在德性,只要天德不亡,仁德就不可剥夺。

　　正是因为仁德所具有的上述超越性(天人合一)、自由性(为己之学)以及情感性(孝悌为本)特征②,使得其自身具有了审美的意味,上文提到的"美德伦理"③也表明了这一点。所以,有学者指出:"德性的善是超越动物性的肯定性的人性、肯定性的人生境界。""这样的德性应该说已具有一定的审美意义",换言之,"既符合天理人性又有益于他人、有益于社会的善是德性伦理文化审美性生成的依据"④。如果说这一思路是可取的,那么我们便可以将孔子的德性美学划分成人格美(内在德性)与人伦美(伦理德性)这两个层次来分别进行探讨。

①[宋]朱熹:《四书章句集注》,中华书局,2010年,第239页。
②这一思路可参见罗超:《美与善的融合——通往德性之路》,《道德与文明》2013年第3期。
③"美德"是"美"与"德"的统一,"是对道德的善的审美要求","是人性中所能结出的最美丽的花朵"。所以,"美德"本身就是具有审美意义的,诚如桑塔耶纳所言:"在初具良知观念、正确原则获得直接的威信后,我们对这些原则的态度也逐渐演化为一种审美态度。"参见[美]乔治·桑塔耶纳(George Santayana)著,杨向荣译:《美感》,人民出版社,2013年,第23—24页。
④柯汉琳:《德性审美文化的人性论基础与审美选择》,《学术研究》2011年第5期。

第二节　孔子的人格美思想

西文"人格"一词的本义指面具,这与远古时期人的图腾崇拜活动相关。用面具喻指人格,包含表层意义和深层意义:表层意义是指个人在现实生活中留给人的印象特点,即公开的自我;深层意义是指个人蕴藏于内、外部未表露出的特点,即个人内在的自我。古罗马的学者西塞罗则在此基础上进一步扩充了人格内涵,从外部特征来看,人格可以指一个人给他人留下的印象以及人在现实社会中的身份与角色;从内部特征来看,人格也可以指优良、美好的品质以及人的尊严和声望。后来,随着人们对人格问题研究的深入,逐渐从多角度如心理学、伦理学、社会学、美学等去把握这一问题,从而对人格问题的认识越来越深,逐渐丰富了其内涵。

中国古代虽无"人格"一词,但《礼记·缁衣》中却讲过"言有物而行有格"①,这说明"格"的概念早已经存在了。从字源学的意义上来说,"格"的金文"䊨"(格伯簋)②由"朩"(即"木",械具)与"𠙵"(即"各",进犯)组合而成,表示用木械进犯、攻击。"格斗""进攻"是需要按照一定规则进行的,故"格"又衍生出标准、规格等含义。近代以来,随着西学东渐,"人格"一词从日本传到中国。但传到国内之后,这个词的意义就逐渐与中国传统的德性品质、操行修养等联系在一起,一般将其"视为个体化的道德表现",这与西方人强调"人格的表演性"(即内在人格与外在表现的差异性)、"注重其中的个性意识与心理原则"③的理解,显然是大不相同的。如果说西方的"人格"概念更注重人的秉性气质的话,那么中国的"人格"概念则更注重人的德性品质,他们所追求的就是一种通过"自我体认的道德意识与坚定意志能力",达到万物一体、与天合一的超越性境界,"这种境界也就是审美所揭示的无我之境"④。

孔子的人格追求同样具有这样一个特点,因此对于他的人格美思

---

① [汉]郑玄注,[唐]孔颖达疏:《礼记正义》卷五十五,[清]阮元校刻:《十三经注疏》(附校勘记),中华书局,1982年影印本,第1650页。
② 高明、涂白奎编著:《古文字类编》(增订本)(上),上海古籍出版社,2014年,第577页。
③ 袁济喜:《传统美育与当代人格》,人民文学出版社,2002年,第7页。
④ 袁济喜:《传统美育与当代人格》,人民文学出版社,2002年,第8页。

想,我们可以这样来理解,即孔子在面对自我、面对社会、面对人生、面对自然时所表现出的一种诗性智慧与气度风貌。这种内在智慧与外在风度的结合,使得孔子的人格魅力得到了充分的展现,从而产生了极大的震撼力和感召力。具体说来,有如下几个方面:

一、"杀身成仁":崇高悲壮之美

孔子仁学的核心是一种生命关怀精神,因此孔子对人的生命表现出了极度的珍视,从不轻易地放弃个体生存的权利。他时刻提醒学生们要做到"危邦不入,乱邦不居。天下有道则见,无道则隐"(《论语·泰伯》)。为此,在《论语·公冶长》篇中,他还高度赞赏南宫适"邦有道,不废;邦无道,免于刑戮"的智慧、才能,并认为这是生命得以保全的根本。因此,孔子最后"以其兄之子妻之"。在同一篇中,孔子还赞赏了卫国大夫宁武子"其知可及"而"其愚不可及也",他能够在乱世之中通过"装疯卖傻"的方式保全自身,这是极不容易的事情。从这里可以看出,孔子深知人的生命是最宝贵的,所以其思想中始终贯穿着生命关怀精神。

孔子的生命关怀精神还体现在其仁政爱民的理想中。在《论语·颜渊》篇中,孔子坚决反对季康子"杀无道,以就有道"的做法,反对大开杀戒,希望能"胜残去杀"(《论语·子路》);他希望"善人为邦"(《论语·子路》),注重德化,不要"不教而杀"(《论语·尧曰》);他还希望统治者能怀有一颗爱民之心,不要弃民众生命于不顾,让他们在战场上白白送死,"以不教民战,是谓弃之"(《论语·子路》)。这些方面均体现出孔子的仁爱精神。

除了要尊重别人的生命之外,孔子也要求珍惜自己的生命,关注身体健康。比如,在《论语·乡党》中,从对精致生活的追求、对饮食细节的注重,就可以看出孔子对生命健康的极端重视①。另外,在《论语·季氏》中,孔子提出了君子要有"三戒",即"戒色""戒斗""戒得",这实际上是要求人们在不同年龄段都要注重养生,注重血气和谐。

然而,孔子提倡善待生命、珍爱生命,但他又绝不会为生命的延续而

①关于这方面的内容,可参见第八章《孔子的生活美论》,在此不赘。

苟且偷生。周游列国期间,孔子的政治主张不为天下所容,以致出现数次险些葬送性命的情形,但依然于悲苦的现实境域下执着地坚守自己的人生信念和理想。在匡地,孔子曾被卫人围困几天,他却说:"天之未丧斯文也,匡人其如予何?"(《论语·子罕》);在宋国,司马桓魋想要杀掉他,但孔子却坚信:"天生德于予,桓魋其如予何?"(《论语·述而》);在去往楚国的途中,孔子等人被困于陈蔡之间七日之久,人皆有菜色的时候,孔子依然淡定自若,对面带愠色的子路说:"君子固穷,小人穷斯滥矣。"(《论语·卫灵公》)这是何等的伟大!倘若心中没有崇高的信念支撑,没有坚定的生命意志,是无论如何也不可能拥有这样一种超越生死的博大情怀的。一旦超越,就可以无所畏惧,坦然面对死亡了:"志士仁人,无求生以害仁,有杀身以成仁。"(《论语·卫灵公》)

可见,在大是大非面前,真正的仁人志士不应该苟且偷生,而是要威武不屈、敢于担当、肩挑重任,应该誓死守护道义(即孔子在《论语·泰伯》篇所说的"笃信好学,守死善道"),甚至为追求真理在所不惜,献出自己的生命。这种为理想、信念而献身的精神,是生命的至高至上的境界,是一种人间之大美。这种崇高的人格精神后来被孔子的后学继承下来,曾子说:"士不可以不弘毅,任重而道远。仁以为己任,不亦重乎?死而后已,不亦远乎?"(《论语·泰伯》)曾子认为,志士仁人就应该为天下担当道义,以行仁为己任,死而后已。孟子也谈到君子对"义"的坚守:"生亦我所欲也;义亦我所欲也;二者不可得兼,舍生而取义者也。"[1]为此,孟子还明确提出了他心目中理想崇高人格的标准:"富贵不能淫,贫贱不能移,威武不能屈,此之谓大丈夫。"[2]

孔门学者身上体现出来的弘毅刚健、无所畏惧的浩然正气,影响了一代代中国士大夫的人格追求,由此衍生出千千万万的民族英雄、革命志士。其中,既有"虽九死其犹未悔"[3]、不与世俗同流合污、为坚守自己人生信念而以死殉国的屈原,也有"风萧萧兮易水寒,壮士一去兮不复

---

①[汉]赵岐注,[宋]孙奭疏:《孟子注疏》卷十一下,[清]阮元校刻:《十三经注疏》(附校勘记),中华书局,1982年影印本,第2752页。
②[汉]赵岐注,[宋]孙奭疏:《孟子注疏》卷六上,[清]阮元校刻:《十三经注疏》(附校勘记),中华书局,1982年影印本,第2710页。
③黄灵庚疏证:《楚辞章句疏证》卷一,中华书局,2007年,第185页。

还"①、慷慨赴死的义士荆轲；既有为保持民族气节、置生死于度外的苏武；也有誓称"男儿要当死于边野，以马革裹尸还葬耳"②、为捍卫国家利益而义无反顾的马援。还有更多无数民族英雄临刑时气度从容、神态自若，思之令人感佩至深。南宋民族英雄文天祥临死前在其衣带上写道："孔曰成仁，孟曰取义，惟其义尽，所以仁至。读圣贤书，所学何事，而今而后，庶几无愧。"③正是因为有了对孔门仁道精神如此坚定的信念，所以他才会发出"人生自古谁无死？留取丹心照汗青"④的悲壮语句；明末为救东林党人周顺昌而被捕杀的颜佩韦等五位民间志士，其就义经过，也在其墓碑记中有生动记载："然五人之当刑也，意气阳阳，呼中丞之名而詈之，谈笑以死。断头置城上，颜色不少变。"⑤此外，像于谦的"粉骨碎身全不惜，要留清白在人间"⑥、谭嗣同的"我自横刀向天笑，去留肝胆两昆仑"⑦、林则徐的"苟利国家生死以，岂因祸福避趋之"⑧等等，这些无疑都受到了先秦儒家"杀身成仁""舍生取义"价值观的深刻影响，其悲壮的人格精神令人肃然起敬、感慨万千。

二、"义以为上"：中正刚健之美

"义"，甲骨文为"羛"（五期 掇 2·49）⑨，由"羊"（即"羊""祥"，祭祀占卜显示的吉兆）与"我"（即"我"，有利齿的戉，代表征战）构成，表示吉兆之战，其造字本义指的是出征前的隆重仪式，祭祀占卜，预测战争凶吉；如果神灵显示吉兆，则表明战争是仁道、公正的，是神灵护佑的仁道之战。金文"羛"（墙盘）⑩、篆文"羛"⑪承续甲骨文字形。篆文异体字

---

① [汉]司马迁撰，[宋]裴骃集解，[唐]司马贞索隐，[唐]张守节正义：《史记》卷八十六，中华书局，1999年，第1972页。
② [南朝宋]范晔撰，[唐]李贤等注：《后汉书》卷二十四，中华书局，1973年，第841页。
③ [元]脱脱等：《宋史·文天祥列传》卷四百一十八，中华书局，1977年，第12540页。
④ [宋]文天祥撰，刘文源校笺：《文天祥诗集校笺》卷十，中华书局，2017年，第825页。
⑤ [明]张溥撰，曾肖点校：《七录斋合集·五人墓碑记》，齐鲁书社，2015年，第220页。
⑥ [明]于谦著，魏得良点校：《于谦集·拾遗·石灰吟》，浙江古籍出版社，2016年，第649页。
⑦ [清]谭嗣同著，蔡尚思、方行编：《谭嗣同全集·狱中题壁》（增订本），中华书局，1998年，第287页。
⑧ [清]林则徐著，杨国桢选注：《林则徐选集·赴戍登程口占示家人》，人民文学出版社，2004年，第229页。
⑨ 徐中舒主编：《甲骨文字典》，四川辞书出版社，2014年，第1381页。
⑩ 容庚编著，张振林、马国权摹补：《金文编》，中华书局，1985年影印本，第832页。
⑪ [清]段玉裁：《说文解字注》，中华书局，2013年，第639页。

"羛"①,由"羊"(即"羊",祥和)与"弗"(即"弗",休战),表示休战和平,揭示"道义"的另一层含义。《说文解字》释曰:"義(义),己之威义也。从我,从羊。"段玉裁注曰:"从羊者,与善美同意。"②《释名·释言语》曰:"義(义),宜也。裁制事物,使合宜也。"③孔子讲的"义"基本上延续了其本意,他说:"君子之于天下也,无适也,无莫也,义之与比。"(《论语·里仁》)这里的"义"就是指的行为准则和评价标准;在《论语·卫灵公》中,孔子还说到:"君子义以为质,礼以行之,孙以出之,信以成之。君子哉!"这里的"义"就是指的"道义"。

孔子认为,君子之志在终身求道、谋道而不须臾离道。一个人是否为君子,就在于他能否尽心尽力,学习知识,追求道义,不在于追求富贵、衣食。孔子并不一般地否定"利",但他认为与"利"相比,"义"具有更高的价值。故而,"君子喻于义,小人喻于利"(《论语·里仁》)。孔子力倡见利思义,反对见利忘义,他自己"罕言利"(《论语·子罕》),并且一再强调说:"君子谋道不谋食。""君子忧道不忧贫。"(《论语·卫灵公》)这也就是说,为道、为义而谋者、求者是君子;为名、为利而争者、苟且者则为小人。君子有仁而知义,则必"行义"。孔子一生为人行事,不在谋求私利,而在追求道义,为利不动,为义勇为,意在做有道义的人。他主张以"闻道""弘道"为己任,并教导人们要"学道""谋道"。在他看来,"君子之道"体现在四个方面,即"其行己也恭""其事上也敬""其养民也惠""其使民也义"(《论语·公冶长》)。也就是说,君子对己、对君、对民,都以道义为标准。孔子认为,君子学道、求道、得道,旨在为民行道。"君子敬而无失,与人恭而有礼。四海之内,皆兄弟也"(《论语·颜渊》)。以这种情怀对人,要做到爱之能劳,忠之能诲,对任何人都怀有深厚感情,并以真情待之。以自己的君子之举,影响百姓之行,使天下行道不为恶,这便是君子为道、行道。"修己以安人""修己以安百姓"(《论语·宪问》),这是君子的出发点和归宿。

孟子继承和发展了孔子尚义轻利的思想,比孔子更强调"义"的重

①[清]段玉裁:《说文解字注》,中华书局,2013年,第639页。
②[清]段玉裁:《说文解字注》,中华书局,2013年,第639页。
③[汉]刘熙撰,[清]毕沅疏证,[清]王先谦补,祝敏徹、孙玉文点校:《释名疏证补》卷四,中华书局,2008年,第110页。

要性。孟子认为,"义"是一种对恶德劣行感到耻辱的心理,即"羞恶之心"。这种"羞恶之心"时刻提醒着这个人,无论是言论还是行动都必须以"义"作为标准,合乎义者而言、而动,否则不为。他说:"大人者,言不必信,行不必果,惟义所在。"(《孟子·离娄下》)惟义所在,为义而行,合义而动,不顾其他。一切言行都以义为出发点和归宿,则为大人、君子,反之便为小人。

由上观之,孔、孟儒者虽积极入世,主张刚健进取、自强不息。然而,他们又反对单纯追求个人的名利,而强调通过为社会立德、立言、立功来成就个人的功名。简言之,就是要求人们把实现国家、社会的利益作为自己的价值目标,而个体生命的价值在这样一种追求中获得彰显和确证。孔子所说的"杀身成仁"与孟子所说的"舍生取义",均是通过求仁、求义的方式来使个体生命散发出耀目的光辉。

据此,我们认为儒家所讲的"义"包括两个层面的内容:就个体而言,它要求人们始终坚守着一种道德意志,这种道德意志在生死关头,在富贵荣华面前,或在长期的贫贱生活中都不可扭曲、不可磨灭;就社会而言,它要求人们以社会整体利益为重,不可先利后义,以利害义。如果在国家、社会利益面前,勇于放弃自己的私利,甚至自己的生命,方可称得上是"大义"。

三、"忠信笃敬":真诚无妄之美

在《论语》中,孔子经常将"忠"与"信"关联在一起使用。《论语·学而》篇提出,君子应"主忠信";《论语·卫灵公》云:"言忠信,行笃敬。"庄子学派也曾评价说:"孔氏者,性服忠信,身行仁义。"[①]"忠"字之本义,是在内心把握适中的原则,内心适中才能处理公正,处事公正才能秉公无私而尽心尽力。用邢昺的话说就是"中心无隐谓之忠"[②],它要求君子必须与人为善,不能苛求于人。"人不知,而不愠,不亦君子乎?"(《论语·学而》)孔子多次强调,君子求诸己,只担心自己是否有能力,而不怨恨别人是否了解自己。关于这方面的内容,我们在第二章第二节的

---

①[清]郭庆藩撰,王孝鱼点校:《庄子集释》卷十上,中华书局,2016年,第1028页。
②[三国魏]何晏注,[宋]邢昺疏:《论语注疏》卷七,[清]阮元校刻:《十三经注疏》(附校勘记),中华书局,1982年影印本,第2483页。

"忠恕之道"部分已有详细阐发,这里不再重复。

"信"的金文写法为"⿰亻口"(敬叔鼎)[1],由"亻"(即"人")与"口"(即"口")构成,表示开口许诺。有的金文"⿰亻言"(辟大夫虎符)[2] 由"亻"(即"千")与"言"(即"言")构成,表示许诺、发誓。关于"信",邢昺疏曰:"人言不欺谓之信。"[3] 可见,这种"言"必是能够践行并显示做人尊严的肺腑之言,其含义类似后世所谓的"诚信"[4]。所以,这里的"信"字应包含两层含义:一是指言行一致,行之必可言,言之必可行;二是指讲信用,言而有信。"信"在孔子那里非常重要,《论语·学而》篇中就把"信"与"义"相提并论,"信近于义,言可复也",意思是说,信接近于义,所说的话就可以兑现。孔子还把"老者安之,朋友信之,少者怀之"(《论语·公冶长》),作为自己的一种社会理想来追求。不仅如此,孔子认为"信"也是治国理民的必备条件。他曾说:"上好信,则民莫敢不用情。"(《论语·子路》)在与子贡的谈话中,他还强调说"足食""足兵""民信之"(《论语·颜渊》)三个方面,"兵"与"食"都可去掉,只有"信"是丢不得的。因为一旦统治者丢了信用,就会失去民心,社稷也就难以维系。因而,孔子感叹道:"自古皆有死,民无信不立。"(《论语·颜渊》)"人而无信,不知其可也。"(《论语·为政》)

"忠信"作为孔门四教其中之二(《论语·述而》"子以四教:文,行,忠,信"),是君子最重要的品德,因此,孔子非常重视在诗教中发挥"忠

---

[1]《甲金篆隶大字典》,四川辞书出版社,2010年,第48页。

[2]《甲金篆隶大字典》,四川辞书出版社,2010年,第48页。

[3][三国魏]何晏注,[宋]邢昺疏:《论语注疏》卷七,[清]阮元校刻:《十三经注疏》(附校勘记),中华书局,1982年影印本,第2483页。

[4]许慎的《说文解字》就曾将"信""诚"两字互训:"信,诚也";"诚,信也"([清]段玉裁:《说文解字注》,中华书局,2013年,第93页)。但实际上,"信"与"诚"这两个字原本是两个概念,在战国之前一直是分开使用的。仔细推敲的话,"诚"的概念具有自反性,要求言己所思,自我诚实;"信"的概念则有指向性,要求践己所诺,对别人真实不欺。"信"来源于"诚","诚"是"信"的基础。朱熹说:"忠是信之本,信是忠之发。"([宋]黎靖德辑《朱子语类》卷二十一,朱杰人、严佐之、刘永翔主编:《朱子全书》第十四册,上海古籍出版社、安徽教育出版社,2002年,第723页)张载说:"诚故信。"([宋]张载撰,章锡琛点校:《张载集》,中华书局,1985年,第14页)陆九渊也说:"诚实无伪,斯可谓之忠信矣。"([宋]陆九渊著,钟哲点校:《陆九渊集》卷三十二,中华书局,1980年,第374页)"诚"重内心态度,"信"重外部言行,二者类似于"仁"与"义"的关系。但在先秦儒家文献中,对"信"的使用要比"诚"多。《左传》中,"信"字出现过217次,"诚"仅出现过1次;《论语》中,"信"字前后共出现过38次,"诚"字只出现过2次;而到了《孟子》,"诚"字出现的频率明显增加,达到22次,但仍没有超过出现29次的"信"字。

信"之义。《孔子诗论》第二十二简中孔子对《猗嗟》《鸤鸠》的评论，主要表达的就是"忠信"思想。《猗嗟》曰：'四矢反，以御乱'，吾喜之。《鸤鸠》曰：'其义一氏，心如结也'，吾信之。"①"四矢反，以御乱"是《猗嗟》全诗的核心。"四矢反"是说四支箭连中一个点，指其射艺高超；"以御乱"言其为国效力的抱负。孔子引用此句并说"吾喜之"，喜的也正是这种精忠报国的思想。《鸤鸠》诗的开篇就是"其仪一分，心如结分"，主要是用来赞美君子言行一致、忠信如石的品格。这种品格与孔子对君子的要求是一致的："子贡问君子。子曰：'先行其言而后从之。'"（《论语·为政》）"子曰：'君子……主忠信。无友不如己者。过，则勿惮改。'"（《论语·学而》）正是从这个角度上，孔子说"吾信之"，即相信这两句诗中所称颂的君子之德。

　　孔子如此重视"忠信"，这是与它强调守仁行义相一致的。"仁义"与"忠信"相比较，前者是根本、是质，后者则是前者的具体体现，或者说是前者的具体德目。"樊迟问仁。子曰：'居处恭，执事敬，与人忠。虽之夷狄，不可弃也。'"（《论语·子路》）"君子义以为质，礼以行之，孙以出之，信以成之。"（《论语·卫灵公》）可见，"仁义"与"忠信"的确存在着不可分割的联系。"忠信"是守仁、行义的基础，没有"忠"的品德就会伤害"仁"，没有"信"就不能完成"义"这一为人的根本。孟子发挥孔子的这一思想，把"忠"规定为施仁于人，"教人以善谓之忠"②；把"信"规定为自身具有仁德的品质，"有诸己之谓信"③。同时，他还视"仁义忠信"为"天爵"④，这就凸显了忠信与仁义的内在联系。荀子则进一步强调"忠信"是仁人君子的本质，"若夫忠信端悫而不害伤，则无接而不然，是仁人之质也"。并认为，人只要"忠信以为质，端悫以为统，礼义以为文，伦类以为理"，那么，他的一言一行都"可以为法则"⑤，都可以作为别人学习、效法的榜样。也正因为"忠信"与"仁义"联系这样紧密，所以

---

①马承源主编：《上海博物馆藏战国楚竹书》（一），上海古籍出版社，2001年，第151页。

②［汉］赵岐注，［宋］孙奭疏：《孟子注疏》卷五下，［清］阮元校刻：《十三经注疏》（附校勘记），中华书局，1982年影印本，第2706页。

③［汉］赵岐注，［宋］孙奭疏：《孟子注疏》卷十四上，［清］阮元校刻：《十三经注疏》（附校勘记），中华书局，1982年影印本，第2775页。

④［汉］赵岐注，［宋］孙奭疏：《孟子注疏》卷十一下，［清］阮元校刻：《十三经注疏》（附校勘记），中华书局，1982年影印本，第2751页。

⑤［清］王先谦撰，沈啸寰、王星贤点校：《荀子集解》卷九，中华书局，1988年，第256页。

作为理想人格的君子,要守仁行义,也必然要"主忠信";并认为具有"忠信"的品德,是人们践履君子之道、持守君子之道的必要条件。经过儒家持续不断的倡导,"忠信"最终成为华夏民族共同推崇和认可的美德之一。

总之,孔子仁学所寻求的理想人格成为个体德性审美的基础,此后则从"成就自我的德性"逐渐扩大为"成就他人的活动"①。这样,"德性"本身不仅成为"全部社会和谐的终极来源"②,而且还为生活世界奠定了新的伦理基础,孔子的人伦审美观就是建立在这种新型的伦理基础之上的。

第三节　孔子的人伦美思想

"伦"是中国文化的特殊概念。许慎《说文解字》释曰:"伦,辈也。"③又释"群"曰:"群,辈也。"④伦与群均训辈,伦亦可训为群。人群类而相比,等而相序。黄建中曾对"伦"作了详尽论述,他认为"伦谓人群相待相倚之生活关系也"⑤。也就是说,"伦"指的是人与人交往而形成的某种特定的社会关系和秩序。中国传统社会就是以人伦关系为出发点,表现出了比较鲜明的"人伦本位"的价值取向。

孔子的仁学当然也是建立在以血缘亲情为基础的家庭伦理之上的。一个人出生以后首先接触到的就是家庭伦理关系,即与父母、与兄弟、与姐妹的关系。有子曰:"孝弟也者,其为仁之本与!"(《论语·学而》)"孝弟"是孔门仁学的发端和根本所在,一个人只有先懂得爱自己身边的亲人,才会懂得爱他人。但亲亲之爱只是一个出发点,它还需要推己及人,由家庭之爱推到社会之爱,从而实现"仁者爱人"的目标。所

---

①成中英:《儒家德精神性》,载香港浸会大学宗教及哲学系编:《当代儒学与精神性》,广西师范大学出版社,2009年,第24页。

②[美]本杰明·史华慈(Benjamin Isadore Schwartz),程钢译,刘东校:《古代中国的思想世界》,江苏人民出版社,2008年,第351页。

③[清]段玉裁:《说文解字注》,中华书局,2013年,第376页。

④[清]段玉裁:《说文解字注》,中华书局,2013年,第148页。

⑤黄建中:《比较伦理学》,人民出版社,2011年,第24页。

以,孔子又说:"弟子,入则孝,出则悌,谨而信,泛爱众,而亲仁。"(《论语·学而》)这就是说,"仁"不仅要爱亲,而且还要博爱大众。为此,孔子提出了人际交往的"忠恕"原则,即曾参所言:"夫子之道,忠恕而已矣。"(《论语·里仁》)所谓"忠",就是"尽己";所谓"恕",就是"推己"。两个方面结合起来就是要求每个人都应该能做到设身处地,将心比心,并通过自然情感与道德情感的体验与认同,达到人与人之间的相互爱护和尊重。因此,梁漱溟说:"吾人亲切相关之情,发乎天伦骨肉,以至于一切相与之人,随其相与之深浅久暂,而莫不自然有其情分。因情而有义……伦理关系,即是情谊关系,亦即是其相互间的一种义务关系。伦理之'理',盖即于此情与义上见之。"① 这对中国人伦关系的认识是非常准确的。

在中国古代,"人伦"概念系孟子首创,他在《孟子·滕文公上》篇谈到:"人之有道也,饱食暖衣,逸居而无教,则近于禽兽。圣人有忧之,使契为司徒,教以人伦:父子有亲,君臣有义,夫妇有别,长幼有序,朋友有信。"② 在这里,孟子第一次明确提出了"人伦"这一重要概念,而且在复杂的社会关系中梳理出五种典型意义的人伦关系,并使之结构化,成为中国传统社会伦理交往的基础。这"五伦"分别是父子、兄弟、夫妇、君臣、朋友。前三种存在于家庭成员内部,后两种虽不属于家庭人伦,却也是从之而出的,即君臣、朋友分别从父子、兄弟二伦关系衍化而来。冯友兰先生指出,传统的五种社会关系中"君臣关系可以按照父子关系来理解,朋友关系可以按照兄弟关系来理解"③。由此可见,家庭人伦关系的和谐在孔子那里至关重要,它是整个社会人伦关系和谐的基础。君臣之义与朋友之信正是以家庭之爱为"本",并在此基础之上衍生和拓展而来。

总之,孔子仁学的可贵之处就在于它发端于血缘亲情,但不停止于此,而是通过忠恕之道、推己及人的方式,最终将其提升为一种对他人、对社会,乃至于对宇宙自然的普遍关爱之情。所以,孔子仁学中最重要的精神内核就是相亲相爱,这是一种最无私、最纯洁且又最高尚的人类

---

① 梁漱溟:《中国文化要义》,上海人民出版社,2005年,第72页。
② [汉]赵岐注,[宋]孙奭疏:《孟子注疏》卷五下,[清]阮元校刻:《十三经注疏》(附校勘记),中华书局,1982年影印本,第2705页。
③ 冯友兰著,涂又光译:《中国哲学简史》,北京大学出版社,2015年,第21页。

情感。正是因为有了这样一种人类情感做基础,所以人与人之间的和谐才成为可能,人伦(德性)之美也会因此油然而生。

一、家庭之爱

前面我们在分析"孝弟为仁之本"命题时谈到,孔子之仁首先是从父母与子女之间的亲情关系发端的,这种亲情之爱是人之为人最易感受的自然天性,也是人类最本真的情感样式。然而,如果这种情感是刻意而为之的,那么这便不是真正的"孝",不是真正的"弟"。正所谓"父孝子爱,非有为也"(《语丛三》)①、"为孝,此非孝也;为弟,此非弟也;不可为也,而不可不为也"(《语丛一》),②这里的"为",乃是有意为之、有目的性的为之。倘若"孝""弟"等自然情感,需要通过"为"才能产生,那么就从根本上丧失了其本真性,变成了一种带有私心的虚徐之情。

《蓼莪》一诗出自《小雅·谷风之什》,其诗云:"父兮生我,母兮鞠我。拊我畜我,长我育我,顾我复我,出入腹我。欲报之德,昊天罔极。"③上博简《孔子诗论》第二十六简谓:"《蓼莪》有孝志。"④《孔丛子·记义》谓:"于《蓼莪》,见孝子之思养也。"⑤《蓼莪》表达的是诗人"子欲养而亲不在"的无限哀思之情,所以诗人反复咏叹:"哀哀父母,生我劬劳。""哀哀父母,生我劳瘁。""民莫不谷,我独何害!""民莫不谷,我独不卒!"⑥从中可以看出,孔子对"孝"之情感真诚性的强调。《孔子诗论》中还有一篇对《葛覃》的评价,孔子说:"吾以《葛覃》得氏初之诗,民性固然。见其美,必欲反一本。"马承源认为"得氏初之诗","不易解释"⑦。廖名春读"氏"为"祗,敬也",读"诗"为"志","氏初之诗"也就是"祗初之志"⑧。黄怀信从其读,认为"氏初之诗"即"祗初之志",当释为"敬

---

① 荆门市博物馆编:《郭店楚墓竹简》,文物出版社,1998年,第209页。
② 荆门市博物馆编:《郭店楚墓竹简》,文物出版社,1998年,第195页。
③ [汉]毛亨传,[汉]郑玄笺,[唐]孔颖达疏:《毛诗正义》卷十三,[清]阮元校刻:《十三经注疏》(附校勘记),中华书局,1982年影印本,第460页。
④ 马承源主编:《上海博物馆藏战国楚竹书》(一),上海古籍出版社,2001年,第156页。
⑤ 傅亚庶:《孔丛子校释》卷一,中华书局,2011年,第54页。
⑥ [汉]毛亨传,[汉]郑玄笺,[唐]孔颖达疏:《毛诗正义》卷十三,[清]阮元校刻:《十三经注疏》(附校勘记),中华书局,1982年影印本,第459—460页。
⑦ 马承源主编:《上海博物馆藏战国楚竹书》(一),上海古籍出版社,2001年,第145页。
⑧ 廖名春:《上海博物馆藏诗论简校释》,《中国哲学史》2002年第1期。

本的思想"①。这样来理解的话,孔子的意思就很明确了,即他认为诗中的女主人公由葛叶之美想到葛藤,进而由自己的幸福生活想到了"归宁父母",而这正是"见其美""欲反其本"的人性使然,也是子女"孝亲"报本之情的真实流露。

在儒家五伦中,除君臣外,兄弟之情是仅次于父子,或者说是与父子同等重要的伦理关系,这是由中国古人根深蒂固的血缘亲情观念所决定的。《左传·隐公三年》载石碏云:"君义,臣行,父慈,子孝,兄爱,弟敬,所谓六顺也。"②《左传·昭公二十六年》载晏子与齐侯论齐国礼政说:"礼之可以为国也,久矣,与天地并。君令臣共,父慈子孝,兄爱弟敬,夫和妻柔,姑慈妇听,礼也。"③先秦两汉的其他学者亦有大致类似的观点,如《墨子·兼爱下》说:"为人父必慈,为人子必孝,为人兄必友,为人弟必悌……此圣王之道而万民之大利也。"④《荀子·君道》说:"请问为人兄?曰:慈爱而见友。请问为人弟?曰:敬诎而不苟。"⑤贾谊《新书·道术》说:"兄敬爱弟谓之友,反友为虐。弟敬爱兄谓之悌,反悌为敖。"⑥兄于弟以爱以友,弟于兄以敬以悌,这是儒家追求的理想的兄弟相处之道。所以,《论语·学而》说:"其为人也孝弟,而好犯上者,鲜矣……孝弟也者,其为仁之本与!"《孟子·离娄上》亦说:"仁之实,事亲是也;义之实,从兄是也。"⑦事亲之道为孝,即孝为仁之实;从兄之道为弟,即弟为义之实。而智、礼、乐皆以孝、弟为根本。"智之实,知斯二者弗去是也;礼之实,节文斯二者是也;乐之实,乐斯二者"⑧。此与有若所谓"孝弟也者,其为仁之本与"的观点,是一脉相承的。

除了重视孝弟之情外,夫妇之间和谐美好的情感关系也是孔子所

①黄怀信:《上海博物馆藏战国楚竹书〈诗论〉解义》,社会科学文献出版社,2004年,第53页。
②[周]左丘明传,[晋]杜预注,[唐]孔颖达疏:《春秋左传正义》卷三,[清]阮元校刻:《十三经注疏》(附校勘记),中华书局,1982年影印本,第1724页。
③[周]左丘明传,[晋]杜预注,[唐]孔颖达疏:《春秋左传正义》卷五十二,[清]阮元校刻:《十三经注疏》(附校勘记),中华书局,1982年影印本,第2115页。
④吴毓江撰,孙启治点校:《墨子校注》卷四,中华书局,2006年,第177—178页。
⑤[清]王先谦撰,沈啸寰、王星贤点校:《荀子集解》卷八,中华书局,1988年,第232页。
⑥[汉]贾谊撰,阎振益、钟夏校注:《新书校注》卷八,中华书局,2000年,第303页。
⑦[汉]赵岐注,[宋]孙奭疏:《孟子注疏》卷七下,[清]阮元校刻:《十三经注疏》(附校勘记),中华书局,1982年影印本,第2723页。
⑧[汉]赵岐注,[宋]孙奭疏:《孟子注疏》卷七下,[清]阮元校刻:《十三经注疏》(附校勘记),中华书局,1982年影印本,第2723页。

关注的。《周易·序卦》曰："有天地，然后有万物；有万物，然后有男女；有男女，然后有夫妇；有夫妇，然后有父子；有父子，然后有君臣；有君臣，然后有上下；有上下，然后礼义有所错。"①《礼记·内则》云："礼始于谨夫妇。"②《礼记·郊特牲》亦云："男女有别，然后父子亲；父子亲，然后义生；义生，然后礼作……男帅女，女从男，夫妇之义，由此始也。"③可见，父子、君臣等人伦关系正是在夫妇、男女之礼基础上衍生而出的。孔子认为，只有"父子笃""兄弟睦""夫妇和"，才能"家之肥"④，进而才能"三族和"⑤。懂得这个道理，那么"以之道，则国治""以之德，则国安""以之仁，则国和"⑥，在此基础上就可以做到"至乐无声，而天下之民和"⑦。而要做到这一点，夫妇相处就应"相敬如宾"。据《礼记·哀公问》载孔子的话说："昔三代明王之政，必敬其妻子也，有道妻也者，亲之主也，敢不敬与？子也者，亲之后也，敢不敬与？"⑧"相敬如宾"是古代中国人理想的夫妇相处方式。如《国语·晋语五》载："臼季使，舍于冀野。见冀缺耨，其妻馌之，敬，相待如宾。"韦昭注云："夫妇相敬如宾。"⑨《礼记·曲礼下》说："生曰父，曰母，曰妻；死曰考，曰妣，曰嫔。"⑩妻死称嫔，所谓"嫔"者，据刘熙《释名·释亲属》说："天子妾有嫔。嫔，宾也，诸妾之中见宾敬也。"⑪夫妇相处，相敬如宾，以礼相待，向来为儒家所看重。据《程氏文集》载："侯夫人事舅姑以孝谨称，与先公相待如宾客。先公

①［三国魏］王弼注，［晋］韩康伯注，［唐］孔颖达疏：《周易正义》卷九，［清］阮元校刻：《十三经注疏》（附校勘记），中华书局，1982 年影印本，第 96 页。

②［汉］郑玄注，［唐］孔颖达疏：《礼记正义》卷二十八，［清］阮元校刻：《十三经注疏》（附校勘记），中华书局，1982 年影印本，第 1468 页。

③［汉］郑玄注，［唐］孔颖达疏：《礼记正义》卷二十六，［清］阮元校刻：《十三经注疏》（附校勘记），中华书局，1982 年影印本，第 1456 页。

④［汉］郑玄注，［唐］孔颖达疏：《礼记正义》卷二十二，［清］阮元校刻：《十三经注疏》（附校勘记），中华书局，1982 年影印本，第 1427 页。

⑤［清］陈士珂辑：《孔子家语疏证》卷六，中华书局，1985 年，第 174 页。

⑥［清］陈士珂辑：《孔子家语疏证》卷六，中华书局，1985 年，第 164 页。

⑦［清］陈士珂辑：《孔子家语疏证》卷一，中华书局，1985 年，第 14 页。

⑧［汉］郑玄注，［唐］孔颖达疏：《礼记正义》卷五十，［清］阮元校刻：《十三经注疏》（附校勘记），中华书局，1982 年影印本，第 1611 页。

⑨徐元诰撰，王树民、沈长云点校：《国语集解》，中华书局，2002 年，第 375 页。

⑩［汉］郑玄注，［唐］孔颖达疏：《礼记正义》卷五，［清］阮元校刻：《十三经注疏》（附校勘记），中华书局，1982 年影印本，第 1269 页。

⑪［汉］刘熙撰，［清］毕沅疏证，［清］王先谦补，祝敏彻、孙玉文点校：《释名疏证补》卷三，中华书局，2008 年，第 107 页。

赖其内助,礼敬尤至。而夫人谦顺自牧,虽小事未尝专,必禀而后行。"①
由讲夫妇相敬如宾,进而要求夫妇间要以礼相待。礼主敬,以礼相待,
方能相敬如宾,如《白虎通·三纲六纪》说:"夫妇者,何谓也? 夫者,扶
也,以道扶接也。妇者,服也,以礼屈服也。"②上博简《孔子诗论》第十七
简中孔子对《扬之水》一诗的评论为"其爱妇烈";对《采葛》的评论,也
有"爱妇"的字眼,但可惜简文残损,文意难具③。此外第二十九简中还有
"律而士,角幡妇"④的评论等等,均是对夫妇之情礼关系的揭示和阐发。

二、君臣之义

《论语·颜渊》曰:"齐景公问政于孔子。孔子对曰:'君君,臣臣,父
父,子子。'"《孟子·离娄上》曰:"欲为君,尽君道;欲为臣,尽臣道。"⑤
也就是说,君有"君道",臣有"臣道",君臣之间应该是一种义务对等的
关系,如《孟子·离娄下》篇中孟子对齐宣王说:"君之视臣如手足,则
臣视君如腹心。""君之视臣如犬马,则臣视君若国人。""君之视臣如土
芥,则臣视君如寇仇。"⑥《荀子·尧问》篇亦说:"夫仰禄之士犹可骄也,
正身之士不可骄也。"⑦惟有如此,才能维持有序的君臣关系。

具体而言,维系好君臣关系的基本原则就是"君使臣以礼,臣事君
以忠"(《论语·八佾》)。这大体可以从孔子对《诗经·小雅·鹿鸣》一
诗的评论中看出一些端倪来。上博简《孔子诗论》中孔子对《鹿鸣》一
诗的评论是"以乐词而会,以道交见善而效,终乎不厌人"⑧。《鹿鸣》一诗
描写的本是君王宴请群臣嘉宾的场景,但从这句话可以看出,孔子对《鹿
鸣》的评论,主要侧重于君臣之间以礼相会、见善而效的美德。这里所
提到的"以道交"中的"道",指的应是君臣之礼,而整首诗表达的主题就

①[宋]朱熹、[宋]吕祖谦撰,张京华辑校:《近思录集释》卷六,岳麓书社,2010年,第581页。
②[清]陈立撰,吴则虞点校:《白虎通疏证》卷八,中华书局,1994年,第376页。
③参见马承源主编:《上海博物馆藏战国楚竹书》(一),上海古籍出版社,2001年,第146页。
④参见马承源主编:《上海博物馆藏战国楚竹书》(一),上海古籍出版社,2001年,第159页。
⑤[汉]赵岐注,[宋]孙奭疏:《孟子注疏》卷七上,[清]阮元校刻:《十三经注疏》(附校勘记),中
　华书局,1982年影印本,第2718页。
⑥[汉]赵岐注,[宋]孙奭疏:《孟子注疏》卷八上,[清]阮元校刻:《十三经注疏》(附校勘记),中
　华书局,1982年影印本,第2726页。
⑦[清]王先谦撰,沈啸寰、王星贤点校:《荀子集解》卷二十,中华书局,1988年,第551页。
⑧马承源主编:《上海博物馆藏战国楚竹书》(一),上海古籍出版社,2001年,第152页。

是：“君主宴请群臣，礼乐高奏，是君有礼也；群臣聚会，气氛融洽，而又不失宾赠之礼，是臣之有礼也。”[1] 这个结论可与《孔丛子·记义》中孔子所言“于《鹿鸣》，见君臣之有礼也”[2] 相互参照理解。

在孔子看来，君臣之间必须保持一种相互尊重、相互制约的双向互动的交往关系，一方面君并不能随心所欲、无所顾忌地去支配臣民，而是要“以礼”使臣。《孔丛子》中孔子对《彤弓》和《采菽》的评论，揭示的就是“君使臣以礼”的内容。从《小雅·彤弓》中的“钟鼓既设，一朝飨之”“钟鼓既设，一朝右之”“钟鼓既设，一朝酬之”来看，这首诗的内容确如《毛诗序》所言，乃是“天子锡有功诸侯”[3] 之诗，所以孔子说“于《彤弓》，见有功之必报也”[4]，而“有功之必报”便是君待臣之礼。《小雅·采菽》一诗中的“君子来朝，何锡予之”[5] 表明，这是一首描写诸侯来朝、天子礼遇的诗。故孔子评曰：“于《采菽》，见古之明王所以敬诸侯也。”[6] 这里的“敬诸侯”，表现的正是“君使臣以礼”。

孔子认为，只有君“好礼”了，臣民才“莫敢不敬”；只有君“好义”了，臣民才“莫敢不服”；只有君“好信”了，臣民才“莫敢不用情”。君如果能做到这种程度，那么“四方之民”就会“襁负其子而至矣”（《论语·子路》）。为此，在君臣之间的交往中，对君的要求就是不能“居上不宽”“为礼不敬”（《论语·八佾》），而首先要“修己”“正身”，起到表率作用。只有“修己”，才能“安人”“安百姓”（《论语·宪问》）；只有“身正”，才能做到“不令而行”，否则就是“虽令不从”（《论语·子路》）。

另一方面，臣也并非无条件地屈从于君，甚至唯命是从，而应“以忠”事君。这里的“忠”并非指几千年来被人所诟病的“君要臣死，臣不敢不死”的愚忠。实际上，汉代以前“忠”与对君王的服从或奉献无关，而是指依照内心把握适度中正的原则待人处事，相当于我们现在讲的“公正无私”，是一种具有普遍意义的道德观念。比如《论语·宪问》载孔子

---

①黄怀信：《上海博物馆藏战国楚竹书〈诗论〉解义》，社会科学文献出版社，2004年，第150页。
②傅亚庶：《孔丛子校释》卷一，中华书局，2011年，第54页。
③［汉］毛亨传，［汉］郑玄笺，［唐］孔颖达：《毛诗正义》卷十，［清］阮元校刻：《十三经注疏》（附校勘记），中华书局，1982年影印本，第421—422页。
④傅亚庶：《孔丛子校释》卷一，中华书局，2011年，第54页。
⑤［汉］毛亨传，［汉］郑玄笺，［唐］孔颖达疏：《毛诗正义》卷十五，［清］阮元校刻：《十三经注疏》（附校勘记），中华书局，1982年影印本，第489页。
⑥傅亚庶：《孔丛子校释》卷一，中华书局，2011年，第54页。

的话说:"爱之,能勿劳乎? 忠焉,能勿诲乎?"《论语·学而》载曾子的话说:"吾日三省吾身,为人谋而不忠乎?"《孟子·滕文公上》曰:"分人以财谓之惠,教人以善谓之忠,为天下得人者谓之仁。"①《国语·周语上》曰:"中能应外,忠也。施三服义,仁也。守节不淫,信也。行礼不疚,义也。"②以上所引之"忠",均是指一种忠于内心的道德观念和行为,并非专指政治行为,更与服从、忠于君王无任何关系。在这些文献中,"忠"字往往与"信"字连用,恰恰说明它与"信"一样,是人类所应具备的一种基本美德。

即便是后来"忠"由道德范畴发展成了一种政治伦理,它强调的也是忠于国家、忠于社稷,尽心尽力做好自己的本职工作,而非无条件地效忠君王个人。如《左传·桓公六年》曰:"上思利民,忠也;祝史正辞,信也。"③《左传·襄公十四年》曰:"君薨不忘增其名,将死不忘卫社稷,可不谓忠乎?"④《左传·僖公九年》曰:"公家之利,知无不为,忠也。"⑤《左传·文公六年》曰:"以私害公,非忠也。"⑥《左传·昭公元年》曰:"临患不忘国,忠也。"⑦由此可见,"忠"作为一种政治伦理,具有一种很深的社稷意识,而非君臣间的个人关系。它所包含的是竭诚无私地为社稷、国家之利益而献身之意,所以《左传·成公二年》说"忠,社稷之固也"⑧。社稷、国家之利益是高于任何特定的个人利益的,即使是国君,在社稷共同体的最高利益之下,亦被要求具有忠于职守的美德,即忠于民、忠于

①[汉]赵岐注,[宋]孙奭疏:《孟子注疏》卷五下,[清]阮元校刻:《十三经注疏》(附校勘记),中华书局,1982年影印本,第2706页。

②徐元诰撰,王树民、沈长云点校:《国语集解》,中华书局,2002年,第37页。

③[周]左丘明传,[晋]杜预注,[唐]孔颖达疏:《春秋左传正义》卷六,[清]阮元校刻:《十三经注疏》(附校勘记),中华书局,1982年影印本,第1749页。

④[周]左丘明传,[晋]杜预注,[唐]孔颖达疏:《春秋左传正义》卷三十二,[清]阮元校刻:《十三经注疏》(附校勘记),中华书局,1982年影印本,第1959页。

⑤[周]左丘明传,[晋]杜预注,[唐]孔颖达疏:《春秋左传正义》卷十三,[清]阮元校刻:《十三经注疏》(附校勘记),中华书局,1982年影印本,第1801页。

⑥[周]左丘明传,[晋]杜预注,[唐]孔颖达疏:《春秋左传正义》卷十九上,[清]阮元校刻:《十三经注疏》(附校勘记),中华书局,1982年影印本,第1845页。

⑦[周]左丘明传,[晋]杜预注,[唐]孔颖达疏:《春秋左传正义》卷四十一,[清]阮元校刻:《十三经注疏》(附校勘记),中华书局,1982年影印本,第2020页。

⑧[周]左丘明传,[晋]杜预注,[唐]孔颖达疏:《春秋左传正义》卷二十五,[清]阮元校刻:《十三经注疏》(附校勘记),中华书局,1982年影印本,第1897页。

社稷[①]。

　　这样来看的话,孔子所说的"臣事君以忠"不是无原则的愚忠,而是强调要为国家、社稷之事尽心尽力,恪尽职守。因此,"事君以忠"不是没有前提的,其前提就是以道为据,以礼为约,"所谓大臣者,以道事君,不可则止"(《论语·先进》)。面对君王的过错,臣民应敢于犯颜直谏而不欺瞒,即"勿欺也,而犯之"(《论语·宪问》),做到这一点,才真正算得上是"事君以忠"。当然,如果君王是一位明君,能够代表社稷共同体利益的话,那么臣民也可以为君王、为国家社稷献出自己的生命,"事君,能致其身"(《论语·学而》)。

　　在上博简《孔子诗论》中,孔子认为《诗经·小雅·雨无正》《诗经·小雅·节南山》这两首诗"皆言上之衰也,王公耻之"[②]。《孔丛子·记义》中的一句话可视为这一观点的注脚:"于《节南山》,见忠臣之忧世也。"[③] 结合起来理解,就是说"忧世"是因为"上之衰",而"忠臣"就是以"上之衰"为耻的"王公"。孔子对这两首诗的评论,其重点并非《毛诗序》所强调的"刺幽王",而是彰显忠臣忧世之德。同样的主题也体现在对《诗经·小雅·天保》的评论中,孔子说:"《天保》,其得禄蔑疆矣,巽寡,德故也。"[④] "巽",《广雅·释诂》:"巽,顺也。"[⑤] "孤""寡"者,皆喻君也。《论语·季氏》曰"邦君之妻,君称之曰夫人""称诸异邦曰寡小君",邢昺疏曰:"以对异邦称君曰寡君,谦言寡德之君,夫人对君为小,故曰寡小君也。"[⑥] 所以,此处的"寡德"当指君德。显然,通过《诗经·小雅·天保》一诗的评论,孔子表达的还是其"臣事君以忠"的思想。

三、朋友之信

　　"朋",甲骨文写法为"𢀛"(一期 前五 105)[⑦],徐中舒先生认为"朋

---

①刘岱总主编:《中国文化新论·思想篇(二)·天道与人道》,生活·读书·新知三联书店,1992年,第180页。

②马承源主编:《上海博物馆藏战国楚竹书》(一),上海古籍出版社,2001年,第136页。

③傅亚庶:《孔丛子校释》卷一,中华书局,2011年,第54页。

④马承源主编:《上海博物馆藏战国楚竹书》(一),上海古籍出版社,2001年,第137页。

⑤[清]王念孙著,钟宇讯点校:《广雅疏证(附索引)》卷一上,中华书局,2004年,第10页。

⑥[三国魏]何晏注,[宋]邢昺疏:《论语注疏》卷十六,[清]阮元校刻:《十三经注疏》(附校勘记),中华书局,1982年影印本,第2522页。

⑦徐中舒主编:《甲骨文字典》,四川辞书出版社,2014年,第428页。

字乃是賏字之形讹","甲骨文朋(賏)字像连贝为一系,左右对称,金文亦如之"①。"朋"的一个合并字"倗",其甲骨文写法为"𢍰"(一期篛游121)②,是由"𢆶"(即"朋")与"𠂤"(即"人")构成的,比喻与品行良好的人相结交。后来,"朋"就引申为志趣相投的结交者。"友",甲骨文写法为"𠬪"(一期 前714)③,由两个"𢓜"(即"又",抓握)组合而成,表示握手结交。《说文解字》释曰:"友,同志为友,从二又相交。"④

《论语·学而》开篇讲"有朋自远方来",其中关于"朋",有不同理解。何晏《集解》引包咸注曰:"同门曰朋。"⑤邢昺《疏》引郑玄注《周礼·大司徒》曰:"同师曰朋,同志曰友。"⑥清代学者程树德引毛奇龄的观点,认为包注更为准确,其《论语稽求篇》曰:"'同门曰朋',此是古注。自《说文》及《诗注》《左传注》《公羊传注》皆然。《周礼·大司徒》郑注'同师曰朋',便不如同门之当。"⑦关于"友",《荀子·大略》曰:"友者,所以相有也。"⑧王先谦《释名疏证补》引刘熙的解释说"友,有也,相保有也",并认为友、有义同,故二字通用⑨。实际上,"友""有""佑"三字在古代是可以互通互释的。东汉中后期以来,学者更以"同志"释"友",如《论衡·自纪》说:"好友同志。"⑩《后汉书·刘陶传》说:"陶为人居简,不修小节。所与交友,必也同志。"⑪"友"还经常与"孝"连用,构成一词,如"唯辟孝友"(《史墙盘》)⑫、"张仲孝友"(《诗经·小雅·六月》)

①徐中舒主编:《甲骨文字典》,四川辞书出版社,2014年,第429页。

②徐中舒主编:《甲骨文字典》,四川辞书出版社,2014年,第883页。

③徐中舒主编:《甲骨文字典》,四川辞书出版社,2014年,第295页。

④[清]段玉裁:《说文解字注》,中华书局,2013年,第117页。

⑤[三国魏]何晏集解,[南朝梁]皇侃义疏:《论语集解义疏》卷一,中华书局,1985年,第1页。

⑥[三国魏]何晏注,[宋]邢昺疏:《论语注疏》卷一,[清]阮元校刻:《十三经注疏》(附校勘记),中华书局,1982年影印本,第2457页。

⑦[清]程树德撰,程俊英、蒋见元点校:《论语集释》卷一,中华书局,1990年,第6页。

⑧[清]王先谦撰,沈啸寰、王星贤点校:《荀子集解》卷十九,中华书局,1988年,第514页。

⑨[汉]刘熙撰,[清]毕沅证,[清]王先谦补,祝敏彻、孙玉文点校:《释名疏证补》卷四,中华书局,2008年,第110—111页。

⑩黄晖:《论衡校释(附刘盼遂集解)》卷三十,中华书局,2006年,第1191页。

⑪[南朝宋]范晔撰,[唐]李贤等注:《后汉书》卷五十七,中华书局,1973年,第1842页。

⑫中国社会科学院考古研究所编:《殷周金文集成》(修订增补本)第七册,中华书局,2007年,第5485页。

《毛传》释曰："善父母为孝,善兄弟曰友。"① 这里的"友"当指兄弟间互帮互助的意思。综合理解的话,所谓"朋友",指的就是同门生徒间相互关爱、相互帮助的意思,即《毛传》所云："风雨相感,朋友相须。"②

在《论语》中,凡论及朋友之道,均会与"信"相关,如"与朋友交,言而有信""与朋友交而不信乎"(《论语·学而》)、"朋友信之"(《论语·公冶长》)。孔子说"匿怨而友其人,左丘明耻之,丘亦耻之"(《论语·公冶长》),亦是说对朋友要讲"信"。"信"即"诚",这就要求朋友之间应该推心置腹、以诚相待。正是因为此,古人才会把朋友之交称为"心交""情交"。明代高濂《遵生八笺》说："古者贵择交,且交以心,匪交以面也。交不能择,友不以心,是诚面交矣,何能久且敬哉!"③ 朱光潜在《谈交友》一文中也曾说："如果我们把人与人中间的好感称为友谊,则无论是君臣、父子、夫妇或是兄弟之中,都绝对不能没有友谊。""换句话说,无论哪一伦,都非有朋友的要素不可,朋友是一切人伦的基础。"④ 当孔子说"有朋自远方来,不亦乐乎"(《论语·学而》)时,实际上就已经流露出其对朋友之道主情、主爱特点的认识。古代独立意识比较强的士人,力图将君臣、父子关系阐释成朋友关系,比如孔颖达引郑玄的《六艺论·论诗》的话说："自书契之兴,朴略尚质,面称不为谄,目谏不为谤,君臣之接如朋友,然在于恳诚而已。斯道稍衰,奸伪以生,上下相犯。及其制礼,尊君卑臣,君道刚严,臣道柔顺。"⑤ 这实际上就体现了他们对这种自然之情的追求和向往。在"人的自觉"的魏晋时期,盛行交游,特重友情,非君非父的言论时有可见,而对友谊却是格外的珍重,亦说明友情是最契合于人之本性的自然之情,故孔门儒者非常重视"以文会友"(《论语·颜渊》),并以此为乐。《论语·季氏》引孔子的话说："益者三乐,损者三乐。乐节礼乐,乐道人之善,乐多贤友,益矣。乐骄乐,乐佚游,乐宴乐,损矣。"又说："益者三友,损者三友。友直,友谅,友多闻,益

①[汉]毛亨传,[汉]郑玄笺,[唐]孔颖达疏:《毛诗正义》卷十,[清]阮元校刻:《十三经注疏》(附校勘记),中华书局,1982年影印本,第425页。
②[汉]毛亨传,[汉]郑玄笺,[唐]孔颖达疏:《毛诗正义》卷十三,[清]阮元校刻:《十三经注疏》(附校勘记),中华书局,1982年影印本,第459页。
③[明]高濂著,赵立勋等校注:《遵生八笺校注》卷八,人民卫生出版社,1994年,第275页。
④朱光潜:《谈修养》,江苏人民出版社,2015年,第88页。
⑤[汉]毛亨传,[汉]郑玄笺,[唐]孔颖达疏:《毛诗正义·诗谱序》,[清]阮元校刻:《十三经注疏》(附校勘记),中华书局,1982年影印本,第262页。

矣。友便辟,友善柔,有便佞,损矣。"孔子认为,只有与"益友"相交往,才能使人有所增益、有所进步。所以,孔子评价《诗经·小雅·菁菁者莪》时说该诗"以人益也"[①]。

当然,朋友之间除了要真诚守信、互帮互助外,还应相互切磋劝勉,甚至相互批评,《论语·子路》篇曰:"朋友切切偲偲。"《后汉书·陈忠传》注曰:"切,责也。"[②]何晏《集解》引马融说:"切切偲偲,相切责之貌。"[③]《孟子·离娄下》亦云:"责善,朋友之道也。"[④]孔颖达《诗经·小雅·常棣》疏云:"朋友之交则以义,其聚集切切节节然,相劝竞以道德,相勉励以立身,使其日有所得,故兄弟不如友生也。"[⑤]

总之,朋友之间只有建立在"信"的基础上,才能开诚布公、坦然相处,从而形成一种美好和谐的社会关系。

---

①马承源主编:《上海博物馆藏战国楚竹书》(一),上海古籍出版社,2001年,第137页。
②[南朝宋]范晔撰,[唐]李贤等注:《后汉书》卷四十六,中华书局,1973年,第1565页。
③[三国魏]何晏集解,[南朝梁]皇侃义疏:《论语集解义疏》卷七,中华书局,1985年,第188页。
④[汉]赵岐注,[宋]孙奭疏:《孟子注疏》卷八下,[清]阮元校刻:《十三经注疏》(附校勘记),中华书局,1982年影印本,第2731页。
⑤[汉]毛亨传,[汉]郑玄笺,[唐]孔颖达疏:《毛诗正义》卷九,[清]阮元校刻:《十三经注疏》(附校勘记),中华书局,1982年影印本,第408页。

第六章　孔子的艺术美论

　　孔子美学立足于个体人格的完善,凸显个体与社会、美与善的和谐统一,追求一种诗化的人生境界。"文质彬彬""绘事后素""中和为美"的美学思想正是在孔子的这种观念浸润下而形成的,它是孔子诗歌、绘画、音乐美学思想的核心,渗透到了孔子诗歌、绘画、音乐艺术观的方方面面,并作为中国独特的审美文化心理结构对后世文人的艺术创作及艺术美学思想产生了深刻影响。

第一节　孔子的诗歌、绘画美学思想

　　孔子对艺术之美的讨论,首先就体现在其诗歌、绘画美学思想中。本节我们将从"文质彬彬""思无邪""兴、观、群、怨""绘事后素"这四个命题入手,来展开对其诗歌、绘画美学思想的分析和阐释,从而把握孔子独特的艺术审美观。

一、"文质彬彬"——诗歌审美标准论

　　《论语·泰伯》篇中提到:"兴于《诗》,立于礼,成于乐。"刘宝楠《论语正义》引包咸的注曰:"兴,起也。言修身当先学《诗》。"[1]孔子在《论语·季氏》中也说过类似的话,"不学诗,无以言",所以必须首先学《诗》;"立于礼",即一个人之所以为人的立身根本。孔子说"不学礼,无以立"(《论语·季氏》)。"礼"是儒家道德行为的准则和规范,"动之不以礼,未善也"(《论语·卫灵公》);最后,"成于乐"也就是说要在"乐"中有所"成",那么究竟要"成"的是什么呢? 我们认为,孔子在"乐"中

---

①[清]刘宝楠撰,高流水点校:《论语正义》卷九,中华书局,1990年,第298页。

所"成"的当是个体人格①。那么,这种人格究竟又是一种什么样的形态呢?一言以蔽之,乃是一种"文质彬彬"的君子人格。

在《论语·雍也》篇中,子曰:"质胜文则野,文胜质则史。文质彬彬,然后君子。"孔子所说的"文质彬彬",既是对君子人格的总体要求,同时也是孔子所追求的圆满人格、理想人格。关于"文"与"质"的内涵,南朝梁代皇侃解释说:"质,实也……文,华也。"②"质"指的是人的内在伦理道德品质。《论语·卫灵公》中的"君子义以为质,礼以行之"以及《论语·颜渊》中的"夫达也者,质直而好义",这些都可以表明"质"的内涵。而"文"指的是人的外在的文化教养形式,孔子对于这种"文"之美给予了充分肯定和高度评价。《论语·八佾》篇云:"周监于二代,郁郁乎文哉!吾从周。"孔子对"郁郁乎文哉"的周代礼乐文化的盛赞,是其"文质观"在政治思想中的具体体现。宋人李复在《答人论文书》中说:

> 《易》曰:"观乎天文以察时变,观乎人文以化成天下。"夫所谓人文者,礼乐法度之谓也。上古之法,至尧而成,故孔子曰"焕乎其有文章"。周之德至文王而纯,故《传》称"经纬天地曰文",此圣人之文也。后世有一善可取,亦有谓之文者,孔文子、公叔文子之类是也,此皆以其行事谓之文也。昔之君子欲明其道,喻其理,以垂训于天下后世,亦有言焉,以为言之不文不可以传,故修辞而达之,此言之为文也,非谓事其无用之辞也。③

司马光在《答孔文仲司户书》中谈到:"古之所谓文者,乃所谓礼乐之文,升降进退之容、弦歌雅颂之声,非今之所谓文也。"④尽管这些已基本涵盖了"文"的各个方面,但今人刘永济总结的关于"文"的古义就非常完备了,可以帮助我们更加明确"文"的含义。他说:

> 一者,经纬天地也。《尚书·尧典》:"钦明文思安安。"马融注

---

① 张明:《"成于乐":孔子"仁"境的诗性呈现》,《中国文化研究》2009年夏之卷。
② [三国魏]何晏集解,[南朝梁]皇侃义疏:《论语集解义疏》卷三,中华书局,1985年,第77页。
③ 曾枣庄、刘琳主编:《全宋文》(第一百二十二册)卷二千六百二十七,上海辞书出版社、安徽教育出版社,2006年,第61—62页。
④ [宋]司马光撰,李文泽、霞绍晖校点:《司马光集》卷六十,四川大学出版社,2010年,第1254页。

曰："经纬天地之谓文,道德纯备之谓思。"又《舜典》:"濬哲文明。"孔颖达《正义》曰:"经纬天地曰文,照临四方曰明。"二者,国之礼法也。《礼记·大传》:"考文章。"郑玄注曰:"文章,礼法也。"孔颖达《正义》曰:"文章,国之礼法也。"《国语·周语》:"有不享则修文。"韦昭注曰:"文,典法也。"三者,古之遗文也。《论语·学而》(第一):"行有余力,则以学文。"马融注曰:"文者,古之遗文。"邢昺疏曰:"古之遗文者,则诗、书、礼、乐、易、春秋六经是也。"又《雍也》(第六):"博学于文,约之以礼。"邢昺疏曰:"言君子若博学于先王之遗文,复用礼以自检约。"四者,文德也。《论语·颜渊》(第十二):"曾子曰:君子以文会友。"孔安国注曰:"友以文德合。"《国语·周语》:"夫敬,文之恭也。"韦昭注曰:"文德之总名也。"五者,华饰也。《论语·雍也》(第六):"文质彬彬,然后君子。"皇侃疏曰:"文,华也。"《荀子·礼论》:"贵本之谓文。"杨倞注曰:"文谓修饰。"《庄子·缮性》:"文灭质,博溺心。"郭象注曰:"文博者,心质之饰也。"六者,书名也,文辞也。《礼记·中庸》:"不考文。"郑玄注曰:"文,书名也。"孔颖达《正义》曰:"不得考成文章书籍之名也。"《国语·晋语》:"吾不如衰之文也。"韦昭注曰:"文,文辞也,书名也。"又《楚语》:"则文咏物以行之。"韦昭注曰:"文,文词也。"《荀子·非相》:"文而致实。"杨倞注曰:"文谓辩说之词也。"[1]

至于"彬彬"之义,《论语集解义疏》引包注曰"野,如野人,言鄙略也"、"史者,文多而质少也"、"彬彬,文质相半之貌也"[2]。朱熹《论语集注》云:"野,野人,言鄙略也。史,掌文书,多闻习事,而诚或不足也。彬彬,犹班班,物相杂而适均之貌。"[3]

总的来看,关于"文"与"质"的关系,孔子认为二者是对立统一的。一个人如果品德很好,但言谈举止缺乏风度,那么就未免有点粗野;反过来,一个人外部形象不错,但品德不好,修养很差,那么就会失之虚浮。只有文质结合,相得益彰,方可称为君子。"言动、容色、生活各个方面的美和文化教养"固然可以让人愉悦,但它只有与内在的"仁义道德品

①刘永济:《十四朝文学要略》,武汉大学出版社,2013年,第2—3页。
②[三国魏]何晏集解,[南朝梁]皇侃义疏:《论语集解义疏》卷三,中华书局,1985年,第77页。
③[宋]朱熹:《四书章句集注》,中华书局,2010年,第89页。

质"①结合起来,才会真正让一个人充满魅力和美感。在《论语》不少地方,孔子都着重强调了内在的"质"是美生成的决定性因素。《里仁》篇就明确说"里仁为美",这表明"仁"是美的灵魂。在《尧曰》篇中,孔子谈到了"五美",这"五美"指的就是"君子惠而不费,劳而不怨,欲而不贪,泰而不骄,威而不猛"。"五美"实际上就是五种德行品质。由此可见,美的核心内容就是"仁",就是"惠而不费"之类的德行,它决定了美的产生与归属。

当然,注重内在的"质",并不意味着要舍弃外在的"文",只有在"文"与"质"达到最佳状态即"文质彬彬"时,才是孔子心目中的理想人格,同时这也是他要在艺术中成就的君子人格。另外,孔子又非常注重一个君子的外在形象,与孔子同时代的棘子成曾经对孔子的这一思想提出过质疑。棘子成认为君子只要有"质"就行,根本不需要所谓的"文",而孔子的得意门生子贡不赞同棘子成的观点,他说:"文犹质也,质犹文也。虎豹之鞟犹犬羊之鞟。"(《论语·颜渊》)对子贡而言,君子的"文"与"质"同样重要,"文犹质也,质犹文也"。正是因为有"文"的存在,虎豹和犬羊才能明确地区别开来,言外之意,君子和小人进行区分的外在标志就是"文"。因此子贡不赞同棘子成否定"文"的观点。这些言论虽不是从孔子本人的口中直接说出的,但却可以代表他的观点。

由此可见,孔子在重视"质"的决定性作用的同时,并没有轻视"文"的形式因素,他追求的是二者的有机统一。而具备了这种品质的人在现实生活中往往能做到"和而不流""中立而不倚"②。事实上,孔子本人就是这样一个"文质彬彬"的君子。"子温而厉,威而不猛,恭而安"(《论语·述而》),表现出的正是孔子那种"文质相成"的人格风范。所以,从人格美的角度来看,"文质彬彬"是孔子评价人的标准,是孔子对人的内在美与外在美的一种较高的质的规定。

"文质彬彬"虽并非专门针对艺术而言的,但却有着深刻的美学意义。"文"与"质"的统一,既是人格美的评价标准,同时也是诗歌审美的评价标准。就艺术作品而言,"质"指内容要素,"文"指文采形式。一

---

① 李泽厚、刘纲纪:《中国美学史:先秦两汉编》,安徽文艺出版社,1999年,第135页。
② [汉]郑玄注,[唐]孔颖达疏:《礼记正义》卷五十二,[清]阮元校刻:《十三经注疏》(附校勘记),中华书局,1982年影印本,第1626页。

方面,孔子认为,艺术作品首先要由"德","有德者必有言,有言者不必有德"(《论语·宪问》)。如果无"德",其言虽巧,亦是不足取的。故子曰:"巧言令色,鲜矣仁!"(《论语·学而》)而另一方面,孔子又要求文学作品必须要有文采。他说:"言之无文,行而不远。"①《论语·宪问》篇曾谈到,郑国重要的外交文书的写作要经过"草创之""讨论之""修饰之""润色之"等多个环节的完善,而后面两个环节所涉及的就是文采的问题。《礼记·表记》亦云:"情欲信,辞欲巧。"②《孔子诗论》第一简则说"文无离言"③。这表明,作品必须具备信实诚挚的情感、富有文采的语言和精美巧妙的修辞技巧,才能更好地被人所接受,从而更为长久地流传下去。总之,在艺术审美的标准问题上,孔子追求的是"文质并重"。那种只重内容的纯正而忽视形式的华美,或者只追求形式华美而忘却内容纯正的做法,在他看来都是片面的。

"文质彬彬"的审美标准由孔子奠定后,很快便成为中国美学的一个重要传统,为历代美学家所继承。在后世有关文质关系的言论中,虽然对质或文各有偏重,但在文质统一这个问题上基本上是一致的。扬雄《法言·修身》说:"实无华则野,华无实则贾,华实副则礼。"④董仲舒也明确指出:"志为质,物为文。文著于质,质不居文,文安施质?质文两备,然后其礼成。"⑤扬雄和董仲舒不约而同地将文质的统一问题与儒家的礼相关联,认为华实相副、质文两备才是礼,这显然是对孔子"文质"美学观的继承与发展。汉代的刘向在《说苑·修文》篇中讲了一个孔子的故事,对孔子的文质观做了进一步的阐述。"孔子见子桑伯子,子桑伯子不衣冠而处",孔子的学生很不解地问他为什么要见这个人,孔子回答说,因为"其质美而无文",所以他要"说而文之"。而孔子离开后,子桑伯子的门人也很不高兴,问道:"何为见孔子乎?"子桑伯子则对曰:"其质美而文繁,吾欲说而去其文。"在这个故事最后,刘向总结说:"文质修

①[周]左丘明传,[晋]杜预注,[唐]孔颖达疏:《春秋左传正义》卷三十六,[清]阮元校刻:《十三经注疏》(附校勘记),中华书局,1982年影印本,第1985页。

②[汉]郑玄注,[唐]孔颖达疏:《礼记正义》卷五十四,[清]阮元校刻:《十三经注疏》(附校勘记),中华书局,1982年影印本,第1644页。

③马承源主编:《上海博物馆藏战国楚竹书》(一),上海古籍出版社,2001年,第123页。

④汪荣宝撰,陈仲夫点校:《法言义疏》卷五,中华书局,1987年,第97页。

⑤[清]苏舆撰,钟哲点校:《春秋繁露义证》卷一,中华书局,1992年,第27页。

者谓之君子,有质而无文谓之易野。"① 通过这则故事,我们不难看出,刘向虽然最后主张"文质修者"才能"谓之君子",但他似乎主要是针对子桑伯子"质美而无文"的缺点而有意强调"文"的重要性的。

到了魏晋时期,刘勰的文质观也受到了孔子美学思想的影响。《文心雕龙·情采》云:"夫水性虚而沦漪结,木体实而花萼振,文附质也。虎豹无文,则鞟同犬羊;犀兕有皮,而色资丹漆,质待文也。"② 显然,刘勰在本篇所用的比喻都是受到了《论语》的启发。与刘勰同时代的钟嵘也主张"文质并重",并以此作为审美标准来评价汉魏时期的诗人诗作,赞赏曹植的诗"体被文质",批评刘桢和王粲的诗一个"气过其文"、一个"文秀而质羸"③。甚至那个对儒家思想颇有微词的昭明太子萧统在文质关系上也是认同孔子提出的"文质彬彬"观点的,主张诗文创作应"丽而不浮,典而不野"④。唐代魏徵主持编写的《隋书》,肯定了文与质各自的长处:"理深者便于时用,文华者宜于咏歌。"但最高的理想还不是"理深者"和"文华者",而是"文质彬彬,尽善尽美"⑤。

"文质彬彬"是孔子提出来的审美观点,但经过几千年的发展和完善,最后变成了华夏民族共同的审美标准。这其中,孔子所做出的贡献是不言而喻的。

二、"思无邪"——诗歌审美价值论

春秋时期,"赋诗断章,余取所求"⑥ 式地用诗、引诗、赋诗现象是非常普遍的,正如有学者指出的那样:"无论是《国语》《左传》还是《战国策》其所引诗都是本着'断章取义'的原则来进行的。""在春秋时期,诗作为贵族社会独特的交往方式,是以诗所蕴涵的价值为前提的。"⑦ 处在

---

① [汉]刘向撰,向宗鲁校证:《说苑校证》卷十九,中华书局,1987年,第499页。
② [南朝梁]刘勰著,范文澜注:《文心雕龙注》卷七,人民文学出版社,1962年,第537页。
③ [南朝梁]钟嵘著,曹旭笺注:《诗品笺注》,人民文学出版社,2009年,第56—66页。
④ [清]严可均辑:《全上古三代秦汉三国六朝文·全梁文》(五),上海古籍出版社,2009年影印本,第233页。
⑤ [唐]魏徵、令狐德棻:《隋书》卷七十六,中华书局,2008年,第1730页。
⑥ [周]左丘明传,[晋]杜预注,[唐]孔颖达疏:《春秋左传正义》卷三十八,[清]阮元校刻:《十三经注疏》(附校勘记),中华书局,1982年影印本,第2000页。
⑦ 李春青:《诗与意识形态:西周至两汉诗歌功能的演变与中国诗学观念的生成》,北京大学出版社,2005年,第129页。

同一时期的孔子自然亦不例外。然而,孔子"断章取义"地引诗又并非完全撇开诗句随意杜撰,而是注重在原诗的意义上进行思想的引导和兴发。戴震《毛郑诗考正》所讲的"古人赋《诗》,断章必依于义可交通,未有尽失其义误读其字者。使断取一句而并其字不顾,是乱经也"①,就是这个道理。

《论语》中对《诗经》诗句直接引用的共有五处,均以其原义为本,在此基础上衍生出与仁学相关的思想文化内涵。比如,《学而》篇记载了子贡与孔子的一段对话,当子贡问孔子对"贫而无谄,富而无骄"的境界怎么评价的时候,孔子说:"可也。"但孔子认为这不过是最起码的道德修养,其境界"未若贫而乐,富而好礼者也"。子贡于是联想了《诗经·卫风·淇奥》中的两句诗"如切如磋,如琢如磨"②。这两句诗表明,君子人格以及"仁"之境界就像美玉一样,需要不断地打磨,精益求精。子贡能如此活用《诗》,举一而反三,正是善于积极地接受《诗》的表现,因此孔子非常高兴地说,我可以与你谈诗论道了! 再如,《八佾》篇中子夏问孔子说:"'巧笑倩兮,美目盼兮,素以为绚兮。'何谓也?"孔子回答说:"绘事后素。"子夏所引的这几句诗出自《诗经·卫风·硕人》,"巧笑""美目"描写卫庄公夫人庄姜动人的外貌。但庄姜不止有外貌的美,而且还有更美的内在品质,据《毛传》载曰:"硕人,闵庄姜也。庄公惑于嬖妾,使骄上僭。庄姜贤而不答,终以无子,国人闵而忧之。"③孔子由此引伸出内在之美必先于外在之美,有内美方可言外美的美学思想。而子夏从"绘事后素"一语,立刻悟到"仁"与"礼"的关系,说"礼后乎?"

---

① [清]戴震撰,杨应芹、诸伟奇主编:《戴震全书》(修订本)第一册,黄山书社,2010年,第634页。

② 《诗经·卫风·淇奥》原诗:"瞻彼淇奥,绿竹猗猗。有匪君子,如切如磋,如琢如磨。瑟兮僴兮,赫兮咺兮。有匪君子,终不可谖兮。瞻彼淇奥,绿竹青青。有匪君子,充耳琇莹,会弁如星。瑟兮僴兮,赫兮咺兮。有匪君子,终不可谖兮。瞻彼淇奥,绿竹如箦。有匪君子,如金如锡,如圭如璧。宽兮绰兮,倚重较兮。善戏谑兮,不为虐兮。"[汉]毛亨传,[汉]郑玄笺,[唐]孔颖达疏:《毛诗正义》卷三,[清]阮元校刻:《十三经注疏》(附校勘记),中华书局,1982年影印本,第321页。

③ 《诗经·卫风·硕人》原诗:"硕人其颀,衣锦褧衣。齐侯之子,卫侯之妻,东宫之妹,邢侯之姨,谭公维私。手如柔荑,肤如凝脂,领如蝤蛴,齿如瓠犀,螓首蛾眉。巧笑倩兮,美目盼兮。硕人敖敖,说于农郊。四牡有骄,朱幩镳镳,翟茀以朝。大夫夙退,无使君劳。河水洋洋,北流活活。施罛濊濊,鳣鲔发发,葭菼揭揭。庶姜孽孽,庶士有朅。"[汉]毛亨传,[汉]郑玄笺,[唐]孔颖达疏:《毛诗正义》卷三,[清]阮元校刻:《十三经注疏》(附校勘记),中华书局,1982年影印本,第322页。

在孔子的思想中，"仁"是"礼"的内质，"礼"是"仁"的外化，"仁"于"礼"为先，"礼"为"仁"之后，孔子说过："人而不仁，如礼何？人而不仁，如乐何？"（《论语·八佾》）失"仁"不足言"礼"，无"素"则"绘事"无补于事，一句"礼后乎"，正中孔子下怀。将审美与道德融化为一，将孔子的思想观念诗化，可能是孔子本人也始料未及的，因而反过来赞扬子夏启发了他。另外，《八佾》篇中谈到："三家者以《雍》彻。子曰：'相维辟公，天子穆穆'，奚取于三家之堂？"这是由对春秋时期僭礼行为的批评引申出对礼乐秩序的强调；《泰伯》篇中，曾子有疾，召门弟子曰："启予足！启予手！《诗》云：'战战兢兢，如临深渊，如履薄冰。'而今而后，吾知免夫！小子！"这是由为人处事的谨慎引申出曾子对孝道的理解。

2001年以来整理出版的上博简《孔子诗论》提供了很多不见于传世文献的孔子论《诗》内容，其中记录了孔子对五十八首诗的评论，可以说这是迄今为止我们能见到的最详尽、最系统的孔子论《诗》的文献资料。这些诗歌评论中，有为数不少的内容也是对《诗经》原义的引申。比如，孔子在评价《葛覃》《甘棠》《木瓜》等诗时说：

> 吾以《葛覃》得氏初之诗，民性固然。见其美必欲反一本。（第十六简）[1]
> [吾以《木瓜》得]币帛之不可去也，民性固然，其隐志必有以逾也。其言有所载而后内，或前之而后交，人不可干也。（第二十简）[2]
> 吾以《甘棠》得宗庙之敬，民性固然。甚贵其人，必敬其位。悦其人，必好其所为。恶其人者亦然。（第二十四简）[3]

孔子对这一组诗的阐发仍是沿着从诗本义到引申义的思路来进行的。首先来看孔子对《葛覃》诗的评价："吾以得氏初之诗。""氏"字，廖名春读为"祗"。祗，敬也；诗，志也。"氏初之诗"则为"敬初之心"[4]。"吾以《葛覃》得氏初之诗"，就是说"我从《葛覃》中感受到了敬本的思想"。

---

①马承源主编：《上海博物馆藏战国楚竹书》（一），上海古籍出版社，2001年，第145页。
②马承源主编：《上海博物馆藏战国楚竹书》（一），上海古籍出版社，2001年，第149页。
③马承源主编：《上海博物馆藏战国楚竹书》（一），上海古籍出版社，2001年，第153页。
④廖名春：《上海博物馆藏诗论简校释》，《中国哲学史》2002年第1期。

对于《葛覃》^①一诗，其主旨历来是众说纷纭。《毛诗序》、孔颖达、朱熹均认为该诗言"后妃之德"或"后妃之本"^②，而清代诗论家方玉润则对以上观点表示质疑，他说："后处深宫，安得见葛之延于谷中，以及此原野之间鸟鸣丛木景象乎？"因此，认为该诗应"采之民间，与《关雎》同为房中乐，前咏初昏，此赋归宁耳"^③。这一点与孔子的思路是相同的。在孔子看来，诗中的女主人公由"维叶萋萋""维叶莫莫"想到"葛之覃兮"，由"为絺为绤""服之无斁"的幸福生活想到了"归宁父母"，而这正是"见其美而欲反一本"的人性使然。因此，孔子对该诗的评价没有半点陈腐的道德说教气，而是从诗中反映的生活现实中自然而然地读出了"为人之本"的思想——"孝"。

《甘棠》一诗主旨比较明确，基本上认为是怀念召伯所作^④。这里的"召伯"即"燕召公"。司马迁《史记·燕召公世家》曾就这首诗的背景进行过详细说明："召公之治西方，甚得兆民和。召公巡行乡邑，有棠树，决狱政事其下，自侯伯至庶人各得其所，无失职者。召公卒，而民人思召

①《诗经·周南·葛覃》原诗："葛之覃兮，施于中谷，维叶萋萋。黄鸟于飞，集于灌木，其鸣喈喈。葛之覃兮，施于中谷，维叶莫莫。是刈是濩，为絺为绤，服之无斁。言告师氏，言告言归。薄污我私，薄浣我衣。害浣害否，归宁父母。"〔〔汉〕毛亨传，〔汉〕郑玄笺，〔唐〕孔颖达疏：《毛诗正义》卷一，〔清〕阮元校刻：《十三经注疏》（附校勘记），中华书局，1982年影印本，第276—277页〕

②《毛诗序》认为该诗："后妃之本也。后妃在父母家，则志在于女功之事，躬俭节用，服浣濯之衣，尊敬师傅，则可以归安父母，化天下以妇道也。"孔疏曰："作《葛覃》诗者，言后妃之本性也。谓贞专节俭自有性也，《叙》又申之。后妃先在父母之家，则已专志于女功之事。复能身自俭约，谨节财用，服此浣濯之衣而尊敬师傅。在家本有此性，出嫁修而不改，妇礼无愆。当于夫氏，则可以归问安否于父母，化天下以为妇之道也。"〔〔汉〕毛亨传，〔汉〕郑玄笺，〔唐〕孔颖达疏：《毛诗正义》卷一，〔清〕阮元校刻：《十三经注疏》（附校勘记），中华书局，1982年影印本，第276页〕朱熹《诗集传》亦云："此诗后妃所自作，故无赞美之词。然于此可以见其已贵而能勤，已富而能俭，已长而敬不弛于师傅，已嫁而孝不衰于父母，是皆德之厚，而人所难也。《小序》以为后妃之本，庶几近之。"（〔宋〕朱熹：《诗集传》卷一，朱杰人、严佐之、刘永翔主编：《朱子全书》第一册，上海古籍出版社、安徽教育出版社，2002年，第404—405页）

③〔清〕方玉润撰，李先耕点校：《诗经原始》卷一，中华书局，1986年，第76页。

④《甘棠》原诗："蔽芾甘棠，勿翦勿伐，召伯所茇。蔽芾甘棠，勿翦勿败，召伯所憩。蔽芾甘棠，勿翦勿拜，召伯所说。"《毛诗序》云："《甘棠》，美召伯也。召伯之教，明于南国。"郑笺云："召伯听男女之讼，不重烦劳百姓，止舍小棠之下而听断焉，国人被其德，说其化，思其人，敬其树。"〔〔汉〕毛亨传，〔汉〕郑玄笺，〔唐〕孔颖达疏：《毛诗正义》卷一，〔清〕阮元校刻：《十三经注疏》（附校勘记），中华书局，1982年影印本，第287—288页〕朱熹《诗集传》云："召伯循行南国，以布文王之政，或舍甘棠之下，其后人思其德，故爱其树而不忍伤也。"（〔宋〕朱熹：《诗集传》卷一，朱杰人、严佐之、刘永翔主编：《朱子全书》第一册，上海古籍出版社、安徽教育出版社，2002年，第414页）

公之政,怀棠树不敢伐,歌咏之,作《甘棠》之诗。"①《甘棠》一诗睹物思
人,表达了民众对召公的爱戴,而这种爱源于对召公体恤民情,不搅扰百
姓崇高德性的敬慕。由此出发,孔子又引申出了"贵其人,敬其位"的思
想,并进一步联想到了"宗庙之敬",认为这些皆"民性固然"也。宗庙是
祭祀祖先的场所,而祭祀祖先的目的则是要"慎终,追远,民德归厚矣"
(《论语·学而》)、"君子反古复始,不忘其所由生也"(《礼记·祭义》)②。
"慎终追远""不忘其所由生",其实质也都是强调人要怀有敬本之情。
《孔子家语·庙制》中孔子讲过一段话:"诗云:'蔽芾甘棠,勿翦勿伐,召
伯所憩。'周人之于召公也,爱其人,犹敬其所舍之树,况祖宗其功德而
可以不尊奉其庙焉!"③这一段话可视为对"吾以《甘棠》得宗庙之敬"的
解释。

　　据张树波《国风集说》的统计,《木瓜》一诗的主旨达七种之多,
有"美齐桓公说""臣下报上说""男女相互赠答说""讽卫人以报齐
说""讽送礼行贿说""朋友相互赠答说""表达礼尚往来思想说"④等。
以上诸种观点虽各不相同,但均是从具体的社交关系如君臣、男女或国
与国等来解说的,而孔子则从具体社交关系的言说中超拔出来,凸显了
人与人交接之"礼"的必要性和重要性,认为像"币帛"这样的宾客交往
通好之礼物,绝非是简单的交换物品,而是承载着丰富的"志":"礼之先
币帛也,欲民之先事而后禄也。先财而后礼,则民利;无辞而行情,则民
争。故君子于有馈者,弗能见,则不视其馈。"⑤这样,孔子就从诗句中原
来具体的礼义关系提升为具有普遍性的礼义原则,并深入阐明了支撑其
成立的精神内容。

　　除了以上三例外,《孔子诗论》中类似的思路在引用、评价《关雎》
《燕燕》《汉广》《绿衣》《宛丘》《菁菁者莪》等诗句时均有体现。如果
再结合前文所述孔子对《诗经》的引用、评价,不难发现其引诗虽多"断

①[汉]司马迁撰,[宋]裴骃集解,[唐]司马贞索隐,[唐]张守节正义:《史记》卷三十四,中华书局,1999年,第1294页。
②[汉]郑玄注,[唐]孔颖达疏:《礼记正义》卷四十八,[清]阮元校刻:《十三经注疏》(附校勘记),中华书局,1982年影印本,第1597页。
③[清]陈士珂辑:《孔子家语疏证》卷八,中华书局,1985年,第203页。
④张树波编著:《国风集说》(上册),河北人民出版社,1993年,第583—586页。
⑤[汉]郑玄注,[唐]孔颖达疏:《礼记正义》卷五十一,[清]阮元校刻:《十三经注疏》(附校勘记),中华书局,1982年影印本,第1621页。

章取义"，"然亦不当大违原义"①，故"引诗不离句义"是孔子引诗、评诗的"一以贯之"之道，由此也为我们准确把握"思无邪"命题提供了指导思想和方法。

"思无邪"之语出自《诗经·鲁颂·駉》篇，为方便论述，现将原诗摘录如下：

> 駉駉牡马，在坰之野。薄言駉者！有骄有皇，有骊有黄，以车彭彭。思无疆，思马斯臧！
>
> 駉駉牡马，在坰之野。薄言駉者！有骓有駓，有骍有骐，以车伾伾。思无期，思马斯才！
>
> 駉駉牡马，在坰之野。溥言駉者！有驒有骆，有骝有雒，以车绎绎。思无斁，思马斯作！
>
> 駉駉牡马，在坰之野。薄言駉者！有骃有騢，有驔有鱼，以车祛祛。思无邪，思马斯徂！②

古今学者对这首诗的理解虽众说纷纭、莫衷一是③，但它首先是一首咏马诗应是确定无疑的。全诗四章，每章列出四种不同毛色的马，共写出十六种马，极言牧马盛多。在写法上，整首诗用的都是复唱的方式，各章的句数、字数及句型结构完全相同，只是变化不同的关键词。这些关键词就是马驾车的状态，分别用"彭彭""伾伾""绎绎""祛祛"来描写。"彭彭"本是连续击鼓的声音，这里用来形容马驾车的强健有力，使人仿佛听到马在进行过程中四足踏地发出的响声；"伾伾"，形容马行进的速度很快。《楚辞·招魂》在形容土伯的狰狞可怕时有"逐人駓駓些"之语，王逸注曰："逐人駓駓，其走捷疾。"④"伾伾""駓駓"，都是健步如飞

---

① 钱穆：《论语新解》，生活·读书·新知三联书店，2002年，第25页。
② [汉]郑玄注，[唐]孔颖达疏：《礼记正义》卷二十，[清]阮元校刻：《十三经注疏》（附校勘记），中华书局，1982年影印本，第608—610页。
③ 这首诗的主旨历来众说纷纭，难成定论。有的认为是歌颂鲁僖公马政的诗，最具代表性的就是《毛诗序》："《駉》，颂僖公也。僖公能遵伯禽之法，俭以足用，宽以爱民，务农重谷，牧于坰野，鲁人尊之，于是季孙行父请命于周，而史克作是颂。"〔[汉]郑玄注，[唐]孔颖达疏：《礼记正义》卷二十，[清]阮元校刻：《十三经注疏》（附校勘记），中华书局，1982年影印本，第608页〕这一观点在历代学者的认可度比较高；有的则认为是借养马以喻鲁国人才之盛。清代方玉润《诗经原始》云："此诸家皆谓'颂僖公牧马之盛'，愚独以为喻鲁育贤之众，盖借马以比贤人君子耳。"（[清]方玉润撰，李先耕点校：《诗经原始》卷十八，中华书局，1986年，第631页）这种说法也不是没有道理，可备参考。
④ 黄灵庚疏证：《楚辞章句疏证》卷十，中华书局，2007年，第1994页。

之状;"绎绎",连续不断之意,突出马的持久的耐力;"祛祛",《说苑·奉使》云:"入门,祛衣不趋。"[1]"祛,指撩起。祛又指衣袖、袖口,人在走路时随着手臂摆动,衣袖上下挥舞,也是取其舒张之义。对于马的驾车形态,用以上四个词语加以描绘,取象角度各异,前后不相重复,全面展示了马的雄姿"[2]。与之相应,在描述完马驾车的状态后,诗句后面先后出现"思无疆""思无期""思无数""思无邪",方玉润认为这四个"思"引申出来的意义"当属马言"[3],也就是指马跑起来"没有尽头""没有停下来的时候""不知疲倦""从不偏斜"。而孔子在《论语·为政》篇用"思无邪"来概括《诗经》的总体特性,显然已与其本义发生了改变(不再是言"马"),这种改变直接导致了后世对这一命题阐释的歧义多解。

那么究竟该如何理解"思无邪"的含义呢?要准确把握住这一命题的内涵,首先必须对"思"与"无邪"的各自含义进行梳理。对于"思"字,大体有两种解读:一是认为"思"为"心思"之意,郑玄《毛诗》注、孔颖达《毛诗》疏、朱熹《诗集传》皆主此义;二是认为"思"为发语词,陈奂《诗毛氏传疏》、俞樾《曲园杂纂》等均言"思"为句首语气词,无实意。今人郭绍虞、朱自清从此说,众学者纷纷从之。著者认为,两种观点对于命题的解读实际上并不会产生根本性的影响,但从"思"字在《诗经》中的使用情况以及古汉语的使用习惯来说,将"思"作无实义的语气词或许更准确一些[4]。

这样看来,理解"思无邪"命题的关键就在于对"无邪"的理解上了。何为"无邪"?归纳起来大体有如下几种说法:

一是将"无邪"训为"正",魏何晏《集解》引包咸语曰:"思无邪",

---

①[汉]刘向撰,向宗鲁校证:《说苑校证》卷十二,中华书局,1987年,第299页。
②李炳海编著:《〈诗经〉解读》,中国人民大学出版社,2008年,第497—498页。
③[清]方玉润撰,李先耕点校:《诗经原始》卷十八,中华书局,1986年,第631页。
④据著者粗略统计,"思"字在《国风》中出现了57次,除9处作语气词外,其余均有实际意义;《小雅》出现了19次,7处有实际意义,其余均为语气词;《大雅》中出现12次,2处有实际意义外,其余均为语气词;《颂》中"思"字共出现了22次,除1处有实际意义外,其余均为语气词。可见,在《诗经》中,除《国风》外,"思"字绝大部分为语气词,特别是《颂》中出现的"思"字基本上都是语气词。另,清代学者刘淇曾这样总结归纳"思"字的用法:"凡思字在句端者,发语辞也,如伊、维之类。在句尾者,语已辞也,如兮、而之类。"([清]刘淇著,章锡琛校注:《助字辨略》卷一,中华书局,1983年,第23页)两相比照,"思无邪"中的"思"应该属于这一类虚词。

"归于正也"①。但何为"正"？包氏并未进一步解释。南朝梁代皇侃《义疏》引卫瓘语曰："不曰'思正'，而曰'思无邪'，明正无所思邪，邪去则合于正也。"②北宋韩驹曾说过："诗言志，当先正其心志，心志正，则道德仁义之语、高雅淳厚之义自具。三百篇中有美有刺，所谓'思无邪'也。先具此质，却论工拙。"③北宋另外一位学者邢昺《论语注疏》曰："《诗》之为体，论功颂德，止僻防邪，大抵皆归于正，故此一句可以当之也。"④南宋朱熹在《论语集注》中注曰："凡《诗》之言，善者可以感发人之善心，恶者可以惩创人之逸志，其用归于使人得其性情之正而已。"⑤张栻《南轩先生论语解》云："学者学夫《诗》，则有以识夫性情之正矣。"⑥今人杨伯峻则认为这是指《诗经》的"思想纯正"⑦。

　　二是将"无邪"训为"诚"，如朱熹引程颐的话说："'思无邪'者，诚也。"⑧南宋的张栻云："《诗》三百篇，美恶怨刺虽有不同，而其言之发，皆出于恻坦之公心，而非有他也。故'思无邪'一语，可以蔽之。"⑨朱熹曰："盖行无邪，未是诚；思无邪，乃可为诚也。"⑩明瞿佑《归田诗话·序》云："古《诗》三百篇，孔子取'思无邪'一言以盖之。夫'思无邪'者，诚也。人能以诚诵诗，则善恶皆有益。学诗之要，岂有外于诚乎？"⑪瞿佑认为作诗与诵诗的"思无邪"，如果能统一在"诚"上，这样才可以收到惩恶扬善的效果。这与朱熹讲的"盖诗之言美恶不同，或劝或惩，皆有以使人得其情性之正"⑫意思相近。因此，《诗经》中虽"贞淫正变，无所不包"⑬，且

①[三国魏]何晏集解，[南朝梁]皇侃义疏：《论语集解义疏》卷一，中华书局，1985年，第14页。
②[三国魏]何晏集解，[南朝梁]皇侃义疏：《论语集解义疏》卷一，中华书局，1985年，第14页。
③[宋]魏庆之著，王仲闻点校：《诗人玉屑》卷十三，中华书局，2007年，第386页。
④[三国魏]何晏注，[宋]邢昺疏：《论语注疏》卷二，[清]阮元校刻：《十三经注疏》（附校勘记），中华书局，1982年影印本，第2461页。
⑤[宋]朱熹：《四书章句集注》，中华书局，2010年，第53页。
⑥[宋]张栻撰，邓洪波校点：《张栻集》（一），岳麓书社，2010年，第11页。
⑦杨伯峻：《论语译注》，中华书局，2006年，第12页。
⑧[宋]朱熹：《四书章句集注》，中华书局，2010年，第54页。
⑨[宋]张栻撰，邓洪波校点：《张栻集》（一），岳麓书社，2010年，第11页。
⑩[宋]黎靖德辑：《朱子语类》卷二十三，朱杰人、严佐之、刘永翔主编：《朱子全书》第十四册，上海古籍出版社、安徽教育出版社，2002年，第800页。
⑪[明]瞿佑：《归田诗话·序》，中华书局，1985年，第1页。
⑫[宋]朱熹：《诗集传》卷二十，朱杰人、严佐之、刘永翔主编：《朱子全书》第一册，上海古籍出版社、安徽教育出版社，2002年，第744页。
⑬[清]袁枚著，顾学颉校点：《随园诗话》卷十四，人民文学出版社，1982年，第465页。

"'思'字中境界无尽",然"所归则一耳"①,这个"一"实质上就是"诚"。

三是将"无邪"训为"无边"。近人于省吾《泽螺居诗经新证》则认为《诗经·鲁颂·駉》中的"思无疆""思无期""思无斁""思无邪"语例相仿。他将"思"理解为发语词,认为"无疆、无期,颂祷之辞;无斁、无邪又有劝诫之义","无疆"即"无止已";"期"通"諅",而"諅"读若"记","无记犹言无算";"斁"读为"度","无度犹言无数";"邪"读为"圂","圂"又通"圉",而"无邪即无圉,无圉犹言无边"。因此,在他看来,"'思无疆'犹言无已,'思无期'犹言无算,'思无斁'犹言无数;'思无邪'犹言无边。无已、无算、无数、无边词异而义同"②。此种观点与传统解读完全不同,而是另辟蹊径,视角独特,颇有新意。

以上诸说均有合理之处,本难以定论,然郭店楚墓竹简的出土,为我们正确理解孔子"思无邪"命题提供了文献依据。郭店楚简《语丛三》第四十八、四十九简云:"思无疆,思无期,思无怠,思无不由义者。"③饶宗颐认为这几句话明显是"摘自《鲁颂》",并且是"断章取义以说诗"④。在他看来,这是孔门以及儒家说诗、引诗的一个历来传统,此说甚是。我们将这四句话与《鲁颂·駉》篇进行对照,不难发现"思无疆,思无期,思无怠"分别对应《鲁颂·駉》中的"思无疆、思无期、思无斁",而"思无不由义者"则与"思无邪"相对应。只不过,"'思无邪'是反说,'思无不由义者'是正说","'无不由义'即'无邪'"⑤。这就表明,于省吾对"思无邪"命题的解释是不能够成立的,否则无法与"思无不由义"的意思相对应。因此,郭店楚简《语丛三》,为我们准确把握"思无邪"命题提供了重要理论支撑。

排除了第三种观点之后,那么,前两种观点哪种更准确一些呢?比较而言,第二种或许更准确一些。因为从《诗经》所选作品的实际情况来看,有的诗表现出激愤的怨刺之情,有的描写男女之情大胆直白,乃至于被后人视为"淫诗",如《邶风》中的《静女》、《鄘风》中的《桑中》、《郑

---

①[清]刘熙载撰,袁津琥校注:《艺概注稿·诗概》卷二,中华书局,2009年,第387页。

②于省吾:《泽螺居诗经新证 泽螺居楚辞新证》,中华书局,2009年,第175—176页。

③荆门市博物馆编:《郭店楚墓竹简》,文物出版社,1998年,第211页。

④饶宗颐:《诗言志再辨》,载武汉大学中国文化研究院编:《郭店楚简国际学术研讨会论文集》,湖北人民出版社,2000年,第10页。

⑤廖名春:《郭店楚简与〈诗经〉》,《文学前沿》2000年第1期。

风》中的《褰裳》《野有蔓草》《溱洧》、《陈风》中的《月出》《泽陂》等等，这些诗歌表现两性之情颇为露骨，朱熹甚至把《褰裳》解读为"淫女语其所私者"[①]。而对于这一类诗，孔子不仅没有把它们当作"淫诗"删掉，相反还大量保存下来（尤其是保存下来二十一首《郑风》）。若以后儒的思想标准来衡量，很难用"纯正"来解释，故以"正"训"无邪"自然也就失去了其合理性。不过，这倒从另一方面证明了第二种观点的有效性。细究起来，上述这些情诗都表现了人的真实感情，不虚不伪，这便可以称为"诚"，而孔子欣赏的正是这一点。当然，不可否认的是，孔子的确说过"郑声淫"（《论语·卫灵公》）、"恶郑声之乱雅乐也"（《论语·阳货》）之类的话，但那主要不是针对诗歌而是针对音乐来谈的[②]。在孔子看来，"郑声"作为俗乐是"淫"的，但作为表达诚挚爱情的诗歌则是"无邪"的。后来，王国维曾专门澄清说，有些诗可以说是"淫鄙之尤"，"然无视为淫词、鄙词者，以其真也"，"非无淫词，读之者但觉其亲切动人。非无鄙词，但觉其精力弥满"[③]。这就解决了为什么孔子一方面说"郑声淫"但同时又说"诗三百""思无邪"的矛盾了。

所谓"邪"者，"伪"也，故"无邪"的含义就是"不伪""不虚"。《易·乾》有言："闲邪存其诚。"孔颖达疏曰："言防闲邪恶，当自存其诚也。"[④] 可见，"无邪"与"纯真"是一致的。东汉王充虽然在人性论上与孔孟相异，但在对"思无邪"的理解上，却是完全认同的。《论衡·佚文》篇云："贤圣定意于笔，笔集成文，文具情显，后人观之，见以正邪，安宜妄记？""《论衡》篇以十数，亦一言也，曰'疾虚妄'。"[⑤] 在王充看来，"无邪"的意思就是"疾虚妄"，即真实而不虚伪。朱熹虽以"正"训"无邪"，但此"正"乃性情之"正"，非政治教化之"正"。"无邪"也就是情感不虚伪、不做作，诚如斯言："诚者，合内外之道，便是表里如一，内实如此，外也实如此。""诗人之思，皆情性也。情性本出于正，岂有假伪

①[宋]朱熹：《诗集传》卷四，朱杰人、严佐之、刘永翔主编：《朱子全书》第一册，上海古籍出版社、安徽教育出版社，2002年，第476页。
②具体论述可参见本章第二节"孔子'中和为美'的音乐美学思想"的相关内容。
③[清]王国维撰，黄霖等导读：《人间词话》卷上，上海古籍出版社，2000年，第16页。
④[三国魏]王弼注，[晋]韩康伯注，[唐]孔颖达疏：《周易正义》卷一，[清]阮元校刻：《十三经注疏》（附校勘记），中华书局，1982年影印本，第15页。
⑤黄晖：《论衡校释（附刘盼遂集解）》卷二十，中华书局，2006年，第869—870页。

得来底？思，便是情性；无邪，便是正。以此观之，《诗》三百篇，皆出于情性之正。"①金代元好问在《杨叔能小亨集引》也说："唐诗所以绝出于《三百篇》之后者，知本焉尔矣！何谓本？诚是也。""故由心而诚，由诚而言，由言而诗也，三者相为一。""情动于中而形于言，言发乎迩而见乎远……故曰：不诚无物。"②元好问以"诚"为《诗经》与唐诗之"本"，而"诚"与"思无邪"相通，其特点就是"情动于中而形于言"，强调了情感的真切动人。明代谢榛也说："三百篇直写性情，靡不高古。"③程树德引郑浩的观点认为，"无邪""非邪恶之邪也"。"古义邪即徐也"，当训为"虚徐"。由此可以理解在《诗经》中，"无论孝子、忠臣、怨男、愁女皆出于至情流溢，直写衷曲，毫无伪托虚徐之意"④。国学大师钱穆对此说深表认同，认为"无邪，直义"。"三百篇之作者……直写衷曲，毫无伪托虚假……故孔子举此一言以包盖其大义。诗人性情，千古如照，故学于诗而可以兴观群怨"⑤。当代美学家李泽厚在解释"思无邪"时，同时引用了程颐与郑浩的观点，并将"无邪"释为"不虚假"⑥。当代学者陈彤也认为"无邪"即真实的思想情感："程子说：'思无邪，诚也。'何谓'诚'？即'实'。所谓'思无邪'，就是说《诗》三百篇都是表达真实思想感情的作品。"⑦对此，批评史家陈良运表示认同并在《中国诗学批评史》一书中进行了引用⑧。

　　"思无邪"的这一内涵同样也体现在孔子对所引《诗经》诗句的评价上。《论语·子罕》篇中引用了《诗经》中的几句逸诗："'唐棣之华，偏其反而。岂不尔思？室是远而。'子曰：'未之思也，夫何远之有？'"诗人说，唐棣（即常棣，今之谓棠梨树）树开花，翩翩摇摆，先开后合，难道我不想念你吗？只是居住相隔遥远！这可能是一首思念情人，或处江湖之远而思君的诗，孔子发现并批评其感情表达不真的迹象：不是相隔遥远而

①[宋]黎靖德辑：《朱子语类》卷二十三，朱杰人、严佐之、刘永翔主编：《朱子全书》第十四册，上海古籍出版社、安徽教育出版社，2002年，第799—801页。
②姚奠中主编：《元好问全集》（下册）卷三十六，山西人民出版社，1990年，第38页。
③[明]谢榛著，宛平校点：《四溟诗话》卷一，人民文学出版社，2005年，第3页。
④[清]程树德撰，程俊英、蒋见元点校：《论语集释》卷三，中华书局，1990年，第66—67页。
⑤钱穆：《论语新解》，生活·读书·新知三联书店，2002年，第24—25页。
⑥李泽厚：《论语今读》，安徽文艺出版社，1998年，第50页。
⑦陈彤：《先秦文学探新》，北京师范大学出版社，1990年，第259页。
⑧陈良运：《中国诗学批评史》，江西人民出版社，1995年，第37页。

是不想念啊,如果真心想念,怎么会觉得遥远呢? 这儿是由对虚伪爱情的批评而强调感情表达的真实可信。《孔子诗论》第十七简曰:"《扬之水》,其爱妇烈。"①《扬之水》,今本《诗经》中《王风》《郑风》《唐风》各有一篇,原简未注明出自哪一篇。本文从李学勤说,以为指的是《王风·扬之水》:

> 扬之水,不流束薪。彼其之子,不与我戍申。怀哉怀哉,曷月予还归哉?
>
> 扬之水,不流束楚。彼其之子,不与我戍甫。怀哉怀哉,曷月予还归哉?
>
> 扬之水,不流束蒲。彼其之子,不与我戍许。怀哉怀哉,曷月予还归哉? ②

从该诗内容上看,这是一位远地戍边的将士怀念家中妻子的诗。诗中的"彼其之子",应指妻子。周时妇、女有别。"妇"是对婚后女子的通称,所以孔子以"爱妇"称之。而"爱妇"对丈夫的思念之情过于浓重,乃至于达到了"烈"的程度,虽有失性情之中正平和,但其真挚性不容置疑。孔子对《邶风·燕燕》的评论,有"《燕燕》之情,以其蜀也"之语。马承源认为,此篇诗意言之子归嫁远送之情。而对"蜀",则认为"当读作'独',若假借为'笃'也可……'笃'乃言情之厚"③。庞朴也引马王堆帛书读"蜀"为"独"或"笃",并解释"燕燕之情,以其独也"为"其情专一不渝(参见帛书《五行》说'无与终')和不假修饰出于至诚"④。《孔子诗论》第二十二简,孔子在评价《陈风·宛丘》时说:"《宛丘》曰:'洵有情,而亡望。'吾善之。"⑤从文义来看,诗中描写的是一位男子爱上了一位以巫为职业的舞女。但因为周代有巫女不嫁的习俗,所以他把这份爱情只能深深地藏在心里,以礼自持,保持着一种理性的态度。此诗中的男子,与《汉广》中的男主人公一样,均是具有深情却又能以礼相节之

①马承源主编:《上海博物馆藏战国楚竹书》(一),上海古籍出版社,2001年,第146页。
②[汉]毛亨传,[汉]郑玄笺,[唐]孔颖达疏:《毛诗正义》卷四,[清]阮元校刻:《十三经注疏》(附校勘记),中华书局,1982年影印本,第331页。
③马承源主编:《上海博物馆藏战国楚竹书》(一),上海古籍出版社,2001年,第145页。
④庞朴:《上博藏简零笺》,载上海大学古代文明研究中心、清华大学思想文化研究所编:《上博馆藏战国楚竹书研究》,上海书店出版社,2002年,第237—238页。
⑤马承源主编:《上海博物馆藏战国楚竹书》(一),上海古籍出版社,2001年,第151页。

人。孔子所"善"的正是这样一种真实无妄而又有所节制的情感态度。另外,像《孔子诗论》第十简所言"《关雎》之改""《樛木》之时""《鹊巢》之归""《甘棠》之保""《绿衣》之思"①等等,也都是从不同侧面强调了情感的深厚和诚挚。

　　由此可见,孔子理解的"无邪"并非像汉儒那样仅将之限定于政教范围之中,而是将人的自然情感凸显出来,强调其"诚""直""疾虚妄""不虚徐"之特性。从这一意义出发,"思无邪"实际上就是要求诗人之情志应发自本心而无伪饰。这也就意味着,《诗》之所以被历代诗人、诗论家特别看重,排除其神圣化了的"经"的因素,便主要是其自然而发的真性情。"诗以道情,道之为言路也。情之所至,诗无不至;诗之所至,情以之至"②,并且惟有"真情在内","可兴,可观,可群,可怨"才能"有取于诗"③。同时,也正是因为以"真实"与"诚挚"为标准,在"诗三百"中,才容纳了那些被视之为"淫诗"的作品。

　　从某种意义上来说,后儒提出的"温柔敦厚"诗教说就是"思无邪"与"文质彬彬"观念的进一步凝炼。"温柔敦厚"的诗教思想,在《礼记·经解》中有着非常明确的记载:"其为人也,温柔敦厚,诗教也。""其为人也,温柔敦厚而不愚,则深于诗者也。""其为人也,温柔敦厚而不愚"显然是指人品而言。关于"温柔敦厚",孔颖达有一个经典解释:"温,谓颜色温润;柔,谓情性和柔。'《诗》依违讽谏不指切事情,故云'温柔敦厚,是诗教也。'"④在这里,孔颖达充分肯定了儒家"温柔敦厚"的诗教对培养"中庸"品质与情感的重要性。朱自清也曾指出:"'温柔敦厚'是'和',是'亲',也是'节',是'敬',也是'适',是'中'。"⑤而即便是那些抒发了对社会、对人生的不平和愤懑的诗歌作品,只要它是出于内心情感的真实与真诚,那么它也同样是有益的。因为诗歌创作作为一种情感疏导方式,它可以有效地消除情感压抑,使诗人情感复归于

①马承源主编:《上海博物馆藏战国楚竹书》(一),上海古籍出版社,2001年,第139页。
②[明]王夫之:《古诗评选》卷四,船山全书编辑委员会编:《船山全书》第十四册,岳麓书社,2011年,第654页。
③[明]王夫之:《古诗评选》卷四,船山全书编辑委员会编:《船山全书》第十四册,岳麓书社,2011年,第681页。
④[汉]郑玄注,[唐]孔颖达疏:《礼记正义》卷五十,[清]阮元校刻:《十三经注疏》(附校勘记),中华书局,1982年影印本,第1609页。
⑤朱自清:《诗言志辨 经典常谈》,商务印书馆,2017年,第130页。

平静,从而降低于人于己的损害。杨时说:"为文要有温柔敦厚之气,对人主语言及章疏文字,温柔敦厚,尤不可无。"①对此,清代诗评家张谦宜有更为深刻的表述:

> 人多谓诗贵和平,只要不伤触人。其实《三百篇》中有骂人极狠者,如"胡不遄死""豺虎不食"等句,谓之乖戾可乎?盖骂其所当骂,如敲扑加诸盗贼,正是人情中节处,故谓之"和"。又如人有痛心,便须着哭,人有冤枉,须容其诉,如此心下才松颊,故谓之"平"。只这两字,人先懂不得,又讲甚诗!②

从题材选择的角度来说的话,张谦宜提到的这些尖锐、大胆的讽刺诗与那些对先王、先贤业绩的赞美诗,实际上是从正反两方面使读者受到情感的熏陶,从而达到了劝善与惩恶相统一的价值目标。故朱熹也说:"思无邪,乃是要使读《诗》人'思无邪'耳。读三百篇诗,善为可法,恶为可戒,故使人'思无邪'也。"③从这个意义上说,温柔敦厚的品格,不仅是指温文尔雅的气质、和蔼可亲的容颜、柔和朴实的性情,还包括依违讽谏的能力。而这样的品格,也正是君子所应具备的。何为君子?"文质彬彬,然后君子"(《论语·雍也》),"文"指人外在的文雅举止,即"礼";"质"指人内在的道德本质,即"仁"。"文质彬彬",即礼与仁的相丰相谐,而"温柔敦厚"的人品即文质相丰、仁礼彬彬的君子人格。

三、"兴、观、群、怨"——诗歌审美功用论

在《论语·阳货》篇中,孔子说:"诗,可以兴,可以观,可以群,可以怨。"这里,孔子把"兴"放在首位,主要因为它具有一种情感兴发的基础性作用。关于"兴",历代学者阐释很多,如:

> 郑众:"比者,比方于物也;兴者,托事于物。"(郑玄注《周

①[宋]杨时:《语录·荆州所闻》,《杨龟山集》卷二,商务印书馆,1937年,第19页。
②[清]张谦宜:《絸斋诗谈》卷一,载郭绍虞编选,富寿荪校点《清诗话续编》,上海古籍出版社,1983年,第792—793页。
③[宋]黎靖德辑:《朱子语类》卷二十三,朱杰人、严佐之、刘永翔主编:《朱子全书》第十四册,上海古籍出版社、安徽教育出版社,2002年,第794页。

礼·春官·大师》引)①

　　孔安国:"兴,引譬连类也。"(何晏《论语集解义疏》引)②

　　挚虞:"兴者,有感之辞也。"(欧阳询《艺文类聚》引)③

　　刘勰:"比者,附也;兴者,起也。附理者切类以指事,起情者依微以拟议。起情故兴体以立,附理故比例以生。"④

　　孔颖达:"兴者,起也,取譬引类,起发己心。"⑤

　　朱熹:"诗,可以兴,感发志意。"⑥

　　李仲蒙:"触物以起情谓之兴,物动情者也。"(胡寅《斐然集·致李叔易》卷十八引)⑦

　　黄彻:"兴者,因事感发。"⑧

　　陆时雍:"诗之可以兴人者,以其情也,以其言之韵也。"⑨

　　冯梦龙:"文之善达性情者无如诗,《三百篇》之可以兴人者,唯其发于中情,自然而然故也。"⑩

　　袁枚:"圣人称'诗可以兴',以其最易感人也。"⑪

　　王夫之:"诗之泳游以体情,可以兴矣。"⑫

　　概括起来,关于"兴"的意义大致有三个方面:一、引起、产生;二、动情;三、托物。在孔子提出的"诗可以兴"命题中,"兴"并不是指与"比""赋"相对应的一种艺术手法,而主要是指通过引譬连类的方式获

---

① [汉]郑玄注,[唐]贾公彦疏:《周礼注疏》卷二十三,[清]阮元校刻:《十三经注疏》(附校勘记),中华书局,1982年影印本,第796页。

② [三国魏]何晏集解,[南朝梁]皇侃义疏:《论语集解义疏》卷九,中华书局,1985年,第245页。

③ [晋]挚虞:《文章流别论》,载[唐]欧阳询:《宋本艺文类聚》卷五十六,上海古籍出版社,2013年,第1540页。

④ [南朝梁]刘勰著,范文澜注:《文心雕龙注》卷八,人民文学出版社,1962年,第601页。

⑤ [汉]毛亨传,[汉]郑玄笺,[唐]孔颖达疏:《毛诗正义》卷一,[清]阮元校刻:《十三经注疏》(附校勘记),中华书局,1982年影印本,第271页。

⑥ [宋]朱熹:《四书章句集注》,中华书局,2010年,第178页。

⑦ [宋]胡寅撰,容肇祖点校:《崇正辩　斐然集》(下册),中华书局,1993年,第386页。

⑧ [宋]魏庆之著,王仲闻点校:《诗人玉屑》卷十三,中华书局,2007年,第385页。

⑨ [明]陆时雍撰,李子广评注:《诗镜总论》,中华书局,2014年,第154页。

⑩ [明]冯梦龙评选:《太霞新奏·序》,上海古籍出版社,1993年,第1页。

⑪ [清]袁枚撰,顾学颉校点:《随园诗话》卷十二,人民文学出版社,1982年,第400页。

⑫ [明]王夫之:《四书训义》卷二十一,船山全书编辑委员会编:《船山全书》第七册,岳麓书社,2011年,第915页。

得情感的兴发。只不过这里的情感是"由作者纯净真挚的感情,感染给读者"的,一方面这种情感"使读者从精神的麻痹中苏醒",另一方面它"也随苏醒而得到澄汰"①。这样来看的话,朱熹、李仲蒙、王夫之等人的解释都非常准确地触及到了"兴"的内核,他们凸显了"兴"的情感体验功能,重在强调艺术对人的感染作用,从而激发起"人们心中固有的情感品质,使人摆脱庸常的平均状态,无限趋近仁的'真性情'"②。正是因为有了这样一个情感基础,诗才可以引譬连类、触类旁通,由情感的触发进而启发人的心智,开拓出心灵的智慧。故诗之所"兴",就其小的方面而言,可以"对天地间鸟兽草木之名能多熟识";而就其大的方面而言,"则俯仰之间,万物一体,鸢飞鱼跃,道无不在"。因此,诗之所"兴","可以渐跻于化境,岂止多识其名而已"③。这表明,学诗不仅可以获得一些自然知识,而且还可以通过诗的兴发作用,"体悟自然界的生命,体验人与自然和谐之美"④。可见,"诗可以兴"兼有情感触动和理性体悟的双重作用。

"观",一般的理解就是郑玄说的"观风俗之盛衰"⑤以及朱熹的解释"考见得失"⑥,但两种观点并行不悖,结合起来理解就是:通过学诗,可以观察风俗的盛与衰和政治的得与失。对此,班固《汉书·艺文志》曾有过精辟之言:"古者诸侯卿大夫交接邻国……必称诗以喻其志,盖以别贤不肖而观盛衰焉。"⑦《左传·襄公二十九年》也记载吴公子季札出使鲁国,通过聆听各国的诗乐,"观"到各国的风俗国情。

> 吴公子札来聘……请观于周乐。使工为之歌《周南》《召南》,曰:"美哉! 始基之矣,犹未也,然勤而不怨矣。"为之歌《邶》《鄘》《卫》,曰:"美哉! 渊乎,忧而不困者也,吾闻卫康叔、武公之德如是,是其《卫风》乎?"为之歌《王》,曰:"美哉! 思而不惧,其周之东乎?"为之歌《郑》,曰:"美哉! 其细已甚,民弗堪也,是其先亡乎?"

①徐复观:《中国艺术精神》,华东师范大学出版社,2002 年,第 20 页。
②彭玲、刘泽民:《"兴于诗"与"诗可以兴"辨析》,《北京师范大学学报》(社会科学版)2016 年第 1 期。
③钱穆:《论语新解》,生活·读书·新知三联书店,2002 年,第 451 页。
④蒙培元:《蒙培元讲孔子》,北京大学出版社,2005 年,第 128 页。
⑤[三国魏]何晏集解,[南朝梁]皇侃义疏:《论语集解义疏》卷九,中华书局,1985 年,第 245 页。
⑥[宋]朱熹:《四书章句集注》,中华书局,2010 年,第 178 页。
⑦[汉]班固撰,[唐]颜师古注:《汉书》卷三十,中华书局,1964 年,第 1755—1756 页。

为之歌《齐》,曰:"美哉! 泱泱乎,大风也哉! 表东海者,其大公乎,国未可量也。"①

在上博楚简的出土文献资料中,也让我们看到了"采诗观风"之说的证据。上博楚简《孔子诗论》第三简云:"《邦风》其纳物也,溥观人俗焉,大敛材焉。"②这条简文明确说到《邦风》"纳物""溥观人俗"的特点,这也就是《汉书·艺文志》所言"古有采诗之官,王者所以观风俗,知得失,自考正"③之义。可见,古人通过赋诗、引诗或用诗,的确既可以观志,也可以"以别贤不肖而观盛衰"。除此之外,还有一点不能忽视,那就是除了有政治性、实用性的特点外,"观"也包含了情感性、体验性的特点。比如,在《论语·八佾》篇中,孔子说:"居上不宽,为礼不敬,临丧不哀,吾何以观之哉?"这个"观"字显然表现出强烈的不满和憎恶的情感。而与之相反,在回想起风俗之盛的尧的时代时,孔子却连用几个重叠词"巍巍乎""荡荡乎""焕乎"(《论语·泰伯》),表达出对尧的强烈的赞美之情。由此可见,孔子所说的"诗可以观"是建立在情感憎恶基础之上而对现实世界包括自然、社会、人生等的观察和体悟。

"群",孔安国释为"群居相切磋"④,朱熹则释为"和而不流"⑤。前者侧重于群体性的和谐,后者侧重于个体性的独立,角度不尽相同,但意思基本相近,二者结合起来理解就是:通过诗,在相互切磋、相互启发中,联络人们的感情,增强人们的凝聚力,培养人的合群精神。这种理解从结论上来说是没有问题的,但缺乏对诗为何"可以群"内在原因的阐发。在这一点上,王夫之的观点颇有启发,他指出:"出其情以相示,可以群矣"⑥,"得其温柔正直之致则'可以群'"⑦。这也就是说,诗是以情动人

①[周]左丘明传,[晋]杜预注,[唐]孔颖达疏:《春秋左传正义》卷三十九,[清]阮元校刻:《十三经注疏》(附校勘记),中华书局,1982年影印本,第2006页。
②马承源主编:《上海博物馆藏战国楚竹书》(一),上海古籍出版社,2001年,第129页。
③[汉]班固撰,[唐]颜师古注:《汉书》卷三十,中华书局,1964年,第1708页。
④[三国魏]何晏集解,[南朝梁]皇侃义疏:《论语集解义疏》卷九,中华书局,1985年,第245页。
⑤[宋]朱熹:《四书章句集注》,中华书局,2010年,第178页。
⑥[明]王夫之:《四书训义》卷二十一,船山全书编辑委员会编:《船山全书》第七册,岳麓书社,2011年,第915页。
⑦[明]王夫之:《四书笺解》卷四,船山全书编辑委员会编:《船山全书》第六册,岳麓书社,2011年,第261页。

的，无论是赋诗、言诗，还是用诗，都是以情感为纽带的。诗以此为前提来传情达意，一来可以有效地增强语言表达的感染力，从而引起人们情感的共鸣，起到协和群体、促进团结的作用；二来能够避免个体的情感表达过于偏激、强烈而破坏群体的和谐，这就能够留出足够的空间来缓和人与人之间的紧张关系，从而使人际关系朝着良性互动的方向发展。诗歌也只有通过作用于人的感情，才能达到"群"的目的。孔安国、朱熹等人未必不懂诗的这一特性，却未从这一角度加以解释，而王夫之弥补了这个遗憾，明确把情感的交流作为"诗可以群"的前提，同时又把"温柔正直之致"看作"诗可以群"的主旨，这种观点实为肯綮之论，值得重视。

"怨"，孔安国注为"怨刺上政"[1]，意为用诗歌来批评讽谏不良的时政，同时还应包括对苛政怨情的抒发，但都应该保持在一定的尺度之中，即"怨而不怒"[2]。不可否认，在《诗经》中有很多对统治者黑暗腐朽政治表达强烈不满和愤恨情绪的，如《邶风·新台》《魏风·硕鼠》《小雅·正月》《小雅·十月之交》《小雅·雨无正》以及《大雅·民劳》《大雅·板》等，但这只是其中的一部分内容而已，更多的则是表现了老百姓的人生哀怨之情，如《周南·卷耳》《卫风·氓》《秦风·蒹葭》《小雅·采薇》等皆是如此。可见，"怨"的内容并不局限于政治方面，它表现在人生的各个层面，故"怨亦不必专指上政，后世哀伤、挽歌、遣谪、讽喻皆是也"[3]。由此也可以看出，孔子提出"诗可以怨"，表明他并不要求对怨忿之情进行强制性的压抑，相反正是由于看到了诗能够用来宣泄、释放人们的抑郁不平之气，他才充分肯定了"怨"的合理性。上博简《孔子诗论》第四简、第五简明确提到了诗的情感宣泄功能："曰:诗其猷平门，与贱民而逸之，其用心也将何如? 曰:《邦风》是也。民之有戚患也，上下之不和者，其用心也将何如? ""是也，有成功者何如? 曰《讼》是也。"[4] 意思就是说，《诗经》就像是一扇平正的大门，能够和普通的老百

---

①[三国魏]何晏集解，[南朝梁]皇侃义疏:《论语集解义疏》卷九，中华书局，1985年，第245页。
②[宋]朱熹:《四书章句集注》，中华书局，2010年，第178页。
③[明]黄宗羲:《南雷诗文集·汪扶晨诗序》，吴光主编:《黄宗羲全集》第十九册，浙江古籍出版社，2012年，第75页。
④马承源主编:《上海博物馆藏战国楚竹书》(一)，上海古籍出版社，2001年，第130—131页。简文根据黄怀信《上海博物馆藏战国楚竹书〈诗论〉解义》(社会科学文献出版社，2004年，第13—14页)进行了调整。

姓一起抒发苦闷、宽舒心胸，同时还可以表达对国家成就、功业的赞扬之情。这里，文中反复强调"其用心也将何如"，突出了诗歌泄导人情、抚慰民心的心理功能。

当然，对孔子而言，"怨"也不能偏激，也需要有理性的控制，否则会使人的身心受到伤害。追求"怨而不怒"的中和之美，正是孔子美学的一大特色，这与以柏拉图为代表的西方美学形成了鲜明对比："中国重视的是情、理结合，以理节情的平衡，是社会性、伦理性的心理感受和满足。"而西方美学表现出来的要么是"禁欲性的官能压抑"，要么是"理智性的认识愉快"，要么是"神秘性的情感迷狂"或"心灵净化"[①]。正因为有了社会性、伦理性情感的加入，这种"怨"才能够更好地促成个体与社会的和解，才能够更好地"群"。钟嵘《诗品·序》说："嘉会寄诗以亲，离群托诗以怨。"[②] 这表明，"怨"是因为"离群"而产生的，但其目的却是为了能产生更为真挚强烈的"群"的情感，故王夫之说："以其怨者而群，群乃益挚。"[③]

总之，"兴、观、群、怨"这四个方面都离不开"情"，"兴"与"怨"表现的是个体性情感，"群"与"怨"表现的是社会性情感，而"观、群、怨"这三者又都离不开"兴"。"兴"，可以说是因感物而有所发动的艺术直觉，是触物生情；以此精神的感奋为基础，从而生发出"观"——情感认识、"群"——情感交流、"怨"——情感态度的各个方面。所以，"兴、观、群、怨"这四个方面应该是一个互相联系、交互发生作用的有机整体。王夫之说："于所兴而可观，其兴也深"；"于所观而可兴，其观也审"；"以其群者而怨，怨愈不忘"；"以其怨者而群，群乃益挚"。而联结四者的纽带即为"情"："出于四情之外，以生起四情；游于四情之中，情无所窒""人情之游也无涯，而各以其情遇，斯所贵于有诗。"[④] 在这里，王夫之"以'情'贯通孔子《诗》论中的审美意识与社会功用意识"，可以说是"对于

---

①李泽厚：《美学三书·美的历程》，安徽文艺出版社，1999 年，第 57 页。

②[南朝梁] 钟嵘著，曹旭笺注：《诗品笺注》，人民文学出版社，2009 年，第 28 页。

③[明] 王夫之：《姜斋诗话·诗译》，船山全书编辑委员会编：《船山全书》第十五册，岳麓书社，2011 年，第 808 页。

④[明] 王夫之：《姜斋诗话·诗译》，船山全书编辑委员会编：《船山全书》第十五册，岳麓书社，2011 年，第 808 页。

孔子所提倡的情理圆融、美善圆融的原则的具体实践"[1]。虽然这是王夫之对孔子诗学的阐发,但也基本符合孔子的本意。所以,"重视艺术的情感特征",是"孔子所开创的中国美学的一贯传统"[2],而"兴、观、群、怨"说贯穿了这个基本思想。

四、"绘事后素"——绘画审美观念论

在《论语·八佾》篇中,孔子提出了"绘事后素"的绘画美学思想。"绘事后素"原本是孔子在评论《诗经·卫风·硕人》中的诗句时所得出的结论,其目的是为了阐释仁与礼的关系。但由于这个命题本身牵涉到绘画审美方面的问题,故在此做一简单分析。

"素"的甲骨文字形未见,但存金文字形"𤩷"(师克盨)[3],由"來"(即"来",麦子)与"𤬓"(即"索",编绳)组合而成,表示用麦杆编织,故其造字本义为以麦杆为原料的草编工艺品,后来衍生出两种意义:一种是指白色的丝品,引申为白色。许慎《说文解字》释"素"曰:"白致缯也。从糸𡿨,取其泽也。"段玉裁注曰:"缯之白而细者也。"[4] 这里的"素"就是指未染色的白色原丝织成的丝品。《诗经·召南·羔羊》中曰:"羔羊之革,素丝五緎。"[5]《小尔雅·广诂》曰:"素,白也。"[6] 均是从这个含义来理解的;另一种是指"朴素""本色",不加文饰。如《释名·释采帛》云:"朴素也……又物不加饰,皆目谓之素,此色然也。"[7] 孔颖达疏《周易·履》曰:"处履之始,而用质素,故往而无咎。"[8] 段玉裁的另一种解释就是:"以白受采也,故凡物之质曰素。"[9]《礼记·礼器》亦云:"甘受和,

①马育良:《王夫之情感诗学视野中的"兴观群怨"》,《淮南师范学院学报》2003 年第 2 期。
②李泽厚、刘纲纪:《中国美学史:先秦两汉编》,安徽文艺出版社,1999 年,第 127 页。
③容庚编著,张振林、马国权摹补:《金文编》,中华书局,1985 年影印本,第 872 页。
④[清]段玉裁:《说文解字注》,中华书局,2013 年,第 669 页。
⑤[汉]毛亨传,[汉]郑玄笺,[唐]孔颖达疏:《毛诗正义》卷一,[清]阮元校刻:《十三经注疏》(附校勘记),中华书局,1982 年影印本,第 289 页。
⑥迟铎集释:《小尔雅集释》,中华书局,2008 年,第 80 页。
⑦[汉]刘熙撰,[清]毕沅疏证,[清]王先谦补,祝敏彻、孙玉文点校:《释名疏证补》卷四,中华书局,2008 年,第 150 页。
⑧[三国魏]王弼注,[晋]韩康伯注,[唐]孔颖达疏:《周易正义》卷二,[清]阮元校刻:《十三经注疏》(附校勘记),中华书局,1982 年影印本,第 27 页。
⑨[清]段玉裁:《说文解字注》,中华书局,2013 年,第 669 页。

白受采。"① 这里所谓"物不加饰""质素""白受采",均指的"素"为本色。"素"的这两种意义,一个着眼于色彩运用,一个着眼于哲学意味。这种区别也导致了后世学者对孔子提出的"绘事后素"命题阐释上的分歧。

从绘画艺术的角度出发,围绕"绘事后素"这一命题,历代学者大致形成了两种不同的看法:一种认为,"绘事后素"是指施以五色之后再以素白之彩加以勾勒,大体相当于《周礼·冬官·画缋》所云:"凡画缋之事,后素功。"这种看法以汉代的郑玄为代表,他说:"素,白采也,后布之,为其易渍污也。"② 又说:"绘,画文也。凡画绘,先布众采,然后以素分布其间以成其文,喻美女虽有倩盼美质,亦须礼以成也。"③ 赞同此说的有南朝皇侃、唐代的孔颖达、清代刘宝楠和凌廷堪。皇疏曰:"如画者先虽布众采荫映,然后必用白色以分间之,则画文分明,故曰'绘事后素'也。"④ 邢昺进一步解释说:"案《考工记》云:'画绘之事杂五色',下云'画缋之事后素功',是知凡绘画先布众色,然后以素分布其间,以成其文章也。"⑤ 刘宝楠《正义》认为,"绘事后素""当是白采用为膏沐之饰,如后世所用素粉矣。绚有众饰,而素则后加,故曰'素以为绚'"⑥。凌廷堪《校礼堂文集》曰:"窃谓《诗》云'素以为绚兮'者,言五采待素而始成文也。今时画者尚如此,先布众色毕,后以粉勾勒之,则众色始绚然分明,《诗》之意即《考工记》意也。"⑦ 以上这种观点的意思就是说,在绘画的时候先以五色涂之,使其交错相杂而成不同画面。为了使画显得清晰条理,再以白色的线条加以勾勒,这样就增强了画面的色彩对比和层次感,凸显绘画的整体审美效果。从目前出土的文物来看,这一种看法可能比较符合"绘事后素"的原初意义,邵碧瑛《从出土漆画、帛画看"绘事后

① [汉]郑玄注,[唐]孔颖达疏:《礼记正义》卷二十四,[清]阮元校刻:《十三经注疏》(附校勘记),中华书局,1982年影印本,第1442页。

② [汉]郑玄注,[唐]贾公彦疏:《周礼注疏》卷四十,[清]阮元校刻:《十三经注疏》(附校勘记),中华书局,1982年影印本,第919页。

③ [三国魏]何晏集解,[南朝梁]皇侃义疏:《论语集解义疏》卷二,中华书局,1985年,第32页。

④ [三国魏]何晏集解,[南朝梁]皇侃义疏:《论语集解义疏》卷二,中华书局,1985年,第32页。

⑤ [三国魏]何晏注,[宋]邢昺疏:《论语注疏》卷三,[清]阮元校刻:《十三经注疏》(附校勘记),中华书局,1982年影印本,第2466页。

⑥ [清]刘宝楠撰,高流水点校:《论语正义》卷三,中华书局,1990年,第89—90页。

⑦ [清]凌廷堪著,王文锦点校:《校礼堂文集》卷十六,中华书局,1998年,第146页。

素"》一文已有详细考证①，在此不赘。

　　还有一种认为，"绘事后素"是说绘画先有素底，然后再加以彩绘，《仪礼·乡射礼》曰："凡画者丹质。"②这里有先质而后文之意。此种观点以宋代的朱熹最具代表性，他说：

　　　　素，粉地，画之质也。绚，采色，画之饰也。言人有此倩盼之美质，而又加以华采之饰，如有素地而加采色也。

　　　　绘事，绘画之事也。后素，后于素也。《考工记》曰："绘画之事后素功。"谓先以粉地为质，而后施五采，犹人有美质，然后可加文饰。③

　　朱熹强调的是绘画有如女性之美，要先有"美质""素地"，然后再"加以华采之饰"，这样绘画艺术才能具有强烈的美感效果。清代学者全祖望认为："盖《论语》之素，乃素地，非素功也。谓其有质而后可文也。何以知之？即孔子借以解诗而知之。夫巧笑美目，是素地也，有此而后可加粉黛簪珥衣裳之饰，是犹之绘事也，所谓绚也，故曰绘事后于素也。"④据此他认为，如果采用《考工记》视"素功"为"绘事五采"的观点，那么也就意味着《诗经·卫风·硕人》中的"巧笑美目"是"出于人工"，且"反出于粉黛诸饰之后"的，这种理解显然是讲不通的。对此，程树德表示赞成，并引曹寅谷《四书摭余说》的话说："全谢山谓朱子误解《考工》，却不误解《论语》，若古注则误解《论语》矣。"认为此说"可谓持平之论"⑤。

　　对于上述两种看法，著者认为应将孔子"绘事后素"的美学命题放在特定的语境中才能准确把握。首先，"绘事后素"这一命题来自于子夏对《诗经·卫风·硕人》中几句诗的评论。《硕人》是一篇从身份、容貌等多个方面来赞美卫庄公夫人庄姜的诗，《左传·隐公三年》："卫庄

---

①邵碧瑛：《从出土漆画、帛画看"绘事后素"》，《江西社会科学》2007年第4期。
②[汉]郑玄注，[唐]贾公彦疏：《仪礼注疏》卷十三，[清]阮元校刻：《十三经注疏》（附校勘记），中华书局，1982年影印本，第1010页。
③[宋]朱熹：《四书章句集注》，中华书局，2010年，第63页。
④[清]全祖望：《经史问答》卷六，朱铸禹汇校集注：《全祖望集汇校集注》（下册），上海古籍出版社，2000年，第1941页。
⑤[清]程树德撰，程俊英、蒋见元点校：《论语集释》卷五，中华书局，1990年，第158—159页。

公娶于齐东宫得臣之妹,曰庄姜,美而无子,卫人所为赋《硕人》也。"①
《毛诗序》、三家《诗》等皆以为刺诗,纯属无稽之谈。《硕人》的第二章
对庄姜的描写,达到了极为传神的地步。诗人连用"手如柔荑""肤如
凝脂""齿如瓠犀"等五个比喻,塑造的形象具体、生动,而"巧笑倩兮,
美目盼兮"②则画龙点睛,使以上五个比喻化实为虚,极为生动传神。故
孙联奎在《诗品臆说》中称赞说:"《卫风》之咏硕人也……至曰:'巧笑
倩兮,美目盼兮',则传神写照,正在阿堵……"③宗白华也有一段精彩的
分析:

> 前五句堆满了形象,非常"实",是"错采镂金、雕绘满眼"的工
> 笔画。后二句是白描,是不可捉摸的笑,是空灵,是"虚"……有了
> 这二句,就完成了一个如"初发芙蓉,自然可爱"的美人形象。④

但不管是实写的"手如柔荑,肤如凝脂,领如蝤蛴,齿如瓠犀,螓首蛾眉",
还是虚写的"巧笑倩兮,美目盼兮",都是庄姜天生丽质的生动表现,这里
凸显的正是女性身上存在的一种本色之美而非文饰之美。这或许也正
是子夏说"素以为绚兮"以及孔子说"绘事后素"的根本原因。

其次,子夏在听到孔子说"绘事后素"之后,接着说了一句"礼后
乎",而孔子则对此大加赞赏,说:"起予者商也! 始可与言《诗》已矣。"
这表明,子夏说的"礼"相当于孔子讲的"绘事",即"节文度数之饰"⑤,
而这种"礼"是后于"素"的。综合考察孔子的仁学思想,这里的"素"
当指"仁"之性情的本真状态。冯友兰的解释颇富启发性,他说:"子夏
以'绘事后素'而悟及'礼后',盖人必有真性情,然后可以行礼,犹美女
之必先有巧笑美目,然后可施脂粉也。否则礼为虚伪形式,非惟不足贵,
且亦甚可贱矣。"又说:"不仁之人,无真性情,虽行礼乐之文,适足增其

---

①[周]左丘明传,[晋]杜预注,[唐]孔颖达疏:《春秋左传正义》卷三,[清]阮元校刻:《十三经注
　疏》(附校勘记),中华书局,1982年影印本,第1724页。
②[汉]毛亨传,[汉]郑玄笺,[唐]孔颖达疏:《毛诗正义》卷三,[清]阮元校刻:《十三经注义》
　(附校勘记),中华书局,1982年影印本,第322页。
③[清]孙联奎、杨廷芝著,孙昌熙、刘淦校点:《司空图〈诗品〉解说二种》,齐鲁书社,1982年,第
　40页。
④宗白华:《美学散步·中国美学史中重要问题的初步探索》,上海人民出版社,2015年,第
　46页。
⑤[清]全祖望:《经史问答》卷六,朱铸禹汇校集注:《全祖望集汇校集注》(下册),上海古籍出
　版社,2000年,第1941页。

虚伪耳。"① 所以,在"仁"与"礼"之间,"仁"为本、为质、为"素",而"礼"为末、为文、为"绘事","礼"后于"仁",也即孔子所说:"人而不仁,如礼何? 人而不仁,如乐何?"(《论语·八佾》)

由此可见,不管先秦时期的绘画艺术是怎样的一种状况,但孔子讲的"绘事后素"首先强调的是绘画艺术应遵循的一种"先质后文"的自然之美的创作原则,在此基础上再加以修饰,最终达到"绘"与"素"相统一的"文质彬彬""尽善尽美"的审美理想。如果说这里所谈及的是孔子对绘画审美本质认识的话,那么在《孔子家语》中,又涉及了对绘画审美功用的认识。《孔子家语·观周》曰:"孔子观乎明堂……有尧舜之容,桀纣之像,而各有徘恶之状,兴废之诫焉。又有周公相成王,抱之负斧扆南面以朝诸侯之图焉。孔子徘徊而望之,谓从者曰:'此周之所以盛也。夫明镜所以察形,往古者所以知今。'"② 显而易见,孔子面对壁画上的尧舜之"善像"与桀纣之"恶状",以及周公抱着幼小的成王于斧屏接受朝拜,是深有感触的,以至于"徘徊而望之",留连忘返,最终感叹道:"此周之所以盛也。"由此,孔子似乎体会到绘画作品应寓善恶褒贬于其间,并且要具有一种道德教化作用:从画面上来说,应有"徘恶之状,兴废之诫";从社会意义上来说,则"明镜所以察形,往古者所以知今"。这种美学思想显然与孔子"诗可以观"的诗歌审美功用论是完全一致的。

第二节　孔子"中和为美"的音乐美学思想

作为儒家文化的开创者,孔子不仅在政治、哲学、道德等思想领域对后世影响深远,而且在音乐艺术修养方面也具有很高的造诣。孔子本人对音律的精通首先来自于对其家学的传承。据《国语·鲁语下》记载,孔子的先祖正考父精于礼乐,他曾经"校商之名《颂》十二篇于周大师,以《那》为首"③。而孔子也精通此道,在《论语》《史记》《礼记》等文献中,对于孔子习乐、赏乐、评乐的事迹记载也颇多。《史记·孔子世

①冯友兰:《中国哲学史》,中华书局,1961 年,第 93—94 页。
②[清]陈士珂辑:《孔子家语疏证》卷三,中华书局,1985 年,第 72 页。
③徐元浩撰,王树民、沈长云点校:《国语集解》,中华书局,2002 年,第 205 页。

家》中就曾详细记录了孔子从"习其曲"到"得其数"再到"得其志"最后到"得其为人"①的整个学琴的过程。在这个过程中,孔子对音乐艺术精神有了很全面、很深刻的领悟。同时,该篇还记载说,孔子对于《诗经》三百零五篇皆能"弦歌之",并且能合乎"韶武雅颂之音"②;《论语·阳货》记载孔子善鼓瑟:"孺悲欲见孔子,孔子辞以疾。将命者出户,取瑟而歌,使之闻之。"《礼记·檀弓上》记载:"孔子既祥,五日弹琴而不成声,十日而成笙歌。"③《论语·述而》记载孔子听别人歌唱得好的话,那么"必使反之,而后和之",甚至在被厄于陈蔡之间,生命受到威胁的时候,孔子依然可以做到"讲诵弦歌不衰"④。这些事实表明,音乐在孔子生命中具有不可或缺的重要性。不仅如此,孔子还在归鲁之后整理了大量音乐文献,《论语·子罕》和《史记·孔子世家》中都说过孔子"自卫反鲁,然后乐正,《雅》《颂》各得其所"。这种整理工作就使诗与乐得到了其原有的配合、统一。可以设想一下,如果没有对音乐、诗歌等艺术的全面把握,也根本无法做到这一点。

正因为具备了如此深厚的艺术修养,所以孔子在齐闻《韶》乐时,才会"三月不知肉味",才会"不图为乐之至于斯也"(《论语·述而》)。如果不是此时处于一种生命与艺术激荡、交融的状态,孔子又怎能达到那种忘我的境地,获得一种"超越式沉醉"的艺术体验呢?此般状态或如钱穆所说,乃"圣人一种艺术心情"⑤。而在孔子的乐教影响下,孔门弟子通乐者也颇多。《史记·孔子世家》载:"孔子以诗书礼乐教,弟子盖三千焉,身通六艺者七十有二人。"⑥《论语·先进》记载说,子路、曾晳、冉有、公西华侍坐孔子时,曾晳"鼓瑟希,铿尔,舍瑟而作",然后说出自己的志向,这令孔子喟然而叹:"吾与点也!"而孔子评子路鼓瑟时说:"由

---

①[汉]司马迁撰,[宋]裴骃集解,[唐]司马贞索隐,[唐]张守节正义:《史记》卷四十七,中华书局,1999年,第1551页。
②[汉]司马迁撰,[宋]裴骃集解,[唐]司马贞索隐,[唐]张守节正义:《史记》卷四十七,中华书局,1999年,第1559页。
③[汉]郑玄注,[唐]孔颖达疏:《礼记正义》卷六,[清]阮元校刻:《十三经注疏》(附校勘记),中华书局,1982年影印本,第1278页。
④[汉]司马迁撰,[宋]裴骃集解,[唐]司马贞索隐,[唐]张守节正义:《史记》卷四十七,中华书局,1999年,第1554页。
⑤钱穆:《论语新解》,生活·读书·新知三联书店,2002年,第177页。
⑥[汉]司马迁撰,[宋]裴骃集解,[唐]司马贞索隐,[唐]张守节正义:《史记》卷四十七,中华书局,1999年,第1560页。

之瑟奚为于丘之门？"又说："由也升堂矣，未入于室也。"《论语·阳货》也曾记载子游任武城宰时，满城弦歌之声，令孔子大为叹服。

总之，孔子不但有很高的音乐艺术鉴赏力，而且对音乐艺术本身也有很深入的研究。因此，现代新儒家的代表人物徐复观认为孔子是"中国历史上第一位最明显而又最伟大的艺术精神的发现者"[①]，并且认为其艺术精神首先是在音乐领域发现、延伸出来的，而孔子对中国音乐艺术精神的最高确认便是"中与和"，或者直接可"用一个'和'字作总括"[②]。此论甚为精当，我们也可据此认定孔子的音乐艺术精神就是"中和为美"。这种"中和为美"的艺术精神首先来自于对中国音乐艺术传统的继承，此后它又深刻地影响了后世儒家的美学追求，最后积淀成了中华民族的审美心理结构，直至如今依然在发挥着重要作用。本节将就孔子"中和为美"音乐艺术精神的思想渊源、内涵等问题展开具体探讨。

一、儒家"中和"思想的基本内涵

作为儒家哲学的核心范畴，"中和"的丰富内涵正是建立在"中"与"和"各自内涵以及二者之间内在关联之上的。就"中"而言，《说文解字》中说："中，内也。从口丨，下上通也。"[③]"中"字，甲骨文写作"𠂤"（三期 甲 1561）[④]，在两旗"𠂤"之间的对称位置加一指事符号"●"，并在圆点上加两点"╷╷"（分），表示在相互对峙的两股军事力量之间保持中立；还有的甲骨文写作"𠂤"（四期 粹 597）[⑤]，将圆点"●"简化成"○"，表示两军之间不偏不倚的地带。按照这样一种原初的意义，"中"最通常的解释就是"不偏不倚""无过无不及"。其中，"不偏不倚"指的是空间结构之"中"，也即事物各要素之间相互作用而形成的一种最佳结构。这种不偏不倚的最佳空间位置或结构，有时也可叫作"正"，因此，我们也会常常"中正"连用。"无过无不及"指的是事物数量之"中"，也即事物保持自身动态平衡的最佳比例关系。

①徐复观：《中国艺术精神》，华东师范大学出版社，2002 年，第 3 页。
②徐复观：《中国艺术精神》，华东师范大学出版社，2002 年，第 9 页。
③[清] 段玉裁：《说文解字注》，中华书局，2013 年，第 20 页。
④徐中舒主编：《甲骨文字典》，四川辞书出版社，2014 年，第 39 页。
⑤徐中舒主编：《甲骨文字典》，四川辞书出版社，2014 年，第 39 页。

　　"中"在中国传统思想中源远流长,相传尧禅让于舜时就已有"允执其中"(《论语·尧曰》)的说法。后来,《尚书·盘庚》篇中记载,盘庚迁都前训导臣民要"各设中于乃心",这里的"中",顾颉刚、刘起釪释为"中正"①;王世舜释为"正道"②,这几种观点均有"正确"之意。《尚书》中有多处使用"中",基本上都有"中正""正确""合度"之意。很显然,"中"是一种值得肯定的正确的德性,在这个意义上使用、崇尚"中"在先秦属习见。后来,清代文字学家段玉裁在《说文解字注》中又进一步解释道:"然则中者,别于外之辞也,别于偏之辞也,亦合宜之辞也。"③在这里,"中"是区别内外、偏正的界限和标准,其基本含义是中正不偏、适合时宜。由于它是存在于个体内心的一种价值尺度,故《说文解字》又云"中,内也"④。在此,"中"指人的内心和内在的本性。从儒家的立场看,人的内在本质之"中"就是"诚",是人性的本然之善,也即孔子所说的"仁"。孔子仁学非常重视"中"道,认为"过犹不及"(《论语·先进》)、"不得中行而与之,必也狂狷乎!"(《论语·子路》)、"中立而不倚,强哉矫。"(《礼记·中庸》)⑤所以,在孔子看来,只有恪守中道,不偏不倚,才能把事情做到恰到好处。

　　如果说"中"是一种"不偏不倚""无过无不及"的最佳状态的话,那么"和"则侧重于强调由这种"中"的最佳结构而形成的事物各要素之间的一种融洽关系。关于"和"字,《说文解字》中说:"和,相应也。从口,禾声。"⑥"和"从"口",说明"和"的原始意义与声音相关,指声音相互应和。"和"字金文写作"𥝒"⑦,它等于"𥝌"加"𠙵",表示吹奏用禾管编成的"排笛"或"排箫";篆文"𪛙"将金文的"𥝌"写成禾管"𥝌",表示以禾管为笛。与"和"字相关的还有一个合并字"龢"(三期 宁1·73)⑧(即"龢"),其意思就是吹奏用禾管或芦管加工而成的管乐器,

---

① 顾颉刚、刘起釪:《尚书校释译论》,中华书局,2005年,第916—917页。
② 王世舜:《尚书译注》,四川人民出版社,1982年,第95页。
③ [清]段玉裁:《说文解字注》,中华书局,2013年,第20页。
④ [清]段玉裁:《说文解字注》,中华书局,2013年,第20页。
⑤ [汉]郑玄注,[唐]孔颖达疏:《礼记正义》卷五十二,[清]阮元校刻:《十三经注疏》(附校勘记),中华书局,1982年影印本,第1626页。
⑥ [清]段玉裁:《说文解字注》,中华书局,2013年,第57页。
⑦ 容庚编著,张振林、马国权摹补:《金文编》卷二,中华书局,1985年影印本,第64页。
⑧ 徐中舒主编:《甲骨文字典》,四川辞书出版社,2014年,第199页。

以达到共鸣的效果。后来，"龢"字被"和"字所代替。《说文解字》云："龢，调也。从龠，禾声，读与和同。"[1]杨树达对此作了进一步解释："乐调谓之龢，味调谓之盉，事之调适者谓之和，其义一也。"[2]这样看来，"和"就可以理解为不同声音、不同味道、不同观点因相合拍、相融合而形成的有机统一状态。

关于"中"与"和"的哲学意义，最经典表述的莫过于《中庸》中的一段文字："喜怒哀乐之未发，谓之中；发而皆中节，谓之和。中也者，天下之大本也；和也者，天下之达道也。"[3]"中"就是情感存于内心不偏不倚、适中的精神状态；而"和"就是情感触发时既能充分释放，但又能合乎节制的精神状态。以此作为我们理解的前提，便可以进一步把握"中和"所具有的基本内涵。

所谓"中和"，实际上就是以一种允执其中、不偏不倚的方式，来实现各种杂多、对立事物的有机统一。所以，"中和"既包括客观事物所达到的最佳状态，也包括主体允执其中的处事态度。儒家推崇中和，其实质就是要培养中和人格，进而实现中和的社会理想。"凡人之质量，中和最贵矣"[4]、"养性秉中和"[5]、"圣人极中和之至也"[6]，这里的"中和"就是指中正和谐的道德品性。这种理想形态的"中和"，其"中"与"和"虽为并列结构，但从内在逻辑上看，它却是一种由中而和，前提和结果的关系，正所谓"中则和，过则淫"[7]，"必得中然后能和，和然后能育万物"[8]是也。

二、"尚中""尚和"的中国音乐艺术传统

尽管"中和"这一范畴直到先秦时期的《管子》与《荀子》才正式出

①[清]段玉裁：《说文解字注》，中华书局，2013年，第86页。
②杨树达：《论语疏证》，上海古籍出版社，1986年，第28页。
③[汉]郑玄注，[唐]孔颖达疏：《礼记正义》卷五十二，[清]阮元校刻：《十三经注疏》（附校勘记），中华书局，1982年影印本，第1625页。
④[三国魏]刘劭著，梁满仓译注：《人物志》卷上，中华书局，2009年，第11页。
⑤[汉]荀悦著，吴道传校：《申鉴·俗嫌》，世界书局，1935年，第17页。
⑥[明]湛若水编著：《圣学格物通》卷十二，广西师范大学出版社，2015年，第557页。
⑦[宋]陈旸：《乐书·序》，载蔡仲德注译：《中国音乐美学史资料注译》（增订版），人民音乐出版社，2004年，第657页。
⑧[宋]司马光撰，李文泽、霞绍晖校点：《司马光集》卷六十三，四川大学出版社，2010年，第1308页。

现①,但在中国古代很早就有"尚中""尚和"的传统,特别是在音乐艺术领域,表现尤为突出。《尚书·舜典》中记载:"帝曰:夔,命汝典乐,教胄子……诗言志,歌永言,声依永,律和声,八音克谐,无相夺伦,神人以和。"②其中,"律和声,八音克谐"的"和谐"思想奠定了中国古代早期的音乐审美原则。

到了周代,以"和"为美的思想不仅被人们普遍接受,而且开始理论化、系统化。《周礼·春官·大司乐》中谈到"以乐德教国子:中、和、祗、庸、孝、友"③,"中""和"成为周朝乐教的六大宗旨之一。除此之外,《周礼》中还有很多地方谈到了"和":"掌六乐声音之节,与其和"(《周礼·春官·小师》)、"典同掌六律六同之和"(《周礼·春官·典同》)④等等。由此可见,"中"与"和"在周初就已经作为音乐艺术的基本审美原则而存在了。

西周末年,人们对音乐之"中""和"的理解更加深化,不仅包括了主观感受的"中"与"和",也包括了审美客体的"中"与"和"。首先,对于如何实现音乐欣赏中主观感受的"和",单穆公、州鸠等人提出过非常有价值的看法。《国语·周语下》有过这样一个记载,说周景王打算铸造一个声音异常宏大的钟"无射",在询问单穆公的意见时,他表示反对,理由就是"夫钟声以为耳也,耳所不及,非钟声也","犹目所不见,不可以为目也","夫乐不过以听耳,而美不过以观目。若听乐而震,观美而眩,患莫甚焉。夫耳目,心之枢机也,故必听和而视正"⑤。也就是说,对于音乐之美的感受,必须要适度即"中",超出听觉范围不仅不会有美感,而且还

---

①《管子·正》篇最早提出"中和"范畴:"中和慎敬,能曰新乎?"(黎翔凤撰,梁运华整理:《管子校注》卷十五,中华书局,2004年,第896页)这里,《管子》从道德伦理的角度把"中和"修养与道德日新联系起来。而荀子则是第一个正式提出"中和"范畴的儒家学者,他在《乐论》中谈到:"故乐者,天下之大齐也,中和之纪也,人情之所必不免也。"([清]王先谦撰,沈啸寰、王星贤点校:《荀子集解》卷十四,中华书局,1988年,第380页)这里的"中和"指的是音乐艺术所具有的根本精神,故已具有了某种形而上学的特征。

②[汉]孔安国传,[唐]孔颖达疏:《尚书正义》卷三,[清]阮元校刻:《十三经注疏》(附校勘记),中华书局,1982年影印本,第131页。

③[汉]郑玄注,[唐]贾公彦疏:《周礼注疏》卷二十二,[清]阮元校刻:《十三经注疏》(附校勘记),中华书局,1982年影印本,第787页。

④[汉]郑玄注,[唐]贾公彦疏:《周礼注疏》卷二十三,[清]阮元校刻:《十三经注疏》(附校勘记),中华书局,1982年影印本,第797页。

⑤徐元诰撰,王树民、沈长云点校:《国语集解》,中华书局,2002年,第109页。

会对人的生理、心理、精神状态产生不良的影响。

对于周景王铸"无射"钟的事情，乐官州鸠也是反对的，这一史实就记载在《左传·昭公二十一年》中。和单穆公一样，他也认为钟的声音要大小适度（"中"），"小者不窕，大者不摦，则和于物，物和则嘉成……窕则不咸，摦则不容"①。但比单穆公更深刻的地方就在于，州鸠看到了音乐与社会、音乐与自然之间的内在关联，认为艺术最高的"和"与自然、社会的"和"是高度一致的。《国语·周语下》中说："夫政象乐，乐从和，和从平。声以和乐，律以平声，金、石以动之，丝、竹以行之……"②虽然在这里，州鸠有意夸大了音乐之"和"的作用，但也确实触及到了音乐的深层社会功能。在当时能够认识到这一点是非常难得的，它也成为后来《乐记》中"大乐与天地同和"③、"乐者，天地之命，中和之纪"④思想的源头。

其次，再从审美客体本身的"中"与"和"来看，史伯、晏婴、季札也分别进行了相关阐述。《国语·郑语》中史伯在回答郑桓公周朝之"弊"的问题时，提出："殆于必弊者也。《泰誓》曰：'民之所欲，天必从之。'……夫和实生物，同则不继。以他平他谓之和……若以同裨同，尽乃弃矣。"⑤史伯在这里虽没有专门探讨音乐问题，但却提出了宇宙万物达到"和"的基本原则："和实生物，同则不继。"相同的东西（"同"）罗列在一起是不可能产生新事物的，只能是量的增加；而只有把不同的东西有机地统一在一起，才会不断产生新事物，这就是所谓的"和"。这一原则对于音乐艺术来讲，同样是适用的，即所谓的"声一无听，色一无文，味一无果，物一不讲"⑥。也就是说，如果声音中只有一个调子，那么听起来就会显得很乏味；但假如能将高低、快慢、长短、清浊等不同的乐调中和地统一在一起，那么这种音乐就会美妙动听。

史伯"和实生物，同则不继"的思想后来被晏婴继承下来。晏婴

①［周］左丘明传，［晋］杜预注，［唐］孔颖达疏：《春秋左传正义》卷五十，［清］阮元校刻：《十三经注疏》（附校勘记），中华书局，1982年影印本，第2097页。
②徐元诰撰，王树民、沈长云点校：《国语集解》，中华书局，2002年，第111页。
③［汉］郑玄注，［唐］孔颖达疏：《礼记正义》卷三十七，［清］阮元校刻：《十三经注疏》（附校勘记），中华书局，1982年影印本，第1530页。
④［汉］郑玄注，［唐］孔颖达疏：《礼记正义》卷三十九，［清］阮元校刻：《十三经注疏》（附校勘记），中华书局，1982年影印本，第1545页。
⑤徐元诰撰，王树民、沈长云点校：《国语集解》，中华书局，2002年，第470页。
⑥徐元诰撰，王树民、沈长云点校：《国语集解》，中华书局，2002年，第472页。

认为：

> 和如羹焉，水、火、醯、醢、盐、梅，以烹鱼肉，燀之以薪……声亦如味，一气，二体，三类，四物，五声……清浊，小大，短长，疾徐，哀乐……以相济也。君子听之，以平其心……若琴瑟之专壹，谁能听之？同之不可也如是。[①]

晏婴认为音乐不能"专壹"，不能"同"，只有将节奏韵律"相成""相济"，君子听了，才会"以平其心，心平德和"，从而产生美感。应该说，这种对音乐审美法则的认识已经达到了一个相当高的程度。

《左传·襄公二十九年》记载吴国的公子季札在出使鲁国时，对周代礼乐叹为观止，赞美《豳》曰："美哉，荡乎！乐而不淫，其周公之东乎！"赞美《颂》曰："至矣哉！直而不倨，曲而不屈……哀而不愁，乐而不荒……五声和，八风平，节有度，守有序，盛德之所同也。"[②]这显然是对史伯和晏婴"中""和"音乐思想的继承和发展。特别是"乐而不淫""哀而不愁，乐而不荒"的提出，更是直接开启了后来孔子"乐而不淫，哀而不伤"的美学思想。

总之，春秋时期"尚中""尚和"的审美意识成为后来儒家音乐美学的主要思想来源。此后，在继承了这一审美意识的基础之上，孔子又提出了"以中达和""中和为美"的美学标准，并最终使之成为中国艺术精神的主流。

三、孔子"中和为美"音乐艺术精神之阐释

孔子虽然没有直接使用"中和"这一概念，但他在《论语·雍也》中却提到了"中庸"，他说："中庸之为德也，其至矣乎！"这里的"中庸"实际上与"中和"存在着本质的关联。关于这一点，汉代郑玄和曹魏时期何晏的解释可以给我们提供重要参考。郑玄在对《礼记·中庸》进行

---

①[周]左丘明传，[晋]杜预注，[唐]孔颖达疏：《春秋左传正义》卷四十九，[清]阮元校刻：《十三经注疏》（附校勘记），中华书局，1982年影印本，第2093—2094页。

②[周]左丘明传，[晋]杜预注，[唐]孔颖达疏：《春秋左传正义》卷三十九，[清]阮元校刻：《十三经注疏》（附校勘记），中华书局，1982年影印本，第2006—2007页。

注解时说:"名曰'中庸'者,以其记中和之为用也。庸,用也。"① 何晏在《论语集解》中作了进一步的解释:"庸,常也,中和可常行之德也。"② 由此可见,"中"即中和,"中庸"即指"中和",为可常行之道。宋代大理学家朱熹虽然也认为"中庸之中,实兼中和之义",但与何晏不同的是,他将"可常行之德"理解成了"天理之当然"③。这种充满理学色彩的阐释,显然是与孔子的整体思想相抵牾的。所以相较而言,郑玄、何晏的解释与孔子的意思比较切近。但何晏把"庸"理解成"常",一方面与"庸"之本义"用"不合,《说文解字》云:"庸,用也。"④ 另一方面,又与孔子"民鲜久"的结论相矛盾。因此,郑玄的理解"记中和之为用"应是最贴近孔子思想的。

按照这样一种思路来看的话,孔子的"中庸"其实就是"用中",这一方面是对传统"中和"思想的继承,但另一方面,孔子以"庸"("用")与"中"相结合,实际上特别强调了"中和"之"用",也即强调了"中和"思想在社会文化领域中的实践性。孔子希望通过对"中和"思想的运用与实施,来达到其理想人格与理想社会的追求,正所谓"极高明而道中庸"⑤。那么,实现"中庸"的途径何在? 除了"礼"这一基本途径外,孔子还特别突出了"乐"在培养人的"中和"品性中所起到的无可替代的重要作用。正是因为孔子深刻认识到了音乐能够以它和谐的旋律熏陶出平和无怨的人心,使人言行举止温文尔雅,进而使社会安宁有序。所以,他高度重视音乐教育,把乐教作为培养中庸至德的重要手段。在他看来,通过艺术教育,可以使音乐的"中和之美"内化为人性情品德的"中和至善",这是孔子推崇乐教的根本原因。

总之,孔子的"中庸"哲学把音乐引入到"中和"人格的培养手段中,赋予了"中和"人格活泼可亲的气质,使"中和"境界具有了审美的意蕴,体现了"中和"作为声与律、美与善、情与理完美统一的艺术品格,

---

① [汉]郑玄注,[唐]孔颖达疏:《礼记正义》卷五十二,[清]阮元校刻:《十三经注疏》(附校勘记),中华书局,1982 年影印本,第 1625 页。
② [三国魏]何晏集解,[南朝梁]皇侃义疏:《论语集解义疏》卷三,中华书局,1985 年,第 82 页。
③ [宋]朱熹:《四书章句集注》,中华书局,2010 年,第 19 页。
④ [清]段玉裁:《说文解字注》,中华书局,2013 年,第 129 页。
⑤ [汉]郑玄注,[唐]孔颖达疏:《礼记正义》卷五十三,[清]阮元校刻:《十三经注疏》(附校勘记),中华书局,1982 年影印本,第 1633 页。

从而使"中和之美"成为孔子音乐艺术精神的根本要旨。

（一）"律以和声"：声与律的统一

音乐在孔子那里首先是一种艺术。既然是艺术，那么形式美因素对于它来讲就是必不可少的；倘若缺失，音乐也就不成其为艺术了。在《论语·八佾》中，孔子就对音乐的这种形式美进行了细致描述："乐其可知也：始作，翕如也；从之，纯如也，皦如也，绎如也，以成。"对于这段描述，清代学者刘宝楠引郑玄的注解曰："始作，谓金奏时。闻金作，人皆翕如，变动之貌。从读曰纵。纵之，谓八音皆作。纯如，咸和之矣。皦如，使清浊别之貌。绎如，志意条达。"[1] 而在郑注的基础上，刘宝楠又做了更加具体的解释：关于"人皆翕如，变动之貌"，刘宝楠引《毛诗》的话说："鼓钟钦钦。"而传云："钦钦，言使人乐进也。钦、翕声相近。言'变动'者，亦使人乐进之意。"关于"从读纵。纵之，谓八音皆作"，刘氏云："上始作，既单言'金奏'，此云'从之'，则言'八音'，可知金奏始作，律吕相应，使人皆变动，乐进由是纵之，以均五声八音，而堂上堂下之乐皆作也。"关于"纯如，咸和之矣"，刘氏引高诱《淮南原道注》云："'纯，不杂糅也。'咸者，皆也。谓人声乐声相应而不杂，故为和也。"关于"皦如，使清浊别之貌"，刘氏引庄述祖的话说："郑注《大司乐》云：'凡五声，宫之所生。浊者为角，清者为徵羽。'……是十二律、五声、八音皆有清浊。"最后，关于"绎如，志意条达"，刘氏释曰："绎、驿通，言美心之感发，如草木之有生意，畅茂条达也。"[2]

刘宝楠对孔子描述的音乐过程的解释已经相当完备，而他所引的另一位学者宋翔凤的解释则更加明晰、连贯，二者可相互参照、补充。宋氏曰：

> 始作，是金奏《颂》也。《仪礼·大射仪》纳宾后乃奏《肆夏》，乐阕后有献酢旅酬诸节，而后升歌，故曰"从之"。从同纵，谓纵缓之也。入门而金作，其象翕如变动，缓之而后升歌。重人声，其声纯一，故曰"纯如"……继以笙入，笙者有声无辞，然其声清别，可辨其声而知其义，故曰"皦如"。继以闲歌，谓人声笙奏闲代而作，相寻续

①[清]刘宝楠撰，高流水点校：《论语正义》卷四，中华书局，1990 年，第 131 页。
②[清]刘宝楠撰，高流水点校：《论语正义》卷四，中华书局，1990 年，第 131—132 页。

而不断绝,故曰"绎如"。此三节皆用《雅》,所谓"《雅》《颂》各得其所"也。有此四节而后合乐,则乐以成。①

宋翔凤的这段解说,给我们更加明确地勾勒出了孔子对音乐艺术形式美的感知过程,即一首乐曲是由开端、发展、高潮、尾声几个部分有机构成的,它们相辅相成,相得益彰。开始的时候,声音是繁盛、热烈、高涨的;接下来,声音变得纯净、清亮,节奏变得清晰、鲜明、抑扬顿挫,最后在典雅、欢快的乐声中演奏结束了。虽然乐曲已经停止,但耳边仍长时间萦绕着美妙、动听的声音,让人回味无穷。

通过上述分析,不难发现孔子完全是按照艺术美的规律来欣赏、把握音乐的。文中所提到的"翕如""纯如""皦如""绎如",或是从音乐的声音来说的,或是从音乐的旋律、节奏来说的。因此对孔子而言,音乐的美首先是来自于节奏、旋律、声音的对立统一、相辅相成。也正因为此,音乐才可以通过其优美的旋律和波澜起伏的节奏变化来作用于人的情感世界,从而使人在深受感染的情况下,获得一种精神的提升。

然而需要注意的是,在孔子那里,音乐的形式美因素固然不可或缺,但它恐怕还不足以保证欣赏者能因此进入到一种"超越式的沉醉"境界之中。因为真正打动孔子并使之产生情感共鸣的,"并非一种单纯的美感体验和感受,而是伴随着美感体验所产生的对生命终极本体的拥抱和体认"②。所以,对于音乐艺术而言,孔子除了要求它必须实现结构、旋律、节奏、曲调等诸因素的中和统一之外,还要求其必须融透着仁学精神,从而在更高的意义上实现美与善、情与理、文与质的统一。

(二)"尽善尽美":美与善的统一

《周礼·春官·大司乐》载大司乐"掌成均之法",其教育内容除了包括以"中、和、祇、庸、孝、友"为主体内容的"乐德"、以"兴、道、讽、诵、言、语"为主体内容的"乐语"之外,还有一方面就是以《云门》《大卷》《大咸》《大磬》《大夏》《大濩》《大武》"为主体内容的"乐舞"③。孔子在

①[清]刘宝楠撰,高流水点校:《论语正义》卷四,中华书局,1990年,第132页。
②张明:《"成于乐":孔子"仁"境的诗性呈现》,《中国文化研究》2009年夏之卷。
③[汉]郑玄注,[唐]贾公彦疏:《周礼注疏》卷二十二,[清]阮元校刻:《十三经注疏》(附校勘记),中华书局,1982年影印本,第787页。

评价《韶》乐①、《武》乐②的时候，提出了"尽善尽美"的著名命题："子谓《韶》，'尽美矣，又尽善也。'谓《武》，'尽美矣，未尽善也。'"（《论语·八佾》）那么，这里的"美"指的是什么，"善"又指的什么呢？宋代朱熹的解释是："美者，声容之盛。善者，美之实也。"③据此我们认为，孔子谈到的"美"指的是音乐的艺术表现形式，而"善"则指的是音乐的文化内涵。

对于二者的关系，孔子认为"善"是最根本、最重要的。这里的"善"与孔子的仁学精神密切相联，"尽善"也就是指音乐中的仁道内容获得了充分的表达和呈现。孔子在评价《武》乐时，说"《武》尽美未尽善"。"尽美"意味着《武》乐的艺术表达方式非常圆满、完善，并且具有强烈的感染力、震撼力，诚如吴国公子季札所评价的那样"美哉！周之盛也，

---

① 帝舜之乐曰《韶》，《周礼·春官·大司乐》作《大磬》。韶磬古音通。郑玄注："言其德能绍尧之道也者。"〔〔汉〕郑玄注，〔唐〕贾公彦疏：《周礼注疏》卷二十二，〔清〕阮元校刻：《十三经注疏》（附校勘记），中华书局，1982年影印本，第788页）《汉书·礼乐志》又作《招》："《招》，继尧也。"颜师古注："《韶》之言绍，故曰继尧也。"（〔汉〕班固撰，〔唐〕颜师古注：《汉书》卷二十二，中华书局，1964年，第1038—1039页）《尚书·虞书·益稷》："箫《韶》九成，凤凰来仪。"〔〔汉〕孔安国传，〔唐〕孔颖达疏：《尚书正义》卷五，〔清〕阮元校刻：《十三经注疏》（附校勘记），中华书局，1982年影印本，第144页）大约《韶》乐分为九阕。《左传·襄公二十九年》载吴国公子季札到鲁国宫廷观乐，曾有过评论："见舞《象箾》《南籥》者，曰：'美哉，犹有憾！'见舞《大武》者，曰：'美哉，周之盛也，其若此乎！'见舞《韶濩》者，曰：'圣人之弘也，而犹有惭德，圣人之难也！'见舞《大夏》者，曰：'美哉！勤而不德，非禹，其谁能修之？'见舞《韶箾》者，曰：'德至矣哉，大矣！如天之无不帱也，如地之无不载也！虽甚盛德，其蔑以加于此矣，观止矣！若有他乐，吾不敢请已！'"〔〔周〕左丘明传，〔晋〕杜预注，〔唐〕孔颖达疏：《春秋左传正义》卷三十九，〔清〕阮元校刻：《十三经注疏》（附校勘记），中华书局，1982年影印本，第2008页）《韶》是歌颂舜之诗乐，最为儒家所推崇，《论语·卫灵公》载曰："颜渊问为邦。子曰：'行夏之时，乘殷之辂，服周之冕，乐则《韶》《舞》。'"

② 《武》是歌颂周武王之诗乐，郑玄注《周礼·春官·大司乐》曰："《大武》，武王乐也，武王伐纣以除其害者"，"言其德能成武功者"〔〔汉〕郑玄注，〔唐〕贾公彦疏：《周礼注疏》卷二十二，〔清〕阮元校刻：《十三经注疏》（附校勘记），中华书局，1982年影印本，第788页）。现在《诗经·周颂》中仍保存着《武》乐章，据王国维考证："是《武》之舞凡六成，其诗当有六篇也。据《毛诗序》于《武》曰：'奏《大武》也'，于《酌》曰'告成《大武》也'，则六篇得其二。《春秋左氏》宣十二年传，楚庄王曰'武王克商作《武》'，其卒章曰'耆定尔功'，其三曰'铺时绎思，我徂惟求定'，其六曰'绥万邦，屡丰年'。是以《赉》为《武》之三成，以《桓》为《武》之六成，则六篇得其四，其诗皆在《周颂》，其余两篇，自古无说。案《祭统》云'舞莫重于《武》，宿夜是尚'……""今考《周颂》三十一篇，其有夙夜字者凡四：《昊天有成命》……若《武》《夙夜》而在今《周颂》中，则舍此篇莫属矣。如此，则《大武》之诗，已得五篇，其余一篇，疑当为《般》……其次：则《夙夜》第一，《武》第二，《酌》第三，《桓》第四，《赉》第五，《般》第六；此殆古之次第。"（〔清〕王国维：《观堂集林·周大武乐章考》第一册，中华书局，1961年，第104—106页）

③ 〔宋〕朱熹：《四书章句集注》，中华书局，2010年，第68页。

其若此乎？"①而"未尽善"，一般的理解就是"舜以文德受尧之禅，武王以兵力革商之命……盖以兵力得天下，终非理想之最善者"②。这种理解当然并不错，但似乎还不够全面，徐复观的解释或许可以作为上述观点的补充。

徐复观认为，"尽美"与"美"是不同的："美"满足的是人的单纯的感官娱乐的需要，此外没有其他目的；而"尽美"除了能获得感官愉悦之外，它还必须包含着"善"的内容。孔子说《武》乐是"尽美"的，也就意味着《武》乐在某种程度上的确是包含着"善"的内容的，但这种"善"也仅仅是一种"天地之义气"而已，它并不符合"尽善"要传达"仁的精神"③的根本要求。而与《武》乐不同，孔子认为，《韶》乐在"尽美"的同时，还"尽善"。之所以有这样的评价，乃是因为"尧舜的仁的精神，融透到韶乐中间去，以形成了与乐的形式完全融和统一的内容"④。由此可见，在"美"与"善"之间，孔子更重视音乐艺术的内在精神——"善"（"仁"）。以武力征伐取天下的《武》乐其旋律固然很优美，但却缺乏"善"的内核，因此也就难以"尽善尽美"了。

孔子虽然强调善对于美的优先性，但他并没有忽视音乐形式美的重要性。作为一种重要的艺术形式，孔子认为音乐不但应该具有那些"能给人以审美的感性愉快和享受的形式特征"⑤，如悦耳的声音、优美的旋律等，而且还应该使其达到高度圆满的程度，也即要"尽美"。孔子对《韶》乐、《武》乐"尽美"的认可，以及上文提到的孔子对音乐感性形式美的描述，均表明孔子对艺术形式美的价值是充分肯定的。在孔子看来，只要感性形式美与"善"不发生根本性的冲突，那么即便"未尽善"，也不妨碍它存在的意义。

---

①[周]左丘明传，[晋]杜预注，[唐]孔颖达疏：《春秋左传正义》卷三十九，[清]阮元校刻：《十三经注疏》（附校勘记），中华书局，1982年影印本，第2008页。

②钱穆：《论语新解》，生活·读书·新知三联书店，2002年，第81页。另，《宪问》篇所记载的一段对话可与之相佐证："南宫适问于孔子曰：'羿善射，奡荡舟，俱不得其死然。禹稷躬稼而有天下。'夫子不答，南宫适出。子曰：'君子哉若人！尚德哉若人！'"南宫适认为禹、稷以德而有天下，羿、奡以力而不得其终。孔子就说他很有道德，是个君子。这表明孔子是鄙视武力和权术的，他崇尚的是道德。后代儒家发展了这一思想，提出"恃德者昌，恃力者亡"的主张，要求统治者以德治天下，而不要以武力得天下。否则，最终是没有好下场的。

③徐复观：《中国艺术精神》，华东师范大学出版社，2002年，第9页。

④徐复观：《中国艺术精神》，华东师范大学出版社，2002年，第9页。

⑤李泽厚、刘纲纪：《中国美学史：先秦两汉编》，安徽文艺出版社，1999年，第131页。

总之,就音乐艺术而言,孔子既不是要舍美求善,也不是要舍善求美,而是主张美与善的完满统一,最终达到"尽善尽美"的理想境界。

(三)"乐而不淫,哀而不伤":情与理的统一

在《论语·八佾》中,孔子说:"《关雎》,乐而不淫,哀而不伤。"汉代的经学家孔安国解释说:"乐而不至淫,哀而不至伤,言其和也。"[1]孔安国将"乐而不淫,哀而不伤"界定为"和"是对的,但至于为什么是"和",孔氏却言之不详。在这方面,宋代理学家朱熹做出了比较详细的解释,他说:

> 淫者,乐之过而失其正者也。伤者,哀之过而害于和者也。《关雎》之诗,言后妃之德,宜配君子。求之未得,则不能无寤寐反侧之忧;求而得之,则宜其有琴瑟钟鼓之乐。盖其忧虽深而不害于和,其乐虽盛而不失其正,故夫子称之如此。[2]

意思就是说,君子向漂亮的女性求爱,求得了,不要高兴得过分;没有求得,也不要悲哀得过头。朱熹对前半部分"乐而不淫"的解释基本没问题,但后半部分说"哀而不伤"恐怕就比较牵强了。《关雎》中说:"求之不得,寤寐思服。悠哉悠哉,辗转反侧。"这里虽描述的是君子无法追求到淑女时煎熬的状态,但还没有到悲哀的程度,又怎能称得上是"哀而不伤"呢?因此,朱熹的理解是值得商榷的。实际上,由于朱熹受到汉代《毛诗序》中"哀窈窕,思贤才"[3]观点的影响,所以他仍然没有摆脱"言后妃之德"的思想套路,因而也就无法对这句话进行正确的阐释了。

朱熹以及后进的一些研究者无法将"哀而不伤"命题解释到位,还有一个重要的原因,那就是他们将所探讨的对象——作为音乐的《关雎》与作为诗歌的《关雎》相混淆了。众所周知,中国古代的诗与乐是不分家的。早在《尚书·尧典下》中,就记载了由"诗言志,歌永言,声依永,律和声"[4]组成的诗、乐、舞三位一体的中国最原始的艺术形态。《周

---

①[三国魏]何晏集解,[南朝梁]皇侃义疏:《论语集解义疏》卷二,中华书局,1985年,第38页。
②[宋]朱熹:《四书章句集注》,中华书局,2010年,第66页。
③[汉]毛亨传,[汉]郑玄笺,[唐]孔颖达疏:《毛诗正义》卷一,[清]阮元校刻:《十三经注疏》（附校勘记),中华书局,1982年影印本,第273页。
④[汉]孔安国传,[唐]孔颖达疏:《尚书正义》卷三,[清]阮元校刻:《十三经注疏》(附校勘记),中华书局,1982年影印本,第131页。

礼·春官·大司乐》将"语""德""舞"统一于"乐",分别形成了所谓的"乐语"与"乐德""乐舞"。而"乐语",实际上就是入乐的诗。这表明,诗与乐在中国早期是不分家的,二者是二而一、一而二的关系。《诗经》中的"风",本身就是指"民俗歌谣之诗也"①。虽然,春秋末期的礼崩乐坏导致诗与乐开始分化,并逐步形成两种相对独立的艺术形态,但对于春秋以前诗乐一体特别是《诗经》可以入乐的事实,历代学者基本上还是认可的。比如孔子就说过,自己从卫国返回鲁国之后,"然后乐正,《雅》《颂》各得其所"(《论语·子罕》)。与孔子大致同时的《墨子》也记载到:"或以不丧之间诵诗三百,弦诗三百,歌诗三百,舞诗三百。"②《诗》能"诵、弦、歌、舞",这说明《诗经》在春秋时期是可以吟诵、歌唱和表演的。后来,汉代的司马迁也明确说,《诗经》三百零五篇孔子皆能"弦歌之"③。到了唐代,经学大师孔颖达同样也认可《诗经》入乐的事实,提出了"诗为乐章"④的观点。

　　宋代以后,虽然就《诗经》中哪些篇目可以入乐、哪些篇目不能入乐产生了分歧,但对于《二南》《雅》《颂》入乐均无疑义⑤。如南宋程大昌把《诗经》分为乐诗和徒诗两大类:"《南》《雅》《颂》之为乐诗,而诸国之为徒诗也。"⑥并认为只有乐诗才能入乐,而徒诗是不能入乐的。明末清初的顾炎武认可程说,但在具体篇目划分上有所不同,除认为《二南》《大雅正》《小雅正》《颂》可以入乐外,又增加了《豳》之《七月》,但他认为《大雅》《小雅》中的变诗不可以入乐⑦。元代的马端临、清代的顾镇则质疑程大昌的观点,认为不仅《二南》《雅》《颂》可以入乐,而且像《邶

①[宋]朱熹:《诗集传》卷一,朱杰人、严佐之、刘永翔主编:《朱子全书》第一册,上海古籍出版社、安徽教育出版社,2002年,第401页。

②吴毓江撰校,孙启治点校:《墨子校注》卷十二,中华书局,2006年,第690页。

③[汉]司马迁撰,[宋]裴骃集解,[唐]司马贞索隐,[唐]张守节正义:《史记》卷四十七,中华书局,1999年,第1559页。

④[汉]毛亨传,[汉]郑玄笺,[唐]孔颖达疏:《毛诗正义》卷九,[清]阮元校刻:《十三经注疏》(附校勘记),中华书局,1982年影印本,第403页。

⑤朱熹虽然也将《诗经》中入乐的诗篇性质进行了区分,并认为二南、雅、颂为雅乐,而郑、卫、桑、濮之诗为"里巷狭邪之所歌也"([宋]朱熹:《诗序辨说》,朱杰人、严佐之、刘永翔主编:《朱子全书》第一册,上海古籍出版社、安徽教育出版社,2002年,第365页),但在"乐而不淫,哀而不伤"这个命题上却没有解释清楚。

⑥[宋]程大昌撰,刘尚荣校证:《考古编　续考古编》,中华书局,2008年,第12页。

⑦[清]顾炎武著,[清]黄汝成集释,栾保群、吕宗力校点:《日知录集释》卷三,上海古籍出版社,2006年,第127页。

风》《廓风》《卫风》《郑风》这样的十三国变风,同样也可以入乐。清代
魏源赞成马、顾之说,但思考更加深入。他认为《诗经》三百零五篇均可
入乐,只不过选择哪一篇入乐,要根据演奏的主题而定,比如"凡乡乐自
《樛木》《甘棠》以下诸诗,《大雅》召康公诸诗,《周颂》成王诸诗,亦止为
房中宾祭之散乐";"《六月》《采芑》《出车》《采薇》《杕杜》《常武》《江
汉》之为恺乐铙歌,以劳还帅可知;《车攻》《吉日》之为田狩会同时燕乐
亦可知"①。

　　其实,在周代文化中,不仅诗与乐不分家,礼与乐也是不分家的,
很多礼中都是要用乐的,比如《仪礼》中所记载的"燕礼""聘礼""觐
礼""大射礼""乡射礼""公食大夫礼"等都有对这种用乐行礼场面的
大量描写,其中《关雎》就是最为常用的仪式用乐之一。《仪礼·燕礼》
曰:"遂歌乡乐:《周南》:《关雎》《葛覃》《卷耳》;《召南》:《鹊巢》《采
蘩》《采蘋》)。大师告于乐正曰:'正歌备。'"②"备",《周礼·乐师》云:
"凡乐成则告备。"③郑玄注曰:"正歌者,声歌及笙各三终,间歌三终,合乐
三终,为一备。"故"备亦成也"④。可见,《关雎》是作为"乡乐"合乐阶段
代表性篇目而出现的。除了用作"乡乐"外,《关雎》还可作为"房中之
乐"供王后、国君夫人使用。所谓"房中之乐"是指"后夫人之所讽诵,
以事其君子"⑤,其曲目包括《周南》《召南》以及《国风》其他的乐篇。
据此,清代学者刘宝楠引刘台拱的话说:"诗有《关雎》,乐亦有《关雎》,
此章特据乐言之也。"并且,他认为"古之乐章,皆三篇为一。《传》曰:
'《肆夏》之三,《文王》之三,《鹿鸣》之三。'"他以《文王》《大明》《绵》
为例,说明不少文献在谈到一组乐章时,往往只用首篇代替,而不言其他
两篇,比如"《国语》曰:'《文王》《大明》《绵》,两君相见之乐也。'《左

①[清]魏源:《魏源全集·诗古微·夫子正乐论上》第一册,岳麓书社,2004年,第139—
　141页。
②[汉]郑玄注,[唐]贾公彦疏:《仪礼注疏》卷十五,[清]阮元校刻:《十三经注疏》(附校勘记),
　中华书局,1982年影印本,第1021页。
③[汉]郑玄注,[唐]贾公彦疏:《周礼注疏》卷二十三,[清]阮元校刻:《十三经注疏》(附校勘
　记),中华书局,1982年影印本,第794页。
④[汉]郑玄注,[唐]贾公彦疏:《仪礼注疏》卷十五,[清]阮元校刻:《十三经注疏》(附校勘记),
　中华书局,1982年影印本,第1021页。
⑤[汉]郑玄注,[唐]贾公彦疏:《仪礼注疏》卷十五,[清]阮元校刻:《十三经注疏》(附校勘记),
　中华书局,1982年影印本,第1025页。

传》但曰：'《文王》，两君相见之乐'，不言《大明》《绵》"。他认为这就是当时的"乐章之通例"。"《仪礼》'合乐，《周南·关雎》《葛覃》《卷耳》，《召南·鹊巢》《采蘩》《采蘋》'"，而孔子在《八佾》篇仅仅提到"《关雎》之乱"，没有提到其他，也是符合这种"乐章之通例"的，只不过"乐亡而诗存"，"说者遂徒执《关雎》一诗以求之，岂可通哉？"[①]

这样看来，出现在《论语·八佾》篇中的《关雎》并非一首诗，而是一组音乐，这组音乐包括三支我们所熟知的乐曲，即《关雎》《葛覃》和《卷耳》，该组乐曲均出自《诗经·国风·周南》。其中，《关雎》写君子经过坚持不懈地追求，终获淑女的芳心；《葛覃》写女子在经过公公、婆婆的同意后，高兴地准备回娘家的过程。总的来说，这两首乐曲表现的是喜悦、欢快但又"乐而不淫"的精神状态；而《卷耳》则采用复沓的手法，分别从女子和男子两个视角来抒发相互思念的情感。虽然这种思念之情表现得忧郁、伤感，但又非常注意情感尺度的把握，也就是"哀而不伤"，诗歌中提到的"维以不永怀""维以不永伤"[②]足以为证。所以，刘宝楠引刘台拱所言"'乐而不淫'者，《关雎》《葛覃》也""'哀而不伤'者，《卷耳》也""能哀能乐，不失其节"[③]，当为肯綮之论。

此外，《关雎》作为音乐作品而存在这一事实，还可以从《论语·泰伯》中得到有力印证。《论语·泰伯》中说："师挚之始，《关雎》之乱，洋洋乎盈耳哉！"什么是"乱"呢？"乱"是曲终时笙管齐下的合奏，正如朱熹所云："乱，乐之卒章也。"[④]《史记·孔子世家》中提到的"《关雎》之乱以为《风》始"[⑤]的"乱"，也是同一个意思。清代学者蒋骥解释说："乱者，盖乐之将终。众音毕会，而诗歌之节，亦与相赴，繁音促节，交错纷乱，故有是名耳。孔子曰洋洋盈耳，大旨可见。"[⑥]刘宝楠引《论语骈枝》亦云："始者，乐之始；乱者，乐之终。""凡乐之大节，有歌有笙，有间有合，是

① [清]刘宝楠撰，高流水点校：《论语正义》卷四，中华书局，1990年，第117页。
② [汉]毛亨传，[汉]郑玄笺，[唐]孔颖达疏：《毛诗正义》卷一，[清]阮元校刻：《十三经注疏》（附校勘记），中华书局，1982年影印本，第278页。
③ [清]刘宝楠撰，高流水点校：《论语正义》卷四，中华书局，1990年，第117页。
④ [宋]朱熹：《四书章句集注》，中华书局，2010年，第106页。
⑤ [汉]司马迁撰，[宋]裴骃集解，[唐]司马贞索隐，[唐]张守节正义：《史记》卷四十七，中华书局，1999年，第1559页。
⑥ [清]蒋骥：《山带阁注楚辞·余论》，上海古籍出版社，1984年，第192页。

为一成。始于升歌,终于合乐。是故升歌谓之始,合乐谓之乱。"① 因此,
"乱"指的是音乐的"尾声"。在乐曲尾声,各种乐器会一起配合,采用合
奏的形式,将整个演奏推向高潮。这种形式在古代诗歌、乐曲中非常常
见。《国语·鲁语下》载正考父校《诗经·商颂·那》之乱曰:"自古在
昔,先民有作。温恭朝夕,执事有恪。"② 此处"乱曰"所引诗句正是该诗
中的结尾部分。"屈原《离骚》《招魂》《九歌》中也有'乱'。这种形式
在汉代称为'趋',宋金诸宫调和元散曲套曲中有时称'尾''尾声''收
尾'等"③。

综上可见,"乐而不淫,哀而不伤"的观点实际上是孔子将"中庸"思
想运用于音乐作品《关雎》的审美鉴赏而得出的结论,它后来变成了儒
家音乐美学思想的一个重要原则。孔子认为,主体在欣赏音乐时,情感
抒发固然可以很充沛、很强烈,但必须要保持一种理性的态度,从而使其
始终处于一种"无过无不及"的适度的平静状态,正如李泽厚所言:"在
孔子看来,真正美的,有益于人的艺术作品,其情感的表现应是适度的。"
但如果使"欢乐的情感的表现成了放肆的享乐",使"悲哀的情感的表现
成了无限的感伤",那么"这样的艺术作品就是有害的"④。所以,音乐艺
术要给人带来美的享受,情感就必须得到合理控制。孔子之所以对《关
雎》倍加赞许,也正是因为这组音乐中"乐"与"哀"的情感表达"无过无
不及",堪称"中和之美"的典范。

与对《关雎》这组音乐的倍加赞许相反,孔子曾多次严厉批评"郑
声"⑤。在《论语·卫灵公》中,孔子就非常明确地表达了对"郑声"的不
满:"乐则《韶》《舞》。放郑声,远佞人。郑声淫,佞人殆。"这里的"淫",
实际上就是说"郑声"的情感表达太奔放,缺乏节制,所以孔子才要"放
郑声"。关于这一点,后世不少文献均做过详细解释。比如,《礼记·乐
记》中就曾记载子夏在回答魏文侯"何为溺音"的问题时说:"郑音好滥
淫志,宋音燕女溺志,卫音趋数烦志,齐音敖辟乔志","此四者皆淫于色

---

① [清]刘宝楠撰,高流水点校:《论语正义》卷九,中华书局,1990 年,第 305 页。
② 徐元诰撰,王树民、沈长云点校:《国语集解》,中华书局,2002 年,第 205 页。
③ 蔡先金:《孔子诗学研究》,齐鲁书社,2006 年,第 240—241 页。
④ 李泽厚、刘纲纪:《中国美学史·先秦两汉编》,安徽文艺出版社,1999 年,第 142 页。
⑤ 此处所说"郑声"乃指作为音乐的艺术形式,而非指作为诗歌艺术的"郑诗"。

而害于德"①。战国末秦相吕不韦组织编写的《吕氏春秋·孟春纪·本生》也曾云:"靡曼皓齿,郑、卫之音,务以自乐,命之曰伐性之斧。"②这表明,不惟儒家认为"郑声淫",即使是非儒家的学派也有类似看法。《汉书·地理志》则结合地理环境进一步解释了为什么"郑卫之音""淫",其曰:"土陿而险,山居谷汲,男女亟聚会,故其俗淫。""卫地有桑间濮上之阻,男女亦亟聚会,声色生焉,故俗称郑卫之音。"③《白虎通·礼乐》更是直接解释了"郑声淫"的原因:"孔子曰'郑声淫'何?郑国土地民人,山居谷浴,男女错杂,为郑声以相诱悦怿,故邪僻,声皆淫色之声也。"④

在《论语·阳货》中,孔子再一次对"郑声"进行了尖锐的批评:"恶紫之夺朱也,恶郑声之乱雅乐也,恶利口之覆邦家者。"春秋末期,郑国的民乐发达,情歌盛行,这虽然在一定程度上扩大了音乐表现领域和受众群体,弥补了宫廷音乐在这方面的不足,但其奢靡放荡的情感表达与孔子所追求的"中和之美"的审美标准背道而驰。更为严重的是,在孔子看来,这种"郑声"不仅无益于个体道德情操的陶冶、净化,而且长此以往还会使老百姓精神萎靡,甚至会有亡国的危险("恶利口之覆邦家者")。这并非耸人听闻,吴公子季札也曾明确地表达过这种担忧:"其细已甚,民弗堪也,是其先亡乎!"⑤所以,孔子认为音乐情感的表达必须"中和适度",否则就会导致个人身心以及国家、社会秩序的失衡与混乱。

总之,孔子提出的"乐而不淫,哀而不伤"的审美原则,要求艺术情感的表达应"无过无不及",既要合情,还要合理。这种对情与理相统一的审美追求,使得中国艺术的情感表现从来都不会变成一种肆无忌惮的情欲发泄,而是始终控制在一种合乎理性的范围之内,这充分彰显了"以中达和""中和为美"的中国艺术精神。

---

①[汉]郑玄注,[唐]孔颖达疏:《礼记正义》卷三十九,[清]阮元校刻:《十三经注疏》(附校勘记),中华书局,1982年影印本,第1540页。
②许维遹撰,梁运华整理:《吕氏春秋集释》卷一,中华书局,2010年,第18页。
③[汉]班固撰,[唐]颜师古注:《汉书》卷二十八下,中华书局,1964年,第1652—1665页。
④[清]陈立撰,吴则虞点校:《白虎通疏证》卷三,中华书局,1994年,第97页。
⑤[周]左丘明传,[晋]杜预注,[唐]孔颖达疏:《春秋左传正义》卷三十九,[清]阮元校刻:《十三经注疏》(附校勘记),中华书局,1982年影印本,第2006页。

第七章　孔子的自然美论

陶弘景《答谢中书书》云："山川之美,古来共谈。"[①]自然界中的江河大川、花草树木、日月星辰时常让孔子驻足观赏,而孔子则以诗人的气质、歌者的情怀("兴""观""乐")应之,对其加以体验、感知,二者之间形成了一种活泼泼的诗性对话关系,正所谓"情往似赠,兴来如答"[②]。可以说,在孔子的眼中,自然界总是充满了生机和诗意,呈现出了独特的审美风貌。

第一节　"比德"之美——人格的意象化

在中国美学史上,虽然是从魏晋南北朝才开始把自然作为独立的审美对象来加以表现的,但在此之前,《诗经》中就已经有不少作品表现出了诗人对自然美的丰富感受。特别是其广泛使用比兴手法来表现自然景物,艺术水平达到了相当高的程度,如《卫风·淇奥》以竹来比拟君子品格;《秦风·小戎》《小雅·白驹》以玉来比拟道德人格;《齐风·载驱》《王风·扬之水》用水来比拟人的内在情感;《大雅·崧高》《周颂·天作》《鲁颂·閟宫》用山来比拟仁者功绩,等等。作为《诗经》的整理、修订者,孔子本人是通晓《诗经》的,这一点不仅可以从孔子关于诗的大量言论中得到验证(主要依据《论语》、上博简《孔子诗论》《孔子家语》等文献),而且后来司马迁的记载也提供了有力的证据。在《史记·孔子世家》中,司马迁谈到:"古者《诗》三千余篇,及至孔子,去其重,取可施于礼义⋯⋯三百五篇孔子皆弦歌之,以求合《韶》《武》《雅》

---

①[清]严可均辑:《全上古三代秦汉三国六朝文·全梁文》(五),上海古籍出版社,2009年影印本,第377页。
②[南朝梁]刘勰著,范文澜注:《文心雕龙注》卷十,人民文学出版社,1962年,第695页。

《颂》之音。"① 由此推断,《诗经》中普遍使用的比兴手法,对孔子的审美思维方式产生了直接的影响。此后,孔子继承了这一手法,并按照自己对社会、人生的感悟和思考,将其发展成为比较完善的山水"比德"的自然审美观。

一、"比德"审美观及其在《论语》中的体现

所谓"比德",指的就是将自然景物的某些特征与人的某些内在精神品质对应起来,并进行意象化的比附,进而将自然景物情感化、人的情感自然化。这样,自然景物与人的内在精神之间相互映照、相互沟通,在情感交流中化合为一体,从而达到天人合一的精神境界。从本质上来看,孔子的"比德"观重在揭示人与自然的异质同构关系,既强调自然的人格化,也不忽视主体精神的对象化,在主、客体相互作用中实现人与自然的亲和与共生,从而走向"主客一体""物我浑成"的境界;从内容上来看,这种观念强调主体的精神内涵,强调托物言志、借物抒情,重视自然形式之外的更深层的审美意味;从方式上来看,它强调"以我观物",强调通过生命情感的移入与灌注,使人与自然达到同化与共鸣。总之,通过这一方式来看待自然界,那么其中的一草一木都有可能变成某种象征意象,"变成了仁人君子,变成了某种道德境界的象征"②。在"比德"的世界中,孔子一方面欣赏着自然,一方面又在品味着人生,自然事物与人的情感相结合,便具有了艺术的灵动和道德的启示。

这种"比德"观在《论语》中的运用相当普遍,比如孔子在《论语·子罕》篇中说:"岁寒,然后知松柏之后凋也。"松柏的四季常青是自然而然的,但岁寒而后凋的松柏带给孔子的却是对独立人格、坚贞不屈的君子人格的体悟。此画面虽简单明净,但内涵却丰富厚重,读后一种崇高感油然而生,令人感动。《荀子·大略》曾对此给予了很好的解释:

> 君子立志如穷,虽天子三公问,正以是非对。君子隘穷而不失,劳倦而不苟,临患难而不忘细席之言。岁不寒无以知松柏,事不难

---

① [汉]司马迁撰,[宋]裴骃集解,[唐]司马贞索隐,[唐]张守节正义:《史记》卷四十七,中华书局,1999年,第1559页。
② 顾祖钊:《华夏原始文化与三元文学观念》,北京大学出版社,2006年,第113页。

无以知君子。无日不在是。①

又如，在《论语·为政》篇中，孔子谈到："为政以德，譬如北辰，居其所而众星共之。"在这里，孔子以群星围绕北极星的天体运动来强调统治者的德性修养对政治生活的决定作用。《论语·泰伯》曰："巍巍乎！唯天为大，唯尧则之。"这里，孔子又将尧的胸怀品行与天的博大、崇高相比拟。后来《韩非子·扬权》篇所言"能象天地，是谓圣人"②以及《吕氏春秋·仲春纪·情欲》篇所言"古之治身与天下者必法天地也"③均由此而来。再如，在《论语·乡党》篇中，他将一群色彩艳丽、自由飞翔的野鸡比拟成了文采焕然的得志君子，并且非常羡慕地说："色斯举矣，翔而后集。""山梁雌雉，时哉时哉！"可见，不管是何种自然现象，只要它同人的某种人格、品质、情操有相通之处，就可以进入孔子的表达范畴，成为他传达哲思、抒发情怀的途径。

这种通过人与自然间的审美感受和愉悦实现的感应、共鸣，就是一种充满象征意味的诗性表达，而这在孔子的"乐山乐水"命题中得到了最为集中的体现。在《论语·雍也》篇中，子曰："知者乐水，仁者乐山。"对此，朱熹的解释是："知者达于事理而周流无滞，有似于水，故乐水；仁者安于义理而厚重不迁，有似于山，故乐山。"④在另一处，他也有一个类似的表述：

> 知者乐水，仁者乐山……人杰问："'乐'字之义，释曰'喜好'。是知者之所喜好在水，仁者之所喜好在山否？"曰："且看水之为体，运用不穷，或浅或深，或流或激；山之安静笃实，观之尽有余味。"⑤

后来，康有为也作了类似的阐释："知者达于物理事理，而周流无滞，故乐水。仁者安于义理天命，而安固好生，故乐山。"⑥从"比德"的角度来看，

①［清］王先谦撰，沈啸寰、王星贤点校：《荀子集解》卷十九，中华书局，1988年，第505—506页。
②［清］王先慎撰，钟哲点校：《韩非子集解》卷二，中华书局，2003年，第49页。
③许维遹撰，梁运华整理：《吕氏春秋集释》卷二，中华书局，2010年，第45页。
④［宋］朱熹：《四书章句集注》，中华书局，2010年，第90页。
⑤［宋］黎靖德辑：《朱子语类》卷三十二，朱杰人、严佐之、刘永翔主编：《朱子全书》第十五册，上海古籍出版社、安徽教育出版社，2002年，第1158页。
⑥［清］康有为撰，楼宇烈整理：《论语注》卷六，中华书局，1984年，第82页。

朱熹与康有为的解释应该说都是很中肯的。孔子以水喻人,表示人在变化莫测的环境中可以随遇而化,不受沾滞;而以山喻人,则表示人的内心沉静稳定,不仅临危不乱,而且安之若素。可见,一个人的德性品质和精神特征不同,他们的审美取向也就有所不同,对自然山水的偏好自然会有所区别;反过来,不同的自然山水所以能够引起人们的不同感受,是因为它能够与人的某种审美取向相契合,与人的德性品质和精神特征相呼应。总之,"乐山乐水"命题中既有对自然山水的审美观照,又有对仁智之人格的精神赞美,两个方面相辅相成、相得益彰,形成了一个完整的美学命题。

综上,在中国美学史上,孔子第一次揭示出了人与自然之间所存在的某种对话、交流关系:自然山水承载了人的德性品格,人也在自然山水中获得了生命的体验。而将人的精神品质与自然审美联系起来,并非简单的比附,它揭示出了这样一条重要的美学规律,即作为审美对象的自然,并非同人毫无关联的,而是同人的精神品格及内在情感息息相关。换言之,在孔子那里,自然事物之所以能够成为审美对象,是因为它能够唤起人的某种内在情感体验和人格力量。俄国美学家车尔尼舍夫斯基曾经谈到:"凡在自然中使我们想起人来(或者,用他们的术语,预示人格)的东西,就是美的,并且主张自然中美的事物,只有作为人的一种暗示才显示出美。"[1]这番话可谓一语中的,同样适用于对孔子自然审美观的理解,人格的自然化和自然的人格化是孔子自然审美的基本视角。华夏民族几千年来所形成的把人的精神品性、道德情操与自然审美相关联的美学传统,究其思想根源,正是源于孔子这种"比德"的自然审美观。在这里,孔子摒弃了抽象的道德说教而代之以审美的感性形式,这可以说是中国古代自然审美进程中的一个巨大进步。

二、"比德"审美观的理论发展

尽管孔子开创了"比德"的审美观,提出了诸多重要的相关命题,但由于他本人对这些命题的内涵并未做更多解释,这导致后儒纷纷从自己

---

①[俄]车尔尼舍夫斯基著,周扬译《生活与美学》,生活・读书・新知三联书店,2012年,第27页。

的角度对该命题不断发挥,乃至于形成了一个强大的美学传统。首先是孟子,后来是荀子,他们主要言"水";到了董仲舒、刘向那儿,则对"乐山乐水"命题进行了全面的演绎、发挥。

在《孟子·尽心上》篇中,孟子对这种"比德"观进行了阐发[①]。他说:"观水有术,必观其澜……流水之为物也,不盈科不行;君子之志于道也,不成章不达。"[②]孟子从山水自然中悟出了君子的眼光和境界,强调了人格修养和知识的无限性。其中,"流水之为物也,不盈科不行;君子之志于道也,不成章不达"以水为例,解释水之"行"与君子之"道"的同构关系。所谓"不成章不达",是说君子要像流水一样,不断填满坑坑洼洼,积极进取,否则就无法达到一通百通的境界,这就将有志君子的生命过程与汪洋的流水对应起来了。在这里,"水"成了君子之道的象征,同时也作为人的审美对象而存在。孟子用"水"来象征道德之本源以及君子自强之人格,一方面赋予了"水"以全新的内涵,另一方面也开启了后儒从"比德"的角度来阐释孔子的"逝者如斯夫"的先河。

如果说孟子还只是对"比德"审美观进行了具体发展的话,那么到了荀子那里则对其进行了有意识、大面积的想象性发挥。事实上,作为完整意义的"比德"一词最早出现在《荀子·法行》篇中[③]:

> 夫玉者,君子比德焉。温润而泽,仁也;栗而理,知也;坚刚而不屈,义也;廉而不刿,行也;折而不挠,勇也;瑕适并见,情也;扣之,其声清扬而远闻,其止辍然,辞也。故虽有珉之雕雕,不若玉之

[①]关于这个问题,实际上《孟子·离娄下》篇就已经进行了探讨,具体阐述详见下文。

[②][汉]赵岐注,[宋]孙奭疏:《孟子注疏》卷十三下,[清]阮元校刻:《十三经注疏》(附校勘记),中华书局,1982年影印本,第2768页。

[③]"比德"这一概念最早出现在《尚书·洪范》中:"凡厥庶民,无有淫朋,人无有比德,惟皇作极。"〔[汉]孔安国传,[唐]孔颖达疏:《尚书正义》卷十二,[清]阮元校刻:《十三经注疏》(附校勘记),中华书局,1982年影印本,第189页〕意思是,凡君王之民众没有结成朋党的,官员没有相互勾结的,只有君王建立的准则。这里的"比德"即相互勾结、结党营私之义,完全不同于君子"比德"的意思。《管子·小问》虽然最早出现了君子"比德":"桓公放春三月观于野,桓公曰:'何物可比于君子之德乎?'隰朋对曰:'夫粟,内甲以处,中有卷城,外有兵刃,未敢自恃,自命曰粟,此其可比于君子之德乎?'管仲曰:'苗,始其少也,眴眴乎,何其孺子也!至其壮也,庄庄乎何其士也!至其成也,由由乎兹免,何其君子也!天下得之则安,不得则危,故命之曰禾。此其可比于君子之德矣。'桓公曰:'善。'"(黎翔凤撰,梁运华整理:《管子校注》卷十六,中华书局,2004年,第969页)但由于此时"比"与"德"还分开使用,尚未呈现为一个整体性概念,故本书仍以《荀子·法行》篇为"比德"之发端。

章章。《诗》曰："言念君子，温其如玉。"此之谓也。[1]

　　这段对话未必是对孔子本人原话的记录，但可以肯定的是，其基本思想源于孔子的"比德"观。在这段话中，子贡向孔子提出了君子贵玉而贱珉，是否因为玉少而珉多这样一个问题，孔子的回答是，玉之所以比珉珍贵，并不在于它的稀少，而在于它的自然属性可以用来象征"仁""知""义""行""勇""情""辞"等君子应有的德性品格。将自然事物与人的某种精神品性联系起来进行观照，正是"比德"的重要审美特征。

　　荀子不仅提出了"比德"这一概念，而且在《荀子·宥坐》篇中，荀子又对孔子的"乐山乐水"命题进行了自觉的发挥。

　　　孔子观于东流之水，子贡问于孔子曰："君子之所以见大水必观

---

[1]［清］王先谦撰，沈啸寰、王星贤点校：《荀子集解》卷二十，中华书局，1988 年，第 535—536 页。另，荀子以玉比德的思想或许受到《管子·水地》篇的启发："夫玉之所贵者，九德出焉。夫玉温润以泽，仁也。邻以理者，知也。坚而不蹙，义也。廉而不刿，行也。鲜而不垢，洁也。折而不挠，勇也。瑕适皆见，精也。茂华光泽，并通而不相陵，容也。叩之其音清抟彻远，纯而不杀，辞也。"（黎翔凤撰，梁运华整理：《管子校注》卷十四，中华书局，2004 年，第 815 页）而西汉贾谊、刘向、东汉许慎对"玉"字的释义，则受到荀子"比德"思想的影响。贾谊《新书·道德说》曰："德有六理。何谓六理？曰：道、德、性、神、明、命，此六者德之理也。诸生者，皆生于德之所生；而能象人德者，独玉也。写德体六理，尽见于玉也，各有状，是故以玉效德之六理。泽者，鉴也，谓之道；腒如窃膏谓之德；湛而润厚而胶谓之性；康若泺流谓之神；光辉谓之明；礜乎坚哉谓之命，此之谓六理。"（［汉］贾谊撰，阎振益、钟夏校注：《新书校注》卷八，中华书局，2000 年，第 324 页）刘向《说苑·杂言》曰："玉有六美，君子贵之……望之温润者，君子比德焉；近之栗理者，君子比智焉；声近徐而闻远者，君子比义焉；折而不挠，阙而不荏者，君子比勇焉；廉而不刿者，君子比仁焉；有瑕必见之于外者，君子比情焉。"（［汉］刘向撰，向宗鲁校证：《说苑校证》卷十七，中华书局，1987 年，第 437 页）许慎《说文解字》云："玉，石之美有五德者：润泽以温，仁之方也；䚡理自外，可以知中，义之方也；其声舒扬，专以远闻，智之方也；不挠而折，勇之方也；锐廉而不忮，洁之方也。"（［清］段玉裁：《说文解字注》，中华书局，2013 年，第 10 页）《礼记》《孔子家语》基本上转述了荀子的说法。《礼记·聘义》："夫昔者，君子比德于玉焉：温润而泽，仁也。缜密以栗，知也。廉而不刿，义也。垂之如队，礼也。叩之其声清越以长，其终诎然，乐也。瑕不掩瑜，瑜不掩瑕，忠也。孚尹旁达，信也。气如白虹，天也。精神见于山川，地也。圭璋特达，德也。天下莫不贵者，道也。诗云：'言念君子，温其如玉。'故君子贵之也。"〔［汉］郑玄注，［唐］孔颖达疏：《礼记正义》卷六十三，［清］阮元校刻：《十三经注疏》（附校勘记），中华书局，1982 年影印本，第 1694 页〕《孔子家语·问玉》："子贡问于孔子曰：'敢问君子贵玉而贱珉，何也？为玉之寡而珉之多与？'孔子曰："非为玉之寡故贵之，珉之多故贱之！夫昔者君子比德于玉：温润而泽，仁也；缜密以栗，智也；廉而不刿，义也；垂之如坠，礼也；叩之，其声清越而长，其终则诎然，乐矣；瑕不掩瑜，瑜不掩瑕，忠也；孚尹旁达，信也；气如白虹，天也；精神见于山川，地也；珪璋特达，德也；天下莫不贵者，道也。诗云：'言念君子，温其如玉。'故君子贵之也。"（［清］陈士珂辑：《孔子家语疏证》卷八，中华书局，1985 年，第 209 页）

焉者是何?”孔子曰:“夫水,大遍与诸生而无为也,似德。其流也
埤下,裾拘必循其理,似义。其洸洸乎不淈尽,似道。若有决行之,
其应佚若声响,其赴百仞之谷不惧,似勇。主量必平,似法。盈不求
概,似正。淖约微达,似察。以出以入,以就鲜洁,似善化。其万折
也必东,似志。是故君子见大水必观焉。”①

在这段话中,孔子借子贡提出的君子为何见大水必观的问题,对流
水的比德内涵进行了淋漓尽致的发挥,以至于后儒的阐发均难脱其窠
臼。他列举的流水“似德”“似义”“似勇”等性质状态,几乎具有了君子
所应具有的全部品格。在这里,不妨说水的流动就是“道德的流动”。在
儒家那儿,“像‘德’‘仁’‘义’‘勇’‘智’‘察’‘让’‘正’‘度’等等,
在水的意象里全都体现出来,即便是最抽象的道德也永远与大自然融汇
在一起”②。当然,荀子以水之形态与人之品格相互映发,其恰当与否暂且
不论,仅就他对水的观察之细、思考之深,就不能不令人佩服,这表明儒
家已将“自然之物千姿百态之美”“作为政事、社会、人格之美的对应物、
参照系”③了。

　　荀子的这种“比德”观深深影响了汉代的自然美思想,比如《尚书大

---

①[清]王先谦撰,沈啸寰、王星贤点校:《荀子集解》卷二十,中华书局,1988 年,第 524—526
页。另,《大戴礼记》《孔子家语》《说苑》所述与此版本大同小异,为方便对比,兹录如下。
《大戴礼记·劝学》:“子贡曰:‘君子见大川必观,何也?’孔子曰:‘夫水者,君子比德焉。偏
与之而无私,似德;所及者生,所不及者死,似仁;其流行痺下倨句,皆循其理,似义;其赴百仞
之豁,不疑,似勇;浅者流行,深渊不测,似智;弱约危通,似察;受恶不让,似贞;包裹不清以
入,鲜洁以出,似善化;必出,量必平,似正;盈不求概,似厉;折必以东西,似意;是以见大川
必观焉。’”([清]王聘珍撰,王文锦点校:《大戴礼记解诂》卷七,中华书局,1983 年,第 135—
136 页)《孔子家语·三恕》:“孔子观于东流之水,子贡问曰:‘君子所见大水必观焉,何也?’
孔子对曰:‘以其不息,且遍与诸生而不为也。夫水有似乎德;其流也,则卑下倨句必循其理,
此似义;浩浩乎无屈尽之期,此似道;流行赴百仞之嵊而不惧,此似勇;至量必平之,此似法;
盛而不求概,此似正;绰约微达,此似察;发源必东,此似志;以出以入,万物就以化絜,此似善
化也;水之德有若此,是故君子见必观焉。’”([清]陈士珂辑:《孔子家语疏证》卷二,中华书
局,1985 年,第 56 页)《说苑·杂言》:“子贡问曰:‘君子见大水必观焉,何也?’孔子曰:‘夫
水者君子比德焉:遍与而无私,似德;所及者生,似仁;其流卑下句倨,皆循其理,似义;浅者
流行,深者不测,似智;其赴百仞之谷不疑,似勇;绰弱而微达,似察;受恶不让,似贞;包蒙不
清以入,鲜洁以出,似善化;主量必平,似正;盈不求概,似度;其万折必东,似意。是以君子
见大水观焉尔也。’”([汉]刘向撰,向宗鲁校证:《说苑校证》卷十七,中华书局,1987 年,第
434 页)
②傅道彬:《中国文学的文化批评》,黑龙江人民出版社,2000 年,第 43 页。
③陈良运:《中国山水美学发轫考述》,《中国文化研究》2003 年秋之卷。

传》中孔子在回答子张"仁者何乐于山"的问题时云:"夫山,草木生焉,鸟兽蕃焉,财用殖焉,生财用而无私……万物以成,百姓以飨,此仁之乐于山者也。"[①]很明显,山的生生之德、厚重无私实际上就是仁者仁德的体现。《韩诗外传》在回答"仁者何以乐山"问题时说:

> 夫山者万民之所瞩仰也。草木生焉,万物植焉,飞鸟集焉,走兽休焉,四方益取与焉……天地以成,国家以宁,此仁者所以乐于山也。《诗》曰:"太山岩岩,鲁邦所瞻。"乐山之谓也。

在回答"智者何以乐水"问题时说:

> 夫水者缘理而行,不遗小间,似有智者。动而之下,似有礼者。蹈深不疑,似有勇者。障防而清,似知命者。历险致远,卒成不毁,似有德者。天地以成,群物以生,国家以平,品物以正。此智者所以乐于水也。《诗》云:"思乐泮水,薄采其茆。鲁侯戾止,在泮饮酒。"乐水之谓也。[②]

这种将"水"的特性与人之"智""礼""勇""德""正"等良好品格相联的做法显然来自于荀子。

荀子影响最为全面、最为深刻的还要数董仲舒。他在《春秋繁露·山川颂》中将荀子的表述加以补充发挥,并综合了《孟子》和《韩诗外传》的观点,分别对"乐山""乐水"问题进行了非常详细的阐述,认为山水之美来自于高尚、美好的君子人格,同时也是自然山水与审美主体之间同构互感、相类相召的产物。谓"山"云:

> 山则龍嵸嵂崔,摧嵬嶵巍,久不崩陁,似夫仁人志士……小其上,泰其下,久长安,后世无有去就,俨然独处,惟山之意。《诗》云:"节彼南山,惟石岩岩;赫赫师尹,民具尔瞻。"此之谓也。

谓"水"云:

> 水则源泉混混沄沄,昼夜不竭,既似力者;盈科后行,既似持平者;循微赴下,不遗小间,既似察者;循谿谷不迷,或奏万里而必至,

---

①[清]王闿运补注:《尚书大传补注》卷六,中华书局,1991年,第62页。
②[汉]韩婴撰,许维遹校释:《韩诗外传集释》卷三,中华书局,1980年,第110—111页。

既似知者；障防山而能清净，既似知命者；不清而入，洁清而出，既似善化者；赴千仞之壑，入而不疑，既似勇者；物皆困于火，而水独胜之，既似武者；咸得之而生，失之而死，既似有德者。孔子在川上曰："逝者如斯夫，不舍昼夜。"此之谓也。[①]

汉代刘向的《说苑·杂言》在谈论"乐水"命题时基本上是转译了董仲舒和《韩诗外传》的表述：

> 夫智者何以乐水也？曰："泉源溃溃，不释昼夜，其似力者。循理而行，不遗小间，其似持平者。动而下之，其似有礼者。赴千仞之壑而不疑，其似勇者。障防而清，其似知命者。不清以入，鲜洁而出，其似善化者。众人取乎品类，以正万物，得之则生，失之则死，其似有德者。淑淑渊渊，深不可测，其似圣者。通润天地之间，国家以成。是知之所以乐水也。《诗》云：'思乐泮水，薄采其茆。鲁侯戾止，在泮饮酒。'乐水之谓也。"

谈论"乐山"命题时，说：

> 夫仁者何以乐山也？曰："夫山龙嵸崔嵬，万民之所观仰。草木生焉，众物立焉，飞禽萃焉，走兽休焉……四方并取而不限焉……国家以成，是仁者之所以乐山也。《诗》曰：'太山岩岩，鲁侯是瞻。'乐山之谓矣。"[②]

可以说，以荀子的"比德"观为基础，刘向作了近乎于极致的生发，主要表现在山水审美由君子人格的比拟转向了君王美德的比拟，提出了"国家以成""国家以宁"的观点，这均体现出向主流话语靠拢，将"比德"思想意识形态化的倾向。特别是在文末，他专门引用《诗经·鲁颂·泮水》和《诗经·鲁颂·閟宫》中的诗句，称鲁侯为"知者""仁者"，这一做法更加凸显了刘向的上述政治教化意图。

"比德"的审美观虽然从孔子、孟子、荀子，到汉代的董仲舒、刘向一以贯之，但其内涵却是大不相同的。其具体对比可参见下表：

---

①[清]苏舆撰，钟哲点校：《春秋繁露义证》卷十六，中华书局，1992年，第423—425页。
②[汉]刘向撰，向宗鲁校证：《说苑校证》卷十七，中华书局，1987年，第435—436页。

《论语·子罕》	《孟子·离娄下》	《荀子·宥坐》	《春秋繁露·山川颂》	《大戴礼记·劝学》	《孔子家语·三恕》	《韩诗外传》	《说苑·杂言》
逝者	君子之志于道	君子见大水必观	逝者如斯夫,不舍昼夜	君子见大川必观	君子所见大水必观	智者	君子智者
如	如是	是何	此之谓	比德	若此	何以乐于水	何以乐水
斯（川流）	源泉混混盈科而后进放乎四海	似德 似义 似道 似勇 似法 似正 似察 似善化 似志	似有德 似武 似勇 似知 似持平 似察 似善化 似知命 似力	似德 似义 似仁 似勇 似智 似正 似察 似善化 似意 似贞 似厉	似乎德 似义 似道 似勇 似法 似正 似察 似善化 似志	似有德 似有礼 似有勇 似有智 似知命 天地以成 群物以生 国家以平 品物以正	似有德 似持平 似有礼 似勇 似圣 似贞 似善化 似知命 似力 国家以成
不舍昼夜	不舍昼夜	洸洸乎不淈尽	昼夜不竭	盈不求概	不息		不释昼夜

　　对此,当代学者陈良运有一个很好的总结。他说,孔子"虽未直言其美但用一个'乐'字表示了山水'静'与'动'引起的愉悦之情";到了孟子,其观水"从感性向理性提升,但提升后是人生哲理,有理趣";而到了荀子,他以水"比德","观水愈细致,发现水之'德'愈多,水的自然美感也就愈淡化"。最后,到了董仲舒、刘向等人那里,由于受汉代政教功利之风的影响,其原初的审美内涵逐渐萎缩,最后演变成了一个纯教化性质的政治命题。于是,"乐山乐水"的审美意蕴被抽空,取而代之的是"国家以成""国家以平"这样一些政治内容。从这个意义上说,虽然"儒家学说发展了",但"儒家学者的审美感觉反而退化了"[1]。

---

[1]陈良运:《中国山水美学发轫考述》,《中国文化研究》2003年秋之卷。

　　这种美学精神经过魏晋时期的边缘化和沉寂之后[①]，到了唐代，随着意识形态的需要，又再一次兴盛起来。"从李谔、王通到白居易，对六朝以来'嘲风花，弄雪月'的审美倾向大加挞伐"，他们认为自然景物"只有成为道德象征、美刺寄托时才有美"，"否则就是无病呻吟"[②]。特别是白居易，坚决反对缺乏兴寄内容的"嘲风雪，弄花草"之作。他以此为标准，严厉批评了诸多诗人放逐道德、为审美而审美的创作倾向：谢灵运的诗作"多溺于山水"；陶渊明的诗作"偏放于田园"；江淹、鲍照的诗作亦"狭于此"；而谢朓"余霞散成绮，澄江净如练"、鲍照"离花先委露，别叶乍辞风"之类的诗句，"丽则丽矣"，但不过是"嘲风雪、弄花草而已"。即使是对于取得很高成就的李白来说，白居易也毫不留情地指责其诗作虽"才矣""奇矣"，但"人不逮矣"，"索其风雅比兴，十无一焉"[③]。这里，又显现出白居易"比德"审美观的片面性。

　　宋代是"比德"审美观获得极大发展的时期。这一时期的理学美学家如周敦颐、邵雍、程颐、朱熹等，均从"比德"的角度来理解自然美。周敦颐的名作《爱莲说》以莲花"出淤泥而不染，濯清涟而不妖"的自然特性与君子洁身自好、正直洒脱的高洁人格进行类比，重在强调"莲"之美在于其所象征的道德品格，这一点倒是与康德（Kant）"美是道德的象征"[④]的观念不谋而合。而宋代另一位大儒程颐也继承了这种审美观，他反对醉心于描述自然景物之形式美而忽视背后所寄寓的道德精神的艺术创作，认为这是"玩物丧志"。由此出发，他批评像杜甫的有些诗句如"穿花蛱蝶深深见，点水蜻蜓款款飞"等都是"闲言语"[⑤]。在他看来，这类诗作是缺乏深意的。这种审美观与白居易诗论是一脉相承的，虽强调诗歌"文以载道"，要言之有物不作空洞之语有积极意义，但其完全否定自然审美的自足性和独立性，是非常狭隘的，应予以纠正。

---

①魏晋时期是人的觉醒与文学自觉的时代，自然审美也获得了独立的价值和地位，一方面，从艺术创作上看，涌现了大量的山水诗、山水赋；另一方面，从美学理论上看，提出了以山水审美来怡情养性的"畅神说"。总之，不管是艺术领域还是美学领域，儒家的"比德"观逐渐走向式微。

②祁志祥：《中国美学原理》，山西教育出版社，2003年，第89—90页。

③[唐]白居易著，顾学颉校点：《白居易集》卷四十五，中华书局，1999年，第961页。

④[德]康德著，宗白华译：《判断力批判》（上卷），商务印书馆，2009年，第196页。

⑤[宋]程颢、程颐著，王孝鱼点校：《二程集》，中华书局，1981年，第239页。

第二节　"大化"之美——生命的诗意化

对于孔子的自然美思想,学者们往往把关注的重心放在"比德"之美的领域中,而忽视了另外一个方面——"大化"之美。所谓"大化"之美就是指站在与天地万物上下同流的角度,将空间性感知转化成独特的时间性体验,在生命、自然、时间的相互建构中寻求存在的意义,从而彰显"大乐与天地同和"[①]的诗性本真。这种美学思想主要体现在孔子提出的"逝者如斯"与"吾与点"之叹这两个命题上。

一、"逝者如斯"命题属于"比德"审美的范畴吗?

"子在川上曰:'逝者如斯夫! 不舍昼夜。'"(《论语·子罕》)这句话既是一句非常重要的哲学话语,同时又具有浓重的审美意味,千百年来对它的阐释形成了巨大的文化张力和诗性空间。钱穆在解释这个命题时,曾经概括出中国思想史上存在的三种代表性学说:一种认为该句为"勉人进学之辞";一种是"以道体之说释此章"的宋儒;还有一种则将该句理解为"身不用,道不行,岁月如流,迟暮伤逝,盖伤道也"[②]。那么,这三种理解中哪一种更为合理呢? 有学者撰文指出,"孔子这里所说的'逝者'与时间无关,而是指德性,即一往无前、勇猛精进的精神"[③]。在这里,该学者明确把该命题视为"比德"审美的范畴。为此,他从三个方面进行了论证。对于这种论证以及得出的结论,著者认为值得商榷。本节我们就结合孔子美学思想的整体性内涵及其所处文化语境,对该学者的观点进行辨析。

先说第一个方面,在《孔子在川上叹什么——"逝者如斯夫"的本义与两千年来的误读》[④]一文中,该学者认为"比德"是秦汉时期人们的一种思维方式,甚至表现在他们的日常话语中,言外之意就是说"比德"

---

① [汉]郑玄注,[唐]孔颖达疏:《礼记正义》卷三十七,[清]阮元校刻:《十三经注疏》(附校勘记),中华书局,1982年影印本,第1530页。
② 钱穆:《论语新解》,生活·读书·新知三联书店,2002年,第237页。
③ 俞志慧:《孔子在川上叹什么——"逝者如斯夫"的本义与两千年来的误读》,《学术月刊》2009年第10期。
④ 为行文方便,著作中凡涉及该文均简称为《孔子在川上叹什么》,不再另加说明。

思维如此之普遍，故该时期人们的言论均可从这一角度阐释之。为证明此论断，该学者还以《周易》蒙卦、坎卦象辞中以水"比德"为例，竭力说明它们"与孔子川上之叹在意象与义蕴上都存在很大的相似性"，并"存在着意义的交集"①。对此，著者不敢苟同。首先，"比德"固然是秦汉时期的一种普遍的思维习惯，但这并不意味着，我们可以先验不加预设地将其理解为一种"放之四海而皆准"的理论前提。如果真的这样来做的话，无异于说这个时期著作中的任何一种表达均可从"比德"的角度来理解，显然这是不符合事实的，也是荒唐的。最起码对《论语》就不适用（具体分析详见下文），更不用说《老子》《庄子》这样的道家著作了。

　　其次，《周易》蒙卦、坎卦象辞中的确存在着用"水"来类比君子德行的现象，但这里的"水"意象与孔子"逝者之水"的意象显然又有根本性的差别，一个"逝"字表明了这种差别，并阻断了前者通向后者的桥梁，而此字恰恰又是理解该命题的关键所在②。所以，作者在论证时先入为主地认定此"水"等同于彼"水"，实在是有偷换概念之嫌。退一步讲，如果我们承认作者所言《周易》之"水"与孔子之"水"可以相通的话，那么这是不是意味着也应该与《论语》其他几处所提及的"水"相通？翻阅《论语》全文，"水"的意象出现频率并不高，除了"逝者如斯"章之外，还有著名的"知者乐水，仁者乐山"（《雍也》）、"饭疏食，饮水，曲肱而枕之，乐亦在其中矣"（《述而》）、"民之于仁也，甚于水火。水火，吾见蹈而死者矣，未见蹈仁而死者也"（《卫灵公》）、"浴乎沂，风乎舞雩，咏而归"（《先进》）这几处"水"之意象的使用，除"知者乐水，仁者乐山"具有明显的"比德"色彩之外，其余的都和"比德"无关。从这一点上来说，作者没有将蒙卦、坎卦象辞中的"比德"与"知者乐水，仁者乐山"中的"比德"相关联，而硬是要与内涵尚不够清晰的"逝者如斯夫"扯上关系，不免让人

---

①俞志慧：《孔子在川上叹什么——"逝者如斯夫"的本义与两千年来的误读》，《学术月刊》
　　2009年第10期。
②关于这一点，可详见本节"时间、情感与诗意——'逝者如斯'及'吾与点'命题的审美意蕴"
　　中对"逝"字的解读。

感觉有"强制性阐释"①的倾向。

第二个方面,该学者指出,《论语》全文看似凌乱,但仔细梳理还是有规律可循的。于是,他结合邢昺、朱熹、刘逢禄、刘宝楠等人的解题,尝试总结出了《论语》前十篇的主题:"学、德孝、礼乐、仁、孔子论弟子之德行、孔子论弟子之才性、孔子自评、孔子评往圣前贤、时人及弟子评价孔子、孔子于乡党之言行。"②不仅全文内容有规律可循,而且每一篇都能找到一个统一的"主旋律"。比如"逝者如斯夫"所在的篇目《子罕》中,其上下几句"无论是反省自己,还是批评时人,或者是激赏他的学生,都能看出孔子的力行精神",而"这些都可以与同篇'川上之叹'中的'不舍昼夜'互相照亮",由此得出结论"逝者如斯夫"与"今人所认为的有关时间的感叹没有内在的联系"③。该学者提供的上述两条论据,实际上都非常牵强,难以站得住脚。

对于第一条论据,目前来看,检视整部《论语》,大概除了《乡党》篇,其余各篇基本上不存在统一的主题。对此,前人已经讲得很明确了。朱熹就曾断言,《论语》"问者非一人,记者非一手,或先后浅深之无序,或抑扬进退之不齐"④。当代学者杨伯峻也认为,《论语》"篇章的排列不一定有什么道理;就是前后两章间,也不一定有什么关连。而且这些断片的篇章绝不是一个人的手笔"⑤。其实,即使不借助于学者们的结论,普通读者自己认真阅读几遍《论语》,也能发现这条论据是无法令人信服的。

至于第二条论据就更加不可靠了。该学者为竭力证明"逝者如斯夫"表达的是"勉人进学"的思想,特别找到了本篇第十六章、十八章、

①关于这一概念的内涵可参见张江的系列论文:《强制阐释论》,《文学评论》2014年第6期;《关于"强制阐释"的概念解说——致朱立元、王宁、周宪先生》,《文艺研究》2015年第1期;《理论中心论——从没有文学的"文学理论"说起》,《文学评论》2016年第5期;《开放与封闭——阐释的边界讨论之一》,《文艺争鸣》2017年第1期;《再论强制阐释》,《中国社会科学》2021年第2期。

②俞志慧:《孔子在川上叹什么——"逝者如斯夫"的本义与两千年来的误读》,《学术月刊》2009年第10期。

③俞志慧:《孔子在川上叹什么——"逝者如斯夫"的本义与两千年来的误读》,《学术月刊》2009年第10期。

④[宋]朱熹:《大学或问》,朱杰人、严佐之、刘永翔主编:《朱子全书》第六册,上海古籍出版社、安徽教育出版社,2002年,第515页。

⑤杨伯峻:《论语译注·导言》,中华书局,2006年,第26页。

十九章、二十章、二十一章作为支撑①。客观地讲,这几章均侧重于凸显君子自强不息、勉力而为的人格精神,从这个意义上讲,将"逝者如斯夫"章理解为"比德勉学",的确能够与前后文相互配合,协调统一。但问题是,如果该篇真有一个统一的思想主题的话,那么在《子罕》三十一章中,该学者为何只选其中六章,而对其他章目只字不提? 原因恐怕很简单,那就是其他章目根本无法与这几章形成一个完整的"主旋律"。这里无需列举太多,本篇的第一章"子罕言利与命与仁"、第三章"子曰:'麻冕,礼也;今也纯,俭,吾从众。拜下,礼也;今拜乎上,泰也。虽违众,吾从下'"、第四章"子绝四:毋意、毋必、毋固、毋我"等等,均与"比德勉学"主题无涉。因此,诉诸于上下文主题的一致性,来断定"逝者如斯夫"与"时间的感叹没有内在的联系",实为断章取义之论,不足为信;而寻求所谓统一的"主旋律",充其量也只能是该学者的一厢情愿罢了。

　　第三个方面,该学者以《孟子·离娄下》《荀子·宥坐》为依据,着重论证了孔子"逝者如斯夫""着意从水之德中汲取君子在德性方面的滋养,而与时间无涉"的观点。并且特别指出,"孟子对于孔子'川上之叹'的理解","可以视为目前所能见到的最早的解读文本,因其去古未远,所以也无妨视之为最具权威性的解读"②。然而,事实果真如此吗? 孟子作为孔子的后学,诚然在很多方面都继承了孔子的学说,比如仁、义、礼、智、信以及"杀身成仁"的崇高人格精神。但这并不意味着,孟子的理解就可以简单视为对孔子思想的注脚。实际上,作为一个富有哲学智慧的思想家,孟子在很多方面已经极大地发展了孔子学说,比如对仁学精神、人性论、天道思想的阐发等等。因此,在不少命题的理解上,孟子的观点已经呈现出不同以往的新的面貌和气象。对于"逝者如斯夫"这一命题,之所以不能将其视为"最具权威性的解读",原因有三:

　　首先,孟子只是在《孟子·离娄下》篇间接涉及该命题,并非直接对其进行阐发。原文中是这样记载的:"徐子曰:'仲尼亟称于水曰:水哉

---

① 这几章的内容分别是:子曰:"出则事公卿,入则事父兄,丧事不敢不勉,不为酒困,何有于我哉?"(十六章)子曰:"吾未见好德如好色者也。"(十八章)子曰:"譬如为山,未成一篑,止,吾止也。譬如平地,虽覆一篑,进,吾往也。"(十九章)子曰:"语之而不惰者,其回也与!"(二十章)谓颜渊,曰:"惜乎! 吾见其进也,未见其止也。"(二十一章)

② 俞志慧:《孔子在川上叹什么——"逝者如斯夫"的本义与两千年来的误读》,《学术月刊》2009年第10期。

水哉,何取于水也?'""孟子曰:'源泉混混,不舍昼夜。盈科而后进,放乎四海,有本者如是,是之取尔。'"①很明显,我们是无法仅凭本段话出现的"不舍昼夜"一词,就断定是对"逝者如斯"句进行的解释。从徐辟和孟子的问答逻辑来看,这段话更像是孟子对水之特性的个人发挥。之所以后人会视其为对"逝者如斯"句进行的注解,主要是受东汉赵岐的影响,他在《孟子章指》时直接将"逝者如斯"与"不舍昼夜"联系起来进行解释:"有本不竭,无本则涸,虚声过实,君子耻诸。是以仲尼在川上曰:'逝者如斯。'"②然而,赵岐的这段话实际上是对孟子关于"不舍昼夜"的解读进行的再解读了,已非孟子之本义,故以之作为论证的支撑点,实不足为据。

其次,不可否认,孟子的这种理解中包含有对水的深刻的生命感悟和理性认知,诚如朱熹所释:"原泉,有原之水也。""混混,涌出之貌。""不舍昼夜,言常出不竭也。""盈,满也。科,坎也。言其进以渐也。""放,至也……如人有实行,则亦不已而渐进以至于极也。"③这至少总结出了水的三个特征:一是它有源有本,可以源源不断地涌出;二是不舍昼夜的进取精神;三是放乎四海而无极的壮志④。然而,这种阐释与其说是对孔子"逝者如斯"句的注解,还不如说是他通过发挥自己丰富的文学想象力(即文中的"原泉混混""盈科而后进""放乎四海"),重新建构了这一经典文本的精神内涵。因为在这一阐释中,我们既找不到《论语》中的文本依据;同时也体现不出孔子说这句话所关涉的文化语境。而遗憾的是,《孔子在川上叹什么》一文对此视而不见。该文认为,《论语·子罕》篇中的"逝者""斯"和"不舍昼夜",在孟子那儿则具体化为"原泉""混混""不舍昼夜"和"盈科而后进,放乎四海"。至于后者

---

①〔汉〕赵岐注,〔宋〕孙奭疏:《孟子注疏》卷八上,〔清〕阮元校刻:《十三经注疏》(附校勘记),中华书局,1982年影印本,第2727页。

②〔汉〕赵岐注,〔宋〕孙奭疏:《孟子注疏》卷八下,〔清〕阮元校刻:《十三经注疏》(附校勘记),中华书局,1982年影印本,第2729页。

③〔宋〕朱熹:《四书章句集注》,中华书局,2010年,第293页。

④北宋的孙奭在此基础上又做了进一步发挥,他说:"然则孟子答徐辟以此者,非特言'原泉混混,不舍昼夜,盈科而后进,放乎四海'而已矣,盖有为而言之也,以其源泉混混则譬君子之德性;不舍昼夜,则譬君子之学问;盈科而后进,则譬君子之成章;放乎四海,则譬君子于是造乎道也。"〔〔汉〕赵岐注,〔宋〕孙奭疏:《孟子注疏》卷八上,〔清〕阮元校刻:《十三经注疏》(附校勘记),中华书局,1982年影印本,第2727页〕

如何能这样具体化前者,其依据又是什么,该学者并未言明。随后,在将孔孟两组"水"意象对比之后,文章作者断定:

> 与"逝者"相对应的是"混混"和"盈科而后进,放乎四海",用现代汉语说就是:"流水,不管是涓涓滴滴,或者是汩汩滔滔,还是浩浩荡荡,都是不断地填满一个又一个坑洼,然后继续一往无前,义无反顾,夜以继日,无所止息,直至大海。"①

显然,该作者的这段精彩言论,无异于是又一次全新的文学再创造!我们不禁要问,孔子的"逝者如斯夫"句仅有 14 个字,如何能体现出如此具体细微的含义?我想,除了"想象性还原"之外,恐怕一般性的阐释都是无法做到这一点的。

最后,更为重要的一点是,孟子的这段话主要针对了徐子提出的"仲尼何取于水"这个问题。因此,其回答也仅仅是围绕"水"或者"流水"的德性特征来展开的,并未涉及"逝"之内涵的解读,而这一点恰恰是孔子"逝者如斯"句的关键所在(具体说明详见下文)。自孟子以后,《荀子》《大戴礼记》《孔子家语》《韩诗外传》《说苑》等,无一例外全都是撇开"逝者如斯"句的文本原典,借题发挥式地大谈特谈"水"或者"流水"之德性特征,特别是董仲舒的《春秋繁露》在这方面更是达到了无以复加的程度。他糅合了《孟子》《荀子》《韩诗外传》等材料,将"德""勇""力""持平""察""知""善化""知命""武"等德性,"全部赋予到孔子所叹'逝者如斯夫!不舍昼夜'的内涵中",这种"一味地刻意挖掘,就难免出现随意或附会",其中自然也不会有什么逻辑性可言②。难怪杨伯峻在评价该章时说:"孔子这话不过感叹光阴之奔驶而不复返罢了,未必有其他深刻的意义。《孟子·离娄下》《荀子·宥坐篇》《春秋繁露·山川颂》对此都各有阐发,很难说是孔子本意"③。由此可见,《孟子》之后出现的一系列经典文献用"比德"的方式来阐释孔子的"逝者如斯夫"命题,更多的是为了某种道德教化或者政治教化而进行的刻

---

① 俞志慧:《孔子在川上叹什么——"逝者如斯夫"的本义与两千年来的误读》,《学术月刊》2009 年第 10 期。
② 曾海军:《"子在川上"之后——论经典世界中的情感体验》,《四川大学学报》(哲学社会科学版)2008 年第 2 期。
③ 杨伯峻:《论语译注》,中华书局,2006 年,第 106 页。

意比附和主观性发挥,与孔子本人所言"逝者如斯"之义已有根本性差别。所以,我们不能用这些文献来规定该句的内涵,同时更不能一看到后世文献谈"水",就想当然地与"逝者如斯"句挂起钩来,它们之间是否有关联,还须视具体内容和语境而定。

二、时间、情感与诗意:"逝者如斯"及"吾与点"命题的审美意蕴

通过上述辨析,著者认为从"比德"的角度来解读"逝者如斯"命题并不妥当,而将其引入到"时间——生命"的维度反而是最为切近的路径。从这个意义上说,钱穆所总结的中国学术史上的三种解读未必是割裂的,或许我们可以以"时间——生命"为中轴,将其理解为一个命题的三个层面,即形而下层——勉人进学、形而中层——时间的情感化、形而上层——物我一体。

很明显,在"逝者如斯夫"句中,"如斯"即郑玄所言"如川之流也"[①],而"川流"所显示出来的意象,其理解的关键词就是"逝"。那么,何为"逝"? 在甲骨文、金文当中均未见该字,篆文中写作"䇂"[②],是"辵"与"𣂪"的组合。前为"辵",即行走的意思;后为"折",即转弯、曲折的意思,所以"逝"之含义当为曲折前行。《广雅·释诂》直接把"逝"释为"行也"[③];许慎《说文解字》也将"逝"释为"往"[④],而"往"的意思就是"之";"之也,从彳,㞷声。"[⑤]"之"即到某某地方去,突出了向前的动作,与"逝"之古义相通。据此,"逝者如斯夫"可以这样理解,即"逝者"像"川流"一样一往无前、百折不挠、日夜不停地前行,这与孔子"知其不可而为之"的进取精神完全契合。从这个意义上说,孔子以"川流"之意象来鼓励学人勤奋与进取,"勉人进学",当为"逝者如斯夫"命题的应有之义,故朱熹在《记谢上蔡论语疑义》中指出:"愚谓川上之叹,圣人有感于道体之无穷,而语之以勉人,使汲汲于进学耳。"[⑥]清人程树德引郑浩《论

①[三国魏]何晏集解,[南朝梁]皇侃义疏:《论语集解义疏》卷五,中华书局,1985年,第124页。
②[清]段玉裁:《说文解字注》,中华书局,2013年,第71页。
③[清]王念孙著,钟宇讯点校:《广雅疏证(附索引)》卷一上,中华书局,2004年,第15页。
④[清]段玉裁:《说文解字注》,中华书局,2013年,第71页。
⑤[清]段玉裁:《说文解字注》,中华书局,2013年,第76页。
⑥[宋]朱熹:《晦庵先生朱文公文集》卷七十,朱杰人、严佐之、刘永翔主编:《朱子全书》第二十三册,上海古籍出版社、安徽教育出版社,2002年,第3401页。

语述要》的话也说:"此章似只言岁月如流,欲学者爱惜景光之意……本文意即如此,更合以下各章,皆勉人以及时为学之语,意更可见。"①

然而,以"勉人进学"来诠释"逝者如斯夫",似乎还只是停留在问题的"形而下层"。在这种"形而下层"的里面,是否还存在一种更深层次的心理支撑或者说内在动力呢?著者认为,是存在的,那就是对时间的感悟和内化(情感化),我把它称之为"形而中层"。最早将"逝者如斯夫"与时间相关联进行考察的是郑玄,他说:"逝,往也。言人年往如水之流行,伤有道而不见用也。"②这种将时间流逝与"道之不用"相结合进行的理解,与上文谈到的"勉学"主题已大不相同,没有了道德的说教,仅仅是对岁月如流、人生有限、时间的一去不复返发出的感怀,故它奠定了后世的"伤逝说"。

南朝梁代皇侃结合郑注对此进行了引申、发挥,在他看来,"逝者如斯夫"指的是"人年往去"有如"川流迅迈,未尝停止","向我非今我,故云逝者如斯夫者也";而"不舍昼夜"指的是"日月不居,有如流水"③。实际上,皇侃这样来理解孔子的这句话,并非他自己个人的独特发挥,而是具有了一种特定时代文化与精神的症候。比如,东晋的玄言诗人孙绰曾言:"川流不舍,年逝不停,时已晏矣,而道犹不兴,所以忧叹也。"由"川流不舍"到"年逝不停",再到"道犹不兴",其中充满了伤感、惆怅、无奈的情绪。同时代的经学家江熙与孙绰的感受大体类似:"言人非南山,立德、立功,俯仰时过,临流兴怀,能不慨然?"④刘义庆《世说新语》甚至辟了专章来谈"伤逝"。如果再结合当时的诗歌,这种情绪或许就更清楚了:"建安七子"之一的刘桢在《赠五官中郎将》中写道:"逝者如流水,哀此遂离分。"⑤玄言诗人郭璞在《游仙诗》中说:"临川哀年迈,抚心独悲咤。"⑥阮籍在《咏怀》(其三十二)诗中云:"孔圣临长川,惜逝忽若浮。"⑦

---

①[清]程树德撰,程俊英、蒋见元点校:《论语集释》卷十八,中华书局,1990年,第611页。

②王素编著:《唐写本论语郑氏注及其研究》,文物出版社,1991年,第107页。

③[三国魏]何晏集解,[南朝梁]皇侃义疏:《论语集解义疏》卷五,中华书局,1985年,第124—125页。

④[三国魏]何晏集解,[南朝梁]皇侃义疏:《论语集解义疏》卷五,中华书局,1985年,第125页。

⑤[南朝梁]萧统编,[唐]李善注:《文选》卷二十三,中华书局,2005年,第336页。

⑥[南朝梁]萧统编,[唐]李善注:《文选》卷二十一,中华书局,2005年,第307页。

⑦陈伯君校注:《阮籍集校注》卷下,中华书局,1987年,第310页。

潘岳《秋兴赋》:"临川感流以叹逝兮,登山怀远而悼近。"① 与颜延之、谢灵运齐名的鲍照也有一篇专门抒写悲情的《伤逝赋》,所有这些都凸显出魏晋士人对时间性的强烈感受。之所以如此,乃是因为这一时期弥漫着一种人生无常的悲伤基调。而"只有在一种无根、焦虑、无奈的基调的先行'定调'下,'流水'才染上'愁绪'与'凉意'",而观者(也就是读者)才"'现身'为时间之'过客'"②。尽管这种解读是特定时代的产物,但其影响极为深远,北宋邢昺继承了此说:"夫子因在川水之上,见川水之流迅速,且不可追复",故"感之而兴叹","言凡时事往者,如此川之流夫,不以昼夜而有舍止也"③。同时,今人也比较倾向于这种解读方式,如杨伯峻就将该章释为:"孔子在河边,叹道:'消逝的时光像河水一样呀! 日夜不停地流去。'"④ 徐志刚的译法和他差不多:"孔子在河边说:'消逝的时光就像这河水一样啊! 日日夜夜不停地流去。'"⑤ 李泽厚则将该章译为:"孔子站在河岸上说:'时光岁月就像它啊! 不分日夜地向前奔流。'"⑥

综合来看,著者以为,将"逝者如斯夫"句与时间体验联系起来进行阐释是一个正确的方向,但著者并不认同魏晋时期对"逝"的感怀中呈现出来的"伤"的情绪。有学者非常准确地指出:"'伤逝'旋律后面的基调、氛围乃是漂泊无根的孤零感。"⑦ 然而,孔门儒者刚健进取、自强不息的精神已从"根本上克服了无根的飘零感",因此,"'逝者如斯'奏出的是生命的'欢乐颂'",是"生命的强者发出的昂扬之声"⑧。前文已提及,"逝者如斯夫"句的关键就在于一"逝"字。"逝"之本义乃"往",而"往"的精神就"是勤力与进取","其取向是'向前的''前上的'"⑨。"川流"以

---

① [南朝梁]萧统编,[唐]李善注:《文选》卷十三,中华书局,2005年,第192页。
② 陈立胜:《子在川上:比德? 伤逝? 见道? ——《论语》"逝者如斯夫"章的诠释历程与中国思想的"基调"》,《中山大学学报》(社会科学版)2011年第2期。
③ [三国魏]何晏注,[宋]邢昺疏:《论语注疏》卷九,[清]阮元校刻:《十三经注疏》(附校勘记),中华书局,1982年影印本,第2491页。
④ 杨伯峻:《论语译注》,中华书局,2006年,第106页。
⑤ 徐志刚:《论语通译》,人民文学出版社,2008年,第122页。
⑥ 李泽厚:《论语今读》,安徽文艺出版社,1998年,第226页。
⑦ 陈立胜:《子在川上:比德? 伤逝? 见道? ——《论语》"逝者如斯夫"章的诠释历程与中国思想的"基调"》,《中山大学学报》(社会科学版)2011年第2期。
⑧ 陈立胜:《子在川上:比德? 伤逝? 见道? ——《论语》"逝者如斯夫"章的诠释历程与中国思想的"基调"》,《中山大学学报》(社会科学版)2011年第2期。
⑨ 陈立胜:《子在川上:比德? 伤逝? 见道? ——《论语》"逝者如斯夫"章的诠释历程与中国思想的"基调"》,《中山大学学报》(社会科学版)2011年第2期。

其一往直前的进取姿态呈现它自身,而孔子作为观者亦在此基调下与其产生共鸣,故在此基础上才生发出"勉学"之义;倘再结合孔子晚年所言"知其不可而为之"(《论语·宪问》)、"其为人也,发愤忘食,乐以忘忧,不知老之将至云尔"(《论语·述而》)、"七十而从心所欲,不逾矩"(《论语·为政》),哪里能看得出孔子迟暮的"伤逝"之感和"幽怨"之声? 因此,与其说"逝者如斯夫"表达了对"逝者"的感伤情怀,还不如说是对"逝者"之进取精神的礼赞! 汉代扬雄《法言·学行》篇,在谈到"不舍昼夜"之水时,曾用一"进"[①]字涵盖其精神,可谓点睛之笔。

在《论语》中,"逝"字一共出现过三次,把这三处结合起来理解,或许对我们准确把握"逝者如斯夫"的精神内涵会有所裨益。在《论语·雍也》篇中,宰予问孔子说,如果一位仁者掉到井里面去了,君子会不会也跟着跳下去救他呢? 孔子的回答是:"君子可逝也,不可陷也。"梁皇侃《义疏》引包咸语曰:"逝,往也。言君子可使往视之耳,不肯自投救之也。"[②]意思就是说,君子可以去井边看一看设法救人,但他不能跟着一起陷下去,这里的"逝"就是其本义即往、去的意思。而《论语》中另外一处"逝"的用法就完全不同了,《阳货》开篇就谈到鲁国季氏的家臣——阳货为了发展自己的势力,极力想拉拢孔子给他做事。但孔子不愿依附于阳货,于是总是设法回避。但有一天,两个人碰巧在路上遇到了,阳货便劝孔子劝了好长时间,要他出仕,最后说了一句"日月逝矣,岁不我与"。皇侃《义疏》又引东汉经学家马融的话说:"年老,岁月已往,当急仕也。"[③]这里的"逝"指的是时间上的"已往"、消逝。《论语·微子》篇云:"往者不可谏,来者犹可追。"这里的"往"实际上也是过去、结束的意思。可见,时间意义上的消逝、过往亦当为"逝"之常见义。"由于古代的'时'字是指恰当的季节或时机,缺乏一种时间流逝的含义,因此,获得一种时间变迁的含义就需要新的生命感悟,而这一新的含义就

①汪荣宝撰,陈仲夫点校:《法言义疏》卷二,中华书局,1987年,第24页。原文为:"或问'进'。曰:'水'",或曰:'为其不舍昼夜与?'曰:'有是哉! 满而后渐者,其水乎?'或问'鸿渐'。曰:'非其往不往,非其居不居,渐犹水乎!''请问木渐'。曰:'止于下而渐于上者,其木也哉! 亦犹水而已矣。'"
②[三国魏]何晏集解,[南朝梁]皇侃义疏:《论语集解义疏》卷三,中华书局,1985年,第80页。
③[三国魏]何晏集解,[南朝梁]皇侃义疏:《论语集解义疏》卷九,中华书局,1985年,第239页。

是由'逝'来承担的"①。由此可见，"逝"字除了有向前之"往"的意思，也有向后之"往"的意思。只不过，前者之"往"乃一空间概念，即到某某地方去；而后者之"往"乃一时间概念，即过去的、消逝的时光岁月，二者看似毫无瓜葛，实则相辅相成。具体到"逝者如斯夫"句，我们可以通过对孔子描述的外部空间之维即川流不息的景象，来体验其内部时间之维即对生命的感悟。

　　"逝者如斯夫！不舍昼夜"这句话是孔子在"川上"说的，那么这个"川上"究竟是个什么景象？下面，我们尝试着对这一景象进行"复原"。据程树德的考证，孔子所说"川上"应该指的就是"泗水"。他引阎若璩《四书释地》曰："相传泗水发源处，今之泉林寺……四源并发寺之左右，大泉十数……会而成溪，是谓泗水。"阎氏自述曾经前往游之，被其"茂树深樾，蔽亏曦景""林无静树，川无停流"的壮观景象所感染，顿觉"神超形越"，心旷神怡②。从阎若璩的描述中，我们大概可以想见当时泗水之波涛汹涌、激流澎湃的情形。置身于这一情境中，阎氏尚有"神超形越"之感，更不用说当年夫子的内心是如何之激荡了。

　　"逝"，如果转化成一种空间视觉效果的话，不妨用唐代李白《将进酒》中的"黄河之水天上来，奔流到海不复回"这句诗或者明代杨慎《临江仙》中的"滚滚长江东逝水"这句词来描述。虽然与孔子"逝者如斯"的景象不尽相同，但它很清晰地给我们展现了"川流"——呈现、又——流逝所具有的一种共同的运动轨迹，即"水从何处来——流经何地——又流向何方"在这三个阶段中，前者为对源头的回溯，中者为主体视角的发出点，后者为对川流目标的远望。可见，"逝"具有从"远"到"近"再到"远"的一种视觉无限延伸感，而这一点恰好与人的"过去""现在""未来"时间体验形成了一种同形同构的关系。对此，李泽厚曾颇有前瞻性地指出："'逝者如斯夫'正在于'动'。其中，特别涉及时间在情感中才能与本体相关涉。这是对时间的咏叹调，是人的内时间。"并进而引用陶渊明"众鸟欣有托，吾亦爱吾庐"和李白"宫女如花春满殿，而今只有鹧鸪飞"两诗来解说这一感叹调中所体现的情感与时间的复杂关

①曾海军：《"子在川上"之后——论经典世界中的情感体验》，《四川大学学报》（哲学社会科学版）2008年第2期。
②[清]程树德撰，程俊英、蒋见元点校：《论语集释》卷十八，中华书局，1990年，第610页。

系①。在李泽厚看来,这种"内时间"是一种本体性情感的体验和感受,是将世界予以内在化的最高层次。因此,它并不属于认识论的范畴,而应该划入到审美的领域。

当孔子站在河边上,面对"不舍昼夜"的"川流"时,他实际上就与"川流"处在了一种相互构成的境域中。"川流"的一往无前、义无反顾、永不停歇,自然让孔子产生共鸣,联想到了自身的生命跋涉。孔子一生可谓颠沛流离、历尽艰辛,从公元前497年(此时孔子五十五岁),开始周游列国,依次经过卫、陈、曹、宋、郑、蔡等国,到公元前484年(此时孔子六十八岁),重新回到鲁国。一共历时十四年,其中艰辛自不待言(甚至在宋国以及陈、蔡之间还受到死亡威胁,险些丢了性命)。然而,即使是处在如此恶劣的情境之中,孔子依然"不改其乐",始终未放弃自己的"仁道"理想。所以,面对"川流不息"的景象,孔子首先感受到的不是什么伤怀,而是时间的短促激发出的存在的紧迫感和"时不我待"的进取精神。他感受到时间飞逝正如河水东去昼夜不舍,从而流露出了强烈的生命意识和惜时观念,与幽怨、伤逝论调毫不相干。明代心学大师王守仁就曾以"惜阴说"来诠释"逝者如斯"命题:"'子在川上曰:逝者如斯夫! 不舍昼夜。'此其所以学如不及,至于发愤忘食也。""尧舜兢兢业业,成汤日新又新……惜阴之功,宁独大禹为然?"②清人程树德引郑浩的话也说:"此章似只言岁月如流,欲学者爱惜景光之意。"③由河水日夜不停地奔流,并且往而不返,而联想到时光的一去不返,是很自然的;由此再进一步联想到时不我待,一个人应当勤勉上进、自强不息,也是合理的推测。当然,这还是比较浅层次的理解,比这更深一层的理解是,在稍纵即逝的个体生命和感性存在中如何获得不朽,这恐怕才是孔子真正思考的人生命题。

"逝者如斯夫"实际上具有两个时间维度,它们之间产生了一种生命的张力。一方面是"沉重地慨叹着人生无常、生命短促",另一方面则是"严肃的历史感和强烈的使命感"④。孔子"知其不可而为之""乐而忘忧"

①李泽厚:《论语今读》,安徽文艺出版社,1998年,第226—228页。
②[明]王守仁撰,吴光等编校:《王阳明全集》卷七,上海古籍出版社,2011年,第298页。
③[清]程树德撰,程俊英、蒋见元点校:《论语集释》卷十八,中华书局,1990年,第611页。
④李泽厚:《美学三书·华夏美学》,安徽文艺出版社,1999年,第269页。

的理性精神,"困于桓魋""陈蔡绝粮"的现实苦痛,都是在从过去到未来的时间链条中去领悟生命存在和精神不朽的。于是,在这里时间自意识便具有了突出的生存论意义,它的长或短,它的有或无,都是与人的生命情感联系在一起的。也可以说,"'真正'的时间则只存在于个体的情感体验中"①,时间即情感。由此,孔子在过去(回味)、现在(沉思)、未来(期待)集于一身的情感时间中,获得了本真的展示和意义的澄明,而这也标志着其已经进入到审美状态中了。诚如海德格尔所言:"审美状态是我们不断进行透视的视野(dasSichtige)。"从这一视野中,"存在者才能为我们所见";而"此在"也"从中获得一种与存在者的明显关联","以至于在其中我们能够洞穿一切"②。

所以,面对"不舍昼夜"的"川流",孔子"出于仁道艰难的深切感受","由不停的跋涉叠加奔逝的川流而感悟岁月的流逝"③,这不仅将空间的感知时间化了,转化成了对生命及其意义的领悟,同时还将时间给情感化了。而正是在这种情感时间中,在对象化的情感客体"川流"中,孔子观照到了自身,体验到了存在,真正找到了真实,找到了自由,找到了永恒,找到了家园,进而找到了"人生和宇宙的终极意义"④。由此,我们对孔子"逝者如斯"命题的理解便由"形而中"层面进入到"形而上"层面。

人(孔子)、自然(川流)与时间(逝者)形成了一个缘构的境域。自然在向人自行敞开时,也将人带入时间之流,回到了"本己的方式",并使其生命世界得以呈现,成为一种"在场"。"在场"表明了"关涉人、通达人、达到人的永恒的栖留"⑤。但"永恒栖留",并不意味着有一个现成的目标在等待着我们,而是说时间的三维——过去、现在、未来,或者说曾在、现在、将在能够在"在场"中同时到达。"曾在并不像纯粹的过去(Vergangene)那样从以往的现在中消逝了。毋宁说,曾在还存在并活动

①李泽厚:《论语今读》,安徽文艺出版社,1998年,第227页。
②[德]海德格尔著,孙周兴译:《尼采》(上卷),商务印书馆,2003年,第153页。
③曾海军:《"子在川上"之后——论经典世界中的情感体验》,《四川大学学报》(哲学社会科学版)2008年第2期。
④李泽厚:《论语今读》,安徽文艺出版社,1998年,第227页。
⑤[德]海德格尔著,孙周兴选编:《海德格尔选集》,上海三联书店,1996年,第674页。

着,但却是以其本己的方式活动着"①,而"曾在又把自己递给(zureichen)将来。曾在和将来二者的交替关系不仅达到同时产生了当前……并以此把一种时间的特征赋予给将来、曾在和当前的'相互达到'(Sicheinander-Reichen),即它们本己的统一性"②。这样,在过去(逝者)、现在(川上)、将来(人生意义)的相互敞开中,人与川流彼此勾连、相互映照,从而成为一个有机的意义整体,并由此进入到"大化流行"的天地境界。

在这方面,宋儒的一些论述倒是颇有可取之处。程颐认为,"逝者如斯夫"讲的是"道体",其表现为"运乎昼夜,未尝已也"。因此,"君子法之,自强不息。及其至也,纯亦不已焉"。朱熹直接继承了程子的观点,认为最能体现"道体""无一息之停"特征的"莫如川流","故于此发以示人,欲学者时时省察,而无毫发之间断也"③。与朱子同期或稍晚的一些理学家如张栻、范祖禹、陈淳等均未逸出程、朱之矩矱④。孔子这里所言"逝者如斯"之意虽未必如宋儒解释的那样是一种"道体",但宋儒借助于宇宙论的高度,以"川流"不息感悟到"天地之化",而"天地之化"本身就包含着生命意义。"'化生'的概念是后儒提出的,但生化的思想在《易传》中已很明显,并与孔子的'生'的学说有极密切的关系"。因此,"由川流而见其天地之化,由天地之化而自觉其生命活动,从中便能体会到自然界是一生命流行,人与自然界是一生命整体"⑤。宋儒通过深度感悟,将"逝者如斯"之意提升为一种高远玄妙的人生化境,这种思路显然比汉儒以具体的德性进行比附要高明得多,就这一点而言,宋儒反而更接近于孔、孟。但是,宋儒以道学、理学来解释儒家原典,在很多时

①[德]海德格尔著,孙周兴选编:《海德格尔选集》,上海三联书店,1996年,第674页。
②[德]海德格尔著,孙周兴选编:《海德格尔选集》,上海三联书店,1996年,第675页。
③[宋]朱熹:《四书章句集注》,中华书局,2010年,第113页。
④为便于对比,现将以上诸人的原话兹录如下。张栻:"此无息之体也。自天地日月以至于一草木之微,其生道何莫不然? 体,无乎而不具也。君子之自强不息,所以体之也。圣人之心,纯亦不已,则与之非二体也。川流,盖其著见易察者,故因以明之。"〔[宋]张栻撰,邓洪波校点:《张栻集》(一),岳麓书社,2010年,第74页〕范祖禹:"臣以为天运而不已,日往则月来,寒往则暑来,水流而不息,物生而不穷,皆与道为体,运乎昼夜,未尝止也。是以君子自强不息以天,厚德载物以地,见大水必观焉,以其似道故也。"([宋]朱熹:《论语精义》卷五上,朱杰人、严佐之、刘永翔主编:《朱子全书》第七册,上海古籍出版社、安徽教育出版社,2002年,第333页)陈淳:"道无一息之停,其在天地,则见于日往月来,寒往暑来,水流而不穷,物生而不穷,终万古未尝间断……自强不息者,君子所学圣人存心事天而体夫道也。"([明]胡广、杨荣、金幼孜等纂修,周群、王玉琴校注:《四书大全校注》,武汉大学出版社,2009年,第536—537页)
⑤蒙培元:《孔子天人之学的生态意义》,《中国哲学史》2002年第2期。

候显得有些凌空蹈虚,缺乏文本依据;而在观点的论证上,又不免有些武断,缺乏客观逻辑性。比如,程颐从"逝者如斯夫"命题中最后推导出了"谨独"①的结论,杨时将"川流不舍昼夜"解读为"人自幼壮以至老死"的"逝而不反"②。这些都让人有一种"六经注我"、借题发挥的感觉,这一点就连理学大师朱熹也是承认的,他在《论语或问》中谈到,关于夫子川上之叹,有人问"程子所谓纯亦不已者,其果圣人之本意乎?"朱熹的回答就是"程子之言,非以为圣人之意本如是也,亦曰非其心之如是,则无以见天理之如是耳"③。金代学者王若虚也曾批评说:"程氏之论,虽有益学者,要为出于臆度……盖未敢从。"④程树德也引郑浩的话指出了宋儒之"过度阐释"的弊端:"宋儒解经,每有过深之弊,又不可不知也。"⑤除此之外,在这个问题上,宋儒(主要是程、朱)的认知仅仅具有了一半的真理性,他们的前半部分说对了,即指出人的生命轮回与川流不息均为"天地之化";而后半部分的"君子法之""欲学者时时省察"等,则仍未脱孟子、荀子以及汉儒"比德"之窠臼,强调的依然是进德修业,这是我们特别需要反思的地方。

　　总之,在"逝者如斯"命题中,"河水以其前后相续的浩浩荡荡的创化之流呈现它自己,它召唤着'此在'以同样的心态与之'合拍',心灵之道、天之道与水之道共同构成了宇宙大生命的生生不息的洪流乐章"⑥,其诗意即表现在自然、生命、时间的圆融统一之中。当然,这种"大乐与天地同和"⑦的审美境界更为集中地体现在《论语·先进》篇中的"吾与点"之叹方面。关于这一命题,我们将在第九章第二节"'吾与点':人生与审美的汇通"中作详细解读,这里仅从自然审美的角度加以简单分析。

---

①[宋]朱熹:《四书章句集注》,中华书局,2010年,第113页。
②[宋]朱熹:《论语精义》卷五上,朱杰人、严佐之、刘永翔主编:《朱子全书》第七册,上海古籍出版社、安徽教育出版社,2002年,第333页。
③[宋]朱熹:《论语或问》,朱杰人、严佐之、刘永翔主编:《朱子全书》第六册,上海古籍出版社、安徽教育出版社,2002年,第774页。
④[金]王若虚撰,胡传志、李定乾校注:《滹南遗老集校注》卷五,辽海出版社,2006年,第65页。
⑤[清]程树德撰,程俊英、蒋见元点校:《论语集释》卷十八,中华书局,1990年,第611页。
⑥陈立胜:《子在川上:比德?伤逝?见道?——〈论语〉"逝者如斯夫"章的诠释历程与中国思想的"基调"》,《中山大学学报》(社会科学版)2011年第2期。
⑦[汉]郑玄注,[唐]孔颖达疏:《礼记正义》卷三十七,[清]阮元校刻:《十三经注疏》(附校勘记),中华书局,1982年影印本,第1530页。

　　孔子常常在自然界中流连忘返,一山、一水都引起他的心灵感动,引发他对善与美的思考,他的心灵与自然万物融注一体,上升为一种理想的人生境界,而《论语·先进》篇中的"吾与点"之叹则是这种理想人生境界的最为典型的体现。在是篇中,无论是子路,还是冉有、公西华,都止于事功,缺少超脱的气象;而唯独曾皙沉醉于"物我合一""物我两忘"的追求,洋溢着与天地为伍的精神境界,体现着将社会现实的改造与个人情志的优游相结合的人生理想,因此得到孔子的深情嘉许。

　　曾点的人生理想中充满了开阔的自然气象与超然的审美心胸,这是他的境界之所以高于子路、冉有、公西华的地方。对此,王国维曾经很明确地指出:"孔子之教人,于诗乐之外,尤使人玩天然之美。故习礼于树下,言志于农山,游于舞雩,叹于川上,使门弟子言志,独与曾点。"[1]曾点所追求的固然是一种万物为一、天人相合的伦理之境:"之人也,之境也,固将磅礴万物以为一,我即宇宙,宇宙即我也。"[2]但同时,这种伦理之境又是充满了极大愉悦体验的"大乐与天地同和"的至高审美之境:"暮春者,春服既成",表现着春日融融、焕然一新的"景"之乐;"冠者五六人,童子六七人",显示着关系和谐、青春绽出的"人"之乐;"浴乎沂,风乎舞雩,咏而归",流露着任情适性、超然洒脱的"心"之乐。这样的理想不是逃避而是入世,是人的社会理想与大自然的律动的浑融合一,用朱熹的话说就是:"曾点之学……其胸次悠然,直与天地万物上下同流,各得其所之妙,隐然自见于言外。"[3]能将个人的主观意志消融于大自然的习习春风中,这才是"圣人气象",而"圣人气象"就是天地合一、物我交流的审美境界。

第三节　孔子自然美思想的生态意蕴

　　近年来,随着生态美学的深入发展,我国学者逐渐将研究视角从西

①[清]王国维:《孔子之美育主义》,载姚淦铭、王燕主编:《王国维文集》(下部),中国文史出版社,2007年,第94页。
②[清]王国维:《孔子之美育主义》,载姚淦铭、王燕主编:《王国维文集》(下部),中国文史出版社,2007年,第94页。
③[宋]朱熹:《四书章句集注》,中华书局,2010年,第130页。

方相关学说的译介、阐发,转移到对中国传统美学生态智慧的挖掘、运用上,并取得了一系列可喜的研究成果。但就目前该领域的整体研究状况而言,国内学界似乎更偏重于《周易》、道家、佛家生态智慧及其审美思想的研究,而在很大程度上忽视了孔子、孟子等儒家早期代表人物在这方面的贡献,这不能不说是一个很大的理论缺憾[①]。

　　事实上,孔子作为儒家美学思想的开创者,不仅自身具有很丰富的生态审美智慧,而且还深刻地影响到后世儒学在这一领域的拓展、深化,如思孟学派、程朱理学、阳明心学等。特别是,孔子的自然审美作为一种对自然界的诗性感知方式,包含了"人对自然的特定情感态度"以及人"对生态世界的观照方式","这其中就应该包含中国先人源于自身文化积淀的生态理念"与独特的"生态意识"[②]。因此,深入挖掘孔子自然审美思想中的生态智慧,不仅有助于全面把握孔子美学的丰富内涵,而且还可以开辟孔子美学乃至于儒家美学研究的一个新的生长点,并由此推动儒学的创新性发展。总结起来,孔子自然美思想的生态意识主要体现在"天人合一"的生态整体观、"敬畏自然"的生态价值观、"仁爱万物"的生态情感观三个方面。

一、"天人合一"的生态整体观

　　孔子在哲学上重德性、重人伦,而对于经验以外的世界,是"存而不论"[③]的。因此人们总是把孔子儒学视为现世的哲学,而忽略了其对天人关系的探讨。其实孔子本身是很重视天人关系的,汉代扬雄《法言·君

---

①具体可参见如下成果,曾繁仁、谭好哲主编:《生态美学的理论建构》(人民出版社,2016 年)、曾繁仁:《中西对话中的生态美学》(人民出版社,2012 年)、《中西对话中的中国生态美学》〔《西南民族大学学报》(人文社科版)2017 年第 2 期〕、《我国自然生态美学的发展及其重要意义——兼答李泽厚有关生态美学是"无人美学"的批评》(《文学评论》2020 年第 3 期);邓绍秋:《道禅生态美学智慧》(延边大学出版社,2003 年)、《禅宗生态审美研究》(百花洲文艺出版社,2005 年);李静:《易学思想与生态美学建构》(辽宁大学出版社,2016 年);李天道:《〈周易〉"与天地合其德"之生态美学解读》(《中华文化论坛》2020 年第 1 期);徐良:《庄子的生态美学思想》〔《辽宁大学学报》(哲学社会科学版)2020 年第 1 期〕;肖朗:《天人合一与生态美学——兼从现象学视角看中国生态美学智慧》〔《郑州大学学报》(哲学社会科学版)2019 年第 4 期〕;王茜:《对话与创构:中国生态美学研究的现象学路径》(《东岳论丛》2016 年第 9 期)。
②陈涵平:《比德说的生态意蕴》,《学术研究》2012 年第 9 期。
③[清]郭庆藩撰,王孝鱼点校:《庄子集释》卷一下,中华书局,2016 年,第 90 页。

子》篇说"通天、地、人曰儒"①,在孔子思想中,充分体现了"天人合一"的精神理念。关于"天人合一"的问题,我们在第二章第二节"孔子仁学的深度诠释"中已有详细论述,兹不重复。这里只想再强调一下,由于孔子的"仁道"将"天道"内化为一种个体的内在价值,故当人按照天道的要求来行仁、践仁时,不仅实现了自身的价值,而且也会同时上达天德,实现天的内在价值。因此可以说,孔子的"仁"道不仅是人道,而且也是天道,是天人贯通之道,这一点在《礼记·中庸》中表现得尤为突出。

《礼记·中庸》载曰:

> 唯天下至诚为能尽其性。能尽其性,则能尽人之性;能尽人之性,则能尽物之性;能尽物之性,则可以赞天地之化育;可以赞天地之化育,则可以与天地参矣。②

"天性""人性""物性"在整个天道创化之中皆是息息相通的,其联接点就是"诚",就是生生之"德"。天地虽有创化之功,但却需要人主动地去"参",去"修己""克己"。人只有不断超越"小我"、成就"大我",才能达到"天人合一"的境界。这也就意味着,在"天、地、人"的系统中,三者是相互生成和敞开的:人不逸于天、地,而天、地亦在人之中。惟有从这样一个角度来理解,孔子"天人合一"思想的独特性才能充分呈现。再进一步,如果把孔子的这种思想放在现代生态美学的语境中来审视的话,不难发现其中所蕴含的人与自然的共生性关系:对人而言,自然并非与之对立的"他者",而是与人类"同呼吸、共命运"的生命"存在";反过来,对自然而言,人也并非凌驾于之上的所谓"主体",他只是一种在自然世界活动着的感性"在者"而已。从这个意义上讲,人生存于自然之中,而自然也生存于人类之中,二者均统一于"生生之道"的"存在"。以这样一种立场来构建孔子的自然美学思想,就会从根本上消解人与自然之间的分裂状态,克服主、客二元对立的思维模式,使人与自然能够做到相互尊重、和谐相处。

《论语·阳货》篇中所引孔子的"天何言哉"之感慨,实际上充满了

---

① 汪荣宝撰,陈仲夫点校:《法言义疏》卷十八,中华书局,1987 年,第 514 页。

② [汉]郑玄注,[唐]孔颖达疏:《礼记正义》卷五十三,[清]阮元校刻:《十三经注疏》(附校勘记),中华书局,1982 年影印本,第 1632 页。

对大自然的哲理性赞美,在这种赞美中,孔子获得了无限的诗意启示。一次,孔子和子路在山间行走,看见一群野雉"翔而后集",便感慨到:"山梁雌雉,时哉时哉!"(《论语·乡党》)子路也向这群野雉拱手以示敬意。这种景象可以说是人与自然生物和谐相处的美好画面,其中"表达了非常可贵的生态意识"[①]。孔子站在河岸边,目送着远逝的河水,深沉地发出了"逝者如斯夫"的慨叹。这表明,孔子在面对"天地之化"时,感悟到了人与天地自然在生命深处的相通,进而他又将人的生命及其价值融入到了这样一种"大化流行"中加以审视。而曾点所追求的那种"浴乎沂,风乎舞雩,咏而归"(《论语·先进》)、不忧不惧、不为事功所累、与自然融为一体的生活境界,更是恰如其分地传达出了孔子"天人合一"的精神追求,这种精神境界既是一种"道德境界",同时也是一种"大乐与天地同和"的艺术境界,二者在终极处相汇通,故而孔子发出了"吾与点"的慨叹[②]。

总之,在孔子那里,天以"生"为心,人以"仁"为心。人作为"生生之道"("天道")的实现者,天然地具有仁心仁德,故而不仅对于人,而且对于一切生命乃至宇宙万物都有发自内心的尊重、同情和关爱。这种关怀不是出自任何功利的目的,而是出于生命情感的需要,出于仁心。人一旦把这种爱的情感施之于自然万物,他与自然也就真正融合成为了一个生命整体,在二者高度和谐的状态中,也就完全没有了内外之别和物我之分,真正达到了"万物一体""天人合一"的至高境界,并从中体验到了"天地万物一体之仁"带给人的莫大乐趣。所以,钱穆说:

> 盖道德本乎人性,人性出于自然,自然之美反映于人心,表而出之,则为艺术。故有道德者多知爱艺术,此二者皆同本于自然。《论语》中似此章富于艺术性之美者尚多,鸢飞戾天,鱼跃于渊,俯仰之间,而天人合一,亦合之于德性与艺术。此之谓美善合一,美善合一之谓圣。圣人之美与善,一本于其心之诚然,乃与天地合一,此之谓真善美合一,此乃中国古人所谓天人合一之深旨。[③]

---

①蒙培元:《从孔子思想看中国的生态文化》,《中国文化研究》2005年冬之卷。
②徐复观:《中国艺术精神》,华东师范大学出版社,2002年,第11页。
③钱穆:《论语新解》,生活·读书·新知三联书店,2002年,第159页。

二、"敬畏自然"的生态价值观

在儒家那里,"天"存在着三种表述方式:"天道""天德"和"天命"。然而,这三者只是从创生过程、创生意义、创生目的等不同角度来说的,并无实质性区别。在《论语》中,孔子使用较多的一种表达方式就是"天命"。《季氏》篇云:"君子有三畏:畏天命,畏大人,畏圣人之言。"皇侃解释"畏"时说:"心服曰畏。"[①]这里的"畏"不是畏惧,而是敬畏之义。那么,孔子为何要对"天"或者"天命"心存敬畏呢?前文讲到,"生"是"天"的内在价值,同时也是"天"之目的。但不管是作为创生、养生的内在价值也好,还是作为尊生、爱生的目的也罢,其本身都具有一种神圣性,因此不可不畏。

根据这一思想,我们不难理解儒家眼中的天人关系。人与自然万物是一个生命整体,人虽是"天道"("生生之道")的实现者,但却不能靠凌驾自然、征服自然来解决人类发展的问题;正好相反,人只能通过倾听自然、顺应自然,并寻求与自然的和谐来解决此类问题。从这个意义上讲,自然界才是人类真正的"安身立命"之所,才是人类"存在之家"。海德格尔曾经指出,世间万事万物的本性在于它们的自立性,它们都是"天—地—神—人"四元的聚集。因此,每一种"存在者"都分享着"天—地—神—人"四者的尊严,故人在接受自然的馈赠时均应对其表达出"敬畏"之情。并且,也只有当人进入到这种敬畏自然、敬畏万物的境界时,他才能更好地实现自己的人性[②]。这与阿尔贝特·施韦泽(Albert Schweitzer)所说的"只有当人认为所有生命,包括人的生命和其他生物的生命都是神圣的时候,他才是伦理的"[③]意思是一样的。

因此,人决不是自然的"立法者",恰好相反,人是自然"内在价值"的实现者。孔子所言"人能弘道,非道弘人",表明的就是这个道理。一方面,他并不忽视人的价值和尊严,但另一方面,他也同样重视"天"(自然)的终极价值性。"人"与"天"(自然)尽管也有实现与被实现的关

---

① [三国魏]何晏集解,[南朝梁]皇侃义疏:《论语集解义疏》卷八,中华书局,1985年,第234页。

② [德]海德格尔著,孙周兴选编:《海德格尔选集》,上海三联书店,1996年,第1192—1193页。

③ [法]阿尔贝特·施韦泽著,[德]汉斯·瓦尔特·贝尔(Hans Walter Baehr)编,陈泽环译:《敬畏生命:五十年来的基本论述》,上海人民出版社,2017年,第8页。

系,但二者决不是一种割裂的二元对立关系,而是一种生命深处的精神沟通。正是在这样一种生命的圆融中,自然的生命力才能向人呈现,而人也才能由此领略到自然的美,并从中感受到人与自然相统一所带来的无穷乐趣。因此,自然之所以美,其根源就在于人在自然那里找到了生命的归宿,找到了精神的家园,由此形成了情感上的共鸣。人与自然的关系不是"我—它"的关系,而是"我—你"的关系,"与天地合德"不仅是人的终极目标,它还是人生价值的最终实现。故而,人对自然要有敬畏之心、报本之情,要把二者的生命和谐作为人类的最高追求。这一点与西方"环境伦理学之父"奥尔多·莱奥波尔德(Aldo Leopold)提出的人类要"像山一样思考(thinking like a mountain)"[①]的生态人文精神是息息相通的。

当然,"畏天命"并不意味着人类在自然界面前是消极、被动的,它只是时刻在提醒我们,人类的德性及生命的终极关怀都是由"天"赋予的,而"天"之生命创造及其运化过程,又是超出人类认知能力的。因此,人必须要时时提撕,要"三省吾身",警惕自身的行为有无"逾矩",这里的"矩"即指"天命"。《论语·乡党》篇载,孔子"迅雷风烈必变"。面对迅雷、烈风这种自然天象,孔子为何变得如此毕恭毕敬、庄重严肃?原因就在于孔子对自然充满了敬意,并对其生命意义有着深切的体验。通过此类天象,孔子会认真反省人类在与自然的交往过程中,有没有违背"天命"之处。所以,"迅雷烈风"只是天人关系中的一个现象,其意义不在本身,而在于表现出了孔子对待自然的一种"敬畏"态度。这样一种态度,更深层的意义就在于提醒人们要"敬畏所有的生命意志",要"在自己的生命中体验到其他生命",惟有如此才能符合人类社会"普遍的""绝对的"[②]伦理要求。

在《论语·泰伯》篇中,孔子称赞尧说:"大哉尧之为君也!巍巍乎!唯天为大,唯尧则之。""尧"是伟大的,而"天"更伟大、更崇高,它超越于任何法则之上,只有"尧"才能效法它。同样,群星灿烂,环绕北

---

①转引自[日]尾观周二著,卞崇道、刘荣、周秀静译:《共生的理想:现代交往与共生、共同的思想》,中央编译出版社,1996年,第161页。

②[法]阿尔贝特·施韦泽著,[德]汉斯·瓦尔特·贝尔编,陈泽环译:《敬畏生命:五十年来的基本论述》,上海人民出版社,2017年,第7—8页。

斗,北斗星也是值得敬畏的,为政者必须拥有像北斗星一样的从容祥和的光辉和强大的凝聚力,臣民们才能如群星一般向它靠近,故孔子曰:"为政以德,譬如北辰居其所而众星共之。"《论语·为政》对于"岁寒,然后知松柏之后凋也"(《论语·子罕》)的说法,我们也往往仅"从人的伦理道德的观点"去看待"松柏后凋"此类自然现象,从而把这种自然现象"看作是人的某种精神品质的表现和象征"①。但在风雪严寒之中,傲然矗立,不正是松柏(自然)自身顽强生命力的表现吗?因此,松柏(自然)之美与其说是因为寄寓了人的主体精神而得以彰显,还不如说是人因在松柏(自然)那里寻找到了生命价值的依托而产生了情感共鸣,并在内心深处获得了高度的审美愉悦感。

三、"仁爱万物"的生态情感观

如前所述,孔子仁学中"一以贯之"之道就是一种仁爱精神,所谓的"仁爱"究其实质,乃是一种普遍的人类同情心、人间关怀之情,而孝弟亲情是这种人类普遍同情心和爱心之"本"。这里的"本"是指本根,即根苗、生长点、发端处,不是西方哲学所说的本体。孔子仁爱精神就如同树木的生长、发育、成长一样,首先建立在孝弟亲情这一根基上,然后经过"抽芽"(爱民)、"发干"、"生枝生叶"(爱物、爱自然),最后成长为一棵"参天大树"(生命之爱)的。从这个意义上说,从"爱亲"到"爱人"再到"爱物""爱自然"的延伸,是孔子的"仁爱"精神发展的必然结果,也是孔子尊重生命价值的必然体现。因此,孔子的仁爱精神不仅要落实在人世间,它还要施行于整个自然之中。于是,人出于"天命"的需要而对自然万物具有一种天然的道义和责任,他有义务爱护生命、保护生命,使自然万物各得其所。正如朱熹所言:"'人者,天地之心。'没这人时,天地便没人管。"②这里的"管",是"托管"而非"管制"之义,它深切地表达了"天生德于予"的一种使命感。王阳明也说过:"'仁者以天地万物为一体',使有一物失所,便是吾仁有未尽处。"③因此,人在将自己

---

①李泽厚、刘纲纪:《中国美学史:先秦两汉编》,安徽文艺出版社,1999年,第137—138页。
②[宋]黎靖德辑:《朱子语类》卷四十五,朱杰人、严佐之、刘永翔主编:《朱子全书》第十五册,上海古籍出版社、安徽教育出版社,2002年,第1604页。
③[明]王守仁撰,吴光等编校:《王阳明全集》卷一,上海古籍出版社,2011年,第29页。

定位为"天地之心"的同时,不是希望成为自然万物的统治者、支配者,而是成为它们的守护者、主持者。王夫之的话可谓一语中的:"自然者天地,主持者人,人者天地之心。"[①]所以,人应该将宇宙万物视为人类的亲友而爱之,要在"尽人之性"的同时"尽物之性",进而"赞天地之化育";同时,人也不应该妄自尊大,执着于盲目的极端利己主义,只考虑人类自身的利益,而是要让人与自然生命获得共同发展。因此,只有当人把仁爱之心施之于自然万物的时候,他才会与自然融为一个生命整体,真正进入到"与天合一"的境界。由此境界再来反观宇宙万物的话,那么就根本不存在无生命的"存在",宇宙万物均是流转不拘的生命形态,与人的本心有着相通之处。这样,人也就必然会产生"会心处不必在远。翳然林水,便自有豪、濮间想也。觉鸟鱼禽兽,自来亲人"[②]之类的审美体验。

"智者乐水,仁者乐山"(《论语·雍也》),为什么仁智之人能够"乐山""乐水"? 一方面是因为自然事物"具有某种和人的精神品质相似的形式结构的缘故"[③],但另一方面更是因为,"仁"的实现虽然在人间,但其价值根源却在于"天"即自然,正是"天"赋予了人以内在的德性。这也就意味着,当仁者怀着仁心仁德去观照自然时,绝不会是一种对象化的眼光,而是充满了崇敬之意。因此,"仁者"不仅要爱人,而且还要爱自然山水,其根本原因就在于,自然山水"是一切生命的源泉与栖息地","对山水的热爱充分体现了仁者的情怀,也是仁者的生命依托"[④]。故仁智之人"乐"之体验的产生,不只是单纯的心理情感表达,而是身心与自然合一("天人合一")时的最高体验,它既是伦理的,也是审美的,是伦理与审美的贯通。在这里,"人"与"天"(自然)不是主次关系,更不是对立关系,而是一种平等的交流关系。惟有如此,"人"和"天"才能真正达到"合一"的境界,"智者乐水,仁者乐山",正是这一境界的体现。倘若我们情感淡漠,缺乏对自然的仁德仁心,那么就很难产生这种"乐"之体

①[明]王夫之:《周易外传》卷二,船山全书编辑委员会编:《船山全书》第一册,岳麓书社,2011年,第885页。

②[南朝宋]刘义庆著,[南朝梁]刘孝标注,余嘉锡笺疏:《世说新语笺疏》,中华书局,2011年,第107—108页。

③李泽厚、刘纲纪:《中国美学史·先秦两汉编》,安徽文艺出版社,1999年,第137页。

④蒙培元:《孔子天人之学的生态意义》,《中国哲学史》2002年第2期。

验。所以,"乐山乐水"意味着仁智之人已与自然山水达成了一种生命的默契,它表达的正是一种对大自然的敬仰与依恋。

《论语·述而》篇中云:"子钓而不纲,弋不射宿。"这同样体现了孔子对自然生命的尊重和仁爱。用鱼钩钓鱼或用网捕鱼,用箭射飞行中的鸟或射巢中之鸟,尽管本质上都是一种捕杀行为,但孔子很注意对捕鱼和狩猎"度"的把握,这一点恰恰体现出了孔子的仁者情怀。钓而食之,适度而为,既满足自己食用,又利于资源再生和永续利用;织网捕鱼,固然潇洒,但有可能一网打尽。射杀飞鸟,取而食之,无可厚非;但如果连归巢的鸟都不放过,就有点赶尽杀绝的味道,与竭泽而渔、杀鸡取卵一样,是不人道的做法。因此,如果没有对自然生命(鱼或鸟)的关爱,根本就无法做到对"度"的严格遵循[1]。宋代张载所说的"民吾同胞,物吾与也"[2],程颢所说的"仁者,浑然与物同体"[3],都是对孔子这种生命关怀精神的继承。《论语·宪问》篇还记载说:"骥不称其力,称其德也。"千里马能够为主人出力,能够为其带来更多的利益,故理应受到人的称道、赞美。但在孔子看来,千里马真正值得称赞的地方却并非它的气力,而是它的品德。之所以如此,是因为千里马在孔子眼中并非一个受人驱使的动物、工具,一个物我两隔、互相对峙的对象,而是一个独立自主的生命个体,一个人格气质能够与人息息相通,精神上能够带来慰藉的朋友。

---

①关于孔子的生命关怀精神,除了《论语》中的表述外,在后世其他很多相关文献中也都有记载,可相互佐证。比如,《吕氏春秋·审应览·具备》云:"巫马旗短褐衣弊裘而往观化于亶父,见夜渔者,得则舍之。巫马旗问焉,曰:'渔为得也,今子得而舍之,何也?'对曰:'宓子不欲人之取小鱼也。所舍者,小鱼也。'巫马旗归,告孔子曰:'宓子之德至矣,使民暗行,若有严刑于旁。敢问宓子何以至于此?'孔子曰:'丘尝与之言曰:诚乎此者刑乎彼。'宓子必行此术于亶父也。'"(许维遹撰,梁运华整理:《吕氏春秋集释》卷十八,中华书局,2010年,第507—508页)另,这一事迹又见于《孔子家语·屈节解》因表述与该条大同小异,故不再重复(参见[清]陈士珂辑:《孔子家语疏证》卷八,中华书局,1985年,第218页)。《史记·孔子世家》曰:"丘闻之也,刳胎杀夭则麒麟不至郊,竭泽涸渔则蛟龙不合阴阳,覆巢毁卵则凤凰不翔。何则?君子讳伤其类也。"([汉]司马迁撰,[宋]裴骃集解,[唐]司马贞索隐,[唐]张守节正义:《史记》卷四十七,中华书局,1999年,第1551页)《礼记·祭义》云:"夫子曰:'断一树,杀一兽,不以其时,非孝也。'"[[汉]郑玄注,[唐]孔颖达疏:《礼记正义》卷四十八,[清]阮元校刻:《十三经注疏》(附校勘记),中华书局,1982年影印本,第1598页]《孔子家语·曲礼子夏问》云:"孔子之守狗死,谓子贡曰:'路马死则藏之以帷,狗则藏之以盖,汝往埋之。吾闻弊帷不弃,为埋马也;弊盖不弃,为埋狗也。今吾贫无盖,于其封也,与之席,无使其首陷于土焉。'"([清]陈士珂辑:《孔子家语疏证》卷十,中华书局,1985年,第287页)
②[宋]张载撰,章锡琛点校:《张载集》,中华书局,1985年,第62页。
③[宋]程颢、程颐著,王孝鱼点校:《二程集》,中华书局,1981年,第16页。

也正是因为这种尊重和关爱不是出于一种现实的需要,而是出于对其生命内在价值——"德"的认可,使得人对动物能够产生情感上的共鸣,由此便可进入到审美的境域之中。

　　孔子重视诗教是众所周知的,在《论语·阳货》篇,孔子总结诗之功能时说,学诗不仅可以感发志意、增加知识、抒发情感,具有"事父""事君"的教化功能,而且还可以"多识于鸟兽草木之名"。据相关统计,《诗经》中出现的动植物近300种[①],其"鸟兽草木之名"确实是非常丰富的。然孔子之所以让自己的弟子"多识于鸟兽草木之名",其实并不仅仅是为了学习关于动植物的客观知识,更重要的是去"理解大自然的丰富多彩及其生命意义"以及体会"与之和谐相处"的"乐趣",而"这是生态美学的重要内容",同时也"充满了热爱大自然的仁心仁德"[②]。因此,"多识于鸟兽草木之名"中所包含的生态学意蕴"绝非记忆名称所能包容"的,其终极目的就是"使人们恢复当初那种人与自然息息相关相通的亲缘关系"[③]。

　　总之,孔子的自然美思想以"生生之德"为本,"钟情于表现自然山水的盎然生机与内在德性","陶醉于自然万物对人的精神无限启迪和对人的德性全面滋养",进而"实现人与自然的亲和一体"[④],表现出了浓厚的生态审美意蕴。孔子的这种审美观,不仅使自然进入到人类生活中并成为人类亲近、欣赏的对象,而且还使之通过艺术表现的方式,成为人类生命中须臾不可缺少的精神寄托之物和安身立命之所。难怪北宋著名的山水画家郭熙会对自然山水如此钟爱:"猿声鸟啼,依约在耳;山光水色,滉漾夺目。此岂不快人意,实获我心哉?"[⑤]身处在这样一种与天地万物共同化育的状态中,人自然会体会到一种由爱和生命相贯通的天人

[①]据现代学者孙作云统计,《诗经》中出现的动植物总共286种,其中植物143种,包括谷类9种,麻类5种,植物染料类3种,蔬菜及野菜类29种,药物类4种,草类35种,果树类15种,树木类43种;动物143种,包家禽类1种,鸟类35种,家畜类36种,兽类22种,虫类34种,鱼类15种(参见孙作云:《〈诗经〉研究》,河南大学出版社,2003年,第12—18页)。

[②]蒙培元:《从孔子思想看中国的生态文化》,《中国文化研究》2005年冬之卷。

[③]叶舒宪:《诗经的文化阐释——中国诗歌的发生研究》,湖北人民出版社,1997年,第99—100页。

[④]陈涵平:《比德说的生态意蕴》,《学术研究》2012年第9期。

[⑤][宋]郭熙、郭思:《林泉高致》,载俞剑华编著:《中国画论类编》(上卷),人民美术出版社,2016年,第632页。

一体的和谐感,这是一种高度自由的人生状态。在其中,人们不仅会获得一种前所未有的"快意"感受,而且还会产生强烈的审美体验。因而,能够进入到这样一种境界的人生也必然是一种高度审美化的人生。

第八章　孔子的生活美论

众所周知,孔子美学从一开始便带有一种强烈的现世关怀精神。它很少涉及虚无缥缈的彼岸世界,更多的是对具体鲜活的此岸世界的关注。因此,与柏拉图的知识论美学理路不同,孔子总是把"美"还原到人的感性生活世界中,并将其置放于充满生活气息的生存境域中加以彰显。这就使得在孔子那里,"美的世界"与"生活世界"是完全同一的,最高的美不存在于对"美本体"的探求中,而是存在于行仁、践仁的生存实践活动之中。正如有学者所总结的那样,孔子的审美之道"既不在纯粹的、与'人性'相对立的'物性'世界,更不在超验的、形而上的'理念'(或'神''绝对精神')世界,而是就在活泼泼的'人'的世界"①。从这个意义上说,把儒家美学定位为"一种以'情'为本的'生活美学'"②,并非没有道理。

第一节　关于孔子生活审美观的辨析

不可否认,将儒家美学定位为一种"生活美学"是一种全新的研究思路,并且有很大的拓展空间,值得深入探讨! 但需要指出的是,如果从"生活美学"角度来理解儒家美学的话,那么前提就是要把儒家的生活审美观与当代学者提出的"日常生活审美化"③、"活生生的生活的美学"④、"生活世界的审美直观"⑤等学说进行有效区分,否则就会变相地使儒家

①仪平策:《中国美学文化阐释》,首都师范大学出版社,2003 年,第 87 页。
②刘悦笛:《儒家生活美学当中的"情":郭店楚简的启示》,《人文杂志》2009 年第 4 期。
③参见陶东风《日常生活的审美化与文化研究的兴起——兼论文艺学的学科反思》(《浙江社会科学》2002 年第 1 期)、金元浦《别了,蛋糕上的酥皮——寻找当下审美性、文学性变革问题的答案》(《文艺争鸣》2003 年第 6 期)。
④参见刘悦笛:《东方生活美学·代序》,人民出版社,2019 年。
⑤参见刘悦笛:《"生活美学"建构的中西源泉》,《学术月刊》2009 年第 5 期。

美学丧失其独特性,进而沦为西方当代消费美学的注脚。

　　"日常生活审美化"问题是在当代消费文化和大众文化日益兴起的语境下诞生的,受鲍德里亚、费瑟斯通、韦尔施等人的消费理论影响极深,其基本主张就是承认审美性向日常生活领域渗透的合法性,追求物质的消费主义和世俗的享乐主义。这种消解审美的神圣性并使其"物化""官能化""犬儒化"的做法,实际上是将审美从精神层面下移至物质层面,从而使其彻底丧失了应有的超越性与反思性。从这个意义上说,国内学者讨论的"日常生活审美化"毋宁用"审美的日常生活化"来表述更为准确一些,原因就在于"'审美的日常生活化',是技术对审美的操纵,功利对情欲的利用,是感官享乐对精神愉悦的替补",而"'日常生活的审美化',则是技术层面向艺术层面的过渡……是功利实用的劳作向本真澄明的生存之境的提升"①。

　　近年来,国内又有学者提出了"活生生的生活的美学"与"生活世界的审美直观"等美学观点。这两种观点虽出自不同的思想体系(前者源于杜威的实用主义理论,后者源于胡塞尔的现象学理论),但其实质基本相同,就是力图打破生活与审美的界限,追求生活审美的感性化和直观化。该观点的提出者指出,所谓"生活美学"实际上是对传统欧洲美学思维范式"非功利性""无目的的合目的性"等的反叛。一言以蔽之,"生活美学"的兴起正是康德美学的"黄昏"②。这种主张明显是要剔除审美活动中的价值因素,回归所谓的"活生生"的生活经验本身。但事实上,对"活生生"的生活世界的"本质直观",并不意味着"审美无功利性"的退场和康德美学的黄昏。恰恰相反,在审美活动中,感性与理性、凡俗与超越、形上与形下应该而且可以统一在一起。倘若审美真的要抛弃"本质""非功利性",只保留"直观"和"感性"的话,那么人的理想、信仰、价值追求等精神生活将变成"孤魂野鬼"而无处安放。

　　在著者看来,"审美"实际上是一种以心灵感知和情感体验为表现的内在生命活动和独特的精神活动。在这种活动中,不仅人的生命状态能被全面地敞开,而且人的生命意义也能被放置在一种更为本真的情境

---

① 鲁枢元:《评所谓"新的美学原则"的崛起——"审美日常生活化"的价值取向析疑》,《文艺争鸣》2004年第3期。
② 刘悦笛:《"生活美学"的兴起与康德美学的黄昏》,《文艺争鸣》2010年第3期。

中加以深刻地领悟。因而,审美既不是由某种外力所决定、所强制,也不是理智的刻意追求的结果,而是一种最能体现人的本真价值的自由的生命活动。孔子美学的元命题是"里仁为美"①,这一命题不是说让我们简单地将"美"理解为"仁"之道德品质的外在表现形式,理解为"美善合一",而是说必须要将"美"的问题放置在特定的生存境域——"仁境"之中,并在"仁境"的敞开状态下去领会。因此,孔子对美的追求完全体现在生活世界中的生成性与缘构之中,而不会像柏拉图那样把美当作一种知识、真理去探究。

当然,孔子把"美"还原于"生活世界"中,在感性活动去体悟"美"。这并不意味着审美形上价值的消解,相反它恰恰是实现个体生命价值、彰显"仁"之境界的必经之途、必登之阶,也即所谓的"下学而上达"(《论语·宪问》)、"极高明而道中庸"②,这使得孔子的生活从一开始便充满了诗意化、审美化的特征。由此观之,孔子的"生活美学"实际上是将"美"还原到人的生活世界中去,并通过自我情感体验和内心体认,实现生存理想及终极关怀的审美升华。具体来说,这种"生活美学"主要体现在三个方面:礼仪审美、衣食审美以及休闲审美。

第二节　礼仪美:生活的文雅化——孔子生活审美观之一

关于"礼"的起源问题,我们已经在第一章"孔子仁学的提出"中进行过详细的阐发,这里不再重复。不过,需要再次强调的是,"礼"最早与奉神祭祖的宗教活动密切相关,后来到了西周时期才扩展为人类的各种礼仪活动,如吉、凶、军、宾、嘉等各种仪制③。周代礼仪由于有了很多细腻精致的规定,才会呈现出雍容典雅的精神风貌;同时,也正是因为这种"雅"化,周代礼仪才更具艺术性和审美观赏性,而这种礼仪的文雅之美后来被孔子所继承。

---

① 参见谭好哲:《"里仁为美":先秦儒家美学思想的元命题》,《文艺理论研究》2013 年第 3 期。
② [汉]郑玄注,[唐]孔颖达疏《礼记正义》卷五十三,[清]阮元校刻:《十三经注疏》(附校勘记),中华书局,1982 年影印本,第 1633 页。
③ 郭沫若著作编辑出版委员会编:《郭沫若全集·历史编》第二卷,人民出版社,1982 年,第96 页。

一、"动作有文,言语有章":周代之"礼"的生活化与"雅"化

《礼记·表记》载曰:"殷人尊神,率民以事神,先鬼而后礼。"①殷商时代的一个突出的文化特征就是凡事皆卜、无事不祭,通过频繁的占卜祭祀来祈求神灵的庇佑。因此,与祭祀密切相关的"礼"在殷代获得了一定的发展,形成了初步的体系。但总体上看,此时的"礼"重视的是祈福的目的,而不在礼仪本身,这说明此时"礼"的理性观念并未形成,这一观念的真正形成是在周初。当然,周代的礼乐文化并非空穴来风,而是前代文化继承与发展的产物,亦如孔子所言:"殷因于夏礼,所损益,可知也;周因于殷礼,所损益,可知也。"(《论语·为政》)"周人尊礼尚施,事鬼敬神而远之。"②周代文化既保留了殷商时代以祭祀文化为核心的对大帝、自然、祖先的敬畏之情;同时,在此基础上又形成了"皇天无亲,惟德是辅"③的敬德保民的观念。因此在周人那里,引起敬畏之情的不仅是传统的天命思想,还有人的德行:"思文后稷,克配彼天。"④统治者要有文德才能配享上天,给子孙带来福祉:"比于文王,其德靡悔。既受帝祉,施于孙子。"⑤从这个意义上说,周代文化是一次具有深远历史意义的革命性改造,而这一文化变革是通过周公制礼作乐完成的。

对这一历史事件,司马迁的《史记·周本纪》谈到:"周公行政七年,成王长,周公反政成王……兴正礼乐,度制于是改,而民和睦,颂声兴。"⑥从文化角度而言,周公制礼作乐是对传统礼仪和乐舞进行严格的等级规定,使之由单纯的祭祀仪式变成了一种集政治、礼仪、伦理、道德于一体的典章制度与生活规范,从而对社会生活各个领域均产生了深远

①[汉]郑玄注,[唐]孔颖达疏:《礼记正义》卷五十四,[清]阮元校刻:《十三经注疏》(附校勘记),中华书局,1982年影印本,第1642页。

②[汉]郑玄注,[唐]孔颖达疏:《礼记正义》卷五十四,[清]阮元校刻:《十三经注疏》(附校勘记),中华书局,1982年影印本,第1642页。

③[汉]孔安国传,[唐]孔颖达疏:《尚书正义》卷十七,[清]阮元校刻:《十三经注疏》(附校勘记),中华书局,1982年影印本,第227页。

④[汉]毛亨传,[汉]郑玄笺,[唐]孔颖达疏:《毛诗正义》卷十九,[清]阮元校刻:《十三经注疏》(附校勘记),中华书局,1982年影印本,第590页。

⑤[汉]毛亨传,[汉]郑玄笺,[唐]孔颖达疏:《毛诗正义》卷十六,[清]阮元校刻:《十三经注疏》(附校勘记),中华书局,1982年影印本,第520页。

⑥[汉]司马迁撰,[宋]裴骃集解,[唐]司马贞索隐,[唐]张守节正义:《史记》卷四,中华书局,1999年,第96—97页。

影响。周公对于礼乐文化的这种改造,使原本事神致福的礼乐,变成了"经国家,定社稷,序民人,利后嗣"①的治国利器。正如《礼记·曲礼上》所概括的那样:"道德仁义,非礼不成""君臣、上下、父子、兄弟,非礼不定""班朝治军,涖官行法,非礼威严不行"②。礼乐由庄严肃穆的宗教庙堂走向了贵族的日常生活,变成了人间秩序的规范,不但涵盖了政治、道德、人伦、教育等领域,而且与周人的日常生活也密切相关,诸如婚丧、嫁娶、宴飨、冠笄、会盟等活动。与之相应,也形成了各种各样的礼典,礼乐文化因此成为周代文化的特定称谓。

按照著名学者沈文倬的理解,礼典上从使用的建筑器物到服饰乐舞,从行礼人的仪容言辞到举手投足,都是有章法可循的。一般来讲,礼典分为"礼物"和"礼仪"两部分。"礼物"就是所谓的"名物度数","从其大小、多寡、高下、华素上显示其尊卑贵贱";"礼仪"就是所谓的"揖让周旋","从他们所应遵守的进退、登降、坐兴、俯仰上显示其尊卑贵贱"③。周礼虽过于繁杂细致,但也正是因为有了这些细腻精致的规定,才使周代贵族在日常生活中,呈现出与夏人、殷人完全不同的精神风貌,他们"动作有文,言语有章"④,毕恭毕敬,雍容典雅。诚如陈来所言,周代文化的特色主要就在于它"是以礼仪即一套象征意义的行为及程序结构来规范、调整个人与他人、宗族、群体的关系","并由此使得交往关系'文'化,和社会生活高度仪式化"⑤。周代的礼乐文化,不仅标志着周人的文明程度,而且使周人变得文雅起来,具有很浓厚的艺术气质。《诗经·小雅·都人士》中所提到的"彼都人士,狐裘黄黄。其容不改,出言有章。行归于周,万民所望"⑥,就是对周代贵族生活礼仪文雅之美的诗性表达,而这种生活礼仪的文雅之美后来被孔子所继承。

①[周]左丘明传,[晋]杜预注,[唐]孔颖达疏:《春秋左传正义》卷四,[清]阮元校刻:《十三经注疏》(附校勘记),中华书局,1982 年影印本,第 1736 页。
②[汉]郑玄注,[唐]孔颖达疏:《礼记正义》卷一,[清]阮元校刻:《十三经注疏》(附校勘记),中华书局,1982 年影印本,第 1231 页。
③沈文倬:《菿闇文存——宗周礼乐文明与中国文化考论》,商务印书馆,2006 年,第 6 页。
④[汉]郑玄注,[唐]孔颖达疏:《礼记正义》卷四十,[清]阮元校刻:《十三经注疏》(附校勘记),中华书局,1982 年影印本,第 2016 页。
⑤陈来:《古代宗教与伦理:儒家思想的根源》,生活·读书·新知三联书店,2017 年,第 238 页。
⑥[汉]毛亨传,[汉]郑玄笺,[唐]孔颖达疏:《毛诗正义》卷十五,[清]阮元校刻:《十三经注疏》(附校勘记),中华书局,1982 年影印本,第 493 页。

二、"礼为情貌,文为质饰":孔子之"礼"的情感化与"文"化

孔子所处的春秋时期是一个"王道衰,礼义废,政教失,国异政,家殊俗"[①]的"礼崩乐坏"的乱世。作为制度形态的礼乐文化在这一时期的确受到了极大的挑战,经常出现"礼乐征伐自诸侯出""自大夫出"(《论语·季氏》)的违礼僭越的现象。然而,作为思想形态的礼乐文化本身却并没有随之走向衰落,反而"威仪加多""声乐繁充"[②],被春秋时代的思想家们提升到了一个新的高度。《左传·昭公二十六年》载:

> 公曰:"善哉! 我不能矣。吾今而后知礼之可以为国也。"对曰:"礼之可以为国也,久矣,与天地并。君令臣共,父慈子孝,兄爱弟敬,夫和妻柔,姑慈妇听,礼也。"[③]

由此可见,在春秋时期的礼,一方面被视为治国理政的重要手段,另一方面又是统摄令、共、慈、孝、爱、敬、和、柔等道德情感的根本原则。不仅如此,礼还是个体安身立命的根基,礼是"身之干也"[④],为"民之所以生也"[⑤],是人之为人、君子修身的根本,所以"无礼无以立"[⑥]。因此,"春秋之风气,渊源于西周,虽经多年之变乱,而其踪迹犹未尽泯者,无过于尚礼一事"[⑦]。而"礼崩乐坏"的春秋时期其实又可以说是一个"以礼为中心的人文世纪"[⑧]。

生活在春秋末期的孔子,一方面亲眼目睹了诸如"八佾舞于庭""三家以《雍》彻""季氏旅于泰山"(《论语·八佾》),秦侯郊天、僭行天子

①[汉]毛亨传,[汉]郑玄笺,[唐]孔颖达疏:《毛诗正义》卷一,[清]阮元校刻:《十三经注疏》(附校勘记),中华书局,1982 年影印本,第 271 页。
②[清]孙星衍、[清]黄以周校:《晏子春秋·外篇》卷七,上海古籍出版社,1989 年,第 56 页。
③[周]左丘明传,[晋]杜预注,[唐]孔颖达疏:《春秋左传正义》卷五十二,[清]阮元校刻:《十三经注疏》(附校勘记),中华书局,1982 年影印本,第 2115 页。
④[周]左丘明传,[晋]杜预注,[唐]孔颖达疏:《春秋左传正义》卷二十七,[清]阮元校刻:《十三经注疏》(附校勘记),中华书局,1982 年影印本,第 1911 页。
⑤[周]左丘明传,[晋]杜预注,[唐]孔颖达疏:《春秋左传正义》卷五十一,[清]阮元校刻:《十三经注疏》(附校勘记),中华书局,1982 年影印本,第 2108 页。
⑥[周]左丘明传,[晋]杜预注,[唐]孔颖达疏:《春秋左传正义》卷四十四,[清]阮元校刻:《十三经注疏》(附校勘记),中华书局,1982 年影印本,第 2051 页。
⑦柳诒徵著,蔡尚思导读:《中国文化史》,上海古籍出版社,2001 年,第 232 页。
⑧徐复观:《中国人性论史·先秦篇》,上海三联书店,2002 年,第 40 页。

之礼[①]等这样"礼崩乐坏"的社会现实；另一方面又置身于春秋时期风起云涌的礼治思潮之中。再加上，孔子从小就深受礼乐文化的熏陶，"孔子为儿嬉戏，常陈俎豆，设礼容"[②]，而到了"志于学"之后，孔子更加勤奋好学，以钻研礼乐文化为乐[③]。这种长期的礼乐文化熏陶以及对礼乐文化内在精神的深刻领会，形成了其"从周"的文化取向，致力于保存和复兴周代的文化精神。

对于周代文化，孔子不止一次地表露出深深的向往之情："久矣吾不复梦见周公"（《论语·述而》）、"周监于二代，郁郁乎文哉！吾从周"（《论语·八佾》）。《礼记·中庸》和《汉书·礼乐志》也都对此分别作过阐发。《礼记·中庸》载："子曰：'吾说夏礼，杞不足征也；吾学殷礼，有宋存焉；吾学周礼，今用之，吾从周。'"[④]《汉书·礼乐志》曰："王者必因前王之礼，顺时施宜，有所损益，即民之心，稍稍制作，至太平而大备。周监于二代，礼文尤具，事为之制，曲为之防，故称礼经三百，威仪三千。于是教化浃洽，民用和睦，灾害不生，祸乱不作，囹圄空虚，四十余年。孔子美之曰：'郁郁乎文哉！吾从周。'"[⑤]

"文"，甲骨文写为"𠐇"（一期 乙 6820）[⑥]，像是由众多线条交错形成的图案。有的甲骨文"𠔁"（三期 甲 2684）[⑦]简化图案的线条，仅用四段交错的线条，概括出纷繁多样的表义图画的本质特征。金文"𢩠"（旂鼎）[⑧]在交错的图案"𢩠"内加"𢖻"（即"心"，意识之义），凸显了"文"字形式中蕴含思想的特点；有的金文"𠔁"（㝬簋）[⑨]将"𢖻"简化成一点"•"；简

①参见[明]董说：《七国考》卷九，中华书局，1956 年，第 274 页。

②[汉]司马迁撰，[宋]裴骃集解，[唐]司马贞索隐，[唐]张守节正义：《史记》卷四十七，中华书局，1999 年，第 1538 页。

③据说他曾向郯子学习过古代官职制度，适周曾问礼于老子；为学习祭祀之礼，他"入太庙，每事问"（《论语·八佾》）；为研习乐舞，他曾向鲁国乐官师襄子学琴，并跟着周大夫苌弘学习古乐舞；此外，他还亲自去周都洛邑，"历郊社之所，考明堂之则，察庙朝之度"（[清]陈士珂辑：《孔子家语疏证》卷三，中华书局，1985 年，第 71 页）。

④[汉]郑玄注，[唐]孔颖达疏：《礼记正义》卷五十三，[清]阮元校刻：《十三经注疏》（附校勘记），中华书局，1982 年影印本，第 1634 页。

⑤[汉]班固撰，[唐]颜师古注：《汉书》卷二十二，中华书局，1964 年，第 1029 页。

⑥徐中舒主编：《甲骨文字典》，四川辞书出版社，2014 年，第 995 页。

⑦徐中舒主编：《甲骨文字典》，四川辞书出版社，2014 年，第 995 页。

⑧容庚编著，张振林、马国权摹补：《金文编》，中华书局，1985 年影印本，第 635 页。

⑨容庚编著，张振林、马国权摹补：《金文编》，中华书局，1985 年影印本，第 637 页。

体金文"𣂪"（秦公镈）①承续甲骨文字形。由此可见，"文"字的原始意义中就蕴含了"花纹""图纹"之义。许慎《说文解字》释"文"曰："文，错画也，象交文。"②《周易·系辞下》也说："物相杂故曰'文'。"③后来，"文"字由"花纹""图纹"之义逐渐引申为两方面的意思：一是引申为"文饰""文采"之义，并由此引申为形式美。《诗经·小雅·六月》"织文鸟章，白旆央央"④、《韩非子·十过》"茵席雕文"⑤、《释名·释言语》"文者，会集众采以成锦绣"⑥、《周易·系辞下》"其旨远，其辞文"⑦、孔颖达疏《易·乾·文言》曰"文谓文饰"⑧等。二是引申为文明、教养，如《周易·乾》"见龙在田，天下文明"⑨、《周易·明夷》"内文明而外柔顺，以蒙大难，文王以之"⑩、《尚书·禹贡》"三百里揆文教"⑪、《尚书·舜典》"濬哲文明，温恭允塞"⑫等。

　　"文"的上述含义（"文采"或"文明"）在《论语》中均有体现，但不论从哪个角度来说，这些含义"都明显地包含有感性形式美的意义在内"⑬。"郁郁乎文哉"中的"文"是从社会角度来说的，它指的是作为历史成果而保存在周代物质文明和精神文明中各种美的东西。《礼记·仲

---

①容庚编著，张振林、马国权摹补：《金文编》，中华书局，1985 年影印本，第 637 页。

②[清]段玉裁：《说文解字注》，中华书局，2013 年，第 429 页。

③[三国魏]王弼注，[晋]韩康伯注，[唐]孔颖达疏：《周易正义》卷八，[清]阮元校刻：《十三经注疏》（附校勘记），中华书局，1982 年影印本，第 90 页。

④[汉]毛亨传，[汉]郑玄笺，[唐]孔颖达疏：《毛诗正义》卷十，[清]阮元校刻：《十三经注疏》（附校勘记），中华书局，1982 年影印本，第 424 页。

⑤[清]王先慎撰，钟哲点校：《韩非子集解》卷三，中华书局，2003 年，第 71 页。

⑥[汉]刘熙撰，[清]毕沅疏证，[清]王先谦补，祝敏徹、孙玉文点校：《释名疏证补》卷四，中华书局，2008 年，第 109 页。

⑦[三国魏]王弼注，[晋]韩康伯注，[唐]孔颖达疏：《周易正义》卷八，[清]阮元校刻：《十三经注疏》（附校勘记），中华书局，1982 年影印本，第 89 页。

⑧[三国魏]王弼注，[晋]韩康伯注，[唐]孔颖达疏：《周易正义》卷一，[清]阮元校刻：《十三经注疏》（附校勘记），中华书局，1982 年影印本，第 15 页。

⑨[三国魏]王弼注，[晋]韩康伯注，[唐]孔颖达疏：《周易正义》卷一，[清]阮元校刻：《十三经注疏》（附校勘记），中华书局，1982 年影印本，第 16 页。

⑩[三国魏]王弼注，[晋]韩康伯注，[唐]孔颖达疏：《周易正义》卷四，[清]阮元校刻：《十三经注疏》（附校勘记），中华书局，1982 年影印本，第 49 页。

⑪[汉]孔安国传，[唐]孔颖达疏：《尚书正义》卷六，[清]阮元校刻：《十三经注疏》（附校勘记），中华书局，1982 年影印本，第 153 页。

⑫[汉]孔安国传，[唐]孔颖达疏：《尚书正义》卷三，[清]阮元校刻：《十三经注疏》（附校勘记），中华书局，1982 年影印本，第 125 页。

⑬李泽厚、刘纲纪：《中国美学史：先秦两汉编》，安徽文艺出版社，1999 年，第 133 页。

尼燕居》中引孔子的话说:"不能乐,于礼素。""素",郑玄注曰:"犹质也。"①段玉裁《说文解字注》曰:"凡物之质曰素""以质未有文也,故曰素"②。据此,我们可以将孔子这句话理解为:如果没有音乐艺术的话,礼就会显得朴实无华。《尚书·洛诰》引周公的话说:"王肇称殷礼,祀于新邑,咸秩无文。"③而孔子则说:"郁郁乎文哉!吾从周。"(《论语·八佾》)可见,殷礼与周礼最重要的区别就在于是否"有文"。在孔子看来,夏、商、周的典章制度,主要表现是"礼",并且三者之间又是承继关系。在这三种文化中,周代文化作为夏、商两代文化发展的集大成者,其"文"又是最完备、最繁盛的。孔子赞美尧统治下的社会是"焕乎其有文章"(《论语·泰伯》)。这儿出现的"文章"与现在的内涵完全不同,它指的是感性物质的文饰或文采,这正是对走向繁盛的物质文明的赞颂。

再从"君子"个人修养来看,孔子认为,"质胜文则野"。君子除了要有高洁的品质外,还应该具备一种优雅的气度。正因为此,孔子主张要"文之以礼乐"(《论语·宪问》),《左传·僖公二十三年》亦云:"晋公子广而俭,文而有礼。"④可见,礼乐是一个"君子"完成修养所必不可少的东西。"乐"是音乐,它是最具代表性的一种艺术类型,显然与美相关;"礼"虽非艺术,但实际上也同美有关。石介《上蔡副枢密书》说:"礼乐,文之饰也。"⑤清代程树德引李塨《论语传注》的话云:"动容周旋,礼之文也。"⑥近代刘师培也曾讲过一段很精辟的话:"以文为文章之文者,则始于孔子作《文言》。""盖'文'训为'饰',乃英华发外,秩然有章之谓也。故道之发现于外者为文,事之条理秩然者为文,而言词之有缘饰者,亦莫不称之为文。"⑦

可见,礼与文在"饰"的意义上是相通的。之所以如此,乃是因为礼

①[汉]郑玄注,[唐]孔颖达疏:《礼记正义》卷五十,[清]阮元校刻:《十三经注疏》(附校勘记),中华书局,1982年影印本,第1614页。
②[清]段玉裁:《说文解字注》,中华书局,2013年,第669页。
③[汉]孔安国传,[唐]孔颖达疏:《尚书正义》卷十五,[清]阮元校刻:《十三经注疏》(附校勘记),中华书局,1982年影印本,第214页。
④[周]左丘明传,[晋]杜预注,[唐]孔颖达疏:《春秋左传正义》卷十五,[清]阮元校刻:《十三经注疏》(附校勘记),中华书局,1982年影印本,第1816页。
⑤郭绍虞主编:《中国历代文论选》第二册,上海古籍出版社,2004年,第252页。
⑥[清]程树德撰,程俊英、蒋见元点校:《论语集释》卷十五,中华书局,1990年,第531页。
⑦刘师培:《中国中古文学史　汉魏六朝专家文研究》,商务印书馆,2017年,第177—178页。

要求周旋揖让的动作姿态要具备一种能给人以美感的形式,《韩诗外传》
云:"容貌态度,进退趋步,由礼则雅,不由礼则夷固。"① 故在这种有规矩
尺度有节制典范的行动姿态中,自然就会有一个如何审美的问题。《论
语·乡党》篇中所展示的孔子在朝上朝下、日常生活以及其他场合中表
现出来的文雅举止,显然同"君子"所要求的文化教养息息相关。比如,
孔子在家乡时,"恂恂如也";走进朝廷的大门时,"鞠躬如也";面见国
君时,"踧踖如也,与与如也";经过国君座位时,"色勃如也,足躩如也";
在朝廷上同下大夫说话时,"侃侃如也";同上大夫说话时,"訚訚如也";
从朝廷出来时,"怡怡如也";走完最后一级台阶时,"翼如也";行走时,
"行不履阈";落座时,"席不正,不坐"②;睡觉时,姿态也要优雅,即"寝不
尸"③;吃饭时,"食不语";上车时,"必正立,执绥";坐车时,"不内顾,不
疾言,不亲指",等等。

　　需要指出的是,上述这些表现言动、容色、生活等各个方面的礼仪行
为,并非空洞虚假、"虚华无实"的形式,而是孔子内在情感的完满体现。
现代新儒家代表人物梁漱溟曾说:

> 人类远高于动物者,不徒在其长于理智,更在其富于情感。情
> 感动于衷而形著于外,斯则礼乐仪文之所从出而为其内容本质者。
> 儒家极重礼乐仪文,盖谓其能从外而内以诱发涵养乎情感也。④

　　这也就是说,礼因满足人情而成文,由此而来的"文"潜含着或表
露出艺术的特性,因而礼之"文"就必然蕴藏着审美的因素。这种审美
因素由情而来,却表现为"饰"的行为和效果。这既是礼的要求,也是文
的本质。《韩非子·解老》曰:"礼为情貌者也,文为质饰者也。"⑤ 20 世
纪 90 年代出土的郭店楚简中,也出现了大量以"情"释"礼"的言论,

---

① [汉]韩婴撰,许维遹校释:《韩诗外传集释》卷一,中华书局,1980 年,第7—8页。
② 我们常说一个人要站有站相、坐有坐相,如果一个人随便坐在一个歪歪斜斜的坐具上,说明
　他的人脱离了"正",缺乏诚敬。因此,一个人想成为正直的人,要从日常生活中的小事做起,
　需要日积月累的功夫,即"积正"。
③ "尸"与"人"同源。"尸"字,甲骨文"𡰣"(一期 粹 1187)(徐中舒主编:《甲骨文字典》,四川
　辞书出版社,2014 年,第 942 页),像一个坐着的人。古代的祭悼传统,让活人坐在祭位上,以
　代表死者,接受人们的吊唁。故"尸"字本义应为"坐在祭位上、代替死者接受祭拜的死者亲
　属"。孔子讲的"寝不尸"当指不要坐着睡觉,并非像死尸一样,脸朝上。
④ 梁漱溟:《儒佛异同论》,梁漱溟:《梁漱溟全集》第七卷,山东人民出版社,2005 年,第 167 页。
⑤ [清]王先慎撰,钟哲点校:《韩非子集解》卷六,中华书局,2003 年,第 133 页。

如"礼作于情,或兴之也"(《性自命出》)①、"礼因人之情而为之"(《语丛一》)②、"情生于性,礼生于情"(《语丛二》)③等等,甚至有学者直接指出,孔子追求的"礼"是"完成于审美化的'情'当中"④的。那么,这里的"情"究竟指什么呢? 总结起来,一个字"敬"。《论语·乡党》篇中有大量表现孔子面对国君、尊者、长者、乡人、朋友等不同对象时礼让谦和而又不失温雅的情感态度。比如,国君有事召见,孔子不等车马驾好就立即动身,以表示对国君的尊重:"君命召,不俟驾行矣。"即使在重病之中,孔子也不违礼:"疾,君视之,东首,加朝服,拖绅。"在接待外宾时,孔子表达了充分的尊敬:"君召使摈,色勃如也,足躩如也。揖所与立,左右手,衣前后,襜如也。趋进,翼如也。宾退,必复命曰:'宾不顾矣。'"受命出使外国时,孔子同样如此:"执圭,鞠躬如也,如不胜。上如揖,下如授。勃如战色,足蹜蹜如有循。享礼,有容色。私觌,愉愉如也。"斋戒时:"必有明衣,布。""必变食,居必迁坐。"在乡人饮酒礼时,尊敬老者:"乡人饮酒,杖者出,斯出矣。"孔子虽"敬鬼神而远之",但却对乡人傩、乡人习俗表达了尊重之情:"乡人傩,朝服而立于阼阶。"孔子会对所托之人一再表达感谢之情:"问人于他邦,再拜而送之。"朋友去世了,没有人来料理后事,而孔子则说:"于我殡。"面对失去亲人的人,孔子"虽狎,必变。见冕者与瞽者,虽亵,必以貌","凶服者式之"。

显然,孔子通过尊礼、崇礼的行为,将社会文明的发展与个体存在的实现密切地联系在一起,"显示了人类的尊严、教养、智慧、才能",而一旦这种感性形式"成为内在的善(仁义)的肯定和实现时"⑤,便会唤起人的精神愉悦感,"美"也会因此生成。孔子致力于培养的"文质彬彬"的"君子",就是这种"美"的化身。这样,"美"就不仅被充分地人性化,而且被充分地现实化,并由此进入到日常生活世界中。故在孔子那里,"礼"的美学意义,就在于为"仁"建构了一个形式的世界,为审美以及艺术保留了一块天地。礼"不再是苦涩的行为标准,它富丽堂皇而文采斐

---

① 荆门市博物馆编:《郭店楚墓竹简》,文物出版社,1998 年,第 179 页。
② 荆门市博物馆编:《郭店楚墓竹简》,文物出版社,1998 年,第 194 页。
③ 荆门市博物馆编:《郭店楚墓竹简》,文物出版社,1998 年,第 203 页。
④ 刘悦笛:《儒家生活美学当中的"情":郭店楚简的启示》,《人文杂志》2009 年第 4 期。
⑤ 李泽厚、刘纲纪:《中国美学史:先秦两汉编》,安徽文艺出版社,1999 年,第 135 页。

然,它是人的文饰,也是导引人生走向理想境界的桥梁"①。同时,它也不再是冷冰冰的规则、制度,而是表达情感的"诗与艺术"②,是在各种典礼仪式以及社会活动中表现出来的"举止文雅、严肃的艺术"③。由此可见,一个人只有经过礼乐文化的熏陶,在不断被"文"化、"雅"化的过程中,才能成为知识渊博、道德高尚、富有风度的谦谦君子。

第三节　衣食美:生活的精致化——孔子生活审美观之二

在日常生活中,孔子不仅追求言、行、举、止的风雅化,而且穿衣、饮食也都极为讲究。这种讲究一方面合乎礼的要求,另一方面又颇富形式美感。这种对精致生活的追求,在当时堪称生活审美的典范。

一、孔子的服饰审美观

孔子虽然没有服饰美学的专门性理论著作,但在《论语》中涉及服饰美学或服饰审美文化的内容却极为丰富,这对我们把握他的服饰审美观,提供了一个重要的途径。

孔子追求的服饰之美,首先是与其思想核心"仁学"相关联的。《论语·泰伯》篇中有这样一段话:"子曰:'禹,吾无间然矣。菲饮食而致孝乎鬼神,恶衣服而致美乎黻冕,卑宫室而尽力乎沟洫。禹,吾无间然矣。'"这段话是从"仁学"角度高度赞赏了大禹所具有的美好的德性品质,但这段话后面出现的"致美乎黻冕"中的"美",却是指那种具有感性形式美的冠冕。因此,这里的"美"便成了孔子所说的与"仁德"相联系的,具有感性直观特点的美学范畴。

在《论语·公冶长》篇中,孔子同样表述了以"仁学"为核心的服饰审美文化观。孔子让他的弟子颜回、子路谈谈各自的志向。子路曰:"愿车马衣轻裘,与朋友共,敝之而无憾。"从"仁者爱人"的思想来看的

①杨向奎:《宗周社会与礼乐文明》,人民出版社,1992年,第375页。
②冯友兰:《中国哲学史》,中华书局,1961年,第418页。
③[日]今道友信著,蒋寅等译,林焕平校:《东方的美学》,生活·读书·新知三联书店,1991年,第103页。

话,孔子是赞同并且倡导子路提出的这一服饰观的;同时,这也是与《诗经·秦风·无衣》中"岂曰无衣,与子同袍""与子同泽""与子同裳"[1]所强调的友爱精神一脉相承的。

孔子本人之所以十分重视服饰穿着,是因为在他看来,服饰穿着中能够体现人的社会地位和人格风貌等价值观念。因此,孔子说:"衣敝缊袍,与衣狐貉者立,而不耻者,其由也与?"(《论语·子罕》)这显然是孔子对学生子路的褒扬。穿着狐裘貉袍的皆为权贵,子路与他们站在一起不因贫贱而自卑,这说明他具有深厚的道德修养和独立的人格精神,故孔子十分赞赏他。

由此可见,孔子服饰审美观中蕴涵着深刻的伦理、道德内涵。但另一方面,孔子对服饰审美的要求不仅要"尽善",而且还要达到"尽善尽美""文质彬彬"的圆满境界。《论语·乡党》篇中,有一段专门讲服饰问题的言论[2]。在这段论述中,孔子关于服饰审美的观念得到了集中而又深刻的体现,主要有以下几个方面:

(一)"以正为美"的色彩审美原则

"君子不以绀緅饰,红紫不以为亵服。"邢昺《疏》云:

> "君子不以绀緅饰"者,君子,谓孔子也。绀,玄色。緅,浅绛色。饰者,领缘也。绀者,斋服盛色以为饰衣,似衣斋服。緅者,三年练,以緅饰衣,为其似衣丧服,故皆不以为饰衣。
>
> "红紫不以为亵服"者,红,南方间色。紫,北方间色。亵服,私居服,非公会之服。以其红紫二色皆不正,故不以为亵服。亵服尚不用,则正服无所施可知也。但言红紫,则五方间色皆不用也。[3]

从这一段来看,孔子不以绀色(即青红色)和緅色(即黑红色)的布料来装饰衣袖,显然是有形式美方面考虑的。这主要是因为绀色和緅色

---

①[汉]毛亨传,[汉]郑玄笺,[唐]孔颖达疏:《毛诗正义》卷六,[清]阮元校刻:《十三经注疏》(附校勘记),中华书局,1982年影印本,第373—374页。

②原文如下:"君子不以绀緅饰,红紫不以为亵服。当暑,袗絺绤,必表而出之。缁衣,羔裘;素衣,麑裘;黄衣,狐裘。亵裘长,短右袂。必有寝衣,长一身有半。狐貉之厚以居。去丧,无所不佩。非帷裳,必杀之。羔裘玄冠不以吊。吉月,必朝服而朝。"

③[三国魏]何晏注,[宋]邢昺疏:《论语注疏》卷十,[清]阮元校刻:《十三经注疏》(附校勘记),中华书局,1982年影印本,第2494页。

的色彩都比较重,用这一类颜色来装饰衣袖,效果可能不会很理想。如果衣服本身色彩比较淡的话,绀色和緅色的衣袖就会与其色调形成强烈的反差,导致整件衣服色彩的不协调;如果衣服本身色彩比较深的话,绀色和緅色的衣袖就会与其出现顺色的情况,很难凸显衣服主体的审美效果。从这个角度上,孔子才说"君子不以绀緅饰"。此外,还有一点也很重要,那就是邢昺提到的用绀色来装饰衣袖,"似衣斋服";用緅色来装饰衣袖,"似衣丧服"。这样一种装饰首先会让人从心理上产生极大的不适感,更谈不上服饰装扮的美感。

"红紫不以为亵服",因红、紫两色比较明亮,容易从生理和心理两个方面让人产生兴奋的情绪,所以不适合作"亵服",亦即闲居时穿的衣服。一般而言,闲居时穿的衣服颜色应该比较淡雅、柔和,这样才能使穿着者处于放松、舒适的状态。故不以红紫为亵服者,也主要是从形式美因素和实用性来考虑的。

(二)"中外之色相称"的搭配审美标准

《论语·乡党》篇所说的"缁衣,羔裘;素衣,麑裘;黄衣,狐裘",集中体现了孔子"中外之色相称"的搭配审美标准。邢昺的一段话可作为我们阐发的依据:

> 缁衣,羔裘;素衣,麑裘;黄衣,狐裘者。凡祭服,先加明衣,次加中衣,冬则次加袍茧,夏则不袍茧,用葛也,次加祭服。若朝服,布衣亦先以明衣亲身,次加中衣,冬则次加裘,裘上加裼衣,裼衣之上加朝服;夏则中衣之上不用裘而加葛,葛上加朝服。凡服必中外之色相称。羔裘,黑羊裘也,故用缁衣以裼之。麑裘,鹿子皮以为裘也,故用素衣以裼之。狐裘黄,故用黄衣以裼之。[①]

在古代,大夫上朝时一般都要穿着四五层衣服,而这里的"缁衣""素衣""黄衣"便是对冬天裘衣颜色的规定,体现了孔子服饰审美的色彩原则。

所谓"缁衣,羔裘","缁"为黑色,"羔",为黑羊皮,故"羔裘"即为

---

①[三国魏]何晏注,[宋]邢昺疏:《论语注疏》卷十,[清]阮元校刻:《十三经注疏》(附校勘记),中华书局,1982年影印本,第2494页。

"黑色"裘衣;"素衣,麑裘","麑"或作"麝","乃是鹿子之称"①。麝之皮毛为乳白色或乳黄色。"黄衣,狐裘者",据《礼记·玉藻》曰:"君衣狐白裘,锦衣以裼之。"郑玄注:"君衣狐白毛之裘,则以素锦为衣覆之,使可裼也。袒而有衣曰裼。必覆之者,裘亵也。"②狐裘一般是白色的,它与黄色的裼衣搭配在一起可谓相得益彰,视觉审美效果甚佳。只不过,根据孔子的身份、地位,其所穿着的只能是"黄衣狐裘",而不是价值千金的"狐白裘"。

此外,孔子对服饰审美的这种色彩搭配,又充分体现了与之相应的礼仪观念。对此,邢昺做过详细的解释:

> 此经云"缁衣,羔裘"者,谓朝服也。知者,案《玉藻》云:"诸侯朝服以日视朝于内朝。"《士冠礼》云:"主人玄冠朝服,缁带素韠。"注云:"玄冠,委貌。朝服者,十五升布衣。而素裳不言色者,衣与冠同色。"是朝衣色玄,玄即缁色之小别。此说孔子之服,云"缁衣,羔裘",《玉藻》亦云"羔裘缁衣以裼之",是羔裘裼用缁衣,明其上正服亦缁色也。下文又曰"羔裘玄冠不以吊",是羔裘所用配玄冠,羔裘之上必用缁布衣为裼,裼衣之上正服亦是缁色,又与玄冠相配,故知缁衣羔裘是诸侯君臣日视朝之服也。
>
> 其"素衣,麑裘",则在国视朔之服也,卿大夫士亦皆然。故郑玄注此云"素衣麑裘,视朔之服"是也。其受外国聘享,亦素衣麑裘,故《聘礼》云:"裼降立。"注引《玉藻》云:"麑裘青犴褎,绞衣以裼之。"又引此云:"素衣麑裘。皮弁时或素衣。"如郑此言,则裼衣或绞或素不定也。熊氏云:"臣用绞,君用素。"皇氏云:"素衣为正,记者乱言绞耳。"
>
> 其"黄衣,狐裘",谓大蜡息民之祭服也。人君以岁事成熟,搜索群神而报祭之,谓之大蜡。又腊祭先祖五祀,因令民得大饮,农事休息,谓之息民。于大蜡之后,作息民之祭,其时则有黄衣狐裘也。大蜡之祭与息民异也。息民用黄衣狐裘,大蜡则皮弁素服,二者不同

---

① [汉]郑玄注,[唐]孔颖达疏:《礼记正义》卷四,[清]阮元校刻:《十三经注疏》(附校勘记),中华书局,1982年影印本,第1259页。

② [汉]郑玄注,[唐]孔颖达疏:《礼记正义》卷三十,[清]阮元校刻:《十三经注疏》(附校勘记),中华书局,1982年影印本,第1479页。

矣。以其大蜡之后，始作息民之祭，息民大蜡同月，其事相次，故连言之耳。知者，《郊特牲》云："蜡也者，索也，岁十二月，合聚万物而索飨之也。皮弁素服而祭。素服以送终。葛带榛杖，丧杀也。"是大蜡之祭，用素服也。《郊特牲》既说蜡祭，其下又云："黄衣黄冠而祭，息田夫也。"注云："祭谓既蜡，腊先祖五祀也，于是劳农以休息之。"是息民之祭用黄衣也。此说孔子之服云"黄衣，狐裘"，《玉藻》云"狐裘，黄衣以裼之"，以此知大蜡息民则有黄衣狐裘也。是此三者之服，中衣与外裘其色皆相称也。①

可见，孔子所着之"羔裘""麑裘"和"狐裘"以及"裘上"之"裼衣"，既考虑了礼制上的要求，同时也严格遵循了"凡服必中外之色相称"的服饰审美原则。

（三）"文质彬彬"的形制审美理念

《论语·乡党》篇，蕴涵着非常丰富且具独特的服饰形制审美内容，这种服饰文化观从一个侧面体现了孔子"文质彬彬"审美理念的追求。

"亵裘长，短右袂"，体现了服饰形制实用性与审美性有机统一的原则。邢昺疏云："'亵裘长，短右袂'者，此裘私家所着之裘也，长之者，主温也；袂是裘之袖，短右袂者，作事便也。"②由于"亵裘"的质地大多是皮毛，其"主温"，故"亵裘长"；"袂"是"裘之袖"，而右袂短，主要是为了"作事便也"。在这一长一短的对比之中，不仅体现了孔子比较务实的服饰观，而且也体现了孔子对差异性审美形式的追求。这种审美原则同样适用于对"必有寝衣，长一身有半"服饰搭配的解释上，"寝衣"从形制上规定要"长一身有半"，也体现了质料多少与其所表现形式的对立统一。

"非帷裳，必杀之"就是指在缝制过程中，剪掉衣服中多余的或不合比例的地方，使衣服更加贴身合体，穿着更加舒适。当然，这也是古人运用"杀缝"技术来体现服饰形式美的重要手段。

综上，孔子的服饰审美观一方面要合乎服饰本身的形式审美原则，

①[三国魏]何晏注，[宋]邢昺疏：《论语注疏》卷十，[清]阮元校刻：《十三经注疏》（附校勘记），中华书局，1982年影印本，第2495页。

②[三国魏]何晏注，[宋]邢昺疏：《论语注疏》卷十，[清]阮元校刻：《十三经注疏》（附校勘记），中华书局，1982年影印本，第2494页。

另一方面更要合乎"礼"的要求,并由此形成一种以展现伦理风范和道德理想为目的的"尽善尽美""文质彬彬"的美学追求。

二、孔子的饮食审美观

孔子对日常饮食的品质极为讲究,追求一种精致的生活,开创了"食必求精"的中国饮食美学传统。在《论语》中,虽然孔子也讲过诸如"士志于道,而耻恶衣恶食者,未足与议也"(《论语·里仁》)、"饭疏食饮水,曲肱而枕之,乐亦在其中矣"(《论语·述而》)此类的话。但我们必须注意到,孔子的这些话并不是主张人们去过艰苦、贫困的生活,而是赞扬了那些即使身处贫困境遇中却能依然"志于道"的君子和士人。孔子自己就曾有过艰苦的生活经历①,他的态度便是"人不堪其忧""不改其乐"(《论语·雍也》)。但按正常逻辑来说的话,孔子作为受到各国国君礼遇、无数弟子敬爱的儒者,没有必要故意过艰苦生活。因此,在不违背"善"与"仁"要求的前提下,孔子追求的是"食不厌精,脍不厌细"(《论语·乡党》)的高品质的饮食生活。而"食不厌精,脍不厌细"作为孔子饮食的总原则,就是要求在切制与烹调菜肴时力求精细,追求质、色、香、味、形等方面的美感体验。下面,我们将结合《论语·乡党》篇的相关言论,对孔子的饮食审美观作进一步阐述。

(一)质美

食材的质美是中国古代饮食美学的基础与前提,因而一直被视为美食的第一要素。清代大美食家袁枚认为:"凡物各有先天,如人各有资禀",但"物性不良"的话,"虽易牙烹之,亦无味也"②。孔子虽没有直接这样来讲,但他在多处地方从否定性的一面强调了质美的重要性:"食饐而餲,鱼馁而肉败,不食。""不时,不食。"也就是说,变了味的粮食、腐

---

①司马迁《史记·孔子世家》载曰:"孔子迁于蔡三岁,吴伐陈。楚救陈,军于城父。闻孔子在陈蔡之间,楚使人聘孔子。孔子将往拜礼,陈蔡大夫谋曰:'孔子贤者,所刺讥皆中诸侯之疾。今者久留陈蔡之间,诸大夫所设行皆非仲尼之意。今楚,大国也,来聘孔子。孔子用于楚,则陈蔡用事大夫危矣。'于是乃相与发徒役围孔子于野。不得行,绝粮。从者病,莫能兴。孔子讲诵弦歌不衰。子路愠见曰:'君子亦有穷乎?'孔子曰:'君子固穷,小人穷斯滥矣。'"([汉]司马迁撰,[宋]裴骃集解,[唐]司马贞索隐,[唐]张守节正义:《史记》卷四十七,中华书局,1999年,第1554页)

②[清]袁枚著,陈伟明编著:《随园食单·先天须知》,中华书局,2010年,第3页。

烂了的鱼和肉，孔子不会吃；就是那些尚未成熟而过早采摘的果实以及还未长大而过早宰杀的家禽，孔子也不食用。"祭于公，不宿肉。祭肉不出三日。出三日，不食之矣"，在先秦时期，天子、诸侯祭祀，当天早晨要宰杀牲畜，然后举行祭典。第二天又祭，叫作"绎祭"。绎祭之后，才把肉分给助祭者。这样，到手的祭肉已不新鲜，不能再留过夜。因此，国君分给的祭肉孔子都当天吃掉，不留到第二天，否则就超过了三天。如果祭肉存放超过了三天，孔子便不会再食用了。他还说过，"沽酒市脯不食"。为了保证食物的品质，孔子只喝自己家人酿制的家酒以及只吃家人饲养的家畜家禽，而不喝从市场上买来的酒，也不吃从市场上买来的肉干。

（二）香美

"香"字意义，最早就是源于人们对饮食美的感觉。"香"字，甲骨文写作"𪏽"（五期 林 2·25·15）[1]，它由"黍"与"口"组合而成，表示被做熟的面食如麦子、黍子所发出的怡人气味，故《说文解字》释曰："香，芳也。从黍，从甘。"[2] 可见，"香"就是指能够调动人们食欲的怡人气味，它也是饮食美学中的重要感官指标。孔子说的"臭恶，不食"实际上就是从否定性的角度强调食品的嗅觉美，一旦食物发出了腐恶气味，失去了其怡人气味，孔子当然是不会食用的。

（三）色美

中国饮食美学中历来讲究色、香、味俱全，色美是饮食美学中又一条重要的品鉴指标。它不仅仅指食材本身的美色，而且也指各种不同食材间的相互搭配而形成的色彩和谐美。因此对于中国饮食来讲，我们仅从色与香这两个方面就可以大体判断出菜肴的美学价值，诚如袁枚所言："嘉肴到目、到鼻，色臭便有不同。或净若秋云，或艳如琥珀，其芬芳之气，亦扑鼻而来，不必齿决之，舌尝之，而后知其妙也。"[3] 这里表达出来的意思就是对肴馔自身所具有的天然美质本色的追求。但如果"色恶"，那就意味着食物的颜色不新鲜了、质地发生变化了，当然谈不上"精"，孔子

---

① 徐中舒主编：《甲骨文字典》，四川辞书出版社，2014年，第791页。
② [清] 段玉裁：《说文解字注》，中华书局，2013年，第333页。
③ [清] 袁枚著，陈伟明编著：《随园食单·色臭须知》，中华书局，2010年，第13页。

也"不食"。

（四）形美

食物的形制美指的是在不违背食物食用宗旨的前提下,创造出来的具有一定美感效果的造型。追求食物的形制美,是中国古代饮食审美的一项重要原则和主要传统,孔子讲的"割不正,不食"就属于这一传统。"割不正,不食"指肉切得不方正不吃。《墨子·非儒（下）》说:"哀公迎孔丘,席不端弗坐,割不正弗食。"[①]《韩诗外传》说:"席不正不坐,割不正不食。"[②]将"割不正"与"席不端"或"席不正"（意思都是坐席摆得不端正）相并列,可见,"割不正"是指切得不方正,这也从形制上进一步明确了饮食审美原则。

（五）味美

"味",《说文解字》曰:"味,滋味也。从口,未声。"[③]食物的美味,既有可能来自于食材本身的质味之美,也有可能来自于不同食材质味之间相互调和而形成的复合美味。但不管是哪种方式,味美都是中国古代饮食追求的最高目标。而且它们都必须坚持一个基本原则,就是要"味得其时"[④],充分体现本味,只有如此才能充分领略原料的美味。孔子讲的"不得其酱,不食",就是对食材"搭配"产生的复合美味的要求。哪种肉应配哪种调味品,如脍,春天要用葱酱,秋天要用芥酱,如"不得其酱",当然"不食"。

（六）适美

"适"指的是适宜、适中的口感,它会产生齿舌触感的舒适、惬意效果。着眼于这一要求,孔子讲"失饪,不食"。如果食物烹制的火候不到或火候过头,孔子都是不会吃的;而他提到的另外几个方面,如"肉虽多,不使胜食气""唯酒无量,不及乱""不撤姜食,不多食"等,均是要求在不同食物的食用或饮用上注意节制,寻求某种均衡。前者是要求在肉食和主食（面食）之间要把握好"度";中者强调饮酒要有限度,不能过

---

① 吴毓江撰,孙启治点校:《墨子校注》卷九,中华书局,2006 年,第 432—433 页。
② [汉]韩婴撰,许维遹校释:《韩诗外传集释》卷九,中华书局,1980 年,第 306 页。
③ [清]段玉裁:《说文解字注》,中华书局,2013 年,第 56 页。
④ [汉]郑玄注,[唐]孔颖达疏:《礼记正义》卷五十,[清]阮元校刻:《十三经注疏》（附校勘记）,中华书局,1982 年影印本,第 1613 页。

量,否则危及身心健康;后者则谈到每餐必须有姜,但也不多吃,也就是说食姜要适度,有分寸。

　　上述孔子的饮食审美观,实际上也是其生活之"乐"的精神的集中体现。在"乐"中,"美"与"善"必须统一起来,或者说是形式与内容的统一。就饮食意义而言,就是色、香、味、形的统一。这与他所谓的"君子食无求饱"(《论语·学而》)、"士志于道,而耻恶衣恶食者,不足与议也"(《论语·里仁》)并不矛盾。孔子认为,审美可以在人的主观意识修养中起到十分积极的作用。但并非每个人都是这样,只有符合了"仁"的要求,审美才会起作用,"人而不仁,如乐何"讲的就是这个道理。在饮食活动中,情感、趣味必须是有节制、有限度的,这种情感与趣味符合"礼"的规范,也是"文质彬彬"审美理想在饮食活动中的体现。

　　如果从饮食美学角度来看的话,"文之以礼乐"(《论语·宪问》)中的"礼"与审美形式有很大关系。因为饮食活动中礼节的表现形式必须是一种合宜的、能给人以庄严肃穆感觉的优美的动作姿态。如果缺少包含审美在内的文化修养,那么人们在饮食活动过程中表现出的粗野的动作姿态必将令人望而生厌,这便是"质胜文则野"(《论语·雍也》)在饮食过程中的表现。当然,在饮食活动中,"文"不仅是对饮食对象形式美的追求,而且也是对饮食过程中人们的礼节、礼貌的起码要求。孔子所言"虽疏食菜羹,瓜祭,必齐如也""君赐食,必正席先尝之""侍食于君,君祭,先饭""齐必变食"(《论语·乡党》),以及"子食于有丧者之侧,未尝饱也"(《论语·述而》)、"孔子食于季氏,不辞,不食肉而飧"[1] 等皆体现了其深厚的道德内涵和文明素养。故有学者认为,以孔子为代表的儒家的饮食思想构成了中国饮食文化的核心,特别是"儒家所追求的平和的社会秩序,也毫不含糊地体现在饮食生活中,这也就是他们所倡导的礼乐的重要内涵所在"[2]。这一评价是非常中肯的。

---

①[汉]郑玄注,[唐]孔颖达疏:《礼记正义》卷三十,[清]阮元校刻:《十三经注疏》(附校勘记),中华书局,1982 年影印本,第 1483 页。
②王仁湘:《饮食与中国文化》,人民出版社,1996 年,第 427—428 页。

第四节　休闲美:生活的诗意化——孔子生活审美观之三

儒家重视个体生命存在的价值、意义,尤其是孔子"游"的诗性生存方式,展示出了个体在追寻道德完满及身心和谐的基础上,于当下生存境域中享受一份安宁、闲适、诗意生活的精神追求。而这种追求也可以说是通过对个体生存境况的适度把握来反观生活的本真姿态,进而寻求"从心所欲,不逾矩"(《论语·为政》)的生命体验和人生境界,这实际上就是一种具有审美意味的休闲思想。从这个意义上说,以孔子为代表的儒家中有着非常丰富的休闲审美思想。

一、"休闲"及"休闲审美"的界定

在中国古代,"休"字的甲骨文写法是"𣏟"(一期 合集 8154)[①],从木从人,像一个人站在大树的枝叶之下,表示古人在野外劳作时,选择能遮阳蔽雨的树下歇息,金文"𣏟"(易鼎)[②]承续甲骨文字形。《说文解字》释曰:"休,息止也。从人依木。"[③]像人在树阴下休息。人能于树阴下休息,是一件让人感到愉快、惬意的事,所以有"哀我人斯,亦孔之休"(《诗经·豳风·破斧》)、"何天之休,不竞不絿"(《诗经·商颂·长发》)、"为晋休戚,不背本也"(《国语·周语下》)之语。对于这三个"休"字,毛亨、郑玄、韦昭分别进行了解释,毛传曰:"休,美也。"[④]郑笺曰:"休,美也。"[⑤]韦注曰:"休,喜也。"[⑥]"闲"字的金文写法是"𨳆"(同簋)[⑦],由"门"与"木"组合而成,最初的意思表示顶门的柱子。但"闲"字又通"閒",其金文写法为"𨳎"(默钟)[⑧],由"夕"或"月"(代表夜晚)与"门"(代表家居)组合而成,表示入夜后居家而无所事事的状态,后引申为

---

①徐中舒主编:《甲骨文字典》,四川辞书出版社,2014 年,第 652 页。
②容庚编著,张振林、马国权摹补:《金文编》卷六,中华书局,1985 年影印本,第 400 页。
③[清]段玉裁:《说文解字注》,中华书局,2013 年,第 272 页。
④[汉]毛亨传,[汉]郑玄笺,[唐]孔颖达疏:《毛诗正义》卷八,[清]阮元校刻:《十三经注疏》
　　(附校勘记),中华书局,1982 年影印本,第 398 页。
⑤[汉]毛亨传,[汉]郑玄笺,[唐]孔颖达疏:《毛诗正义》卷二十,[清]阮元校刻:《十三经注疏》
　　(附校勘记),中华书局,1982 年影印本,第 626 页。
⑥徐元诰撰,王树民、沈长云点校:《国语集解》,中华书局,2002 年,第 90 页。
⑦容庚编著,张振林、马国权摹补:《金文编》卷十二,中华书局,1985 年影印本,第 769 页。
⑧容庚编著,张振林、马国权摹补:《金文编》卷十二,中华书局,1985 年影印本,第 769 页。

"闲居"。

我们今天将休、闲两字连起来用,假如不脱离其原来的词源义,则"休闲"应当既指人所追求的美好、闲适的生活方式,同时也指人的一种生活态度以及一种宁静、自由、自得的生存状态。故有学者认为,所谓"休闲","就是人的自在生命及其自由体验状态",而这其实"也正是审美活动最本质的规定性"。从这个意义上说,"审美是休闲的最高层次和最主要方式"①。

这一界定是较为中肯的,同时也表明休闲与审美之间是有着内在的、本质上关联的。当然,二者之间的这种关联性并不意味着休闲的就是审美的,或者审美的一定是休闲的。德国哲学家约瑟夫·皮珀(Josef Pieper)认为,休闲是通过限制奢望和避免对世俗占有物的竞争,从而获得一种内心安宁与快乐的人生状态,它同自由感、幸福感不可分割②。这种"内心的安宁与快乐的人生"实质上也是个体走向审美之境必不可少的条件,但休闲与审美相较而言,"更是切入了人的直接生存领域,使审美境界普遍地指向现实生活"③。

由此来看,休闲与审美之间的确是密不可分的,一方面,休闲是通达审美的重要途径,人们可以借助对自我内在生命体验的把握,超越这种功利性、实用性、绝对性的价值尺度,从而进入一种审美的、自由的、快乐的人生境地,这也是休闲所要实现的审美化生存境界;另一方面,从审美的视角来探讨、审视休闲问题,本质上是对人生命价值的关怀,是对人生存状态的关切,其目的就是要在日常生活中践行本真的生命体验,体悟生活之美、生活之乐。因此,休闲审美实际上就是要"让休闲生活从无目的的形式渗透到合目的的生命体验中去",并"使其体现出高尚、积极的审美价值",进而"激扬人类生命活动的更高层次的价值和意义"④。

---

①潘立勇:《休闲与审美:自在生命的自由体验》,《浙江大学学报》(人文社会科学版)2005年第6期。

②[德]约瑟夫·皮珀,刘森尧译:《闲暇:文化的基础》,新星出版社,2005年,第40—47页。

③潘立勇:《休闲与审美:自在生命的自由体验》,《浙江大学学报》(人文社会科学版)2005年第6期。

④潘立勇:《当代中国休闲文化的美学研究和理论建构》,《社会科学辑刊》2015年第2期。

二、孔子"游"的休闲审美精神

有学者认为,孔子提出的"游于艺"命题强调了在技艺实践中所获得的"自由的感受",而这"正是艺术创造的感受,亦即审美的感受"①。对于这种看法,著者认为值得商榷:其一,人熟练掌握技艺,确实能在一定程度上获得某种自由感,但这种自由感本质上并未摆脱功利目的,因此并不能等同于审美自由;其二,人在各种物质实践中所获得的技术自由,有可能仅是一种片面的自由,有如赫伯特·马尔库塞(Herbert Marcuse)所说的"单向度的人"②那样,他们对工业化技术掌握的最为熟练,但恰恰就是最不自由的人,更谈不上什么"艺术创造的感受"。因此综合上述两点来看,在各种技能实践中所获得的自由感受并不一定是审美感受,将二者简单等同起来是不能够成立的。那么,该如何理解这一命题呢?

在著者看来,孔子提出的"游于艺"命题绝非孤立的,它与"志于道,据于德,依于仁"共同构成了一个整体性的美学命题,因此只有把它放在这样一个整体性语境中,其真实内涵才能被准确地揭示出来。从这句话的表述来看,"志""据""依"与"游"不仅是相互关联的,而且还标志着人生境界的追求逐层提升和深化。"道""德""仁"虽然所指有所不同,但就其逻辑关系来讲,它们又是相通的。具体地说,"道"是"仁"之精神的哲学概括,是一种有待于践行的思想理念;"德",得之也,"求道而有得,斯为德"③,故"德"是"道"的内化,正所谓"道存于外,德修于内"是也;而"仁"则是对"道"(外在的"理")与"德"(内在的"性")进行否定之否定后的更高肯定(内在和外在的完美统一),也即"仁"是"道"与"德"、"内"与"外"的高度圆融,是仁爱精神的完全体现。

联系起来看的话,"志于道"就是出于对"道"的生命自觉所作出的一种自我抉择,此时人还在通往"道"的途中,与"道"也还处于二分游离的状态,没有实现对"道"的占有;到了"据于德"的阶段,"道"已深入人心,并内化成为人的一种德性(即一种内在精神品性)。作为人的一种内在价值依据,"德性"自然是可以自我主宰、自为理由的,进而也就

---

①李泽厚、刘纲纪:《中国美学史:先秦两汉编》,安徽文艺出版社,1999年,第114页。
②参见[美]赫伯特·马尔库塞著,刘继译:《单向度的人》,上海译文出版社,2007年。
③钱穆:《论语新解》,生活·读书·新知三联书店,2002年,第171页。

不能为任何外物所剥夺,不仅贫贱不能使之移,威武亦不能使之屈。正因为此,所以才谓"据于德"(据,据守也)。然而,有德可据也仅表明一种"独善其身"的价值取向,而要做到"兼济天下",就必须将对"德"的据守转化为一种切切实实的践履亲证的实践行为,这即要"依于仁"。"依于仁"是对"志于道""据于德"的进一步提升,它要求把心性本体的"本然",通过时时处处人性修养及自我实现的"应然",最终转化为此在当下的生命"实然"。如果做到了这一点,那么人才真正做到了道与身合、内外一体、知行合一,人的一举手、一投足才无一不是"仁心仁德"的自然流露。故而可以说,在"依于仁"阶段,人终于"有家可归"了,而"仁"就是这个可以归依的"家"。

可见,孔子在此所讲的从"志于道"到"据于德"再到"依于仁"的过程,与他在《论语·为政》篇中所讲的"三十而立,四十而不惑,五十而知天命,六十而耳顺",在精神实质上是相通的,它们所指向的都是一种生命成长和境界提升的历程,只不过在表述方式上,后者比前者更为具体而已。这样看来,"依于仁"的阶段,就相当于"六十耳顺"的超越境界,它表明的是人所达到的一种无往而非道、无往而非功夫、无往而无不自得的澄明之境。在此境界中,不仅人的内在心性修养愈臻完美,摆脱了一切是非得失的观念,而且其外在的生命气象亦越发圆融,具体表现就是"游于艺"。如果说"志于道""据于德""依于仁"尚停留在有明显道德指向的理性活动范畴之内的话,那么"游于艺"则不然,我们从中看到了孔子生命活动的另一面,即在积极施展济世情怀的同时,也能超越日常的生活,并给自己留下一片自由的空间,这是一种极富诗意的休闲生活方式。

"游"的本字"斿","斿"的甲骨文写法是"𣃚"(三期 甲 1796)[1],它是由"𝼗"(即旗)与"子"组合而成,像飘扬的旗帜引领一队学子,金文"𣙇"(曾仲斿父壶)[2]承续甲骨文字形。当"斿"作为单纯字件后,篆文"𣪃"再加"𣱱"(即"水")[3],另造"游"字来代替,表示古代学子打着族旗,过河越境,四处参观学习。当"游"引申出"泅水"的稳定义项后,

①徐中舒主编:《甲骨文字典》,四川辞书出版社,2014年,第732页。
②容庚编著,张振林、马国权摹补:《金文编》卷七,中华书局,1985年影印本,第463页。
③[清]段玉裁:《说文解字注》,中华书局,2013年,第314页。

后人以"辵"（行进）代替"水"（河界）另造"遊"字，表示陆上的巡行。《说文解字》将"游"释为"旌旗之流也"，这里为何要把"游"与"流"关联起来阐释呢？对此，段玉裁做了一个注解："旗之游如水之流，故得称流也。"①也就是说，旗的随风摆动有如水流一样。也正是由于这种像水流一样的飘动感，"游"在生活中又被引申为"游行""游观""游玩""游戏"等语义。《诗经·大雅·板》"及尔游衍"，毛传曰："游，行。"②又《诗经·秦风·蒹葭》"溯游从之"，毛传曰："顺流而涉曰溯游。"③《诗经·唐风·有杕之杜》"噬肯来游"，毛传曰："游，观也。"④《广雅·释诂》在解释"游"时将其界定为"戏也"⑤，段玉裁由此也将"游"引申为"嬉游"⑥，这一解释已经呈现出了将"游"的内涵虚化、精神化的意思。

"游"的这几种字义在《论语》中也有所体现。据著者粗略统计，《论语》中"游"字一共出现了四次，分别是《颜渊》篇中的"游于舞雩之下"，《里仁》篇中的"父母在，不远游，游必有方"以及《论语·述而》篇中的"游于艺"。对照以上字义，不难发现《颜渊》篇以及《里仁》篇中的"游"字指的都是实实在在的"出游""游历"，而《论语·述而》篇中的"游"字则指的是"艺"中的游憩，其内涵是实义与虚义的结合，应指在"艺"中游戏所达到的"从心所欲不逾矩"的自由无碍的精神状态。《礼记·学记》云："不兴其艺，不能乐学。故君子之于学也，藏焉，修焉，息焉，游焉。"汉代经学大师郑玄注曰："闲暇无事之为'游'。"⑦朱熹《论语集注》云："游者，玩物适情之谓。""学者于此……内外交养，日用之间，无少间隙，而涵泳从容，忽不自知其入于圣贤之域矣。"⑧钱穆释"游"更为形象："游，游泳……人之习于艺，如鱼在水，忘其为水，斯有游泳自如

①[清]段玉裁：《说文解字注》，中华书局，2013年，第314页。
②[汉]毛亨传，[汉]郑玄笺，[唐]孔颖达疏：《毛诗正义》卷十七，[清]阮元校刻：《十三经注疏》（附校勘记），中华书局，1982年影印本，第550页。
③[汉]毛亨传，[汉]郑玄笺，[唐]孔颖达疏：《毛诗正义》卷六，[清]阮元校刻：《十三经注疏》（附校勘记），中华书局，1982年影印本，第372页。
④[汉]毛亨传，[汉]郑玄笺，[唐]孔颖达疏：《毛诗正义》卷六，[清]阮元校刻：《十三经注疏》（附校勘记），中华书局，1982年影印本，第366页。
⑤[清]王念孙著，钟宇讯点校：《广雅疏证（附索引）》卷三上，中华书局，2004年，第78页。
⑥[清]段玉裁：《说文解字注》，中华书局，2013年，第314页。
⑦[汉]郑玄注，[唐]孔颖达疏：《礼记正义》卷三十六，[清]阮元校刻：《十三经注疏》（附校勘记），中华书局，1982年影印本，第1522页。
⑧[宋]朱熹：《四书章句集注》，中华书局，2010年，第94页。

之乐。"① 可见,"游"乃从容不迫,无须急功近利,此义又与"优游"相通。《诗经·小雅·采菽》"优哉游哉"②、《诗经·大雅·卷阿》曰"优游尔休"③,都是用来形容悠闲自得的生活状态,而这正合于审美的特点。《庄子·田子方》篇中孔子向老子请教何为"游",老子的回答是:"夫得是,至美至乐也","得至美而游乎至乐,谓之至人"④。虽是老子对"游"之解释,但也未必不中孔子下怀。所以,我们不妨将"游于艺"理解为"得至美而游乎至乐"。实际上,这种由"游"而获得的"乐"同"孔颜之乐"一样,都是一种人生之至乐,是生命主体心灵超越与升华后形成的一种与"道"合一的形上之"乐"。这种形上之"乐"已经"突破了一般艺术性的有限性,而将生命沉浸于美与仁得到统一的无限艺术境界之中"。于孔子而言,"这可以说是在对于被限定的艺术形式的否定中,肯定了最高而完整的艺术精神"⑤。

由此可见,审美感受和审美体验并不一定是艺术创造时的精神状态,它还可以是在"艺"(生存之"艺")中所体现出来的对世界和人生的最高体认。正是由于有了对"仁"的深刻领悟,孔子才会在"游"的状态中以一种审美而非实用的眼光来看待它,并赋予其一种"最高而完整的艺术精神",而这种"最高而完整的艺术精神"正是孔子"仁"境的一种诗性呈现。由此,也就需要我们能够通过"艺"去领悟那作为孔子最高精神的"道"——"仁",从而使我们能对孔子的审美精神有一个完整、全面的理解和把握。

关于"艺",究竟是指"技艺"还是"艺术",历来就有不同的看法。《周礼·地官司徒·保氏》曾对"六艺"有一个明确的界定:"一曰五礼,二曰六乐,三曰五射,四曰五驭,五曰六书,六曰九数。"⑥ 这里的"六艺"指的就是"礼、乐、书、数、射、御",是当时贵族子弟日常生活的重要技

---

①钱穆:《论语新解》,生活·读书·新知三联书店,2002年,第170页。

②[汉]毛亨传,[汉]郑玄笺,[唐]孔颖达疏:《毛诗正义》卷十五,[清]阮元校刻:《十三经注疏》（附校勘记）,中华书局,1982年影印本,第490页。

③[汉]毛亨传,[汉]郑玄笺,[唐]孔颖达疏:《毛诗正义》卷十七,[清]阮元校刻:《十三经注疏》（附校勘记）,中华书局,1982年影印本,第545页。

④[清]郭庆藩撰,王孝鱼点校:《庄子集释》卷七下,中华书局,2016年,第716页。

⑤徐复观:《中国艺术精神》,华东师范大学出版社,2002年,第19页。

⑥[汉]郑玄注,[唐]贾公彦疏:《周礼注疏》卷四十,[清]阮元校刻:《十三经注疏》（附校勘记）,中华书局,1982年影印本,第731页。

能。魏何晏认为,孔子所言"游于艺"应指礼、乐、书、数、射、御这"六艺"①;朱熹也说:"艺,则礼乐之文,射、御、书、数之法。"②清人刘宝楠,今人钱穆、杨伯峻等均持此说。但是,从汉代开始,经学家将"六艺"理解为"六经",即《诗》《书》《礼》《乐》《易》《春秋》,这显然与何晏等人的说法有较大的差异。《汉书·艺文志》明确谈到:"六艺之文:《乐》以和神,仁之表也;《诗》以正言,义之用也;《礼》以明体,明者著见,故无训也;《书》以广听,知之术也;《春秋》以断事,信之符也。五者,盖五常之道,相须而备,而《易》为之原。"③清代学者章太炎则继承了这种观点,并将"六艺"视为"小艺",而将"六经"称为"大艺":"汉人所谓六艺,与《周礼·保氏》不同。汉儒以六经为六艺,《保氏》以礼、乐、射、御、书、数为六艺。六经者,大艺也;礼、乐、射、御、书、数者,小艺也。"④

在这里,著者无意于去考证这两种说法孰是孰非,只是想说明不管上面哪种解释,其中的"艺"虽不等同于现代意义上的"艺术"概念,但它的确包含了现代意义上的"艺术"中的某些门类,并且更为重要的是,"礼"和"乐"作为"艺"的核心组成部分,恰恰就是孔子仁学的直接体现形式。退一步讲,即使是那些属于"技艺"一类的"射、御、书、数"中,实际上也都在孔子所说的"下学"(即视听言动、饮食起居、洒扫应对等人伦日用行为)范围之内,而通过"下学"最终是能够上达到"仁"之境界的,即孔子所言"下学而上达"(《论语·宪问》)。因此,我们认为"游于艺"既不是什么对实践技能规律进行的自由掌握和运用,也不是庄子那种空无一物、浮游无根、缺乏社会现实性的"逍遥游",而是在日常的具体技艺活动中(包括礼、乐、书、数、射、御等)实现了对"道"(即"仁")的深刻体认,从而获得的一种自由而恬然的心境感受。这种"自由"既源于对自我价值的确认,更源于生命主体与终极意义的圆融统一,因而是在"艺"中"游"所达到的一种"圣域之境"。所以,如果说"仁道寓于日常生存之艺中",并且我们能把"艺"视为一种"充满了动态感和意义生成趣味的活动"的话,那么,"以艺境涵养仁义"说的"就是在人生或生存中

---

①[三国魏]何晏集解,[南朝梁]皇侃义疏:《论语集解义疏》卷四,中华书局,1985年,第87页。
②[宋]朱熹:《四书章句集注》,中华书局,2010年,第94页。
③[汉]班固撰,[唐]颜师古注:《汉书》卷三十,中华书局,1964年,第1723页。
④章太炎讲演,诸祖耿等记录:《章太炎国学讲演录》,中华书局,2013年,第110—111页。

领会仁道"①。

　　孔子这种"游"的休闲审美精神在《论语·先进》篇中的"曾点之志"章中得到了进一步的体现和升华。本章中,在孔子的一再追问下,曾点说出了自己的生活理想,那就是"暮春者,春服既成,冠者五六人,童子六七人,浴乎沂,风乎舞雩,咏而归"。在曾点描述的这一生动画面中,天、地、人彼此沟通,融为一体,真正达到了"物我为一"的自由境界。面对此情此景,孔子由衷地发出了"吾与点"的感慨!

　　实际上,"曾点之志"追求的就是在"游山玩水"这样一种愉快的感觉中达到人与人、人与自然和谐统一。这种情景有点类似于道家的主体超越自身而与自然界融为一体的"物我两忘"的境界。不同之处只在于:儒家的这种审美体验渗透了社会伦理的内容,它是一种出于伦理而又超越伦理的审美体验。在"游"之中,孔子表现出对大自然的热爱,在以宇宙为怀的精神世界里,产生出人与自然合一的心灵体验,身处其中便具有一种诗情画意。然而,"曾点之志"所表现的不仅仅是情景交融的诗化境界,它还表达了一种人与人之间心灵的沟通和与人共享天伦之乐、逍遥自在的休闲状态。根据美国学者杰弗瑞·戈比(Geoffrey Godbey)的界定,"休闲"这个词一方面指的是一种从容、宁静的心态;另一方面,又指一种通过"自愿的(voluntary)和愉悦的(pleasurable)"的活动去发掘生活意义的存在方式②。本章所描写的是一群志同道合的亲密朋友以及诸多孩童,他们相约一同到野外郊游,彼此相互了解,无拘无束,一同被大自然所陶醉,此时他们的心灵彼此开放,互相沟通,宠辱皆忘。在这种环境和氛围下,他们之间的关系超越了社会伦理的范围变成一种休闲的关系,进而达到了审美化境界的极致状态。

　　综上所述,不难发现孔子提出来的"游于艺"命题,实际上向我们展示了人的一种理想的休闲审美生存状态,这种生存状态既自由又充实,是自由和充实的统一。充实是因为一切行为都必须以"道"、以"德"、以"仁"为依据;自由是因为在人的日用伦常中就可以实现"游",可以获得一种"从心所欲不逾矩"的审美感受。就这一点而言,"游于艺"与"成

---

① 崔发展:《"不器":君子的"游"戏》,《海南大学学报》(人文社会科学版)2005年第3期。
② [美]杰弗瑞·戈比著,康筝译,田松校译:《你生命中的休闲》,云南人民出版社,2002年,第11页。

于乐"命题一样,都代表了"孔子对人生的诗性领悟,标示出他对理想人生境界与审美生存方式的向往和追求"[①]。

三、孔子的休闲审美思想对当下美学的启示

新世纪以来,随着大众文化的发展及文化研究思潮的兴起,人们的日常生活逐渐成为大众审美的对象,这虽促使大众广泛地参与到文化、审美的创造活动中,拓展了传统意义上的休闲内涵,推动了当下休闲美学的兴起;但另一方面过度的审美化(或泛审美化)影响了人们对自由与美的深度追求,也使得当前的美学研究对休闲形而上"光晕"的探求逐渐淡化,以致在审美欣赏的过程中,失却了以往意义上的满足感、愉悦感和幸福感,而渐趋沦为平面化、庸俗化的官能快感。在这方面,孔子"游"的休闲生存方式则与当代人的休闲追求大异其趣,值得深思。

总的来看,孔子"游"的休闲生存方式是以审美(诗、礼、乐等"艺"之形式)介入生活为前提的,试图通过培养个体的德性修养,进而以一种诗意的视角来审视生活,以期摆脱、超越困窘的现实境遇,使生活充满闲逸的情志和乐趣,为心灵寻求一份安宁的栖居之所。因而不管是穷困潦倒,还是饥不得食,孔子都是泰然处之,始终保持着一种坦荡、乐观、执着的精神状态。这实际上正是人自我本性的自然流露,是个体生命价值的彰显,是对生活本真、自由、闲适的意义的表征。这无疑对于当下休闲美学的发展有着重要的启示:一方面,休闲美学的核心内涵是追求内在精神的愉悦,是一种超越现实、超越功利、源自内心的"乐",而不是单纯意义上的快感体验;另一方面,"玩"被认为是休闲美学的重要形式,但并不是简单的"游玩"或"游戏"的意思,而是需要借助"玩"这一形式,来激发生命原初的乐趣,以一种悠闲、自由的姿态乐享生活之美,并由此寻求人与己、人与人、人与社会、人与自然的整体性和谐。可以说,孔子休闲审美精神中所彰显出的这种安宁、超脱的生命境界,正是当下休闲美学理论建构所需要汲取的精神内涵。

[①]张明:《"成于乐":孔子"仁"境的诗性呈现》,《中国文化研究》2009年夏之卷。

第九章 "诗化生存"——孔子美学 思想的终极建构

从"生"的意义理解"天",这是儒家哲学思想的一个重要特点。孔子说:"天何言哉?四时行焉,百物生焉,天何言哉?"(《论语·阳货》)其仁学的价值依据也正是由此而来。这里所说的"生"就是生成、创生,具有生命创造的意义。《周易·系辞》说"生生之谓易"[①]、"天地之大德曰生"[②],这是对孔子学说的进一步发展。天地不仅"生",而且"生生不息"。这里提出天地以"生"为"大德",说明"德"是一个价值范畴,天地自然是有价值意义的,它不仅是人类存在的生命之源,而且还是价值之源。人之所以具有仁德,就是由天地"生生之德"而来的。因此,人与自然的关系是内在的,不是外在的。所谓"内在的",是说人的生命活动与自然有一种本质的关联,而不是将自然仅仅看作是人类生存的外部环境。换言之,自然除了给予人一个躯体之外,还将精神(包括德性、情感等)一起给予了人。人之所以为"仁",即在于此。

着眼于人与自然的这种生命关联,我们便可以说"仁"的根本内容就是一种"爱"、一种普遍的生命关怀。这种生命关怀首先是奠基于对自我身心和谐之关爱,发端于血缘亲情,然后上升到对他人、对社会的关爱。但不管是对自己的关爱、对父母兄弟的血亲之爱,还是对他人的关爱,这种表达都必须是真实自然、纯正无私的,那种带有功利性诉求的情感关系永远无法进入"仁"之境域。因此我们认为,孔子之"仁"具有生命化、情感性、超功利性的特点,而这些特点恰恰又是审美活动所不可缺少的,这也就表明孔子之"仁"与审美之间存在着某种必然的关联。

---

①[三国魏]王弼注,[晋]韩康伯注,[唐]孔颖达疏:《周易正义》卷七,[清]阮元校刻:《十三经注疏》(附校勘记),中华书局,1982年影印本,第78页。
②[三国魏]王弼注,[晋]韩康伯注,[唐]孔颖达疏:《周易正义》卷八,[清]阮元校刻:《十三经注疏》(附校勘记),中华书局,1982年影印本,第86页。

黑格尔说"审美带有令人解放的性质"[①],这表明审美活动不仅使人从日常世俗的、受到局限的存在状态中解放出来进入自由的生命状态,而且也使存在者从被支配、被肢解、被遮蔽的状态中解放出来,并使其以独有的面貌向人敞开。因此,审美活动决非简单地仅对摆在那里的、仿佛永恒不变的美的事物进行静观和打量。从根本上说,它是人与世界的一种交流与对话。通过这种自由无碍的交流与对话,存在者不再是一个无生命的"死物"转而变成了一种有意味的"存在";而作为"此在"的人也在自己当下的生存过程中,在与存在者相融相通的生活状态中体悟着生命的意义,探寻着生活的真谛。这样,审美活动就在一种物我两忘、天人合一的完满境界中得以完全的呈现。这也就意味着,当人身处于这样一种自由、和谐、超越、充实的人生境界时,他就已经处于审美状态之中了,而这一境界也是"仁"所追求的最高境界。如前所述,仁不仅是人道,而且也是天道,是天人贯通之道。人一旦融入到天地万物共同化育的状态,自然会感受到"天人一体""物我合一"所带来的高度和谐感,能够进入到这样一种"天人合一"境界的人生也必然是一种诗化的人生。

第一节　"孔颜之乐":"乐"之体验与诗性升华

孔子一生为实现自己的仁学理想而奔走天下,孜孜不倦。但是,在春秋末年那样一个人心不古、礼崩乐坏的年代,孔子的学说并不为天下所容,其结果必然是"累累若丧家之狗"[②],到处碰壁。他不仅经常遭到一些隐者如晨门、荷蒉者、长沮、桀溺、接舆等的嘲讽,而且还有几次险些葬送性命。尽管如此,孔子依然不改其志,而是采取了一种更为积极乐观的姿态来面对生活的挫折、磨难,"譬如平地,虽覆一篑,进,吾往也"(《论语·子罕》)。他在悲凉的彻悟中乐观地执着于自己的人生信念,于现实生活的点滴处寻求生活的乐趣和审美的愉悦,从而在践仁的

①[德]黑格尔著,朱光潜译:《美学》第一卷,商务印书馆,1996年,第147页。
②[汉]司马迁撰,[宋]裴骃集解,[唐]司马贞索隐,[唐]张守节正义:《史记》卷四十七,中华书局,1999年,第1548页。

过程中寻求一份内心的安宁和本真的人生状态。这种在他人看来是"知其不可而为之"(《论语·宪问》)的可笑行为,在孔子这里实则是一种"乐"(lè)的人生操守,而这一操守同时也决定了孔子的生存态度和生命走向。

一、孔、颜所"乐"为何?

从《论语》中可以看出,孔子虽处乱世,却并不为乱世所累,其言:"不怨天,不尤人,下学而上达。"(《论语·宪问》)在现实的困境面前,孔子不仅不会抱怨、退缩,相反他却不断通过个体的自我德性修养而"上达"到一种崇高的精神境界,如皇侃疏云:"下学,学人事;上达,达天命。""我既学人事,人事有否有泰,故不尤人;上达天命,天命有穷有通,故我不怨天也。"[①]显然,其所彰显的正是孔子那种自我向内的精神超越,它既是对日常生活的超越,进而摆脱现世生存的困境;同时也是基于对"现世"的反思,以求为个体生命的存在找寻一个安身、栖居之所,由此使得个体生命的价值和存在的意义得以自由自在的展开。

《礼记·中庸》引孔子的话说:

> 道不远人,人之为道而远人,不可以为道……君子素其位而行,不愿乎其外,素富贵行乎富贵,素贫贱行乎贫贱,素夷狄行乎夷狄,素患难行乎患难,君子无入而不自得焉……上不怨天,下不尤人,故君子居易以俟命。[②]

这表明,孔子特别重视塑造个体的道德修养,进而以此为契机来获得心灵的自由、宁静,找寻生活本真之美。如《论语·子罕》篇云:"子欲居九夷。或曰:'陋,如之何?'子曰:'君子居之,何陋之有?'"在孔子看来,九夷虽然简陋,但是只要有道德的人去居住,就不觉得简陋了。《论语·里仁》篇中子曰:"里仁为美。择不处仁,焉得知?"也就是说,选择居住的地方一定要有仁德才好,因为"不仁者不可以久处约,不可以长

---

① [三国魏]何晏集解,[南朝梁]皇侃义疏:《论语集解义疏》卷七,中华书局,1985年,第206页。
② [汉]郑玄注,[唐]孔颖达疏:《礼记正义》卷五十二,[清]阮元校刻:《十三经注疏》(附校勘记),中华书局,1982年影印本,第1627页。

处乐"(《论语·里仁》)。如果择里而居却不以仁厚为准,那么则是"失其是非之本心,而不得为知矣"①。所以,孔子认为只有拥有仁德的人才能不失本心,才能心安理得,才能长久地居于安乐之中。如孔子"燕居"时"申申如也,夭夭如也"(《论语·述而》)的精神状态;又如《礼记·仲尼燕居》中孔子泰然、和悦地与学生子张畅谈"礼"的情形:"师,尔以为必铺几筵、升降酌献酬酢,然后谓之礼乎? 尔以为必行缀兆、兴羽籥、作钟鼓,然后谓之乐乎? 言而履之,礼也;行而乐之,乐也。君子力此二者。"②可见,孔子闲居时所表现出的泰然、平和、从容的精神状态,是其在"求仁"(道)过程中一以贯之的心境;同时,也是其拒斥外在的诱惑,长期安守贫困所彰显出的一种平凡而高远的精神境界。可以说,正是对个体自我价值的重视,才能在"求道""行仁"的过程中不为外物所役,从而能够体悟到生活本真的意义,并获得一份独特的存在感和幸福感。

由此来看,孔子虽处乱世,却能终其一生为理想而奔走,实则是源于一种生命深处获得的强有力的精神支撑和源源不断的超越动力。正是这样一种动力,促使他在不断否定、摆脱、超越现实困境的过程中,坚持自我的操守,以一种自在、达观的心态体味人与万物交融中所生发出的无限乐趣。因此,孔子才会在《论语》中对颜回"居贫且乐"的精神多加赞赏。这种赞赏一方面是基于对颜回德性修养的肯定与认同,如孔子评价颜回"不迁怒,不贰过""其心三月不违仁"(《论语·雍也》)、"退而省其私,亦足以发,回也不愚"(《论语·为政》)等。另一方面是对颜回"不改其乐"人生态度的嘉许。孔子说:"贤哉,回也! 一箪食,一瓢饮,在陋巷,人不堪其忧,回也不改其乐。"(《论语·雍也》)颜回虽然身处贫穷的境遇,却能够泰然处之,并依然"不改其乐",这正是孔子再言"贤哉"以称赞颜回的深意之所在,如朱熹引程子所言:"颜子之乐,非乐箪瓢陋巷也,不以贫窭累其心而改其所乐也,故夫子称其贤。"③处在贫穷、困厄的境遇中,却能够"不改其乐",其所乐者何? 曰:"道"(即"仁")也。赵岐在注《孟子·离娄下》时谈到:"当乱世,安陋巷者不用于世,穷

①[宋]朱熹:《四书章句集注》,中华书局,2010年,第69页。
②[汉]郑玄注,[唐]孔颖达疏:《礼记正义》卷五十,[清]阮元校刻:《十三经注疏》(附校勘记),中华书局,1982年影印本,第1615页。
③[宋]朱熹:《四书章句集注》,中华书局,2010年,第87页。

而乐道者也。"①在孔子看来,君子本身就该安守穷困的,"君子固穷,小人穷斯滥矣"(《论语·卫灵公》)。因而在贫穷面前,坚持自我的操守才是重要的。孔子自己也说:"饭疏食饮水,曲肱而枕之,乐亦在其中矣。"(《论语·述而》)朱熹注曰:"圣人之心,浑然天理,虽处困极,而乐亦无不在焉。其视不义之富贵,如浮云之无有,漠然无所动于其中也。"②这说明,孔、颜所乐的非耳目口腹之欲的满足,亦"非穷达也",而是在乱世之中、贫贱生活里,仍能忧道、体道、践道、弘道,正所谓"古之得道者,穷亦乐,达亦乐"③。因此,能否"体道""践道""弘道"就成为孔颜之乐的最终依据。换句话说,孔颜之乐所彰显的是一种"忧道不忧贫""安贫乐道"的理想追求。正是基于这种追求,孔子与颜回体悟到了自己与道合一的理想状态,这或许才是二人真正"乐"之所在。

二、"自得之乐"与艺术精神的呈现

在《论语·雍也》篇中,孔子说:"知之者不如好之者,好之者不如乐之者。"徐复观在解说此句时说:

> 人仅知道之可贵,未必即肯去追求道;能"好之",才会积极去追求。仅好道而加以追求,自己犹与道为二,有时会因懒怠而与道相离。到了以道为乐,则道才在人身上生稳了根,此时人与道成为一体,而无一丝一毫的间隔……此时的人格世界,是安和而充实、发扬的世界。④

这样看来,只有"乐"道才能撇开一切外在条件的限制,完全敞开自身,投入到当下的生存境域中,真正从内心体验到践仁的快乐。这种快乐既不来自于对外在客观真理的认知("知"道),也不来自于主观情感的选择("好"道),而是来自于生命追求与道合一后的精神自由("乐"道)。故夫子自道:"其为人也,发愤忘食,乐以忘忧,不知老之将至云尔。"(《论语·述而》)朱熹注云:"未得,则发愤而忘食;已得,则乐之而

---

①[汉]赵岐注,[宋]孙奭疏:《孟子注疏》卷八下,[清]阮元校刻:《十三经注疏》(附校勘记),中华书局,1982年影印本,第2731页。
②[宋]朱熹:《四书章句集注》,中华书局,2010年,第97页。
③许维遹撰,梁运华整理:《吕氏春秋集释》卷十四,中华书局,2010年,第340页。
④徐复观:《中国艺术精神》,华东师范大学出版社,2002年,第8页。

忘忧。以是二者俯焉日有孳孳,而不知年数之不足,但自言其好学之笃耳。然深味之,则见其全体至极,纯亦不已之妙,有非圣人不能及者。"①这样看来,只有"乐"道,才能实现与道合一,才能"忘食""忘忧""忘老之将至",乃至忘却世间一切干扰,进而回归自我的本真状态,真正从内心深处体验到精神的快乐、情感的愉悦。诚如程颢所言:"学至于乐则成矣。笃信好学,未知自得之为乐。好之者,如游佗人园圃;乐之者,则己物尔。"②而这一点也就从根本上决定了孔、颜之乐并非世俗的"有物之乐",而是一种超脱的"自得之乐"。

"自得"者,自得于心之谓也,或者说得之自然。孔子仁学是"为己"之学,自得之乐乃一种自家受用的精神愉悦。孟子曾说:"君子深造之以道,欲其自得之也。自得之,则居之安;居之安,则资之深;资之深,则取之左右逢其原,故君子欲其自得之也。"③朱熹将其注解为:

> 盖是自家既自得之,则所以资藉之者深,取之无穷,用之不竭。只管取,只管有,滚滚地出来无穷。自家资他,他又资给自家。如掘地在下,藉上面源头水来注满。若原头深,则源源来不竭;若浅时,则易竭矣。④

程子也说:"箪瓢陋巷非可乐,盖自有其乐耳。'其'字当玩味,自有深意。"⑤而明代学者曹端讲得更为明确:

> 孔、颜之乐者,仁也,非是乐这仁,仁中自有其乐耳。且孔子安仁而乐在其中,颜子不违仁而不改其乐。安仁者,天然自有之仁;而乐在其中者,天然自有之乐也。不违仁者,守之之仁;而不改其乐者,守之之乐也。⑥

这说明,"乐"仁,仁即本性,仁不在其外而在其中,故行仁不需任何

---

① [宋]朱熹:《四书章句集注》,中华书局,2010年,第98页。
② [宋]程颢、程颐著,王孝鱼点校:《二程集》,中华书局,1981年,第127页。
③ [汉]赵岐注,[宋]孙奭疏:《孟子注疏》卷八上,[清]阮元校刻:《十三经注疏》(附校勘记),中华书局,1982年影印本,第2726—2727页。
④ [宋]黎靖德:《朱子语类》卷五十七,朱杰人、严佐之、刘永翔主编:《朱子全书》第十五册,上海古籍出版社、安徽教育出版社,2002年,第1834页。
⑤ [宋]程颢、程颐著,王孝鱼点校:《二程集》,中华书局,1981年,第135页。
⑥ [明]曹端著,王秉伦点校:《曹端集》卷二,中华书局,2003年,第79页。

外在的强制,完全是发自内心的自我确认。于是,伴随而生的"乐"也就成为仁者在体道过程中蓄积力久而豁然贯通时的状态,一种有如灵泉喷涌的悟道境界。这种"天然自有之乐"必然会超越外在的富贵、权势、物欲等利害关系的束缚,使心灵回归本真,进入到生命的澄明之境。故这种"乐"绝非一般意义上的快乐,它可以"使人感受到一种提升自己和净化自己的要求"。从本质上来看,这种乐是一种"心灵""形上"的愉悦,"而不仅仅是感性(小体)的满足"①。虽然这种心灵愉悦并不是"纯粹的美感体验或纯粹的形式美",但它"作为一种本体论的超越的体验"②,却是心灵获得超越与升华后所产生的自由体验。

由此可见,只有当我们像孔、颜那样,履行道德义务"不再觉得是一种纯外在的要求",而是能够把尽义务"变为内在的责任感","成为一种快乐(孔颜乐处)",甚至变成"自我实现的方式",那么此时"道德就审美化了","道德和审美在完善自我和完善社会这个最高目的上达到了高度的和谐统一"③。所以,孔子所追求的"乐"实则也是自我内化的道德情感的体验和感受,是在挣脱现实的樊笼所感受到的个体的价值存在,是在超越现实生活的过程中体悟到的个体真正的自由和快乐。换言之,"乐"是一种对个体生命存在价值的肯定,是道德修养的基础上在"行仁""践道"中所体悟到的自由、快乐,是一种追求内在道德完满的过程中所生发的充实的、圆融的、和谐的、诗性的生存体验。

从这个意义上说,"乐"之人生态度使得孔、颜二人生活审美化了。他们虽不言美,但体验到的却是人生之大美。孔、颜二人真正在现实生活中切实地达到了老、庄曾向往和极力追求的那种"无言之美"的境界。只不过和老庄仅将其停留在哲学思辨的层面不同,孔门这种独特的审美精神不是用语言描述出来的,而是在对"仁"的践履亲证中自然显现出来的。对"仁道"的践履亲证就意味着要始终怀有一种超越一己之穷达、平等地去对待世界万物(包括人类)的普遍的生命关怀精神。这样一种人生诉求和态度注定了孔门儒者先天就具有一种悲天悯人的忧

---

① 陈赟:《音乐、时间与人的存在——对儒家"成于乐"的现代理解》,《现代哲学》2002年第2期。
② 潘立勇:《理学范畴中的美学内涵及其理论特色》,《孔子研究》1996年第3期。
③ 韩望喜:《善与美的人性》,人民出版社,2001年,第165页。

患意识和人文情怀。正因为此,面对人生的种种困境,孔子才不会像庄子那样通过摆脱痛苦走向个体的逍遥,而是将"乐"转化成了对家、国的"忧",也即《孟子·梁惠王下》篇所言"乐民之乐者,民亦乐其乐;忧民之忧者,民亦忧其忧"[①]。只有当个体之"乐"完全转化成为普天之乐,那么这才达到了"乐"的最高境界。由此可见,在孔、颜之"乐"的背后恰恰就潜藏着他们对社会人生的一种深沉之"忧",而这种深沉的忧患意识正是孔子儒家美学所独有而老庄道家美学所缺乏的,这体现出了孔子美学思想的深刻之处。"先天下之忧而忧,后天下之乐而乐"[②],也因此成为历代文人志士的信念支撑和价值取向。

同时,孔、颜这种"乐以忘忧"的人生态度也不像西方宗教如基督教那样视痛苦体验为人类赎罪的形式,而是处于"人不堪其忧"之境时不仅没有痛苦的体验,反而是"乐莫大焉",原因就在于他们自觉完成并实现了"天道"赋予人的道德责任和义务。人一旦对"天命"有了彻悟,这便是进入到了一种"知天命"的境界。在此境界中,人们会在生命深处寻找到一种无限超越的价值依据,源源不断地涌现出活泼内在的力量源泉,从而能够以一种"乐"的姿态来面对生活中的一切不幸与困难。故"乐"于此道,不仅能心存高远,而且不为俗物所困厄。夫子一生忧国忧民,不见用于世,却依然能在其燕居之时表现得从容、闲适:"申申如也""夭夭如也"(《论语·述而》),何以若此?结合上述对"孔颜之乐"的解释,个中答案当可知也。

正因为对社会人生有了一种强烈的忧患意识,孔颜之乐才更加凸显其高尚伟大的一面和难能可贵之处。在这个意义上,儒家所谓的生命圆融实际上也可以说是一种忧乐圆融,它所蕴藏着的是真正的人文关怀深度和人道情操的生活内容。故而,忧乐圆融的审美生存方式便成了中国古代文人所致力追求的理想的人生状态。宋人罗大经所言"盖惟贤者而后有真忧,亦惟贤者而后有真乐,乐不以忧而废,忧亦不以乐而忘"[③],即是此理。

---

①[汉]赵岐注,[宋]孙奭疏:《孟子注疏》卷二上,[清]阮元校刻:《十三经注疏》(附校勘记),中华书局,1982年影印本,第2675页。

②[宋]范仲淹著,李勇先、王蓉贵校点:《范仲淹全集·范文正公文集》(上册),四川大学出版社,2007年,第195页。

③[宋]罗大经撰,王瑞来点校:《鹤林玉露·丙编》卷二,中华书局,1983年,第273页。

　　总之,孔、颜的人生境界,正是在人格的自我完善中达到了一种宁静,并在这种宁静中体验着期乎圣的快乐,因而他们超越了普通人的一般生活欲求的痛苦。箪食、瓢饮、独处陋巷;疏食、饮水、曲肱枕之,却依然处在一种精神圆满自足的快乐之中,这就进入了"无我之境",把握到了"无境之我","我"于是获得了超越。正是有了这种在体道的过程中所产生的极大快乐,孔子才发出了"朝闻道,夕死可矣"(《论语·里仁》)的肺腑之言,这是仁者对于生命、对于道的期许。一旦超越,就能平静无畏地面对死亡:"志士仁人,无求生以害仁,有杀身以成仁。"(《论语·卫灵公》)这是怎样的一种境界,洒脱自得,旷达放逸! 有了如此境界,人也就真正达到自由澄明的境地了。故"孔颜乐处",根本无须外求,它就存在于对"仁"的不懈追求和体验中。这种以"仁"为乐的体验,不仅使人的内心达到了一种超乎寻常的安宁,而且在这种安宁中,使其整个人生都富有审美意味并由此获得了向艺术境界的提升,正如徐复观所说:"'寻孔颜乐处',此乐处是孔颜之仁,亦即孔颜纯全的艺术精神的呈现。"① 因此对于孔子而言,人生意义的澄明与敞开就是一种自由,就是一种美,它不隔绝于生活之外,而就存在于"乐"仁的生活体验之中。这也就意味着,只要你愿意以至诚的生命体验态势进入到境域的缘构生发中,那么就能感到天地间一切力量和关联的跃动与生机。于是,在这一片纯显现境域中,你就可以先行决断地达到终极存在的"仁"境,在无限和谐的"仁"境体验中获得生命的自由至乐,这其实就是海德格尔所力倡的那种充满诗意的生存状态。

三、"孔颜之乐"与"诗化生存"理想的追求

　　孔子、颜回从现实生活中体验生命意义、追求个体人格自我完善的同时,也为自己的精神世界找到了一个安顿之所,从而使自己的心灵获得了一种情感的满足和审美的愉悦,即"乐"。这种在"乐"之状态中实现的道德与审美的高度圆融也就意味着,孔门所追求的最高人生境界其实并不是我们通常所理解的现实事功(如从政治国、道德教化等),而是一种基于凡俗但又超越凡俗的"诗化生存"方式(这一点在"吾与点"命

---

① 徐复观:《中国艺术精神》,华东师范大学出版社,2002 年,第 21—22 页。

题中体现得尤为明显,详见本章第二节内容,在此不赘)。

所谓"诗化生存"指的是以一种审美的态度、艺术的精神去观照生活、体验人生,以获得人性自由的生存方式。这种生存方式就其本质来讲已不是一种单纯的艺术追求,而是从整体上对人类生命意义的思考,是为有限生命寻找永恒家园的生存实践。孔子、颜回身处贫穷、困厄的境遇中却依然能够"不改其乐"的存在状态,实际上就是这样一种"诗化生存"方式,它所展现出来的是一种自由、充实之美。说它充实,是因为一切行为都是以内在德性的中和与饱满为依据,修己、行仁成为他们的精神信念,成为支持他们成为一个真正意义上的人、成为高尚之人的自足动力与支点;说它自由,是因为当道德主体内在的仁心充沛至极,人心为仁道所充满,体道、弘道就成为人生快乐之源,人在面对任何情况包括面对贫困、生死的时候都可以获得一种无所阻碍的欢畅愉悦,这就是"从心所欲不逾矩"的审美境界。可以说,在孔、颜那里,人生的最高境界同时也是审美的最高境界,二者在终极处是会通的,也如李泽厚所指出的那样,孔子仁学的最高境界恰恰不是别的,正是"孔子自论和夸赞颜回'不改其乐'的人生境界"[①]。

综上所述,我们认为"孔颜之乐"乃是仁与美的有机融合,是道德与审美的相得益彰。在这里,乐与仁、德与美浑然天成,不即不离。"孔颜之乐"的著名命题,正是以"乐"的范畴揭示出了人性修养所能达到的一种理想境界:既是精神自由的人生境界,同时又是至真至纯的审美境界。一言以蔽之,这是人生境界与审美境界高度圆融后所形成的圆善胜境——"诗化生存"。孔子所追求的这种"诗化生存"的美学精神,不仅开启了中国美学作为生命美学、境界美学的先河,而且也开创了一条中国文人致力于将自己的日常生活审美化的道路。在当前人们精神生活日益萎顿和日益低俗化的情况下,我们的社会是需要通过这种"诗化生存"实践,通过对人类生活的诗意观照,回归到一种本真的生命状态中去的。而孔子所追求的这样一种"诗化生存"方式,显然在重构当代人生存理想、完善当代人的人格修养方面是可以给我们提供重要启发和借鉴的,值得当代人重视。

---

① 李泽厚、刘纲纪:《中国美学史:先秦两汉编》,安徽文艺出版社,1999年,第115页。

第二节　"吾与点"：人生与审美的汇通

在《论语·先进》篇中，子路、曾皙、冉有、公西华侍坐，孔子让门人各言其志。子路率先发言，他很自信甚至有些狂妄地说，如果给他三年时间，他可以使一个"摄乎大国之间，加之以师旅，因之以饥馑"的"千乘之国"勇而有礼。孔子听了，只是微微一笑；冉求的回答就比子路稳健多了。他说，如果给他三年时间，他可以让一个"方六七十，如五六十"的国家的人民对他的领导感到满意，但要想使这个国家走向国富民强、文化繁盛，那么就要"以俟君子"了；公西华的回答更为谦逊，他不敢保证自己具备领导一个国家的能力，但能做的就是国家在进行"宗庙之事"或"如会同"的时候，自己穿着礼服，"愿为小相焉"。最后，当孔子问到曾点的时候，曾点放慢了弹瑟的速度，最后"铿"的一声，放下手中的琴瑟站起身来说，"异乎三子者之撰"。孔子则鼓励他不要介意，大胆说出自己的想法。于是，曾点描绘出自己的理想图景：暮春时节，穿上春衣，约上五六位好友、六七个孩童，一起"浴乎沂，风乎舞雩，咏而归"。听了曾点这番描述后，夫子"心有戚戚焉"，不由地赞叹道："吾与点也。"

这一段内容历来受学者重视。本来子路能兵、冉求能足民、公西华能礼乐，这应是孔子所乐意看到的。但令人费解的是，为何曾点的一番看似胸无大志的回答却引起了夫子最后的赞许呢？对此，古今学者仁者见仁，智者见智，莫衷一是。为方便讨论，兹归纳如下：

其一，从宗教仪式角度来谈。如汉代王充就认为："鲁设雩祭于沂水之上，暮者晚也；春谓四月也。'春服既成'，谓四月之服成也。冠者、童子，雩祭乐人也。'浴乎沂'，涉沂水也……'风乎舞雩'，'风'，歌也。'咏而馈'，咏歌馈祭也，歌咏而祭也……春二月雩，秋八月亦雩……孔子曰：'吾与点也。'善点之言，欲以雩祭调和阴阳，故与之也。"[1]

其二，从礼乐教化角度来谈。如三国魏王肃认为，曾点"疾时礼教不行，欲修之"，故"孔子善之"[2]。清人程树德引唐代李翱《论语笔解》中的

---

①黄晖：《论衡校释（附刘盼遂集解）》卷十五，中华书局，2006 年，第 674—679 页。
②[清]陈士珂辑：《孔子家语疏证》卷九，中华书局，1985 年，第 225 页。

话说："仲尼与点，盖美其乐王道也。余人则志在诸侯，故仲尼不取。"①
清人刘宝楠引宋翔凤的话说："盖三子者之僎，礼节民心也。点之志，由
鼓瑟以至风舞咏馈，乐和民声也。乐由中出，礼自外作，故孔子独与点
相契……孔子问：'如或知尔，则何以哉？'何以，言何以为治。若以《鲁
论》所说，则点有遗世之意……"②今人杨树达认为："孔子所以与曾点
者，以点之所言为太平社会之缩影也。"③

其三，从道德修养角度来谈。如南宋朱熹认为："曾点之学……乐
其日用之常，初无舍己为人之意。而其胸次悠然，直与天地万物上下同
流"，"视三子之规规于事为之末者，其气象不侔矣，故夫子叹息而深许
之"④。

其四，从个体人格角度来谈。如清人程树德引东晋李充的观点认
为，曾点"善其能乐道知时，逍遥游咏之至也"；引南宋黄震《黄氏日钞》
说："夫子以行道救世为心，而时不我与。方与二三子私相讲明于寂寞
之滨，乃忽闻曾晢浴沂归咏之言，若有得其浮海居夷之意，故不觉喟然而
叹，盖其所感者深矣。"又引明代杨慎《丹铅录》中的观点认为："夫子之
意，完全感慨身世，自伤不遇。所谓与点者，不过与汝偕隐之意。"⑤

其五，从审美境界角度来谈。如现代新儒家代表人物唐君毅认为，
"曾点之志"可见"孔子之胸怀洒落"，并以此为"最高之诗人境界"⑥。徐
复观认为，孔子感动于曾点鼓瑟而呈现出的可与道德境界相融合的艺术
境界，故赞许之⑦。李泽厚认为"吾与点"之叹体现出了"个体人格和人生
自由的最高境界"，并且它与"孔颜之乐""游于艺"一样，也同时是一种
审美境界⑧。

上述虽然说法众多，但在著者看来，从人生境界（"仁"）的审美化这
一角度来理解曾点的这番话大体是不错的。从表面上看，孔子不赞许子

①［清］程树德撰，程俊英、蒋见元点校《论语集释》卷二十三，中华书局，1990 年，第 811 页。
②［清］刘宝楠撰，高流水点校《论语正义》卷十四，中华书局，1990 年，第 477 页。
③杨树达：《论语疏证》，上海古籍出版社，1986 年，第 273 页。
④［宋］朱熹：《四书章句集注》，中华书局，2010 年，第 130 页。
⑤［清］程树德撰，程俊英、蒋见元点校《论语集释》卷二十三，中华书局，1990 年，第 811—
　812 页。
⑥唐君毅：《人文精神之重建》，台湾学生书局，1974 年，第 230 页。
⑦徐复观：《中国艺术精神》，华东师范大学出版社，2002 年，第 11 页。
⑧李泽厚、刘纲纪：《中国美学史：先秦两汉编》，安徽文艺出版社，1999 年，第 115 页。

路、冉求、公西华三人的治国安邦、积极仕进的宏图伟志,反而对看似"不思进取""寄情山水"的曾点倍加称许,这似乎与他"知其不可而为之"的入世精神有所背离。但其实不然,曾点的这一番话着实道出了孔子的最高人生追求——"大乐与天地同和"①。在孔子那里,"仁学"的最高境界不在别处,它就存在于那种超越凡俗而又上达宇宙和人生的"天人合一"之境中,这既是一种最高的人生境界,也是一种最广泛意义上的审美境界。人生与审美在终极处的汇通,不仅是孔子"仁学"的一大特色,而且也是整个中国美学的一大特色,诚如李泽厚所言,西方常常"以宗教境界为人生的最高境界",而中国则是"以审美境界为人生最高境界"②。

一、"曾点之志":"安仁""乐仁"与审美体验

"曾点之志"中表现出来的人生与审美汇通的这层意思,已经反复被美学研究者所阐发,并且研究者们对此也已基本达成共识。但是,联系到孔子其他三个弟子对"仁"的理解,我们需要进一步思考的是:曾点所追求的这种"与天地同和"的超越精神究竟从何而来? 它又具有哪些深层意蕴? 只有回答了这些问题,才可能从根本上领会孔子"吾与点"之叹的深意所在。

我们注意到,曾点在"言志"时,不仅"言志"的内容"异乎三子者之撰",而且其"言志"的角度与方式也是与众不同的。从上述四人话语表述方式来看,子路等人采用的是把"仁"置放在某种功利化的情境下加以诠释,如子路和冉有是从政治的层面来理解"仁",公西华是从道德教化的角度来理解"仁"的;而曾点则采用了一种诗性的话语表达方式,以极富诗意的语言给我们展示出了一个由天地(暮春者,浴乎沂)、人(冠者五六人,童子六七人)、神(风乎舞雩)共同在场、相互勾连、相互协作而形成的生生不息状态的生动场景。而"浴乎沂,风乎舞雩",则表明一己之小我已融入到天地之大我之中了。此时,人性与天道也已贯通,达到了现实生命与宇宙生命、道德与艺术的圆融统一。当人身处其中时,不仅

---

①[汉]郑玄注,[唐]孔颖达疏:《礼记正义》卷三十七,[清]阮元校刻《十三经注疏》(附校勘记),中华书局,1982 年影印本,第 1530 页。
②李泽厚、刘纲纪:《中国美学史:先秦两汉编》,安徽文艺出版社,1999 年,第 32 页。

会产生"与天地万物上下同流""万物莫不遂其性"①的高度和谐感,而且还会获得精神上的大解放,从而在内心深处体验到人生莫大的幸福和快乐。

这里,与其说曾点在给我们言其志,还不如说是他给我们描绘了一幅非常优美、闲适而又超逸的山水画。在此画卷中,时间与空间、有限与无限、虚与实、动与静相映成趣,浑然天成,意境悠远,具有一种流动的画面美。掩卷而思,有一种身临其境、如在目前的感觉,让人回味无穷。而正是在这样一幅简约且又富有生活气息的生活图景中,曾点不着痕迹地将孔子的"仁境"之美——自由、充实、和谐、富有情趣的生存境界,给淋漓尽致地呈现出来了,从而使整个画面既具有哲学意味,又不失生动活泼,这正是曾点言说方式的绝妙之处,也是我们深入理解"曾点之志"的一个重要的切入点。由此也可以看出,曾点能够得到孔子的赞许,的确是对其所提出的"仁"心领神会了,而他这种独特的言说方式就从一定程度上反映了与孔子仁学诗性内涵的某种呼应。

在孔子看来,真正的"仁"之境界并不是把"仁"作为一种外在的目的去刻意为之,而是能让它从生命的切己处自然呈现出来。因此,也就有了"乐仁""安仁"与"利仁""强仁"之分。孔子说:"不仁者不可以久处约,不可以长处乐。仁者安仁,知者利仁。"(《论语·里仁》)朱熹注曰:

> 不仁之人,失其本心,久约必滥,久乐必淫。惟仁者则安其仁而无适不然,智者则利于仁而不易所守,盖虽深浅之不同,然皆非外物所能夺矣。②

可见,"安仁"是完全出于自然的道德情感和内心要求去为仁,除此之外没有任何外在的目的性;"利仁"是因为认识到行仁有利于己才去为之,所以就具有了外在功利性。显然,"安仁"的境界要比"利仁"的境界高出一筹。在"安仁"与"利仁"之外,还有"乐仁"和"强仁"。《礼记·表记》记载:"子曰:仁者安仁,知者利仁,畏罪者强仁。"③所谓"强仁"就是

---

① [宋]朱熹:《四书章句集注》,中华书局,2010年,第130—131页。
② [宋]朱熹:《四书章句集注》,中华书局,2010年,第69页。
③ [汉]郑玄注,[唐]孔颖达疏:《礼记正义》卷五十四,[清]阮元校刻:《十三经注疏》(附校勘记),中华书局,1982年影印本,第1639页。

因出于压力、害怕负罪而不得不按照仁德的要求行动。可见,"强仁"完全是因外在强制的因素而为仁,其行为动机完全是外在的,这在四种"为仁"境界当中属于最低的一个层次,而境界最高的一种则是"乐仁"。孔子虽然没有直接使用过"乐仁"这一术语,但结合孔子在《论语·雍也》篇说过的另一段话:"知之者不如好之者,好之者不如乐之者。"我们认为"乐仁"作为一种境界是存在的。所谓"乐仁",就是以行仁为乐,完全没有行仁之外的其他目的,没有丝毫的勉强,是仁心仁德的自然流露,真正达到了"无所为而无不为"的境地。"安仁"与"乐仁"都是以行仁本身为目的,而"安仁"发展到极致便是"乐仁"。从这个意义上说,"安仁"和"乐仁"之间并没有质的区别,只是程度上略有不同而已,所以也可不作细分,将它们视为同一个层次。

孔子说:"为仁由己,而由人乎哉?"(《论语·颜渊》)这表明,"仁"是完全取决于个体的自由自觉行为,而不是依靠任何外部条件来实现的。一个人只有发自"本心",发自生命的本真,他才能在践仁的过程中体会到生命的意义,从而"安仁""乐仁"。而"强仁""利仁"之为仁过分依赖外在事功,失却了自己的"本心",因此是不自由的。朱熹说:"安仁者不知有仁,如带之忘腰,履之忘足。利仁者是见仁为一物,就之则利,去之则害。"[①]朱子以"带之忘腰,履之忘足"来形容仁者安仁,说明当一个人达到"安仁""乐仁"境界的时候,仁的实现就会是自然而然、毫无意识的,诚如程树德所言:"无所为而为之谓之安仁,若有所为而为之,是利之也,故止可谓之智,而不可谓之仁。"[②]因此,"违仁不违仁,乃属于人自身内部之事,属于人的精神世界,人格世界之事"[③]。这样一来,仁的实现就必须依靠个体对"仁"作默而识之的体认和生命切己处的"尽心""尽性",只有时刻以此为督勉,并使之成为一种"一以贯之"的日常生活状态,才能够"安仁"和"乐仁"。曾点之所以能得到夫子的大加赞许,其根本原因恐亦在于此。

与子路等人把"仁"的价值依据置于外在事功层面(政治、道德等),

---

①[宋]黎靖德辑:《朱子语类》卷二十六,朱杰人、严佐之、刘永翔主编:《朱子全书》第十四册,上海古籍出版社、安徽教育出版社,2002年,第930页。
②[清]程树德撰,程俊英、蒋见元点校:《论语集释》卷七,中华书局,1990年,第229页。
③徐复观:《中国人性论史·先秦篇》,上海三联书店,2002年,第61页。

并先预设了一个"仁"的目标,然后再以此为依据去"行仁""践仁"不一样,曾点之"仁"完全是从生命根底处由内而外的自然呈现,没有任何外在的功利目的性,因而他才能在一种安宁的日常生活状态中进入到那种生机勃发、万物涌动的终极境域之中,并且在这其间真切地体会到那隐而不显的存在——"仁"。曾点这种看似"无为"但又无时无刻不在"为"的人生状态正是孔子"从心所欲不逾矩"式的自由,它表明曾点真正进入到了一种"安仁""乐仁"、浑然与物同体的精神境界之中。在这种境界中,由于人在与自然的和谐相处中体验到了万物一体之仁,因而会在内心深处产生一种人生"至乐"的感受。这种"乐"既是对生命意义的深刻体认,也是一种能自家"受用"的精神享受和审美体验,它构成了人生幸福和快乐的真正源泉。从这个意义上说,"曾点之志"所表现出来的诗意就是一种内心充实之美,也就是说在从自然和生活中体验生命意义、追求个体人格自我完善的同时,也使心灵获得一种情感的满足和审美的愉悦,从而为自己的精神世界找到一个安顿之所。

二、从"现实的栖居"走向"诗意的理想"

曾点在自己那段富有诗意的文字中,一方面道出了孔子人生的终极追求——高度自由化和审美化的精神境界;但另一方面,他并没有因为这种境界的终极性而将其固定化为一种高悬在人之外的既定目标(如子路等人就把"仁"理解成了一种特定的政治或道德行为),相反他是把"仁境"的达成理解成为一种人本真生存状态的呈现过程。换言之,曾点所追求的"仁"之境界,既不属于理性认知的观念世界,也不属于物质满足和占有的利益世界,而是属于一个本真的生命世界。正是由于这是一种源自生命本真的仁,所以才能够使一个人的践仁行为日常化,并在这种宁静的日常生活状态下获得超越的力量,体会到生命境界的完满和圆融,从而安于仁、乐于仁。曾点人生志向中所表现出来的"无为而无不为"的特点表明,真正的"仁"呈现为一种本真的生存状态、生存方式或生存态度,而非某种特定的政治或道德行为,正是这一点非常深刻地揭示出了孔子仁学的精神实质。

所谓"本真的生存状态",指的就是那种真正摆脱了世俗的约束,超越了功利的诉求,按照自己体认到的应然的生活目标去追求的生存状态。孔子之"仁"从根本上来说是一种只有在人的生命践履中才能体认得到的天、地、人共同在场、相互映射的本真生存状态,这种本真生存状态最终指向的乃是人"诗意地栖居"。关于这一命题,德国现代美学家海德格尔做过颇为精辟的阐释,他说"诗意的安居似乎自然要虚幻地漂浮在现实的上空",然而"当荷尔德林倡言人的安居应该是诗意的时候",他却"重言诗意的安居是'在这块大地上'的安居"①。正是借助于对荷尔德林"诗意的栖居"命题的阐释,海德格尔不仅澄清了对"诗意"的误读,而且进一步提出了他关于"诗"之本质的认识,他认为"诗并不飞翔凌越大地之上以逃避大地的羁绊,盘旋其上",相反正是"诗"才"将人带回大地,使人属于这大地,并因此使他安居"②。

　　海德格尔的这段话清楚地表明:"诗意地栖居"虽是就人生命的终极追求来谈的,但其含义并非概念化、现成化的,它需要在日常的生存体验中得以展现,故属于"生存论"的视域。这样,在海德格尔那里,"诗意地栖居"也就有了两方面的要求:一方面要具有超越性的诗意追求,以使生命存在超拔于世俗,达至澄明之境;另一方面,也是最为重要的,就是能将这种形上的诗意追求实现于感性的生命活动中。因此,人不仅要意识到诗意的生存,更重要的是还要懂得如何去诗意地生存,也即如何使这种诗意"生活化"。这便强调了"诗意"与"栖居"之间这种不即不离、相即不二的内在关系,即"诗意"不是"虚幻地漂浮在现实的上空"的,而是要栖居于大地之上;"栖居"也不是人的一种碌碌无为的生活状态,而是能够超越现实的束缚富有诗意地去生活。

　　从这个意义上说,"诗意"和"栖居"正代表了人本真生存状态的两个维度——超越性与现实性,而这两个维度在孔子那里分别是在"天道"和"人道"之中体现出来的。"天道"代表了人的形上价值追求,"人道"代表了人的形下生活践履,二者的浑然一体造就了儒家独特的"诗化生存"状态。"人道"的达成毫无疑问要通过人自身的努力来完成,而

---

① [德]海德格尔著,邬元宝译:《人,诗意地安居:海德格尔语要》,广西师范大学出版社,2000年,第74页。
② [德]海德格尔著,邬元宝译:《人,诗意地安居:海德格尔语要》,广西师范大学出版社,2000年,第74页。

"天道"的达成同样也是在人的现实行为中来完成的。这是因为,孔子的"天道"并不是外在于人的某种异己力量,而是已经内化为了人自身的一种价值根据。程颢讲的"天人本无二,不必言合"①;朱熹讲的"天即人,人即天。人之始生,得于天也;既生此人,则天又在人矣"②以及徐复观所讲的孔子之所以会感到性与天道是上下贯通的,乃是因为"天进入于他的生命之中"③,均是这一道理。所以,对"天"的体认实际上就转化为对个体自我的觉悟,也即程颢所说:"尝喻以心知天……只心便是天,尽之便知性,知性便知天,当处便认取,更不可外求。"④倘若天道价值得到了实现,自我生命获取了意义,那么人也会因此进入到一种本真的生存状态之中。

实际上,在孔子的"仁境"之中,诗意的理想与现实的栖居就是这样完美地统一在一起的。一方面,诗意的理想("天道")在人的日常奋勉中("人道")实现;另一方面,人又无时无刻不在展开自己生命的深沉与辉煌。可以说,此时人的生命本真得以呈现,生命价值得以肯定,生命意义得以确认,于是进入到了存在的最高境界——"诗化生存"之境。而"曾点之志"所彰显的正是于此在的、日常的生活中领悟到己与己、己与人、己与自然的整体性和谐的精神状态。曾点所"乐"的"日用之常",实际上皆是"天道"所在,而领悟了"天道",实则也是体悟了内心之仁("人道"),感受到了人与万物的和谐、圆融,亦是收获了一份"自得之乐"。这种"自得之乐"正是于日常生活体验的基础上所产生的超越性的精神姿态,是在"行仁""体道"的过程中所呈现出的自由的、豁达的精神境界。所以,对曾点的称赞也可见出孔子对这种看似"日用之常",实则"深沉高远"的生活本真之乐的热衷和向往。

从这个角度上来看,我们或许能够进一步理解夫子为何独许曾点而不许其余三子。有学者曾精辟地指出,"曾点之志"代表了"儒家美学思想体系中最为超脱和理想化的境界",但这又并非"等同于道家出世的隐逸美学",它依然还是"儒家的入世美学",只不过"是在以不与世俗蝇营

---

① [宋]程颢、程颐著,王孝鱼点校:《二程集》,中华书局,1981年,第81页。
② [宋]黎靖德辑:《朱子语类》卷十七,朱杰人、严佐之、刘永翔主编:《朱子全书》第十四册,上海古籍出版社、安徽教育出版社,2002年,第590页。
③ 徐复观:《中国人性论史·先秦篇》,上海三联书店,2002年,第88页。
④ [宋]程颢、程颐著,王孝鱼点校:《二程集》,中华书局,1981年,第15页。

狗苟的龌龊之徒同流合污的高风亮节"的条件下,提出的"一种崭新的美学楷模和人伦典范"①。这也就意味着,曾点看似"务虚"的人生情趣,实则是一种基于凡俗但又超越凡俗的诗意生存方式,这与孔子的终极追求是不谋而合的。而反观其余三子,虽表面上看都是胸怀大志、志向高远,如子路能治理千乘之国,冉有能使一国之民富足,公西华要成为掌管外交和文化的官员。但他们终究太过执着于现实事功而缺乏曾点的超越性气象(诗意)。功名利禄、社会地位的获得固然属于人生命价值的一部分,但充其量这只是人的一种价值底限。如果去刻意追求它们,并以此为人生价值的标准和目的的话,那么人就会在这种功利和物欲的笼网中纠缠不清、迷乱心志,甚至也可能为此沦为追逐物欲的工具。这样一种缺乏精神信念和终极关怀的价值观念是一种"无根"的价值观念,它必然会使人的生活视野变得粗鄙狭隘、急功近利,从而忽视和遗忘人之根本的精神生活和意义世界。

孔子仁学的一个根本宗旨就是要给人的生存提供一种安身立命之本(与天地合德),让人的生命意义在本真的状态下得以无蔽的展现,从而不断地超越经验世界的束缚,在生命的自由创化中,最终进入澄明之境。一方面,曾点关于"暮春者,春服既成,冠者五六人,童子六七人"的描述,使"少者怀之,朋友信之,老者安之"的社会理想图像化了;另一方面,"浴乎沂,风乎舞雩,咏而归"的表达又使这幅社会图像"流动起来",并补足了其"所欠缺的美学内容",因此"这一大同之世"是和"'咏而归'的艺术化日常生活互为表里的"②。反观子路等人,他们只注重现实中的功利目标而缺乏超越性的价值追求,这表明他们只看到了孔子仁学的现象层面(如从政治国、道德教化等),而远未领会到其仁学思想中的精髓和高深之处,因此得不到夫子的称许几乎就是一种必然的结果。

综上可见,中国美学史上不惟老庄才富有"逍遥"精神,其实孔子也是深得"逍遥"之三昧的。诚如袁济喜所言,孔子的"'浴沂舞雩'与庄子的'逍遥游'实质上是相同的,都是人生的自由境界"③。也正是因为深刻地领会到了夫子的这种"游"与"乐"的自由生命精神以及对诗意生

①霍然:《先秦美学思潮》,人民出版社,2006年,第263页。
②陈昭瑛:《孔子诗乐美学中的整体性概念》,《江海学刊》2002年第2期。
③袁济喜:《传统美育与当代人格》,人民文学出版社,2002年,第183页。

活的向往,曾点才得到了夫子由衷的赞许。

第三节　"成于乐":孔子"仁境"的诗性呈现

在荷尔德林的诗中,最被海德格尔所称道,且流传最广的一句就是"充满劳绩,然而人诗意地栖居在这片大地上",那么究竟该如何来理解"诗意"呢? 这当然还要从"诗"开始说起。海德格尔说:

> 在诗中,人被聚集到他的此在的根基上。人在其中达乎安定;当然不是达乎无所作为、空无心思的假宁静,而是达乎那种无限的安宁,在这种安宁中,一切力量和关联都是活跃的。①

显然,海德格尔在这段话中所强调的"安宁"不仅仅是心灵的宁静,宁静只不过是一条道路,他所通达的真正目的地却是那"无限安宁"中的"一切力量和关联的活跃"。也就是说对于海德格尔而言,真正的诗意就是通过一种安宁而进入到另一种生机勃发、万物涌动的终极境域之中,并且在这其中真切地体会到那隐而不显的"存在"。惟当诗揭示出了这种诗意,并将这种诗意带上前来时,诗才成其为诗,用海德格尔的话说,这时诗才实现了它的本质,从而成为诗中之诗。

就此而言,诗和艺术其实就是"存在""真理的生成和发生",是"存在者之无蔽状态的道说(die Sage)"②。从海德格尔的论述中不难看出,他在对荷尔德林诗的解读中不仅读出了诗的诗意,而且更重要的是他从这种诗意中透视出了那样一个生发出诗意的更为具体、更为生动、更为本源性的境域——"Ereignis"。当海德格尔说是诗创建了"存在"的时候,他实际上是在强调这个终极境域的诗性本质。从这个层面上,我们也就不难理解海德格尔为什么如此强调诗,为什么对诗做了一个形而上的提升并使之成为对"存在"的词语性创建。究其实质,海德格尔在这里实际上是希望借对荷尔德林诗所作的形而上阐释来最终解说终极境域的诗性本质。

---

① [德]海德格尔著,孙周兴译:《荷尔德林诗的阐释》,商务印书馆,2000 年,第 49 页。
② [德]海德格尔著,孙周兴译:《林中路》,上海译文出版社,2008 年,第 51—53 页。

对海德格尔这一诗学观点的分析无疑是非常重要的,它对我们重新理解孔子的艺术观具有相当大的借鉴意义。尽管孔子没有也不可能像海德格尔那样,通过对艺术作品个案的形上分析和阐释来达到解说终极境域诗性本质的目的,但我们却同样可以从他自己对诗和乐的亲身体验感受中,深刻地领会出孔子的人生终极境域——"仁"的诗性本质。换言之,我们也可以说,孔子所欣赏的艺术正是人生终极境域——"仁"的一种诗性呈现。这一结论可以通过对"成于乐"这一美学命题的全面阐释而得到最终的证实。

一、"不图为乐之至于斯也":"乐"的沉醉与生命意义的凸显

对孔子而言,艺术之为艺术,首先就在于它具有自由的审美特性。这种自由集中体现在两个方面:一个是忘我式的精神超越;另一个便是"游"的精神体验[1]。据《论语·述而》篇记载,孔子在齐国欣赏《九韶》之乐,竟然能够"三月不知肉味"。这一方面表明,《韶》乐本身的艺术性很高,以至于能使人忘掉生理感官的享受;另一方面也表明孔子具有极高的音乐艺术修养,以至于能使自己长时间陷入到一种"超越式的沉醉"当中而难以自拔。将这两方面联系起来考察不难发现,孔子在艺术世界里的确实现了"无限"对"有限"、"无我"对"有我"的"纯粹的超越"[2],精神世界获得了极大的解放,从而进入到一种极度自由的状态。可见,孔子在艺术中所达到的境界乃是一种艺术至境。然而,让我们更为感兴趣的是,孔子在音乐中所获得的这种自由与超越的感受究竟源于何处?对于这一疑问,实际上孔子自己的艺术经验就已经给出了答案。

在《史记·孔子世家》中,曾详细记载了孔子本人学习音乐的全过程以及他对音乐精神(即艺术精神)的深刻把握和感受:

> 孔子学鼓琴师襄子,十日不进。师襄子曰:"可以益矣。"孔子曰:"丘已习其曲矣,未得其数也。"有间,曰:"已习其数,可以益矣。"孔子曰:"丘未得其志也。"有间,曰:"已习其志,可以益矣。"

---

[1] 关于"游"的美学内涵可参考第八章第四节对"孔子'游'的休闲审美精神"的解读。
[2] [日]今道友信著,蒋寅等译,林焕平校:《东方的美学》,生活·读书·新知三联书店,1991年,第105页。

孔子曰:"丘未得其为人也。"有间,曰:"有所穆然深思焉,有所怡然高望而远志焉。"曰:"丘得其为人也,黯然而黑,几然而长,眼如望羊,如王四国,非文王其谁能为此也!"①

这里,"曲"与"数"是技术上的问题;"志"是乐章所表现出的思想内容;"人"则是象征着乐章中所呈现出来的某种生命精神和意识。可见,孔子对音乐的领会是从技术而深入到思想,从思想的理解最终把握到其中蕴涵的某种生命境界。这个结论可以从《论语·宪问》篇中的一段记载中得到进一步验证:"子击磬于卫,有荷蒉而过孔氏之门者曰:'有心哉,击磬乎!'"徐复观解释说:"此一荷蒉的人,是从孔子的磬声中,领会到了孔子'吾非斯人之徒与而谁与'(《论语·微子》)的悲愿。"②这个话是很有道理的。

综上,不论是在孔子学习音乐(学鼓琴于师襄)时,还是在他亲自奏乐(击磬)时,他总是会把自己的生命体验融入到音乐中去,因而才会进入到一种非常投入的忘我境界。依此推论的话,上面所提到的孔子在"闻《韶》乐"时所产生的"三月不知肉味"的"沉醉式"体验,亦当是在生命与艺术的激荡中形成的。孔子之所以会因音乐而感动,进而会因此忘我的投入和沉醉,恐怕并不仅仅是因为音乐本身的形式美特征所给予他的一种感官的享受和满足,更多的可能是因为在艺术世界里承载了他对生命意义的一种终极体认以及由此而引发的强烈共鸣。杜维明在解释孟子以音乐为喻称赞孔子为"集大成者"的一段时,也曾经讲到:"美的语言并非为纯粹的描述,美的语言是启示、教诲和联想。"但是语言背后的东西,包括"内在的领悟、心灵的乐趣或转换的精神","无论是在美的创造还是在美的欣赏中,都确是美的真正基础"③。我们上面所讲的"对生命意义的终极体认",事实上正是杜先生所谈到"美的语言"的一种"暗示、指引、启迪",一种"语言所指涉的语言外的东西——内在的体会、心灵的欢乐或转化的精神",它们才是形成心灵共鸣的根本原因,也

---

① [汉]司马迁撰,[宋]裴骃集解,[唐]司马贞索隐,[唐]张守节正义:《史记》卷四十七,中华书局,1999年,第1551页。
② 徐复观:《中国艺术精神》,华东师范大学出版社,2002年,第4页。
③ [美]杜维明著,曹幼华、单丁译,周文彰等校:《儒家思想新论——创造性转换的自我》,江苏人民出版社,1996年,第114—115页。

才是"美的真正基础"。

因此,就孔子对音乐审美欣赏的整个过程而言,"是由对审美对象的外部形式的感悟,深入到内部实质的领悟,再沉潜到深层生命意蕴的体悟,从而获得心灵的解放和自由"[①]。这也就意味着,孔子在艺术世界所得到的并非一种单纯的美感体验和感受,而是伴随着美感体验所产生的对生命终极本体的拥抱和体认,以及由此而形成的人的生命境界的全面提升和超越。正是以这种方式,孔子才真正做到了审美化的生存。这一点其实也正是孔子会把人格修养的最后完成放给"乐"(即艺术)的根本原因。对此,我们将在下面的内容中做具体的论证。

二、"兴于诗,立于礼,成于乐":君子人格的完成

在《论语·泰伯》篇中,孔子谈到了个体接受教育的三个阶段:"兴于《诗》,立于礼,成于乐。"关于这三者的排列顺序,先贤们大多都主张它们表示某种次序。那么,它们究竟表示何种次序呢?清代学者刘宝楠的一段阐发可备参考,他谈到《礼记·王制》中关于"春秋教以礼乐,冬夏教以《诗》《书》"的"造士"之教,认为此乃自古相传教学之法。在此基础上,又具体对孔子的诗教、礼教、乐教的情况进行了说明:

> 夫子时,世卿持禄,人不由学进,故学制尽失。圣门弟子,自远至者,多是未学,夫子因略本古法教之,学《诗》之后即学礼,继乃学乐。盖《诗》即乐章,而乐随礼以行,礼立而后乐可用也。《大戴礼·卫将军文子篇》:"吾闻夫子之施教也,先以《诗》,世道者孝弟,说之以义而视诸体,成之以文德。盖入室升堂七十有余人。"体者,礼也。文德者,乐也。入室升堂,则能兴、能立、能成者也。《大戴》所言,正此文实义。[②]

由上可知,西周"诗—礼—乐"的教学体系,完整地反映了人的道德修养过程,孔子提出的"兴于诗,立于礼,成于乐",实际上是严格遵循了"自古相传教学之法",循序渐进,学习"诗—礼—乐",培养君子人格。

---

① 皮朝纲主编:《中国美学体系论》,语文出版社,1995 年,第 321 页。
②[清]刘宝楠撰,高流水点校:《论语正义》卷九,中华书局,1990 年,第 298 页。

　　"兴于诗",汉代包咸曰:"兴,起也。言修身当先学诗也。"① 宋代朱熹注曰:"兴,起也。"② 程树德引郑浩《论语集注述要》的话说:"兴之为义,因感发力之大,沁人于不自知,奋起于不自已之谓,是惟诗歌为最宜。"③ 可见,"兴于诗"是说诗可以使人感发兴起,吟咏情性,它是成为一个仁人君子的起点。而上博简《孔子诗论》所云"诗无隐志"④ 又表明,通过学诗可以获得作为仁人君子做人和从政所必需的有关政治、伦理、道德、历史等各方面的知识,故孔子说"不学《诗》,无以言"(《论语·季氏》)。这样来看的话,由于诗的语言是艺术化的,再加上诗在当时是经常与歌、舞结合在一起的,《墨子·公孟》篇有"诵诗三百,弦诗三百,歌诗三百,舞诗三百"⑤ 的说法,因此具有很强的感染力,可以感发人的情志,启迪人的智慧,使人获得一个开放的胸襟和敏感的心灵。程树德引唐代李翱《论语笔解》曰:"诗者,起于吟咏性情者也。发乎情,是起于诗也。"⑥ 朱熹注"兴"为"感发志意"⑦,郭店楚简《性自命出》曰"礼,作于情,或兴之也"⑧,均是此意。另外,诗还能把人的感觉和情感进行艺术化的表现,使自然的人趋向于社会的人。所以,孔子对君子的教育首先是从诗入手的。

　　"立于礼",汉代包咸曰:"礼者,所以立身也。"⑨ 宋代朱熹注曰:"礼以恭敬辞逊为本,而有节文度数之详,可以固人肌肤之会,筋骸之束。故学者之中,所以能卓然自立,而不为事物之所摇夺者,必于此而得之。"⑩ 程树德引李塨《论语传注》中的话说:"事有宜适,物有节文,学之而德性以定,身世有准,可执可行,无所摇夺,是立于礼。"⑪ 刘宝楠引《韩诗

①[三国魏]何晏集解,[南朝梁]皇侃义疏:《论语集解义疏》卷四,中华书局,1985年,第107页。

②[宋]朱熹:《四书章句集注》,中华书局,2010年,第104页。

③[清]程树德撰,程俊英、蒋见元点校:《论语集释》卷十五,中华书局,1990年,第529页。

④马承源主编:《上海博物馆藏战国楚竹书》(一),上海古籍出版社,2001年,第123页。

⑤吴毓江撰,孙启治点校:《墨子校注》卷十二,中华书局,2006年,第690页。

⑥[清]程树德撰,程俊英、蒋见元点校:《论语集释》卷十五,中华书局,1990年,第530页。

⑦[宋]朱熹:《四书章句集注》,中华书局,2010年,第178页。

⑧荆门市博物馆编:《郭店楚墓竹简》,文物出版社,1998年,第179页。

⑨[三国魏]何晏集解,[南朝梁]皇侃义疏:《论语集解义疏》卷四,中华书局,1985年,第107页。

⑩[宋]朱熹:《四书章句集注》,中华书局,2010年,第105页。

⑪[清]程树德撰,程俊英、蒋见元点校:《论语集释》卷十五,中华书局,1990年,第531页。

外传》评曰:"'凡用心之术,由礼则理达,不由礼则悖乱……'是学礼可以立身,立身即修身也。"① 故"立于礼"是说人的确立需要通过认同、遵循社会道德规范来奠定,一个人只有知礼、懂礼、行礼才能立足于社会。"不学礼,无以立"(《论语·季氏》),"不知礼,无以立也"(《论语·尧曰》)。礼在儒学思想中占有重要的地位,西周时期是"经国家,定社稷,序民人,利后嗣"(《左传·隐公十一年》)② 的政治制度。后来经过孔子的重新解释后,礼成为人们日用伦常和生活行为的一套切实可行的准则,而借助这样一种礼法规则,孔子也希望能够充分体现其仁学精神,最终使个体获得君子品格。所以,礼在国家治理和个体修养方面均具有不可或缺的重要作用。对于国家而言,要能做到"为国以礼"(《论语·先进》);对于个人而言,也应学会"克己复礼"(《论语·颜渊》)。一个人在接受了诗的启蒙教育,广博地学文以后,还要"约之以礼"(《论语·雍也》),才符合君子之道。当然,行礼不能只讲形式,更重要的是把握精神实质,所谓"礼云礼云,玉帛云乎哉"(《论语·阳货》),都是指人不仅要身体力行,还要认识到礼的实质,从而把带有强制性规范的礼转化为主体自觉的行为。

"成于乐",汉儒孔安国、包咸认为在"乐"中"成性"。孔曰:"乐,所以成性也。"③ 包曰:"乐所以成性。"④ 宋儒邢昺、清儒刘宝楠等亦持此说。南朝皇侃、宋代朱熹认为在"乐"中"成学"。皇曰:"此章明人学须次第也。"⑤ 宋儒朱熹、陈祥道,明儒胡广等亦持此说;宋儒邢昺认为在"乐"中"成德"。邢曰:"此章记人立身成德之法也……成性在于学乐。"⑥ 宋儒程颐、谢显道,清儒黄式三皆持此说。此外,还有元儒刘因的"成心"、明儒刘宗周的"成性情"等学说,篇幅所限,在此不赘。

---

①[清]刘宝楠撰,高流水点校:《论语正义》卷九,中华书局,1990年,第299页。

②[周]左丘明传,[晋]杜预注,[唐]孔颖达疏:《春秋左传正义》卷四,[清]阮元校刻:《十三经注疏》(附校勘记),中华书局,1982年影印本,第1736页。

③[三国魏]何晏集解,[南朝梁]皇侃义疏:《论语集解义疏》卷四,中华书局,1985年,第107页。

④[清]刘宝楠撰,高流水点校:《论语正义》卷九,中华书局,1990年,第298页。

⑤[三国魏]何晏集解,[南朝梁]皇侃义疏:《论语集解义疏》卷四,中华书局,1985年,第107页。

⑥[三国魏]何晏注,[宋]邢昺疏:《论语注疏》卷八,[清]阮元校刻:《十三经注疏》(附校勘记),中华书局,1982年影印本,第2487页。

以上诸说虽看似聚讼纷纭、莫衷一是,但在中国古代哲学思想中,"心""性""情""德"与"学"之间本来就是一体两面的问题,如郭店楚墓竹简《性自命出》曰:"凡人虽有性,心亡奠志,待物而后作,待悦而后行,待习而后奠。""凡心有志也,无与不□□□□□独行,犹口之不可独言也。""四海之内,其性一也。其用心各异,教使然也。""圣人比其类而论会之……体其义而即度之,理其情而出入之,然后复以教。教,所以生德于中者也。"①只不过前者为修养之体,而后者为修养之用。因此,上述观点看似分歧,实则又有着内在的相通。根据其内在的相似性或一致性,我们完全可以用"成人格"②一说来统摄以上诸说。在《论语·宪问》篇中,孔子说:"若臧武仲之知,公绰之不欲,卞庄子之勇,冉求之艺,文之以礼乐,亦可以为成人矣。"他认为人的全面修养不能缺乏"乐",臧武仲、公绰、卞庄子、冉求等人在有了"知""不欲""勇""艺"等修养之后,还需"文之以礼乐",才可以称得上完美。胡适在《中国哲学史大纲》中说:"成人即是尽人道,即是'完成人格',即是仁。"③可见,成就人格是孔子乐教的重要目标之一,离开了礼、乐便无法"成人",故《礼记·乐记》曰:"乐者,乐也。君子乐得其道,小人乐得其欲。以道制欲,则乐而不乱;以欲忘道,则惑而不乐。是故君子反情以和其志,广乐以成其教。乐行而民乡方,可以观德矣。"④因此"成于乐"就表明了人格是在"乐"中圆满完成,诚如徐复观所言:"礼乐并重,并把乐安放在礼的上位,认定乐才是一个人格完成的境界,这是孔子立教的宗旨。"⑤

孔子欣赏音乐的过程,同时也是通过音乐对其内在精神发掘和将他自身人格向乐中渗透、浸融的过程。《史记·孔子世家》所记的孔子向乐官师襄学琴便是典型的例子。《淮南子·主术训》评论说:"孔子学鼓琴于师襄,而谕文王之志,见微以知明矣。"⑥正因为乐可以改变人的性情,

①荆门市博物馆编:《郭店楚墓竹简》,文物出版社,1998年,第179页。
②据《汉语大词典》的解释,"人格"一词包括如下含义:1.人的性情、气质、能力等特征的总和。2.人的道德品质。3.人按照法律、道德或其他社会准则应享有的权利或资格。参见罗竹风主编:《汉语大词典》第一卷,上海辞书出版社,1986年,第1046页。
③胡适撰,耿云志等导读:《中国哲学史大纲》,上海古籍出版社,2000年,第82页。
④[汉]郑玄注,[唐]孔颖达疏:《礼记正义》卷三十八,[清]阮元校刻:《十三经注疏》(附校勘记),中华书局,1982年影印本,第1536页。
⑤徐复观:《中国艺术精神》,华东师范大学出版社,2002年,第3页。
⑥[汉]刘安等编著,[汉]高诱注:《淮南子》卷九,上海古籍出版社,1989年,第87页。

感发人的心灵,使人自觉地接受和实行仁道,所以当子路问成人时,孔子强调必须"文之以礼乐"(《论语·宪问》)。这样看来,把"兴于诗""立于礼""成于乐"的排列次序理解为人格修养从"诗"开始发端,经过"礼"的确立,最后在"乐"中完成这样一个过程应该没有错。那么,随之而产生的另一个问题便是:孔子在"乐"中所成就的究竟是什么样的人格?

联系《论语》全书来看,我们认为孔子在"乐"中所成就的乃是一种具有"中庸"品质的"君子"人格。据著者统计,《论语》中出现"君子"一词的地方多达107次,与"仁"字出现的109次大体相当,可见其在孔子心目中的重要程度。其所包含的内容非常宽泛,不仅要自强不息,而且还要仁爱施惠;不仅要兼备仁、智、勇而不忧、不惑、不惧,而且还要懂得畏天命、畏大人、畏圣人之言等等,但概括起来,这些内容体现出来的就是孔子所追求的"中庸"之德。在《论语·雍也》中,孔子说:"中庸之为德也,其至矣乎!"再联系《礼记·中庸》所言:"君子中庸,小人反中庸。君子之中庸也,君子而时中;小人之中庸也,小人而无忌惮也。"[①]可知,"君子"人格的至德乃为"中庸"。

关于"中庸",我们在第六章第二节"孔子'中和为美'的音乐美学思想"中已有所阐述,这里我们再结合君子人格问题作进一步说明。朱熹认为:"中庸者,不偏不倚、无过不及,而平常之理,乃天命所当然,精微之极致也。"[②]值得注意的是,朱熹将"中庸"与"天命"联系起来,认为是"精微之极致",显然,在朱熹看来要真正把握"中庸",在立身处世之中做到不偏不倚并非易事。苏轼认为:

> "喜怒哀乐未发谓之中,发而皆中节谓之和,致中和,天地位焉,万物育焉。"非舜、禹、皋陶之成功,其孰能与于此哉?故愚以为穷理尽性,然后得事之真,见物之情。以之事天则天成,以之事地则地平,以之治人则人安。此舜、禹、皋陶之言,可以底绩者也。[③]

---

①[汉]郑玄注,[唐]孔颖达疏:《礼记正义》卷五十二,[清]阮元校刻:《十三经注疏》(附校勘记),中华书局,1982年影印本,第1625页。
②[宋]朱熹:《四书章句集注》,中华书局,2010年,第18—19页。
③[宋]苏轼著,傅成、穆俦标点:《苏轼全集》,上海古籍出版社,2000年,第753页。

苏轼将"中庸"视为"事天""事地""治人"的基本方略,而要做到"致中和,天地位焉,万物育焉",也是非圣贤不能为之。清代学者刘宝楠在阐释该章时说:

> 明中庸之为德,皆人所可常用,而极其功能至于位育。盖尽己之性,以尽人之性;尽人之性,以尽物之性;尽物之性,则可以赞天地之化育,所谓"成己以成物"者如此。故夫子赞为至德。《周官·师氏》:"一曰至德。"郑注:"至德,中和之德。覆焘持载含宏者也。"下引《论语》此文。"覆焘持载",至德也。惟舜在位,能用中于民,民皆化之。[①]

这表明,在孔子那里,"中庸"之德融合了天道仁德的诸种思想,乃"中和"之德也,其为至德,惟君子能常行之。孔子乐教要培养的就是这种沟通"天、地、人",并能够既"成己"又"成物",具有"中庸"品质的君子人格。

这一点也从现代学者的相关论述中得到了验证。现代新儒家代表人物梁漱溟认为,人类因受乐教的涵养而"情感敦厚深醇","有发杼","有节蓄","喜怒哀乐不失中和"[②],这是其高于动物的一个重要因素。也就是说,音乐对人的情感起到一种规范和约束作用,这不仅不会压抑情感的表达和抒发,而且能使人的情感"敦厚深醇"。因此,乐教的特殊作用是其他教化手段难以取代的,对中国古人的人生情趣、艺术追求、审美理想都产生了不可估量的积极影响。朱光潜也谈到,音乐不仅能"发散",而且能"净化"人的情感,这是因为音乐本身的和谐感"浸润到整个身心","表现于行为的也自从容中节"[③]。朱先生认为音乐本身是和谐的,因此能够对人的灵魂产生净化作用,从而导致心灵的和谐,由心灵的和谐从而使人的行为"从容中节"。袁济喜在《传统美育与当代人格》一书中则明确提出,孔子的乐教就其终极目的来说就"是为了造就文质彬彬、尽善尽美的理想人格",而"这种人格,从哲学上来说,就是允执其中,

①[清]刘宝楠撰,高流水点校:《论语正义》卷九,中华书局,1990年,第248页。
②梁漱溟:《儒佛异同论》,中国文化书院学术委员会编:《梁漱溟全集》第七卷,山东人民出版社,2005年,第167页。
③朱光潜:《朱光潜全集》第九卷,安徽教育出版社,1993年,第142—144页。

两者兼顾;从行事方式与社会规范来说,就是追求不偏不倚的'中庸'之德"①。

综上所述,孔子培养"君子"人格的完整过程就是:感奋于诗——立足于礼——完成于乐。其以美育始,以美育终,贯之以礼。这说明,人要成为文质彬彬的君子,一方面要懂礼、好礼、习礼,另一方面要具有相当高的艺术素养。其中,礼是连接诗、乐必不可少的纽带。《礼记·孔子闲居》云:"诗之所至,礼亦至焉;礼之所至,乐亦至焉。"②《礼记·仲尼燕居》亦曰:"不能诗,于礼缪;不能乐,于礼素。"③礼作为一个社会建立起来的道德规范,它规定了人与人之间社会行为的道德准则。对于统治者而言,既要"礼节民心"(《礼记·乐记》)④,同时也要"约之以礼"(《论语·雍也》)。当然,礼不是孔子美育的最后归宿,仁才是孔子思想的核心。所谓"一日克己复礼,天下归仁"(《论语·颜渊》)。于是,孔子又把诗、乐与仁直接联系起来,"人而不仁,如礼何? 人而不仁,如乐何?"(《论语·八佾》)礼实际上又是诗、乐达于仁的一个中间环节。这样,诗、乐、礼、仁就构成了一个多维立体的教育模式。通过诗教、乐教,立足于个体,培养他们良好的道德行为和高尚的人格,陶冶他们的性情,并由此循序渐进推及整个社会的和谐完美。

三、"歌乐者,仁之和也":"乐"与"仁"的圆融统一

然而问题是,在孔子的思想中,只有"仁"才具有终极的意义,为何孔子将人格之完成放在"乐"中而不直接放在"仁"中呢? 究竟是什么使得"乐"的地位如此特殊和重要? 显然,要回答这些问题,就必须对"乐"进行深入的分析。惟有如此,才能最终找到一个圆满的答案。

"乐"作为一种艺术形式,首先必须具有某种美的外在感性形式。对于"乐"来讲,这层意义的"美""是通过它的音律及歌舞的形式而见",

---

① 袁济喜:《传统美育与当代人格》,人民文学出版社,2002 年,第 65 页。
② [汉]郑玄注,[唐]孔颖达疏:《礼记正义》卷五十一,[清]阮元校刻:《十三经注疏》(附校勘记),中华书局,1982 年影印本,第 1616 页。
③ [汉]郑玄注,[唐]孔颖达疏:《礼记正义》卷五十,[清]阮元校刻:《十三经注疏》(附校勘记),中华书局,1982 年影印本,第 1614 页。
④ [汉]郑玄注,[唐]孔颖达疏:《礼记正义》卷三十七,[清]阮元校刻:《十三经注疏》(附校勘记),中华书局,1982 年影印本,第 1529 页。

这种美虽然需要欣赏者在欣赏过程中唤起,但它"毕竟是由美的意识进而创造出的一种美的形式",因此"有其存在的客观的意味"①。对于音乐的这种美的形式,在《论语·八佾》中,孔子是用了"翕如""纯如""皦如""绎如"等形容词来直接描述的。类似于此种意义的感性形式美,孔子还谈到了文辞的美(如《论语·宪问》等)、居室、宗庙的建筑之美(如《论语·子路》《论语·子张》等)以及服饰、装饰之美(《论语·泰伯》《论语·子罕》《论语·乡党》等)。可见,孔子是不否定和排斥能带给人以感性愉悦的形式特征的②。但是,我们也一再强调,孔子的"美"不是外在于人生的,而是在"求仁"并"乐仁"的生存体验中呈现出来的。因此,孔子真正欣赏的"美"并不仅仅是这种感性愉悦的"美",而是从生命根底所散发出的一种境界之美、圆融之美。而这种境界之美,归根结底正是孔子"仁"之境界的诗性呈现,表现在艺术方面,那就是一种"尽善尽美"的艺术境界。

关于"尽善尽美"这个命题,我们也已经在第六章第二节"孔子'中和为美'的音乐美学思想"中做过具体分析,这里结合"成于乐"命题再补充说明几点。首先,"尽善尽美"中所指的"美"与我们前面从仁学层面所谈论的"美"并不是一个概念:"尽美"中的"美"是指具体的审美形式,属于现象层面的美;而"仁境"中所呈现出来的"美"指的是一种审美境界,属于本体层面的美。两种"美"的性质完全不同,不可混淆。徐复观认为,孔子在"美"之前加上一个"尽"字便使之和一般的形式"美"区别开来了:一般的形式"美"完全是以满足人的感性愉悦要求为目的的,不一定会包含"善"的内容;而"尽美"虽然也是为了满足人的感性愉悦要求的,但它的表现应符合孔子提出来的"乐而不淫,哀而不伤"(《论语·八佾》)中和之美的标准,而"在中与和后面,便蕴有善的意味"。随后,徐复观又以《韶》乐的"尽善尽美"为例,说明了"孔子所要求于乐的,是美与仁的统一"③。

其次,"尽善尽美"中的美与仁的统一、道德与艺术的统一,绝非是认识论意义上"内容"与"形式"相统一的思维模式,而是有着特定的内

---

①徐复观:《中国艺术精神》,华东师范大学出版社,2002年,第9页。
②关于这一点,可详见第四章第二节"本体的领悟与审美的还原"中对该问题的阐述。
③徐复观:《中国艺术精神》,华东师范大学出版社,2002年,第9页。

涵。具体来说，就是指"尽善尽美"并不是一种简单的"尽善"＋"尽美"的"加法"关系，而是一种"尽善"×"尽美"的"乘法"关系。用"乘法"来描述"尽善尽美"，实际上意在强调"美"与"善"之间所形成的是一种相互融合、相互渗透、水乳交融、浑然不分的状态，而非通常所理解的那种"'内容（仁）'＋'形式（乐）'"的泾渭分明的二元分离状态。换言之，在孔子那里，"尽善尽美"因"善"（仁）与"美"（乐）的相互融透而变得不可分割，成为了一个浑然一体的有机整体，从而真正达到了"美中有善，善中有美"的美学要求。

总的来看，孔子对艺术的要求是既要有美的表现形式，又要有善（仁）的内容，二者应有机统一、不可割裂。然而，乐是艺术，仁属人生，要把这艺术的美和人生的善融合在一起，这又如何可能呢？我们认为，二者能够融合的契机就在于"乐"与"仁"之间的内在联系。

这种联系首先表现在"乐"与"仁"在本质上的自然相通。仁的本质，我们前面已经说过，是一种境域性的存在，而其精神实质归结起来便是"和"。从"仁者自爱"到"为仁之本"的孝弟亲情，到推己及人的"仁者爱人""克己复礼"，再到"与天相合"的普遍的生命关怀精神，"仁"所体现出的无不是一种生命遂畅的和谐状态，只是这其中有人与己、人与人、人与社会、人与自然等不同层次的和谐罢了。而"乐"的正常本质，也"可以用一个'和'字作总括"①，故《荀子·乐论》说"乐和同"，《礼记·乐记》也说"乐者为同"，而所谓的"合同"即是"合爱"，"乐者异文，

---

① 徐复观：《中国艺术精神》，华东师范大学出版社，2002 年，第 9 页。另，古代典籍中关于这一点的论述俯拾皆是，如《尚书·舜典》"八音克谐，无相夺伦"〔［汉］孔安国传，［唐］孔颖达疏：《尚书正义》卷三，［清］阮元校刻：《十三经注疏》（附校勘记），中华书局，1982 年影印本，第 131 页〕首开中国乐论以"和"言"乐"之先河；《庄子·天下》云《乐》"以道和"（〔清］郭庆藩撰，王孝鱼点校：《庄子集释》卷十下，中华书局，2016 年，第 1071 页）；《荀子·儒效》谓《乐》言是，其和也"（〔清〕王先谦撰，沈啸寰、王星贤点校：《荀子集解》卷四，中华书局，1988 年，第 133 页）；《荀子·乐论》谓"乐也者，和之不可变者也"（〔清〕王先谦撰，沈啸寰、王星贤点校：《荀子集解》卷十四，中华书局，1988 年，第 382 页）；《礼记·乐记》曰"大乐与天地同和，大礼与天地同节""乐者，天地之和也；礼者，天地之序也"〔［汉］郑玄注，［唐］孔颖达疏：《礼记正义》卷三十七，［清］阮元校刻：《十三经注疏》（附校勘记），中华书局，1982 年影印本，第 1530 页〕；《史记·滑稽列传》引孔子的话曰"《乐》以发和"〔［汉］司马迁撰，［宋］裴骃集解，［唐］司马贞索隐，［唐］张守节正义：《史记》卷一百二十六，中华书局，1999 年，第 2423 页〕；阮籍《乐论》云"圣人之乐和而已矣"（陈伯君校注：《阮籍集校注》卷上，中华书局，1987 年，第 95 页）；刘宗周《论语学案》云"礼只是'敬'，乐只是'和'"（吴光主编：《刘宗周全集·经术》第二册，浙江古籍出版社，2012 年，第 366 页）。

合爱者也"①。在第一编对孔子仁学的再解读中,我们曾经重点论述过,"仁"的外化方式就是一种以血亲之爱为基础、不断向外作扩展和升华的情感之爱,而这种仁爱情感最终所指向的是一种生命的和谐。孔子一再强调"乐""不可斯须去身",是因为乐能促使人产生"易直子谅之心",而达到"易直子谅之心生则乐,乐则安,安则久,久则天"②的境界。"乐"的审美导致了道德的升华,而在善与美的浑融中最终则是对天人和谐关系的理解。在这一点上,"乐"与"仁"无疑是息息相通的,所以《礼记·儒行》篇就明确指出"歌乐者,仁之和也"③。徐复观也认为,"仁"的境界与"乐"的境界会通统一于"天下归仁""浑然与物同体"之极致处。而这种会通统一,实际上就是"艺术与道德""在其最高的境界中"得到的"自然而然的融和统一"。故而,在二者之间,"道德充实了艺术的内容,艺术助长、安定了道德的力量"④。

再次,"乐"与"仁"的相通还表现在"乐"的价值根源就在于"仁"。如上所述,孔子对艺术的最高要求就是"尽善尽美"。尽管依靠艺术可以达到"尽美"的程度,但要达到"尽善尽美"的境地,仅凭艺术本身是不可能的,它更有待于人性修养的不断完善和提升。换句话说,对孔子而言,艺术的最高境界只能"是由'下学而上达'的无限向上的人生修养,透入到无限的艺术修养中,才可以做得到"⑤。这里的关键词就是"透入"二字。那么,如何才能做到"透入"呢?这一问题业已追问到了"乐"的根源处。《礼记·乐记》中说:"乐由中出,礼自外作。"⑥还说:"乐也者,动于内者也;礼也者,动于外者也。"⑦这里的"中"和"内"显然便是"乐"所从之出的根源所在。那么,"中"和"内"具体指的什么呢?按照

①[汉]郑玄注,[唐]孔颖达疏:《礼记正义》卷三十七,[清]阮元校刻:《十三经注疏》(附校勘记),中华书局,1982年影印本,第1530页。
②[汉]郑玄注,[唐]孔颖达疏:《礼记正义》卷三十九,[清]阮元校刻:《十三经注疏》(附校勘记),中华书局,1982年影印本,第1543页。
③[汉]郑玄注,[唐]孔颖达疏:《礼记正义》卷五十九,[清]阮元校刻:《十三经注疏》(附校勘记),中华书局,1982年影印本,第1671页。
④徐复观:《中国艺术精神》,华东师范大学出版社,2002年,第10—11页。
⑤徐复观:《中国艺术精神》,华东师范大学出版社,2002年,第18页。
⑥[汉]郑玄注,[唐]孔颖达疏:《礼记正义》卷三十七,[清]阮元校刻:《十三经注疏》(附校勘记),中华书局,1982年影印本,第1529页。
⑦[汉]郑玄注,[唐]孔颖达疏:《礼记正义》卷三十九,[清]阮元校刻:《十三经注疏》(附校勘记),中华书局,1982年影印本,第1544页。

孔子的一贯思想,这里的"中"和"内"当指潜藏在人生命深处的"仁心仁德",也即后儒所说的"良知"。孔子的一句话可与此相互阐发,他说:"人而不仁,如乐何?"(《论语·八佾》)这就是说,一个不具备仁学修养的人,是无法真正欣赏到音乐的美的。

换个角度可以理解为,"仁"是"乐"的价值根源,没有对"仁"的表现,所谓的"乐"也就毫无意义可言。即使是具有相对独立性的音乐美本身,它也应该是从人的生命根源处(即"仁")流淌出来,因为音乐美本身的主要形式要素如声音、节奏、韵律等,只有配合人自身内在的生命节奏才能够产生艺术效果,如《礼记·乐记》中所说的"凡音者,生人心者也"[1]、"三者本于心,然后乐器从之,是故情深而文明,气盛而化神"[2]强调的就是这一点。"情深",是指它是从人的生命根源处流出,是不矫饰、不伪装、真诚的歌唱。"文明"是指这种自然乐音表现为诗、乐、舞统一的节奏形式。"乐"能发扬人的潜伏的生命之情,形成一种与天地为一的磅礴气象,即"气盛"。"气盛"便是浑融和谐,是自然与人生、道德与艺术的完美统一。只有在这种和谐统一中,外在形式消逝得无影无踪,才能与自然真诚地交流,于是达到"化神"。据此,徐复观断言"若是不能了解孔门所传承发挥的音乐艺术中的美中之善,即不能欣赏其艺术中的善中之美"[3]。可以说,徐先生的这一结论是深中膮理的。

因此,只有当生命深处的"仁"性通过音乐的艺术形式表现出来的时候,"仁"的内容才能真正与"乐"的形式融为一体,不仅"仁"会因"乐"而艺术化,而且"乐"也因"仁"的"透入"变得充实起来,此时的"乐"便表现为一种"直接由生命深处所透出的'艺术之情',凑泊上良心而来,化得无形无迹,所以便可称之为'化神'"。"仁"也因此不再"作为一个标准规范去追求它,而是情绪中的享受。这即是所谓快乐的乐(洛)"[4]。在这个意义上,我们才可以说"乐"是"仁"之境界的诗性呈现。惟有如此,"乐"才能够与"仁"达到浑然不分的状态,此时的艺术才真正

①[汉]郑玄注,[唐]孔颖达疏:《礼记正义》卷三十七,[清]阮元校刻:《十三经注疏》(附校勘记),中华书局,1982年影印本,第1527页。

②[汉]郑玄注,[唐]孔颖达疏:《礼记正义》卷三十八,[清]阮元校刻:《十三经注疏》(附校勘记),中华书局,1982年影印本,第1536页。

③徐复观:《中国艺术精神》,华东师范大学出版社,2002年,第22页。

④徐复观:《中国艺术精神》,华东师范大学出版社,2002年,第16—17页。

符合孔子"尽善尽美"的要求。这也恰恰是孔子将人格修养的最后完成阶段放给"乐"(即"成于乐")的根本原因。

最后,"乐"的艺术特征决定了它可以通达"仁"的最高境界——"天人合一"。众所周知,音乐的本体存在于生命的节奏和秩序表现之中,而这种生命的节奏和秩序又是中国艺术的本源,诚如现代美学大师宗白华所说:"和谐与秩序是宇宙的美,也是人生美的基础"[1],而音乐"尤能直接地启示宇宙真体的内部和谐与节奏"[2]。当代美学家朱良志也认为,音乐所反映的是"宇宙生命的秩序",而"大自然中流动的生命感就是音乐感",故音乐为我们"再现了大自然生生不绝而又具有秩序的生命联系"[3]。袁济喜也同样指出:"乐是宇宙和谐精神的内在显示",是"人类精神的堂奥与本体",是"人与宇宙沟通的中介"[4]。西哲一般也认为一切艺术以趋向音乐为旨归,如黑格尔就认为音乐是"浪漫型艺术的中心",而"浪漫型"艺术又是艺术发展的最高阶段[5]。这说明,中西方艺术在表现生命的秩序与宇宙的和谐上是相通的。由此我们便可以说,在与宇宙秩序的生命联系中,音乐以一种"有意味的形式"来表达人类生命的节奏和韵律。这种生命的律动充满动感,无处不盈,不可扼止,永不停滞,在生生不息的流动中,超越了时空,沟通了天与人的生命境界。这不正是孔子所孜孜以求的"仁"之至境——"天人合一"之境吗?

四、"乐由中出":在"乐"中彰显"仁境"的诗性本质

通过上述分析可以看出,在音乐的生生节奏中,人完全可以进入到一种和谐顺畅、圆融无碍的自由之境,并体验到一种"与天地万物上下同流"[6]而产生的"至乐"感受。然而,这种"至乐"又绝非在"世俗之乐"中所能够体会得到的。倘若要追问这种在音乐的最高境界所体验到的"至乐"的根源,一方面当然与音乐艺术自身的形式特征密切相关,但更为重要的还是要归结为儒家所说的"乐由中出"。《礼记·乐记》中说:

---

①宗白华:《美学散步·希腊哲学家的艺术理论》,上海人民出版社,2015年,第278页。
②宗白华:《美学散步·中国艺术意境之诞生》,上海人民出版社,2015年,第87页。
③朱良志:《中国艺术的生命精神》,安徽教育出版社,1998年,第17页。
④袁济喜:《中国古代文论精神》,山西教育出版社,2005年,第42—43页。
⑤[德]黑格尔著,朱光潜译:《美学》第一卷,商务印书馆,1996年,第111—114页。
⑥[宋]朱熹:《四书章句集注》,中华书局,2010年,第130页。

"乐由中出故静。"① 这里提到的"静"的观念似乎和我们讨论的"乐"的体验并无太大关联,甚至还有点儿背道而驰的感觉。的确,"静"本身与"乐"所表现出来的"动"本来就是矛盾的,很难用它来直接解释快乐产生的来源。不过,如果能进一步透过这矛盾的表层,我们或许可以发现儒家思想最独特、也是最深邃的地方。

在这句话之前,《乐记》中还谈到:"人生而静,天之性也。感于物而动,性之欲也。"② 也就是说,人性本是一片纯真、纯善,无外物渗扰于其间,故是静的。而从人性的根源处所生发出的"乐"即"乐由中出",是顺性而萌,可以说与人性本身几乎是一体的。人性是静的,故"乐"(艺术)也是静的。"中"指的是人性的本真状态,即《中庸》所言"喜怒哀乐之未发"③;"出"便是在自然万物的感召下,流淌出一派纯然的音乐旋律,是"湛寂之中,自然而感,如火始然,如泉涌出,莫之能御"④。它是自本自根的感动,正所谓"圣人之作乐也,将以顺天之体成,成万物之性也"⑤。在这样一种艺术氛围中,人把自己向"纯净而无丝毫人欲烦扰夹杂的人生境界上升起","孔门即在此根源之地立定乐的根基,立定艺术的根基"⑥。由此可见,以孔子为代表的儒家思想是把艺术视为了心灵的归宿,渴望在艺术中能够让心灵得到某种静化和净化,并将之视为艺术的本旨。非常巧合的是,在海德格尔诗学中,同样也是把艺术和某种宁静结合起来,他认为人在诗中"达乎安宁",并且是"那种无限的安宁",而"在这种安宁中,一切力量和关联都是活跃的"⑦。这似乎预示着,孔子和海德格尔虽然致思方向不尽相同,但精神实质却是不谋而合、殊途同归的。

然而,不论是孔子还是海德格尔,之所以将"静"视为艺术之本旨,是因为他们对"静"总抱有某种期待,他们渴望在"静"中得到某种纯

---

① [汉]郑玄注,[唐]孔颖达疏:《礼记正义》卷三十七,[清]阮元校刻:《十三经注疏》(附校勘记),中华书局,1982年影印本,第1529页。
② [汉]郑玄注,[唐]孔颖达疏:《礼记正义》卷三十七,[清]阮元校刻:《十三经注疏》(附校勘记),中华书局,1982年影印本,第1529页。
③ [汉]郑玄注,[唐]孔颖达疏:《礼记正义》卷五十二,[清]阮元校刻:《十三经注疏》(附校勘记),中华书局,1982年影印本,第1625页。
④ 马一浮:《复性书院讲录·诗教绪论》,山东人民出版社,1998年,第164页。
⑤ 陈伯君校注:《阮籍集校注》卷上,中华书局,1987年,第78页。
⑥ 徐复观:《中国艺术精神》,华东师范大学出版社,2002年,第18页。
⑦ [德]海德格尔著,孙周兴译:《荷尔德林诗的阐释》,商务印书馆,2000年,第49页。

然的自在之物,看到无所遮蔽的真理,故而在他们的心目中,艺术中的"静"就等于去蔽。换句话说,他们都没有孤立地去理解"静",只不过是将"静"视为一条道路,由这条道路所通达的真正目的地却是要进入到另一种生机勃发、万物涌动的终极境域之中,并且在这其中真切地体会到那隐而不显的"存在"。对于海德格尔而言,这种终极性存在就是"Ereignis",它在"无限安宁"中呈现出"一切力量和关联的活跃";而对于孔子来说,这种终极性存在是"仁",它在艺术的宁静中彰显着人不断向更高生命境界进行超越的无限生机与活力。就此而言,儒家所说"乐由中出","表面上好像是顺着深处之情向外发,但实际则是要把深处之情向上提",而这种"提"则"突破到为超艺术的真艺术,超快乐的大快乐"①。达到了这种人生境界,人自然会获得一种忘我式的精神超越感,而大自由、大解放的大快乐也会油然而生。孔子在齐闻《韶》乐所获得的"乐"的体验,即是这样一种典型的精神超越式的大快乐。钱穆说这种"乐"的体验"乃圣人一种艺术心情,孔子曰:'发愤忘食,乐以忘忧。'此亦一种艺术心情。艺术心情与道德心情交流合一,乃是圣人境界之高"②。由此可见,孔子在艺术中所达到的境界实乃人生命当中最有深度最有意义的境界,而孔子所强调的"成于乐"也正是在这样一种境界中实现的。

如此看来,上面所论及的"乐"本身不仅是与"仁"之精神息息相通的,而且通过"乐"所发扬出来的仁学内容已不是一种抽象的观念形态,而是完全艺术化和审美化了,甚至可以说,此时的"乐"与"仁"已经圆融不分,有如"羚羊挂角,无迹可求"③。如果说在"诗"与"礼"中所成就的还只能算是一种道德人格的话,那么"乐"所成就的便是这样一种富有仁学精神、中庸品质的审美人格。惟有当人的人格由道德人格上升到审美人格的时候,方可算人格的最终完成。故而,言"成于乐",犹言人格修养的最高的境界就是审美人格的生成,这便是孔子"成于乐"命题的真正内涵。

至此,我们也终于明白了孔子为什么不说"成于仁"而要说"成于乐"。原因就在于孔子一生所追求的不是仁学观念的建构,不是僵死不

①徐复观:《中国艺术精神》,华东师范大学出版社,2002年,第18页。
②钱穆:《论语新解》,生活·读书·新知三联书店,2002年,第177页。
③[宋]严羽著,郭绍虞校释:《沧浪诗话校释·诗辨》,人民文学出版社,1983年,第26页。

变的"礼制",而是要在活泼泼的"乐"(艺术)的情境中去净化人性,提升人格,从而使之达到"仁"的最高境界——审美化的生命之境。一言以蔽之,孔子实际上要在"仁境"之中去实现人生与艺术的完美结合。如果说,孔子发出的"吾与点"的慨叹中体现了他对人生审美化的向往以及对"诗化生存"最高肯定的话,那么这里他对"乐"的沉迷与陶醉,则蕴含了他将艺术人生化的深刻意味。两种状态虽起点不同(一为人生,一为艺术),但其归宿却是一样的。这样一来,艺术就因有着生命的积淀而变得厚重深广,而人生也因有了艺术的加入而变得灵动、富有生机与诗意起来。对此,宗白华曾经有过一段很经典的阐述:"中国哲学是就'生命本身'体悟'道'的节奏",而"道"又最极致地表现在"艺"中。"灿烂的'艺'赋予'道'以形象和生命,'道'给予'艺'以深度和灵魂"①。朱光潜也有类似的观点:"离开人生便无所谓艺术,因为艺术是情趣的表现,而情趣的根源就在人生;反之,离开艺术也便无所谓人生,因为凡是创造和欣赏都是艺术的活动,无创造、无欣赏的人生是一个自相矛盾的名词。"②

　　从这个意义上来说,孔子的艺术精神就不仅体现在音乐的欣赏中臻至"三月不知肉味"的"忘我"的程度上,也不仅体现在他对《诗经》的那种推崇备至之中,更重要地体现在他对人生"艺术化"的独到领悟以及对理想生存方式的追求中。这里的"艺术化",实际上并不专指艺术创造时的精神状态,它还可以是在"乐"(艺术)中所体现出来的对世界和人生的最高体认。诚如徐复观所说,仁的最高境界已经不再仅仅局限于艺术领域,而是"将生命沉浸于美与仁得到统一的无限艺术境界之中",这可以说是"肯定了最高而完整的艺术精神"③。显然,孔子"仁境"的诗性呈现就表现在这种"最高而完整的艺术精神"中。在孔子看来,人生本身就是充满诗意和富有情趣的,只要能够在一种本真的生存状态中去认真体味生命的意义(既包括人的生命意义,也包括大自然的生命意义),那么就完全可以实现人生与艺术的相互转化、相互渗透和相互呈现。只有将人生的情趣化(艺术化)与艺术的生活化这两方面结合起来,"才能

---

① 宗白华:《美学散步·中国艺术意境之诞生》,上海人民出版社,2015年,第90页。
② 朱光潜:《朱光潜全集》第二卷,安徽教育出版社,1987年,第90—91页。
③ 徐复观:《中国艺术精神》,华东师范大学出版社,2002年,第19页。

使人把自己的生命史当作一件作品来进行创造",从而"才能建立高尚的人格理想"①。事实证明,孔子已经做到了这一点,他真正实现了人生的艺术化与艺术的人生化、审美境界与人生境界的双向统一。

实际上,孔子这种"成于乐"的艺术精神远不止体现在"乐"中,而是贯穿了他的整个仁学思想中。就个体人格修养而言,从"知之者不如好之者,好之者不如乐之者"到"曾点之志"再到"孔颜之乐"无不是这种艺术精神的体现;就社会理想而言,孔子所孜孜以求的理想政治是从尧舜到周公时代的"礼乐之治",而"礼乐之治"就其实质来讲是一个"美学化的社会",其最高追求"并不只是获得民主、自由、平等、正义,而是达到了美的境界"。在这样的社会中,其政治目标"不是在法制规范中"获得的,而是"在美的涵泳陶冶之中自然而然达到的"。因此,儒家理想中的政治归根结底"是一种无政治的政治"②。或许正是由于孔子希望以这种艺术化的方式(而非强制性的力量)来实现社会的整体和谐,所以才注定了"礼乐之治"成为了孔子及后儒"在政治上永恒的乡愁"③。

---

①王旭晓:《"人生的艺术化"——朱光潜早期美学思想与他的人格理想》,载叶朗主编:《美学的双峰:朱光潜、宗白华与中国现代美学》,安徽教育出版社,1999 年,第 228 页。
②陈昭瑛:《孔子诗乐美学中的整体性概念》,《江海学刊》2002 年第 2 期。
③徐复观:《中国艺术精神》,华东师范大学出版社,2002 年,第 14 页。

下编　孔子美学思想的后世影响

　　孔子仁学、美学作为中华优秀传统文化的一个重要组成部分，在对中国古代哲学、美学、艺术、政治、宗教等思想形态产生了几千年的影响之后，已经在国人内心积淀成一种坚实、稳定的文化心理和文化信念。而这种文化心理和文化信念，即便是到了现代社会，依然显示出其强大而持久的生命力。

　　鉴于此，本编将侧重于从孔子美学思想对中国古代美学的影响以及孔子仁学、美学对现代社会的影响两个维度来具体探讨一下孔子美学思想的价值，由此彰显孔子美学对中国美学与现代社会的独特贡献。

第十章　孔子美学思想对中国古代美学的影响

　　孔子美学对中国后世美学的影响是全方位、多方面的,既有对具体艺术审美创作的影响,也有对美学观念方面的影响。由于著者能力所限,本章仅选取从孔子的"比德"审美观、"文质彬彬"审美观以及"中和"审美观三个方面,来探讨一下它们对中国诗画审美范型、中国诗歌美学、中国音乐美学、中国书法美学的影响,以期对孔子美学的理论价值和历史地位有一个相对准确和全面的把握。

第一节　孔子"比德"审美观对中国诗、画审美范型的影响

　　前文讲过,华夏民族在对自然美的欣赏上,由于特别强调了自然事物中所具有的人格意义、精神蕴含,因而这种自然美思想具有浓厚的"人化"色彩,极富人情味。这一华夏美学的特点,直接来源于孔子的"比德"审美观,而这种审美观作为华夏民族观照自然事物的独特的审美思维方式,在中国审美文化史上延续了几千年,并逐渐积淀为华夏民族的审美集体无意识和审美心理图式。此后,在自然美领域中,凡能够与人的精神品性、道德情操形成同构关系的自然对象,都会纳入到"比德"审美的范围之中。同样,在艺术美领域中,孔子的"比德"审美观奠定了用自然事物特性来象征人的某种精神、品质、人格的审美范型。所谓"范型",就是指具有典型性、代表性的模式、类型。《尔雅》释"范"曰:"常也。"郭璞注曰:"常法。"[1]《说文解字》释"型"曰:"铸器之法也。"[2] 而"审美范型"则是指具有典型性、代表性的审美表现方式。在孔子"比德"审美思维的影响下,某些经常被用来比拟高尚人格的自然物,如"四

---

①[晋]郭璞注,[宋]邢昺疏:《尔雅注疏》卷一,[清]阮元校刻:《十三经注疏》(附校勘记),中华书局,1982 年影印本,第 2569 页。
②[清]段玉裁:《说文解字注》,中华书局,2013 年,第 695 页。

君子"（梅、兰、竹、菊）、"岁寒三友"（松、竹、梅）等，形成了稳定的审美范型和文化符号，为后世的艺术创作提供着源源不断的美学滋养。

一、孔子"比德"审美观与中国诗文艺术审美范型

孔子开启的"比德"审美观对中国古代诗文创作有着深远的影响。屈原的作品中不仅以大量的"比德"著称于世，而且他还开创性地将"比德"的对象从自然领域扩大到人文领域。他常以美人喻理想，比明君；又常以花草喻君子，比人格："善鸟香草以配忠贞；恶禽臭物以比谗佞……虬龙鸾凤以托君子；飘风云霓以为小人。"① 在他的作品中，儒家"比德"审美中的政治教化色彩被大大淡化，转而变为对孤傲高洁个体人格的热烈颂扬。以屈原的《离骚》（节选）为例：

> 纷吾既有此内美兮，又重之以修能。扈江离与辟芷兮，纫秋兰以为佩……时暧暧其将罢兮，结幽兰而延伫。世溷浊而不分兮，好蔽美而嫉妒。朝吾将济于白水兮，登阆风而绁马……户服艾以盈要兮，谓幽兰其不可佩。览察草木其犹未得兮，岂珵美之能当？……兰芷变而不芳兮，荃蕙化而为茅。何昔日之芳草兮，今直为此萧艾也？岂其有他故兮，莫好修之害也！②

通篇以兰比德，赞美主体人格的纯洁高尚、超群拔俗以及坚贞不屈。屈原对儒家"比德"审美观的改造发展，使"比德"摆脱了伦理道德的限制，而趋向于以自然物象来表达诗人的自我情感，更易引起后世文人的共鸣。此后，汉代文人创作的一些托物言志的抒情小赋，如路乔如的《鹤赋》、邹阳的《几赋》、刘歆的《灯赋》、羊胜的《屏风赋》、班固的《竹扇赋》、张衡的《鸿赋》、蔡邕的《蝉赋》、赵壹的《穷鸟赋》、祢衡的《鹦鹉赋》等等，都明显受到"比德"审美思维方式的影响。

后世诗文艺术中，除了屈原奠定的"香草美人"的"比德"审美范型外，影响更为深远的是"岁寒三友"（松、竹、梅）和"四君子"（梅、兰、竹、菊）的审美范型。

---

① 黄灵庚疏证：《楚辞章句疏证》卷一，中华书局，2007年，第10—11页。
② 蒋天枢校释：《楚辞校释》，上海古籍出版社，1989年，第6—62页。

首先说"松",自从孔子开创了以"松柏之后凋"的意象来类比顽强坚毅的君子人格,后世文人就经常以松柏之品格约己戒人。"岁不寒无以知松柏,事不难无以知君子,无日不在是"(《荀子·大略》)[①]、"草木秋死,松柏独在"(刘向《说苑·谈丛》)[②]、"朝华之草,夕而零落;松柏之茂,隆寒不衰"(《三国志·魏书》)[③]、"寒暑不能移,岁月不能败者,惟松柏为然"(苏辙《服茯苓赋·并叙》)[④]的说法均来自于孔子以"松"比德的传统。在诗文创作中,对松柏之美的观照,基本上没有逸出孔子的这一思路。"建安七子"之一的刘桢在《赠从弟三首》(其二)中以不畏严寒之松树写出了诗人内心胸怀坦荡之气:"亭亭山上松,瑟瑟谷中风。风声一何盛,松枝一何劲。冰霜正惨怆,终岁常端正。岂不罗凝寒?松柏有本性。"[⑤]此后,南朝梁人范云的《咏寒松诗》"修条拂层汉,密叶障天浔。凌风知劲节,负雪见贞心"[⑥]、唐代杜甫的《古柏行》"落落盘踞虽得地,冥冥孤高多烈风"[⑦]、李白的《古风》(其十二)"松柏本孤直,难为桃李颜"[⑧]、宋代苏轼的《寄题刁景纯藏春坞》"白首归来种万松,待看千尺舞霜风"[⑨]等诗作均延续了该主题。

次说"竹",在诗文创作中往往被赋予了虚怀、亮节的个性特征,成为文人人格理想的寄托。晋代大书法家王子猷(即王徽之)生性高傲,视竹子为知音,即使暂居他人空宅,也要全部种上竹子,并深情地说"何可一日无此君?"[⑩]宋代苏东坡同样追求风雅高节的精神生活,其诗《于潜僧绿筠轩》曰:"可使食无肉,不可使居无竹。无肉使人瘦,无竹令人俗。"[⑪]而自

①[清]王先谦撰,沈啸寰、王星贤点校:《荀子集解》卷十九,中华书局,1988年,第506页。
②[汉]刘向撰,向宗鲁校证:《说苑校证》卷十六,中华书局,1987年,第389页。
③[晋]陈寿撰,栗平夫、武彰译:《三国志》卷二十七,中华书局,2014年,第798页。
④[宋]苏辙著,陈宏天、高秀芳点校:《苏辙集》卷十七,中华书局,1999年,第333页。
⑤[南朝梁]萧统编,[唐]李善注:《文选》卷二十三,中华书局,2005年,第337页。
⑥李起敏、白岚玲选注:《历朝花鸟咏物诗》,华夏出版社,1999年,第227页。
⑦《全唐诗》(增订本)卷二百二十一,中华书局,1999年,第2339页。
⑧《全唐诗》(增订本)卷一百六十一,中华书局,1999年,第1675页。
⑨[宋]苏轼著,傅成、穆俦标点:《苏轼全集》,上海古籍出版社,2000年,第158页。
⑩[南朝宋]刘义庆著,[南朝梁]刘孝标注,余嘉锡笺疏:《世说新语笺疏》,中华书局,2011年,第656页。
⑪[宋]苏轼著,傅成、穆俦标点:《苏轼全集》,上海古籍出版社,2000年,第101页。

《诗经》始,就已经开了君子比德于竹的先河①,后世文人更是继承了《诗经》与孔子"比德"的传统,将竹来象征谦虚有节、刚正不阿的人格美,如南朝齐人江淹的《效阮公诗十五首》(其一):"宁知霜雪后,独见松竹心。"②梁人刘孝先的《咏竹诗》:"竹生荒野外,梢云耸百寻。无人赏高节,徒自抱贞心。"③唐代张九龄的《和黄门卢侍郎咏竹》:"高节人相重,虚心世所知。凤皇佳可食,一去一来仪。"④孙岘的《送钟员外·赋竹》:"万物中潇洒,修篁独逸群。贞姿曾冒雪,高节欲凌云。"⑤邵谒的《金谷园怀古》:"竹死不变节,花落有余香。美人抱义死,千载名犹彰。"⑥宋代文同的《咏竹》:"心虚异象草,节劲逾凡木。"⑦朱淑真的《咏直竹》:"劲直忠臣节,孤高烈女心。四时同一色,霜雪不能侵。"⑧元代马谦斋的《水仙子·咏竹》:"贞姿不受雪霜侵,直节亭亭易见心。"⑨王冕的《感竹吟》:"劲直不肯降雪霜,潇洒不肯栖凤凰。愿杀长身载经籍,要为吾道垂休光。"⑩明代陶宗仪的《题王黄鹤竹石便面》:"此君心事坚如石,一握清风拂面寒。"⑪这些诗句均表现出一种对清高绝俗人格精神的赞美。清代

---

① 《诗经·小雅·斯干》中以松竹暗喻人的品性:"秩秩斯干,幽幽南山。如竹苞矣,如松茂矣。"〔[汉]毛亨传,[汉]郑玄笺,[唐]孔颖达疏:《毛诗正义》卷十一,[清]阮元校刻:《十三经注疏》(附校勘记),中华书局,1982年影印本,第436页〕《诗经·卫风·竹竿》则是以竹喻自己的品节:"籊籊竹竿,以钓于淇。岂不尔思?远莫致之。"〔[汉]毛亨传,[汉]郑玄笺,[唐]孔颖达疏:《毛诗正义》卷三,[清]阮元校刻:《十三经注疏》(附校勘记),中华书局,1982年影印本,第325页〕而《诗经·卫风·淇奥》直接将人比竹,予以赞美:"瞻彼淇奥,绿竹猗猗。有匪君子,如切如磋,如琢如磨……瞻彼淇奥,绿竹青青。有匪君子,充耳琇莹,会弁如星……瞻彼淇奥,绿竹如箦。有匪君子,如金如锡,如圭如璧……"〔[汉]毛亨传,[汉]郑玄笺,[唐]孔颖达疏:《毛诗正义》卷三,[清]阮元校刻:《十三经注疏》(附校勘记),中华书局,1982年影印本,第321页〕明人江盈科《雪涛阁集·两君子亭记》卷七云:"盖竹中虚外劲,岁寒不渝,其号'君子'也,自《淇奥》之诗始。"〔[明]江盈科纂,黄仁生辑校:《江盈科集》(增订本),岳麓书社,2008年,第252页〕

② [南朝梁]江淹著,丁福林、杨胜朋校注:《江文通集校注》卷三,上海古籍出版社,2017年,第521页。

③ 李起敏、白岚玲选注:《历朝花鸟咏物诗》,华夏出版社,1999年,第235页。

④ [唐]张九龄撰,熊飞校注:《张九龄集校注》卷一,中华书局,2008年,第85页。

⑤ 《全唐诗》(增订本)卷七百五十七,中华书局,1999年,第8705页。

⑥ 《全唐诗》(增订本)卷六百零五,中华书局,1999年,第7051页。

⑦ [宋]文同著,胡问涛、罗琴校注:《文同全集编年校注》卷十七,巴蜀书社,1999年,第531页。

⑧ [宋]朱淑真撰,张璋、黄畲校注:《朱淑真集·诗集后集》,上海古籍出版社,1986年,第218页。

⑨ 陶今雁主编:《中国历代咏物诗辞典》,江西教育出版社,1992年,第961页。

⑩ [元]王冕著,寿勤泽点校:《王冕集·竹斋集》,浙江古籍出版社,2012年,第207页。

⑪ 李德壎编著:《历代题画诗类编》(下册),山东教育出版社,1987年,第1060页。

郑燮的《竹石》:"千磨万击还坚劲,任尔东西南北风。"① 更是通过描写虽经历过风吹雨打但仍"坚劲"的竹子意象,塑造了一个百折不挠、顶天立地的君子形象。此外,唐代大诗人白居易专门写了一篇《养竹记》②,从"比德"的角度揭示出竹子的独特品质。在这篇文章中,白居易结合竹之生长特点"本固""性直""心空""节贞"来让君子"树德""立身""体道""立志"。同时代的另一位文人刘岩夫,在《植竹记》中用"刚、柔、忠、义、谦、恒、乐贤、进德"③ 来阐释竹子的道德内涵。元代柯九思在《题晴竹图》"岁寒有贞姿,孤竹劲而直。虚心足以容,坚节不挠物"④ 一诗中,高度赞扬了竹子贞洁劲直、虚心有节、不屈不挠的高尚品质。而近代学者王国维则对"君子比德于竹"的内在关联性作了观念上的总结,他在《此君轩记》中说:"竹之物,草木中之有特操者与?群居而不倚,虚中而多节,可折而不可曲,凌寒暑而不渝其色。""其超世之致,与不可屈之节,与君子为近,是以君子取焉。"⑤ 竹子因其"群居而不倚""虚中而多节""可折而不可曲"等自然特征,最易与虚怀若谷、坚忍不拔的君子人格相比拟。

再说"梅",由于其不畏严寒、傲霜斗雪的独特个性,为世代文人所敬重,历来被视为高洁志士的象征。南朝宋人鲍照《梅花落》:"中庭杂树多,偏为梅咨嗟。问君何独然?……摇荡春风媚春日,念尔零落逐寒风,徒有霜华无霜质!"梁人何逊《早梅》:"兔园标物序,惊时最是梅。衔霜当路发,映雪拟寒开……应知早飘落,故逐上春来。"⑥ 陈人阴铿《雪里梅花》:"春近寒虽转,梅舒雪尚飘。从风还共落,照日不俱销。"⑦ 在这里,鲍、何二人均以梅花傲寒的品性来表达诗人对高尚人格的坚守。此类主

---

① [清]郑燮著,王锡荣注:《郑板桥集详注》,吉林文史出版社,1986年,第404页。

② 白居易《养竹记》:"竹似贤,何哉?竹本固,固以树德;君子见其本,则思善建不拔者。竹性直,直以立身;君子见其性,则思中立不倚者。竹心空,空以体道;君子见其心,则思应用虚受者。竹节贞,贞以立志;君子见其节,则思砥砺名行,夷险一致者。夫如是,故君子人多树之为庭宝焉。"([唐]白居易著,顾学颉校点:《白居易集》卷四十三,中华书局,1999年,第936—937页)

③ 参见[清]陈梦雷编纂,蒋廷锡校订:《古今图书集成·博物汇编·草木典》卷一百九十,中华书局、巴蜀书社,1985年影印本,第41页。

④ 李德壎编著:《历代题画诗类编》(下册),山东教育出版社,1987年,第1045页。

⑤ 周锡山编校:《王国维文学美学论著集》,北岳文艺出版社,1987年,第260页。

⑥ 李起敏、白岚玲选注:《历朝花鸟咏物诗》,华夏出版社,1999年,第1—2页。

⑦ 陶今雁主编:《中国历代咏物诗辞典》,江西教育出版社,1992年,第605页。

题在中国诗文创作中数量颇多,同样是形成了一个经久不衰的审美范型。如唐代张九龄的《庭梅咏》:"芳意何能早?孤荣亦自危。更怜花蒂弱,不受岁寒移。"① 齐己的《早梅》:"万木冻欲折,孤根暖独回。前村深雪里,昨夜一枝开。"② 宋代辛弃疾的《生查子·重叶梅》:"百花头上开,冰雪寒中见。霜月定相知,先识春风面。"③ 张道洽的《梅花》:"绝知南雪羞相并,欲嫁东风耻自媒。"④ 王安石的《梅花》:"墙角数枝梅,凌寒独自开。遥知不是雪,为有暗香来。"⑤ 元代王冕的《素梅》(五十六):"冰雪林中着此身,不同桃李混芳尘。忽然一夜清香发,散作乾坤万里春。"⑥ 明代徐渭的《王元章倒枝画梅》:"皓态孤芳压俗姿,不堪复写拂云枝。从来万事嫌高格,莫怪梅花着地垂。"⑦ 清代吴淇的《枯梅》:"奇香异色着林端,百十年来忽兴阑。尽把精华收拾去,止留骨格与人看。"⑧ 秋瑾的《梅》:"冰姿不怕雪侵霜,羞傍琼楼傍古岑。标格原因独立好,肯教富贵负初心?"⑨ 等等,皆属此类范型。

最后说"兰"和"菊"。孔子盛赞兰之芳质,赋予其高洁、独立的精神内涵。蔡邕《琴操》云:

> 《猗兰操》者,孔子所作也。孔子历聘诸侯,诸侯莫能任。自卫反鲁,过隐谷之中,见香兰独茂,喟然叹曰:"夫兰当为王者香,今乃独茂,与众草为伍,譬犹贤者不逢时,与鄙夫为伦也。"乃止车,援琴鼓之……自伤不逢时,托辞于香兰云。⑩

孔子周游列国,不为诸侯国所用,在从卫国返回鲁国的途中,"见香兰独茂",于是作《猗兰操》,"自伤不逢时,托辞于香兰",从此奠定了兰花卓尔不群、遗世独立、坚持自我的品格。在《孔子家语》中,孔子还说过:"芝

---

①[唐]张九龄撰,熊飞校注:《张九龄集校注》卷四,中华书局,2008 年,第 308 页。

②《全唐诗》(增订本)卷八百四十三,中华书局,1999 年,第 9592 页。

③陶今雁主编:《中国历代咏物诗辞典》,江西教育出版社,1992 年,第 599 页。

④陶今雁主编:《中国历代咏物诗辞典》,江西教育出版社,1992 年,第 591 页。

⑤[宋]王安石:《临川先生文集》卷二十六,中华书局,1959 年,第 305 页。

⑥[元]王冕著,寿勤泽点校:《王冕集·竹斋诗续集》,浙江古籍出版社,2012 年,第 257 页。

⑦李起敏、白岚玲选注:《历朝花鸟咏物诗》,华夏出版社,1999 年,第 33 页。

⑧李起敏、白岚玲选注:《历朝花鸟咏物诗》,华夏出版社,1999 年,第 34 页。

⑨陶今雁主编:《中国历代咏物诗辞典》,江西教育出版社,1992 年,第 594 页。

⑩[汉]蔡邕:《琴操》,载[清]阮元辑:《宛委别藏》(七十一),江苏古籍出版社,1988 年,第 7—8 页。

兰生于深林，不以无人而不芳；君子修道立德，不为穷困而改节。"① "无人而不芳"喻指孤芳自赏、不同流合污的独立人格；"不为穷困而改节"喻指坚毅、执着的高傲人格。后人对于兰的意象使用，基本上都是沿着"比德"的意义发展而来的。如屈原的《九歌·少司命》："秋兰兮青青，绿叶兮紫茎，满堂兮美人，忽独与余兮目成。"② 晋代陶渊明的《饮酒·十七》："幽兰生前庭，含薰待清风。清风脱然至，见别萧艾中。"③ 唐代孟郊的《赠别崔纯亮》："镜破不改光，兰死不改香。始知君子心，交久道益彰。"④ 崔涂的《幽兰》："幽植众宁知，芬芳只暗持。自无君子佩，未是国香衰。"⑤ 宋代苏辙的《次韵答人幽兰》："幽花耿耿意羞春，纫佩何人香满身。一寸芳心须自保，长松百尺有为薪。"⑥ 朱熹的《兰涧》："光风浮碧涧，兰杜日猗猗。竟岁无人采，含薰只自知。"⑦ 陆游的《兰》："生世本幽谷，岂愿为世娱。无心托阶庭，当门任君锄。"⑧ 明代张羽的《咏兰花》："能白更兼黄，无人亦自芳。寸心原不大，容得许多香。"⑨ 清代郑板桥的《兰》："此是幽贞一种花，不求闻达只烟霞。"⑩

　　菊花的凌寒怒放、清雅高洁，成为了君子洁身自好、不趋炎附势人格品性的象征。屈原在赞颂兰的同时，也对菊大加赞赏，"春兰兮秋菊，长无绝兮终古"（《九歌·礼魂》）⑪。这里的"兰"和"菊"都喻指美好的人格。陶渊明在"菊"意象的发展传承方面功不可没。陶渊明将菊花视为知己，创作出不少咏菊的佳句，如《饮酒》（其五）诗中的"采菊东篱下，

① [清]陈士珂辑：《孔子家语疏证》卷五，中华书局，1985年，第135页。另，《孔子家语·六本》篇中还有一段孔子言"兰"的记载："与善人居，如入芝兰之室，久而不闻其香，即与之化矣；与不善人居，如入鲍鱼之肆，久而不闻其臭，亦与之化矣。"（[清]陈士珂辑：《孔子家语疏证》卷四，中华书局，1985年，第105页）孔子以兰之香来比喻善人之德，同样强调了君子的道德修养。
② 黄灵庚疏证：《楚辞章句疏证》卷三，中华书局，2007年，第895—896页。
③ [晋]陶渊明著，逯钦立校注：《陶渊明集》卷三，中华书局，2007年，第97页。
④ 《全唐诗》（增订本）卷三百七十七，中华书局，1999年，第4243页。
⑤ 《全唐诗》（增订本）卷六百七十九，中华书局，1999年，第7848页。
⑥ [宋]苏辙著，陈宏天、高秀芳点校：《苏辙集》卷十三，中华书局，1999年，第260页。
⑦ [宋]朱熹：《晦庵先生朱文公文集》卷三，朱杰人、严佐之、刘永翔主编：《朱子全书》第二十册，上海古籍出版社、安徽教育出版社，2002年，第316页。
⑧ [宋]陆游著，钱仲联校注：《剑南诗稿校注》卷三十六，上海古籍出版社，2005年，第2359页。
⑨ 陶今雁主编：《中国历代咏物诗辞典》，江西教育出版社，1992年，第711页。
⑩ [清]郑燮著，王锡荣注：《郑板桥集详注》，吉林文史出版社，1986年，第384页。
⑪ 黄灵庚疏证：《楚辞章句疏证》卷三，中华书局，2007年，第992页。

悠然见南山"①、《和郭主簿二首》中的"芳菊开林耀,青松冠岩列。怀此贞秀姿,卓为霜下杰"②、《归去来兮辞》中的"三径就荒,松菊犹存"③等。菊花凌寒留香、特立独行的个性品质与陶渊明"不为五斗米折腰"、不趋炎附势的孤傲人格追求是相吻合的,自此菊花也成了超凡脱俗的隐逸者之象征。晋代袁山松的《咏菊》"灵菊植幽崖,擢颖陵寒飙。春露不染色,秋霜不改条"④、唐代元稹《菊花》中的"不是花中偏爱菊,此花开尽更无花"⑤、黄巢的《不第后赋菊》"待到秋来九月八,我花开后百花杀"⑥、明代高启《晚香轩》中的"不畏风霜向晚欺,独开众卉已凋时",以及清代许廷鑅《咏菊》中的"颜色只从霜后好,不知人世有春风"⑦,均写出了菊花傲霜斗雪的坚贞品格;而宋代朱淑真《黄花》中的"宁可抱香枝上老,不随黄叶舞秋风"⑧,以及郑思肖《画菊》诗中的"宁可枝头抱香死,何尝吹落北风中"⑨,则写得铿锵有力、掷地有声、义无反顾,把菊花不流凡俗的气节表现得淋漓尽致。此外,陆游的《菊花》"菊花如端人,独立寒冰雪"⑩、元代何中的《菊二首》(其一)"菊花如幽人,梅花如烈士。同居冰雪中,标格不相似"⑪,均以菊喻君子之节,表达了对孤傲、高洁人格的追求。

中国文学史上除了上述以"岁寒三友"和"四君子"比德而形成的影响最为深远的审美范型之外,还有以莲、橘、玉比德的传世佳作,如周敦颐的《爱莲说》、屈原的《橘颂》以及曹植的《光禄大夫荀侯诔》等。不管是松、竹还是梅、兰、菊,这些植物几乎每个国家都有,但我们要追问的是,为什么惟中国人看到松,便会联想到"岁寒后凋";看到竹,便会联想到"直节虚中";看到梅,便会联想到"傲雪迎春";看到兰,便会联想到

---

①[晋]陶渊明著,逯钦立校注:《陶渊明集》卷三,中华书局,2007年,第89页。
②[晋]陶渊明著,逯钦立校注:《陶渊明集》卷二,中华书局,2007年,第61页。
③[晋]陶渊明著,逯钦立校注:《陶渊明集》卷五,中华书局,2007年,第161页。
④李起敏、白岚玲选注:《历朝花鸟咏物诗》,华夏出版社,1999年,第172页。
⑤《全唐诗》(增订本)卷四百一十一,中华书局,1999年,第4568页。
⑥《全唐诗》(增订本)卷七百三十三,中华书局,1999年,第8466页。
⑦李起敏、白岚玲选注:《历朝花鸟咏物诗》,华夏出版社,1999年,第185—188页。
⑧李起敏、白岚玲选注:《历朝花鸟咏物诗》,华夏出版社,1999年,第178页。
⑨李起敏、白岚玲选注:《历朝花鸟咏物诗》,华夏出版社,1999年,第184页。
⑩李起敏、白岚玲选注:《历朝花鸟咏物诗》,华夏出版社,1999年,第179页。
⑪李起敏、白岚玲选注:《历朝花鸟咏物诗》,华夏出版社,1999年,第184页。

"幽谷传香"[①]？或许正是由于孔子开创的"比德"的审美传统,使得自然事物在中国文人那里呈现出了非同一般的意义——人格美,其内涵也为其他文化形态所罕有。中国文人面对自然事物时,"通过比德进行人格理想的构建和人格形象的塑造","既获得一种寄托,又找到一个范型",而这种审美范型"使主体自我意识升华到超然藐俗的诗化的境界,给人一种至善至美的感受"[②]。

二、孔子"比德"审美观与中国绘画艺术审美范型

中国绘画历史悠久,源远流长,而历代画论著作均是按照题材的划分,来评述各个历史时期的画家与画作。现代著名画家潘天寿曾云:"在我们传统的绘画上,早有着人物、山水、花鸟三个独立的大系统……这三科的源流,远有着四五千年历史,成就极为精大。"[③]潘氏之论,盖为中国绘画分科的总结。孔子开创的"比德"审美观对人物画、山水画、花鸟画这三科均有影响,但程度有所不同,总的来看,"比德"观对山水画、花鸟画的影响较深,而对人物画的影响则有一定的限制。因此,我们在这里仅探讨一下孔子"比德"审美观对中国山水画、花鸟画的影响,而对中国人物画的影响就不再涉及了。

（一）孔子"比德"审美观与中国山水画

孔子的"比德"审美观一经形成,就对整个中国山水画艺术产生了很大的影响。正如《宣和画谱·花鸟叙论》所言:"绘事之妙,多寓兴于此,与诗人相表里焉。"[④]画家喜欢将所刻画的自然山水、鸟兽虫鱼、花草林木等注入某种特定的精神情感,并寄托某种特殊的情怀,久而久之便积淀为一种固定的审美传统。这一传统可以说贯穿于整个中国绘画艺术发展史中,对后来的山水画兴起、发展也起到了潜在的导向作用。甚至有论者认为,"懂得了'比德'学说,可以读懂中国山水诗画的一大

①金开诚:《金开诚学术文化随笔》,中国青年出版社,1996年,第44页。
②张开城:《君子人格与"比德"》,《学术月刊》1995年第12期。
③潘天寿:《中国画系人物、山水、花鸟三科应该分科学习的意见》,载《潘天寿美术文集》,人民美术出版社,1983年,第178页。
④俞剑华注译:《宣和画谱》卷十五,江苏美术出版社,2007年,第321页。

半"①。因此,研究孔子"比德"审美观对中国山水画创作思想的影响具有重要的理论价值。

1. 孔子"比德"观与山水画的人格化倾向

从中国山水画史的发展来看,自远古至三国,山水画或作装饰之用,或为人物背景,并未形成独立的画科。如南朝宋王微所言:"古人之作画也,非以案城域,辨方州,标镇阜,划浸流,本乎形者融,灵而动变者心也。"②后来作为人物背景的山水逐渐扩张,进而成为绘画表现的主体,独立的山水画也就逐渐形成。东晋顾恺之被认为是山水画的始祖,他在《魏晋胜流画赞》中云:"凡画:人最难,次山水,次狗马……"③顾恺之在此提出"山水"一词,当是山水画的第一次命名;同时,他还著有《画云台山记》,阐述布局取景之法,可以说是我国第一篇山水画论。顾恺之的山水画作品,据文献著录的有《庐山会图》、绢六幅图《山水》④,以及《雪霁望五老峰图》⑤,但后来均已失传。今存顾恺之的传世名画《洛神赋图》《女史箴图》,都画有山川树木,但此时的山水画大多是依附于人物画的,山水往往只是作为人物、故事发生的背景而存在,且这种背景也只具有叙事功能,不具有情感表现功能。

南北朝时期,山水画开始兴盛。这一时期善画山水的画家,宋有宗炳、王微、陆探微,南齐有谢约,梁有陶弘景,北齐有曹仲达、杨子华,等等。据《历代名画记》记载,宗炳"善琴书,好山水……以疾还江陵,叹曰:'噫!老病俱至,名山恐难遍游,唯当澄怀观道,卧以游之。'"⑥宗炳著有《画山水序》,提出"以形媚道""畅神"⑦诸说,奠定了我国山水画理论基础,对后世山水画的发展影响甚大。另外一位画家及画论家王微著有《叙画》一篇,主张绘画"与《易》象同体",提出"画之情"⑧一说,对山

---

①诸葛志:《中国原创性美学》,上海古籍出版社,2000年,第68页。
②[南朝宋]王微:《叙画》,载俞剑华编著:《中国画论类编》(上卷),人民美术出版社,2016年,第585页。
③[晋]顾恺之:《魏晋胜流画赞》,载俞剑华编著:《中国画论类编》(上卷),人民美术出版社,2016年,第347页。
④[唐]张彦远著,俞剑华注释:《历代名画记》,上海人民美术出版社,1964年,第102页。
⑤[宋]郭若虚著,俞剑华注释:《图画见闻志》卷一,江苏美术出版社,2007年,第10页。
⑥[唐]张彦远著,俞剑华注释:《历代名画记》,上海人民美术出版社,1964年,第128—129页。
⑦[唐]张彦远著,俞剑华注释:《历代名画记》,上海人民美术出版社,1964年,第129—131页。
⑧[唐]张彦远著,俞剑华注释:《历代名画记》,上海人民美术出版社,1964年,第131—133页。

水画的地位与功用,进行了明确的阐述。

对于这一时期的山水画,《历代名画记》曾评云:"魏晋以降,名迹在人间者,皆见之矣。其画山水,则群峰之势,若细饰犀栉,或水不容泛,或人大于山,率皆附以树石,映带其地,列植之状,则若伸臂布指。"① 由是可知,魏晋时期的山水画,的确还处于幼稚阶段。但另一方面,这一时期的山水画创作也并非一成不变,其间出现的一些看似细微的变化,对于山水画的发展来说却意义非凡。最有代表性的就是,顾恺之在画两晋名士谢鲲② 像时,有意识地将其像置于丘壑之中。尽管此时画面中的山水丘壑依然是作为人物画的背景而存在,但已完全不同于以往诸如《洛神赋图》《女史箴图》中作为纯粹点饰的山水背景了,而是具有了谢鲲胸中自有丘壑的清旷气度的精神内蕴,因而是一种"关乎人物精神气质的隐喻性的安排"③。这种被人文化、精神化的山水画,在中国绘画发展史上意义重大,它奠定了中国山水画既师法自然又凸显人文精神的基调,彰显了山水画的"比德"思维。诚如徐复观在《中国艺术精神》中所指出的那样:"中国以山水为主的自然画,是成立于自然的感情化之上。这是'见'的艺术,而同时成为'感'的艺术。画中自然向精神的迫近,即是自然向人生的迫近。由自然的'拟人化',而使天地有情化。"④

尽管魏晋时期的山水画出现了"比德"的审美倾向,但此后的隋唐时期却未延续这股势头继续发展下去,而是走向了另外两条迥然不同的绘画路线:"形色山水"与"写意山水"。前者的代表人物为隋朝的展子虔、唐朝的李思训、李昭道父子;后者的代表人物是唐朝的王维。众所周知,王维是位有名的诗人,他能以诗意入画,又能使画表现诗意。他曾自作诗《偶然作》(其六)曰:"宿世谬词客,前身应画师,不能舍余习,偶被时人知。"⑤ 可见他作画并任何无功利目的,而是像宗炳、王微一样"澄怀观道"而已。因此,才会出现那种画物不问四时的"雪里芭蕉"式的写意

①[唐]张彦远著,俞剑华注释:《历代名画记》,上海人民美术出版社,1964年,第26页。
②谢鲲(281—324),字幼舆,陈国阳夏人,两晋时期名士、官员,因官至豫章太守,世称谢豫章。《晋书·谢鲲传》:"祖缵,典农中郎将。父衡,以儒素显,仕至国子祭酒。鲲少知名,通简有高识,不修威仪,好《老》《易》,能歌善鼓琴,王衍、嵇绍并奇之。"([唐]房玄龄等:《晋书》卷四十九,中华书局,1974年,第1377页)
③傅阳华:《"比德"在宋代绘画中对审美功能的渗透》,《中国书画》2003年第6期。
④徐复观:《中国艺术精神》,华东师范大学出版社,2002年,第294页。
⑤《全唐诗》(增订本)卷一百二十五,中华书局,1999年,第1254页。

之作。王维的这种画风对后世影响深远，乃至于成为了中国山水画的主流①，但这一脉络的山水画空灵清润，重个人情趣、意志的表达，基本上也与"比德"的审美精神无关。

因此，真正从魏晋时期作为人物背景的山水画，发展出来徐复观所说的"人情化"的山水画，不在隋唐而在宋代。这其间一个显著的变化就是，一直以来占据画面主体位置的人物形象，被自然山水所取代。此时，自然山水已不再是人物的背景和点缀，而是变成了整个画面的中心和灵魂。于是，自然山水有了更自由、更广阔的表现空间，它们不仅为画家们提供了独特的创作题材，同时也成为他们特定思想情感的寄托。因此，画家们所描绘的不再是现实中的真山真水，而是胸中的丘壑，理想中的境界。正如《宣和画谱·山水叙论》中所说："岳镇川灵，海涵地负，至于造化之神秀，阴阳之明晦，万里之远，可得之于咫尺间，其非胸中自有丘壑，发而见诸形容，未必知此。"②所以，这个时期的山水画家，在一山一水的描绘中，便可勾勒出其内心追求的精神家园。

在北宋的山水画中，人物形象虽被隐去了，但其主体精神却渗透在作品的各个要素中。因此在这个时期，抹去谢鲲形象的丘壑依然可以表达人的丘壑之志，只不过其精神蕴含更加深远和含蓄了，而这也正是中国山水画区别于西方风景画，并在后世的发展中表现出来的越来越突出的特点。"'比德'适应于这种特点，才得以使画面上的人物渐渐隐去，只

①中国山水画一科，由于后世文人的大力提倡与亲身实践，发展迅速，很快在整个传统绘画中独占鳌头。元代画家中以画山水者最多，占百分之四十。明代山水画数量占全部绘画总数的一半以上，山水画由此也成了中国传统绘画的代名词。而由唐代王维开创的文人山水画又占据了中国山水画的主流。董其昌《画禅室随笔·画源》云："文人之画自王右丞始，其后董源、僧巨然、李成、范宽为嫡子，李龙眠、王晋卿、米南宫及虎儿皆从董、巨得来，直至元四大家黄子久、王叔明、倪元镇、吴仲圭皆其正传，吾朝文沈则又遥接衣钵。"（[明]董其昌：《画禅室随笔》卷二，载卢辅圣主编：《中国书画全书》第三册，上海书画出版社，1992年，第1016页）王维的画风直接影响到了五代的董源，而董源又是一位善于探索、敢于创新的山水画家。米芾在《画史》中这样评价董源的画："峰峦出没，云雾显晦，不装巧趣，皆得天真"，"岚色郁苍……溪桥渔浦，洲渚掩映，一片江南也"（[宋]米芾：《画史》，载卢辅圣主编：《中国书画全书》第一册，上海书画出版社，1993年，第979页）。董源开创了江南画派，著名的画家巨然就是董源的亲授弟子。米芾更是接受了董源一部分"烟景"和点子皴的影响，吸收了他的一些技法而创立了自己"米家山水"特有的画法。元代的赵孟頫、高克恭及"元四家"黄、吴、倪、王等几乎都是从董源那里变化出来的。明"吴门四家"中的沈周、文徵明的画风也显然是董源一脉的延续，莫是龙、董其昌更是将其推为山水画南宗之祖，尊为"天下第一"。清代崇尚元画的风气，探本溯源，其实又是董源画风的再发扬。

②俞剑华注译：《宣和画谱》卷十，江苏美术出版社，2007年，第217页。

留下一片象征人的精神的自然山水"①，这或许也正是北宋山水画能够取代人物画，一跃而成为画科主流的根本原因之所在。虽然这一转化的过程是漫长且复杂的，但实现这种转化的前提却是比较明确的，那就是画家要对宇宙人生有深刻的体验且希冀通过自然山水有所寄寓，倘若没有此前提，那么中国山水画的艺术精神就将流于牵强。

启北宋画坛一代先风的荆浩，在其《笔法记》中以孔门"君子之德风，小人之德草"来评论绘画："松之生也，枉而不屈，（遇）如密如疏……分层似叠于林间，如君子之德风也。"他还这样赞誉古松："不凋不容，惟彼贞松……下接凡水，和而不同。以贵诗赋，君子之风。"② 显然，以松之"性"来比附君子之"德"，正是孔子"比德"思维的体现。同样是开中国山水画一代画风的李成，也笃信儒学，其画作亦具有"比德"之意，邓椿在《画继》如是评价：

> 李营丘，多才足学之士也。少有大志，屡举不第，竟无所成，故放意于画。其所作寒林多在岩穴中，裁扎俱露，以兴君子之在野也；自余窠植尽生于平地，亦以兴小人在位，其意微矣。③

而这样一种审美观念对北宋的山水画论，特别是郭熙的山水画论均产生了直接而深远的影响。关于这一点，我们随后将以专节的形式进行阐述，在此不赘。

明代王世贞在《艺苑卮言》中谈到宋元山水画风格演变时提出："山水至大小李一变也，荆、关、董、巨又一变也，李成、范宽又一变也，刘、李、马、夏又一变也，大痴、黄鹤又一变也。"④ 王世贞总结的"五变"虽然已经相当准确了，但他却忽视了从宋到元之间山水画发展的一个关键的人物——赵孟頫。因为，如果没有赵孟頫的话，就根本谈不上后来的"大痴、黄鹤"这"一变"。赵孟頫倡导"古意"，他说："作画贵有古意，若无

---

① 傅阳华：《论先秦美学思想"比德"在宋代绘画中的选择性》，《美术观察》2001年第3期。
② ［五代］荆浩：《笔法记》，载俞剑华编著《中国画论类编》（上卷），人民美术出版社，2016年，第607—608页。
③ ［宋］邓椿：《画继·杂说·论远》，载卢辅圣主编《中国书画全书》第二册，上海书画出版社，1993年，第722页。
④ ［明］王世贞：《艺苑卮言·论画》，载俞剑华编著《中国画论类编》（上卷），人民美术出版社，2016年，第116页。

古意,虽工无益。"并认为"古意既亏,百病横生,岂可观也?"①所谓"古意",主要是指对晋唐、五代、北宋绘画意趣的推崇,反对南宋绘画观念。这一理念构成了赵孟頫绘画理论的核心,并贯穿了其一生的艺术创作。其中《谢幼舆丘壑图》就是效仿晋唐、五代、北宋,力追古人遗韵的作品。该画作将两晋名士谢鲲(字幼舆)置于丘壑之间,独坐水边,观水流潺潺,听松涛阵阵,意态闲适,神情超然。画家不仅画出了谢鲲内心中的山水,而且在这个人物形象上又有所寄托。这种"比德"式的艺术表达正是来自于晋、唐绘画传统。

　　元初的另外一名画家朱德润是儒家学说的忠实信奉者。善山水,师法许道宁和郭熙,理论上全然用"比德"思想来解读山水画。在《存复斋文集》中,他说:

> 王君达善求予作山川之象,其突然而高洼然而深者,山川之势也;郁然而青澹然而苍者,山川之气也;其所以高深而青苍者,山川之理也。②

> 仁者乐山,以静而寿;知者乐水,以动而乐。故君子以果行育德,象山下出泉;以返身修德,象山上有水;以惩忿窒欲,象山下有泽;以虚受人,象山上有泽。书不尽言,并著象意。③

　　元代大画家倪云林虽然为人为画不乏"仙僧道人气",但儒学在其思想结构中仍占突出的位置,甚至可以说是他的立身处世之本。在《清閟阁集·秋水轩诗序》中,倪云林就对儒家倡导的"感发怨慕之情,比兴美刺之义"④表达出深度的认同。从这个意义上说,方闻将其称为"新儒家道德文人"⑤并非没有道理。这一思想倾向表现在画作中,就是"比德"审美思维的广泛使用。倪云林曾画过一幅《六君子图》。画面上,太湖水浩淼无边,天际有一抹远山,近景则是坡岸一条,岸边是松、柏、樟、楠、槐、榆六棵树,亭亭玉立,情态文雅,彬彬有礼,似乎在相互揖让。元代另

---

① [明]张丑:《清河书画舫》,载卢辅圣主编:《中国书画全书》第四册,上海书画出版社,1992年,第335页。
② [元]朱德润:《存复斋文集·跋王达善山水图上》卷七,台湾学生书局,1973年,第187—188页。
③ [元]朱德润:《存复斋文集·山水图跋》卷七,台湾学生书局,1973年,第190—191页。
④ [元]倪瓒著,江兴祐点校:《清閟阁集》卷十,西泠印社出版社,2010年,第312页。
⑤ [美]方闻著,李维琨译:《心印》,上海书画出版社,1993年,第102页。

外一位大画家黄公望很欣赏这幅画,曾在上面题诗曰:"远望云山隔秋水,近看古木拥陂陀。居然相对六君子,正直特立无偏颇。"白石先生题此图云:

> 此画因大痴诗有"居然相对六君子"句遂名,其图乃松柏樟楠槐榆六树行列,修挺疏密隐映位置得宜而皆在平地,且气象萧索,有贤人在下位之象,岂感当时胡运否塞、高流隐遁而为是欤! [①]

在此,倪云林借"山水之景"来比"君子之德"的创作意图可见一斑。传世名作《幽涧寒松图》,画两三株枯树在寒风中枝干挺劲,傲岸不群,明显有君子坚贞之喻意。类似的作品在倪云林画作中还有很多,如《水竹居图》《幽涧寒松图》《树石野竹图》等。

《富春山居图》是黄公望的代表作,也是元代山水画的杰作,对明清文人画影响极大,甚至有画论家将其与王羲之的《兰亭序》相提并论,可见其历史地位之尊。该画作除了山水的描绘外,更多的笔墨放在了树木特别是松树的描摹之上,其对松树的刻画特点是稀疏清劲、浑厚敦实。而在黄公望的另外两幅传世作品《天池石壁图》《水阁清幽图》中,同样出现了松树意象。前者刻画出松树的高耸挺拔、直撼云霄之势;后者则表现出松树生机勃发、端庄浑穆之态。松树如此频繁地出现在黄公望的山水画作之中,恐怕并非偶然,而是其凌然出世、百折不挠文化人格的诗意表达。以松比德、以画言志作为黄公望抒情写意的重要方式,开创了元代山水画因心造境、脱化浑融的新天地。

综上,山水"比德"的审美观贯穿了整个中国山水画史。即使是发展到了现在,这种美学思想也还在当代山水画的创作中发挥着不可忽视的作用,成为了中国艺术发展史上一笔宝贵的艺术遗产。

2. 郭熙山水画论中的"比德"思想

北宋是中国山水画发展的重要时期,无论是创作实践还是理论认知都已达到很高的水平。《图画见闻志·论古今优劣》云:"若论山水林石,花竹禽鱼,则古不及近。"[②]其题材更加广阔,技法更为丰富,风格亦更趋多样,有淡墨轻岚、青绿巧整、水墨苍劲、米点落茄,以及熔金碧与水墨

---

①[清]卞永誉纂辑:《式古堂书画汇考·画卷》,载卢辅圣主编:《中国书画全书》第七册,上海书画出版社,1994年,第60页。

②[宋]郭若虚著,俞剑华注释:《图画见闻志》卷一,江苏美术出版社,2007年,第36页。

为一炉等格体，呈现出前所未有的面貌。诚如《古今画鉴》所云："唐画山水至宋始备。"[①] 两宋的山水画家颇多，且名家辈出，领袖画坛，彪炳画史。郭熙作为当时最著名的画院派画家，一方面，他的山水画代表了北宋时期的最高成就，受到苏轼、黄庭坚等文人画家的推崇；另一方面，他的画论著作《林泉高致》对后世的山水画创作也产生了深远影响，因而其在中国山水画史上地位独特。

也正因为此，关于郭熙山水画论思想的研究历来是学者们关注的热点，迄今为止已取得了非常丰硕的研究成果[②]。但总的来看，这些研究大都强调庄学对郭熙画论思想的主导性作用（显然是受到徐复观《中国艺术精神》中观点的影响），而对于孔子美学在其中产生的作用则在很大程度上被淡化甚至被忽视了，这不能不说是一种理论的偏颇。

事实上，郭熙的山水画论除了受庄子"道法自然"思想的影响外，同样也受到孔子"比德"美学思想的影响。并且这种影响是全方位和根本性的，不仅体现在对山水画艺术品格、境界的追求方面，而且也体现在山水画结构、立意、形态、造型等方面。本节将就此问题展开具体探讨，希望通过这种探讨能够更加全面、准确地把握郭熙画论思想的全貌。

郭熙（约 1000—1090），字淳夫，河阳温县人。他最早师法李成，后又博采众长，形成了自己独特的艺术风格，在中国山水画史上具有重要地位。他与李成并称"李郭"，与荆浩、关仝、董源、巨然等同为五代—北宋时期的山水画大师。他的山水画论思想主要体现在《林泉高致》一书中。该书对山水画创作进行了全面论述和总结，具有重要的理论价值，堪称中国山水画理论的集大成者。

---

① [元]汤垕：《古今画鉴·五代画》，载卢辅圣主编：《中国书画全书》第二册，上海书画出版社，1993 年，第 896 页。

② 具体可参见张安治：《郭熙》，上海人民美术出版社，1979 年；何楚熊：《中国画论研究》，中国社会科学出版社，1996 年；徐复观：《中国艺术精神》，华东师范大学出版社，2002 年；贾涛：《中国画论论纲》，文化艺术出版社，2005 年；周积寅：《中国历代画论》，江苏美术出版社，2007 年；张白露：《郭熙研究》，东南大学博士学位论文，2006 年；王卓然：《表现与观看：郭熙〈早春图〉研究》，华东师范大学博士学位论文，2014 年；凤文学：《画见大象，不为斩刻之形——郭熙关于山水画创作的一个美学命题》，《安徽师范大学学报》（人文社会科学版）1999 年第 3 期；孙文忠：《从郭熙到马、夏——宋代画院山水审美特色管窥》，《美术研究》2004 年第 1 期；寿觉生：《郭熙〈林泉高致〉探析》，《装饰》2004 年第 6 期；薛晔：《郭熙绘画美学思想浅谈》，《文艺评论》2006 年第 2 期；崔育斌：《山水有体：〈林泉高致〉美学思想探析》，《深圳大学学报》（人文社会科学版）2017 年第 3 期。

　　受北宋习儒之风的影响，郭熙尊崇儒家积极入世的人生态度①。对此，许光凝在《林泉高致·跋》中曾明确地指出，郭熙"生有异性，才爽过人。事亲孝，居家睦。处乡里，立节尚气，重然诺，不妄交游"②。他的儿子郭思在《林泉高致·序》中则说得更明白："家世无画学，盖天性得之，遂游艺于此，以成名焉。然于潜德懿行、孝友仁施为深，则游焉息焉，此志子孙当晓之也。"③这里的"潜德懿行、孝友仁施"均是儒家道德精神的体现。郭熙不仅把儒家道德作为自己立身的准则，同时，他还"依于仁""游于艺"，通过绘画来表现对儒家道德境界的追求，并以此来教导自己的儿子。《宣和画谱·山水二》载："熙虽以画自业，然能教其子思以儒学起家。"④也正是因为如此，当郭熙的儿子郭思登科之后，他表现得异常兴奋。张邦基《墨庄漫录》说：

　　　　郭熙，河阳温县人，以画得名。其子思，后登科，熙喜甚，乃于县庠宣圣殿内图山水窠石四壁，雄伟清润，妙绝一时。白云："平生所得，极意于此笔矣。"⑤

郭熙认为，自己最得意的作品就是为庆贺自己的儿子登科时所作的山水窠石画，这也从一个侧面反映出他对儒家人生价值取向的极大认同。

　　郭熙对儒家思想如此的认同与推崇，必然会影响到他的绘画理论，特别是孔子的"比德"观对其画论思想影响尤深⑥。下面，我们就结合郭

①当时不仅许多入仕为官的画家精通儒学、尊崇儒道，就连一些避世隐居的画家也以儒学安身立命。比如，对北宋画坛影响深远的画家李成，就是一位虽隐居山林但却以儒学自业的山水画大师。《宣和画谱·山水二》云："父祖以儒学吏事闻于时。家世中衰，至成尤能以儒道自业。"（俞剑华注译：《宣和画谱·山水二》卷十一，江苏美术出版社，2007年，第243页）郭熙最早师法的就是李成，而李成尊儒的态度也势必会影响到郭熙的价值选择。
②〔宋〕郭熙著，梁燕注译：《林泉高致》，中州古籍出版社，2013年，第187页。
③〔宋〕郭熙著，梁燕注译：《林泉高致》，中州古籍出版社，2013年，第67页。
④俞剑华注译：《宣和画谱·山水二》卷十一，江苏美术出版社，2007年，第256页。
⑤〔宋〕张邦基撰，孔凡礼点校：《墨庄漫录》卷四，中华书局，2002年，第127页。
⑥郭熙曾把自己创作的《一望松图》作为寿礼赠送给当时贤相文彦博，这幅画用松树的连绵不断之景暗喻子孙孙联绵公相，得到文彦博的喜爱。显然，这幅画就是运用了"比德"的审美思维方式来创作的。郭思在《林泉高致·画格拾遗》中这样描述到："《一望松》，先子以二尺余小绢作一老人倚松岩前，在一大松下。自此后作无数松，大小相连，转岭下涧，几十百松，一望不断。平昔未尝如此布置，此物为文潞公寿，意取公子子孙孙联绵公相之义。潞公大喜。"〔〔宋〕郭熙、郭思：《林泉高致·画格拾遗》，载俞剑华编著：《中国画论类编》（上卷），人民美术出版社，2016年，第647页〕另，《林泉高致·画诀》中关于山、石、松的描绘也同样体现了"比德"审美观。

熙的《林泉高致》一书,对其画论思想中体现出来的"比德"观念进行详细分析。

(1)山水画的审美本质与画家的德性追求

在《林泉高致·山水训》中,郭熙开门见山地分析了君子喜爱自然山水的原因,他说:

> 君子之所以爱夫山水者,其旨安在? 丘园养素,所常处也;泉石啸傲,所常乐也;渔樵隐逸,所常适也;猿鹤飞鸣,所常亲也;尘嚣缰锁,此人情所常厌也;烟霞仙圣,此人情所常愿而不得见也。

> 直以太平盛日,君亲之心两隆,苟洁一身,出处节义斯系,岂仁人高蹈远引,为离世绝俗之行,而必与箕颍埒素,黄绮同芳哉。①

从这两段论述中,我们不难了解到郭熙对山水审美的一个基本态度。郭熙认为,君子之所以喜爱自然山水,是建立在两个基础之上的:一是自然山水与人在本性上的相通性,即文中六"常"所指,这是山水审美的自然基础;二是社会伦理道德追求与人们本性的一致性,即文中所讲"君亲之心",这是山水审美的社会基础或说德性基础。郭熙并不认同为了所谓的回归自然而离开社会逃向山林的隐逸行为。在他看来,社会生活中固然会有种种违背人性、"人情所常厌"的"尘嚣缰锁",但也有符合人性、提升境界的方面,这就是人们的德性追求。因此,对个体而言,郭熙认为享受自然之乐与履行社会职责是并重的,如若要进行山水审美,除了有"林泉之志"外,"君亲之心"也同样是不可缺失的。郭熙这种自然本性与社会本性并重的观点,本质上是与儒家"尽性知天"的德性思想相通的。

我们知道,儒家和道家都有对"天人合一"境界的追求,但二者对追求主体——人的规定性却大相径庭。道家要求人应"堕肢体""黜聪明""离形去知",认为只有"吾丧我",才能返璞归真,回到人的自然本性,从而"以天合天",达到"天人合一"的境界。显然,道家所说的人是不可能存在于现实层面的,只能存在于精神层面。而与道家不同,儒家则强调人要"弘道",要"下学而上达",认为只有"尽其性",才能"与天

---

① [宋]郭熙、郭思:《林泉高致·山水训》,载俞剑华编著:《中国画论类编》(上卷),人民美术出版社,2016年,第632页。

地参"，从而达到"万物一体""天人合一"的至高境界。诚如《礼记·中庸》中引孔子所言"唯天下至诚为能尽其性"，"能尽其性，则能尽人之性"，"能尽物之性，则可以赞天地之化育；可以赞天地之化育，则可以与天地参矣"[1]。这也就是说，人只有对自己的社会性与自然性有了双重觉解，才有可能"与天地参"，从而才有可能领略到自然山水之美。因此，人们对山水之乐的追求与对伦理道德的追求不仅不矛盾，而且还具有内在的统一性，这或许正是人们喜欢欣赏山水画的重要原因。

《林泉高致·画格拾遗》中记载：

> 《西山走马图》，先子作衡州时作此以付思。其山作秋意，于深山中数人骤马出谷口，内一人坠下，人马不大，而神气如生。先子指之曰："躁进者如此。"自此而下得一长板桥，有皂帻数人乘欵段而来者，先子指之曰："恬退者如此。"又于峭壁之隈，青林之荫，半出一野艇，艇中蓬菴，菴中酒榼书帙，菴前露顶坦腹一人，若仰看白云，俯听流水，冥搜遐想之象。舟侧一夫理楫。先子指之曰："斯则又高矣。"[2]

在《西山走马图》这幅画作中，郭熙认为人生境界有三个不同的层次：第一个是"躁进者"的层次，它是所有层次中最低的一个；第二个是"恬退者"的层次。这一层次虽比前一个高了一些，但仍属于较低的层次。因为"恬退者"们虽隐身于山林，但他们依然无法摆脱作为社会成员所应尽的职责，因而其从容自适是假，消极避世才是真；相比前两个层次来说，郭熙认为第三个层次的境界"斯则又高矣"。因为在他看来，处于这一层次中的人，不是不问世事、离群索居的"隐士"，而是存在于现实社会中的人（"菴中之书帙"和"理楫之舟夫"即是最好的说明）。他们在观照自然山水时，能够做到"仰看白云，俯听流水"，体验到与天地合德的境界，这说明他们的觉解"已发展至最高底程度"，"至此种程度人已尽其性"[3]。因此，郭熙认为这一层次是所有层次当中最高的一种。

---

[1]［汉］郑玄注，［唐］孔颖达疏：《礼记正义》卷五十三，［清］阮元校刻：《十三经注疏》（附校勘记），中华书局，1982年影印本，第1632页。

[2]［宋］郭熙、郭思：《林泉高致·画格拾遗》，载俞剑华编著：《中国画论类编》（上卷），人民美术出版社，2016年，第647页。

[3]冯友兰：《三松堂全集·新原人》第四卷，河南人民出版社，2001年，第501页。

从郭熙这幅画中所表现的人生境界来看,他创作这幅画显然并不仅仅是为了教会儿子如何欣赏山水画,而是要让儿子懂得如何在山水审美中获得一种精神境界的升华。为此,郭熙又特别强调了画家涵养心性的重要性:"人须养得胸中宽快,意思悦适,如所谓易直子谅,油然之心生,则人之笑啼情状,物之尖斜偃侧,自然布列于心中,不觉见之于笔下。"①画面中的"人之笑啼情状""物之尖斜偃侧"来源于画家"易直子谅"之心的油然而生。"易直子谅"的提法最早出现在《礼记·乐记》中:"致乐以治心,则易直子谅之心,油然生矣,易直子谅之心生则乐,乐则安……"汉代经学家郑玄对此作了义理上的阐释:"善心生则寡于利欲,寡于利欲则乐矣。"而唐代经学家孔颖达则分别解释了"易""直""子""谅"这四个概念的内涵:"易谓和易,直谓正直,子谓子爱,谅谓诚信。"②综合以上观点,不难发现所谓"易直子谅"之心其实就是我们现在所讲的善心、良心、道德心,而这恰恰就是人们在欣赏自然山水时获得审美愉悦的必要条件。

郭熙认为,在山水审美中,只有当人以仁心仁德去观照自然时,他才会产生人与自然浑然一体的亲和感,人的精神也方能"宽快""悦适"。这里所说的"宽快""悦适"同孔子的仁智之乐一样,并非单纯的自然形式带给人的感官愉悦,而是人之德性与自然之德性相通而产生的一种精神愉悦感。因此,并不是每个画家都能创作出体现仁智之乐的作品来,只有真正与自然德性相通并具有天地境界的仁者、智者,才能创作出表现人与自然亲和性关系的作品。郭熙曾尖锐批评过一些缺乏精神内涵的画作,他说:

> 近者画手有《仁者乐山图》,作一叟支颐于峰畔。《智者乐水图》作一叟侧耳于岩前,此不扩充之病也。盖仁者乐山,宜如白乐天《草堂图》,山居之意裕足也。智者乐水,宜如王摩诘《惘川图》,水中之乐饶给也。仁智所乐,岂只一夫之形状可见之哉?③

---

①[宋]郭熙、郭思:《林泉高致·画意》,载俞剑华编著:《中国画论类编》(上卷),人民美术出版社,2016年,第640页。

②[汉]郑玄注,[唐]孔颖达疏:《礼记正义》卷三十九,[清]阮元校刻:《十三经注疏》(附校勘记),中华书局,1982年影印本,第1543页。

③[宋]郭熙、郭思:《林泉高致·山水训》,载俞剑华编著:《中国画论类编》(上卷),人民美术出版社,2016年,第637页。

在郭熙看来，"近者画手"之所以没能表现出"仁智之乐"的深刻内涵，就是因为这些画手本身缺乏深厚的德性修养，不具备宇宙情怀，因而感受不到与天地同流的快乐，也就无法传达出仁智之乐那种丰富的精神体验。由此可见，在观照山水时，画家只有在具备充实、饱满的德性心灵的前提下，才能够亲近它、欣赏它，从而使自身融入到山水之间，体会到一种超越性的快乐。

总之，郭熙以儒家德性精神为基础建构起来的"可游""可居"的山水画理论，与宗炳、王微以佛、道思想建构起来的"澄怀观道"的山水画理论有根本性差异。对郭熙而言，山水画就是画家在"太平盛日，君亲之心两隆"之际，通过"坐穷泉壑"来实现心性修养的方式。因此，画家可以"不下堂筵"，也无须"离世绝俗"，就能够通过找到"可游可居之处"，享有泉壑之乐。这不仅有效地消弭了山水画审美与教化功能的裂痕，而且"足以弥补十大夫的仕宦生活与山林情调的矛盾"[1]。

（2）山水画审美意蕴的生成与画家生命化、伦理化情感的移入

北宋以前的山水画创作多注重单纯表现山水意象本身，而郭熙则在尊重自然真实的基础上，富有创造性地将山水之意态与人之精神品性结合起来。因此，他的山水画不仅追求自然山水形态的真实描绘，而且更要求托物言志、借景抒情，以此表达、传递内心深厚的思想情感。郭熙提出的"盖身即山川而取之，则山水之意度见矣"[2]命题即是表达了这一观念。

在郭熙看来，自然山水的意蕴生成在于画家的"即"和"取"。所谓"即"，就是接近、投入；所谓"取"，就是把握、创造。也就是说，人们在欣赏自然山水时，要以体验的方式，将自己的精神、品性、情感、意志投射、灌注到其中，使自然山水生命化、人格化，充满生机。只有这样，人才能通过双向交互的情感交流，体味到自然山水的生命意态，获得情感的共振、共鸣，从而在艺术传达中创造一种独特的审美意蕴："春山烟云连绵人欣欣，夏山嘉木繁阴人坦坦，秋山明净摇落人肃肃，冬山昏霾翳塞人寂

---

[1]徐复观：《中国艺术精神》，华东师范大学出版社，2002年，第201页。
[2][宋]郭熙、郭思：《林泉高致·山水训》，载俞剑华编著：《中国画论类编》（上卷），人民美术出版社，2016年，第634页。

寂。"①

在这段话中，"欣欣""坦坦""肃肃""寂寂"均是观赏者情感移入的体现，而自然山水则因为有了人的生命精神作为支撑，变得处处有情、时时有意，从而成为画家内心中的性情山水。此时，自然山水本身的形态与画家内心的主观感觉相契合，真正达到了心物一体，情景交融。诚如宗白华所讲"艺术家以心灵映射万象，代山川而立言，他所表现的是主观的生命情调与客观的自然景象交融互渗"，这就构成了"艺术之所以为艺术的'意境'"②。所以，在郭熙那里，山水画意境的生成与主体生命化、伦理化情感的移入构成了一种必然的因果逻辑关系。

（3）山水画中的自然形态与画家精神品性的比拟

以自然之物来比附于人，通过自然之物来隐喻精神品性、人格修养，这是儒家"比德"的一贯传统，而郭熙的画论也受到了这种思想的深刻影响。

在郭熙看来，画作中的自然山水与人的形神相对应，并像人体一样构成了一个鲜活而完整的有机体。为此，他在《林泉高致·山水训》中提出了"血脉说"："山以水为血脉，以草木为毛发，以烟云为神彩……水以山为面，以亭榭为眉目，以渔钓为精神……此山水之布置也。"③在这里，郭熙以人的血脉、毛发、神采等精神、体貌特征与山、草木、烟云等自然形态相比拟，揭示出了山水草木和人的呼应关系。

对郭熙而言，自然山水不是简单的客观存在物，而是与画家"心有灵犀一点通"的生命体。当画家用自己的生命意识唤起山水的内在意蕴时，二者就在相互融入中合二为一了，而这即是"真"山水所追求的境界："春山澹冶而如笑，夏山苍翠而如滴，秋山明净而如妆，冬山惨淡而如睡。"④

通过求"真"，郭熙发现了山水审美形态与主体精神、品性的相互

---

①［宋］郭熙、郭思：《林泉高致·山水训》，载俞剑华编著：《中国画论类编》（上卷），人民美术出版社，2016年，第635页。
②宗白华：《美学散步·中国艺术意境之诞生》，上海人民出版社，2015年，第77页。
③［宋］郭熙、郭思：《林泉高致·山水训》，载俞剑华编著：《中国画论类编》（上卷），人民美术出版社，2016年，第638页。
④［宋］郭熙、郭思：《林泉高致·山水训》，载俞剑华编著：《中国画论类编》（上卷），人民美术出版社，2016年，第634页。

映照关系。上述这段话中,郭熙将春、夏、秋、冬四个不同季节中的自然山水形态与人的精神面貌作了形象化的比拟。其中,像"如笑""如滴""如妆""如睡"这些语词都极具心理蕴含性和人格化特征。正是因为对自然山水的形貌、情态作了拟人化的处理,所以在不同季节,我们才会感觉到自然山水会呈现出不同的"表情"和"神态"。在这种情况下,自然山水的形貌、情态和主体的精神、气质、品性相互映发,融为一体,体现出鲜明的"比德"思想。

在《林泉高致·山水训》中,郭熙还谈到:"山大物也,其形欲耸拔……欲盘礴,欲浑厚……此山之大体也。""水活物也,其形欲深静……欲汪洋,欲回环……此水之活体也。""石者天地之骨也,骨贵坚深而不浅露。水者天地之血也,血贵周流而不凝滞。"[1]指出石为"天地之骨",水为"天地之血";山有"耸拔""盘礴""浑厚"之势;水有"深静""汪洋""回环"之态,这些都与人的气质、性格相呼应,形成了一种同构关系,因而也是山水"比德"的具体体现。

总之,自然山水对郭熙而言,始终具有和人一样的精神品性,这并非强加给自然山水的主观意志,而是基于儒家"比德"思想中"天人合一"的价值追求。在这样一种思想观念的影响下,山水的自然形态与人的德性精神化合为一体就具有了内在的必然性。

（4）山水画中的布局结构与社会伦理秩序的比拟

在关于山水画构图中的布局结构方面,郭熙的画论也表现出浓厚的"比德"色彩。《林泉高致·山水训》中有这样一段经典的表述:

> 大山堂堂为众山之主,所以分布以次冈阜林壑,为远近大小之宗主也……长松亭亭为众木之表,所以分布以次藤萝草木,为振挈依附之师帅也。其势若君子轩然得时而众小人为之役使,无凭陵愁挫之态也。[2]

这段话非常清晰地传达出郭熙对山水画布局结构的总体观念。郭

①[宋]郭熙、郭思:《林泉高致·山水训》,载俞剑华编著:《中国画论类编》(上卷),人民美术出版社,2016年,第638—639页。
②[宋]郭熙、郭思:《林泉高致·山水训》,载俞剑华编著:《中国画论类编》(上卷),人民美术出版社,2016年,第635页。

熙认为大山乃为"众山之主",其地位犹如君王;而在大山周围分布的"冈阜林壑",是用来突出其"宗主"地位的。与此相应,长松作为"众木之表",其气势有如"轩然得时"的君子;而在长松周围分布的"藤萝草木",则是用来烘托其"师帅"形象的。可见,郭熙是把山水画中山水草木的主次位置的结构关系,类比于社会生活中仁君贤臣、君子小人之间的政治伦理关系了。无怪乎《宣和画谱》对这段话极为赞赏,评论曰:"至其所谓:'大山堂堂为众山之主,长松亭亭为众木之表。'则不特画矣,盖进乎道欤?"[1] 与之类似的观念在《林泉高致·画诀》中也有所体现:

> 山水先理会大山,名为主峰。主峰已定,方作以次近者、远者、小者、大者。以其一境主之于此,故曰主峰,如君臣上下也。

> 林石先理会一大松,名为宗老。宗老已定,方作以次杂窠、小卉、女萝、碎石。以其一山表之于此,故曰宗老,如君子小人也。[2]

由此可知,郭熙实际上是以"比德"的方式,将社会政治伦理秩序引入到了自然山水的描绘、刻画中,从而使自然景观具有了属人的社会伦理性。换言之,在郭熙那里,山水画的布局原理与政治伦理的秩序是同构的,它们具有可以互相比拟的道德内涵。

这种绘画结构上的比德观对后世的山水画理论产生了深刻的影响。如北宋画论家韩拙说:"山者有主客尊卑之序,阴阳逆顺之仪。""大者尊也,小者卑也。大小岗阜朝接于主者顺也。""凡画全景山也……分布相辅,以卑次尊,各有顺序。""且松者若公侯也,为众木之长……下覆凡木,以贵待贱,如君子之德,和而不同。"[3] 元代绘画理论家汤垕在《画鉴》中说:"画有宾主,不可使宾胜主。谓如山水,则山水是主,云烟、树石、人物、禽畜、楼观皆是宾。"[4] 清代画论家笪重光则说:"主山正者客山低,主

①俞剑华注译:《宣和画谱·山水二》卷十一,江苏美术出版社,2007年,第256页。

②[宋]郭熙、郭思:《林泉高致·画诀》,载俞剑华编著:《中国画论类编》(上卷),人民美术出版社,2016年,第642页。

③[宋]韩拙:《山水纯全集》,载俞剑华编著:《中国画论类编》(下卷),人民美术出版社,2016年,第660—666页。

④[元]汤垕:《古今画鉴·杂论》,载卢辅圣主编:《中国书画全书》第二册,上海书画出版社,1993年,第902页。

山侧者客山远。众山拱伏,主山始尊;群峰盘互,祖峰乃厚。"① 与笪重光同时代的画论家布颜图也说:"一幅画中主山与群山如祖孙父子然,主山即祖山也,要庄重顾盼而有情,群山要恭谨顺承而不背。石笋陂陀如众孙,要欢跃罗列而有致。"② 而明代画论家沈颢则说得更为直白:"先察君臣呼应之位,或山为君而树辅,或树为君而山佐,然后奏管傅墨。"③ 上述引文中所描述的"宾主""主客""君辅"正是"比德"思想在绘画中的表现,也是对郭熙画论思想的继承。

总之,孔子的"比德"观不仅为郭熙山水画论奠定了重要的理论基础,而且也决定了其山水画意蕴的生成、审美形态的呈现以及布局结构的安排。受此影响,郭熙的山水画从早期山水画的现实风格转向了写意性和主观表现性。这种创作理念的转变,一方面改变了北宋宫廷院画的写实画风,使绘画成为抒情达意的一种重要方式("南宋四家"以及元代王渊等画家的创作实践,更是推动了中国山水画抒情时代的到来);另一方面,也开启了后来文人山水画注重山水与思想统一、注重表现文人意趣的审美风尚。这在元初赵孟頫、朱德润、"元四家"身上都有所体现。

3. "比德"审美观的式微与宋元山水画空间审美范型的转变

孔子"比德"观原本就是一种将人的内在精神相互映照、相互沟通,并进行意象化表达的审美创造方式。但随着政治意识形态的不断渗透,这种"比德"审美观越来越成为"助教化""美人伦"的工具,这一倾向在北宋达到极致。后来,随着集权政治的一步步瓦解以及权力中心的转移,"比德"审美观的政治教化功能日趋式微、衰落。这样一种发展趋势在一定程度上使得宋元山水画的创作风格发生着变化。

宋元两代是中国山水画发展的鼎盛时期,代表了中国山水画的最高成就。明代王世贞在《艺苑卮言》中谈到,中国山水画发展到唐、五代"大小李""荆关董巨"是"一变",发展到北宋"李成范宽"是"又一变也",到南宋"刘李马夏""又一变也",而到元代"大痴黄鹤"同样是"又

---

① [清]笪重光撰,王翚、恽格评:《画筌》,载俞剑华编著:《中国画论类编》(下卷),人民美术出版社,2016年,第801页。

② [清]布颜图:《画学心法问答·问主山环抱法》,载俞剑华编著:《中国画论类编》(上卷),人民美术出版社,2016年,第205页。

③ [明]沈颢:《画尘·位置》,载俞剑华编著:《中国画论类编》(下卷),人民美术出版社,2016年,第773页。

一变也"①。王世贞说的"变"主要是针对中国山水画审美风格的演变而言的,但这种风格的演变又鲜明地体现在中国山水画空间审美范型——"远"的转变上。北宋山水画家郭熙曾提出过著名的"高远、深远、平远"②"三远"说,纵观中国山水画的空间审美创作范型,基本不出这"三远",特别是"高远"和"平远"尤具代表性,因此"三远"说可视为对中国山水画空间审美创作方式最为精辟的理论总结。倘以此为基点再来反观宋、元时期的山水画,不难发现从北宋至元代,中国山水画的空间审美范型呈现出了完全不同的面貌,而这其中"比德"审美观的演变起到了至关重要的作用。

（1）北宋:"比德"观的权力渗透与"高远"主导范型的确立

宋初乃至中期的山水画中,"高远"审美范型的作品占据了绝对的主导地位。之所以如此,一方面是因为此时的山水画家大多为北方人,受北方自然环境的影响很深,所以山水画的发展自然是以荆浩、关仝、李成等北方系统"雄强劲拔"的全景式构图为基本特色;另一方面,宋代实行的是由文臣执政的中央集权的封建专制制度,极端强调艺术的"比德"功能和政治变革的作用。《宣和画谱》作为当时主流意识形态的代表,其"叙"云:"是则画之作也,善足以观时,恶足以戒其后,岂徒为是五色之章,以取玩于世也哉!"③这里明显赋予绘画以儒家伦理观念,为绘画奠定了人伦教化的思想基调。以宋徽宗为代表的统治者自上而下的宣扬和倡导"比德"观,这就不仅仅关涉个体人格的德性表达,而且还隐含了权力话语的强制性渗透。这一时期山水画家追求的"高远"的视觉审美风格正是对这种政治意识形态的间接表达,其凸显的高山峻岭所激发出来的崇高感,与北宋统治者所追求的理想政治秩序以及伟大帝国王朝的气度是相辅相成的④。

---

① [明]王世贞:《艺苑卮言·论画》,载俞剑华编著:《中国画论类编》(上卷),人民美术出版社,2016年,第116页。

② 郭熙《林泉高致·山水训》:"山有三远:自山下而仰山巅谓之高远,自山前而窥山后谓之深远,自近山而望远山谓之平远。"〔[宋]郭熙、郭思:《林泉高致·山水训》,载俞剑华编著《中国画论类编》(上卷),人民美术出版社,2016年,第639页〕"高远"产生的是从下往上看的效果;"深远"产生的是从前往后看的效果;"平远"产生的是由近往远处看的效果。一般来说,"深远"并不能独立存在,它往往要与"高远"和"平远"相伴而生。

③ 俞剑华注译:《宣和画谱·叙》,江苏美术出版社,2007年,第1页。

④ 石守谦:《风格与世变:中国绘画十论》,北京大学出版社,2008年,第145—146页。

北宋山水画占首要地位的是关仝、李成和范宽。郭若虚《图画见闻志》认为，此三人"才高出类""智妙入神"，形成了"三家鼎峙"的局面，为"百代"之"标程"①。"三家山水"之中，有两家是以"高远"构图见长的。范宽的画重山叠岭，雄伟壮观，气势磅礴，其代表作为《溪山行旅图》。这件山水巨迹，首先映入眼帘的是高高矗立的巨峰大岭，仅此就占据了三分之二的画幅，巍然有顶天立地之气概，所谓"大山堂堂"于此可见。整幅作品突出"高远"的气势，给人以雄伟浑厚之感。郭若虚《图画见闻志》云："峰峦浑厚，势状雄强，抢笔俱均，人屋皆质者，范氏之作也。"②此评甚为确当。范宽的用笔刚强有力，被称为"枪笔"。这种笔法能使画面充满雄昂刚健的气氛，充分表现出阳刚之美，特别适于描绘北方山水。范宽在这幅山水画中，将他的风格发挥得淋漓尽致。所以，明代董其昌在此画跋中则将其誉为"宋画第一"③。

范宽与李成并称，而绝不类似，各有所长。刘道醇《圣朝名画评》云："李成之笔，近视如千里之远；范宽之笔，远望不离坐外，皆所谓造乎神者也。"故"宋有天下为山水者惟中正与成称绝，至今无及之者"④。韩拙《山水纯全集》记王诜评李成的画为"墨润而笔精，烟岚轻勃如对面千里，秀气可掬"。评范宽的画为"如面前真山，峰峦浑壮雄逸，笔力老健"⑤。最后，通过比较而得出结论就是李、范二人"一文一武"，这一评语成为后世画家、鉴赏家对李、范风格差异的通论。如果说范宽的"武"表现在其"峰峦浑厚、势状雄强""高远"之风的话，那么李成的"文"就表现在"气象萧疏，烟林清旷"⑥的"平远"之风上。

李成，字咸熙，山东营丘人，人称"李营丘"。李成长于作平远山水，"所画山林、薮泽、平远、险易……一切皆吐其胸中而写之笔下"⑦。其代表作有《寒林平野图》《茂林远岫图》《读碑窠石图》等。除平远之景外，李

①[宋]郭若虚著，俞剑华注释：《图画见闻志》卷一，江苏美术出版社，2007年，第32页。
②[宋]郭若虚著，俞剑华注释：《图画见闻志》卷一，江苏美术出版社，2007年，第32页。
③转引自陈传席：《中国山水画史》（修订版），天津人民美术出版社，2013年，第82页。
④[宋]刘道醇纂：《圣朝名画评》卷二，载卢辅圣主编：《中国书画全书》第一册，上海书画出版社，1993年，第453页。
⑤[宋]韩拙：《山水纯全集》，载俞剑华编著：《中国画论类编》（下卷），人民美术出版社，2016年，第676页。
⑥[宋]郭若虚著，俞剑华注释：《图画见闻志》卷一，江苏美术出版社，2007年，第32页。
⑦俞剑华注译：《宣和画谱》卷十一，江苏美术出版社，2007年，第243页。

成同样擅作全景式构图的高山大岭，如《晴峦萧寺图》①。李成在北宋的影响极大，《宣和画谱》云："于时凡称山水者，必以成为古今第一，至不名而曰李营丘焉。"② 其门人当中，以郭熙的成就最为显著。郭若虚《图画见闻志》说他"虽复学慕营丘，亦能自放胸臆。巨嶂高壁，多多益壮，今之世为独绝矣"③。其传世作品中最具代表性的就是《早春图》。该图自近景圆岗层叠、山石突兀，至中景山腰处则有岩岫错布、烟霞笼罩，再往上便是婉蜒回转、峭拔凌空的主峰，左右各有瀑布自石缝间注入溪流中。作品气势浑成，情趣盎然，既有巍峨耸峙的"高远"感，又有层山叠嶂的"深远"感；既有范宽的雄强之气，又有李成的文秀之韵，着实为观者营造出了一种"可行""可望""可游""可居"④ 的艺术氛围。

　　理论与实践总是相伴相生、密切相联的，郭熙的"三远"理论正是对上述北宋山水画实践的总结。而在"三远"之中，郭熙之所以把"高远"置于首位，并以此来突出"高远"的地位，其实就是宋代绘画"比德"艺术精神的时代要求和理论反映⑤。然而从北宋后期开始一直到南宋，中国山水画的创作，不论是意境还是笔法、墨法，亦或构图都发生了重大变化。代表这种变化的前有郭熙所创的"云烟变灭"画格，后有米芾开创的"水墨云山"画格。据说日本寺院藏有徽宗所作夏、秋、冬景山水各一幅，画法很像马远，山石用"大斧劈"皴，构图简妙，与南宋山水颇有相通之处。经学者考证，此图既不属南宋，亦非北宋，或为中间过渡时期之产物。《佩文斋书画谱》也提到曾有两册北宋山水画，其中一册"作丛林不异李唐，石则马远，景与山则夏圭"；而另一册无名氏的画"枯树马远，石则夏圭，其笔亦不着意而工"⑥。可见北宋末画风已逐渐向南宋院画画格转变。

①《晴峦萧寺图》属于典型的"高远"之作。上半部两座高峰重叠，左右山峰低小淡远，下藏深沟巨壑，山间瀑布飞流直下，萧寺亭台隐现于山间倔曲如爪的寒林之中。构图气势雄伟，用笔苍劲娴熟，皴法居多，渲染较少。

②俞剑华注译：《宣和画谱》卷十一，江苏美术出版社，2007 年，第 243 页。

③[宋]郭若虚著，俞剑华注释：《图画见闻志》卷四，江苏美术出版社，2007 年，第 160 页。

④[宋]郭熙、郭思：《林泉高致·山水训》，载俞剑华编著：《中国画论类编》（上卷），人民美术出版社，2016 年，第 632 页。

⑤郭熙的《林泉高致》作为一部系统总结中国山水画创作经验的画论专著，其思想的根基就是"比德说"，具体内容可参见张明：《郭熙山水画论中的比德思想》（《美术观察》2015 年第 9 期）。

⑥[清]王原祁等纂辑：《佩文斋书画谱》卷九十九，北京市中国书店，1984 年，第 2900 页。

与此相应,北宋末期的山水画理论也发生了重大变化。继郭熙提出"三远"之后,韩拙也提出了一种全新的"三远"理论:"阔远""迷远""幽远"①。韩拙的"三远"说与郭熙的"三远"说相比的话,在理论观念上的确没有提供更多的新东西,不过若从境界角度看,却是对北宋晚期冲淡平远画风的一种总结。徐复观虽对韩氏"三远"不以为然,但他却指出了"韩氏所补充之三远,实可包括于平远之内"②的事实。朱良志不仅看到韩氏"三远"是"郭氏'三远'在境界中的展开",同时还充分肯定了其理论价值,认为它"丰富了郭氏平远的内涵"③。由此可以确定,北宋末期山水画理论的关注重心也从"高远"逐步转向了"平远"。这一转型,一方面是对苏轼、米芾等人提出的"萧条淡泊""忘形得意"绘画主张以及以董源、巨然为代表的南方山水画风的总结,另一方面,也是对"江南景物特点"的概括,预示着南宋"平远"之境的开启。从这个意义上来说,韩拙的"三远"具有某种程度上的理论先导性,且有承上启下之功,"就审美境界的抉示而论",其价值"决不在郭熙'三远'之下"④。

(2)南宋:"比德"观的边缘化与"高远"向"平远"范型的过渡

从北宋后期开始,由于当时国家山河残破,风雨飘摇,昔日的帝国辉煌与宋初的那种磅礴气势已烟消云散,充斥人们内心更多的是渴望收复失地的强烈的爱国之情。在这种情况下,那种靠天子自上而下建立起来的、隐含着统治者权威要求的"比德"审美观也已风光不再;而画家们也根本不可能以心平气和、不急不躁的心境,用"高远"之图去描绘、勾勒、臆造所谓的"帝国气度"。在这些因素的综合作用下,就导致了该时期"比德"观的边缘化,进而形成了"高远"审美范型逐步向"平远"审美范型过渡的现象。

关于南宋山水画的风格特征,傅熹年认为,虽然两宋的山水画都非常重视写实性,但南宋山水画所表现出的不是"山势逼人、举手可扪的实体感",而是"暝漠旷远的空间感和其中所包蕴的意境";"是虚而不是

---

①韩拙:"愚又论三远者:有山根边岸水波亘望而遥,谓之阔远。有野霞暝漠,野水隔而仿佛不见者,谓之迷远。景物至绝而微茫缥缈者,谓之幽远。"参见[宋]韩拙:《山水纯全集》,载俞剑华编著:《中国画论类编》(下卷),人民美术出版社,2016年,第662页。
②徐复观:《中国艺术精神》,华东师范大学出版社,2002年,第213页。
③朱良志:《中国艺术的生命精神》,安徽教育出版社,1998年,第390页。
④徐建融:《宋代名画藻鉴》,上海书店出版社,1999年,第38页。

实""是灵奇而不是雄杰"①。这在开南宋画风之先的李唐的前后期画作的对比中一目了然。李唐前期主要受荆浩、关仝以及范宽的影响,表现为雄浑厚重,代表作为《万壑松风图》;后期在经历了亡国之痛后转而变得清润刚劲,代表作为《清溪渔隐图》。此图为李唐晚年作品,一改他以前的那种"上留天,下留地"的"高远"全景式构图方式,只截取景物的一小部分,以平远构图的方式来组织画面。近景中的坡石用大笔头饱蘸墨水一扫而过,树木只截取根和干部分而不见其顶,再以淡墨渲染。这种水墨淋漓的创作手法,给人以清丽而苍劲的感觉;中景用寥寥数笔营造出了一个怡然自得的渔隐形象,使人和景融为一体,情趣盎然;远景只有虚淡的几条轮廓线,水面出现了大片空白,这与前景中的实景描写形成了强烈的黑白对比,使境界更显空阔、明朗。而观者伴随着整个画面由实及虚的渐进式延伸,其思维也被引入到一种悠远之境中,从而产生无限的遐思和想象。李唐的这种化实为虚、善于留白、局部特写的空间营构方式使其作品呈现出"平远"的特点,直接开启了南宋画风,深刻地影响到了刘松年、马远和夏圭的山水画创作。

刘松年的《四景山水图》中,树石笔墨近似李唐"大斧劈"皴,但画中楼阁较李唐而言更加精细和幽淡,具有鲜明的个人风格;构图也明显师承李唐,画面保留较多空白,具有很大的想象空间,同时也突出了主体"悠远"之意。

马远出身绘画世家,他将家学、李成等坚劲的笔法、董巨等人清润的墨法融于一体,开创了一代新画风。其代表作为《踏歌图》,画法上采用"大斧劈",再施以浓重墨色;同时,他又运用刚性线条勾勒远处峰峦,使远、近景得以清晰呈现;将山石树木笼罩在烟雾之下,使画面形成了强烈的虚实对比的效果,作品更富韵味和想象力。马远山水构图喜用一角构图,人称"马一角"。其代表作《松下闲吟图》《寒江独钓图》均为典型的"一角"景色,取景简洁,笔墨清爽,法度谨严而又豪放。明代曹昭评价说:"其作全境不多,其小幅,或峭峰直上而不见其顶,或绝壁直下而不见其脚,或近树参天而远山低,孤舟泛月而一人独,此边角之境也。"②"边角之境"可以产生以小观大、以虚抟实的效果,获得"笔有尽而意无穷"的

①傅熹年:《傅熹年书画鉴定集》,河南美术出版社,1999年,第136页。
②[明]曹昭著,杨春俏编著:《格古要论·马远画》(卷上),中华书局,2012年,第87页。

妙趣,给人以耳目一新之感。

与马远齐名的还有夏圭,他和马远一样均擅局部取景,故有"马一角,夏半边"之称。《山水十二景图》,为夏圭山水画代表作品。十二幅景十首风景诗,把自朝达暮的江上十二种景致表现得极有诗意。现存四段《遥山书雁》《烟村归渡》《渔笛清幽》《烟堤晚泊》,画面极合"题意",表现了江南空濛景色。画法类似于李唐的《清溪渔隐图》,取景为"半边"之势,构图极为简洁,用笔刚劲,皴法为"大斧劈",是典型的南宋院体风格。

综上,南宋山水画不仅在技法上有极高的成就,在构图上也实现了北宋末年全景式的"高远"画幅向小幅、边角之景的"平远"过渡;在意境上,也从"无我之境"向表达诗意、表现自我的"有我之境"过渡。这里之所以说是过渡,是因为此时的山水画更多的是画家主观意愿的产物,而非真正意义上贴近自然的"平远"写意之作。因为按照通常的理解,所谓的"写意"就是指"作者随手点染地写出客观自然的意态,但在客观自然的意态中也正能表露作者的心意。"[1]在李唐、马远、夏圭等南宋画家的画作中,线条是刚性的,顿挫是激促的,皴法是猛烈的,这些表现方式更多地体现为一种刚拔猛烈、宁折不屈、锋芒毕露的艺术风格。那么,既然南宋时期的山水画风格是"刚而猛"的,为什么在这些画家笔下又会出现许多含蓄、空灵的"平远"之作呢?

众所周知,南宋小朝廷国势衰危,安于一隅,一味屈膝投降,包括画家在内的封建士大夫们对此感到悲观、失望,其所特有的空寞、无奈的心理在此时得到空前的体现。一方面,南宋画家"热爱河山",但另一方面又不敢正视"客观的河山",因此,这些画家"皆将客观山水置若罔闻","绘画成为他们发泄个人情感的工具"[2]。这种情感中既有激愤和怨怒,同时又有寂寥和迷茫。而在绘画中,前一种情感他们用猛烈刚劲的"大斧劈"皴来表达,而后一种情感则用空灵含蓄的"平远"方式来表现。可见,这种"平远"山水,与其说是脱胎于真实的江南山水,毋宁说是他们主观情绪的发泄,诚如徐复观所言:"按不满意马、夏的人,多以残山剩水为借口。""以一角之'有',反衬出全境之'无'",此乃"与平远同其关

---

[1]陈传席:《中国山水画史》(修订版),天津人民美术出版社,2013年,第233页。
[2]陈传席:《中国山水画史》(修订版),天津人民美术出版社,2013年,第233页。

纽。""从精神上来说……他们心目中对此残山剩水,有无限的凄凉、恋慕;在他们的笔触上,实含有一种对时代的抗辩与叹息之声。"①因此,李唐、马远等人的作品虽不乏"平远"的境界,但这并不能证明画家的内心已经达到平和冲融、从容自适的境地了;恰恰相反,这样一种创作方式正是他们内心痛苦、焦虑情绪的反映。而要完全创作出走向自然、亲近自然的"平远"山水,只能等到元代了。

（3）元代:"比德"观的衰微与"平远"主导范型的确立

如果说宋代士人忧国忧君的话,那是因为有国有君可以忧,元代的士人则不然。蒙古族的入主中原,一方面瓦解了宋朝的统治,彻底摧毁了"比德"观赖以存在的政治基础,并使其一步步走向衰亡,这导致元代画家艺术创作观念及思维方式由重社会功用转变为重个人体验;另一方面,他们推行的民族统治政策和采用的民族歧视方式,对汉族知识分子打击很大,经常使这些文人"辱于夷狄之变",无法忘记自己"七匠八娼,九儒十丐"的下等人身份,忍受着巨大的屈辱,因而此时的文人们是苦闷、悲凉、闲逸的。再加上科举的终止,使他们百无聊赖,有才无处发。于是,他们转而通过绘画来追求内在的精神自由、人格完美以及性情的抒发。因此,山水画的领导权由原来的统治者下移到文人手中,"文人画"正式确立。

元代"文人画"的文学趣味异常突出,它以自我感受为主,以个人体验为基础,将自己与物象融为一体,寄画于诗、寄意于情,"表达一种比较个人化的思想情操,把绘画当作抒写自我心胸与精神内涵的一种手段"②。与北宋山水画讲究写真、形似相反,元代强调的是创作主体主观意兴心绪的传达,正如倪云林一再强调的那样:"仆之所谓画者,不过逸笔草草,不求形似,聊以自娱耳。"③因此,元画反对南宋院画刚拔苍劲的强硬笔意和锋芒毕露的激烈情绪,主张重新展向自然,追求平淡冲和的审美风格。徐复观在对比"三远"的特点时曾说:"'高'与'深'的形相,都带有刚性的、积极而进取性的意味。"而"'平'的形相,则带有柔性的、

---

①徐复观:《中国艺术精神》,华东师范大学出版社,2002年,第275页。

②徐东树:《中国传统绘画中的比德观》,南京艺术学院博士学位论文,2005年。

③[元]倪瓒著,江兴祐点校:《清閟阁集·答张藻仲书》卷十,西泠印社出版社,2010年,第319页。

消极而放任的意味。"特别是"平远"那种"冲融""冲澹"的状态,"正是人的精神得到自由解脱时的状态",故"平远较之高远、深远,更适合于艺术家的心灵的要求了"①。从这个意义上说,"平远"所追求的那种冲淡萧散、简疏空旷的境界是最适合元代画家口味的。这也是为何黄公望在《写山水诀》中把"平远"置于首位而把"高远"置于末位的根本原因②。同时这也表明,北宋盛极一时的"高远"范型在元代已彻底丧失其主导地位,取而代之的是"平远"范型,这一点在元画的创作实践中能够得到非常充分的证明。

首先是元画的开创者、奠基人赵孟頫,其代表作《鹊华秋色图》是典型的"平远"风格。画中一片辽阔的河水,由近及远,有无限延伸的空间感。《水村图》画江南山村水乡的平远小景,意境清旷疏朗。画法上,虽师法董、巨,但已自成风格;皴法含蓄,类似于书法笔意,显现出他对萧散简率画风的追求。董其昌在卷后题曰:"此卷为子昂得意笔,在《鹊华图》之上,以其萧散荒率。脱尽董、巨窠臼。"③这表明,赵孟頫的山水画标志着中国文人画进入到了一个新的发展阶段,此后黄公望、倪云林的山水画均由此而出。

其次是"元四家"中成就最高的倪云林。倪云林画学董、巨,兼用荆、关画法。他的画典型风貌是一河两岸,画面极简,前岸几块坡石,对岸几道汀渚,河面空阔,给人以烟波浩渺之感。这种"一河两岸"式的构图,意境极为旷远悠深,《墨缘汇观录》评曰:"野岸空林,深得萧疏清旷之致。"④这一评价是颇为精准的。倪云林的画愈到后期就愈加平淡。在他的画中,画面寂静空灵,被世人誉为逸品中的极品。他的代表作有《渔庄秋霁图》《六君子图》《古木幽篁图》等。倪云林的《渔庄秋霁图》历来被学者所称道。画面中央为一片湖光之色,但却一笔未画,全作空白表现,这便产生了虚中带实、虚实相生的效果。《六君子图》画法类似于《渔庄秋霁图》,意境旷远清幽。《古木幽篁图》整个画面简淡、萧疏,给人

①徐复观:《中国艺术精神》,华东师范大学出版社,2002年,第212页。
②黄公望:"山论三远:从下相连不断谓之平远,从近隔开相对谓之阔远,从山外远景谓之高远。"〔[元]黄公望:《写山水诀》,载俞剑华编著:《中国画论类编》(下卷),人民美术出版社,2016年,第696页〕
③陈传席:《中国山水画史》(修订版),天津人民美术出版社,2013年,第249页。
④《墨缘汇观录》卷三,中华书局,1985年,第158页。

以静谧幽雅的感觉,同时也反映了画家本人清雅、淡泊的情怀。综而观之,倪云林的山水画笔简意幽,表现出一种极其清幽、纯净和恬淡的美,给人以孤寂、凄苦的感觉。

最后是"元四家"中的另一位集大成者黄公望,其代表作是《富春山居图》。此图山峦起伏,林木萧疏,境界清润秀拔,空阔旷远。在山林间,野鸭戏水、小桥渔浦,充溢着平淡天真的情趣。黄公望画中所显示出的疏朗简秀、温雅平和的气氛,实是其心境的真实反映。也正因为此,他的画才能天真自然,而没有剑拔弩张之势。

综上可知,在影响宋、元山水画空间审美范型转变的因素中,"比德"审美观虽不是唯一的,但的确是一个不可忽视的重要因素。从宋、元之间"比德"审美观由盛而衰的发展轨迹,可以透视出山水画空间审美范型转变的线索:北宋是山水画的成熟期,由于统治者对"比德"审美观的大力倡导,造成该时期的山水画空间审美范型以体现帝国宏伟气象的"高远"为主;南宋是山水画的重要转型期,由于偏安小朝廷政局动荡,缺乏强有力的集权统治,从而导致"比德"审美观从主流走向边缘。而受此影响,该时期的山水画空间审美范型也由代表国家威严的"高远"逐步向表达个人思绪的"平远"过渡;元代是山水画的鼎盛期,这一时期伴随着南宋汉民族政权的瓦解,绘画的道德教化要求荡然无存,取而代之的是画家们纯私人化心境的表达,这导致了"高远"山水画空间审美范型的彻底崩塌,并全面转向以个人写意为主的"平远"风格了。

上述这些变化不仅体现了不同历史时期山水画空间营构方式的差异,而且从更深层次上彰显了中国山水画的艺术精神及时代风貌。

(二)孔子"比德"审美观与中国花鸟画

中国的花鸟画,最早可以上溯到原始社会时期陶器上的花鸟纹样。汉代壁画出现了生动的鸟兽形象,魏晋时期的一些大画家如顾恺之、陆探微等都有花鸟题材的作品,但花鸟画科真正形成应在唐中期,朱景玄《唐朝名画录》记载专门画花鸟者十一名,最有名的有边鸾、薛稷、殷仲容[①]。汤垕在《古今画鉴》中说:"唐人花鸟边鸾最为驰誉,大抵精于设色,

---

①[唐]朱景玄:《唐朝名画录》,载卢辅圣主编:《中国书画全书》第一册,上海书画出版社,1993年,第161—163页。

秾艳如生。"①可见,花鸟画形成初期追求的是一种形象的逼真感,重工笔写生,重设色浓艳,尚未有明显的精神寄托的意味。

中晚唐时正式形成的花鸟画科,此后继续发展,中经"徐(徐熙)黄(黄筌)异体"争奇斗艳的局面,终至宋代成为中国绘画三大画科之一。两宋可以说是中国花鸟画达到鼎盛的时期,北宋花鸟画的创作由于深受西蜀黄筌画格的影响,非常重视逼真细致的写生风格。邓椿《画继》云:"盖一时所尚专以形似,苟有自得不免放逸,则谓不合法度。"②文徵明亦云:"宋名人花卉,大都以设色为精工。"③不过,徽宗的时候在画幅和意境上都有了很大的改变,其标志就是绘画艺术的全面伦理化,"比德"的美学精神成为花鸟画创作的首要追求。

《宣和画谱》是在宋徽宗赵佶的主持下组织人力编写完成的,代表了当时的主流意识形态,强调绘画非"玩于世也",而是要做到"善足以观时,恶足以戒其后"④。这里明显赋予绘画以儒家伦理观念,为绘画奠定了人伦教化的思想基调。在《花鸟叙论》中,更是直接突出了儒家的"比德"精神:"花之于牡丹芍药,禽之于鸾凤孔翠,必使之富贵。""松竹梅菊、鸥鹭雁鹜,必见之幽闲。""乔松古柏之岁寒磊落,展张于图绘,有以兴起人之意者⋯⋯"⑤

赵佶在其代表作《芙蓉锦鸡图》上题诗云:"秋劲拒霜盛,峨冠锦羽鸡。已知全五德,安逸胜凫鹥。"⑥所谓"五德",指的是"文""武""勇""仁""信"⑦这五种德性品格。"锦鸡"不再是单纯的动物形象描绘,而是儒家人格的象征,具有了道德的担当。诸如此类作品还有很多,如《瑞鹤图》《竹禽图》《四禽图》《柳鸦芦雁图》等等。所以,与唐代花鸟画注重客体对象的自然特征相比,宋代花鸟画更加强调在客

①[元]汤垕:《古今画鉴·唐画》,载卢辅圣主编:《中国书画全书》第二册,上海书画出版社,1993年,第895页。
②[宋]邓椿:《画继·杂说》卷十,载卢辅圣主编:《中国书画全书》第二册,上海书画出版社,1993年,第724页。
③[明]文徵明:《论画花卉》,载俞剑华编著:《中国画论类编》(下卷),人民美术出版社,2016年,第1073页。
④俞剑华注译:《宣和画谱·叙》,江苏美术出版社,2007年,第1页。
⑤俞剑华注译:《宣和画谱·花鸟叙论》卷十五,江苏美术出版社,2007年,第321页。
⑥李德壎编著:《历代题画诗类编》(下册),山东教育出版社,1987年,第1123页。
⑦[汉]韩婴撰,许维遹校释:《韩诗外传集释》卷二,中华书局,1980年,第60—61页。

体对象身上寄寓个人的主观情怀，即"寓兴"，这或许是唐、宋花鸟画最根本的区别。据《宣和画谱》载，在收藏于徽宗宫中的六千三百九十六幅画中，花鸟画有一千七百八十六幅，占了近三分之一的份额[①]，这与宋代花鸟"比德"意识的高涨是息息相关的。

这种"比德"意识的高涨，一方面是因为以宋徽宗为代表的统治者出于意识形态统治的需要，对"比德"观进行的大力宣扬和倡导；另一方面，随着越来越多的文人士大夫参与到绘画活动中去，也产生了一种独立于权力中心之外的，不同于宫廷"比德"的个人化"比德"。这种"比德"审美观以自我感受为主，以个人体验为基础，将自己与物象融为一体。但不管是哪种方式，其实都体现出宋人对伦理化趣味的追求、对花鸟画作为君子品质和人格象征的重视，而这种时代新风，促进了当时绘画的一系列变化，如"所谓四君子，到了宋时才略备其目"[②]。是时，墨竹、墨梅及墨花画随着文人画兴而渐盛，形成专科画派。花鸟画家之夥，前所未见；而士大夫文人画花鸟者，远胜于唐代。

古人欣赏松、梅、竹、兰、菊，以其自然审美特征，象征君子之高洁品格和坚贞、正直精神。《礼记·礼器》始以松、竹并称，云："其在人也，如竹箭之有筠也，如松柏之有心也，二者居天下之大端矣，故贯四时而不改柯易叶。"[③]五代善画松者荆浩在其《笔法记》中云："松之生也，枉而不曲……分层似叠于林间，如君子之德风也。"[④]韩拙《山水纯全集》云松者"为众木之长，亭亭气概"，"下覆凡木，以贵待贱，如君子之德，和而不同"[⑤]。松之气势与品格，常用以象征君子的坚贞、劲节的情操，"岁寒三友"，即以松为首。在唐代，善画松的画家以张璪最负盛名。据段成式《酉阳杂俎》载："张璪常画古松于斋壁，符载赞之，卫象诗之，亦一时三绝，览悉加垩焉。"[⑥]毕宏、刘商画松，皆师法张璪。刘商对其所画松石

---

①俞剑华注译：《宣和画谱》，江苏美术出版社，2007年，第13—14页。

②朱良志：《扁舟一叶：理学与中国画学研究》，安徽教育出版社，1999年，第111页。

③[汉]郑玄注，[唐]孔颖达疏：《礼记正义》卷二十三，[清]阮元校刻：《十三经注疏》（附校勘记），中华书局，1982年影印本，第1430页。

④[五代]荆浩：《笔法记》，载俞剑华编著：《中国画论类编》（上卷），人民美术出版社，2016年，第607页。

⑤[宋]韩拙：《山水纯全集》，载俞剑华编著：《中国画论类编》（下卷），人民美术出版社，2016年，第665—666页。

⑥[唐]段成式撰，许逸民校笺：《酉阳杂俎校笺·语资》，中华书局，2015年，第909页。

曾赋诗多首，如《画树石呈浚师》诗云："为君壁上画松柏，劲雪严霜君试看。"①

宋代著名山水画家，大多兼长画松。李成，《图画见闻志》云："画松叶谓之攒针，笔不染淡，自有荣茂之色。"②米芾在《画史》中尝记所见李成松石图轴云："秀润不凡，松干劲挺，枝叶郁然有阴。"③郭熙，《宣和画谱》云："至摅发胸臆，则于高堂素壁，放手作长松巨木，回溪断崖，岩岫巉绝，峰峦秀起，云烟变灭，暗霭之间千态万状。论者谓熙独步一时，虽年老落笔益壮，如随其年貌焉。"④《林泉高致》所记郭熙所画《一望松》以及郭熙所云："大山堂堂为众山之主""长松亭亭为众木之表"⑤。此即典型的"比德"观念在松树绘画中的表现。这一时期，画家始以松、竹、梅共画，号为"岁寒三友"。

元人尚水墨梅竹，似无有专工画松者。但据传世画迹所载，善画松者为数也不少。夏迪作有《双松图》，王冕题云："夏迪画松得松趣，个个乃是廊庙具。贞固不特凌雪霜，偃蹇犹能吐烟雾。"⑥李遵道作有《华顶松图》，张天英题云："苍髯铁爪欲飞扬，肯与人家作栋梁。"⑦明、清两代亦不少著名画家尝以松"比德"。明代刘鉴以画松著称，陈录《题刘鉴松》曰："酩酊气正浩，苍龙自卷舒。"⑧沈周今存《庐山高图》，作长松巨木，气势雄伟。文徵明作有《袁安卧雪图》，画中长松七株，仓秀挺拔，更觉清古。清代徐枋《题画松》："支离冰雪丹心在，偃蹇岩阿绿发茸。自是千年知汉腊，何曾一日受秦封。"李鱓尝作《五松图》，题云："骨干多年风雪里，青针一片白云封。说到岁寒君子节，古今林下五株松。"李方膺尝自题《墨松图》诗云："一年一年复一年，根盘节错锁疏烟。不知天意留何用，虎爪龙鳞老更坚。"赞松树晚节更坚，以松比己之"老骥伏枥"之志。

①李德壎编著：《历代题画诗类编》（上册），山东教育出版社，1987年，第515页。
②[宋]郭若虚著，俞剑华注释：《图画见闻志》卷一，江苏美术出版社，2007年，第32页。
③[宋]米芾：《画史》，载卢辅圣主编：《中国书画全书》第一册，上海书画出版社，1993年，第979页。
④俞剑华注译：《宣和画谱》卷十一，江苏美术出版社，2007年，第255—256页。
⑤[宋]郭熙、郭思：《林泉高致·山水训》，载俞剑华编著：《中国画论类编》（上卷），人民美术出版社，2016年，第635页。
⑥[清]陈邦彦校刊：《御定历代题画诗》，载卢辅圣主编：《中国书画全书》第九册，上海书画出版社，1996年，第486页。
⑦李德壎编著：《历代题画诗类编》（上册），山东教育出版社，1987年，第540页。
⑧李德壎编著：《历代题画诗类编》（上册），山东教育出版社，1987年，第547页。

张问陶《题画双松》云："岁寒自有真风骨,知在天都第几峰。"① 此诗赞松树愈寒愈显其不畏风雪之品格。

梅花清介孤洁、高格逸韵,历来为人们所欣赏,诗人画家赋诗作画,蔚然成风。尤其是宋、元以后,文人画家寄兴物外,率以写梅。写梅始于何人,已无法确考。但早期善画水墨梅花的,当推宋代华光长老仲仁。王冕《梅谱》曰:"夫梅,始自花光仁老。"② 吴太素《松斋梅谱》云:"墨梅自华光始。"③ 华光笔下墨晕而成的梅花,与真实的梅花相距甚远,它并不注重形象的客观性,更多的是表达个人超凡脱俗的内心世界,所以华光画梅重在体现梅花的"清肌傲骨"。在文人画家看来,梅的品格高于诸花卉,甚至高于兰、竹。宋濂云:"夫梅负孤高伟特之操而乃溷之于凡禽俗卉间,可不谓之一厄也哉!"所幸仲仁、扬补之以水墨画梅,"拔梅于泥涂之辱","梅花至是,益飘然不群矣"④。

元代画家大多兼擅墨戏,尤以墨梅、墨竹为盛。《古今画鉴》云:"画梅谓之写梅,画竹谓之写竹,画兰谓之写兰,何哉?盖花卉之至清,画者当以意写之,初不在形似耳。"⑤ 有元一代的画梅大家,当推元末王冕。他尝自述:"初学画时,以瓶置梅,以灯烛其影,脱其古怪,求其新意,庶可知其写之性也。"因举进士不第,画梅花以明志,尝云:"花卉之中,惟梅最清。"⑥ 王冕为良佐所作墨梅诗云:"不要人夸好颜色,只留清气满乾坤。"⑦ 画家之襟怀跃然纸上,其"比德"意识亦更加强烈,后世人多引用之。

清初一些著名画家,亦兼善画梅。如八大山人,有《古梅图》传世,画老梅一株,主干空裂,疏花朵朵,自题"梅花画里思思肖,和尚如何如

---

① 以上题画诗参见李德壎编著:《历代题画诗类编》(上册),山东教育出版社,1987年,第558—572页。

② [元]王冕著,寿勤泽点校:《王冕集·梅谱》,浙江古籍出版社,2012年,第280页。

③ [元]吴太素编:《松斋梅谱》卷一,载卢辅圣主编:《中国书画全书》第二册,上海书画出版社,1993年,第679页。

④ [明]宋濂:《论画梅》,载俞剑华编著:《中国画论类编》(下卷),人民美术出版社,2016年,第1067页。

⑤ [元]汤垕:《古今画鉴·杂论》,载卢辅圣主编:《中国书画全书》第二册,上海书画出版社,1993年,第902页。

⑥ [元]王冕著,寿勤泽点校:《王冕集·梅谱》,浙江古籍出版社,2012年,第281—282页。

⑦ [元]王冕著,寿勤泽点校:《王冕集·竹斋诗续集》,浙江古籍出版社,2012年,第259页。

采薇"①,以此寄托怀念故国的哀思。恽格题《独清图》:"花从残岁灭,香带暮烟生。不作繁华想,增余冰雪心。"②由此赞叹梅花的独立、清高、纯洁的品质。孙原湘《画梅与邵生》:"岩坳深雪病枝蟠,骨傲天生耐得寒。得意自开花一树,不曾开与世人看。"③清代画梅,以扬州画派诸人最为称著。如汪士慎,《国朝画征录》云:"亦善墨梅,笔致疏落。"④汪氏画梅的特点,可用"冷香"二字概括。金农题曰:"巢林画繁枝,千花万蕊,管领冷香,俨然灞桥风雪中。"⑤世人评他所画梅,有"铁骨冰心"之号,这也表明汪氏写梅乃是写人之品格操守。扬州画派的另外一位代表人物高翔画梅爱用枯笔,他的《春入江城图》,梅花主干枝条稀疏,但笔力苍老,画出了梅花迎风斗雪、傲然独立的神采。

竹具有群居不倚、虚心高节的品格,与君子人格相类似,因此常被文人学士用来比人。竹子成为绘画的独立题材在唐朝晚期,画竹名家即是白居易在《画竹歌》中歌咏的那位萧悦。萧悦清高拔俗,其画"不根而生从意生,不笋而成由笔成"⑥,白居易的诗道出了萧悦竹画的文人情趣,即"从意生"。到宋代,画竹的人更比比皆是了。宋代文人,其他花鸟画可以不去学,但对"架雪凌霜,如有特操;虚心高节,如有美德"⑦的墨竹却非学不可,这是因为墨竹画尤为适合表现文人清逸潇洒、超拔脱俗的品格特征。故而,宋代画墨竹的人很多,最著名的是文同和苏轼。

文同写墨竹,乃视其为友。他笔下的竹具有这样的品质:"得志,遂茂而不骄;不得志,瘁瘠而不辱","群居不倚,独立不惧"⑧。因此,文同写竹也即写人,而他为人襟怀洒落,其身便具竹之特点,诚如苏轼所云:"壁上墨君不解语,见之尚可消百忧。而况我友似君者,素节凛凛欺霜秋。"⑨文同最具代表性的画作为《墨竹》,虽仅绘垂竹一枝,但布局颇有气势,充

①王朝闻主编:《八大山人全集》第四卷,江西美术出版社,2010年,第944页。
②李德壎编著:《历代题画诗类编》(下册),山东教育出版社,1987年,第969页。
③李德壎编著:《历代题画诗类编》(下册),山东教育出版社,1987年,第993页。
④[清]张庚:《国朝画征录》,载卢辅圣主编:《中国书画全书》第十册,上海书画出版社,1996年,第456页。
⑤张郁明等编:《扬州八怪诗文集》(三),江苏美术出版社,1996年,第160页。
⑥[唐]白居易著,顾学颉校点:《白居易集》卷十二,中华书局,1999年,第234页。
⑦俞剑华注译:《宣和画谱·叙目》,江苏美术出版社,2007年,第7—8页。
⑧[宋]苏轼著,傅成、穆俦标点:《苏轼全集》,上海古籍出版社,2000年,第879页。
⑨[宋]苏轼著,傅成、穆俦标点:《苏轼全集》,上海古籍出版社,2000年,第58页。

分表现了竹子不畏风雨的神韵。

　　文同的表弟苏轼,也善画墨竹,并深受文同影响。苏轼一生宦途失意,生活颠沛流离,这使他在诗和画中都表现出达观自适的思想和洒脱傲放的风格。《画史》云:"苏轼子瞻作墨竹,从地一直起至顶,余问何不逐节分,曰:'竹生时何尝逐节生?'"故其"运思清拔,出于文同与可,自谓与文拈一瓣香"①。东坡画竹不画节,并不符合客观现实,但他这样一种画法主要是为了写出正直耿介之人的品格,于是索性不画节了。黄庭坚《题子瞻墨竹》诗云:"眼入毫端写竹真,枝掀叶举是精神。因之幻化出无象,问取人间老斫轮。"②吴镇《苏东坡竹》云:"大似美人无俗韵,清风徐洒碧琅玕。"③文徵明《题东坡画竹》云:"东坡先生喜画竹石,恒自重不妄与人,故传世绝少。"他尝见一帧,"尤清雅奇古,无一点尘俗气,信非东坡不能也"④。孙承泽《庚子销夏记·东坡墨竹》云:"东坡悬崖竹一枝倒垂,笔酣墨饱,飞舞跌宕,如其书,如其文,虽派出湖州而神韵魄力过之矣。"⑤东坡传世作品有《枯木竹石图》,米芾亦是这样评价其画的:"子瞻作枯木,枝干虬屈无端,石皴硬,亦怪怪奇奇无端,如其胸中盘郁也。"⑥苏轼这种借枯木顽石寄情遣兴的方式,开了借物抒情并以此来象征人生的文人画的先河。

　　东坡之后,宋代仍有许多文人推崇竹之"比德"特性。黄庭坚《画墨竹赞》:"人有岁寒心,乃有岁寒节。何能貌不枯,虚心听霜雪。"⑦《咏子舟所作竹》云:"森削一山竹,壮士十三辈。自干云天去,草芥肯下逮。虚心听造物,颠沛风雨会。荣枯偶同时,终不相弃背。"⑧宋末元初的李衎

①[宋]米芾:《画史》,载卢辅圣主编:《中国书画全书》第一册,上海书画出版社,1993年,第982—983页。
②[宋]黄庭坚著,刘琳、李勇先、王蓉贵校点:《黄庭坚全集》第三册,四川大学出版社,2001年,第1472页。
③李德壎编著:《历代题画诗类编》(下册),山东教育出版社,1987年,第1040页。
④[明]文徵明著,周道振辑校:《文徵明集》(增订本)(中),上海古籍出版社,2014年,第788页。
⑤[清]孙承泽:《庚子销夏记》卷二,载卢辅圣主编:《中国书画全书》第七册,上海书画出版社,1994年,第763页。
⑥[宋]米芾:《画史》,载卢辅圣主编:《中国书画全书》第一册,上海书画出版社,1993年,第983页。
⑦[宋]黄庭坚著,刘琳、李勇先、王蓉贵校点:《黄庭坚全集》第二册,四川大学出版社,2001年,第569页。
⑧[宋]黄庭坚著,刘琳、李勇先、王蓉贵校点:《黄庭坚全集》第一册,四川大学出版社,2001年,第52页。

在《竹谱详录》中更是直接将竹与"全德君子"相比附："竹之为物,非草非木……散生者有长幼之序,丛生者有父子之亲。密而不繁,疏而不陋,冲虚简静,妙粹灵通,其可比于全德君子矣。"[①]"凡竹生于石则体坚而瘦硬,枝叶多枯焦,如古烈士,有死无二,挺然不拔者;生于水则柔而婉顺,枝叶多稀疏,如谦恭君子,难进易退,巽懦有不自胜者;惟生于土石之间则不燥不润,根干劲圆,枝叶畅茂,如志士仁人卓尔有立者。"[②]

元代文人继承了宋代文人画中以个人化的方式寓寄自己独特的理想与道德情怀的"比德"方式,并将其发扬光大。"四君子"意象中所蕴含的超拔精神,深深地感染着元代文人,并获得了广泛而持久的认同。"如果说宋代文人比德是'寄意'",那么到了元人就是"寄身"。他们会"把整个的生命都投进绘画之中"[③],这也是为什么元代画家会对梅、兰、墨竹等题材如此情有独钟的主要原因。王伯敏指出,元代花鸟画最重要的变化是墨竹、墨梅画的兴盛和风行。在陈邦彦的《御定历代题画诗》的记载中,宋代之前(包括宋代)的"兰竹类"题画诗寥寥无几;而到了元代,此类诗作数量瞬间"暴涨"。据著者粗略统计,在七百六十八首"兰竹类"题画诗和二百五十二首"花卉类"的题梅诗中,元人诗作分别有289首和96首,各占了约40%的比重[④]。由此可见,通过题画诗来"比德"已成为元代文人最为重要的审美方式。柯九思题自作《晴竹图》云:"岁寒有贞态,孤竹劲而直。虚心足以容,坚节不挠物。"[⑤]王冕《竹图》:"不看双凤舞,恰听老龙吟。正直崇高节,岁寒同我心。"[⑥]从元代画家所创作的题画诗中,可以感受到他们"吟咏情性""言志缘情"的绘画理念,无时无刻不将自己清高超逸的道德情怀通过诗、画进行淋漓尽致的抒发和表达。

竹在"岁寒三友"中处于突出的位置,《江村销夏录》评《杨竹西草

①[元]李衎述:《竹谱详录》卷三,载卢辅圣主编:《中国书画全书》第二册,上海书画出版社,1993年,第736页。
②[元]李衎述:《竹谱详录》卷四,载卢辅圣主编:《中国书画全书》第二册,上海书画出版社,1993年,第742页。
③徐东树:《中国传统绘画中的比德观》,南京艺术学院博士学位论文,2005年。
④参见[清]陈邦彦校刊:《御定历代题画诗》,载卢辅圣主编:《中国书画全书》第九册,上海书画出版社,1996年,第504—590页。
⑤李德壎编著:《历代题画诗类编》(下册),山东教育出版社,1987年,第1045页。
⑥[元]王冕著,寿勤泽点校:《王冕集·竹斋集卷中》,浙江古籍出版社,2012年,第142页。

亭图卷》曰："竹之清，自《淇奥》诗作知所贵重，晋唐以来爱竹若子猷、元卿辈，不知其几矣。其为人类皆如瑶林玉树洒然风尘之表，所谓澳汩迂疏尘胸垢面者，弗爱也。"①特别是竹子那直立挺拔、不屈不挠的形象正是民族气节的写照，所以此时以画墨竹为盛。《图绘宝鉴》所载元代画家二百余人，能画墨竹者超过三分之一②。赵孟頫的妻子管道升作有《墨竹图》，并题有《此君赋》长文，其中写道：

> 请述公之所以盛也，盖君子于竹比德焉。今汝视其节，凛然而孤也。所谓"直哉史鱼，邦有道如矢"者与；汝视其貌，顾然而癯也，所谓"伯夷叔齐饿于首阳之下，民到于今称之"者欤；汝视其中，洞然而虚也，所谓"回也其庶乎屡空"，"有若无"欤！③

此处，管氏以竹之"凛然而孤"来比儒者之"直"；以竹之"顾然而癯"来比儒者之"忠"；以竹之"洞然而虚"来比儒者之"达"。倪云林以山水家而兼擅画竹，《图绘宝鉴》云："画林木平远竹石殊无市朝尘埃气。"④

明代墨竹亦兴盛，文人多以写竹为雅事，画者甚多。《明画录》卷七专载墨竹画家，有五十九人⑤，而王绂、夏昶，明代最为著名。王绂墨竹风格多样，受到世人称赏，如王世贞云："孟端竹为国朝第一手，有石室居士、梅花道人遗意，而清标高格，又似过之。"⑥清代善画墨竹者也不少，而以金农、郑板桥最负盛名。金农《画竹题记》曾云："予僻性爱竹，爱其陵霜傲雪，无朝华夕瘁之态。""虚心高节，久而不改其操，竹之美德也。""平生高岸之气尚在，尝于画竹满幅时，一寓己意。"⑦可见，金农画竹也是以竹"比德"的。郑板桥，为人耿直、坦荡，经常以竹自喻，那疏淡、清新、净绝的竹子，是他高洁品格的表达和精神的安慰。此外，清前

---

① [清]高士奇：《江村销夏录》，载卢辅圣主编：《中国书画全书》第七册，上海书画出版社，1994年，第1004页。
② 参见[元]夏文彦纂：《图绘宝鉴》卷五，载卢辅圣主编：《中国书画全书》第二册，上海书画出版社，1993年，第885—893页。
③ [清]卞永誉纂辑：《式古堂书画汇考·画卷》，载卢辅圣主编：《中国书画全书》第六册，上海书画出版社，1994年，第1074页。
④ [元]夏文彦纂：《图绘宝鉴》卷五，载卢辅圣主编：《中国书画全书》第二册，上海书画出版社，1993年，第887页。
⑤ [清]徐沁撰，印晓峰点校：《明画录》卷七，华东师范大学出版社，2009年，第143—155页。
⑥ 张毅、陈翔编著：《明代著名诗人书画评论汇编》（上册），南开大学出版社，2016年，第413页。
⑦ 张郁明等编：《扬州八怪诗文集》（三），江苏美术出版社，1996年，第156—158页。

期吴历亦重视竹之坚贞品格,尝云:"竹之所贵要画其节操,风霜岁寒中卓然苍翠也……何可一日不画此君。"①

元吴海《友兰轩记》云:"夫兰有三善焉:国香,一也;幽居,二也,不以无人而不芳,三也……此三者,君子之德具焉。"②兰之为画,自古多水墨,故画兰直称为墨兰。从绘画史料看,画兰之兴,当在宋代。苏轼画有《兰竹苍崖图》,郑燮《丛兰棘刺图》题画记云:"东坡画兰,长带荆棘,见君子能容小人也。"③至南宋末期,文人寄兴,多好画兰,尤以赵孟坚为工。汤垕《画鉴》云:"赵孟坚子固墨兰最得其妙,其叶如铁,花茎亦佳。"④赵之墨兰,表现清简隽逸之趣,寄寓高洁之志与淡远情怀,历来为人所称道。对此,元、明人多有题咏,如倪云林《题郑所南兰》诗云:"秋风兰蕙化为茅,南国凄凉气已消。只有所南心不改,泪泉和墨写《离骚》。"⑤文徵明《题所南先生画兰》云:"江南落日草离离,卉物宁知故国移?却有馨香满幽谷,居然不受北风吹。"⑥自宋末以后,作墨兰以赵孟坚为滥觞。

元统一中国后,士大夫的进取之路被切断,这使得不少文人寄情山水花鸟。花鸟画和山水画一样都成了画家们倾诉亡国之恨、宣泄心中郁结的一个出口,至于山水花鸟的真实性问题,已然不再是画家们所关心的问题。这一时期画兰的代表人物是郑思肖,他的姓名中"肖"影射"赵"(其繁体字为"趙"),号"所南",表示心向南方。赵孟頫为宋宗室,入元后仕元,几次拜访郑思肖,都被拒绝。郑思肖终身不娶,临终拜托友人在他的墓碑上刻"大宋不忠不孝郑思肖",其浓烈的爱国之情由此可见一斑。

兰花的幽雅、绝俗历来被文人们所赞颂。郑思肖画兰,正是因他性与兰同,因此常把自己的亡国之痛、故国之思寄托于作品之中。所绘《墨兰图》(现藏于日本大阪美术馆),仅寥寥几笔就写出兰之神采,透露出高洁、清逸之气。画的右侧自题诗一首:"向来俯首问羲皇,汝是何人到

---

①[清]吴历:《墨井画跋》,载卢辅圣主编:《中国书画全书》第七册,上海书画出版社,1994年,第972页。

②[元]吴海:《吴朝宗先生闻过斋集》卷二,中华书局,1985年,第35—36页。

③[清]郑燮著,王锡荣注:《郑板桥集详注》,吉林文史出版社,1986年,第391页。

④[元]汤垕:《古今画鉴·宋画》,载卢辅圣主编:《中国书画全书》第二册,上海书画出版社,1993年,第901页。

⑤[宋]郑思肖著,陈福康校点:《郑思肖集·附录三》,上海古籍出版社,1991年,第344页。

⑥[宋]郑思肖著,陈福康校点:《郑思肖集·附录三》,上海古籍出版社,1991年,第356页。

此乡？末有画前开鼻孔,满天浮动古馨香。"① 在这里,郑思肖以兰花作比,含蓄地表达出其超凡脱俗的品性和志趣。又题云:"一国之香,一国之殇。怀彼怀王,于楚有光。"② 思念故国之情、耿直不阿的性格,跃然纸上。若将此再和他对权贵们"头可断,兰不可得"的回答联系起来,可见其人格之高尚、民族情感之真挚。《图绘宝鉴》载:"尝自画一卷长丈余,高可五寸许,天真烂漫超出物表,题云:'纯是君子,绝无小人。'"③ 以兰之品格,喻人之情操,其风骨气节,备受世人仰慕。

明清两代画兰亦盛,常标举兰之格调,以兰自喻。文徵明作春兰四幅,题云:"离离水苍珮,居然在空谷。虽多荆棘枝,春风自芳馥。"④ 陈宪章《题画兰》:"阴崖百草枯,兰蕙多生意。君子居险夷,乃与恒人异。"⑤ 清代扬州画派诸家均善画兰,且多题跋。李鱓《兰花图》,题云:"幽香独据无人赏,流水高山自在春。"郑燮《题画兰》:"兰草已成行,山中意味长。坚贞还自抱,何事斗群芳。"⑥

古人爱菊,常咏其孤傲高洁品格。屈原诗云:"朝饮木兰之坠露兮,夕餐秋菊之落英。"⑦ 陶渊明《饮酒》(其五):"采菊东篱下,悠然见南山。"⑧ 历来画菊之作,大多蕴含诗人咏菊之趣。画菊分色菊、墨菊二体。色菊起于五代,据《宣和画谱》载,五代宋初,花鸟名家徐熙、滕昌祐、黄居宝、黄居寀等人皆画有《寒菊图》⑨。墨菊或始于宋代。《芥子园画传》云:"迄南宋、元、明,始有文人逸士,慕其幽芳,寄兴笔墨,不因脂粉,愈见清高。故赵彝斋、李昭、柯丹邱、王若木、盛雪蓬、朱樗仙,俱善写墨菊。更觉傲霜凌秋之气,含之胸中,出之腕下,不在色相求之矣。"⑩

---

① [宋]郑思肖著,陈福康校点:《郑思肖集·补遗》,上海古籍出版社,1991年,第289页。
② [宋]郑思肖著,陈福康校点:《郑思肖集·补遗》,上海古籍出版社,1991年,第289页。
③ [元]夏文彦纂:《图绘宝鉴》卷五,载卢辅圣主编:《中国书画全书》第二册,上海书画出版社,1993年,第885页。
④ [明]文徵明著,周道振辑校:《文徵明集》(增订本)(中),上海古籍出版社,2014年,第1039页。
⑤ 马成志编:《梅兰竹菊题画诗》,天津杨柳青画社,1999年,第67页。
⑥ 马成志编:《梅兰竹菊题画诗》,天津杨柳青画社,1999年,第74—76页。
⑦ 黄灵庚疏证:《楚辞章句疏证》卷一,中华书局,2007年,第157—158页。
⑧ [晋]陶渊明著,逯钦立校注:《陶渊明集》卷三,中华书局,2007年,第89页。
⑨ 俞剑华注译:《宣和画谱》卷十五,江苏美术出版社,2007年,第348—368页。
⑩ 胡佩衡、于非闇选订:《芥子园画传·菊谱·青在堂画菊浅说》第二集,人民美术出版社,1982年,第205页。

宋代以来，画墨菊者为数不少。恽寿平《瓯香馆集》云："画菊难，墨菊尤难。"[①] 元代善墨菊者，有郑思肖、钱选、柯九思等人。郑思肖，尝自题画菊诗云："宁可枝头抱香死，何尝吹落北风中。"[②] 显然，郑画菊有如画兰一样，均是喻其高洁的节操。

清代善画菊者也较多，据《读画录》载，胡慥"工写菊"，"菊冷花，经石公手洗尽铅华独存冰雪，始称'真冷'。然笔墨外备极香艳之致，此则非石公不能为也"[③]。邹一桂，今存《花卉册》中有菊图，画折枝秋菊两株，迎风怒放，颇有深意。八大山人有《菊花图》《墨菊图》；石涛有《采菊图》《对菊图》《竹菊图》《菊竹石图》，题曰："清香一片拂磁瓯，不用东篱运去求。最是山僧怜酒客，尽声泛去坐忘忧。"[④] 扬州画派诸人皆善画菊，如李方膺《菊石图》，自题诗云："秋花最是迟开好，且可东篱护晓霜。"[⑤] 黄慎《诗画》册之二，自题诗云："年年佳节看成惯，醉榻寒花一瓣香。"[⑥] 华嵒有《菊花图》，自题诗云："傲质已从蠹，缤纷余落英。"[⑦] 从以上诸画来看，菊均有孤傲与高洁之寓意。

除了上述单独以松、梅、兰、竹、菊作画的形式外，还有不少画家将其中两种或两种以上合并在一起作画的，称为"双清""三友"或"四君子"等。唐代于邵曾向德宗进画松竹图。在奏表中，他说自己画松竹是有感于松的"坚贞"之姿、"不朽"之心，故此图乃"求比兴之义"[⑧]。后世还有人将梅、竹合画称为"双清图"，如元王蒙、吴镇都作有《梅竹双清图》，明王世贞题云："梅独为百花魁，而竹能离卉木，而别自成高品者，以其精得天地间一种清真气故也。"[⑨]

"三友"说的最早记载当在宋代。林景熙《五云梅舍记》云："种梅百本，与乔松、修篁为岁寒友。"[⑩] 王贵学《王氏兰谱》将竹、梅、松称为"三

①[清]恽寿平著，吕凤堂点校：《瓯香馆集·补遗》，西泠印社出版社，2012年，第342页。

②李起敏、白岚玲选注：《历朝花鸟咏物诗》，华夏出版社，1999年，第184页。

③[清]周亮工：《读画录》，载卢辅圣主编：《中国书画全书》第七册，上海书画出版社，1994年，第959页。

④[清]石涛：《石涛书画全集》（下册），天津人民美术出版社，2002年，第265页。

⑤[清]李方膺绘：《扬州画派书画全集·李方膺》，天津人民美术出版社，2000年，第7页。

⑥[清]黄慎绘：《扬州画派书画全集·黄慎》，天津人民美术出版社，1998年，第261页。

⑦[清]华嵒绘：《扬州画派书画全集·华嵒》，天津人民美术出版社，1998年，第239页。

⑧[宋]李昉等编：《文苑英华》卷六百一十三，中华书局，2011年，第3179页。

⑨张毅、陈翔编著：《明代著名诗人书画评论汇编》（上册），南开大学出版社，2016年，第412页。

⑩[宋]林景熙：《霁山集·五云梅舍记》卷四，中华书局，1960年，第117页。

友"①。元代,王恽《宋东溪墨梅图序》云:"是知托物寓意于岁寒三友之间者,不徒模写形似,俾自得之趣冠时人而名后世也。"②至明代,唐寅有诗云:"松梅与竹称三友,霜雪苍然贯岁寒。"③将松、梅、竹人格化,赞赏其高洁、坚贞品质。据记载,以"岁寒三友"为题材作画,最早出现在南宋,赵孟坚、扬补之、马远等均作有《岁寒三友图》。这一时期除了"三友图",还出现了"三清图"。据相关文献记载,倪瓒就藏有李公麟的《三清图》④。但"三清"究竟指什么?言之不详。目前来看,无论是"三友"或"三清",其所指对象似乎并不固定,也不局限于传统的"岁寒三友"。比如,清代罗聘就作有《三友图》,并自题云:"古人比交曰石交,以石而处乎兰与竹之间,诚所谓君子之朋也,其为三友宜焉。"⑤其中"三友"就指的是兰、竹、石,而非松、竹、梅。

我们现在所熟知的"四君子"之说源于"四友"之说。明代方宇《兰馨传》将兰与松、竹、梅并称为"四友"。后黄凤池辑《梅竹兰菊四谱》,以菊代松,陈继儒在《小引》中称之"四君"⑥,此后便有了"四君子"图。如果说后世对"四君子"的理解还比较固定的话,那么对于"四友"或"四清"的理解就显得灵活多变了。比如元代吴镇《石渠宝笈》所著录的《四友图》,就是指松、竹、梅、兰;同时代的李衎作有《四清图》,"四清"指的却是竹、梧、兰、石。可见,与"三友"或"三清"一样,"四友"或"四清"的内涵也不等同于传统意义上的"四君子"。除了上述"四君子""四友"或"四清"之外,还有"五友""五清""六君子"之说。比如,文徵明的《五友图》就在传统的松、竹、梅"岁寒三友"基础上又增加了"幽兰"和"古柏"⑦;倪瓒《六君子图》中的"六君子"分别为松、柏、樟、楠、槐、榆这六种树木,它们共同的精神特质或如黄公望题诗写的那

①[宋]范成大等著,刘向培整理校点:《范村梅谱(外十二种)》,上海书店出版社,2017年,第87页。
②[元]王恽著,杨亮、钟彦飞点校:《王恽全集汇校》卷四十一,中华书局,2013年,第1987页。
③陈伉、曹惠民编注:《唐伯虎诗文书画全集》,中国言实出版社,2005年,第130页。
④[明]张丑:《清河书画舫》,载卢辅圣主编:《中国书画全书》第四册,上海书画出版社,1992年,第286页。
⑤[清]罗聘绘,张郁明撰文:《扬州画派书画全集·罗聘》,天津人民美术出版社,1999年,第56页。
⑥[明]黄凤池编:《集雅斋画谱·梅竹兰菊四谱》,浙江人民美术出版社,2018年,第7页。
⑦张毅、陈翔编著:《明代著名诗人书画评论汇编》(下册),南开大学出版社,2016年,第690页。

样:"正直特立无偏颇。"①

　　总之,在我国传统绘画中,松、竹、梅"岁寒三友"图或梅、兰、竹、菊"四君子"图备受文人雅士所钟爱,究其原因乃是由于这些意象最能表达他们的品节、情操、胸怀以及情趣②。从这个意义上讲,清代学者松年说的"梅兰竹菊为画中别调,此等方可称逸品"③是极有道理的。如果再从更宽泛的层面去理解的话,我们甚至可以说"岁寒三友"图或"四君子"图所追求的借物比德、抒情写意的特征,构成了中国绘画走向"文人化"的一个不可或缺的环节。

第二节　孔子"文质彬彬"审美观对后世"文质观"的影响

　　关于"文"与"质"关系的讨论,可以说是中国美学和文论关注的一个核心话题。孔子首开"文""质"关系讨论的先河。在《论语·雍也》中,孔子提出君子人格修养的最理想境界就是"文质彬彬"。在这里,孔子虽然讨论的是如何培养君子人格的问题,但对后世美学及文论思想产生了深刻的影响。

①[清]卞永誉纂辑:《式古堂书画汇考·画卷》,载卢辅圣主编:《中国书画全书》第七册,上海书画出版社,1994年,第60页。
②在中国传统绘画中,除了"岁寒三友"和"四君子"这两类典型的"比德"审美现象外,还有很多以自然对象来比附主体之品格的,如以植物"牡丹"来象征富贵、吉祥的,黄筌、黄居宝、黄居寀父子的黄氏"富贵"(俞剑华注译:《宣和画谱》卷十五,江苏美术出版社,2007年,第321页);以动物"马"和"牛"来与人之精神作比,《宣和画谱》卷十三:"马与牛者,畜兽也,而乾坤之大取之以为象。若夫所以任重致远者,则复见取于《易》之《随》,于是画史所以状马、牛而得名者为多。"(俞剑华注译:《宣和画谱》卷十三,江苏美术出版社,2007年,第288页)历代画马,多呈神骏雄健之态,如曹霸、韩幹、李公麟、徐悲鸿等。画牛一向与画马并称,"古人云:牛畜非文房清玩,若其笔意清润,开卷古意勃然,有田家原野之象。"([元]汤垕:《古今画鉴·唐画》,载卢辅圣主编:《中国书画全书》第二册,上海书画出版社,1993年,第895页)可见,古人画牛乃是作为怡情适意之物,表现一种田园闲适的意趣,代表人物如韩滉、戴嵩等。虎为"百兽之长"。古人画虎,"画者因取其原野荒寒,跳梁奔逸,不就羁絷之状,以寄笔间豪迈之气而已"(俞剑华注译:《宣和画谱·畜兽叙论》卷十三,江苏美术出版社,2007年,第288页),如赵邈龊、包贵等;以自然现象"雪"来抒高洁之志的,文徵明《关山积雪图》云:"古之高人逸士,往往喜弄笔作山水以自娱。然多写雪景者,盖欲假此以寄其岁寒明洁之意耳。"[明]文徵明著,周道振辑校:《文徵明集》(增订本)(下),上海古籍出版社,2014年,第1349页]
③[清]松年著,关和璋注评:《颐园论画·论画花卉》,内蒙古人民出版社,1984年,第63页。

董仲舒《春秋繁露·玉杯第二》云：

> 志为质，物为文。文著于质，质不居文，文安施质？质文两备，然后其礼成。文质偏行，不得有我尔之名？俱不能备而偏行之，宁有质而无文。虽弗予能礼，尚少善之，"介葛庐"来是也。有文无质，非直不予，乃少恶之，谓"州公"实来是也。然则《春秋》之序道也，先质而后文，右志而左物。①

这基本上是对孔子"文质彬彬"思想的发挥，在重质的前提下并不忽视文，主张"质文两备"。这一点对于后世文质观念的发展至关重要，因为只有在这样一种思想传统中，尚文重饰的文学观念才有可能存在和发展。若非如此，中国文学恐怕就不会有后来对于形式美的追求。"从这一点看，儒家思想虽不张扬文饰，但其'文质彬彬'的信条着实为文学形式的发达留有很大余地"②。

尽管《淮南子》的美学思想更倾向于道家，但在"文"与"质"关系上，《本经训》提出了"必有其质，乃为之文"③的观点，在"质"乃"文"之根本这一点上，显然是与儒家相吻合的。但与儒家不同的是，二者对"质"的理解有所差异：儒家所说的"质"是站在君子的道德修养立场上，重在强调个体内在的精神品质；而《淮南子》则是站在统治者的立场上，将"质"理解为整个社会的经济与道德面貌。在《淮南子》看来，国家只有政治清明、生产发展、人民安居乐业了，那么包括艺术与审美在内的"文"才具有真正的意义和价值。这种对"文""质"关系的理解是符合其所处的时代精神的。

西汉的扬雄在《太玄经·文》中说："阴敛其质，阳散其文，文质班班，万物粲然。"④这里，扬雄把孔子提出的"文质"观作为宇宙万物的普遍性规律来看待，这其中当然也包括文艺作品。在《法言·先知》中，扬雄又强调："圣人，文质者也。车服以彰之，藻色以明之，声音以扬之，诗、书以光之。笾豆不陈，玉帛不分，琴瑟不铿，钟鼓不抎，则吾无以见圣

---

①[清]苏舆撰，钟哲点校：《春秋繁露义证》卷一，中华书局，1992年，第27页。
②张方：《中国诗学的基本观念》，东方出版社，1999年，第14页。
③[汉]刘安等编著，[汉]高诱注：《淮南子》卷八，上海古籍出版社，1989年，第84页。
④[汉]扬雄撰，郑万耕校释：《太玄校释》，中华书局，2014年，第139页。

人矣。"① 这段话中，扬雄通过阐述礼与文的关系，表达了对文饰的推崇。虽然提到的是"文质"，但其实更侧重于"文"。《法言·重黎》进一步指出"文辞"对于圣人的重要性："或问：'圣人表里。'曰：'威仪文辞，表也；德行忠信，里也。'"② 而在《法言·吾子》中，扬雄则直接表达了对孔子"文质观"的认同："或曰：'有人焉，自云姓孔，而字仲尼。入其门，升其堂，伏其几，袭其裳，则可谓仲尼乎？'曰：'其文是也，其质非也。''敢问质？'曰：'羊质而虎皮，见草而说，见豺而战，忘其皮之虎矣。'圣人虎别，其文炳也。君子豹别，其文蔚也。辨人狸别，其文萃也。狸变则豹，豹变则虎。"③ 仅有其"文"而无其"质"，不足为文章。所谓圣人、君子之"文"，其色彩美而又有虎豹之"质"，所以为佳作；小人之"文"虽艳，但芜而杂，所以只能居于下品。因此，在扬雄看来文质并重、文质彬彬才是最佳状态。

东汉的王充对于文质关系的态度基本上是折中的，既反对重质轻文，也反对重文轻质。但他的观点中也有一些异于前人的地方，那就是他特别强调文与质相互依存的关系，认为二者就像是"根"与"叶"、"核"与"壳"的关系一样不可割裂。在《论衡·超奇》篇中，王充说：

> 有根株于下，有荣叶于上；有实核于内，有皮壳于外。文墨辞说，士之荣叶，皮壳也。实诚在胸臆，文墨着竹帛，外内表里，自相副称。意奋而笔纵，故文见而实露也。人之有文也，犹禽之有毛也。毛有五色，皆生于体。苟有文无实，是则五色之禽，毛妄生也。④

显然，"文"与"质"相比的话，王充更强调"质"的根本性地位，而"文"仅仅是对"质"的依附。王充的这种文质观决定了他必然强调文艺的社会功能。在《论衡·自纪》篇，他说得很明白："为世用者，百篇无害；不为用者，一章无补。"⑤ 当然，王充在强调"质"的同时，也并没有完全否定"文"的重要性。在《论衡·书解》中，王充说：

---

①汪荣宝撰，陈仲夫点校：《法言义疏》卷十二，中华书局，1987年，第291页。
②汪荣宝撰，陈仲夫点校：《法言义疏》卷十四，中华书局，1987年，第365页。
③汪荣宝撰，陈仲夫点校：《法言义疏》卷四，中华书局，1987年，第71—72页。
④黄晖：《论衡校释（附刘盼遂集解）》卷十三，中华书局，2006年，第609页。
⑤黄晖：《论衡校释（附刘盼遂集解）》卷三十，中华书局，2006年，第1202页。

或曰：士之论高，何必以文？答曰：夫人有文质乃成。物有华而不实，有实而不华者。《易》曰："圣人之情见乎辞。"出口为言，集札为文。文辞施设，实情敷烈。夫文德，世服也。空书为文，实行为德，着之于衣为服。故曰：德弥盛者文弥缛，德弥彰者人弥明。大人德扩其文炳；小人德炽其文斑，官尊而文繁，德高而文积。①

在这段话中，王充没有简单地将"文"与"质"对立起来看待，而是把它当成了体现"质"且决定"质"之高下的一种标准。"这一论断，对后世文学批评中'文'的观念的建立有着巨大影响；尤其是语言形式观念，若没有这样的根据，也就大大减弱了它的说服力"②。总之，王充的文质观不仅继承和发展了孔子的学说，而且也极大丰富了"文"与"质"的内涵。

总的来看，汉代人的文质观虽标举文质并重，但实际上更强调"质"对"文"的支配性。在汉代人的著作中，我们很难看到他们弃"质"于不顾而放谈"文"的情况。而到了魏晋时期，这种情况发生了一些变化，即出现了虽承认文质并重但更加重视"文"的观念。西晋陆机在《文赋》中提出："理扶质以立干，文垂条而结繁。"③在陆机看来，"质"是"干"，而"文"是"条"，"质"决定了"文"，但如果没有"文"的话，文章就不可能枝繁叶茂。只有"文"与"质"相互依存，文章才能写得出色。

东晋葛洪在《抱朴子·文行》篇中说：

或曰："德行者，本也；文章者，末也。故四科之序，文不居上。然则著纸者，糟粕之余事；可传者，祭毕之刍狗。卑高之格，是可讯矣。"抱朴子答曰："筌可弃，而鱼未获，则不得无筌；文可废，而道未行，则不得无文。若夫翰迹韵略之广遍，属辞比义之妍媸，源流至到之修短，韫藉汲引之深浅……且文章之与德行，犹十尺之与一丈。谓之余事，未之前闻也。④

显然，葛洪所说的"文章"已经具有了独立的审美性特征——"翰迹韵

---

① 黄晖：《论衡校释（附刘盼遂集解）》卷二十八，中华书局，2006年，第1149页。
② 张方：《中国诗学的基本观念》，东方出版社，1999年，第17页。
③ [晋]陆机著，张少康集释：《文赋集释》，人民文学出版社，2002年，第60页。
④ 杨明照：《抱朴子外篇校笺》（下册）卷四十五，中华书局，1997年，第445—446页。

略之广逼,属辞比义之妍媸,源流至到之修短,韫藉汲引之深浅",并且可以和一个人的"德行"相提并论。因此,葛洪认为决不能将"文章"视之为"糟粕之余事",恰恰相反它和人的"德行"具有同样的价值。

　　而到了南北朝时期,之前哲学、伦理学意义上的文质论就已经完全演变成文学批评、美学意义上的文质论。萧统在《文选序》中虽从观念层面认可了儒家文质论,但从他选文的实际,却是重文轻质的。这是因为《文选》只选了文,而没有选经、史、子之类的作品。这样一种选文标准,只能说明萧统对文采特别偏爱。

　　相比来看,刘勰的文质观就显得非常辩证而深刻了。一方面,刘勰继承了孔子"文质彬彬"的思想,强调文质并重,《文心雕龙·情采》曰:"设模以位理,拟地以置心,心定而后结音,理正而后摛藻,使文不灭质,博不溺心,正采耀乎朱蓝,间色屏于红紫,乃可谓雕琢其章,彬彬君子矣。"[①]但另一方面,刘勰又非常重视"文"的作用,极大地提高了它的地位,认为它是"道之文",可"与天地并生"[②],"道之文"又分为"天文""地文"与"人文"。"文章"就属于"人文",刘勰认为"圣贤书辞"都有文采:"圣贤书辞,总称文章,非采而何?""文"与"质"之间虽然有"文"依附于"质"的方面,但同时也有"质"受制于"文"的方面:"夫水性虚而沦漪结,木体实而花萼振,文附质也。虎豹无文,则鞟同犬羊;犀兕有皮,而色资丹漆,质待文也。"[③]当然,刘勰所强调的"文"并非仅仅指文采,而是包含了"情"和"辞"这两个方面,只有将二者融为一体才能称得上是"文":"立文之道","一曰形文","二曰声文","三曰情文","情者,文之经,辞者,理之纬;经正而后纬成,理定而后辞畅,此立文之本源也"[④]。因此,有学者认为"引'情'入'文'是刘勰文质观的独特之处,也是刘勰'文质观'的深刻之处"[⑤],这一观点是非常中肯的。

　　齐梁时期另一位著名文论家钟嵘认为,曹植的诗作之所以能够"粲溢今古,卓尔不群",是因为"骨气奇高,词彩华茂,情兼雅怨,体被文质"。显然,"体被文质"是钟嵘评价诗歌优劣的重要标准。从这一标准出发,

①[南朝梁]刘勰著,范文澜注:《文心雕龙注》卷七,人民文学出版社,1962年,第538—539页。
②[南朝梁]刘勰著,范文澜注:《文心雕龙注》卷一,人民文学出版社,1962年,第1页。
③[南朝梁]刘勰著,范文澜注:《文心雕龙注》卷七,人民文学出版社,1962年,第537页。
④[南朝梁]刘勰著,范文澜注:《文心雕龙注》卷七,人民文学出版社,1962年,第537—538页。
⑤翁礼明:《礼乐文化与诗学话语》,巴蜀书社,2007年,第200页。

钟嵘批评刘桢的诗作"贞骨凌霜,高风跨俗。但气过其文,雕润恨少",批评王粲的诗作"文秀而质羸"①。

初唐时期,一方面六朝占主导地位的文质并重观仍在产生影响,另一方面也出现了与六朝以来形式主义审美倾向相悖的重质轻文的新现象。比如,唐初的李谔在《上隋高祖革文华书》中曾经非常尖锐地指出:"魏之三祖,更尚文词,忽君人之大道,好雕虫之小艺。下之从上,有同影响,竞骋文华,遂成风俗。""江左齐、梁,其弊弥甚,贵贱贤愚,唯务吟咏……竞一韵之奇,争一字之巧。"他认为文章不能再像六朝时期那样"忽君人之大道,好雕虫之小艺"了,而应"褒德序贤,明勋证理。苟非惩劝,义不徒然"②。显然,这是从审美功利主义的角度来看待文质关系的。白居易的现实主义诗歌创作虽然取得了很高的成就,在理论观点上似乎也比较辩证,主张文质并重,"诗者,根情、苗言、华声、实义"③。但在对历代诗人、诗作的评价中,却没有遵循这一美学原则,表现出重质轻文的倾向。他不仅否定了六朝的诗作,而且还对同为现实主义诗人的杜甫颇有微词,认为其真正具有风雅比兴的作品数量"不过三四十"④首,这样一种文质观念显然是非常狭隘的。

在中唐以后到宋初,古文运动以"文道"论来阐述文章形式与内容的内在关联。古文运动对六朝至唐初的形式主义文风提出了批评,认为文学的宗旨就是传播儒家之道。在文道关系上,韩愈认为"道"是目的、"文"是手段,"文"依附于"道",是为"道"服务的。在《答李图南秀才书》中,韩愈说:"然愈之所志于古道者,不惟其辞之好,好其道焉尔。"⑤为此,他又重申了孔子"有德者必有言"(《论语·宪问》)的观点,认为作家的道德水平决定了作品的水平。"养其根而俟其实,加其膏而希其光。根之茂者其实遂,膏之沃者其光晔。仁义之人,其言蔼如也"(《答李翊书》)⑥。唐代古文运动的另一领袖人物柳宗元提出了"明道"说,在《答吴武陵论非国语书》一文中对形式主义文学提出了尖锐的批评:"夫

①[南朝梁]钟嵘著,曹旭笺注:《诗品笺注》,人民文学出版社,2009年,第56—66页。
②郭绍虞主编:《中国历代文论选》第二册,上海古籍出版社,2004年,第5页。
③[唐]白居易著,顾学颉校点:《白居易集》卷四十五,中华书局,1999年,第960页。
④[唐]白居易著,顾学颉校点:《白居易集》卷四十五,中华书局,1999年,第961页。
⑤[唐]韩愈著,刘真伦、岳珍校笺注:《韩愈文集汇校笺注》卷六,中华书局,2010年,第725页。
⑥[唐]韩愈著,刘真伦、岳珍校笺注:《韩愈文集汇校笺注》卷六,中华书局,2010年,第700页。

为一书,务富文采,不顾事实,而益之以诬怪,张之以阔诞,以炳然诱后生,而终之以僻,是犹用文锦覆陷阱也。"①

宋代古文运动与唐代古文运动一脉相承,其集大成者是欧阳修。欧阳修继承了韩愈、柳宗元的文道观,主张文道并重。但在"文"与"道"关系上,欧阳修强调"道"是根本,"文"是"道"的产物。"圣人之文虽不可及,然大抵道胜者文不难而自至也"。"世之学者"舍本逐末,只一味追求外在文辞,甚至沉溺于其间而不可自拔。"一有工焉,则曰'吾学足矣'",故"后之惑者,徒见前世之文传,以为学者文而已,故愈力愈勤而愈不至"②。值得注意的是,程朱理学也主张文道合一,认为"文皆是从道中流出"③。但二者的"道"在内涵上有根本的区别,理学家的"道"是一种僵化、抽象的儒家伦理道德观念;而欧阳修则是将"道"理解为现实生活中的"百事",反对脱离现实的"古道"。在《答吴充秀才书》中,欧阳修认为"非道之于人远也",而是"学者""弃百事不关于心"④,这也就必然导致他们很难学到真正的"道"。理学家从表面上看追求"文从道出",但其重心在于强调"道本文末":"道者文之根本,文者道之枝叶。"⑤欧阳修这种关心现实生活的文道观无疑是对理学家"道本文末"观念的否定。

元明清时期的文质观是对前代文质观的进一步发展和完善。如明代诗论家胡应麟以"筋骨""肌肉"与"根干""枝叶"为比来描述"文"与"质"的关系:

> 诗之筋骨,犹木之根干也;肌肉,犹枝叶也;色泽神韵,犹花蕊也。筋骨立于中,肌肉荣于外,色泽神韵充溢其间,而后诗之美善备。犹木之根干苍然,枝叶蔚然,花蕊烂然,而后木之生意完。斯义也,盛唐诸子庶几近之。⑥

---

① [唐]柳宗元:《柳河东集》卷三十一,上海古籍出版社,2008年,第508页。
② [宋]欧阳修著,李逸安点校:《欧阳修全集》卷四十七,中华书局,2001年,第664页。
③ [宋]黎靖德辑:《朱子语类》卷一百三十九,朱杰人、严佐之、刘永翔主编:《朱子全书》第十八册,上海古籍出版社、安徽教育出版社,2002年,第4298页。
④ [宋]欧阳修著,李逸安点校:《欧阳修全集》卷四十七,中华书局,2001年,第664页。
⑤ [宋]黎靖德辑:《朱子语类》卷一百三十九,朱杰人、严佐之、刘永翔主编:《朱子全书》第十八册,上海古籍出版社、安徽教育出版社,2002年,第4314页。
⑥ [明]胡应麟:《诗薮·外编》卷五,上海古籍出版社,1979年,第206页。

他又以儒家倡导的"文质彬彬"观点作为审美标准来评价汉代和六朝时期的诗歌,认为汉代诗歌能够"冠绝古今"的原因就在于其"质中有文,文中有质,浑然天成,绝无痕迹";而齐梁诗文备受诟病的原因就在于其"文与质离""文盛而质衰""文胜而质灭"①。明末清初的文论家王夫之主张文质一体,认为"文"与"质"很难截然分开,可谓一荣俱荣,一损俱损:"文因质立,质资文宣"②,"欲损其文者,必伤其质","故统文为质,乃以立体;建质生文,乃以居要"③。显然,王夫之的文质观在继承儒家传统文质观的基础上又有所创新。

清代学者刘熙载在《艺概·诗概》中提出"质文不可偏胜"④的主张。章学诚对文质关系也极为关注,其《文史通义》中的《言公中》篇云:"文,虚器也;道,实指也。""文可以明道,亦可以叛道,非关文之工与不工也。"⑤《砭俗》篇云:"文生于质,视其质之如何而施吾文焉。"⑥《古文十弊》篇云:"与其文而失实,何如质以传真也?""为文为质,惟其所欲,期如其事而已矣。"⑦可以说,章氏的这种观点是儒家文质统一说的继承和发展。

综上所述,中国美学史、文论史上虽提出了不同的文质观或文道观,但大都是在孔子"文质彬彬"思想基础上有所损益而形成的,因此可以说儒家所主张的文质一体的观念是贯穿中国美学史、文论史对文质关系探讨的一条主线,在中国文学观念的发展过程中具有不可替代的作用。

第三节　孔子"中和为美"的音乐艺术精神
对中国音乐美学的影响

孔子"中和为美"的艺术精神对后世儒家乃至整个中国古代音乐美

①[明]胡应麟:《诗薮·内编》卷二,上海古籍出版社,1979年,第22页。

②[明]王夫之:《古诗评选》卷五,船山全书编辑委员会编:《船山全书》第十四册,岳麓书社,2011年,第762页。

③[明]王夫之:《尚书引义》卷六,船山全书编辑委员会编:《船山全书》第二册,岳麓书社,2011年,第412页。

④[清]刘熙载撰,袁津琥校注:《艺概注稿·诗概》卷二,中华书局,2009年,第329页。

⑤[清]章学诚撰,叶瑛校注:《文史通义校注》卷二,中华书局,2014年,第172页。

⑥[清]章学诚撰,叶瑛校注:《文史通义校注》卷四,中华书局,2014年,第418页。

⑦[清]章学诚撰,叶瑛校注:《文史通义校注》卷五,中华书局,2014年,第469页。

学思想都产生了极其深刻的影响。首先,孟子和孔子一样,明确反对郑声,推崇雅乐,"恶郑声,恐其乱乐也"①。而《荀子·乐论》涉及的音乐问题比较具体,它首先谈到对音乐形式美的认识,"乐则必发于声音",而"其曲直、繁省、廉肉、节奏"则"足以感动人之善心"②。这就意味着,音乐要感动人心,就必须注意构成音乐艺术形式的各因素,如曲折或平直(旋律)、繁复或简单(结构)、纤细或丰满(音色)的有机统一。在此基础上,荀子又提出了"审一以定和"③的"中和"审美原则。所谓"审一以定和",就是要求必须以主音(即宫音)为标准来协调其他声音,这样才能使整个曲调和谐统一。运用"中和"的审美原则,荀子又对郑声与雅乐进行了评价,认为郑、卫之音"使人之心淫",而韶、武之乐,"使人之心庄"④。因此,君子只有"贵礼乐"而"禁淫声",这样才能"美善相乐""天下皆宁"⑤。这种思想与孔子所标举的"乐而不淫,哀而不伤""尽善尽美"的艺术精神是完全一致的。

到了汉代,出现了专门探讨音乐问题的著作《乐记》。《乐记》特别区分了"声""音"和"乐"的不同:"声"是完全自然形态的、没有人为加工的声响;"音"则是指的经过艺术加工合乎声律("文采节奏")的"声";而"乐"虽"与音相近而不同","德音之谓乐"⑥。也就是说,"音"指的是没有道德内涵的声律,而"乐"指的是具有道德内涵的"音"。可见,《乐记》特别强调"乐"的德性品质:"乐者,通于伦理者也"⑦,"乐者,德之华也"⑧。而所谓"德"指的就是中庸之德,这种中庸之德既体现在音乐表现的情感内容上("和顺积中"⑨),也体现在音乐的声律形式上("和

---

① [汉]赵岐注,[宋]孙奭疏:《孟子注疏》卷十四下,[清]阮元校刻:《十三经注疏》(附校勘记),中华书局,1982年影印本,第2780页。
② [清]王先谦撰,沈啸寰、王星贤点校:《荀子集解》卷十四,中华书局,1988年,第379页。
③ [清]王先谦撰,沈啸寰、王星贤点校:《荀子集解》卷十四,中华书局,1988年,第379页。
④ [清]王先谦撰,沈啸寰、王星贤点校:《荀子集解》卷十四,中华书局,1988年,第381页。
⑤ [清]王先谦撰,沈啸寰、王星贤点校:《荀子集解》卷十四,中华书局,1988年,第382页。
⑥ [汉]郑玄注,[唐]孔颖达疏:《礼记正义》卷三十九,[清]阮元校刻:《十三经注疏》(附校勘记),中华书局,1982年影印本,第1540页。
⑦ [汉]郑玄注,[唐]孔颖达疏:《礼记正义》卷三十七,[清]阮元校刻:《十三经注疏》(附校勘记),中华书局,1982年影印本,第1528页。
⑧ [汉]郑玄注,[唐]孔颖达疏:《礼记正义》卷三十八,[清]阮元校刻:《十三经注疏》(附校勘记),中华书局,1982年影印本,第1536页。
⑨ [汉]郑玄注,[唐]孔颖达疏:《礼记正义》卷三十八,[清]阮元校刻:《十三经注疏》(附校勘记),中华书局,1982年影印本,第1536页。

正以广"①）。按照这样一种标准，《乐记》把雅乐称为"和乐"，而把郑声称为"淫乐"，其中的爱憎、取舍等价值取向，显然也是承续了孔子"乐而不淫，哀而不伤"以及"放郑声"的艺术精神。

此外，《乐记》中还具体谈到了音乐和谐美的问题。首先，它认为音乐的和谐美首先来自于其内部各种不同元素如音调、旋律等形成的一种中和状态，即"五色成文而不乱，八风从律而不奸"②是也；其次，音乐的这种和谐美还来自于礼与乐之间双向互动形成的平衡关系。礼主理，乐主情，礼、乐的统一实际上就是情与理的统一；最后，从更高的一层意义上来说，音乐美还来自于音乐与宇宙的和谐统一，即所谓的"大乐与天地同和""乐者，天地之和"③。这种思想是儒家"天人合一"观念在音乐艺术上的体现，也是对儒家音乐美学思想的一大发展和贡献。

汉代刘向肯定"执中以为本"的"君子之音"，否定"执末以论本"的"小人之音"④。《孔子家语》中也有类似的主张："奏中声为中节"，反对"亢丽微末"⑤。这些都是孔子"中和"艺术精神的延续。汉代另外一位理论家扬雄《法言》则继承孔子、孟子、《乐记》的音乐思想，将雅、郑的区别归结为"中正"与"多哇"，并提出了"中正则雅，多哇则郑"⑥的学说。这一学说，对后世特别是宋代朱熹的美学思想产生了影响，值得注意。

魏晋时期，阮籍《乐论》认为："礼与变俱，乐与时化。"礼与乐均应"应时变"，顺应社会情势进行变革，但只能"改其名目，变造歌咏"⑦，而不能变其乐声。据此，阮籍推崇合乎这一要求的"正乐"——雅颂之乐，而贬斥不合要求的"淫乐"——郑卫之音，并具体论述了淫乐的特征、危害等方面的问题，这同样是孔子"中和"音乐艺术精神的体现。嵇康《声无哀乐论》要求音乐情感的表达要适度，有所节制，即"情不可恣，欲不可

---

①［汉］郑玄注，［唐］孔颖达疏：《礼记正义》卷三十八，［清］阮元校刻：《十三经注疏》（附校勘记），中华书局，1982 年影印本，第 1538 页。

②［汉］郑玄注，［唐］孔颖达疏：《礼记正义》卷三十八，［清］阮元校刻：《十三经注疏》（附校勘记），中华书局，1982 年影印本，第 1536 页。

③［汉］郑玄注，［唐］孔颖达疏：《礼记正义》卷三十七，［清］阮元校刻：《十三经注疏》（附校勘记），中华书局，1982 年影印本，第 1530 页。

④［汉］刘向撰，向宗鲁校证：《说苑校证》卷十九，中华书局，1987 年，第 508 页。

⑤［清］陈士珂辑：《孔子家语疏证》卷八，中华书局，1985 年，第 205 页。

⑥汪荣宝撰，陈仲夫点校：《法言义疏》卷三，中华书局，1987 年，第 53 页。

⑦陈伯君校注：《阮籍集校注》卷上，中华书局，1987 年，第 93 页。

极""哀不至伤,乐不至淫"①,这也是对孔子"乐而不淫,哀而不伤"思想的认可和继承。刘勰《文心雕龙·乐府》则明确以"中和"为审美准则,推崇符合"中和之响"②的雅乐,反对郑声。

唐代白居易否定情感放荡、手法繁复的"哀淫之音"(郑卫之音),推崇雅颂之乐,认为它们才是"正始之音",为此要"销郑卫之声,复正始之音"③,这明显是继承了孔子"放郑声"的音乐艺术精神。

宋代著名的文学家范仲淹在《与唐处士书》中谈到:

> 某尝游于门下,一日请曰:"琴何为是?"公曰:"清厉而静,和润而远。"某拜而退,思而释曰:"清厉而弗静,其失也躁;和润而弗远,其失也佞。弗躁弗佞,然后君子,其中和之道欤?"④

范仲淹继承了儒家倡导的"中和"美学思想,根据琴乐的特点,提出了要在"静"与"远"的基础上去融合"清厉"与"和润",他认为这才是琴乐的"中和之道"。范仲淹所倡导的这种"中和之道",成为后世琴乐的审美准则,并且对宋代周敦颐、明代徐上瀛以及清代汪烜的琴论产生过深远影响。

北宋另外一位文学大家欧阳修认为"七情不能自节,待乐而节之;至性不能自和,待乐而和之"⑤,主张"淳古淡泊""英华雅正"的"正始"之音,反对"浮淫流佚""悲愁郁堙"⑥的靡靡之音,强调以正声引导人的心志;司马光认为"乐以中和为本,以钟鼓为末"⑦,"中和者,本也;容声者,末也;二者不可偏废"。又引《礼记·礼器》说,乐"无本不立,无文不行"⑧,这一点乃是承袭了孔子"文质彬彬"的思想;王安石也认为"大礼

---

① [三国魏]嵇康著,戴明扬校注:《嵇康集校注》卷五,中华书局,2014年,第346页。
② [南朝梁]刘勰著,范文澜注:《文心雕龙注》卷二,人民文学出版社,1962年,第101—102页。
③ [唐]白居易著,顾学颉校点:《白居易集》卷六十五,中华书局,1999年,第1364—1365页。
④ [宋]范仲淹著,李勇先、王蓉贵校点:《范仲淹全集·范文正公文集》(上册),四川大学出版社,2007年,第244—245页。
⑤ [宋]欧阳修著,李逸安点校:《欧阳修全集》卷七十一,中华书局,2001年,第1032页。
⑥ [宋]欧阳修著,李逸安点校:《欧阳修全集》卷七十二,中华书局,2001年,第1048—1049页。
⑦ [宋]司马光撰,李文泽、霞绍晖校点:《司马光集》卷七十一,四川大学出版社,2010年,第1454页。
⑧ [宋]司马光编著,[元]胡三省音注:《资治通鉴》卷一百九十二,中华书局,1976年,第6052—6053页。

性之中""大乐性之和"①,"中和"是礼乐之本。"若夫郑声佞人,则由外烁我者也","郑声之可畏,固又甚矣"②。苏轼《舟中听大人弹琴》曰"自从郑卫乱雅乐,古器残缺世已忘"③,也明确反对郑卫之音,崇尚雅乐。上述观点基本上都是承续了孔子"郑声淫""放郑声"的思想。

宋代理学大师周敦颐在孔子"乐而不淫,哀而不伤""中和"审美观的基础之上又提出了"淡而不伤,和而不淫"的"淡和"音乐审美原则,认为古乐能"优柔平中""天下化中",而新声"妖淫愁怨""导欲增悲"④,故推崇古乐,贬斥新声。周敦颐"淡和"的审美思想,实际上是儒、道美学思想互补、融合的产物,对明代徐上瀛《溪山琴况》中的音乐美学思想产生过重要影响。同为理学大师的张载也反对"郑卫之音",认为这种音乐"令人意思留连,又生怠惰之意,从而致骄淫之心"⑤。朱熹坚决反对"郑卫之乐",强调音乐应该避免"哇淫"之失,其宗旨就是"养其中和之德,而救其气质之偏"⑥。

明代王阳明《传习录·中》谈到:"制礼作乐,必具中和之德,声为律而身为度者,然后可以语此。"⑦认为只有音乐创作者具有"中和之德",其作品才会和而不淫。在《传习录·上》中,他还说:"孔子所定三百篇,皆所谓雅乐……皆所以宣畅和平,涵泳德性,移风易俗,安得有此?"⑧这里又表达了王阳明对传统雅颂之乐的推崇和向往。

明代徐上瀛的《溪山琴况》是专门探讨琴论的,具有重要的音乐美学价值。对于琴乐,徐上瀛明确表示他最推重的就是"和","凡弦上之取音,惟贵中和"⑨,"和也者,其众音之窾会,优柔平中之橐籥乎"⑩,"中和"的审美原则贯穿于《溪山琴况》一书的始终。徐上瀛认为,以此为标准形成的审美风格即是"淡和","疏疏澹澹,其音得中正和平者是为正

①[宋]王安石:《临川先生文集》卷六十六,中华书局,1959年,第704页。
②[宋]王安石:《临川先生文集》卷七十二,中华书局,1959年,第763页。
③[宋]苏轼著,傅成、穆俦标点:《苏轼全集》,上海古籍出版社,2000年,第3页。
④[宋]周敦颐撰,徐洪兴导读:《周子通书》,上海古籍出版社,2000年,第37页。
⑤[宋]朱熹、[宋]吕祖谦撰,张京华辑校:《近思录集释》卷十二,岳麓书社,2010年,第924页。
⑥[宋]朱熹:《晦庵先生朱文公文集》卷六十五,朱杰人、严佐之、刘永翔主编:《朱子全书》第二十三册,上海古籍出版社、安徽教育出版社,2002年,第3172页。
⑦[明]王守仁撰,吴光等编校:《王阳明全集》卷二,上海古籍出版社,2011年,第59页。
⑧[明]王守仁撰,吴光等编校:《王阳明全集》卷一,上海古籍出版社,2011年,第12页。
⑨[明]徐上瀛著,徐樑编著:《溪山琴况》,中华书局,2013年,第122页。
⑩[明]徐上瀛著,徐樑编著:《溪山琴况》,中华书局,2013年,第16页。

音"[①]。"淡和"之乐在这里又被称为"正始风"[②]。《溪山琴况》的这一思想同样是对儒、道两家美学思想的融合，更是对宋代理学大师周敦颐"淡和"审美观的直接继承。

徐上瀛以"淡和""正始风"为审美标准，崇雅斥郑，批评"俗音"，希望以此达到"黜俗归雅"、拯救"世道人心"的目的。"殊不知悦耳之音者乃俗音也，人则反以为美。嗟乎！古音不复，琴道渐衰，郑卫之声滔滔皆是，世道人心概可知矣"[③]。除此之外，徐上瀛还认为，琴声要具有"淡和"的审美风格，就必须首先具有"中和"的性情，"太音希声，古道难复，不以性情中和相遇，而以为是技也，斯愈久而愈失其传矣"[④]。这是《溪山琴况》中的一个重要美学思想，同时也是儒家传统"文如其人"思想在琴论中的具体体现。

清代王夫之认为音乐首先应该做到声律的和谐搭配，因为只有"以律和声"，声才能"不诐"，而这也是音乐最可贵的地方，"君子之贵于乐者，贵以此也"[⑤]。《四书训义》在解释《关雎》"乐而不淫，哀而不伤"时，也非常坚定地站在儒家"中和"审美原则的立场上而不允许有任何背离。"夫人之有乐有哀，情之必发者也。乐而有所止，哀而有所节，则性之在情中者也"，"其声和也，则无曼衍之音；其声幽也，则无凄惨之响。于以养人心之和，而辅之于正，美哉！无以加矣！"[⑥]

总之，经过历代儒家的努力，孔子"中和为美"的音乐美学思想不断丰富和发展，其理论内容渐趋完善，并最终成为中国艺术精神的主流形态。孔子在"中庸"思想的基础之上，提出的"尽善尽美""乐而不淫，哀而不伤""文质彬彬"等观点，不仅构成了孔子音乐艺术精神的主体内容，而且也使得"以中达和""中和为美"的精神理念成为后世儒家音乐美学思想的圭臬，继而又从总体上奠定了中国古代音乐美学的理论基调和精神旨趣。

①[明]徐上瀛著，徐樑编著：《溪山琴况》，中华书局，2013年，第187页。
②[明]徐上瀛著，徐樑编著：《溪山琴况》，中华书局，2013年，第90页。
③[明]徐上瀛著，徐樑编著：《溪山琴况·附录》，中华书局，2013年，第192页。
④[明]徐上瀛著，徐樑编著：《溪山琴况》，中华书局，2013年，第24页。
⑤[明]王夫之：《尚书引义》卷一，船山全书编辑委员会编：《船山全书》第二册，岳麓书社，2011年，第251页。
⑥[明]王夫之：《四书训义》卷七，船山全书编辑委员会编：《船山全书》第七册，岳麓书社，2011年，第344页。

第四节　孔子"中和"审美观对中国书法美学的影响

在孔子那里，"中庸"之道既是一种处理事物的基本原则和方法，正所谓"不偏不倚""无过无不及"；同时也是一种最高的道德和人生境界，"中庸之为德也，其至矣乎"（《论语·雍也》）、"极高明而道中庸"[1]，而"中和"审美观则是孔子"中庸"之道在美学领域的体现。

书法艺术作为中国传统的艺术形式，深受孔子"中庸"之道的影响，书法审美中亦多强调以"中和"为美的审美标准和原则，这在我国各个历史时期的书法创作及书法理论上均有所体现。

一、中国书法"中和"审美观的发展脉络

中国文字的书写发展为一种高级的艺术，经历了一个漫长的历史过程。书法真正被当作一门独立的艺术来看待，是从汉代开始的。这期间出现了与书法美学相关的一些重要著作，如扬雄的《法言》、许慎的《说文解字》、崔瑗的《草书势》以及蔡邕的《笔论》《九势》等，这些著作均对中国后世书法美学产生了深远的影响。尤其是蔡邕的书法审美观第一次揭示了书法艺术的表情性质，确立了书法艺术形态的审美规范，为中国书法美学理论打下了很好的基础。《九势》开篇就说："夫书肇于自然，自然既立，阴阳生焉；阴阳既生，形势出矣。"[2]这也就意味着，书法艺术的美学根源在于宇宙自然，而自然万物又是由阴阳生成的，因此书法艺术的美学形态也应是阴与阳的对立统一。比如，书法用笔的肥与瘦、圆与方、曲与直等等，都是相反相成的两个方面。在这里，蔡邕虽然没有直接提到"中和"的审美标准，但却不难看出他在书法形式的对立统一因素中去表现美、寻求美的美学观念来。

在魏晋书法审美中，随着书法艺术日臻完善，"中和"之美已明确成为书家追求的一种艺术境界。如萧衍《答陶隐居论述》云："扬波折节，

---

①［汉］郑玄注，［唐］孔颖达疏：《礼记正义》卷五十三，［清］阮元校刻：《十三经注疏》（附校勘记），中华书局，1982 年影印本，第 1633 页。

②［汉］蔡邕：《九势》，载上海书画出版社、华东师范大学古籍整理研究室选编、校点：《历代书法论文选》，上海书画出版社，1981 年，第 6 页。

中规合矩。""肥瘦相和,骨力相称。"①王僧虔《笔意赞》云:"骨丰肉润,入妙通灵。努如植槊,勒若横钉。开张风翼,耸擢芝英。粗不为重,细不为轻。"②这种"中和"之美的艺术精神最为集中地体现在王羲之的书法作品中,如王羲之特别强调"书字贵平正安稳"③,其《笔势论》一文说得更为详细:"金书锦字,本领为先,尽说安危,务以平稳为本。分间布白,上下齐平,均其体制,大小尤难。大字促之贵小,小字宽之贵大,自然宽狭得所,不失其宜。"④唐代孙过庭认为王羲之的书法是:"志气和平,不激不厉。"⑤这个评价很中肯。

唐初仍以儒家思想为主流意识形态,并且其开国国君李世民对王羲之的书法推崇备至,大力标举"尽善尽美"的书法审美观,这对于唐代书法创作及美学思想都产生了非常深远的影响。李世民不仅在政治上功绩卓著,而且雅好文艺,尤其擅长书法,是唐代著名的书法家。他在书法理论方面也有一定的建树,主要有《笔法诀》《论书》《指意》等著述。马宗霍《书林藻鉴》曰:"唐初太宗笃好右军之书,亲为《晋书》本传作赞。复重金购求,锐意临摹,且拓《兰亭序》以赐朝贵,故于时士大夫皆宗法右军。"⑥

唐太宗曾把钟繇、王羲之、王献之、萧子云四人的书风做过比较,他评价钟繇说:"其体则古而不今,字则长而逾制,语其大量以此为瑕。"他评价献之:"虽有父风,殊非新巧","观其字势疏瘦","如隆冬之枯树","若严家之饿隶"。评价萧子云:"仅得成书,无丈夫之气。"⑦而在《王羲之传赞》中,太宗则对王羲之大加赞赏:"所以详察古今,研精篆、素,尽

---

①[南朝梁]萧衍:《答陶隐居论书》,载上海书画出版社、华东师范大学古籍整理研究室选编、校点:《历代书法论文选》,上海书画出版社,1981年,第80页。

②[南朝宋]王僧虔:《笔意赞》,载上海书画出版社、华东师范大学古籍整理研究室选编、校点:《历代书法论文选》,上海书画出版社,1981年,第62页。

③[晋]王羲之:《书论》,载上海书画出版社、华东师范大学古籍整理研究室选编、校点:《历代书法论文选》,上海书画出版社,1981年,第28页。

④[晋]王羲之:《笔势论》,载上海书画出版社、华东师范大学古籍整理研究室选编、校点:《历代书法论文选》,上海书画出版社,1981年,第31—32页。

⑤[唐]孙过庭:《书谱》,载上海书画出版社、华东师范大学古籍整理研究室选编、校点:《历代书法论文选》,上海书画出版社,1981年,第129页。

⑥马宗霍编撰:《书林藻鉴　书林纪事》,文物出版社,2015年,第77页。

⑦[唐]李世民:《王羲之传论》,载上海书画出版社、华东师范大学古籍整理研究室选编、校点:《历代书法论文选》,上海书画出版社,1981年,第121—122页。

善尽美,其惟王逸少乎!"[1]可见,唐太宗之所以钟爱王羲之,就在于他的书法能够融合古今,做到"尽善尽美"。而在"尽美"与"尽善"之间,唐太宗似乎更强调后者,即强调一种中正调和的书风。唐太宗在批评钟繇时所说的:"钟虽擅美一时,亦为迥绝,论其尽善,或有所疑。"[2]他认为钟繇只做到了"尽美",而没有做到"尽善",缺乏深刻的道德内涵。倘若再联系唐太宗在《帝京篇》序中所表达的文艺思想:"故观文教于六经,阅武功于七德,台榭取其避燥湿,金石尚其谐神人,皆节之于中和,不系之于淫放。"[3]更能看出唐太宗强调"尽善尽美""中和"审美思想的根本目的,就是要求把儒家伦理道德渗透于艺术创作中,从而强化其意识形态的统治。

　　唐太宗对于书法艺术的定位,深刻影响了唐代尤其是唐初的书法美学思想。最积极的响应者当属虞世南,清代阮元《南北书派论》曾评价说:"至唐初,太宗独善王羲之书,虞世南最为亲近,始令王氏一家兼掩南北矣。"[4]可见,唐太宗对虞世南书法思想影响之深。虞世南在《笔髓论》中就开宗明义地强调:"文字经艺之本,王政之始也。"显然,这也是从维护政治统治的角度凸显了书法艺术的政教功能;同时,他还顺承唐太宗提出的书法创作要体现"冲和之气"[5]的观点,进一步阐述到:"欲书之时,当收视反听,绝虑凝神,心正气和,则契于妙。心神不正,书则敧斜;志气不和,字则颠仆。其道同鲁庙之器,虚则敧,满则覆,中则正,正者冲和之谓也。"[6]孙过庭也有类似主张:"是以右军之书,末年多妙,当缘思虑通审,志气和平,不激不厉,而风规自远。"[7]不管是唐太宗提出的

---

①[唐]李世民:《王羲之传论》,载上海书画出版社、华东师范大学古籍整理研究室选编、校点:《历代书法论文选》,上海书画出版社,1981年,第122页。

②[唐]李世民:《王羲之传论》,载上海书画出版社、华东师范大学古籍整理研究室选编、校点:《历代书法论文选》,上海书画出版社,1981年,第121页。

③《全唐诗》(增订本)卷一百三十二,中华书局,1999年,第1页。

④[清]阮元:《南北书派论》,载上海书画出版社、华东师范大学古籍整理研究室选编、校点:《历代书法论文选》,上海书画出版社,1981年,第630页。

⑤[唐]李世民:《指意》,载上海书画出版社、华东师范大学古籍整理研究室选编、校点:《历代书法论文选》,上海书画出版社,1981年,第120—121页。

⑥[唐]虞世南:《笔髓论》,载上海书画出版社、华东师范大学古籍整理研究室选编、校点:《历代书法论文选》,上海书画出版社,1981年,第113页。

⑦[唐]孙过庭:《书谱》,载上海书画出版社、华东师范大学古籍整理研究室选编、校点:《历代书法论文选》,上海书画出版社,1981年,第129页。

"冲和之气",还是虞世南主张的"心正气和",亦或是孙过庭的"志气和平",其实都是在强调书家创作时要保持心境平和,情感表达不能随心所欲,不能过度,要受理性的克制。这样一种美学态度显然是来自于儒家所倡导的"中和"思想,之后又影响到了唐代欧阳询、褚遂良等人的书法创作。

此外,这种"中和"审美原则在孙过庭对书法艺术外在形态的论述中也有鲜明体现。孙过庭《书谱》云:"至若数画并施,其形各异,众点齐列,为体互乖。一点成一字之规,一字乃终篇之准。违而不犯,和而不同。"①这里提到的"违而不犯,和而不同",揭示了书法艺术形式美的普遍规律——"中和"。"违而不犯"强调的是书法艺术形态差异性中的统一;"和而不同"强调的是书法艺术形态统一性中的差异。如果仅有差异而无法形成一个统一整体,书法作品就会是一盘散沙、杂乱无章;但如果一味追求和谐协调而缺少变化,书法作品就会显得僵化、刻板,缺乏活力。因而书法艺术既要"违",同时也要"和",二者缺一不可,这实际上是书法艺术审美的根本要求。

总的来看,唐初书法美学中的这种"中和"审美观虽不能代表整个唐代书法美学精神,但却为新的书法美学观念的产生奠定了理论基础。

宋代书家"尚情""尚意""尚韵",主张书法的个体情感表达,追求创作的愉悦感,如欧阳修提出书法"要于自适而已"②,苏轼提出"书初无意于佳乃佳尔"③,米芾提出"意足我自足,放笔一戏空"④等,直接导致儒家传统"中和"审美原则的被冷落和边缘化。当然,在书法创作的表现形态上,"中和"的审美原则依然适用,如姜夔在《续书谱》中谈到"用笔"时就说:"用笔不欲太肥,肥则形浊;又不欲太瘦,瘦则形枯;不欲多露锋芒,露则意不持重;不欲深藏圭角,藏则体不精神;不欲上大下小,

①[唐]孙过庭:《书谱》,载上海书画出版社、华东师范大学古籍整理研究室选编、校点:《历代书法论文选》,上海书画出版社,1981年,第129—130页。
②[宋]欧阳修著,李逸安点校:《欧阳修全集》卷一百二十九,中华书局,2001年,第1967页。
③[宋]苏轼:《论书》,载上海书画出版社、华东师范大学古籍整理研究室选编、校点:《历代书法论文选》,上海书画出版社,1981年,第314页。
④[宋]米芾:《书史》,载卢辅圣主编:《中国书画全书》第一册,上海书画出版社,1993年,第973页。

不欲左高右低,不欲前多后少。"① 这里所谈到的就是书法用笔的对立统一问题,比如肥与瘦、露与藏、上与下、左与右、多与少,这些因素既对立又互补,只有相互融合、转化,才能达到相互协调的"中和"状态。

元代统治者意识到汉文化对于巩固其政权的重要性,尤其是重视"儒家之道"。这里的"儒家之道"主要是指程朱理学,儒学又逐渐成为主流意识形态。在这样一种思想的影响下,很多书法家和书论家均走向了"复古"的道路,严格遵循儒家的"中和"审美标准,其中最具代表性的就是郝经的《移诸生论书法书》和郑杓的《衍极》,并刘有定的《衍极注》。郝经精通理学,其书法美学思想也深受理学的影响。他对王羲之的艺术成就评价颇高,认为"其书法韵胜道婉,出奇入神,不失其正,高风绝迹,邈不可及,为古今第一"②。郝经认为,王羲之书法的"出奇入神,不失其正"体现出来的就是儒家不激不厉、文质彬彬的"中和"审美观,并认为应以这种审美观作为书法艺术的最高评价标准。另外,郝经在谈到书法艺术的表现形态时,也充分体现了儒家的"中和"观:

> 凡有所书,神秘不测,尽为自然造化,不复有笔墨,神在意存而已。则自高古闲暇,恣睢徜徉;直而不倨,曲而不屈;刚而不亢,柔而不恶;端庄而不滞,妥娜而不敧;易而不俗,难而不生;轻而不浮,重而不浊;拙而不恶,巧而不烦;挥洒而不狂,顿掷而不妄;夭矫而不怪,眚眇而不僻;质朴而不野,简约而不阙;增羡而不多;舒而不缓,疾而不速;沉着痛快,圆熟混成。万象生笔端,一画立太极。③

郝经的思想本体虽为理学,但其可贵之处便是能在一定程度上摆脱理学的束缚,尽量按照审美的方式来探讨书法艺术问题,其书法审美观对后代书论家如韩性、杨维帧等产生了一定的影响。

元代的另一位书论家郑杓的《衍极》同样将"中和"视为书法艺术的最高标准。刘有定在注《衍极》时说:"谓'极为中之至',何也? 言

---

①[宋]姜夔:《续书谱》,载上海书画出版社、华东师范大学古籍整理研究室选编、校点:《历代书法论文选》,上海书画出版社,1981年,第386页。

②[元]郝经:《移诸生论书法书》,载崔尔平选编、点校:《历代书法论文选续编》,上海书画出版社,1999年,第174—175页。

③[元]郝经:《移诸生论书法书》,载崔尔平选编、点校:《历代书法论文选续编》,上海书画出版社,1999年,第176页。

至中,则可以为极……若夫学者之用中,则当知不偏不倚,无过不及之义。"①由此可以看出,郑杓的书学思想也是以儒家的"中和"思想作为其最高原则的。只不过,郑杓的"中和"观不像郝经那样是在遵循书法艺术自身规律的基础上提炼出来的,而是完全将其理学化了,这势必会导致以理学的道德教化来代替艺术本体的研究,这显然是违背书法艺术规律的。

明代书法美学思想的总体特征就是复古,这一时期书坛占主导地位的是吴门派,其中不少代表性书家的美学主张如王世贞崇尚的"古雅"等基本上是与元代书法美学思想一脉相承的。而这一时期另外一些重要的书论家如项穆同样是以古为尚的,儒家的"中和"审美观贯穿于项穆整个书法美学思想的始终,是他分析书法现象、评价书家书作的最高标准。可以说,项穆的《书法雅言》是明代"中和"书法美学的集大成者,关于其具体内容,我们专列一节进行讨论,在此不赘。明代另外一位力主书法"中和"思想的是丰坊。在《书诀》中,丰坊几乎是重复了孙过庭《书谱》中的核心观点,甚至可以说使唐代孙过庭的"中和"书论在晚明得到再度强化。"无垂不缩,无往不收,则如屋漏痕,言不露圭角也。违而不犯,和而不同,带燥方润,将浓遂枯,则如壁坼,言布置有自然之巧也"②。丰坊对孙过庭"中和"书法美学思想的倡导,实际上表明了一种典型的复古主义立场:他试图通过恢复这一美学思想而在理论观念上彻底摆脱明代初期尊奉赵孟頫为正宗的立场,从而重新确立王羲之的权威。这对从根本上清除赵孟頫对明代书法的影响力、动摇其地位具有重要的理论先导作用。

清代嘉道以后碑学兴起,一改明代书法偏重于"飘逸""婀娜"阴柔之美的审美倾向,而是在兼顾阴柔之美的同时又强调阳刚之美。推崇刚柔相济的书法作品,这一点显然与儒家所主张的"中和"审美理想是相一致的。比如,宋曹《书法约言》曰:"要知强梁非勇,柔弱非和;外若优游,中实刚劲……使含蓄以善藏,勿峻削而露巧;若黄帝之道熙熙然,君

---

①[元]郑杓、刘有定:《衍极并注》,载上海书画出版社、华东师范大学古籍整理研究室选编、校点:《历代书法论文选》,上海书画出版社,1981年,第477页。

②[明]丰坊:《书诀》,载上海书画出版社、华东师范大学古籍整理研究室选编、校点:《历代书法论文选》,上海书画出版社,1981年,第505页。

子之风穆穆然。如此作行书,斯得之矣。"①吴德旋也有类似的思想,其
《初月楼论书随笔》云:"书家贵下笔老重,所以救轻靡之病也。然一味
苍辣,又是因药发病。要使秀处如铁,嫩处如金,方为用笔之妙。"②梁巘
评张瑞图书时说:"张瑞图书得执笔法,用力劲健,然一意横撑,少含蓄静
穆之意,其品不贵。"③刘熙载对此有更明确的表述:"欧、虞并称,其书方
圆刚柔,交相为用。善学虞者'和而不流',善学欧者'威而不猛'。""孙
过庭草书,在唐为善宗晋法。其所书《书谱》,用笔破而愈完,纷而愈治,
飘逸愈沉着,婀娜愈刚健。"④由"刚柔相济"产生的"中和"之美被刘熙载
视为了最高的书法美学理想,这一观点应该说体现了他对书法艺术实践
的深刻领会,也是完全符合书法艺术审美规律的。

二、项穆《书法雅言》中的"中和"审美观与艺术辩证法

项穆,初名德枝,后更名穆,字德纯,号贞元(玄)、兰台、无称子,秀
水(今浙江嘉兴)人。官至中秘,为明代著名的书画收藏家项元汴长子。
当代学者黄惇认为他"大约生于1550年稍后,而约卒于1600年……与
董其昌为同一代人"⑤。在项元汴诸子之中,"穆承其家学,耳濡目染,故
于书法特工"⑥。《秀水县志》说其有《双美帖》行世,但该帖现已失传,无
法看到。目前,项穆的书法作品只能从明万历三年(1575)项元汴为其
兄元淇刊印的诗集《少岳集》中窥见一二,其中后叙部分为项元汴撰,项
穆书。

此书虽是刊印本,但也能大体了解其基本面貌:字形平正、轻重协
衡;章法端整、修短合度,整体给人的感觉就是不激不厉、规矩谙练,这正
符合项穆本人"致中极和"的审美追求。时人沈思孝对项穆书法艺术给
予了很高的评价:"大都德纯书于晋、唐,诸名家罔不该会,第心摹手追者

①[清]宋曹:《书法约言》,载上海书画出版社、华东师范大学古籍整理研究室选编、校点:《历代
书法论文选》,上海书画出版社,1981年,第571页。
②[清]吴德旋:《初月楼论书随笔》,载上海书画出版社、华东师范大学古籍整理研究室选编、校
点:《历代书法论文选》,上海书画出版社,1981年,第597页。
③[清]梁巘:《评书帖》,载上海书画出版社、华东师范大学古籍整理研究室选编、校点:《历代书
法论文选》,上海书画出版社,1981年,第576页。
④[清]刘熙载撰,袁津琥校注:《艺概注稿·书概》卷五,中华书局,2009年,第731—736页。
⑤黄惇:《中国书法史·元明卷》,江苏教育出版社,2001年,第436页。
⑥余绍宋著,江兴祐点校:《书画书录解题》卷三,西泠印社出版社,2012年,第115页。

逸少,即稍稍降格,亦不减欧、虞、褚、李。"[1]这虽有过誉之嫌,但的确也能反映出项穆的书法水平。

项穆除了工书法外,还存有诗集《元贞子诗草》,然而真正让他留名的是其书论著作《书法雅言》[2]。此书论述系统,包括了书统、古今、辨体、形质、品格、资学等十七部分内容,涵盖了书法的本质、源流、形式、风格以及鉴赏等方面的命题,其行文方式借鉴了唐代孙过庭的《书谱》。时人评价该书曰:"综观全编论旨一贯,条理井然,独抒心得……在明季著书中实为仅见。"[3]与项家交往甚密的李日华这样评价项穆:"兼精八法,所著《书法雅言》,颇排苏、米近习,直趋山阴,识者韪之。"[4]由此可见,项穆这本书在当时的影响之大。

单从书名来看,《书法雅言》,实际上就是指的书法之雅正。所谓"雅",《毛诗序》曰:"雅者,正也。"[5]《白虎通·礼乐》曰:"雅者,古正也。"[6]《风俗通义·声音》也曰:"雅之为言正也。"[7]"正"就是不偏不倚,无过无不及,就是"道中庸"。项穆的《书法雅言》将儒家的"中和"思想引入到对书法艺术的理论阐释中,提出了书法创作的最高标准——"圆而且方,方而复圆,正能含奇,奇不失正,会于中和,斯为美善"(《中和》)。"会于中和"也就是将书法艺术中杂多对立的诸因素如方圆、正奇、肥瘦等有机地统一在一起,做到不偏不倚,恰到好处。项穆认为,只有如此,书法艺术才能达到"尽善尽美"的境地。根据这一标准,项穆对书法发展中的古与今,书法创作中的规矩与神化、资与学,书法形式中的正与奇、肥与瘦,书法风格中的老与少,书法鉴赏中的深与浅等诸多辩证关系做了全面、系统的探讨,颇有见地,值得重视。

---

① [明]项穆:《书法雅言·序》,载卢辅圣主编:《中国书画全书》第四册,上海书画出版社,1992年,第70页。
② [明]项穆著,李永忠编著:《书法雅言》,中华书局,2010年。本书所引《书法雅言》皆出自该版本,不再另外注明。
③ 余绍宋著,江兴祐点校:《书画书录解题》卷三,西泠印社出版社,2012年,第115页。
④ [明]李日华撰,郁震宏、李保阳、薛维源点校:《六研斋笔记　紫桃轩杂缀》,凤凰出版社,2010年,第10页。
⑤ [汉]毛亨传,[汉]郑玄笺,[唐]孔颖达疏:《毛诗正义》卷一,[清]阮元校刻:《十三经注疏》(附校勘记),中华书局,1982年影印本,第272页。
⑥ [清]陈立撰,吴则虞点校:《白虎通疏证》卷三,中华书局,1994年,第96页。
⑦ [汉]应劭撰,王利器校注:《风俗通义校注》卷六,中华书局,2010年,第293页。

（一）会古通今，古今兼修——书法发展中的辩证法

在书法艺术的继承与发展这一问题上，项穆采取了"与世推移""中和为的"（《古今》）的辩证态度，主张书法既要继承优秀传统，又要顺势发展；既不能厚古薄今，也不能厚今薄古，应该做到"古不乖时，今不同弊"[①]。项穆认为，学习书法要"初规后贤，冀追前哲"（《古今》），即首先要效法后世有才能的书家，然后向上溯源，追求淳古的风范。项穆在这里所要效法的贤哲其实就是晋代的书法家王羲之。

在《书法雅言》中，项穆多次将王羲之与孔子相提并论，《书统》曰："宰我称仲尼贤于尧、舜，余则谓逸少兼乎钟、张。"《古今》曰："尧、舜、禹、周，皆圣人也，独孔子为圣人之大成；史、李、蔡、杜，皆书祖也，惟右军为书之正鹄。"《规矩》曰："岂有舍仲尼而可以言正道，异逸少而可以为法书者哉？"《资学·附评》曰："宣尼称圣时中，逸少永宝为训。"将王羲之和孔子等中国古代圣贤放在同等地位，事实上确立了了王羲之的"书圣"的地位。项穆认为只有学习王羲之的书法，才为"正宗"。据此，他梳理出了一条"正宗"的书法脉络："书法之宗，独以羲、献、萧、永，佐之虞、褚、陆、颜。他若急就、飞白，亦当游心；欧、张、李、柳，或可涉目……学成一家，不必广师群妙者也。"（《古今》）

以此为标准，项穆对"不学古法"的"无稽之徒"和"不悟时中之妙"的"泥古之徒"（《古今》）两类人提出了批评。在项穆看来，"不学古法"者必然会"变乱古雅之度，竞为诡厉之形"（《规矩》），如怀素、赵大年等。这一不良倾向影响到了元代的米芾，"暨夫元章，以豪逞卓荦之才，作好鼓努惊奔之笔"，其后果就是"致使浅近之辈，争赏豪末之奇，不探中和之源，徒规诞怒之病"。甚至于使中国书脉"危几一缕矣"（《规矩》）！这种状况到了明代更为严重，像杨珂、张弼、马一龙这些书家，"妄作大小不齐之势""强合钩连""突缩突伸"。项穆批评他们是"庸陋无稽之徒"，"如瞽目丐人，烂手折足，绳穿老幼，恶状丑态"（《规矩》）。这话虽然比较尖刻，甚至恶毒，但确也指出了这类书作的流弊。马一龙的作品虽没有项穆所批评的那么严重，但确实存在着"浓淡大小，错综不可识，拆看

[①]〔唐〕孙过庭：《书谱》，载上海书画出版社、华东师范大学古籍整理研究室选编、校点：《历代书法论文选》，上海书画出版社，1981年，第124页。

亦不成章"①的毛病。而对于张弼的书法,祝允明的评价是"张公始者尚近前规,继而幡然飘肆,虽名走海内,而知音叹骇"②。王世贞的评价可谓一针见血:"虽丰逸妍美,而结法实疏,腕力极弱,去素、旭不啻天壤。"③清代刘墉在张弼《草书李白怀素上人歌》后的题跋中也批评说:"此卷学素师,不无怒张之习。"张弼有些作品刻意将字形变得大小不一,虽姿态横生,但笔力不够,笔画不免有轻浮、飘忽之感。上述诸人的评价切中要害,实为中肯。

当然,在项穆看来,"不学古法"者固然不好,但"太过不及",则"厥失维均"(《古今》)。"专泥上古"者,同样不可取。他们不求创新,"专以一画偏长,一波故壮,妄夸崇质之风"(《古今》),是"塞钝之迂儒"(《辨体》)。因此,要处理好古与今的关系,就必须"会古通今,不激不厉"、"妙入时中,继往开来"(《品格》)。

(二)规矩从心,资学兼长——书法创作中的辩证法

项穆依据儒家的"中和"思想,针对明代中后期书法创作的时弊,抓住了其中的几对关键性范畴如"规矩"与"神化"、"资质"与"功夫"等进行了系统探讨,充分体现出了书法创作中的辩证法。从这个意义上来说,项穆是深谙书法艺术规律的。

1.规矩从心,中和为的

项穆所处的时代,个性解放思潮不仅对传统道德观念产生了极大的冲击,而且在书坛也导致了狂放恣肆、不讲法度等背离"中和"书风现象的出现,这一现象让项穆极为不满,因而他在《书法雅言》中一再强调"规矩",反对诡怪俗恶之书。

在《规矩》篇中,项穆谈到:"天圆地方,群类象形;圣人作则,制为规矩。故曰:规矩方圆之至,范围不过,曲成不遗者也。""规"和"矩",本是校正方、圆的工具,《礼记·经解》曰"规矩诚设,不可欺以方圆",孔疏

---

①[明]王世贞:《艺苑卮言》,载华人德主编:《历代笔记书论汇编》,江苏教育出版社,2001年,第186页。

②[明]祝允明:《书述》,载崔尔平选编、点校:《明清书法论文选》,上海书店出版社,1995年,第75页。

③[明]王世贞:《艺苑卮言》,载华人德主编:《历代笔记书论汇编》,江苏教育出版社,2001年,第183页。

云：“规所以正圆，矩所以正方。”[①]后来，“规矩”泛指一定的标准和法度，而书法艺术中的“规矩”就是指书法构成中的一些基本规则，如笔法、字法、章法、墨法等。项穆认为，“穹壤之间，莫不有规矩”（《规矩》）。帝王的典谟训诰如此，圣贤的道德文章如此，古今论书亦是如此。“形象器用无庸言矣，至于鸟之窠、蜂之窝、蛛之网，莫不圆周整而精密也。可以书法之大道，而禽虫之不若乎？”（《规矩》）

　　在项穆看来，“圆为规以象天，方为矩以象地”，所以“天圆地方”“方圆互用”，就是书法创作的规矩。因此，项穆要求书法创作应“用笔贵圆，字形贵方”，“圆乃圆神，不可滞也；方乃通方，不可执也”（《规矩》）。“不可滞，不可执”表现在美学形态上就是“规矩谙练，骨态清和；众体兼能，天然逸出；巍然端雅，奕矣奇鲜”（《品格》）。在《常变》中，项穆也谈到了规矩问题，他说写字犹如用兵，“阵势虽变，行伍不可乱也；字形虽变，体格不可逾也”。也就是说，字形虽然发生了改变，但其“体格”（“规矩”）不可逾越。这里的“体格”实际上就是指的带有“中和”之美性质的“清整”“温润”“闲雅”（《功序》）的书体、书风。

　　从这一标准出发，项穆评价了篆书、隶书、行书、草书等书体的优劣，认为魏晋以前，篆书的字形稍微有点长，隶书的字形则少许扁一些。钟繇的楷书、王羲之的行书，整合了篆书的长与隶书的扁，“会合中和”，达到了具有“中和”特征的方正。到了欧阳询那里，其书“以方增长”，而“降及旭、素，既方更圆，或斜复直”（《规矩》）。在这里，项穆特别提到了张旭的《郎官石柱记序》。该序是张旭存世最重要的楷书作品，字体取欧阳询、虞世南的笔法，端正谨严，精劲凝重，雍容闲雅，故项穆评价说，其字里行间“端庄整饬”，不失规矩，“俨然唐气也”（《规矩》）。

　　事实上，不仅张旭的楷书遵循法度，其草书同样如此。世人往往只看到了张旭草书中的狂放，并由此认定其书不合法度，不守规矩，这其实是一种很大的误解。张旭的狂草虽然气势奔放纵逸，行笔变幻莫测，可谓惊世骇俗，出神入化，但细查之，则不难发现其章法极其严谨，并不存在不规则的涂抹，在笔画、字间过渡等细微处，也都有非常清晰的交代，因此绝无矫揉造作之感，《宣和书谱》评价说：“其名本以颠草，而至于小

---

①[汉]郑玄注，[唐]孔颖达疏：《礼记正义》卷五十，[清]阮元校刻：《十三经注疏》（附校勘记），中华书局，1982年影印本，第1610页。

楷行书,又复不减草字之妙。其草字虽奇怪百出,而求其源流,无一点画不该规矩者。或谓张颠不颠者是也。"[1] 姜夔在《续书谱》中也认为其字"虽复变化多端,而未尝乱其法度"[2]。项穆的评价是:"张伯高世目为颠,然其见担夫争道,闻鼓吹,观舞剑,而知笔意,固非常人也。其真书绝有绳墨,草字奇幻百出,不逾规矩,乃伯英之亚,怀素岂能及哉?"(《中和》)正因为张旭的草书狂而不乱,狂而不怪,狂而不妄,所以项穆说其书"奇幻百出,不逾规矩",是非常中肯的。

总之,受张旭书法创作的启发,项穆认为不管写哪种书体,都必须首先要强调"规矩","欲其博也先专,与其肆也宁谨"(《品格》);同时,一个书家只有做到"入矩应规",才有可能"作范垂模于万载"(《资学》)。当然,项穆也并没有固守规矩,而是以一种发展的眼光看待规矩,认为规矩不是僵化不变的,相反是"与世推移"、灵活多变的,这又充分表现出项穆"规矩"观中的开放性。

然而,书法的最高境界是人书合一、物我不分。对于书家而言,是不是"规矩谙练"就一定可以达到"天然逸出"(《品格》)、"潇洒神飞"(《神化》)的境界呢?答案当然是否定的。南宋姜夔在《续书谱》中就明确指出:"良由唐人以书判取士,而士大夫字书,类有科举习气。颜鲁公作《干禄字书》,是其证也。矧欧、虞、颜、柳,前后相望,故唐人下笔,应规入矩,无复魏晋飘逸之气。"[3] 这表明,那种只讲法度规矩,而不知变化的书法就会显得死气沉沉,缺乏飘逸之气,这种创作方式显然是不可能达到"天然逸出"境界的。因此,项穆在标举"规矩"的同时,又特别拈出了"神化"这一概念。

"神化"并不是指书法的笔法、结构之类的纯技术要素,而是指书法艺术的神采与风度。项穆认为,书法的实质在于使个体精神获得自由,这种自由的精神状态就是"神":"欲书必舒散怀抱,至于如意所愿,斯可称神。"而要达到这种随心所欲的精神状态,书法创作就必须富于变化,否则"匪足语神也"。但是,这种"神化"又并非世人所理解的"徒指体

---

①[宋]佚名著,范红娟点校:《宣和书谱》卷十八,人民美术出版社,2011年,第183—184页。
②[宋]姜夔:《续书谱》,载上海书画出版社、华东师范大学古籍整理研究室选编、校点:《历代书法论文选》,上海书画出版社,1981年,第387页。
③[宋]姜夔:《续书谱》,载上海书画出版社、华东师范大学古籍整理研究室选编、校点:《历代书法论文选》,上海书画出版社,1981年,第384页。

势之异常,毫端之奋笔",而是要在不失法度的基础上对规矩的巧妙运用,诚如项氏所言"所谓神化者,岂复有外于规矩哉?规矩入巧,乃名神化,固不滞不执,有圆通之妙焉"(《神化》)。可见,项穆所谓的"神化"是离不开法度和规矩的,它既源于规矩,同时又超越于规矩之上(类似于康德所说的"无目的的合目的性"),追求的是一种不滞涩、不执着的"天机自发,气韵生动"(《神化》)的审美效果。

这种对"规矩"和"神化"关系的理解显然是来自于孔子"从心所欲,不逾矩"(《论语·为政》)命题的启发。在这个命题当中,"从心所欲"是目的,而前提则是"不逾矩"。在孔子看来,自由不是"逃遁",而是"对'在世之役'的超越"[①],故而所谓的自由从来都不可能是一种脱离现实因素的虚无化存在,它只能而且必须建立在对客观规律掌握的基础之上。这种思想被项穆继承下来并用于书法艺术的解释当中。他认为"规矩"是一个前提性的条件,如果书家连"规矩"都"未能精谙",那么就根本谈不上"从心所欲",故"规矩"与"神化"应该是相辅相成的。这一观点在《神化》篇中曾被反复强调:"宣尼既云从心,复云不逾者,恐越于中道之外尔","至于欲既从心,岂复矩有所逾者耶?"而与此同时,项穆认为逸少之书之所以能与宣尼之道相通,原因也在于其能"相时而动""从心所欲"(《神化》)。

由上可知,"神化"虽强调规矩的变化,但并不是毫无原则地随意"变乱古雅之度"。对于那些"漫作偏敧之相,妄呈险放之姿"(《老少》)的书家,项穆是极为反感的,特别是对后世一些打着学习怀素、米芾幌子但又"不思齐鉴仿,徒拟放纵剽勇"(《规矩》)的"浅近之辈"如杨珂、张弼、马一龙之流,更是坚决批判的。在项穆看来,他们那种毫无法度的狂放恣肆,完全背离了儒家的中和之道,不仅称不上"神化",反而恰恰显示出了其浅陋之处,只能视为"纵放悍怒,贾巧露锋;标置狂颠,恣来肆往"的"傍流"(《品格》)之作。由此,项穆提出书有三戒:"戒不均与敧""戒不活与滞""戒狂怪与俗"(《功序》)。

总之,项穆所追求的"神化"并非趋怪求异,随意而书,而是要求在不逾矩的前提下,能够做到心手相畅,参以变化,故他说:"与世推移,规

---

① 张明:《生存论视野中的孔子"自由观"》,《科学·经济·社会》2008年第4期。

矩从心,中和为的。"(《古今》)"人之于书,形质法度,端厚和平,参互错综,玲珑飞逸,诚能如是,可以语神矣。"(《神化》)这些均表明,项穆论书以"中和"为本,既强调遵循法度,同时又强调天然逸出,其目的便是实现"规矩"与"神化"的辩证统一。

2. 资学兼长,神融笔畅

在书法创作中,除了要处理好"规矩"与"神化"的关系外,"天资"与"功夫"的关系同样是书法家所要正视的。"书之法则,点画攸同"(《资学》),但为什么不同书家创作出来的书法作品却又形态各异? 在项穆看来,主要原因就在于书家"资分高下,学别浅深"(《资学》)。如果能做到"资学兼长",那么其书法就会"神融笔畅";倘非如此,便"讵得从心",从而也就无法获得神来之笔。所以,在"资"与"学"的关系问题上,项穆同样采取了一种辩证、中和的态度。在他看来,如果书家仅有功夫而天资不够,那么"作字虽工",却缺乏"盈虚舒惨、回互飞腾之妙用";如果天资很高而功夫不精,那么"笔势虽雄",却缺乏"钩揭导送、提抢截曳之权度"(《资学》)。因此,对于书家而言,先天的资质、禀赋与后天的功夫、修养这两个条件缺一不可,不能偏废。

以此为标准,项穆对历代书家进行了评论。他认为张芝、钟繇、王羲之、王献之这四位绝顶的书家,均是"资学兼至者",因此"良可据为轨躅,爱作指南"。在六朝的书法家中,智永功夫深厚,萧子云天资高迈。唐代的书法家中,从天资上来看,"褚、李标帜";而从功夫上来看,则"陆、颜蜚声",其他的像虞世南、欧阳询、张旭等书家在"资学"方面"互有短长"(《资学·附评》)。

在宋代的书法名家中,项穆对蔡襄的评价最高,认为其"齐范唐贤",可视为"书流砥柱",而对其他三家苏轼、黄庭坚、米芾评价不高,认为他们"邪正相伴",只能算作"傍流"的级别。项穆特别提到米芾"学力未到,任用天资",其书法存在纤弱、凌厉的缺陷,不合中道。元代书法中,以赵孟頫的成就为最高,他的功夫不亚于陆柬之、颜真卿,但缺点是"骨气乃弱,酷似其人"。总的来看,项穆认为宋代书法家"资胜乎学",而元代书法家则"学优乎资"(《资学·附评》)。

明代书法状况较为混杂,唐寅、宋濂等人"仅接元踪",吴宽、李应祯等人"稍知唐、宋"。而祝允明、丰坊二人天资与功夫相当,他们"初范晋、唐",但却"晚归怪俗,竞为恶态,骇诸凡夫"。可见,项穆对这二人前后期书风的转变是颇有微词的。文徵明的功夫不在赵子昂之下,但天资远逊子昂;其子文彭、文嘉"资皆胜父",但"得处不逮丰、祝之能,邪气不染二公之陋"。总的来看,如果这一时期能够"以丰、祝之资,兼徵仲之学,寿承之风逸,休承之峭健"(《资学·附评》),那么就可以直追唐代的欧阳询了。

(三)正奇相济,肥瘦相和——书法形式中的辩证法

中国书法的和谐美常常是在不同形式因素的对立统一中和相互照应下生成的,如肥与瘦、长与短、大与小、正与奇、藏与露、方与圆、润与燥、疏与密等。而这种不同形式因素之间相互依存、相互制约的关系状态,又构成了书法艺术的基本规律。项穆的《书法雅言》专门对书法形式中的辩证关系及其规律进行了深入探讨,由于篇幅所限,本书仅选取"正与奇""肥与瘦"这两对比较有代表性的范畴加以分析。

1. 正奇相济,巧然于心

"正"与"奇"的范畴最早来源于中国古代的兵法,阵地交锋为"正",设伏掩袭为"奇"。《孙子兵法·势篇》有云:"奇正相生,如循环之无端,孰能穷之?""战势不过奇正,奇正之变,不可胜穷也。""凡战者,以正合,以奇胜。"[①]可见,"正"与"奇"在兵家那里是相辅相成、辩证统一的,二者的相互转化会使兵法的运用更加出神入化、变幻无穷。由于后世不少书家、书论家都认为中国书法的书写方式有如用兵,比如项穆就说:"夫字犹用兵,同在制胜。兵无常阵,字无定形。"(《常变》)因此,"正"与"奇"就逐渐成为了中国书论中的一对重要范畴。

在《正奇》篇中,项穆首先对"正"与"奇"的内涵进行了解释。所谓"正"指的是书写要"偃仰顿挫,揭按照应,筋骨威仪";所谓"奇",指的是书写要"参差起复,腾凌射空,风情姿态"。在这里,项穆既强调了书法的书写要有所节制,同时又强调了书写要富于变化,二者相互配合,相得益彰。"奇即运于正之内,正即列于奇之中","奇"要以"正"为本,"正"要以"奇"为变。如果只有"奇"而没有"正",如羊欣"思齐大令,举止依样,此学其奇而不变者也",其字"虽雄爽飞妍,多谲厉而乏雅"。

---

① 陈曦译注:《孙子兵法》,中华书局,2012 年,第 77 页。

反过来,如果只有"正"而没有"奇",如智永"专范右军,精熟无奇,此学其正而不变者也",其字"虽庄严沉实,恒朴厚而少文"。在这方面,项穆认为王羲之堪称楷模,"逸少一出,揖让礼乐,森严有法,神彩攸焕,正奇混成也"。

当然,针对明代晚期书坛兴起的一股"舍正而慕奇""炫技于形势猛诞之微,不求工于性情骨气之妙"(《正奇》)的书风,项穆极力反对并加以校正,特别突出了"正"的本体地位,认为"奇"根柢于"正","久之自至",没有必要刻意求之,"此乃天然之巧,自得之能"(《正奇》)。项穆认为,正如西施、毛嫱本身就是国色天香、天生丽质一样,即使不施粉黛,也会光辉照人的。学习书法同样如此,根本无须"求奇于意外之笔",便可"垂超世之声哉!"(《正奇》)由此,项穆要求初学之士在学书的过程中首先应"奇不失正"(《中和》),"戒不均与欹","先立大体,横直安置,对待布白,务求其均齐方正矣"(《功序》);其次再求"正能含奇"(《中和》),寻求变化,或"战蹙单叠",或"回带翻藏",或"机轴圆融",或"风度洒落"(《功序》)。如是,方可"会于中和",达到中和端雅之美的程度。

在"正"与"奇"的问题上,项穆虽主张正奇相生、相济,但也并非一味地寻求二者的折中、调和,而是有所侧重,即要求以"正"为常,以"奇"为变,险绝奇变最终都要归于"中和":"始自平整而追秀拔,终自险绝而归中和。"(《功序》)这与唐代孙过庭《书谱》中"初学分布,但求平正;既知平正,务追险绝;既能险绝,复归平正"[1]的观点是一脉相承的,其中体现出来的"正—奇—和"的艺术辩证法是颇有深度的,值得肯定。

2. 肥瘦相和,形质两彬

"形质"问题是关乎书法风貌的重要形式因素,因此前人多有论及。比较早地对这一问题进行探究的是梁武帝萧衍,他提出:"肥瘦相和,骨力相称。"[2]其后,孙过庭在《书谱》中提出:"假令众妙攸归,勿存骨气;骨既存矣,而遒润加之。亦犹枝干扶疏,凌霜雪而弥劲;花叶鲜茂,与云

① [唐]孙过庭:《书谱》,载上海书画出版社、华东师范大学古籍整理研究室选编、校点:《历代书法论文选》,上海书画出版社,1981年,第129页。
② [南朝梁]萧衍:《答陶隐居论书》,载上海书画出版社、华东师范大学古籍整理研究室选编、校点:《历代书法论文选》,上海书画出版社,1981年,第80页。

日而相辉。"① 其主导思想就是要实现"骨气"与"遒丽"的统一。欧阳询对这个问题谈得更具体一些,他认为笔画"又不可瘦,瘦当形枯;复不可肥,肥即质浊"②。黄庭坚在《论书》中也提出:"肥字须要有骨,瘦字须要有肉。"③ 前人对形质问题的探讨基本上都是持一种中和态度,这种观念后来被项穆所继承,并且有了进一步丰富和发展。

在《书法雅言·形质》篇中,项穆首先将书法创作中的形质问题与人的禀赋习性联系起来加以讨论。他认为,由于人的禀赋"上下不齐""气习多异",故可以将人划分为三类:中行、狂、狷,这种划分的标准显然来自于孔子。在《论语·子路》中,孔子说:"不得中行而与之,必也狂狷乎! 狂者进取,狷者有所不为也。"狂者,冒进,敢作敢为;狷者,保守,谨小慎微。孔子认为狂与狷都过于极端,只有将这两方面因素中和地统一在一起,才是最理想的,才符合中庸之道。据此,项穆认为评判书法如同评定人的品性一样,其中也存在着"中和""肥""瘦"的形态,"人之于书,得心应手,千形万状,不过曰中和、曰肥、曰瘦而已"。受孔子"中和"思想的影响,项穆推崇的首先是那种"修短合度,轻重协衡""阴阳得宜,刚柔互济""不肥不瘦,不长不短"的"中行之书",在他看来这才是中和端美、恰如其分的。如果太追求清劲,那么字就会偏瘦,字一旦瘦了,整个书体就会显得单薄。反之,如果工于丰艳,那么字就会偏肥,字肥了,就会显得整个书法缺乏骨气。所以,在《辩体》篇中,项穆强调说:"专尚清劲者,枯峭而罕姿;独工丰艳者,浓鲜而乏骨。""专尚清劲"和"独工丰艳"这两种形式在项穆看来都是不美的,"犹人之论相者,瘦而露骨,肥而露肉,不以为佳"(《形质》),原因就在于书家"性之所偏,而成其资之所近","偏好任情,甘于暴弃者也"(《辩体》)。

那么,该如何控制书体的肥瘦,达到"中和"之美的程度呢? 项穆给出了自己的说法:"瘦不露骨,肥不露肉,乃为尚也。"(《形质》)按照这一标准,他又进而指出达到这一目标的方法:"使骨气瘦峭,加之以沉密

①[唐]孙过庭:《书谱》,载上海书画出版社、华东师范大学古籍整理研究室选编、校点:《历代书法论文选》,上海书画出版社,1981年,第130页。

②[唐]欧阳询:《传授诀》,载上海书画出版社、华东师范大学古籍整理研究室选编、校点:《历代书法论文选》,上海书画出版社,1981年,第105页。

③[宋]黄庭坚:《论书》,载上海书画出版社、华东师范大学古籍整理研究室选编、校点:《历代书法论文选》,上海书画出版社,1981年,第355页。

雅润,端庄婉畅,虽瘦而实腴也";"体态肥纤,加之以便捷遒劲,流丽峻洁,虽肥而实秀也。"(《形质》)如果"肥"与"瘦"这样来搭配的话,那么就可以有效地避开各自的缺陷,呈现出"瘦而腴者"或"肥而秀者"这样一种比较理想的审美效果。在项穆看来,前者是一种"清妙"之美,有如汉代的美女赵飞燕、王昭君;后者是一种"丰艳"之美,有如唐代的美女杨玉环、江采萍。两种类型的美可谓"异形同翠,殊质共芳"(《形质》),并无高下之分,均可成为人们欣赏的典范。

由此观之,项穆提出来的审美标准实际上是比较宽松、开放的,他说:"临池之士,进退于肥瘦之间,深造于中和之妙,是犹自狂狷而进中行也,慎毋自暴且弃哉。"(《形质》)这也就意味着,书法创作中的"中和"之美并不是固定在哪一个点上的,书家完全可以根据自身情况协调好肥瘦、轻重、阴阳、刚柔等关系,这就为书家的个性化创作留下了较大的空间。所以,项穆在《辩体》中说"与世推移,量人进退,何虑书体之不中和哉?"

(四)老少相成——书法风格中的辩证法

"老"与"少"的概念在孙过庭的《书谱》中就已经出现了,"若思通楷则,少不如老;学成规矩,老不如少。思则老而逾妙,学乃少而可勉"[1]。但这里的"老"与"少"主要是指人的两个年龄阶段——年老时和年轻时,与书法艺术的本体内涵并无关联。而在谈到学书达到的最高境界时,孙过庭才提出了"人书俱老"的观念:"初谓未及,中则过之,后乃通会。通会之际,人书俱老。"[2]意思就是说,刚开始学书的时候,经常会不合乎规矩;在熟练掌握规矩之后,又会不自觉地超越规矩,变得险绝;当险绝的笔法被熟练掌握后,又会回到平正的状态,但这时的平正已不是最初模仿状态下的拘谨,而是经过否定之否定后所达到的融会贯通。书法创作一旦达到了融会贯通,那么人与书便可同时进入到精练成熟的"老"境之中。这里的"老"就不再是指人的老年时期了,而是指书法艺术达到的无心而自达、不期然而然的至高境界。这种观点后来被项穆做

---

①[唐]孙过庭:《书谱》,载上海书画出版社、华东师范大学古籍整理研究室选编、校点:《历代书法论文选》,上海书画出版社,1981年,第129页。

②[唐]孙过庭:《书谱》,载上海书画出版社、华东师范大学古籍整理研究室选编、校点:《历代书法论文选》,上海书画出版社,1981年,第129页。

了进一步的拓展和深化,主要体现在"老"和"少"这两个概念的生物学意义被扬弃,而其美学意义得到充分彰显。

在《老少》篇中,项穆有言"书有老少,区别浅深"。这里的"老"与"少"与孙过庭《书谱》中提到的"老"与"少"概念有所不同,它不是指人的生理年龄,而是指书法艺术中"老练"与"鲜活"的两种书风。那么,究竟该如何理解其内涵呢?项穆接着解释到,"老"就是"结构精密,体裁高古,岩岫耸峰,旌旗列阵";"少"就是"气体充和,标格雅秀,百般滋味,千种风流"。这里的"老"指的是体裁高古、精练老熟、质朴浑厚的书法风格,类似于孙过庭提出的"人书俱老"的概念;而"少"则指的是气韵生动、格调秀雅、潇洒飘逸的书法风格。项穆强调,书法艺术中不同的风格特征要"会之则并善","融而通焉",才能达到完美的境界。如果是"老而不少",那么古朴中就缺乏秀丽的形态;而如果是"少而不老",那么妍媚中就缺乏厚重的内蕴。因此,在书法艺术中,"老"与"少"、"筋力"与"姿颜"应该"混为一致,相待而成"。与此同时,还要做到老中有少,少中有老,以至于"难乎名状,如天仙玉女,不能辨其秋"。在项穆看来,这才是书法艺术的上乘之作。而像"少年老成"者、"老少群聚"者、"只见其老,不见其少"者,均是次一级的作品,那种"初视彩焕,详观散怯"者、"疏纵无归,轻浮鲜著"者更是下之又下的作品,故不复齿焉!

以上就是我们对项穆《书法雅言》中所涉及的书法艺术中几对辩证关系的探讨。除此之外,在书法鉴赏方面,项穆也秉持了一种辩证的态度,认为"浅则涉略泛观而不究其妙,深则吹毛索瘢而反过于谬矣",其标准就在于"温而厉,威而不猛,恭而安"的"中和气象"。如果能"执此以观人,味此以自学"的话,那么就会"善书善鉴""具得之矣"(《知识》)。因此,在项穆看来,"观书如观人",孔子"过犹不及""文质彬彬"的"中和气象"为书法鉴赏提供了重要依据,同时这也是书法学习的最高理想。

三、《书法雅言》"中和"审美观之评价

儒家"中和"思想贯穿于项穆《书法雅言》的始终,是他分析书法现象、评价书家书作的最高标准。"中和"既是书法艺术的本体论,又是书法艺术的认识论、方法论。所以,在项穆的书论中,"中和"既是哲学的、

伦理的概念,也是书法的、美学的概念。如果"中和"思想只是作为书家、书作的道德评价标准,显然没有多少美学意义。但是,当项穆把它用在阐释书法艺术形式美的时候,那么它作为一种审美范畴与审美标准的真正价值就凸显出来了。"若而书也,修短合度,轻重协衡,阴阳得宜,刚柔互济","犹世之论相者,不肥不瘦,不长不短,为端美也,此中行之书也"(《形质》)。对于书法艺术来说,这段话所体现出来的"中和"观念,是十分重要的,因为它特别突出了书法艺术形式中矛盾对立方的互补性、和谐性。在项穆看来,书法艺术形式中的正奇、方圆、常变、肥瘦等对立的形态,是相互渗透、相互制约的。因此,不能偏执一方,要均衡适度,和谐得体,只有这样才符合"中和美"的要求。

当然,我们也必须看到,项穆一味地坚持"中和"书风,强调书法形式的不偏不倚、不激不厉,进而对稍有"激厉"风格的书家就大加讥讪、抨击,如认为"苏、米激厉矜夸,罕悟其失"(《书统》)、"李、苏、黄、米,邪正相半……傍流品也"(《资学·附评》)、"苏、黄与米,资近大家,学入傍流"(《取舍》),这种评价显然是有失公允的,把"中和"书风绝对化、唯一化,不利于书法风格的多元化发展,因而应当予以纠正。

总的来看,瑕不掩瑜,《书法雅言》中所体现出来的艺术辩证法还是相当全面、深刻的,它不仅对于我们学习书法、创作书法,而且对于我们鉴赏书法,都提供了一套行之有效的原则和方法,故值得进行深入研究和探讨。

余论:关于孔子美学思想局限性的一点反思

毋庸置疑,孔子美学作为中国两千多年来美学自觉之发端,其美学思想博大精深,蕴涵丰富,奠定了整个儒家美学的思想源头与根基,在形成具有中华民族特色的华夏美学中具有不可替代的作用。但不可否认的是,孔子美学由于所处时代的限制以及自身思想的矛盾,不可避免地会产生某些局限与不足。对此,我们同样也应当予以正视,并进行客观评价。著者认为,这些局限与不足并不是一些学者所说的"落后的复古主义""服务于反动的贵族阶级""美善不分""零散而无体系性"等等,而主要体现在以下几个方面：

一、缺乏对审美本体的关注

孔子艺术美学中，不管是诗歌审美、音乐审美还是绘画审美，其目的都是服务于君子人格的塑造与礼乐社会的实现。这也就意味着，在孔子的美学思想里，"美"主要是表现为渗透于艺术文本中的价值理性和道德精神，其所论及的核心范畴如美与善、文与质、情与理等，无不体现出这样一种追求"善"的倾向。正是从这个意义上，台湾学者张亨认为"仁者与天地万物为一体的境界也就是美的最高境界"①。台湾另一位学者徐复观则把孔子的审美说成是"为人生而艺术"，是"把文学彻底到根源之地而来的文学观"。他指出："诗的道德性，是由诗得以成立的根源之地所显露出的道德性。"②

注重审美的道德因素，一方面的确可以从更深层次揭示出"美"的内涵，康德就说过美是道德的象征；但另一方面也势必会在一定程度上忽视对艺术与审美自身规律的探讨。以诗歌美学为例，据著者粗略统计，在《论语》中，有 18 处涉及《诗经》；《郭店楚墓竹简》有 30 多处涉及《诗经》；《孔子诗论》中所涉及的《诗经》篇目更是多达 60 首。虽然在对《诗经》的讨论中，孔子已非常重视诗歌的形象思维特征、人的感性现实存在以及诗歌作用于人性情的特殊作用。但总的来说，孔子在具体论诗的时候主要是着眼于"诗"的"善"的品格，而不是从《诗经》的文学文本的审美形式出发来考量的。比如，《论语·八佾》中的"巧笑倩兮，美目盼兮，素以为绚兮"（《诗经·卫风·硕人》）、《论语·学而》中的"如切如磋，如琢如磨"（《诗经·卫风·淇奥》）、《论语·子罕》中的"棠棣之华，偏其反而。岂不尔思？室是远而"（《诗经》逸诗）；上博简《孔子诗论》第二十二简中的"洵有情，而亡望"（《诗经·陈风·宛丘》）、"四矢反，以御乱"（《诗经·齐风·猗嗟》）、"其仪一氏，心如结也"（《诗经·曹风·鸤鸠》）③；郭店楚墓竹简《缁衣》中的"白圭之石（玷），尚可磨

---

①张亨：《思文之际论集：儒道思想的现代诠释》，新星出版社，2006 年，第 73 页。
②徐复观：《中国艺术精神》，华东师范大学出版社，2002 年，第 21 页。
③马承源主编：《上海博物馆藏战国楚竹书》（一），上海古籍出版社，2001 年，第 151—152 页。

也,此言之玷,不可为也"(《诗经·大雅·抑》)[1]、《五行》中的"泣涕如雨"(《诗经·邶风·燕燕》)[2],等等。

从上述孔子及其弟子论诗的言论来看,他们并未把《诗经》作为纯粹的文学文本来读,也无意于研究和认识《诗经》所表现的社会生活及情感心志,而是注重在道德内涵上做创造性的体悟和发挥。这种审美精神取向对于审美和艺术领域形式主义的文风和无病呻吟的浮靡之风,有着一定的纠偏作用。但艺术毕竟是人情感、意志的自由表达,它必须以感性的生命体验作为观照和表达的对象。所以,这种审美的道德化倾向,在一定程度上忽略了人对于文学的本质需要,审美形式和艺术技巧等本体因素有可能被排斥而得不到最基本的关注,艺术也极有可能因此沦落为一种教化工具,这显然是不符合艺术和审美规律的。

二、缺乏对个体性情感表达的重视

孔子美学以其"仁学"为根据,凸显审美和艺术对人的思想情感的陶冶作用,不反对感性形式美带给人的审美愉悦感,但又认为必须与具有道德意义的"善"有机统一起来。故个体情感的感性形式与社会伦理道德理性要求的统一,是孔子美学所追求的重要目标。甚至可以说,孔子关于艺术和美的所有观点都是为了说明这种统一的必要性以及应当如何在审美和艺术中实现这种统一。因此在孔子那里,审美和艺术"是促进个体与社会的和谐发展的重要手段",其美学带有"一种鲜明的人本主义精神"[3]。这是孔子美学的特色,其优长之处就在于能够自觉地排斥、抵制"种种动物性本能欲求的泛滥",从而使人的情欲"人化""社会化"[4]。这一点即便是放在当前语境下依然具有不可忽视的重要价值。

然而,也正是在这一点上,孔子美学也表现出它的局限性。孔子虽然强调美存在于个体情感与社会伦理的和谐统一中,但这种统一却是相对封闭、狭隘的,它在一定程度上"使个体的生命力量在长久压抑中

---

①荆门市博物馆编:《郭店楚墓竹简》,文物出版社,1998年,第130页。
②荆门市博物馆编:《郭店楚墓竹简》,文物出版社,1998年,第150页。
③李泽厚、刘纲纪:《中国美学史·先秦两汉编》,安徽文艺出版社,1999年,第144页。
④李泽厚:《美学三书·华夏美学》,安徽文艺出版社,1999年,第240页。

不能充分宣泄发扬"，而那种"奔放的情欲""强烈的激情""怨而怒、哀而伤""绝望的痛苦"等情感形式，便统统被排斥出去了。这样，个体情感就被牢牢地禁锢在相对"平宁和谐的形式中"①。无怪乎一些学者感慨说，如果从西方的角度来看的话，中国的音乐"无论是快乐或是悲哀"，似乎"都没有发挥得淋漓尽致"②。中国音乐即使是有一个凄婉的情调，但"通常却不以绝望的哀音出之，而用一种'半吞半吐''欲语还休'的态度"，并将其"转变为乐天知命、和谐与自得其乐"③。不仅音乐如此，诗歌亦如此。比如，《孔子诗论》评《关雎》曰："以色喻于礼。"（第十简）④评《木瓜》曰："因木瓜之报，以喻其捐者也。"（第十八简）"有藏愿而未得达也。"（第十九简）⑤评《鹿鸣》曰："以乐词而会，以道交见善而傚，终乎不厌人。"（第二十三简）⑥评《邶·柏舟》曰："闷。"评《蓼莪》曰："有孝志。"（第二十六简）⑦评《蟋蟀》曰："智难。"（第二十七简）⑧等等，所论无不与政治、伦理、修身等社会性情感息息相关⑨。难怪孔子除了强调诗"可以兴""可以怨"之外，还同样强调了诗"可以群"。由此可见，孔子虽然也注重个体情感的抒发与宣泄——"兴"和"怨"，但是它们必须做到"怨而不怒""发乎情，止乎礼义"，一旦同"群"相违背，不利于社会和谐的话，同样会被压制或否定。这样，审美和艺术在孔子那里，就被限制在礼乐教化所划定的狭隘范围之内，最终要服务于"迩之事父，远之事君"这样一些德教与政教目标，在一定程度上忽视了对个体情感的自由表达。

三、缺乏深刻的审美反思与批判精神

如上所述，孔子美学思想的核心，就是追求个体性与社会性、情感与

---

① 李泽厚：《美学三书·华夏美学》，安徽文艺出版社，1999年，第241页。
② 项退结：《中国民族性研究》，台湾商务印书馆，1993年，第86页。
③ 项退结：《中国民族性研究》，台湾商务印书馆，1993年，第95页。
④ 马承源主编：《上海博物馆藏战国楚竹书》（一），上海古籍出版社，2001年，第139页。
⑤ 马承源主编：《上海博物馆藏战国楚竹书》（一），上海古籍出版社，2001年，第147—148页。
⑥ 马承源主编：《上海博物馆藏战国楚竹书》（一），上海古籍出版社，2001年，第152页。
⑦ 马承源主编：《上海博物馆藏战国楚竹书》（一），上海古籍出版社，2001年，第156页。
⑧ 马承源主编：《上海博物馆藏战国楚竹书》（一），上海古籍出版社，2001年，第157页。
⑨《孔丛子·记义》篇中相应的评价可为注脚，其云："吾于《周南》《召南》，见周道之所以盛也。""于《蟋蟀》，见陶唐俭德之大也。""于《柏舟》，见匹夫执志之不可易也。""于《蓼莪》，见孝子之思养也。""于《鹿鸣》，见君臣之有礼也。""于《木瓜》，见苞苴之礼行也。"参见傅亚庶：《孔丛子校释》卷一，中华书局，2011年，第54页。

理性的和谐统一,这是其"中庸"思想在审美领域的反映。到了后来,形成了儒家所特有的一种诗教传统——"温柔敦厚"。唐代孔颖达的解释是:"《诗》依违讽谏不指切事情,故云'温柔敦厚,是诗教也。'"① 由此可见,儒家"温柔敦厚"的君子人格是通过诗教的方式来培养的。

　　从审美角度来说,"温柔敦厚"采用的是"含蓄蕴藉"的表情法,即"不质直言之,而比兴言之,不理理而言情,不务胜人而务感人"② 的艺术表现方式。梁启超曾指出,这种表情法在《诗经》中大量运用,由此而形成的"温柔敦厚"的诗性特征,甚至可以代表"我们民族情感最健全的状态"③。对于梁启超的这种观点,我们认为要一分为二地看待。一方面,"温柔敦厚"的表情法体现在审美层面的含蓄蕴藉性,的确是中国文学民族性的特色,它贯穿于整个中国文学史;但另一方面,《诗经》中这种"温柔敦厚"的表情法,是无法代表"我们民族情感最健全的状态"的。因为这种表情法,过于追求圆融而缺乏反思的精神,反映出的是中国人委曲求全、世故圆滑的人生态度。胡适就曾批评说,《诗经》中不管分几派,都缺乏一种积极抗争的精神,而这便是中国人所谓的"温柔敦厚"。

　　当我们把这种"温柔敦厚"的标准引入到对文学的评价中的时候,文学就势必要立足于礼乐教化,从而服务于儒家政治教化之目的。倘若以这种文学来教化民众的话,那么就会从意识层面甚至潜意识层面消除民众的反抗意识和批判精神。为此,清代学者王夫之曾对这种"温柔敦厚"的诗教原则提出过质疑:"《诗》教虽云温厚,然光昭之志,无畏于天,无恤于人,揭日月而行,岂女子小人半含不吐之态乎?《离骚》虽多引喻,而直言处亦无所讳。"④ 在这段话中,王夫之的褒贬态度一目了然,褒的是像屈原那样"无畏于天""无恤于人"的直率坦荡的人格;而贬的则是那些"半含不吐之态"、缺乏至大至刚浩然之气的"女子小人",应该说,王夫之的这种见解是非常深刻的。倘若文人过分追求"温柔敦厚",

①[汉]郑玄注,[唐]孔颖达疏:《礼记正义》卷五十,[清]阮元校刻:《十三经注疏》(附校勘记),中华书局,1982 年影印本,第 1609 页。
②[清]焦循著,刘建臻整理:《焦循全集·毛诗补疏叙》第三册,广陵书社,2016 年,第 1395 页。
③[清]梁启超:《中国韵文里头所表现的情感》,载[清]梁启超:《饮冰室合集·饮冰室文集之三十七》,中华书局,1989 年,第 81 页。
④[明]王夫之:《夕堂永日绪论内编》,船山全书编辑委员会编:《船山全书》第十五册,岳麓书社,2011 年,第 836 页。

就会削弱文艺作品的批判力,而这也必然会导致国民麻木不仁、息事宁人、不求进取、奴性心理等民族性格的形成。鲁迅先生所致力于批判的"国民劣根性""阿Q精神"就属此类。这些"国民性"虽不能完全和直接归罪于儒家,但与儒家"温柔敦厚"的诗教传统又确乎相关,这一点是必须正视和警惕的。

　　总之,上面几点"反思"是孔子美学所欠缺的,指出这些问题有助于我们客观、全面地评价孔子美学的价值与不足,由此也可以对儒家美学乃至于中国美学的思想特征有一个整体性的认知。当然,从另外一个角度讲,我们站在当下的美学立场对孔子美学进行"反思",其实也是对它的一种"苛求"。毕竟,孔子生活的时代已距离我们非常久远,我们用当下的审美观念去要求他的时候,其实已经僭越了"历史性"原则。所以,"从当代视角出发对古人思想进行的研究并不意味着这种研究是随心所欲的,它必须通过古今主体间的精神对话才能实现"[1]。这也就要求我们在给孔子美学找问题、挑毛病的时候,绝不应该凭着一种文化进化论的优越感居高临下地去指责它,而是应该以一种古今对话的态度和方式去丰富它、完善它。或者换句话说,我们对孔子美学"反思"的结果其实就是当代阐释者"依据今天的生存状态和精神困境对前人创造的精神空间进行审视",并"对古代的意义系统予以重新阐释"[2],进而从深层次实现古今文化融合的结果。从这个意义上讲,我们对孔子美学进行的"反思",毋宁说是我们着眼于当下而对当代美学的"提醒",同时也是我们试图以此来实现中国传统美学向当代意义生成和转化的一种有益尝试。

---

[1]张明:《中国古代文论意义阐释的生存论维度》,《内蒙古社会科学》(汉文版)2009年第5期。
[2]张明:《中国古代文论意义阐释的生存论维度》,《内蒙古社会科学》(汉文版)2009年第5期。

第十一章 孔子仁学、美学与现代社会

本章将着重从"孔子儒学与马克思主义关系的文学思考——以'五四'前后的郭沫若为例""孔子仁学视域下的'抗疫'精神初探""孔子美学精神与当代影视文化"三个方面,来阐述一下孔子仁学、美学的现代意义,希望以此增强当代人的文化认同感、归属感、自豪感以及继承与弘扬中华优秀传统文化的责任感、使命感和自信心。

第一节 孔子儒学与马克思主义关系的文学思考
——以"五四"前后的郭沫若为例

20世纪初,当马克思主义学说从日本、苏俄辗转传入中国的时候,此时的不少有识之士就已经清醒地认识到,马克思主义的理论学说要想在中国站稳脚跟,就必须与中国的现实相结合。而这里的"现实"既包括现实的政治、经济、军事等具体的社会状况,也包括中华民族几千年以来传承下来的文化资源。因此,马克思主义要实际地发挥思想指导作用,除了必须紧密联系中国的革命实践外,还必须紧密联系以儒家文化为主体的中国传统文化。

然而,在"五四"新文化运动期间,不少知识分子在接受马克思主义的同时,对儒家文化却采取了或批判,或质疑,或否定,或回避的方式,并没有认真思索二者之间的会通与转换,而郭沫若恐怕是当时为数不多的对此问题进行过深入思考和认真探索的现代学者之一。在郭沫若看来,孔子的学说与马克思主义思想并不是对立的,而是可以相互沟通并进行对话和交流的。这样一种思想基调就为其实现儒家文化的现代转化与马克思主义的中国化提供了坚实的思想基础和重要的价值支撑。

一、"尊孔"与"反孔"："五四"前后郭沫若面临的文化抉择

20世纪初，中国很多知识分子都不约而同地对中国未来文化的发展进行了全面探讨。"国粹派"大力倡导国学，认为其博大精深，无所不包，因此拒斥其他外来文化。然而历史实践表明，"国粹派"盲目推崇国学，缺乏发展的眼光和开阔的文化视野，阻碍了中国现代文化的建设，这势必会走上开历史倒车的复古之路。

而与此同时，另外一批接受了西方先进文化思想的新式学者却展开了对孔子和儒家思想史无前例的清算。陈独秀指出："儒术孔道……尤与近世文明社会绝不相容者"，"此不攻破，吾国之政治、法律、社会道德，俱无由出黑暗而入光明"①。另外一位"五四"干将吴虞则直接将矛头指向儒家的宗法观念，视之为"洪水猛兽"："儒家以孝弟二字为二千年来专制政治与家族制度联结之根干……其流毒诚不减于洪水猛兽矣。"②鲁迅也在《狂人日记》中尖锐地指出，儒家所倡导的仁义道德就是礼教虚伪的面具，其实质就是"吃人"。这些说法确实切中了中国几千年来封建思想的要害，揭示出了封建制度的弊端，是具有时代意义的。但对以儒家为代表的中国传统文化的全盘否定，无疑会助长民族虚无主义的倾向，也不利于中国文化的现代化建设。

与上述两种文化立场均不同，同样受西方先进文化影响的郭沫若，既没有像"国粹派"那样盲目推崇儒家文化，也不像当时许多激进的知识分子那样高呼"打孔家店"③，而是要求用一种"民主的待遇"④对待孔子。为此，郭沫若专门区分了孔子与后儒的不同。他批评汉代以来的儒

---

① 陈独秀：《答吴又陵》（一九一七年一月一日），载《陈独秀文章选编》（上册），生活·读书·新知三联书店，1984年，第169页。

② 吴虞：《家族制度为专制主义之根据论》（一九一五年七月），载吴虞：《吴虞文录》，黄山书社，2008年，第3—4页。

③ 吴虞：《吴虞文录·序》，黄山书社，2008年，第4页。另，目前学界对五四时期究竟有没有提出过"打倒孔家店"的口号有争议。检视五四时期所有重要的文献，除胡适在给《吴虞文录》所作的"序"中曾提出过"打孔家店"的说法外，尚未看到其他学者明确提出过"打倒孔家店"的口号。具体争论可参阅王东：《五四精神新论》，中国青年出版社，2009年；杨华丽：《"打倒孔家店"研究》，人民出版社，2014年。基于上述考量，本成果暂且采用"打孔家店"的说法。

④ 郭沫若著作编辑出版委员会编：《郭沫若全集·历史编》第一卷，人民出版社，1982年，第613页。

家把儒学思想意识形态化,使之成了被历代统治者利用的一种政治手段,禁锢了人们的思想自由。他把这些"凝滞于小节小目而遗其大体"的儒家称为"拘迂小儒"①。与对后儒的批评相反,郭沫若对先秦儒家特别是孔子的学说及其人格魅力、个人才华极为欣赏。他称赞孔子是一位具有圆满人格的伟大天才,表明了自己对孔子的崇敬之情,希望也能像孔子那样做一个"球形发展"的人。不仅如此,郭沫若还表达了对孔子诗化理想的向往和赞誉之情:"他闻音乐至于三月不知肉味的那种忘我ec-stasy 的状态⋯⋯他自己悠然鼓琴的那种宁静的美景;他自己的实生活更是一篇优美的诗。"②总之,孔子那种完满的人性、圆满的人格、诗意的人生,正是郭沫若心目当中的理想追求,同时也是他为什么会觉得"孔子这种思想是很美的",继而发出"我们崇拜孔子"③呼声的根本原因。

综上,尽管郭沫若对孔子思想的理解不无主观情感的成分,但较之"国粹派"的盲目崇拜和新式学者的猛烈抨击,显然具有了不少科学理性的因素。对于这样一种态度,成仿吾曾给予高度评价。成先生认为,20世纪初的中国学界处于一片"混沌"之中,其"混沌"主要就在于新旧学者对待中国传统文化都存在很大的误解,具体表现为"旧的先入之见太深,新的亦鲜能捉到真义"。而在学界这种极为"混沌"的情况下,国内学者能做到"本科学的精神,据批评的态度而独创一线的光明",成仿吾感觉"只有沫若数年以来的研究"④。实际上,这种"科学的精神"和"批评的态度",也是郭沫若正确理解、合理吸收儒家文化精神的思想前提。

二、"出而能入,入而大仁":郭沫若对儒家入世人格精神的认同

虽然西方新学在晚清时期就已传入中国,但由于当时西学的水平普遍低下,直接导致了对很多新文化人精神世界产生深刻影响的并不是什么西学新知,而仍然是以儒家学说为核心的旧学。据郭沫若回忆,他在

①郭沫若著作编辑出版委员会编:《郭沫若全集·历史编》第三卷,人民出版社,1984年,第293页。
②郭沫若著作编辑出版委员会编:《郭沫若全集·历史编》第三卷,人民出版社,1984年,第259页。
③郭沫若著作编辑出版委员会编:《郭沫若全集·历史编》第三卷,人民出版社,1984年,第259页。
④郭沫若著作编辑出版委员会编:《郭沫若全集·历史编》第三卷,人民出版社,1984年,第263页。

小学里并没有学到什么新东西,反而是一些旧东西如国文、经学之类,却引起了他的极大兴趣。其中,帅平均先生的《今文尚书》是他最喜欢的一门课①;而到了中学时期,吸引郭沫若的仍然是经学,黄经华先生讲的《春秋》是给他印象最深的一门课②。这说明,儒家文化在郭沫若的思想中是根深蒂固的,并且对他今后文化道路的选择影响至深。那么,究竟又是一种什么样的儒家精神决定了其在五四时期的文化选择的呢?

1915年初郭沫若到日本求学,六月份考上了东京第一高等学校。当时由于学习压力过大,他患上了极为严重的神经衰弱症,一天只能睡三四个钟头,记忆力几乎丧失殆尽,后来甚至产生了自杀的念头。而就在患病期间,一个偶然的机会,郭沫若接触到了王阳明的著作。就是这一次接触,不仅使他的内心慢慢平静下来,神经衰弱的病症渐渐消失,而且王阳明"万物一体的宇宙观"和"知行合一的伦理观"也使郭沫若内心产生了强烈的共鸣。他对王阳明那种"努力于自我的完成与发展,而同时使别人的自我也一样地得遂其完成与发展"③的精神极为赞赏,并认为王阳明"所体验的儒家精神,实即是孔门哲学的真义"④。这种"孔门哲学的真义"在郭沫若对儒、道、佛三家思想进行比较的过程中得到了更加清晰地呈现。

在郭沫若看来,佛家的出发点就是"否定现实","他的伦理的究竟只是清净寂灭",因此它"出而不入";道家的宇宙观"本是活泼的动流",但其人生哲学"却导引到利己主义"上面去了,因此它"入而不仁"。而与道、佛两家完全不同,孔子追求一种积极向外扩充,由近及远,由下及上的人生态势,并与儒家修身、齐家、治国、平天下的终极理想联系起来,因而他是"出而能入,入而大仁"⑤。这表明,孔子不仅要实现个体一己之

①郭沫若著作编辑出版委员会编:《郭沫若全集·文学编》第十二卷,人民文学出版社,1992年,第9页。
②郭沫若著作编辑出版委员会编:《郭沫若全集·文学编》第十二卷,人民文学出版社,1992年,第11页。
③郭沫若著作编辑出版委员会编:《郭沫若全集·历史编》第三卷,人民出版社,1984年,第296页。
④郭沫若著作编辑出版委员会编:《郭沫若全集·历史编》第三卷,人民出版社,1984年,第294页。
⑤郭沫若著作编辑出版委员会编:《郭沫若全集·历史编》第三卷,人民出版社,1984年,第292—293页。

仁,而且还要实现与社会、与自然融会贯通的"天地万物一体之仁",这就与道家、佛家有了根本性的差异。

儒家这种纵横天下,"内外不悖而出入自由"的人间"大道"以及那种自我扩充、"四通八达,圆之又圆"①的积极入世精神正是郭沫若所孜孜以求的,并且他声称要"把动的文化精神恢复转来,以谋积极的人生之圆满"②。正是出于对儒家这种"出而能入,入而大仁"精神的认同,才使得郭沫若最终从自我走向社会,从知识生产走向了革命实践。

三、"达则兼济天下":郭沫若接受马克思主义的动力与契机

由于郭沫若始终怀揣着儒家那种积极"向外扩充"的入世人格精神,所以他不满足于只做一个"纯粹的文学家""纯粹的艺术家""纯粹的思想家"③,还要走向社会,在社会中找到自我实现的方式。而这种自我实现的方式,就是参加革命斗争和社会政治实践。郭沫若走的这条轨迹,其实与儒家"达则兼济天下,穷则独善其身"的价值追求不无关系。

郭沫若青年时代就曾怀抱"以天下为己任,为救四海的同胞而杀身成仁"④的社会理想,而这显然与孔子"无求生以害仁,有杀身以成仁"(《论语·卫灵公》)和孟子"舍生而取义"(《孟子·告子上》)的人生理念息息相关。郭沫若认为,以孔子为代表的儒家"仁道"具有一种伟大的牺牲精神,"是克己而为人的一种利他的行为"。因此,他要求人们摈弃个人主义与利己主义的思想观念,努力培养一种"为大众献身的牺牲精神",由此来"增进众人的幸福"⑤。在郭沫若看来,只有这样才能真正实现自我的价值、民众的幸福以及社会的和谐。

---

① 郭沫若著作编辑出版委员会编:《郭沫若全集·历史编》第三卷,人民出版社,1984年,第293页。
② 郭沫若著作编辑出版委员会编:《郭沫若全集·文学编》第十五卷,人民文学出版社,1990年,第155页。
③ 郭沫若著作编辑出版委员会编:《郭沫若全集·文学编》第十六卷,人民文学出版社,1989年,第9页。
④ 郭沫若著作编辑出版委员会编:《郭沫若全集·历史编》第三卷,人民出版社,1984年,第262页。
⑤ 郭沫若著作编辑出版委员会编:《郭沫若全集·历史编》第二卷,人民出版社,1982年,第88—89页。

正是儒家这种"兼济天下"的社会使命感和"杀身成仁"的笃定信念,使得郭沫若在接触到中国的社会现实以及马克思主义的著作之后,思想上发生了质的转变。特别是在 20 年代译完日本经济学家河上肇的《社会组织与社会革命》之后,郭沫若感觉自己像是从睡梦中被唤醒,对未来的人生道路不再彷徨和迷茫;同时,对资本主义社会和未来革命的认识也不再是仅凭"一味的感情作用了"①,而是获得了一种理性的启蒙。可见,这本书不仅使郭沫若对社会革命有了更加理性的认识,而且也为他今后指出了一条全新的人生道路,他一改以往对自由个性的精神追求,转而直接投身于现实的革命活动。

1925 年,郭沫若在一篇序言中,又一次对自己的转变做出了明确表达,他说,"我从前是尊重个性、景仰自由的人",但"在最近一两年间,可以说是完全变了",觉得在大多数人失去自由和个性的前提下,一小部分人却"要来主张个性,主张自由,未免出于僭妄"②。1926 年,在写给成仿吾的信中,郭沫若也谈到这一点:"芳坞哟,我现在觉悟了","我把我从前深带个人主义色彩的想念全盘改变了"③。在这里,郭沫若对自己早期追求的自由精神和个性解放作了深刻的检讨和反思,认为个人的自由,要在全体的自由得到之后才能得到。所以,他主张一部分已经觉醒了的知识分子应该勇于牺牲自己的个性与自由,"以争回大众人的个性与自由","所谓'我不入地狱,谁入地狱?'便是这个意思"④。

郭沫若的这些表述,一方面表明郭沫若早期那种"狂飙突进"的精神以及强烈的自我意识已趋弱化,而民族意识、救亡图存意识、建功立业意识日益增强;另一方面,也表明对他影响至深的儒家积极入世、兼济天下的精神理念开始从传统走向现代,并逐渐与中国革命实际相结合,由此产生了与马克思主义实现实质性对接的可能性。

---

①郭沫若著作编辑出版委员会编:《郭沫若全集·文学编》第十二卷,人民文学出版社,1992年,第 205 页。

②郭沫若著作编辑出版委员会编:《郭沫若全集·文学编》第十五卷,人民文学出版社,1990年,第 146 页。

③郭沫若著作编辑出版委员会编:《郭沫若全集·文学编》第十六卷,人民文学出版社,1989年,第 9 页。

④郭沫若著作编辑出版委员会编:《郭沫若全集·文学编》第十五卷,人民文学出版社,1990年,第 146 页。

四、"马克思进文庙"：孔子仁学与马克思主义对接路径的文学书写

1924 年翻译完《社会组织与社会革命》一书之后，郭沫若自称"成了个彻底的马克思主义的信徒了"①。然而，自马克思主义引入中国以后，反对的声音就不绝于耳，像胡适、"研究系"、现代新儒家等，他们均声称马克思主义不适合中国社会实际，中国应该另寻出路。而与这些质疑、否定的声音完全不同，郭沫若认为，马克思主义不仅适合中国的现实国情，而且从文化精神上来讲又是与儒家思想相通的，因而完全可以在中国的文化土壤上落地生根。他认为与马克思主义的社会理想相似，儒家不仅力求物质生产的极大丰富，而且也力求精神生活的全面发展。比如，王阳明主张的"去人欲而存天理"思想如果放在社会发展的视域中来看的话，可以将其理解为"废去私有制度而一秉大公了"②。在这一点上，郭沫若认为儒家思想和马克思主义是可以对话的。

当然，王阳明"去人欲而存天理"的学说本是就个体道德修养而言的，郭沫若把它理解为"废去私有制而一秉大公"显然是一种"过度阐释"。但是，抛开这一点，若就儒家的大同学说与社会主义思想而言，二者在精神上确有相通之处。马克思和恩格斯就曾明确地谈到，与中国哲学跟黑格尔哲学一样，儒家的"大同"学说和欧洲的社会主义思想之间具有某种共同点③。法国的汉学家谢和耐也认为，马克思主义的社会主义学说似乎"更符合中国思想"，因为它很容易让人联想到儒家的"大同"观④。郭沫若本人也曾计划写一篇名为《马克思学说与孔门思想》的文章，以阐释儒家文化与马克思主义的相通之处。但最终这篇理论文章因为种种原因搁浅了，取而代之的却是一篇"带有几分游戏的性质"的小说《马克思进文庙》⑤。对于这篇小说，单就其文学价值而言，并无多少可

①郭沫若著作编辑出版委员会编：《郭沫若全集·文学编》第十六卷，人民文学出版社，1989年，第 8 页。

②郭沫若著作编辑出版委员会编：《郭沫若全集·历史编》第三卷，人民出版社，1984年，第299页。

③〔德〕马克思、〔德〕恩格斯著，中共中央马克思格斯列宁斯大林著作编译局编译：《马克思恩格斯全集》第七卷，人民出版社，2016年，第265页。

④〔法〕谢和耐·热尔内（Jacques Gernet）著，耿昇译：《中国社会史》，江苏人民出版社，1995年，第571—572页。

⑤王锦厚、伍加仑、肖斌如编：《郭沫若佚文集》（上册），四川大学出版社，1988年，第149页。

圈可点之处;但就其思想价值来看的话,它或许是最早以文学的方式提出并探讨马克思主义如何与儒学相结合并进行汇通的一个文本,因而其学术意义要远远大于其文学意义。

在这篇小说中,从一开始郭沫若就亮出了自己的观点:孔子和马克思虽然都被人所熟知,但实际上"真孔子"一直受到冷落,而马克思也被当时中国的学者们所误解(否则孔子也不会同众弟子在文庙里吃冷猪头肉,马克思也不会奔往文庙找孔子谈话)。针对这样一种思想现状,郭沫若进行了全面而深入的解释和澄清。

(一)为孔子及其学说正名

郭沫若认为,孔子与后世的儒家并不相同,他只是儒家思想的开创者,不用说秦以后的儒家与其思想大相径庭,即使是同属先秦时期的儒家孟子、荀子,其思想也都不尽相同。因此,"总而称之曰儒,因统而归之于孔。实则论功论罪,孔家店均不能专其成"①。郭沫若认为,倘若真用"儒家"来谈论孔子,让孔子去承担后儒们言论的话,那么人们就会"骂孔子为盗名欺世之徒,把中华民族的堕落全归咎于孔子"②。针对民众对孔子及其学说的肆意曲解,郭沫若表示了强烈的不满,这种态度显然与新文化运动时期其他新式学者批孔、反孔的立场是完全不同的。

在郭沫若看来,五四新文化运动期间,孔子之所以被冷落、被批判,主要不是因为其思想中不具备改良社会、推动社会走向前进的内容,而是一方面人们"仅仅在名义上奉行他的教义"③,并没有真正理解他思想的深刻内涵;另一方面因为"孔子的精神,透过后代注疏的凸凹镜后是已经歪变了",所以"崇信"抑或"反对"孔子的人都只是看到了"一个歪斜了的影像"④,而非其思想的真实面目。因此,在《讨论〈马克思进文庙〉》一文中,郭沫若就直言不讳地说"孔子的思想也不见得就是'谁也

---

①郭沫若著作编辑出版委员会编:《郭沫若全集·历史编》第一卷,人民出版社,1982 年,第613 页。
②郭沫若著作编辑出版委员会编:《郭沫若全集·历史编》第三卷,人民出版社,1984 年,第259 页。
③郭沫若著作编辑出版委员会编:《郭沫若全集·历史编》第三卷,人民出版社,1984 年,第259 页。
④郭沫若著作编辑出版委员会编:《郭沫若全集·历史编》第三卷,人民出版社,1984 年,第293—294 页。

知道'的"①,这一说法是完全符合事实的。

(二)对马克思主义学说误解的澄清

郭沫若在为孔子及其学说正名的同时,也对马克思主义在中国遭受的误解进行了澄清。在《马克思进文庙》这篇小说中,郭沫若就借孔子之口讽刺了国人对于马克思主义的一知半解:"你的主义虽然早传到了中国",但"你的书还一本也没有翻译到中国来啦"②。

20世纪的新文化运动,反帝反封建的革命斗争任务首当其冲,而对马克思主义的理论研究相对忽视了,因此很容易造成思想界对马克思主义的误解、曲解。事实上,由于20年代国内学界缺乏对马克思主义经典著作的完整翻译,因而导致国人对马克思的思想总是以讹传讹,产生误读。为此,郭沫若一直希望自己能利用五年的时间把马克思的《资本论》全部翻译出来③。他认为只有这样,整个学界才能对马克思主义的思想体系有一个准确、清晰、全面的把握,才能让马克思主义承担起思想引导的作用,从而有效地避免国人对马克思主义的偏见和误解。

(三)孔子仁学与马克思主义学说的互补与汇通

在澄清了对孔子和马克思的误解之后,郭沫若便通过马克思与孔子的对话道出了"正解"。首先,郭沫若借马克思之口指出,他的思想虽然已经传入中国,但由于和孔子的学说有很大的不同,所以有些人就认为马克思主义在中国"没有实现的可能性"④。对这种论断,郭沫若进行了全面、深入地批驳。他认为,儒家思想与马克思主义学说虽出自不同文化背景,但却可以取长补短、相互融合,走综合创新的道路,创造出一种新价值。

首先,郭沫若认为虽然孔子仁学本身缺乏科学性和逻辑性,但这恰恰是马克思主义的长处,因此可以用后者改造前者,使之具有严密的系统性。

---

①王锦厚、伍加仑、肖斌如编:《郭沫若佚文集》(上册),四川大学出版社,1988年,第154页。

②郭沫若著作编辑出版委员会编:《郭沫若全集·文学编》第十卷,人民文学出版社,1985年,第163页。

③郭沫若著作编辑出版委员会编:《郭沫若全集·文学编》第十二卷,人民文学出版社,1992年,第218页。

④郭沫若著作编辑出版委员会编:《郭沫若全集·文学编》第十卷,人民文学出版社,1985年,第162页。

在小说中，孔子承认自己的思想不够系统，自己是一个不懂逻辑的人。因此，在面对马克思时，谦虚地说"假如先把我的思想拉杂地说起来，我自己找不出一个头绪……还是不如请你先说你的主义，等我再来比付我的意见罢"①。在这里，孔子担心自己的思想缺乏逻辑性，一旦说出来的话，就会显得比较零乱，于是希望马克思先谈。这些话虽是孔子的自谦，但也是事实。德国古典哲学家康德就曾指出，孔子虽然是"中国的苏格拉底"②，但他并非哲学家；黑格尔则更为偏激，他认为在孔子那里，所讲的都是一些"常识道德"和"善良的、老练的、道德的教训"，"思辨的哲学是一点也没有的"，因此，从他那里并"不能获得什么特殊的东西"③。这种论断虽然带有一种西方中心主义的偏见，但有一点却是事实，那就是孔子的思想表达方式的确不像西方学说那样具有严密的科学性与逻辑性，这可以说是孔子乃至整个中国古代思想的短板。而郭沫若认为，孔子学说中存在的短板恰恰是马克思主义的优长之处，因此完全可以用马克思主义的科学方法来改造儒家思想，并使之具有严密的理论系统性。

众所周知，作为对整个西方哲学思想（主要是德国古典哲学思想）的扬弃与发展，马克思主义学说的科学性以及整体逻辑性是无与伦比的。从学科上说，包括了哲学、政治经济学以及科学社会主义三个有机部分；从方法论上说，包括了辩证唯物主义与历史唯物主义两大理论基石；而从知识结构上来说，个体、家庭、社会、自然、国家等方面囊括无疑。这些均可以为整理孔子学说，并最终将其改造成一种科学、完整的思想体系而提供行之有效的方法论指导。这也是为什么郭沫若在作品中要让孔子用自己的思想去"比付"马克思主义的原因所在，同时也可以看出郭沫若在处理二者之间关系时与其他学者在态度上的根本性差异：在郭沫若之前，五四时期的学者们基本上都是用马克思主义来"比付"儒家思想；而到了郭沫若，开始用儒家思想来"比付"马克思主义思想。这种颠倒后的态度恰恰表明了，郭沫若希望以马克思主义作为指导，实现对儒

---

①郭沫若著作编辑出版委员会编：《郭沫若全集·文学编》第十卷，人民文学出版社，1985年，第163页。

②[德]夏瑞春（Adrian Hsia）编，陈爱政等译：《德国思想家论中国》，江苏人民出版社，1995年，第66页。

③[德]黑格尔著，贺麟、王太庆译：《哲学史讲演录》第一卷，商务印书馆，2009年，第130页。

家思想的现代转化。

其次,郭沫若认为孔子与马克思的出发点相同,都是立足于现世人生,注重民生,希望世界变得更美好。

在《马克思进文庙》中,马克思说他的思想的出发点首先就是"对于这个世界和人生是彻底肯定的",随后他又指出,其所追求的终极目标就是要让这个世界不断地适应民众的生存需求,从而使民众的生活获得一种最高程度的幸福。马克思的话音刚落,子路就迫不及待地接过话题,说他的老师孔子同样也是重视民生、重生厚德之人,也追求一种人生幸福感的体验和满足。故而,郭沫若认为马克思实际上和孔子一样,都是"站在这个世间说这个世间的话",都立足于现世人生,都注重物质生产的发展,注重民生,都希望世界变得更美好、人民更幸福。因此可以说,他们的出发点"是完全相同的"[①]。

再次,郭沫若认为孔子与马克思对未来理想世界的构想与追求上趋同——"各尽所能,各取所需"与"大道之行,天下为公"。

接着上面的话题,孔子继续追问马克思对理想世界是如何设想的,人们是如何获得最高幸福的。马克思的回答是,只有在"各尽所能,各取所需"的共产社会中,人们才能获得最高的幸福。按照马克思的描述,在这种社会里,每个人都各尽所能地去劳动,虽然不计报酬,但每个人的生活又都是衣食无忧的,他们的物质需求会得到充分的保障。孔子在听了马克思的描述之后非常激动,认为自己追求的"大道之行也,天下为公","老有所终,壮有所用,幼有所长,鳏寡孤独废疾者皆有所养"等社会状态,与马克思追求的"各尽所能,各取所需"的共产社会是完全一致的[②]。

事实证明,儒家的"大同"理想的确是可以与马克思的社会主义学说进行对话的重要思想资源。早在 19 世纪末,马克思主义刚传入中国的时候,英国传教士李提摩太和《万国公报》华文主笔蔡尔康就将"大同"思想与社会主义学说相提并论。此后,一些马克思主义的信仰者们也都在不同场合表达了对"大同"社会理想的追求。陈独秀的社会主义

①郭沫若著作编辑出版委员会编:《郭沫若全集·文学编》第十卷,人民文学出版社,1985 年,第 163—164 页。
②郭沫若著作编辑出版委员会编:《郭沫若全集·文学编》第十卷,人民文学出版社,1985 年,第 164—165 页。

思想,就是以儒家的"大同"社会来构想中国未来理想社会的,他希望未来的中国是"有资格和各国思想高远的人公同组织大同世界"①;青年毛泽东的社会理想也是"大同"世界:"大同者,吾人之鹄也。"②李大钊也认为,社会主义不仅是"人类生活史中一个点",而且是"一步一步的向世界大同进行的一个全路程"③。俄国十月革命胜利之后,中国的思想界热情高涨,都为之欢欣鼓舞,欢呼雀跃。中国学者之所以对俄国十月革命有如此高的热情,就是因为在他们看来,俄国社会主义革命的最终目的就是"要创造一个大同世界,创造一个永远和平的世界"④。

无独有偶,郭沫若也对儒家这一思想特别看重,他不仅认为孔子与马克思相通,甚至认为毛泽东的社会理想与孔子的"大同"理想也是不谋而合的⑤。可见,在郭沫若那里,孔子与马克思对未来理想世界的构想与追求上是趋同的,二者存在着某种内在的对话性和关联性,这一点也使得他们在通往理想世界的途径选择上同样也会存在着一些相通性。

最后,郭沫若认为孔子与马克思在实现理想世界的方式与途径上相通——"均贫富"与"公有制"。

近现代以来,许多学者包括非马克思主义者梁启超、胡汉民、梁漱溟以及马克思主义者陈独秀、李大钊等都认为儒家的"均贫富"思想与社会主义学说之间是相通的,二者可以相互转换。对于这种看法,郭沫若也是认同的,在《马克思进文庙》一文中他进行了详细的阐述。

在小说中,马克思认为孔子顶多只是一个"空想的社会主义者",并且竭力与孔子的思想撇清关系。他说,他的理想与孔子的空想不同,他的理想不是凭空杜撰的,而是一步步论证推导出来的。他认为,社会财富一旦"集中于少数人之手中",那么就必然会导致尖锐的社会矛盾和斗争,这是社会不安定的根源。对此,孔子不仅连连点头称是,而且还拿自己的思想"不患寡而患不均,不患贫而患不安"进行比附,而马克思却认

①陈独秀:《我们究竟应当不应当爱国?》(一九一九年六月八日),载《陈独秀文章选编》(上册),生活·读书·新知三联书店,1984年,第420页。

②中共中央文献研究室、中共湖南省委《毛泽东早期文稿》编辑组编:《毛泽东早期文稿》,湖南人民出版社,2008年,第76页。

③中国李大钊研究会编注:《李大钊文集》第二卷,人民出版社,1999年,第248页。

④张允侯等:《五四时期的社团》第一册,生活·读书·新知三联书店,1979年,第70页。

⑤参见陈晓春:《从士的传统看郭沫若的人格》,《郭沫若学刊》2003年第1期。

为这两种观点是完全不同的。在马克思看来，孔子主张"不患寡而患不均，不患贫而患不安"，而他主张"患寡且患不均，患贫且患不安"。他虽然反对财产集中制，但并不反对"产业的增殖"和物质的极大丰富，认为只有生产发展了，人们才能自由、全面地发展自己的个性和才能，才能获得"最高的幸福"①，这和孔子所主张的"不患寡""不患贫"是不一样的。

面对马克思的质疑，孔子并没有丝毫妥协、退让的迹象，反而进一步申明了他与马克思的相通之处。他说，自己在《论语》和《礼记》中也讲过"庶矣，富之""富矣，教之"（《论语·子路》）、"足食，足兵，民信之矣"（《论语·颜渊》）、"力恶其不出于身也，不必为己"（《礼记·礼运》）之类的话，这些也同样是强调物质基础的重要性②。所以，孔子认为他的思想从根本上来说和马克思的学说是一样的，都是强调在物质生产发展的前提下，进行相对公平的物质分配；同时反对利己主义，致力于营造公平的社会风气。在听了孔子的这番陈述之后，马克思终于被说服了，并且颇为感慨地说道："我不想在两千年前，在远远的东方，已经有了你这样的一个老同志！"③

通过上述对话，可以看出郭沫若找到了孔子儒家思想与马克思主义之间的契合点，由此也反驳了马克思主义不符合中国国情、不能在中国加以实施的观点。此后，在这个结论的基础上，郭沫若又进一步提出了将儒家与马克思主义进行对接的方式与途径。在《王阳明礼赞》一文后面的"附论二 新旧与文白之争"中，郭沫若史无前例地提出了"儒家精神＋社会主义制度"的文化建设新构想，其基本思路就是在个人的修养方面，可以借鉴儒家仁学精神，积极完善个体人格；而在社会建设与发展方面，则需要以马克思主义的科学理念为指导，吸收各种先进经验，大力发展社会生产力，推动物质财富的公平分配，促进个体与社会的自由，全面的发展④。这种设想虽然还稍嫌粗疏，但却涉及了如何将儒家文化与马

---

① 郭沫若著作编辑出版委员会编：《郭沫若全集·文学编》第十卷，人民文学出版社，1985年，第165—166页。

② ［汉］郑玄注，［唐］孔颖达疏：《礼记正义》卷二十一，［清］阮元校刻：《十三经注疏》（附校勘记），中华书局，1982年影印本，第1414页。

③ 郭沫若著作编辑出版委员会编：《郭沫若全集·文学编》第十卷，人民文学出版社，1985年，第167页。

④ 郭沫若著作编辑出版委员会编：《郭沫若全集·历史编》第三卷，人民出版社，1984年，第299页。

克思主义相结合并进行转化这一重大时代命题。可以说,当代中国面临的一个迫切问题就是如何处理好“马克思主义与儒学的关系”,即一方面要“继承马克思主义”,另一方面又“要发扬优秀传统”[①]。而郭沫若作为这个时代命题的最早提出者,在这方面做了积极有益的探索,其筚路蓝缕之功,不可抹杀。

总之,五四时期,郭沫若以孔子仁学思想与马克思主义的相通为基础来论证二者之间的转换和融合,一方面为儒家文化的现代转化提供了必要条件和参照途径;另一方面也满足了马克思主义在中国文化土壤上落地生根的基本要求,从而为马克思主义的中国化奠定了思想基础。直至今日,郭沫若的这种探索对于我们建设有中国特色的社会主义文化来说,仍具有不可低估的借鉴价值。

第二节 孔子仁学视域下的“抗疫”精神初探

岁末隆冬,新冠病毒悄然侵袭江城武汉。时值农历春节,中国人民却打响了一场疫情防控的阻击战。“生命重于泰山,疫情就是命令,防控就是责任”。在党中央的正确领导下,九省通衢武汉一夜之间全面封锁;各地启动重大突发公共卫生事件一级响应;钟南山院士临危受命,挺身而出;白衣战士逆行出征;解放军和武警部队连夜增援武汉;“抗疫”志愿者风雨无阻,坚守一线;十四亿中国人同心战疫,自觉隔离;火神山、雷神山医院十天之内拔地而起……统一指挥、快速行动、密切配合,全体中华儿女紧密团结在一起,在这场没有硝烟的战场上,中国人再一次展现了强大的战斗力和向心力。疫情考验着国家治理体系和治理能力,中国力量背后凝聚着千百年来在磨难中淬炼成的民族智慧与民族精神。

习近平总书记说:“一个国家的治理体系和治理能力是与这个国家的历史传承和文化传统密切相关的。”[②]“孔子创立的儒家学说以及在此基础上发展起来的儒家思想,对中华文明产生了深刻影响,是中国传统

①张允熠:《中国文化与马克思主义·序言》,山西教育出版社,1999年,第4页。
②《牢记历史经验历史教训历史警示 为国家治理能力现代化提供有益借鉴》,2014年10月14日《人民日报》。

文化的重要组成部分。"① 儒家文化对塑造具有时代新义的社会主义核心价值观亦发挥着重要的作用,在"统筹推进新冠肺炎疫情防控和经济社会发展工作部署会议"上,习近平总书记要求各级领导干部要有"仁爱之心"②,而"仁"正是儒家文化之精义。在这场疫情阻击战中,儒家仁学的价值再一次彰显。著者试从儒家仁学中的"克己复礼""仁者爱人"和"天人合一"三个角度,对"抗疫"精神做初步探讨。

一、为仁由己,克己复礼

在《论语·颜渊》中,颜渊问孔子何为"仁",孔子回答道:"克己复礼为仁。"在这里,孔子提出了一个重要命题:"克己复礼为仁。"千百年来,尽管古今学者对这一命题的内涵争论不休,但不可否认的是,作为儒家伦理思想的核心,"克己复礼"的精神理念对于中华民族的生存及发展贡献了巨大的力量。"克己"一般解释为克制、约束自己不合理的欲望或不符合制度规范的行为举止;"复"意为"履践"或"符合";而"礼"原本是一个政治概念,后通过孔子的改造,被赋予了道德的内涵。"礼的作用,即是通过其所具有的各种制度和规范的形式,对人们的言行举止加以约束,进而达至对人际关系进行调节的目的"③。概而言之,"克己复礼"要求人们约束自己,按规则、按制度、按法律(即"礼")办事。

"克己复礼为仁"的儒家伦理命题,在当前的"抗疫"形势下,仍然焕发着强大的生命力。在人的自然本性中,潜藏着危害社会秩序和道德伦理规范的因素,如同照妖镜般的疫情,将人性中自私的部分暴露出来。我们看到,某些媒体断章取义,造谣传谣;个别商家为牟取暴利,哄抬口罩价格,甚至生产假口罩;为躲避国外疫情的海外归国人员,动辄口出狂言,不服从防疫规定。三月中旬,一位入境的澳大利亚籍华人在北京隔离期间,在小区内跑步时未佩戴口罩,面对防疫人员的劝阻,该女子不但不听劝告,反而蛮横无理,出言不逊。事件的曝光使得该女子随即被其

① 习近平:《在纪念孔子诞辰 2565 周年国际学术研讨会暨国际儒学联合会第五届会员大会开幕会上的讲话》,2014 年 9 月 25 日《人民日报》。

② 习近平:《在统筹推进新冠肺炎疫情防控和经济社会发展工作部署会议上的讲话》,2020 年 2 月 24 日《人民日报》。

③ 邓思平:《"克己复礼"是为和谐》,《南京大学学报》(哲学·人文·社会科学版)1997 年第 2 期。

所在公司辞退,并被北京警方要求限期离境。普通人民群众面对疫情,"克己复礼"最直接的表现就是自觉隔离,不为社会和国家增添负担。在"抗疫"的特殊时期,为了社会的安定和更多人的生命安全,牺牲部分个人利益,本应是国人的共识,而"抗疫"成果的获得,也是建立在这样的共识之上。"非礼勿言,非礼勿动",以身试险的结果,只能是被一己私欲拖进黑暗的深渊。

在孔子心目中,"礼"主要是"'有关行为举止'的'仪文',是属于外在的约束,而'仁'对个人行为来说则是内在的自律"[①]。如果说破坏秩序者是缺少对外在约束的敬畏,那么为"抗疫"自觉隔离在家,则让人看到了"克己"的力量。来自武汉的大学生郭岳,自武汉返回河北老家的旅程中,全程不摘口罩、手套,不与人交谈;飞机落地立刻全身消毒;回到社区主动说明个人情况,隔离期间不接触任何家人,随后确诊、治疗、出院,然而他还是选择了在车库中继续隔离,整个过程切断了一切病毒传播的可能。郭岳"硬核隔离三十八天,未感染一名亲友"的事迹彰显了他极强的自律能力和社会责任意识。"为仁由己,而由人乎哉?"(《论语·颜渊》)他的自我约束,既响应了国家危难之时的制度要求,又因其内心深处对于社会道德、社会责任的高度认同,方能在出院之后选择将"克己"坚持到底。有学者认为,孔子"援'仁'入'礼',用'仁'来充实'礼',使'礼'获得了内在的道德依据和精神支撑。在他看来,只有具备了内在的道德依据,'礼'才能真正有效地发挥其社会功能"[②]。正是因为有着强大的精神支撑,漫长的隔离方能化为心悦诚服的具体行动。"一日克己复礼,天下归仁焉",事实证明,正是因为中国有着无数像郭岳一样的民众,疫情的蔓延才能被迅速遏制。在疫情面前,没有任何一个国家可以独善其身,中国广大民众在"抗疫"中的自律行为,彰显了"克己复礼"的价值,作出了巨大牺牲的武汉人民,同有着坚强决心的中国人民一起,为全球疫情防控争取了宝贵时间,贡献了中国力量——由"克己"入手,方能"利他","利他"的最终结果,同样符合个人与国家的根本

---

① 詹向红:《"颜渊问仁"章试诠——从"仁—礼"与"人—己"关系看孔子"仁学"》,《安徽大学学报》(哲学社会科学版)2008年第6期。
② 白奚:《援仁入礼　仁礼互动——对"克己复礼为仁"的再考察》,《中国哲学史》2008年第1期。

利益。

近代以来,西方的文化价值观念对我国的优秀传统美德造成了巨大的冲击与破坏,使得部分人沉迷于个人主义、享乐主义,没有看到时代所赋予的历史使命。突如其来的疫情,让中华民族的传统美德和价值追求再一次展现在世人面前,无论是个人还是集体,爱国、团结、自律、担当,良好的道德风尚是最终取得"抗疫"胜利的思想基础,而这些无不建立在"克己复礼"的自我要求之上。因此在当前,"克己复礼"这一命题对于我国的公民道德建设仍然有着重要的启示价值。

二、仁者爱人,大爱无疆

"克己复礼"的另一面即是"爱人"的情感。正是因为有了"克己复礼"的功夫,方能实现身心合一,"人有其内在道德理性之自觉,而自然能产生对他人之爱"[1]。这也就是"仁者爱人"。

"樊迟问仁。子曰:'爱人。'"(《论语·颜渊》)"仁者爱人"始于宗法制社会以血缘为基础的血亲之爱,随着社会制度的变化,孔子将"仁者爱人"的内涵扩大到整个社会关系中,也即"泛爱众"(《论语·学而》)。李泽厚认为,"仁"的主体内容包含着"社会性的交往要求和相互责任"[2]。"仁者爱人"包含了对他人的关爱,故而能够促进人际关系的和谐,维持社会秩序的稳定。在任何社会,人际关系的存在意味着每一个人都承担着对他人和社会应尽的义务,习近平总书记指出:"要牢记全心全意为人民服务的根本宗旨","永远不能脱离群众、轻视群众、漠视群众疾苦"[3]。突如其来的灾难催生了责任的力量,在疫情面前的中国人,在用无言的行动诉说着对社会的责任和对国家的爱。我们看到:有为尽快返回工作岗位,骑行四天三夜的九五后女护士;有甘愿到医院发热门诊值守的退伍老兵;有冒着被感染的风险,负责收集和清运废弃口罩的环卫工人;有自发为医护人员提供免费住宿的酒店老板;还有无数社区志愿者,送菜上门、协助排查,甚至为了给社区居家群众采购药品连续奔波十二小时……

---

[1]董卫国:《爱人与克己——略说仁道的两端》,《儒道研究》2017 年第 4 辑。
[2]李泽厚:《孔子再评价》,《中国社会科学》1980 年第 2 期。
[3]习近平:《在"不忘初心、牢记使命"主题教育工作会议上的讲话》,《求是》2019 年第 13 期。

在武汉市最大的专科传染病医院金银潭医院,院长张定宇一直在坚守,他凭借专业的敏感、医生的责任、全心全意为人民服务的信念,为金银潭医院的防护和治疗工作撑起了一片天。他的同事文丹宁说:"有他在,医护人员、病人、家属心里都有底。"而此时的张院长患上"渐冻症"已有两年的时间。身患绝症仍坚守一线,妻子感染新冠肺炎他却无暇照顾,然而他在意的是,"必须跑得更快,才能从病毒手里抢回更多的病人"。悬壶济世,医者仁心,"尽己之谓忠"①。在张定宇院长的带领下,金银潭医院的六百多名职工始终坚守在各自的岗位上,从未有人要求"下火线"。被生命按下加速键的张定宇始终不曾忘记身为医生的天职,这位鞠躬尽瘁的白衣守护者,用他的实际行动书写着对人民的一片忠诚之心。在儒家看来,"忠"是"一种极负责任、极端正、极虔诚、极守信用的态度和精神"②。尽全心全力为他人无私奉献,甚至为了他人的幸福牺牲自我,正是孔子对如何"爱人"在实践层面作出的具体阐释。

"四海之内,皆兄弟也。"(《论语·颜渊》)新冠病毒肆虐全球之际,正在从疫情深渊中走出来的中国,向多国提供医疗物资援助和医疗技术援助,慷慨分享战疫经验和诊疗方案,回馈着国际援助,体现了大国担当。然而,面对其他国家疫情的持续蔓延,部分国人滋生出了狭隘的优越感,嘲讽别国在"抗疫"中举措不力,甚至进而对一些国家的病毒感染"幸灾乐祸"。儒家"己所不欲,勿施于人"(《论语·卫灵公》)的思想包含着平等待人、尊重他人、推己及人的精神,人类命运共同体理念正是对"己所不欲,勿施于人"的创造性发展,习近平总书记多次强调:"我们不'输入'外国模式,也不'输出'中国模式,不会要求别国'复制'中国的做法。"③以此观之,每个国家的制度、国情以及文化背景,都决定了在疫情防控问题上无法完全复制"中国模式"。"推己之谓恕"④,儒家"恕道"要求的是对别人的理解、尊重和体谅,作为最先遭受疫情袭击的国家,全体中国人经历了前所未有的切肤之痛,付出了惨痛代价,做出了巨大牺牲,因此更应该对饱受病毒侵害的他国人民多一份同情与关切。

---

①[宋]朱熹:《四书章句集注》,中华书局,2010年,第72页。
②杨清荣:《忠恕之道的特质及其现代价值》,《伦理学研究》2005年第6期。
③习近平:《论坚持推动构建人类命运共同体》,中央文献出版社,2018年,第514页。
④[宋]朱熹:《四书章句集注》,中华书局,2010年,第72页。

曾子曰："夫子之道，忠恕而已矣。"（《论语·里仁》）孔子借由"忠恕之道"，在人与人之间搭建了仁爱的桥梁。大爱无疆，守望相助，"仁者爱人"是"人之为人的本质的最高和最集中的反映"，是"建立在超越生物本能和狭隘自私观念的理性基础上"①的。在当前境遇中，"仁者爱人"彰显了其自身跨越时空与种族之界的深刻价值。

三、民胞物与，天人合一

2021年3月30日，中国—世界卫生组织新冠病毒溯源研究联合专家组发布研究报告。报告认为，新冠病毒"比较可能至非常可能"经中间宿主传人②，而这里的"中间宿主"多指野生动物。人类为满足一己私欲对它们进行肆意捕杀与食用，破坏了野生动物赖以生存的环境，终于酿成全球性的大灾难。在这场疫情阻击战中，全面禁止非法野生动物交易的法律规定紧急出台，将保障人民群众生命健康安全落实到法律层面。然而，近现代西方人类中心主义所带来的思想膨胀，使得生态环境恶化的形势日益加剧，此次疫情以更加惨烈的方式再一次反映了大自然对人类的惩罚，人类狂妄的行为背后，是生态价值观念的落后，这无疑更加令人担忧。习近平总书记指出："中华民族向来尊重自然、热爱自然、绵延5000多年的中华文明孕育着丰富的生态文化。"③中华民族的生态智慧已经成为了新时代中国特色社会主义生态文明思想的根基，因此"要加强生态文明宣传教育"，"营造爱护生态环境的良好风气"④。在思想观念层面着力建设生态文明，是解决当前生态问题之根本，而从儒家仁学认识生态问题，其意义正在于使敬畏自然、保护自然成为人类的自觉意识。

中国儒家传统中的"天人合一"思想蕴含着丰富的古典生态智慧。"亲亲而仁民，仁民而爱物"⑤，先秦儒家强调"仁者爱人"，孟子将始于血

①韩美群：《儒家"仁者爱人"思想的人本基础及其现代意蕴》，《江西社会科学》2011年第10期。
②《中国—世卫组织新冠病毒溯源联合研究报告正式发布》，2021年3月31日《人民日报》。
③《坚决打好污染防治攻坚战 推动生态文明建设迈上新台阶》，2018年5月20日《人民日报》。
④中共中央文献研究室编：《习近平关于社会主义生态文明建设论述摘编》，中央文献出版社，2017年，第116页。
⑤[汉]赵岐注，[宋]孙奭疏：《孟子注疏》卷十三下，[清]阮元校刻：《十三经注疏》（附校勘记），中华书局，1982年影印本，第2771页。

亲的仁爱推扩至"爱物"层面；张载在先秦思孟学派的基础上，提出了"民吾同胞,物吾与也"①的思想,主张将人民百姓视为同胞,将天地万物当作同类,将始于血缘亲疏的"仁爱"拓展至调节人与自然的相处中,并最终实现"天人合一"②。张载从"气"一元论的角度出发,认为人与万物皆由"气"凝聚而成,因此在本原上,"物"与"我"相通,人与外界相统一,这就促成了人与自然成为"生态共同体"。习近平总书记也非常强调这种"生态共同体"的建构,他明确指出："人因自然而生,人与自然是一种共生关系,对自然的伤害最终会伤及人类自身。"③"人与自然是生命共同体,人类必须尊重自然、顺应自然、保护自然。"④因此,在当前我们处理人与自然的关系时,仍然可以借鉴儒家"民胞物与"的仁学思想,将天地万物一视同仁,强调人与自然的平等,要求人与自然的和谐相处。

"岂曰无衣,与子同袍。"⑤在中国抗击新冠肺炎疫情最艰难的阶段,多个国和地区进行了人道主义援助。巴基斯坦更是举全国之力,向中国运送口罩,巴基斯坦总统阿里夫坦言,在帮助中国时,他们没有想过要为自己的国家留退路。而在巴基斯坦出现新冠肺炎疫情之后,中国又第一时间向巴基斯坦援助了医疗物资,并帮助巴基斯坦建设医院。中巴之间亲如兄弟的美好情谊,深刻体现了"民吾同胞"的崇高精神。在全球地区与组织间的交往多基于物质利益的现代社会,"民吾同胞"倡导的则是对生命的尊重和关怀,这再一次证明其精神内涵在处理民族问题和国际关系中的独特价值。

"人类中心主义"的存在有其一定的社会历史背景,人在与自然作斗争的过程中汲取的成功经验,推动着人类社会向前发展。西方工业革命以来,科学技术使人的力量空前地强大,人的欲望也随之膨胀,当前新冠病毒的肆虐即是明证。说到底,人类当前面对的生存危机实际上就是人与自然的关系危机,而"物吾与也"强调不应视自然为人类可征服之对

---

①[宋]张载撰,章锡琛点校：《张载集》,中华书局,1985年,第62页。

②[宋]张载撰,章锡琛点校：《张载集》,中华书局,1985年,第65页。

③中共中央文献研究室编：《习近平关于社会主义生态文明建设论述摘编》,中央文献出版社,2017年,第11页。

④习近平：《决胜全面建成小康社会　夺取新时代中国特色社会主义伟大胜利——在中国共产党第十九次全国代表大会上的报告》,2017年10月28日《人民日报》。

⑤[汉]毛亨传,[汉]郑玄笺,[唐]孔颖达疏：《毛诗正义》卷六,[清]阮元校刻：《十三经注疏》(附校勘记),中华书局,1982年影印本,第373页。

象。与天地共生、与万物平等对话,"民胞物与"引导人类迈向与自然平等相处的理想境界,是儒家仁学对精神归宿的探求,也是"人与现实世界的最高层次的理想的和谐状态"①。总之,"民胞物与"的生态伦理思想包含着深刻的平等意识和仁爱思想,要求在处理人与自然的关系上,要有放眼全局的意识,不能只顾眼前利益。"枪响之后,没有赢家",保护自然就是保护人类自己。

习近平总书记在与多国领导人的电话会谈中,表示将继续本着人类命运共同体理念,与他国携手,共同战胜疫情。疫情让人类切身地感受到人类命运与共的必然性。"克己复礼"的自我约束、"仁者爱人"的待人原则和"天人合一"的生态思想,是儒家仁学对处理人与自我、人与社会、人与自然关系作出的伦理要求和价值导向。纵观全球"抗疫"情势,这些思想资源可以变成打赢疫情防控阻击战、处理国际关系以及反思、展望人类未来的思想基石。儒家智慧在新时代再一次展现了现代价值,使我们更加坚定地走文化自信之路。习近平总书记指出:"自然与社会的和谐,个体与群体之间的和谐,我们民族的理想正在于此,我们民族的凝聚力、创造力也正基于此。"②我们完全有理由相信,疫情终将被战胜,而针对当前世界面临的各种挑战,人类命运共同体理念所开出的中国方案,也定能帮助世界各国在未来共同"建设持久和平、普遍安全、共同繁荣、开放包容、清洁美丽的世界"③。

第三节　孔子美学精神与当代影视文化

2014 年 10 月 15 日,习近平同志在"文艺工作座谈会上的讲话"中指出,当前的文艺创作不仅要有"当代生活的底蕴",而且要有"文化传统的血脉";不仅要"传播当代中国价值观念",而且还要"体现中华文化

①徐春根:《"天人合一"思想及其当代启示》,《西南师范大学学报》(人文社会科学版)2003 年第 3 期。
②习近平:《之江新语》,浙江人民出版社,2007 年,第 150 页。
③习近平:《决胜全面建成小康社会　夺取新时代中国特色社会主义伟大胜利——在中国共产党第十九次全国代表大会上的报告》,2017 年 10 月 28 日《人民日报》。

精神"①。这是为当代文艺创作提出的总要求,同样也适合于对影视创作的要求。

影视作品作为人民群众喜闻乐见的艺术形式之一,是建设中国文化软实力的重要组成部分,在精神塑造、凝聚力量、鼓舞人心等方面发挥着巨大的作用。当代影视文化的价值就在于大力弘扬社会主义核心价值观和中国精神,体现时代主旋律,为传承与发展中华优秀传统文化添砖加瓦。所以,优秀的影视作品一方面要"讲好中国故事""传播好中国声音",及时反映当代人的生活旨趣和审美需求,重视"反映市场接受程度的发行量、收视率、点击率、票房收入等量化指标";但另一方面也要注意"阐发中国精神""展现中国风貌",重视其思想价值、文化价值,要"坚守中华文化立场、传承中华文化基因,展现中华审美风范"②。如果一部影视作品能满足这两方面的要求,才能称得上是"思想精深、艺术精湛、制作精良"③的精品力作。

本着这样一种指导思想,我们特别选取了近年来在国内影视剧创作领域"既能在思想上、艺术上取得成功","又能在市场上受到欢迎"的一些"有筋骨、有道德、有温度"④的优秀作品,如电视剧《琅琊榜》(第一部)、电影《失孤》等,通过对它们进行个案分析来着重阐发其中所蕴含的儒家(孔子)美学精神,希望以此来彰显这些影视作品中的"信仰之美、崇高之美"⑤,并展示儒家美学的当代价值。

一、电视剧《琅琊榜》(第一部)中仁学思想的美学表达

《琅琊榜》(第一部)⑥是由孔笙、李雪执导,山东影视传媒集团、山东影视制作有限公司等多家单位联合出品的古装传奇剧。自2015年上映以来,不仅高居同期电视剧收视率榜首,而且受到各种媒体、舆论的一致赞誉。同时,在国际市场也展示了其不凡的吸引力,在北美、韩国、日本

---

① 习近平:《在文艺工作座谈会上的讲话》,2015年10月15日《人民日报》。
② 习近平:《在文艺工作座谈会上的讲话》,2015年10月15日《人民日报》。
③ 习近平:《在文艺工作座谈会上的讲话》,2015年10月15日《人民日报》。
④ 习近平:《在文艺工作座谈会上的讲话》,2015年10月15日《人民日报》。
⑤ 习近平:《在文艺工作座谈会上的讲话》,2015年10月15日《人民日报》。
⑥ 本节内容所涉及的电视剧作品《琅琊榜》均指由孔笙、李雪执导的2015年出品的第一部。为行文方便,文中不再一一注明,特此说明。

等都获得了不错的收视率,甚至有人将之视为中国文化软实力成功输出的典型案例。此外,该剧还获得了 2015 年第 30 届中国电视剧飞天奖"优秀电视剧奖"、2015 年国剧盛典"年度十大影响力电视剧"、2016 年第 19 届华鼎奖"中国百强电视剧第一名"以及 2016 年中美电影节金天使奖"最佳中国电视剧"等荣誉,入选广电总局 2015 年中国电视剧选集。

《琅琊榜》获得如此成功的原因不仅在于其磅礴大气而又不失诗意的故事主线与画面感、鲜明的主题与以点带面的人物关系设置、精良的艺术制作,等等。更为关键的还在于,它能够以一种完美的艺术方式呈现优秀的儒家美学精神以及当代社会主流价值观。导演孔笙本着"正义是比复仇更重要的目的""情谊是比权谋更珍惜的追求"①等信念,试图通过这一部古装正剧来传递儒家忠、孝、仁、义、礼、智、信等传统美德以及社会担当意识与家国情怀。

（一）智勇兼备、坚韧刚毅的君子人格美

梅长苏作为天下第一大帮"江左盟"的首领,名声响誉江湖。但为了十多年前巨大的冤案与血海深仇,费心筹谋 12 年,假借养病之机,重返帝都,搅动帝都风云,辅佐明君登上皇位,为 7 万赤焰忠魂洗雪了冤屈。支撑他取得如此成就的,离不开他的智勇双全与坚韧刚毅的人格。

1.　"智"

"智"曾被儒家列入"天下之达德也"②。"智"的本意为智能、智慧、知识。"子曰:'知者乐水,仁者乐山。知者动,仁者静。'"(《论语·雍也》)"子曰:'君子道者三,我无能焉:仁者不忧,知者不惑,勇者不惧。'"(《论语·宪问》)"子曰:'唯上智与下愚不移。'"(《论语·阳货》)"樊迟问仁。子曰:'爱人。'问知。子曰:'知人。'樊迟未达。子曰:'举直错诸枉,能使枉者直。'"(《论语·颜渊》)古"知"即"智"。"智"一方面是指智能,君子有丰富的知识;另一方面,是智德,属于伦理范畴,是一种向善的本质。在儒家语境中,"智"一般用在为人处世之上,是一种重要的实践理性。

---

① 孔笙:《用诚意创作点亮人性之光——电视剧《琅琊榜》导演阐述》,《中国电视》2016 年第 1 期。

② [汉]郑玄注,[唐]孔颖达疏:《礼记正义》卷五十二,[清]阮元校刻:《十三经注疏》(附校勘记),中华书局,1982 年影印本,第 1629 页。

《琅琊榜》,堪称中国古代智慧的百科全书。梅长苏在处理江湖、朝廷、人事等各种矛盾时所展示出的大智慧,可以说是此剧最耀眼夺目的部分。梅长苏一方面分别通过京城一系列大案如"庆国公侵地案""何文新杀人案"等的查办,逐一削弱了誉王和太子在朝廷上的势力,使其两败俱伤;另一方面,则趁此良机,让靖王渔翁得利,辅佐其上位,同时还为赤焰军翻案打下了坚定的基础。而在这一系列过程中,太子、誉王、秦般弱、谢玉、夏江等人使出了花样百出的阴谋诡计,而每一次梅长苏都能凭自己的智慧巧妙应对、一一化解。除了自己的能力外,梅长苏的最大智慧就是善用良才良将。在他身边,不仅有精通医术的琅琊阁阁主蔺晨,而且还有重情耿直的靖王、忠诚憨厚的蒙大统领、武力高强的飞流、英姿飒爽的郡主、重情重义的萧景睿、言豫津。此外,还有言阙、纪王爷、夏冬、蔡荃等人。这些人都敬重、服膺梅长苏的人格风范,并且在人力、物力、财力、信息等方面都提供了绝对的支持和帮助。

梅长苏的"智"值得称道的是对暗黑智慧的否定。与《甄嬛传》《武媚娘传奇》等宫斗剧用尽各种阴谋、伎俩、算计,以争宠上位甚至将对方置之死地不同,《琅琊榜》摒弃这种不择手段、钩心斗角的个人主义逻辑,而是将权术与智谋赋予道德正义的光辉,彰显出梅长苏仁者情怀与君子人格的魅力。

2."勇"

"勇"是君子人格的基本要求。《论语·子罕》中,孔子说:"智者不惑,仁者不忧,勇者不惧。"《荀子·宥坐》篇曰:"孔子观于东流之水,子贡问于孔子曰:'君子之所以见大水必观焉者,是何?'孔子曰:……若有决行之,其应佚若声响,其赴百仞之谷不惧,似勇。"[①]可以看出,"勇"即是不惧,即不害怕。但是孔子认为仅仅不惧,还不是仁者之勇。《论语·阳货》中,孔子说:"君子有勇而无义为乱,小人有勇而无义为盗。"《论语·泰伯》:"子曰:'好勇疾贫,乱也。'"《论语·为政》亦云:"见义不为,无勇也。"这些均表明,"勇"还需要以"义"为上,这才是仁者之勇、君子之勇。

因此,"勇"是以仁义为动机,受道德义务绝对性的驱使,为实现心

①[清]王先谦撰,沈啸寰、王星贤点校:《荀子集解》卷二十,中华书局,1988年,第524—525页。

中的正义而铤而走险、勇往直前；并且它寻求的不是个人利益，也否定极端功利主义。在本剧中，梅长苏最让观众震撼的特征就是刚毅进取、自强不息的勇气和胆识。为了昭雪多年冤案、扶持新君、匡正社稷这些信念，他明知困难重重而依然坚定选择前行。在梅岭之战中中了火寒毒，他以一颗坚毅勇敢的复仇之心，忍受削皮挫骨之痛，忍常人不能忍，用十二年的时间谋划复仇大计，赢得江湖名望，与重臣皇权、奸诈小人斗智斗勇，最终为赤焰平反，为自己正名。这期间他所遭遇的重重危机、产生的性命之忧，倘若没有勇往无前精神、坚强意志品格的话，那是根本不可能做到的。

此外，"勇"具有为维护真理即使献出生命也在所不辞的气节特征。剧中誉王谋反之时，救兵未到，梅长苏与蒙挚等人严阵以待，众人决心死守猎宫等待靖王，不到最后一刻绝不倒下。在寡不敌众之际，守卫军战士用身体为盾，与庆历军在殿门外展开殊死搏杀。而殿内，静妃、言阙、纪王等人纷纷表示绝不会屈于誉王淫威，而梁帝也深受感染，持剑与大家站在一起。正是这种无所畏惧、不惧淫威的精神，是对孔孟儒者"杀身成仁""舍生取义"精神极大的发挥。在《琅琊榜》群臣请命、重审旧案的过程中，梁帝勃然大怒，高喊着"逆臣贼子"，拔剑刺向梅长苏，而靖王向前一步挡在梅长苏与梁帝之间。剑锋直逼之下，无论是梅长苏还是靖王，均表现得正义凛然、毫不畏惧；而群臣一声声"臣附议"，更加让人心潮澎湃。当矛头直指九五之尊的皇帝之时，他们没有退却与胆怯，这不是谋逆与篡权，只是对正义的伸张，是对真理的维护。

这种智勇兼备与刚强坚毅的人格美是孔门学者共同追求的君子品格，在其深刻的影响下，中国历史上涌现了一大批为匡正社稷、民族正义而奋不顾身的仁人志士，他们是中华民族得以屹立在世界民族之林生生不息的关键。

（二）一诺千金、情深义重的仁者风范美

梅长苏的平冤之路，虽然充满了朝堂的风云变幻以及夺嫡的权谋争斗与血雨腥风，但是剧中浓墨重彩、感人至深的却是披肝沥胆的忠诚、生死莫逆的信任及深重情义的坚守。生命中最重要的不是生命、金钱、地位，而是更多值得牵念和守护的东西，这就是"仁者"的光辉。它是维护

人与人之间情感、巩固人内心最坚定的力量。在权谋斗争的背后，是恪守本性的温情后盾。

1. "信"

"仁"，是孔子思想体系的核心，他要求"仁者爱人"与"忠恕"。此外，要做到"仁"，还需具备其他的道德要求，比如"恭，宽，信，敏，惠"（《论语·阳货》）。孔子比较重视"信"，认为"信"是一个人立足于社会最为根本的品德："人而无信，不知其可也。"（《论语·为政》）"子曰：主忠信，毋友不如己者，过则勿惮改。"（《论语·子罕》）"君子信而后劳其民；未信，则以为厉己也。"（《论语·子张》）对别人讲信用，才能得到别人的信任。"信"作为一种道德原则，表现为对人对事的一种坚守和忠诚。

"信"是对承诺的一种践行。梅长苏具有名动帝辇的声誉、号令江湖的威望，他大可隐迹江湖，过着悠游自在的生活。可是，为了不负父亲临终前的嘱托，为了7万英灵的信任，担负起雪冤的沉重使命。他经常梦到当年梅岭的惨烈场景和父亲林燮那句："小殊，活下去，为了赤焰军。"这个信念支撑梅长苏用12年时间筹谋策划复仇大计，并最终踏上复仇之路，而围绕着这项事业的是诸多贤良之士的鼎力支持。江湖势力、朝中忠臣良将、靖王、静妃、莅阳长公主、景睿与言豫津，甚至当世大儒周玄清等，均纷纷加入其中。而让他们能在关键时刻挺身而出的无非是梅长苏的忠信与正气。正是因为"信"，儒学大家周玄清不顾高龄而上京论礼；靖王放下一切算计，决意要彻查祈王谋逆案；看似不羁的言豫津能够在危急时刻，奋不顾身、浴血杀敌；夏冬一直选择寡居，每年为亡夫扫墓；霓凰郡主不问世情，驻守南疆驰骋沙场。他们都执着于这种亲人、朋友的信任，践行着最初的承诺。正是这种"信"，让他们或联合或独立、或隐或显的为着正义的事业不约而同地努力，使冤情得以大白于天下。

而相互之间的猜忌、不信任会造成人与人之间的隔膜与疏远。梅岭惨战无非是一场猜忌引起的冤案。十三年前，夏江伪造了聂锋的求救信，信中写到赤焰军主帅林燮谋逆。后谢玉带军前去，杀了毫不知情的前锋大将聂锋，酿成了梅岭惨案，而这一事件无非是皇帝的猜忌及位高权重的担忧使然。皇帝登位之前，曾遭人陷害，是林燮力保其清白，并且五王之乱时，林燮亲率三百骑兵保其登基；皇帝对皇位的贪恋，使他对拥兵自重的林燮与名声赫赫的祁王感到担忧,进而产生猜疑之心。这种猜疑的性格后来被身边的奸佞之人加以利用,最终导致其失去了最亲的人以及众多忠臣良将,而这一案件的水落石出也源于罪魁祸首谢玉与夏江的不信任。梅长苏成功令谢玉相信,夏江已经出卖自己,两人之间的信任荡然无存,于是真相大白。

2. "义"

"义"是孔子最为强调的道德要求。

> 信近于义,言可复也。恭近于礼,远耻辱也。因不失其亲,亦可宗也。(《论语·学而》)
>
> 子曰:"非其鬼而祭之,谄也;见义不为,无勇也。"(《论语·为政》)
>
> 子曰:"君子之于天下也,无适也,无莫也,义之于比。"(《论语·里仁》)
>
> 子曰:"群居终日,言不及义,好行小慧,难矣哉!"(《论语·卫灵公》)
>
> 子曰:"君子义以为质,礼以行之,孙以出之,信以成之。君子哉!"(《论语·卫灵公》)
>
> 孔子曰:"见得思义。"(《论语·季氏》)
>
> 子路曰:"不仕无义。长幼之节,不可废也;君臣之义,如之何其废之? 欲洁其身,而乱大伦。君子之仕也,行其义也。道之不行,已知之矣。"(《论语·微子》)

在孔子看来,"义"具有正义、道义、合理的行为等内涵,"义"包含了对处于不同社会关系之中的人的具体道德要求。《礼记·礼运》云:"何谓人义? 父慈、子孝、兄良、弟弟、夫义、妇听、长惠、幼顺、君仁、臣忠,十者谓之人义。"[1] 由此可见,"义"既包括对亲人朋友的情义,也包括对父母的孝弟、对君主的忠义,等等。

孔子提出"泛爱众而亲仁",即对自己的父母、兄弟姐妹、亲戚、朋友和陌生人都要有仁德与慈爱之心。在《琅琊榜》中,最令人动容的就是

---

[1][汉]郑玄注,[唐]孔颖达疏:《礼记正义》卷二十二,[清]阮元校刻:《十三经注疏》(附校勘记),中华书局,1982年影印本,第1422页。

至真至深的情义。纵然时过境迁,以另一个身份出现,梅长苏与靖王萧景琰之间的兄弟友情,与蒙挚、萧景睿,与言豫津等无话不说的珍贵友情,不会随时光而逝。梅长苏与霓凰郡主青梅竹马的情义,无论天各一方还是近在咫尺,那份最真最纯的守候,令人感动不已。而对待身边的随从朋友,梅长苏也都是有情有义有担当的。为七万赤焰军,冒着生命危险也要伸张正义;为了给随从童路的妹妹一个公道,解开"兰园枯井藏尸案"之谜;为宫羽报杀父之仇,身入险恶之境也要揭露谢玉的丑恶行径。靖王即使决定为赤焰军平冤而参与夺嫡之争,但坚决不能利用忠义之士为原则底线;在激烈的党争中,靖王宁可放弃得来的权位与生命也要救出赤焰军幸存者卫铮;在群臣请命,重审旧案之时,靖王毫不犹豫地为梅长苏挡住梁帝的剑锋。他们心中都秉守一个信念:在这个世界上,有比权益、生命、爱情更为重要的东西,那就是对情谊的忠诚、对正义的坚守。

"义"或"忠义",乃为正义事业坚守和追求之意。江湖传言:"江左梅郎,麒麟之才,得之可得天下。"于是,太子与誉王为争得梅长苏煞费苦心;而辅佐太子或者誉王都是能够达到自己目的的一条捷径,但是他却选择了最不被皇帝器重的靖王。因为他了解靖王的耿直忠厚、太子与誉王的狡诈恶毒,而天下苍生需要一位明君,来匡正天下。《琅琊榜》重"义",而这"义"是国家大义,是具备真性情、心怀天下之"义"。

《琅琊榜》的巧妙之处就在于,当它树起"信""义"的旗帜时,言行之中,尽显九死不悔的赤子之心。它将道义与信任、正义与情义紧密结合在一起,彰显了儒家的仁者风范,而这正是对孔子儒家思想的继承与发展。

(三)克己复礼、杀身成仁的家国情怀美

习近平同志在"文艺工作座谈会上的讲话"中强调,爱国主义是"最深层、最根本、最永恒"的核心价值观,"拥有家国情怀的作品,最能感召中华儿女团结奋斗",因而"我们当代文艺更要把爱国主义作为文艺创作的主旋律,引导人民树立和坚持正确的历史观、民族观、国家观、文化观,增强做中国人的骨气和底气"①。《琅琊榜》非常准确地把握住了这一点,

---

①习近平:《在文艺工作座谈会上的讲话》,2015年10月15日《人民日报》。

作品所宣扬的不仅是要复仇,要杀奸除佞、雪洗冤耻,更重要的是匡扶天下的责任与忠君报国情怀,这是正义与道德的结合,是儒家"守死善道"(《论语·泰伯》)文化精神的弘扬。

1."克己复礼"

"礼",是中国文化的主要内容,孔子对"礼"是非常重视的。"礼"对培养个人道德意识具有重要作用。子曰:"兴于《诗》,立于礼,成于乐。"(《论语·泰伯》)子曰:"恭而无礼则劳,慎而无礼则葸,勇而无礼则乱,直而无礼则绞。"(《论语·泰伯》)从为政治国来看,"礼"能维持社会秩序,促进国家安定、政治清明。"礼之用,和为贵。先王之道,斯为美;小大由之。有所不行,知和而和,不以礼节之,亦不可行也。"(《论语·学而》)"君使臣以礼,臣事君以忠。"(《论语·八佾》)面对礼坏乐崩的局面,孔子疾呼"礼乐征伐自天子出"(《论语·季氏》)。对"八佾舞于庭",不能容忍,批评"犯上作乱",提倡"克己复礼",并由此要重建应有的社会秩序,维护大一统局面。

《琅琊榜》中梅长苏无论从思想上还是行为上,都自觉恪守了儒家的"四勿"(即《论语·颜渊》中的"非礼勿视,非礼勿听,非礼勿言,非礼勿动")精神,并严格遵守着"君君、臣臣、父父、子子"的等级秩序。但遵礼,并不盲从礼。面对灭族之仇,并不是除之而后快。他以名正言顺的方式,让梁帝为赤焰军平反昭雪,还天下以正义。当筹划多年的言侯将火药埋在祭台下要杀掉梁王的时候,梅长苏晓之以情,动之以理,将其说服。因为他懂得这只是泄私愤,不是真正的复仇,因为皇上一死,太子、誉王两派相争必致朝政不稳、边境难安;赤焰军冤案未雪,言氏一族会受牵连被诛杀,故于己、于家、于国都百弊而无一利。被他保全的祁王之子与誉王之子,让他们远离朝廷与争斗,过平常人的生活,也是避免以下犯上、谋权作乱的权宜之计。用梅长苏的一句台词:"无论何种境地,我都从没想过要背叛。"他遵循着自己的本分与职责,用正义去压倒邪恶。而只有君臣父子各安其分、各行其是,才能名正言顺,不以下犯上,天下才能太平。

"礼"是维护社会秩序的礼节仪式,同时又是调和统治者与被统治者之间矛盾,使社会关系稳定有序的道德规范。朝堂论礼之时,周玄清老先生入殿时惊动梁帝起身相迎,这是宿儒大师所享有的尊崇。与此同时,梁王接受了论礼的结果,放弃了为自己的宠妃复位的念头。"举直错诸枉,则民服;举枉错诸直,则民不服。"(《论语·为政》)"礼"同时也是一种内心的秩序。无论是平民还是君主,勇于承认自己的错误,也是一种礼的表现。当莅阳长公主手持谢玉血书要求重审赤焰旧案,群臣请命正义凛然之下,身为一国之君的梁王不得不承认自己的过错,答应重审旧案。

2. "杀身成仁"

孔子强调修身、齐家、治国、平天下,即寻求一种"内圣外王"的入世哲学。"学而优则仕"(《论语·子张》),主张把个人的道德修养和国家天下的治理密切联系在一起,积极参与到国家政治生活中去。为此,"士不可以不弘毅,任重而道远"(《论语·泰伯》)、"志士仁人,无求生以害仁,有杀身以成仁"(《论语·卫灵公》)。这些都强调了君子所应具有的强烈上进心和社会责任感,把国家和民族的团结统一放在了至高无上的位置。

"内圣外王"是一种"达则兼济天下,穷则独善其身"的处事原则,它把注重个人道德修养与对社会的责任感和齐家治国平天下的理想相结合。《琅琊榜》中梅长苏这一人物的行为发展轨迹就是一步步践行修身、齐家、治国、平天下的过程。从己出发,他既有江湖中人豪迈洒脱的坦荡襟怀、视功名利禄为浮云的气概,又有智谋双全、重情重义的人格境界;于家而言,他尊崇父志,忍受刮骨之痛,经历重重晦暗,为赤焰冤案昭雪,还父亲与赤焰军的清白,持之以恒地在争取;于国而言,他在如同阴诡地狱般的朝廷里应对风云变幻、剿除奸佞、辅佐明君,只求重整朝纲,还政治清明;就天下而言,当外敌侵辱之时,为解国难、平定战乱,梅长苏用有限的生命,毅然束甲出征,还大梁以和平安定。在他身上,没有儿女情长的纠缠、功名利禄的牵绊,只有"天行健,君子以自强不息"的浩然之气以及赤胆忠诚的家国情怀、赤子之心。

《琅琊榜》突破了以往宫廷政治、职场规则的情节,并没有把人物置于国家民族大义与个人情感幸福的对立、冲突之中,而是展示其"杀身成仁"的凛然正气。梅长苏在除掉梁王与天下安定之间,选择了"克己复礼",展现了其理性智慧与家国情怀;霓凰郡主在与情郎厮守和家国安危之间,选择了后者,体现了其对家国大任的担当;莅阳长公主在家庭安宁和天下正义的抉择中,最终选择正义,体现了一个皇族女子对于家国大义的坚持。在国家与个人关系之中,他们站在了理性与正义的一面,反映了他们内心深处那真挚的家国情怀。

总之,《琅琊榜》中梅长苏忠诚于正义和公道,超脱了个人情仇,秉守最初的信仰,奏响了一曲荡气回肠、积极进取、忠贞爱国的乐章,同时也塑造了一个典型的具有儒家仁者风范和审美人格的君子形象。梅长苏以自己不畏强暴的勇气、高深莫测的智慧、重情重义的仁者风范、舍身取义的家国情怀,举起了正义的大旗,展现的不是复仇与阴谋,而是兄弟大义、家国政治、天下为公的儒家精神。而这些作为中华民族的传统美德,深刻地影响着我们的价值取向、思维方式与审美追求,构成了当前社会主义核心价值观的重要基石。

二、孔子仁学、美学在当代家庭伦理电影中的体现

孔子的仁学思想是中华民族精神形成的源头,是人们日常行为规范的标准和基本伦理道德、价值观念形成的准则。孔子不是专门的美学家,但是在其丰富的仁学思想中渗透着很多重要的美学观念,如“里仁为美”“尽善尽美”“文质彬彬”等。历经几千年后,孔子的这些美学观念依然具有很强的生命力,对当代影视作品的创作产生了潜移默化的影响。

下面,我们将从对血缘亲情的渴望、对人伦道德的关注以及对坚韧人格美的赞扬三个方面,对当代几部家庭伦理影片进行解读,探索孔子仁学美学思想在当代影视文化中的意义和价值。

(一)孔子人伦审美观与当代家庭伦理电影对亲情主题的表达

孔子思想的核心是“仁”,而“孝弟”则是孔子仁学的基础。“爱人”首先要在家庭中做到孝顺父母、尊敬兄长,这些都是血缘亲情的最直接体现。亲亲之爱是人类最本真、最纯正的情感样式,同时也是人类社会生活的情感基础。在当代家庭伦理影片中,这种情感的表达集中表现为对亲情的渴望上。

对亲情的渴望首先表现为亲亲之爱。孩子是父母的情感寄托,其在一个家庭中占有重要的地位,孩子的缺位对一个家庭的打击是沉重的。近几年拍摄的“打拐”题材的电影,是对这一问题的深刻反映。2014年

上映的电影《亲爱的》中,丈夫田文军因为与妻子鲁晓娟关系不和,无意间造成儿子田鹏的丢失,这对二人造成了致命的打击。田文军从此走上寻子之路,鲁晓娟坚决不与现任丈夫再要一个孩子,与前夫一起寻子。三年后,他们终于在安徽的一个村子中找到了自己的儿子,但是万万没想到的是,儿子田鹏的归位却造成了养母李红琴家庭中孩子的缺失,给她带来了巨大的精神创伤。显然,这样一种情节设置会引起观众对亲情问题的反思。2015年上映的电影《失孤》讲述了雷泽宽两岁的儿子雷达1999年走丢,他开始了长达十五年的寻子之路①。一路上雷泽宽历经艰辛,认识了四岁时被拐修车小伙曾帅,并帮曾帅找到了失散多年的亲人,带着曾帅送他的导航仪继续自己的寻子之路。而影片中另一位母亲苏琴由于不小心,女儿周天意被人贩子拐走,没日没夜地在路上发传单寻子,找不到孩子的她近乎发疯,最终因绝望而跳海自杀。孩子在家庭中占有举足轻重的地位,孩子的丢失对父母和孩子都造成了无法想象的伤害,永不放弃的寻子之路是对家庭亲情的渴望。

其次,对亲情的渴望还表现在晚辈对长辈的"孝道"上。孝敬父母是中华民族几千年来的传统美德,正所谓"百善孝为先"。儒家从孔子开始就非常强调"孝道",像他所讲的"今之孝者,是谓能养。至于犬马,皆能有养;不敬,何以别乎?"(《论语·为政》)"父母唯其疾之忧"(《论语·为政》)、"父母之年,不可不知也。一则以喜,一则以惧"、"父母在,不远游,游必有方"(《论语·里仁》)等等,均十分鲜明地体现出了儒家"孝"之精神。因此,孝敬父母是孔子仁学思想的重要内容,而2012年上映的电影《桃姐》就是对儒家所宣扬的这种"孝道"的最好体现。影片中的佣人桃姐在梁家服务六十年,先后照顾梁家老老少少几代人。梁家移民海外后,留有桃姐在香港照顾少爷罗杰的生活。一天,桃姐如常到街市买菜,回寓所煲汤,做好满桌的饭菜,在等待从内地出差回家的罗杰时,中风昏迷在地。罗杰在百忙之中为桃姐找到了一家合适的老人院,在工作之余常去探望桃姐,两人不是母子却胜似母子,令院友羡慕。而李安的成名作《推手》(1991年)则讲述了太极拳大师朱老先生退休后被儿子朱晓生接到了美国,由于语言不通,生活习惯不同,爆发家庭矛

①"跨越数十万公里 24 年寻子路电影《失孤》父子原型认亲成功",人民网,2021 年 7 月 13 日,http://society.people.com.cn/gb/n1/2021/0713/c1008—32156561.html.

盾后,在富裕的家庭生活里却感到孤独寂寞的故事。这部作品将中国的
"孝道"放在了现代家庭伦理观念下加以审视,在中国(以朱晓生为代表)
与西方(以玛莎为代表)伦理文化的冲突中,凸显了中国传统家庭伦理观
的现代困境与挑战,也从另一个层面表达了父子亲情的可贵性。影片中
朱晓生去警察局接父亲朱先生出来的时候,父子相拥而泣的场面,就非
常深刻地表明了这一点。

最后,对亲情的渴望还表现在对夫妇之间和谐美好情感关系的维护
上。2014年上映的电影《归来》改编自严歌苓小说《陆犯焉识》,讲述了
知识分子陆焉识与妻子冯婉瑜在大时代际遇下仍然不离不弃的爱情故
事。陆焉识在"文革"期间遭受迫害,逃狱后又被抓捕。后来"文革"结
束,陆焉识平反回家,却发现一切早已物是人非。他深爱的妻子冯婉瑜,
因患心因性失忆已然不再认识眼前的他,但是陆焉识和冯婉瑜却没有放
弃对彼此的坚守。妻子冯婉瑜不再锁门,她的大门永远对陆焉识敞开,
而且每月十五号风雨无阻地去火车站接陆焉识;而丈夫陆焉识也从没有
放弃妻子,为了帮助妻子恢复记忆,他化身为修琴人、读信人、车夫,但是
妻子对自己的情感始终没有发生改变,而他也只能作为邻居一直默默地
陪伴着她。他们对爱情的坚贞不渝令人痛心,也令人羡慕。而且,陆焉
识对女儿丹丹的爱也是无私的,一句"过去,就都过去了",就原谅了女儿
对自己的告发。面对物是人非的家庭,影片中关于陆焉识对待爱情和亲
情态度的塑造显然是渴望家庭温暖的体现。

无论是父母寻子、子女寻家、孝敬父母,还是善待配偶,都是希望家
庭和谐、圆满。只要家庭多一些关爱,多一些责任,孩子不会丢失、老人
不会孤独、夫妻不会离散,这正是儒家特别重视和强调的亲情文化。

(二)孔子德性审美观与当代家庭伦理电影对道德缺失问题的反思

人伦德性问题是孔子美学思想中的一个重要方面。《论语·里仁》
篇中各章大多论及德性修养问题,包括仁、义、利、礼、孝、言、行、事君、交
友等内容。比如,"里仁为美,择不处仁,焉得知?""苟至于仁矣,无恶
也""放于利而行,多怨"等等。孔子要求人们修养自身的伦理德性,做
到"仁者爱人",以诚待人,进而实现人与人、人与社会的和谐相处,这在
当代影视剧创作方面则体现为对社会伦理道德问题的关注。

　　当前,随着社会经济的高速发展,人们热衷于追求物质利益而使精神世界过于贫乏,因此很容易造成社会伦理道德的缺失,这一问题也直接反映到了影视剧的创作之中。特别是在当代家庭伦理影片中,关注的核心问题就是如何保护孩子和关爱老人这两个方面。

　　我们都知道孩子对于一个家庭的重要性,由于计划生育政策和人们思想观念的转变,现在很多家庭中只有一个孩子,而社会上却有一些人贩子为了自己的私利丧尽天良,拐卖儿童,造成众多美满家庭家破人亡,也因而产生了一系列的社会问题。电影《亲爱的》中李红琴的丈夫作为人贩子因不能生育拐走了田文军夫妇的儿子田鹏,致使二人从此踏上寻子之路。三年后,儿子的找回又使毫不知情的养母李红琴陷入失子之痛中。由于李红琴作为人贩子老婆的身份被曝光,她收养的另外一位被遗弃的小女孩也因此被福利院收养。顷刻间,李红琴成为孤身一人,她之前并不知道自己的丈夫是人贩子,在被告知自己不能生育后,一直把丈夫带回的弃婴杨吉芳当亲女儿养,二人之间产生了很深的母女之情,她一心想争回杨吉芳的抚养权。在情感上,她是杨吉芳最好的监护人;但是在法理上,由于她是人贩子的老婆,不利于法制宣传,因此法院判她不能收养杨吉芳。如果李红琴收养杨吉芳,必须要证明杨吉芳是弃婴而不是拐来的,丈夫的工友青山怕连累到自己不肯作证,为此李红琴不惜出卖尊严和身体请他作证,后来在体检中竟然发现自己意外怀孕,这对李红琴的命运来讲构成了莫大的讽刺。在这部剧作中,正是因为人贩子拐卖儿童这样一些罪恶活动,导致一系列社会问题的产生。电影《失孤》也是如此,周天意被人贩子拐走,母亲寻找无望跳海自杀;雷泽宽寻找儿子在路上历尽艰辛长达十五年,并且一直继续寻找下去;曾帅因被拐卖,在找到家人之前没有考试资格,不能上大学,没有户口,没有身份证,不能坐飞机、火车,不能办银行卡,甚至只能谈恋爱而不能结婚。该类题材电影都是根据真实的新闻事件改编,在寻子背后,是对社会伦理道德缺失的拷问和深刻反思。

　　当代家庭伦理电影还涉及了养老问题。近年来,我国人口逐渐呈现出老龄化现象,一些老人不得不在养老院中度过自己的晚年。"百善孝为先",中国最讲究孝道。无论就中国几千年的优良传统而言,还是就当今社会尊重人权而言,我们都应该关注和关心老人的养老问题,但是在电影《桃姐》中我们却看到中国传统的"孝道"被年轻人抛之脑后,弃之不顾。在桃姐所在的老人院中,有一位最老的婆婆半夜里嚷着要收拾东西回家,回乡下去,但是据蔡姑娘说,老婆婆的家人已经音信全无,只留她一人在此地;还有一位有儿有女的老人住在老人院,穿着体面的衣服,但女儿因为老人将房子过户给了儿子,而不愿意承担老人在老人院的费用,称自己只负责交该交的那一份,面对女儿的争吵,老人只能默默承受;老人院中的坚叔总想着借钱去泡妞,或许这已成为他打发晚年孤独的一种方式。中秋节时,老人院成为各行业争相作秀的舞台:年轻靓丽的歌星在镜头前给老人唱歌跳舞,镜头一移开,马上表现出不屑与不耐烦的本来面目;穿着光鲜的老板们在镜头前给老人发月饼以示慰问,镜头一移开,马上将作为道具的月饼收回。正当老人表现出不解时,却被蔡姑娘告知马上还会有下一拨人来表示慰问,正说着一群小学生闯了进来……老人对此只能发出无奈的叹息。影片《桃姐》深刻反思了社会养老问题,也表达了对伦理之真、道德之善、人性之美的渴求与期盼。

(三)孔子人格审美观与当代家庭伦理电影对坚韧人格美的宣扬

孔子一再强调君子首先就要具有弘毅刚健、自强不息的人格精神。"譬如平地,虽覆一篑,进,吾往也。"(《论语·子罕》)一个人只有具备了这样一种坚韧不拔的进取精神,其人格才是有魅力、富有审美意味的。在当代家庭伦理影片中,很大一部分都是表现为对坚韧人格美的肯定与赞扬。

《亲爱的》中的田文军在寻子的路上坚持不懈,他通过网络、电视告诉买孩子的家庭要善待小孩;收到自称小孩在自己手中的诈骗信息,不顾自身危险依然只身前往;参加"万里寻子会",和众多失子家庭一起加油打气,坚持、不放弃,要永远一直找下去……电影对田文军这种因亲情而产生的坚持不懈、不离不弃的精神进行了细致的刻画,并表达了认同和赞美之情。同样是改编自真人真事的"打拐"题材的电影,《失孤》中的雷泽宽为了寻子,坚持不懈长达十五年,并且在路上帮忙寻找被拐女孩周天意,鼓励并帮助修车小伙曾帅与家人团聚,最后自己将要在茫茫的寻子之路上继续走下去……剧中人物那种坚持不懈的寻子精神、积极乐观的生活态度是儒家人格精神的当代体现,值得肯定与赞扬。

《桃姐》中的桃姐身上则体现出了一种内敛的坚韧品格。桃姐中风以后，主动提出要去老人院。初到老人院，她就表现出了各种不适，但桃姐非常要强，坚持不坐轮椅；虽然罗杰帮他安排了单人房，但是房间里简陋的设施让她感觉心里很苦；她看不惯老人院里一口一口喂饭的场景，对老人之间互相欺负，甚至带错假牙的现象表示恶心。但是当罗杰来看望她时，她并没有抱怨，而是告诉罗杰老人院很好，有人照顾，自己能住得惯，说什么都不缺。桃姐身上的这种隐忍与内敛的性格令人佩服。

综上，不管是坚持不懈的寻子精神，还是内敛要强的母性品格，都是对坚韧人格美的赞扬，都是儒家传统人格美在家庭伦理影片中的体现。在中国当代家庭伦理影片中，反映血缘亲情、悲欢离合的故事可谓其中的一大叙事传统。该类影片将故事的叙事视角聚焦于社会热点——打拐事件、家庭矛盾、养老问题、道德缺失等，关注社会底层民众的平凡生活和现实社会中的人生百态，表达了对复杂人性背后交织的社会伦理问题的深刻反思。

正是在这些家庭伦理影片中所塑造的平凡人物身上，我们看到了其中的不平凡，那就是对家庭亲情永不言弃的追寻，对伦理道德美的热忱渴望和对坚韧人格美的永恒赞扬，这就是此类家庭伦理影片触动人们心灵、让观众产生共鸣的根本所在。血亲人伦、真情之美无论在哪个时代都不会过时，儒家所倡导的这些传统美德在当代仍然具有强大的生命力和鲜明的现实意义，值得我们继续坚守下去。

结　语

　　现代社会经济文化的快速发展，一方面在最大程度上满足了人们对各种物质生活的需要，有效地提高了生活品质，这是让人感到幸福并引以为傲的事情；但另一方面，物质文明的每一次进步，似乎又总是伴随着道德的滑坡以及人文精神的缺失。人类在物质财富的疯狂追逐中，内心物欲不断膨胀，从而变得越来越自私、贪婪。由是，利己主义、拜金主义、享乐主义等各种消极思想便开始滋生并不断蔓延。受其影响，人与人、人与社会、人与自然的关系逐步被"物"化并日益疏离，甚而失去了最基本的"为人"之准则。与此同时，在世界范围内，同样是因为对各种国家利益、族群利益、集团利益的追求，使得一些全球性的社会问题如环境污染、宗教冲突、战争威胁等频繁爆发，这导致了人类社会一些最基本的生存条件遭到破坏。

　　面对这些矛盾，如何协调自我与他人、个体与群体、物质与精神、肉体与心灵的关系，并使其更加完美和谐；如何使现代人的生存方式更加符合人类未来发展的要求，进而达到理想的生存状态等，这些问题都需要我们这个时代进行深刻反思并加以解决。在这方面，孔子的仁学与美学思想恰恰可以凸显其重要的参照价值，能够给我们提供深刻的启示。之所以如此，乃是因为孔子仁学、美学从根本上来说是从生命的切己处用心，通过诗、礼、乐涵养、熏陶人内在的德性，并以此来开拓出精神领域的价值世界，直至进入"天下归仁""天人合一"的境界。这一境界是一种自由的人生境界，同时也是一种高度审美化的境界，是人生境界与审美境界的完美融合。在这样一种极富诗意的生存状态中，人的感性和理性得到了调和，情绪和道德得到了安顿，人与人、人与自然处于一片和谐之中。因而，在孔子的仁学与美学思想中，不仅包含了一种无限超越的崇高精神价值以及精神境界，同时也蕴含着深刻的人文关怀精神和人道情操的生活内容。

　　毫无疑问,这样一种人文关怀和无限超越的精神,对于那些"忙碌于现实"而"不能转向内心""回复到自身"①的当代人来说,无疑是一剂对症的良药。它在弥补因沉迷于物质生活的追求给人所带来的精神空虚,以及由物欲的支配所造成的人格的分裂方面,也能够有效地起到某种平衡作用。而孔子身上所体现出来的那种"知其不可而为之"的践道精神与执着信念、"安贫乐道""乐而忘忧""忧道不忧贫"的人生态度以及他身体力行的"诗化生存"方式,对改善当代人的生存状态、完善当代人的人格修养等方面,更是给我们提供了诸多有益的借鉴,值得当代人重视。

　　当然,需要说明的是,我们这里所谈的孔子仁学达到的"审美"境界,与国内一些学者所提出的"日常生活审美化"中的"审美"概念有着根本的区别。后者所表征的是由物质的满足所产生的感官愉悦,是一种审美功利化、实用化的观点。从某种程度上说,这种审美观念是对审美精神片面化、浅薄化的理解,甚至是对审美精神的一种背离。在当前社会状况下,这种对官能欲望的"审美"追求,不仅无法超越物欲的束缚,自由地展现自我生命价值,反而极易造成文化消费中的感性沉沦、本能欲望的泛化以及自我根基的丧失与精神价值的消解等负面影响。因此,我们在论及孔子的审美生存方式时,需与之做一个必要的区分。

　　事实上,在真正的审美活动中,人能够更加真实地面对自己,并通过深刻的自我审视和观照,领悟生命的意义,把握存在的价值。因此,审美既不是由某种外力(如物欲)所决定、所强制,也不是理智(如理性的认知)刻意追求的结果,而是一种最能体现人的本真价值的自由的生命活动。毫无疑问,在当前人们精神生活日益浅表化的情况下,我们的社会现实是需要这种"审美化"生存实践的,当代人也需要通过对人类生活的诗意观照,回归到一种本真的生命状态中去,而孔子追求的理想生存境界所展现的正是这样一种"审美化"或"诗化"的生存状态。

　　著者认为,孔子生存方式的"审美化"或"诗化"大致体现在以下三个方面:

　　其一,内心情感的充实。也就是说,在从自然和生活中体验生命意义、追求个体人格自我完善的同时,也使心灵获得一种情感的满足和审

①[德]黑格尔著,贺麟、王太庆译:《哲学史讲演录》第一卷,商务印书馆,2009年,第1页。

美的愉悦,从而为自己的精神世界找到一个安顿之所。这种安顿之所对于孔子来讲,最终落实在一种普遍的生命关怀精神即"仁爱"的情感上。而根据不同的对象、范围,这种情感又可分为不同的层面:首先是自我之爱,其次是亲情之爱,再次是人类之爱,最后是对宇宙自然的热爱。但不管是哪个层面的"爱",都可以说是人类最本真、最可贵,也是最伟大的情感,因此在实施起来,总会让人获得巨大的情感满足和心理慰藉,从而充分体验到生命的价值与意义。

其二,生存的超越与生命意义的彰显。面对现实的磨难与困境,孔子"不怨天,不尤人"(《论语·宪问》),只言"为己之学""下学而上达""与天相合",从而在生命根柢处获得了源源不断的超越动力。这种"超越"是一种切切实实的"在世之中"的超越,它能够解开生命的"在世"之役,并赋予人一个无蔽呈现的自由澄明空间。有了生命这一真实意义的无蔽展开,人的存在价值才能获得最高的肯定和确认。

其三,形上精神的追求。孔子仁学的一个根本宗旨就是要给人的生存提供一种安身立命之本("与天地合德"),让人的生命意义在本真的状态下得以自由的呈现,从而不断地超越经验世界的束缚,在生命的自由创化中,最终进入到生命存在的最高境界——"天人合一"之境。正是因为有了这样一种对生命的终极关怀,所以孔子才会超越一切成败得失乃至生死,生活在一种精神圆满而又洒脱坦荡的快乐之中。

由上观之,孔子所追求的"诗化生存"境界涵盖了对人类情感的重视、对信念的执着追求、现实的超越精神以及生存意义的彰显等多方面的思想,在解决当代人由于过分追求物质享受及感官刺激所导致的情感空虚、灵魂苍白、心灵焦灼、信仰危机、意义迷茫、价值失落等精神矛盾与困惑方面,无疑是具有重要启发和借鉴意义的。当然,这并不意味着我们要回到过去、原封不动地把孔子的生存方式移植到当代人身上。这不仅是不可能的,而且也是没有必要的。

对于当代人来讲,古老的思想能否复活并发挥作用,关键还要看我们能不能从精神价值的深度去开掘其中所蕴含的深刻而丰富的生存智慧,并结合当前的历史条件加以创造性转化和创新性发展。事实上,孔子所力倡的"诗化生存"理想的具体内涵虽然会随着时代的发展而有所不同,但其中所体现出来的通过人类情感这一纽带,以人的生命意义自由展现为宗旨,使人的感性生命与宇宙的自然生命相沟通,从而实现在现世中超越、在当下中提升、在有限中达至无限这一根本精神,却具有永恒的价值。迄至今日,它仍具有很强的现实可行性和可操作性,特别是对当代审美教育来讲,这种观念尤为适用。基于这样一种认识,我们认为在 21 世纪的今天,完全可以把孔子的这种价值理念和生存智慧,在各种美育活动包括家庭美育、学校美育、社会美育中进行大力地倡导和积极地落实。这同时也可视为孔子仁学、美学思想展示自身生命活力,继续发挥社会作用的一次重要实践和有益尝试。

总之,孔子仁学与美学思想的重要意义,不仅在于它所具有的深刻理论内涵,而且还在于它对当代审美文化、人格建构、价值观的培养等带来的可能影响上。当代学者葛兆光认为,人这一生中,始终会被"焦虑、紧张、恐惧和困惑"之类的精神问题所困扰,因此,人该以一种怎样的姿态、方式去生存,是"自古至今人们思考的老话题"[1]。诚如斯言,人生的一些根本问题的确不会随社会的发展而消逝。既然如此,那么孔子所力倡的理想人格建构与"审美化"的生存方式也同样不会过时,它对于因沉溺于功利主义生活而无法回复到自身的现代人来说,依然具有重要的借鉴意义。

李泽厚在为宗白华先生《美学散步》所写的序言中,曾提出过这样的问题,即在机械化速度越来越快、生活节奏越来越紧张的当今世界中,"如何保持住人间的诗意、生命、憧憬和情丝,不正是今日在迈向现代化社会中所值得注意的世界性问题么?不正是今天美的哲学所应研究的问题么?"[2]对于这样一个问题,李泽厚是以一种设问的方式做了肯定性的回答,他说:"宗先生《美学散步》能在这方面给我们以启发吗?我想,能的。"[3]而同样的问题,如果我们也作类似的设问:"孔子的审美化生存态度能在这方面给我们以启发吗?"那么,结论又会怎样?联系上面已论及的内容,恐怕我们的回答依然会是这样一句简单的话:"我想,能的。"

①葛兆光:《增订本中国禅思想史:从六世纪到十世纪》,上海古籍出版社,2008 年,第 20 页。
②李泽厚:《宗白华〈美学散步〉序》,《读书》1981 年第 3 期。
③李泽厚:《宗白华〈美学散步〉序》,《读书》1981 年第 3 期。

参考文献

一、古代典籍

［汉］班固撰，［唐］颜师古注：《汉书》，中华书局，1962 年版。

［汉］韩婴撰，许维遹校释：《韩诗外传集释》，中华书局，1980 年版。

［汉］贾谊撰，阎振益、钟夏校注：《新书校注》，中华书局，2000 年版。

［汉］刘安等编著，［汉］高诱注：《淮南子》，上海古籍出版社，1989 年版。

［汉］刘熙撰，［清］毕沅疏证，［清］王先谦补，祝敏徹、孙玉文点校：《释名疏证补》，中华书局，2008 年版。

［汉］刘向撰，向宗鲁校证：《说苑校证》，中华书局，1987 年版。

［汉］司马迁撰，［宋］裴骃集解，［唐］司马贞索隐，［唐］张守节正义：《史记》，中华书局，1999 年版。

［汉］许慎撰，［宋］徐铉校定：《说文解字（附检字）》，中华书局，1998 年版。

［汉］荀悦著，吴道传校：《申鉴》，世界书局，1935 年版。

［汉］扬雄撰，郑万耕校释：《太玄校释》，中华书局，2014 年版。

［汉］应劭撰，王利器校注：《风俗通义校注》，中华书局，2010 年版。

［三国魏］何晏集解，［南朝梁］皇侃义疏：《论语集解义疏》，中华书局，1985 年版。

［三国魏］嵇康著，戴明扬校注：《嵇康集校注》，中华书局，2014 年版。

［三国魏］刘劭著，梁满仓译注：《人物志》，中华书局，2009 年版。

［晋］陈寿撰，栗平夫、武彰译：《三国志》，中华书局，2014 年版。

［晋］陆机著，张少康集释：《文赋集释》，人民文学出版社，2002 年版。

［晋］陶渊明著，逯钦立校注：《陶渊明集》，中华书局，2007 年版。

［晋］张湛注，［唐］卢重玄解，［唐］殷敬顺、［宋］陈景元释文，陈明校点：《列子》，上海古籍出版社，2014 年版。

［南朝宋］范晔撰，［唐］李贤等注：《后汉书》，中华书局，1973 年版。

［南朝宋］刘义庆著，［南朝梁］刘孝标注，余嘉锡笺疏：《世说新语笺疏》，

中华书局,2011 年版。

[南朝梁]江淹著,丁福林、杨胜朋校注 :《江文通集校注》,上海古籍出版社,2017 年版。

[南朝梁]刘勰著,范文澜注 :《文心雕龙注》,人民文学出版社,1962 年版。

[南朝梁]萧统编,[唐]李善注 :《文选》,中华书局,2005 年版。

[南朝梁]钟嵘著,曹旭笺注 :《诗品笺注》,人民文学出版社,2009 年版。

[唐]白居易著,顾学颉校点 :《白居易集》,中华书局,1999 年版。

[唐]段成式撰,许逸民校笺 :《酉阳杂俎校笺》,中华书局,2015 年版。

[唐]房玄龄等 :《晋书》,中华书局,1974 年版。

[唐]韩愈著,刘真伦、岳珍校注 :《韩愈文集汇校笺注》,中华书局,2010 年版。

[唐]柳宗元 :《柳河东集》,上海古籍出版社,2008 年版。

[唐]欧阳询 :《宋本艺文类聚》,上海古籍出版社,2013 年版。

[唐]魏徵、令狐德棻 :《隋书》,中华书局,2008 年版。

[唐]张九龄撰,熊飞校注 :《张九龄集校注》,中华书局,2008 年版。

[唐]张彦远著,俞剑华注释 :《历代名画记》,上海人民美术出版社,1964 年版。

[南唐]徐锴 :《说文解字系传》,中华书局,1987 年版。

[宋]陈澔 :《礼记集说》,世界书局,1936 年版。

[宋]程大昌撰,刘尚荣校证 :《考古编　续考古编》,中华书局,2008 年版。

[宋]程颢、程颐著,王孝鱼点校 :《二程集》,中华书局,1981 年版。

[宋]范成大等著,刘向培整理校点 :《范村梅谱(外十二种)》,上海书店出版社,2017 年版。

[宋]范仲淹著,李勇先、王蓉贵校点 :《范仲淹全集》,四川大学出版社,2007 年版。

[宋]郭若虚著,俞剑华注释 :《图画见闻志》,江苏美术出版社,2007 年版。

[宋]郭熙著,梁燕注译 :《林泉高致》,中州古籍出版社,2013 年版。

[宋]胡寅撰,容肇祖点校 :《崇正辩　斐然集》,中华书局,1993 年版。

[宋]黄庭坚著,刘琳、李勇先、王蓉贵校点 :《黄庭坚全集》,四川大学出版社,2001 年版。

[宋]李昉等编 :《文苑英华》,中华书局,2011 年版。

［宋］林景熙：《霁山集》，中华书局，1960 年版。

［宋］陆九渊著，钟哲点校：《陆九渊集》，中华书局，1980 年版。

［宋］罗大经撰，王瑞来点校：《鹤林玉露》，中华书局，1983 年版。

［宋］欧阳修著，李逸安点校：《欧阳修全集》，中华书局，2001 年版。

［宋］司马光编著，［元］胡三省音注：《资治通鉴》，中华书局，1976 年版。

［宋］司马光撰，李文泽、霞绍晖校点：《司马光集》，四川大学出版社，2010
     年版。

［宋］苏轼著，傅成、穆俦标点：《苏轼全集》，上海古籍出版社，2000 年版。

［宋］苏辙著，陈宏天、高秀芳点校：《苏辙集》，中华书局，1999 年版。

［宋］王安石：《临川先生文集》，中华书局，1959 年版。

［宋］魏庆之著，王仲闻点校：《诗人玉屑》，中华书局，2007 年版。

［宋］文天祥撰，刘文源校笺：《文天祥诗集校笺》，中华书局，2017 年版。

「宋］文同著，胡问涛、罗琴校注：《文同全集编年校注》，巴蜀书社，1999
     年版。

［宋］严羽著，郭绍虞校释：《沧浪诗话校释》，人民文学出版社，1983 年版。

［宋］杨时：《杨龟山集》，商务印书馆，1937 年版。

［宋］佚名著，范红娟点校：《宣和书谱》，人民美术出版社，2011 年版。

［宋］张邦基撰，孔凡礼点校：《墨庄漫录》，中华书局，2002 年版。

［宋］张栻撰，邓洪波校点：《张栻集》，岳麓书社，2010 年版。

［宋］张载撰，章锡琛点校：《张载集》，中华书局，1985 年版。

［宋］郑樵撰，王树民点校：《通志二十略》，中华书局，1995 年版。

［宋］郑思肖著，陈福康校点：《郑思肖集》，上海古籍出版社，1991 年版。

［宋］周敦颐撰，徐洪兴导读：《周子通书》，上海古籍出版社，2000 年版。

［宋］朱淑真撰，张璋、黄畬校注：《朱淑真集》，上海古籍出版社，1986
     年版。

［宋］朱熹、［宋］吕祖谦撰，张京华辑校：《近思录集释》，岳麓书社，2010
     年版。

［宋］朱熹：《四书章句集注》，中华书局，2010 年版。

［金］王若虚著，胡传志、李定乾校注：《滹南遗老集校注》，辽海出版社，
     2006 年版。

［元］倪瓒著，江兴祐点校：《清閟阁集》，西泠印社出版社，2010 年版。

[元]脱脱等:《宋史》,中华书局,1977年版。

[元]王冕著,寿勤泽点校:《王冕集》,浙江古籍出版社,2012年版。

[元]王恽撰,杨亮、钟彦飞点校:《王恽全集汇校》,中华书局,2013年版。

[元]吴海:《吴朝宗先生闻过斋集》(一),中华书局,1985年版。

[元]朱德润:《存复斋文集》,台湾学生书局,1973年版。

[明]曹端著,王秉伦点校:《曹端集》,中华书局,2003年版。

[明]曹昭著,杨春俏编著:《格古要论》,中华书局,2012年版。

[明]董说:《七国考》,中华书局,1956年版。

[明]冯梦龙评选:《太霞新奏》,上海古籍出版社,1993年版。

[明]高濂著,赵立勋等校注:《遵生八笺校注》,人民卫生出版社,1994年版。

[明]胡广、杨荣、金幼孜等纂修,周群、王玉琴校注:《四书大全校注》,武汉大学出版社,2009年版。

[明]胡应麟:《诗薮》,上海古籍出版社,1979年版。

[明]黄凤池编:《集雅斋画谱》,浙江人民美术出版社,2018年版。

[明]江盈科纂,黄仁生辑校:《江盈科集》(增订本),岳麓书社,2008年版。

[明]李日华撰,郁震宏、李保阳、薛维源点校:《六研斋笔记　紫桃轩杂缀》,凤凰出版社,2010年版。

[明]陆时雍撰,李子广评注:《诗镜总论》,中华书局,2014年版。

[明]瞿佑:《归田诗话》,中华书局,1985年版。

[明]王夫之撰,船山全书编辑委员会编:《船山全书》,岳麓书社,2011年。

[明]王守仁撰,吴光等编校:《王阳明全集》,上海古籍出版社,2011年版。

[明]文徵明著,周道振辑校:《文徵明集》(增订本),上海古籍出版社,2014年版。

[明]项穆著,李永忠编著:《书法雅言》,中华书局,2010年版。

[明]谢榛著,宛平校点:《四溟诗话》,人民文学出版社,2005年版。

[明]徐上瀛著,徐樑编著:《溪山琴况》,中华书局,2013年版。

[明]于谦著,魏得良点校:《于谦集》,浙江古籍出版社,2016年版。

[明]湛若水编著:《圣学格物通》,广西师范大学出版社,2015年版。

[明]张溥撰,曾肖点校:《七录斋合集》,齐鲁书社,2015年版。

［清］陈澧著，钟旭元、魏达纯校点：《东塾读书记》，上海古籍出版社，2012年版。

［清］陈立撰，吴则虞点校：《白虎通疏证》，中华书局，1994年版。

［清］陈梦雷编纂，蒋廷锡校订：《古今图书集成》第五百四十六册，中华书局、巴蜀书社，1985年版。

［清］陈士珂辑：《孔子家语疏证》，中华书局，1985年版。

［清］程树德撰，程俊英、蒋见元点校：《论语集释》，中华书局，1990年版。

［清］戴震著，何文光整理：《孟子字义疏证》，中华书局，1982年版。

［清］戴震撰，杨应芹、诸伟奇主编：《戴震全书》（修订本），黄山书社，2010年版。

［清］段玉裁：《说文解字注》，中华书局，2013年版。

［清］方玉润撰，李先耕点校：《诗经原始》，中华书局，1986年版。

［清］顾炎武著，［清］黄汝成集释，栾保群、吕宗力校点：《日知录集释》，上海古籍出版社，2006年版。

［清］桂馥：《说文解字义证》，上海古籍出版社，1987年版。

［清］郭庆藩撰，王孝鱼点校：《庄子集释》，中华书局，2016年版。

［清］华嵒绘：《扬州画派书画全集·华嵒》，天津人民美术出版社，1998年版。

［清］黄慎绘：《扬州画派书画全集·黄慎》，天津人民美术出版社，1998年版。

［清］黄式三撰，张涅、韩岚点校：《论语后案》，凤凰出版社，2008年版。

［清］江声：《论语竢质》（附校讹及续校），商务印书馆，1937年版。

［清］蒋骥：《山带阁注楚辞》，上海古籍出版社，1984年版。

［清］焦循著，刘建臻整理：《焦循全集》，广陵书社，2016年版。

［清］康有为撰，楼宇烈整理：《论语注》，中华书局，1984年版。

［清］李方膺绘：《扬州画派书画全集·李方膺》，天津人民美术出版社，2000年版。

［清］梁启超：《饮冰室合集》，中华书局，1989年版。

［清］林则徐著，杨国桢选注：《林则徐选集》，人民文学出版社，2004年版。

［清］凌廷堪著，王文锦点校：《校礼堂文集》，中华书局，1998年版。

［清］刘宝楠撰，高流水点校：《论语正义》，中华书局，1990年版。

［清］刘淇著，章锡琛校注：《助字辨略》，中华书局，1983年版。

［清］刘熙载撰，袁津琥校注：《艺概注稿》，中华书局，2009年版。

［清］罗聘绘，张郁明撰文：《扬州画派书画全集·罗聘》，天津人民美术出

版社,1999 年版。

[清]马瑞辰撰,陈金生点校:《毛诗传笺通释》,中华书局,1989 年版。

[清]毛奇龄著,胡春丽点校:《四书改错》,华东师范大学出版社,2015
　　年版。

[清]全祖望撰,朱铸禹汇校集注:《全祖望集汇校集注》,上海古籍出版
　　社,2000 年版。

[清]阮元辑:《宛委别藏》(七十一),江苏古籍出版社,1988 年版。

[清]阮元校刻:《十三经注疏》(附校勘记),中华书局,1982 年版。

[清]阮元撰,邓经元点校:《揅经室集》,中华书局,1993 年版。

[清]石涛:《石涛书画全集》,天津人民美术出版社,2002 年版。

[清]松年著,关和璋注评:《颐园论画》,内蒙古人民出版社,1984 年版。

[清]苏舆撰,钟哲点校:《春秋繁露义证》,中华书局,1992 年版。

[清]孙联奎、杨廷芝著,孙昌熙、刘淦校点:《司空图〈诗品〉解说二种》,
　　齐鲁书社,1982 年版。

[清]孙星衍、[清]黄以周校:《晏子春秋》,上海古籍出版社,1989 年版。

[清]孙星衍撰,陈抗、盛冬铃点校:《尚书今古文注疏》,中华书局,1986
　　年版。

[清]谭嗣同著,蔡尚思、方行编:《谭嗣同全集》(增订本),中华书局,
　　1998 年版。

[清]王国维:《观堂集林》,中华书局,1961 年版。

[清]王国维撰,黄霖等导读:《人间词话》,上海古籍出版社,2000 年版。

[清]王闿运补注:《尚书大传补注》,中华书局,1991 年版。

[清]王念孙著,钟宇讯点校:《广雅疏证(附索引)》,中华书局,2004 年版。

[清]王聘珍撰,王文锦点校:《大戴礼记解诂》,中华书局,1983 年版。

[清]王先谦撰,沈啸寰、王星贤点校:《荀子集解》,中华书局,1988 年版。

[清]王先谦撰,吴格点校:《诗三家义集疏》,中华书局,1987 年版。

[清]王先慎撰,钟哲点校:《韩非子集解》,中华书局,2003 年版。

[清]王原祁等纂辑:《佩文斋书画谱》,北京市中国书店,1984 年版。

[清]王筠:《说文解字句读》,中华书局,1988 年版。

[清]魏源:《魏源全集》,岳麓书社,2004 年版。

[清]徐沁撰,印晓峰点校:《明画录》,华东师范大学出版社,2009 年版。

［清］严可均辑:《全上古三代秦汉三国六朝文》,上海古籍出版社,2009
年版。

［清］姚际恒:《诗经通论》,中华书局,1958年版。

［清］俞樾:《春在堂全书》,凤凰出版社,2010年版。

［清］袁枚著,陈伟明编著《随园食单》,中华书局,2010年版。

［清］袁枚著,顾学颉校点:《随园诗话》,人民文学出版社,1982年版。

［清］恽寿平撰,吕凤堂点校:《瓯香馆集》,西泠印社出版社,2012年版。

［清］章学诚撰,叶瑛校注:《文史通义校注》,中华书局,2014年版。

［清］郑燮著,王锡荣注:《郑板桥集详注》,吉林文史出版社,1986年版。

《墨缘汇观录》,中华书局,1985年版。

《全唐诗》(增订本),中华书局,1999年版。

二、现代著作

蔡尚思:《孔子思想体系　孔子哲学之真面目》,上海古籍出版社,2013
年版。

蔡先金:《孔子诗学研究》,齐鲁书社,2006年版。

蔡仲德:《中国音乐美学史》,人民音乐出版社,2004年版。

蔡仲德注译:《中国音乐美学史资料注译》(增订版),人民音乐出版社,
2004年版。

曾繁仁:《生态美学的理论建构》,人民出版社,2016年版。

曾枣庄、刘琳主编:《全宋文》,上海辞书出版社、安徽教育出版社,2006
年版。

陈伯君校注:《阮籍集校注》,中华书局,1987年版。

陈传席:《中国山水画史》(修订版),天津人民美术出版社,2013年版。

陈来:《古代宗教与伦理:儒家思想的根源》,生活·读书·新知三联书
店,2017年版。

陈来:《仁学本体论》,生活·读书·新知三联书店,2014年版。

陈莉:《礼乐文化与先秦两汉文艺思想研究》,中央民族大学出版社,2013
年版。

陈良运:《中国诗学批评史》,江西人民出版社,1995年版。

陈彤:《先秦文学探新》,北京师范大学出版社,1990年版。

陈桐生：《〈孔子诗论〉研究》，中华书局，2004 年版。

陈望衡：《中国古典美学史》，武汉大学出版社，2007 年版。

陈曦译注：《孙子兵法》，中华书局，2012 年版。

陈昭瑛：《儒家美学与经典诠释》，华东师范大学出版社，2008 年版。

迟铎集释：《小尔雅集释》，中华书局，2008 年版。

崔尔平选编、点校：《历代书法论文选续编》，上海书画出版社，1999
　年版。

崔尔平选编、点校：《明清书法论文选》，上海书店出版社，1995 年版。

邓承奇：《孔子与中国美学》，齐鲁书社，1995 年版。

丁佛言辑：《说文古籀补补》，中华书局，1988 年版。

丁福保编纂：《说文解字诂林》（附索引）第二册，中华书局，2014 年版。

丁福保编纂：《说文解字诂林》（附索引）第九册，中华书局，2014 年版。

丁四新：《郭店楚墓竹简思想研究》，东方出版社，2000 年版。

杜卫：《美育论》，教育科学出版社，2014 年版。

范文澜：《中国通史》第一册，人民出版社，1994 年版。

蒋国保、周亚洲编：《生命理想与文化类型》，中国广播电视出版社，1992
　年版。

冯友兰：《三松堂全集》第四卷，河南人民出版社，2001 年版。

冯友兰：《中国哲学史》，中华书局，1961 年版。

冯友兰著，涂又光译：《中国哲学简史》，北京大学出版社，2015 年版。

傅道彬：《中国文学的文化批评》，黑龙江人民出版社，2000 年版。

傅杰编校：《王国维论学集》，中国社会科学出版社，1997 年版。

傅熹年：《傅熹年书画鉴定集》，河南美术出版社，1999 年版。

傅亚庶：《孔丛子校释》，中华书局，2011 年版。

高恒天：《道德与人的幸福》，中国社会科学出版社，2004 年版。

高明、涂白奎编著：《古文字类编》（增订本），上海古籍出版社，2014
　年版。

葛兆光：《增订本中国禅思想史：从六世纪到十世纪》，上海古籍出版社，
　2008 年版。

顾颉刚、刘起釪：《尚书校释译论》，中华书局，2005 年版。

顾祖钊：《华夏原始文化与三元文学观念》，北京大学出版社，2006 年版。

郭沫若：《金文丛考》，人民出版社，1954年版。

郭沫若：《殷契粹编》，科学出版社，1965年版。

郭沫若著作编辑出版委员会编：《郭沫若全集·历史编》第一卷，人民出版社，1982年版。

郭沫若著作编辑出版委员会编：《郭沫若全集·历史编》第二卷，人民出版社，1982年版。

郭沫若著作编辑出版委员会编：《郭沫若全集·历史编》第三卷，人民出版社，1984年版。

郭沫若著作编辑出版委员会编：《郭沫若全集·文学编》第十卷，人民文学出版社，1985年版。

郭沫若著作编辑出版委员会编：《郭沫若全集·文学编》第十二卷，人民文学出版社，1992年版。

郭沫若著作编辑出版委员会编：《郭沫若全集·文学编》第十五卷，人民文学出版社，1990年版。

郭沫若著作编辑出版委员会编：《郭沫若全集·文学编》第十六卷，人民文学出版社，1989年版。

郭绍虞：《中国文学批评史》，百花文艺出版社，2008年版。

郭绍虞编选，富寿荪校点：《清诗话续编》，上海古籍出版社，1983年版。

郭绍虞主编：《中国历代文论选》，上海古籍出版社，2004年版。

韩望喜：《善与美的人性》，人民出版社，2001年版。

汉语大字典编辑委员会编纂：《汉语大字典》，崇文书局、四川辞书出版社，2010年版。

何楚熊：《中国画论研究》，中国社会科学出版社，1996年版。

何九盈：《汉字文化学》，辽宁人民出版社，2001年版。

何琳仪：《战国古文字典——战国文字声系》，中华书局，2004年版。

何琳仪：《战国文字通论》（订补），江苏教育出版社，2003年版。

何兆武、柳卸林主编《中国印象——外国名人论中国文化》，中国人民大学出版社，2011年版。

侯外庐、赵纪彬、杜国庠：《中国思想通史》第一卷，人民出版社，1980年版。

侯外庐：《中国思想通史》第五卷，人民出版社，1980年版。

候敏：《有根的诗学：现代新儒家文化诗学研究》，上海人民出版社，2003年版。

胡佩衡、于非闇选订：《芥子园画传》第二集，人民美术出版社，1982年版。

胡适撰，耿云志等导读：《中国哲学史大纲》，上海古籍出版社，2000年版。

湖北省荆沙铁路考古队：《包山楚简》，文物出版社，1991年版。

华人德主编：《历代笔记书论汇编》，江苏教育出版社，2001年版。

黄惇：《中国书法史》，江苏教育出版社，2001年版。

黄怀信：《上海博物馆藏战国楚竹书〈诗论〉解义》，社会科学文献出版社，2004年版。

黄晖：《论衡校释（附刘盼遂集解）》，中华书局，2006年版。

黄建中：《比较伦理学》，人民出版社，2011年版。

黄灵庚疏证：《楚辞章句疏证》，中华书局，2007年版。

霍然：《先秦美学思潮》，人民出版社，2006年版。

蒋孔阳、朱立元主编：《西方美学史》，北京师范大学出版社，2013年版。

蒋天枢校释：《楚辞校释》，上海古籍出版社，1989年版。

金开诚：《金开诚学术文化随笔》，中国青年出版社，1996年版。

金忠明：《乐教与中国文化》，上海教育出版社，1994年版。

荆门市博物馆编：《郭店楚墓竹简》，文物出版社，1998年版。

康殷释辑：《文字源流浅说》，国际文化出版公司，1992年版。

匡亚明：《孔子评传》，南京大学出版社，2011年版。

黎翔凤撰，梁运华整理：《管子校注》，中华书局，2004年版。

李炳海编著：《〈诗经〉解读》，中国人民大学出版社，2008年版。

李春青：《诗与意识形态：西周至两汉诗歌功能的演变与中国诗学观念的生成》，北京大学出版社，2005年版。

李德壎编著：《历代题画诗类编》，山东教育出版社，1987年版。

李零：《郭店楚简校读记》（增订本），中国人民大学出版社，2007年版。

李起敏、白岚玲选注：《历朝花鸟咏物诗》，华夏出版社，1999年版。

李孝定编述：《甲骨文字集释》第四卷，台北"中央"研究院历史语言研究所，1970年版。

李泽厚、刘纲纪:《中国美学史:先秦两汉编》,安徽文艺出版社,1999年版。

李泽厚:《论语今读》,安徽文艺出版社,1998年版。

李泽厚:《美学三书》,安徽文艺出版社,1999年版。

梁漱溟:《东西方文化及其哲学》(修订版),商务印书馆,1999年版。

梁漱溟:《梁漱溟全集》第七卷,山东人民出版社,2005年版。

梁漱溟:《中国文化要义》,上海人民出版社,2005年版。

廖群:《中国审美文化史·先秦卷》,山东画报出版社,2000年版。

刘岱总主编:《中国文化新论·思想篇(二)》,生活·读书·新知三联书店,1992年版。

刘东主编:《中国学术》第八辑,商务印书馆,2001年版。

刘师培:《中国中古文学史　汉魏六朝专家文研究》,商务印书馆,2017年版。

刘文英:《儒家文明——传统与传统的超越》,南开大学出版社,1999年版。

刘翔:《中国传统价值观诠释学》,上海三联书店,1996年版。

刘永济:《十四朝文学要略》,武汉大学出版社,2013年版。

刘永济:《文心雕龙校释》,中华书局,2007年版。

刘悦笛:《东方生活美学》,人民出版社,2019年版。

柳诒徵著,蔡尚思导读:《中国文化史》,上海古籍出版社,2001年版。

卢辅圣主编:《中国书画全书》第一册,上海书画出版社,1993年版。

卢辅圣主编:《中国书画全书》第二册,上海书画出版社,1993年版。

卢辅圣主编:《中国书画全书》第三册,上海书画出版社,1992年版。

卢辅圣主编:《中国书画全书》第四册,上海书画出版社,1992年版。

卢辅圣主编:《中国书画全书》第六册,上海书画出版社,1994年版。

卢辅圣主编:《中国书画全书》第七册,上海书画出版社,1994年版。

卢辅圣主编:《中国书画全书》第九册,上海书画出版社,1996年版。

卢辅圣主编:《中国书画全书》第十册,上海书画出版社,1996年版。

罗福颐主编:《古玺汇编》,文物出版社,1994年版。

罗振玉、罗福颐类次:《殷虚书契五种》,中华书局,2015年版。

罗竹风主编:《汉语大词典》第一卷,上海辞书出版社,1986年版。

马承源主编:《上海博物馆藏战国楚竹书》(一),上海古籍出版社,2001
　　年版。

马承源主编:《上海博物馆藏战国楚竹书》(二),上海古籍出版社,2002
　　年版。

马承源主编:《上海博物馆藏战国楚竹书》(五),上海古籍出版社,2005
　　年版。

马叙伦:《说文解字六书疏证》,上海书店,1985年版。

马一浮:《复性书院讲录》,山东人民出版社,1998年版。

马成志编:《梅兰竹菊题画诗》,天津杨柳青画社,1999年版。

马宗霍编撰:《书林藻鉴　书林纪事》,文物出版社,2015年版。

毛宣国:《美学新探》,岳麓书社,2002年版。

蒙培元:《蒙培元讲孔子》,北京大学出版社,2005年版。

蒙培元:《情感与理性》,中国社会科学出版社,2002年版。

蒙培元:《心灵超越与境界》,人民出版社,1998年版。

敏泽:《中国美学思想史》,中国社会科学出版社,2007年版。

聂振斌:《儒学与艺术教育》,南京出版社,2006年版。

聂振斌:《先秦生命哲学与中国艺术生命论》,中国社会科学出版社,2019
　　年版。

聂振斌:《中国艺术精神的现代转化》,北京大学出版社,2013年版。

宁新昌:《境界形而上学及其限制——由先秦儒学谈起》,齐鲁书社,2004
　　年版。

潘天寿:《潘天寿美术文集》,人民美术出版社,1983年版。

彭林:《礼乐人生》,上海文艺出版社,2015年版。

彭林:《礼乐文明与中国文化精神》,中国人民大学出版社,2016年版。

皮朝纲主编:《中国美学体系论》,语文出版社,1995年版。

祁海文:《儒家乐教论》,河南人民出版社,2004年版。

祁志祥:《中国美学通史》,人民出版社,2008年版。

祁志祥:《中国美学原理》,山西教育出版社,2003年版。

钱穆:《湖上闲思录》,生活·读书·新知三联书店,2000年版。

钱穆:《论语新解》,生活·读书·新知三联书店,2002年版。

钱穆:《晚学盲言》,广西师范大学出版社,2004年版。

钱穆:《现代中国学术论衡》,生活·读书·新知三联书店,2001 年版。

钱穆:《中国文化史导论》(修订本),商务印书馆,1996 年版。

钱钟书:《管锥编》,中华书局,1991 年版。

钱钟书:《谈艺录》,生活·读书·新知三联书店,2001 年版。

容庚:《金文续编》,上海书店出版社,2000 年版。

容庚编著,张振林、马国权摹补:《金文编》,中华书局,1985 年版。

山西省文物工作委员会编:《侯马盟书》,文物出版社,1976 年版。

商承祚:《说文中之古文考》,上海古籍出版社,1983 年版。

上海大学古代文明研究中心、清华大学思想文化研究所编:《上博馆藏战
   国楚竹书研究》,上海书店出版社,2002 年版。

上海书画出版社、华东师范大学古籍整理研究室选编、校点:《历代书法
   论文选》,上海书画出版社,1981 年版。

沈文倬:《菿闇文存——宗周礼乐文明与中国文化考论》,商务印书馆,
   2006 年版。

施昌东:《先秦诸子美学思想述评》,中华书局,1979 年版。

石守谦:《风格与世变:中国绘画十论》,北京大学出版社,2008 年版。

睡虎地秦墓竹简整理小组编:《睡虎地秦墓竹简》,文物出版社,1990
   年版。

孙党伯、袁謇正主编:《闻一多全集》,湖北人民出版社,1994 年版。

孙作云:《〈诗经〉研究》,河南大学出版社,2003 年版。

汤余惠主编:《战国文字编》,福建人民出版社,2005 年版。

唐君毅:《人文精神之重建》,台湾学生书局,1974 年版。

唐君毅著,霍韬晦编选、导读:《生命存在与心灵境界》,中国社会科学出
   版社,2006 年版。

唐君毅著,霍韬晦编选、导读:《文化意识与道德理性》,中国社会科学出
   版社,2005 年版。

陶东风主编:《文学理论基本问题》,北京大学出版社,2005 年版。

陶今雁主编:《中国历代咏物诗辞典》,江西教育出版社,1992 年版。

汪荣宝撰,陈仲夫点校:《法言义疏》,中华书局,1987 年版。

王朝闻主编:《八大山人全集》,江西美术出版社,2010 年版。

王锦厚、伍加仑、肖斌如编:《郭沫若佚文集》,四川大学出版社,1988

年版。

王庆节：《解释学、海德格尔与儒道今释》，中国人民大学出版社，2009
　　年版。

王仁湘：《饮食与中国文化》，人民出版社，1996年版。

王世舜：《尚书译注》，四川人民出版社，1982年版。

王素编著：《唐写本论语郑氏注及其研究》，文物出版社，1991年版。

王振复：《中国美学史教程》，复旦大学出版社，2004年版。

翁礼明：《礼乐文化与诗学话语》，巴蜀书社，2007年版。

吴光主编：《黄宗羲全集》，浙江古籍出版社，2012年版。

吴光主编：《刘宗周全集》，浙江古籍出版社，2012年版。

吴浩坤、潘悠：《中国甲骨学史》，武汉大学出版社，2018年版。

吴虞：《吴虞文录》，黄山书社，2008年版。

吴毓江撰，孙启治点校：《墨子校注》，中华书局，2006年版。

武汉大学中国文化研究院编：《郭店楚简国际学术研讨会论文集》，湖北
　　人民出版社，2000年版。

习近平：《论坚持推动构建人类命运共同体》，中央文献出版社，2018
　　年版。

习近平：《之江新语》，浙江人民出版社，2007年版。

夏静：《合内外之道——儒学文艺思想论集》，中国社会科学出版社，2012
　　年版。

夏静：《礼乐文化与中国文论早期形态研究》，中华书局，2007年版。

夏静：《中国思想传统中的文学观念》，生活·读书·新知三联书店，2017
　　年版。

香港浸会大学宗教及哲学系编：《当代儒学与精神性》，广西师范大学出
　　版社，2009年版。

项退结：《中国民族性研究》，台湾商务印书馆，1993年版。

熊十力：《原儒》，中国人民大学出版社，2006年版。

修海林：《古乐的沉浮——中国古代音乐文化的历史考察》，山东文艺出
　　版社，1989年版。

徐复观：《中国人性论史·先秦篇》，上海三联书店，2002年版。

徐复观：《中国艺术精神》，华东师范大学出版社，2002年版。

徐建融:《宋代名画藻鉴》,上海书店出版社,1999 年版。

徐元诰撰,王树民、沈长云点校:《国语集解》,中华书局,2002 年版。

徐志刚:《论语通译》,人民文学出版社,2008 年版。

徐中舒主编:《甲骨文字典》,四川辞书出版社,2014 年版。

许维遹撰,梁运华整理:《吕氏春秋集释》,中华书局,2010 年版。

杨伯峻:《论语译注》,中华书局,2006 年版。

杨春时:《作为第一哲学的美学——存在、现象与审美》,人民出版社,
　　2015 年版。

杨隽:《典乐制度与周代诗学观念》,中国社会科学出版社,2009 年版。

杨宽:《西周史》,上海人民出版社,2016 年版。

杨明照:《抱朴子外篇校笺》,中华书局,1997 年版。

杨树达:《论语疏证》,上海古籍出版社,1986 年版。

杨向奎:《宗周社会与礼乐文明》,人民出版社,1992 年版。

姚奠中主编:《元好问全集》,山西人民出版社,1990 年版。

姚淦铭、王燕主编:《王国维文集》,中国文史出版社,2007 年版。

姚孝遂、肖丁:《小屯南地甲骨考释》,中华书局,1985 年版。

叶朗:《中国美学史大纲》,上海人民出版社,1999 年版。

叶朗主编:《美学的双峰:朱光潜、宗白华与中国现代美学》,安徽教育出
　　版社,1999 年版。

叶朗主编:《中国美学通史》(先秦卷),江苏人民出版社,2014 年版。

叶舒宪:《诗经的文化阐释——中国诗歌的发生研究》,湖北人民出版社,
　　1997 年版。

叶维廉:《中国诗学》,人民文学出版社,2006 年版。

仪平策:《中国美学文化阐释》,首都师范大学出版社,2003 年版。

于省吾:《泽螺居诗经新证　泽螺居楚辞新证》,中华书局,2009 年版。

余虹:《中国文论与西方诗学》,生活·读书·新知三联书店,1999 年版。

余绍宋著,江兴祐点校:《书画书录解题》,西泠印社出版社,2012 年版。

余英时:《现代儒学论》,上海人民出版社,2010 年版。

余英时:《中国思想传统的现代诠释》,江苏人民出版社,2003 年版。

俞剑华编著:《中国画论类编》,人民美术出版社,2016 年版。

俞剑华注译:《宣和画谱》,江苏美术出版社,2007 年版。

袁济喜:《传统美育与当代人格》,人民文学出版社,2002 年版。

袁济喜:《和:审美理想之维》,百花洲文艺出版社,2001 年版。

袁济喜:《六朝美学》,北京大学出版社,2000 年版。

袁济喜:《中国古代文论精神》,山西教育出版社,2005 年版。

张法:《美学导论》,中国人民大学出版社,2004 年版。

张方:《中国诗学的基本观念》,东方出版社,1999 年版。

张亨:《思文之际论集:儒道思想的现代诠释》,新星出版社,2006 年版。

张蕙慧:《儒学乐教思想研究》,台北文史哲出版社,1985 年版。

张世英:《进入澄明之境——哲学的新方向》,商务印书馆,1999 年版。

张世英:《天人之际——中西哲学的困惑与选择》,人民出版社,2007
　年版。

张守中、张小沧、郝建文撰集:《郭店楚简文字编》,文物出版社,2000
　年版。

张守中撰集:《包山楚简文字编》,文物出版社,1996 年版。

张守中撰集:《中山王䂞器文字编》,中华书局,1981 年版。

张树波编著:《国风集说》,河北人民出版社,1993 年版。

张祥龙:《从现象学到孔夫子》,商务印书馆,2001 年版。

张祥龙:《海德格尔思想与中国天道:终极视域的开启与交融》,生活・读
　书・新知三联书店,1997 年版。

张祥龙:《儒家哲学史讲演录》,商务印书馆,2019 年版。

张毅、陈翔编著:《明代著名诗人书画评论汇编》,南开大学出版社,2016
　年版。

张毅:《儒家文艺美学》,南开大学出版社,2004 年版。

张郁明等编:《扬州八怪诗文集》(三),江苏美术出版社,1996 年版。

张允侯等:《五四时期的社团》,生活・读书・新知三联书店,1979 年版。

张允熠:《中国文化与马克思主义》,山西教育出版社,1999 年版。

章太炎讲演,诸祖耿等记录:《章太炎国学讲演录》,中华书局,2013
　年版。

赵纪彬:《论语新探》,人民出版社,1976 年版。

赵玉敏:《孔子文学思想研究》,北京大学出版社,2010 年版。

郑午昌:《中国画学全史》,中国社会科学出版社,2009 年版。

中共中央文献研究室、中共湖南省委《毛泽东早期文稿》编辑组编:《毛泽东早期文稿》,湖南人民出版社,2008 年版。

中共中央文献研究室编:《习近平关于社会主义生态文明建设论述摘编》,中央文献出版社,2017 年版。

中共中央宣传部编写:《习近平总书记系列重要讲话读本(2016 年版)》,学习出版社、人民出版社,2016 年版。

中国李大钊研究会编注:《李大钊文集》第二卷,人民出版社,1999 年版。

中国社会科学院考古研究所编:《殷周金文集成》(修订增补本),中华书局,2007 年版。

周积寅:《中国历代画论》,江苏美术出版社,2007 年版。

周来祥主编:《西方美学主潮》,广西师范大学出版社,1997 年版。

周锡山编校:《王国维文学美学论著集》,北岳文艺出版社,1987 年版。

朱光潜:《谈修养》,江苏人民出版社,2015 年版。

朱光潜:《西方美学史》,人民文学出版社,2002 年版。

朱光潜:《朱光潜全集》第二卷,安徽教育出版社,1987 年版。

朱光潜:《朱光潜全集》第九卷,安徽教育出版社,1993 年版。

朱杰人、严佐之、刘永翔主编:《朱子全书》,上海古籍出版社、安徽教育出版社,2002 年版。

朱良志:《扁舟一叶:理学与中国画学研究》,安徽教育出版社,1999 年版。

朱良志:《中国艺术的生命精神》,安徽教育出版社,1998 年版。

朱自清:《诗言志辨 经典常谈》,商务印书馆,2017 年版。

朱自清:《朱自清说诗》,上海古籍出版社,1999 年版。

诸葛志:《中国原创性美学》,上海古籍出版社,2000 年版。

宗白华:《美学散步》,上海人民出版社,2015 年版。

宗白华:《美学与意境》,人民出版社,2009 年版。

宗白华:《艺境》,商务印书馆,2011 年版。

邹其昌:《中国美学与艺术学探微》,崇文书局,2002 年版。

《陈独秀文章选编》,生活·读书·新知三联书店,1984 年版。

《甲金篆隶大字典》,四川辞书出版社,2010 年版。

三、译著

中共中央马克思恩格斯列宁斯大林著作编译局编译:《马克思恩格斯选集》第一卷,人民出版社,2012年版。

[德]恩斯特·卡西尔著,甘阳译:《人论》,上海译文出版社,2017年版。

[德]海德格尔著,陈嘉映、王庆节译:《存在与时间》(修订译本),生活·读书·新知三联书店,2000年版。

[德]海德格尔著,郜元宝译:《人,诗意地安居:海德格尔语要》,广西师范大学出版社,2000年版。

[德]海德格尔著,孙周兴选编:《海德格尔选集》,上海三联书店,1996年版。

[德]海德格尔著,孙周兴译:《荷尔德林诗的阐释》,商务印书馆,2000年版。

[德]海德格尔著,孙周兴译:《林中路》,上海译文出版社,2008年版。

[德]海德格尔著,孙周兴译:《尼采》,商务印书馆,2003年版。

[德]黑格尔著,贺麟、王太庆译:《哲学史讲演录》,商务印书馆,2009年版。

[德]黑格尔著,朱光潜译:《美学》第一卷,商务印书馆,1996年版。

[德]加达默尔著,洪汉鼎译:《真理与方法》,上海译文出版社,1999年版。

[德]加达默尔著,夏镇平、宋建平译:《哲学解释学》,上海译文出版社,1994年版。

[德]卡尔·雅斯贝斯著,李夏菲译:《历史的起源与目标》,漓江出版社,2019年版。

[德]康德著,宗白华译:《判断力批判》,商务印书馆,2009年版。

[德]马丁·布伯著,陈维纲译:《我与你》,生活·读书·新知三联书店,2002年版。

[德]马克思、[德]恩格斯著,中共中央马克思恩格斯列宁斯大林著作编译局编译:《马克思恩格斯全集》第六卷,人民出版社,2016年版。

[德]马克思、[德]恩格斯著,中共中央马克思恩格斯列宁斯大林著作编译局编译:《马克思恩格斯全集》第七卷,人民出版社,2016年版。

[德]马克斯·韦伯著,王容芬译:《儒教与道教》,商务印书馆,2003年版。

［德］夏瑞春编,陈爱政等译:《德国思想家论中国》,江苏人民出版社,
　　1995年版。

［德］约瑟夫·皮珀,刘森尧译:《闲暇:文化的基础》,新星出版社,2005
　　年版。

［俄］车尔尼舍夫斯基著,周扬译:《生活与美学》,生活·读书·新知三联
　　书店,2012年版。

［法］阿尔贝特·施韦泽著,［德］汉斯·瓦尔特·贝尔编,陈泽环译:《敬
　　畏生命:五十年来的基本论述》,上海人民出版社,2017年版。

［法］伏尔泰著,高达观等译:《哲学通信》,上海人民出版社,2005年版。

［法］谢和耐·热尔内著,耿昇译:《中国社会史》,江苏人民出版社,1995
　　年版。

［古希腊］柏拉图著,郭斌和、张竹明译:《理想国》,商务印书馆,1986
　　年版。

［古希腊］柏拉图著,王晓朝译:《柏拉图全集》第二、三、四卷,人民出版
　　社,2003年版。

［古希腊］柏拉图著,王晓朝译:《柏拉图全集》第一卷,人民出版社,2002
　　年版。

［美］安乐哲、罗思文著,余谨译:《〈论语〉的哲学诠释》,中国社会科学出
　　版社,2003年版。

［美］本杰明·史华慈,程钢译,刘东校:《古代中国的思想世界》,江苏人
　　民出版社,2008年版。

［美］丹尼尔·贝尔著,赵一凡、蒲隆、任晓晋译:《资本主义文化矛盾》,生
　　活·读书·新知三联书店,1992年版。

［美］杜维明著,曹幼华、单丁译,周文彰等校:《儒家思想新论——创造性
　　转换的自我》,江苏人民出版社,1996年版。

［美］方闻著,李维琨译:《心印》,上海书画出版社,1993年版。

［美］郝大维、安乐哲著,蒋弋为、李志林译:《孔子哲学思微》,江苏人民出
　　版社,1996年版。

［美］赫伯特·芬格莱特著,彭国翔、张华译:《孔子:即凡而圣》,江苏人民
　　出版社,2002年版。

［美］赫伯特·马尔库塞著,刘继译:《单向度的人》,上海译文出版社,

2008 年版。

［美］杰弗瑞·戈比著，康筝译，田松校译：《你生命中的休闲》，云南人民
　　出版社，2002 年版。

［美］乔治·桑塔耶纳著，杨向荣译：《美感》，人民出版社，2013 年版。

［美］宇文所安著，王柏华、陶庆梅译：《中国文论：英译与评论》，上海社会
　　科学出版社，2003 年版。

［美］宇文所安著，王柏华、陶庆梅译：《中国文学思想读本》，生活·读
　　书·新知三联书店，2019 年版。

［日］江文也著，杨儒宾译：《孔子的乐论》，华东师范大学出版社，2008
　　年版。

［日］今道友信著，蒋寅等译，林焕平校：《东方的美学》，生活·读书·新
　　知三联书店，1991 年版。

［日］笠原仲二著，魏常海译：《古代中国人的美意识》，北京大学出版社，
　　1987 年版。

［日］尾观周二著，卞崇道、刘荣、周秀静译：《共生的理想：现代交往与共
　　生、共同的思想》，中央编译出版社，1996 年版。

四、期刊论文

白奚：《“仁”字古文考辩》，《中国哲学史》2000 年第 3 期。

白奚：《援仁入礼　仁礼互动——对“克己复礼为仁”的再考察》，《中国
　　哲学史》2008 年第 1 期。

曾繁仁：《我国自然生态美学的发展及其重要意义——兼答李泽厚有关
　　生态美学是“无人美学”的批评》，《文学评论》2020 年第 3 期。

曾繁仁：《中西对话中的中国生态美学》，《西南民族大学学报》（人文社
　　科版）2017 年第 2 期。

曾海军：《“子在川上”之后——论经典世界中的情感体验》，《四川大学
　　学报》（哲学社会科学版）2008 年第 2 期。

陈涵平：《比德说的生态意蕴》，《学术研究》2012 年第 9 期。

陈立胜：《子在川上：比德？伤逝？见道？——〈论语〉“逝者如斯夫”
　　章的诠释历程与中国思想的“基调”》，《中山大学学报》（社会科学版）
　　2011 年第 2 期。

陈良运:《中国山水美学发轫考述》,《中国文化研究》2003 年第 3 期。

陈晓春:《从士的传统看郭沫若的人格》,《郭沫若学刊》2003 年第 1 期。

陈赟:《音乐、时间与人的存在——对儒家"成于乐"的现代理解》,《现代哲学》2002 年第 2 期。

陈昭瑛:《孔子诗乐美学中的整体性概念》,《江海学刊》2002 年第 2 期。

崔发展:《"不器":君子的"游"戏》,《海南大学学报》(人文社会科学版)2005 年第 3 期。

邓思平:《"克己复礼"是为和谐》,《南京大学学报》(哲学·人文·社会科学版)1997 年第 2 期。

董卫国:《爱人与克己——略说仁道的两端》,《儒道研究》2017 年第 4 辑。

方旭东:《诠释过度与诠释不足:重审中国经典解释学中的汉宋之争》,《哲学研究》2005 年第 2 期。

傅阳华:《"比德"在宋代绘画中对审美功能的渗透》,《中国书画》2003 年第 6 期。

傅阳华:《论先秦美学思想"比德"在宋代绘画中的选择性》,《美术观察》2001 年第 3 期。

韩美群:《儒家"仁者爱人"思想的人本基础及其现代意蕴》,《江西社会科学》2011 年第 10 期。

江苏省丹徒考古队:《江苏丹徒北山顶春秋墓发掘报告》,《东南文化》1988 年第 1 期(增刊)。

金元浦:《别了,蛋糕上的酥皮——寻找当下审美性、文学性变革问题的答案》,《文艺争鸣》2003 年第 6 期。

柯汉琳:《德性审美文化的人性论基础与审美选择》,《学术研究》2011 年第 5 期。

李建盛:《20 世纪中后期西方反本质主义美学及其问题》,《山东师范大学学报》(人文社会科学)2014 年第 3 期。

李建盛:《20 世纪中后期中国美学中的本质论》,《深圳大学学报》(人文社会科学版)2004 年第 2 期。

李兰芬、王国银:《德性伦理:人类的自我关怀》,《哲学动态》2005 年第 12 期。

李渊庭整理:《梁漱溟谈孔孟》(四),《文史知识》2000 年第 10 期。

李泽厚:《孔子再评价》,《中国社会科学》1980 年第 2 期。

李泽厚:《宗白华〈美学散步〉序》,《读书》1981 年第 3 期。

梁涛:《郭店竹简"悬"字与孔子仁学》,《哲学研究》2005 年第 5 期。

廖名春:《郭店楚简与〈诗经〉》,《文学前沿》2000 年第 1 期。

廖名春:《上海博物馆藏诗论简校释》,《中国哲学史》2002 年第 1 期。

林乐昌:《论张载的生态伦理观及其天道论基础——兼论张载生态伦理
　　观的现代意义》,《孔子研究》2013 年第 2 期。

刘宝俊:《郭店楚简"仁"字三形的构形理据》,《中南民族大学学报》(人
　　文社会科学版)2005 年第 5 期。

刘宝俊:《论战国古文"仁"字》,《中南民族大学学报》(人文社会科学
　　版)2013 年第 3 期。

刘悦笛:《"生活美学"的兴起与康德美学的黄昏》,《文艺争鸣》2010 年
　　第 3 期。

刘悦笛:《儒家生活美学当中的"情":郭店楚简的启示》,《人文杂志》
　　2009 年第 4 期。

刘悦笛:《"生活美学"建构的中西源泉》,《学术月刊》2009 年第 5 期。

鲁枢元:《评所谓"新的美学原则"的崛起——"审美日常生活化"的价
　　值取向析疑》,《文艺争鸣》2004 年第 3 期。

罗超:《美与善的融合——通往德性之路》,《道德与文明》2013 年第
　　3 期。

马育良:《王夫之情感诗学视野中的"兴观群怨"》,《淮南师范学院学报》
　　2003 年第 2 期。

蒙培元:《从孔子思想看中国的生态文化》,《中国文化研究》2005 年冬
　　之卷。

蒙培元:《孔子天人之学的生态意义》,《中国哲学史》2002 年第 2 期。

蒙培元:《人文与自然——孔子智慧的再阐释》,《寻根》2003 年第 6 期。

潘立勇:《当代中国休闲文化的美学研究和理论建构》,《社会科学辑刊》
　　2015 年第 2 期。

潘立勇:《理学范畴中的美学内涵及其理论特色》,《孔子研究》1996 年第
　　3 期。

潘立勇：《休闲与审美：自在生命的自由体验》，《浙江大学学报》（人文社会科学版）2005 年第 6 期。

庞朴：《"仁"字臆断》，《寻根》2001 年第 1 期。

彭玲、刘泽民：《"兴于诗"与"诗可以兴"辨析》，《北京师范大学学报》（社会科学版）2016 年第 1 期。

皮朝纲：《中国古代审美文化中的"羊大为美"思想》，《青海师范大学学报》（社会科学版）1991 年第 4 期。

容谷：《卜辞中"仁"字质疑》，《复旦学报》（社会科学版）1980 年第 4 期。

邵碧瑛：《从出土漆画、帛画看"绘事后素"》，《江西社会科学》2007 年第 4 期。

谭好哲：《"里仁为美"：先秦儒家美学思想的元命题》，《文艺理论研究》2013 年第 3 期。

汤余惠：《包山楚简读后记》，《考古与文物》1993 年第 2 期。

王中江：《"身心合一"之"仁"与儒家德性伦理——郭店竹简"悥"字及儒家仁爱的构成》，《中国哲学史》2006 年第 1 期。

吴忠伟：《〈论语〉中的自我观念探讨》，《学海》1999 年第 1 期。

萧兵：《从"羊人为美"到"羊大为美"——为美学讨论提供一些古文字学资料》，《北方论丛》1980 年第 2 期。

徐春根：《"天人合一"思想及其当代启示》，《西南师范大学学报》（人文社会科学版）2003 年第 3 期。

颜炳罡：《论孔子的仁礼合一说》，《山东大学学报》（哲学社会科学版）2001 年第 2 期。

杨清荣：《忠恕之道的特质及其现代价值》，《伦理学研究》2005 年第 6 期。

易学钟：《晋宁石寨山 12 号墓贮贝器上人物雕像考释》，《考古学报》1987 年第 4 期。

俞志慧：《孔子在川上叹什么——"逝者如斯夫"的本义与两千年来的误读》，《学术月刊》2009 年第 10 期。

詹向红：《"颜渊问仁"章试诠——从"仁—礼"与"人—己"关系看孔子"仁学"》，《安徽大学学报》（哲学社会科学版）2008 年第 6 期。

张江：《关于"强制阐释"的概念解说——致朱立元、王宁、周宪先生》，《文艺研究》2015 年第 1 期。

张江：《理论中心论——从没有文学的"文学理论"说起》，《文学评论》2016 年第 5 期。

张江：《强制阐释论》，《文学评论》2014 年第 6 期。

张江：《再论强制阐释》，《中国社会科学》2021 年第 2 期。

张开城：《君子人格与"比德"》，《学术月刊》1996 年第 12 期。

张守中、郑名桢、刘来成：《河北省平山县战国时期中山国墓葬发掘简报》，《文物》1979 年第 1 期。

赵书妍、李振宏：《"克己复礼"的百年误读与思想真谛》，《河北学刊》2005 年第 2 期。

朱良志、詹绪佐：《中国美学研究的独特视境——汉字》，《安徽师范大学学报》（哲学社会科学版）1988 年第 3 期。

五、报纸文章

《牢记历史经验历史教训历史警示　为国家治理能力现代化提供有益借鉴》，2014 年 10 月 14 日《人民日报》。

《坚决打好污染防治攻坚战　推动生态文明建设迈上新台阶》，2018 年 5 月 20 日《人民日报》。

《中国—世卫组织新冠病毒溯源联合研究报告正式发布》，2021 年 3 月 31 日《人民日报》。

习近平：《在纪念孔子诞辰 2565 周年国际学术研讨会暨国际儒学联合会第五届会员大会开幕会上的讲话》，2014 年 9 月 25 日《人民日报》。

习近平：《在文艺工作座谈会上的讲话》，2015 年 10 月 15 日《人民日报》。

习近平：《在哲学社会科学工作座谈会上的讲话》，2016 年 5 月 19 日《人民日报》。

习近平：《在中国文联十大、中国作协九大开幕式上的讲话》，2016 年 12 月 1 日《人民日报》。

习近平：《决胜全面建成小康社会　夺取新时代中国特色社会主义伟大

胜利——在中国共产党第十九次全国代表大会上的报告》,2017 年 10 月 28 日《人民日报》。

六、网络资源

"跨越数十万公里 24 年寻子路电影《失孤》父子原型认亲成功",人民网,2021 年 7 月 13 日, http://society.people.com.cn/gb/n1/2021/0713/c1008—32156561.html.

后　记

　　书稿虽已完成，但心中的忐忑却丝毫未见减轻。在这部书稿中，究竟多大程度上表达出了自己的想法，心中实在是充满了太多的疑问和不自信。千百年来，学者们对孔子的研究可谓是多如牛毛、浩如烟海，乃至后来逐渐形成了一条强大而绵延不断的文化传统。因而，要想在这"众声喧哗"的世界中发出自己的声音，哪怕是异常微弱的声音，都是极其困难的。为此，我经常会产生"我思非我有""我思而我却不在"的困惑与无奈，也曾不止一次地在"我"与"非我"的边缘上挣扎、徘徊。这不是因为别的，只是怕稍有不慎，便会坠入他人的窠臼而无法自拔。因此，"战战兢兢、如履薄冰"是我撰写此书时最好的心理写照，而学术创新之艰难则是我最深的体会。

　　不过，让我稍感安慰的是，我从小就生长在孔子的故乡——曲阜，并且是在一种"生活化"的儒学环境熏陶和浸染下成长起来的，因而在理解孔子的思想时，能够更多的以一种体验而非纯粹认知的方式去领会其内涵，这便与传统的研究理路有了些许不同。或许正是这一点，能够让我对这本书产生某种期待。刘勰曾经说过："有同乎旧谈者，非雷同也，势自不可异也；有异乎前论者，非苟异也，理自不可同也。"（《文心雕龙·序志》）倘若我的这本书能够做到这一点的话，也算是心有所安了。

　　本书是在我的博士论文《论孔子的"仁"境之美》基础上修改完善而成的，也是我所承担的国家社科基金后期资助项目《审美与生存——孔子美学思想的双重建构》的最终成果。古诗有云："十年磨一剑，霜刃未曾试。"希望这本经过近十年功夫多次增删、反复修改而完成的"磨剑"之作，能够在推动孔子美学乃至中国古代美学研究方面贡献自己的绵薄之力！

　　在本书付梓之时，首先要特别感谢我的博士生导师袁济喜先生。先生为人平和、温厚，颇有儒者风范；而先生高洁的人格、渊博的学识、严谨的治学态度更是让人心生敬慕之情。能够拜在袁师门下进行深造学习，实是我毕生的荣幸！

　　在中国人民大学读博三年间，先生经常会抽出时间与众弟子畅游自然、共话人生，这在无形中拉近了师生之间的距离，使我们的师生情谊日渐深厚。而对我，先生也总是在生活上给予最无微不至的关怀和呵护，让我时时刻刻都能感受到"家"的存在；在学业上，先生更是悉心指导、严格要求，不断地加以引导。在这三年的学习期间，我的理论水平获得了不小的进步与提高，这与先生平日的谆谆教诲是完全分不开的。特别是在我的博士论文写作期间，先生在百忙之中还一直关心着论文的进展情况，并不时地加以指点。每当论文写作碰到问题停滞不前的时候，先生总是及时和我沟通，并给予我诸多的鼓励和支持。这在无形中给我增添了许多信心，让我不断获得前行的动力。即使毕业之后若干年，先生仍然会不时关注书稿的完成情况。如今先生又不弃鄙薄，为此书欣然作序，令我备受鼓舞！

　　在书稿的写作过程中，我还曾于2013年6月进入山东大学中国语言文学博士后流动站从事研究工作，并有幸成为谭好哲先生的博士后。谭先生为人亲和，心胸坦荡，博古通今，经常就学术研究的选题方向、研究方法、研究视角等方面提出宝贵意见，与谭先生的交流轻松愉快且受益良多。我的硕士生导师邓承奇先生是国内较早专门研究孔子美学的学者之一，不仅在学术研究道路上时时给我以督勉，而且在我处于工作、生活最低谷时给予了坚定的信任和支持，这让我终身难忘。在此，向两位先生表示我最诚挚的谢意！

　　我还要感谢曲阜师范大学文学院院长夏静教授。夏院长的到来使得文学院的各项工作焕然一新，特别是给青年教师的教学和研究营造了一个良好的氛围，让他们有更大的热情和动力投入其中。拙作也是在夏院长的关心和督促下完成的，在此向她表示感谢，希望此书的出版能够不辜负她的殷切厚望！

　　再次，还要感谢那些素未谋面的国家社科基金后期资助项目的评审专家和鉴定专家，正是因为他们认真负责的态度和专业公正的评价，给了我能够系统研究孔子美学思想的机会，感谢他们的认可和信任！本书的部分章节，曾以单篇论文的形式发表在国内外一些重要的学术期刊上，如《社会科学研究》《中国文化研究》《中国书法》《人民音乐》《理论学刊》《儒教文化研究》（韩）等。这些论文的发表于我而言至关重要，因为它们不断给予我在学术道路上继续前行的勇气和信心，在此向以上杂志社的各位同道一并致以谢忱！

本书能够顺利出版，还要衷心感谢中华书局的吴爱兰女士。如果没有她的耐心指导、严格要求，这本书很难做到精益求精。同时，她的信任、宽容和鼓励也让我更加坚定了做学术精品的信念，感谢吴女士为此书的出版付出的辛勤劳动！此外，还要感谢我所指导的几位硕士研究生焦文倩、季贞贞、宋宁、马晓彤，他们参与了书稿"下编"部分章节的资料搜集、小节撰写等工作。三年的学习生活让我们结下了很深的情谊，希望他们的未来之路都能够前程似锦、繁花相伴！

最后还要感谢我的家人。无论我身处何种境遇，父母始终在背后默默地为我操劳、付出，无怨无悔，构筑了我生活中最坚实的后盾。但2019年12月父亲因患严重的脑部疾病，永远地离开了人世，没能见证此书的出版，这成了我心中无法弥补的遗憾！不过，我相信父亲在另外一个世界会看到这一切，并且会为我感到高兴的！母亲已近耄耋之年，身体也大不如前，但对子女的关爱之情却有增无减，这让我真切地体会到了母爱的伟大和无私。这本书是我对这种难以割舍的血缘亲情所表达的崇高敬意！除了父母，还要感谢我的爱人和儿子。爱人在可能的范围内为家庭做了能做的事情，儿子的出生让我倍感幸福，每一次看到他，心中都会不由自主地产生一种强烈的依恋感，他是我继续奋斗的最大信念和动力！真心祝愿儿子能够身体健康，快乐成长！同时，也希望他今后能够成为一个文质彬彬、光明磊落、令人尊敬的君子，有如他的名字"敬熙"（取自于《诗经·大雅·文王》）所寄寓的那样！这本书是我送给他的一份特殊的三岁生日礼物。

本书在撰写过程中，引用了大量的原始文献和学界前辈的相关研究成果。虽经多次反复核对、修改，然受时间、精力以及个人学力所限，难免存在着错引、误引等疏漏之处，恳请各位专家学者批评指正！

是为记。

张　明

2022 年 6 月 19 日于曲园临风阁